ば味はいずくれ
からだを養い
病をいやし
よく人をつくる

芳子

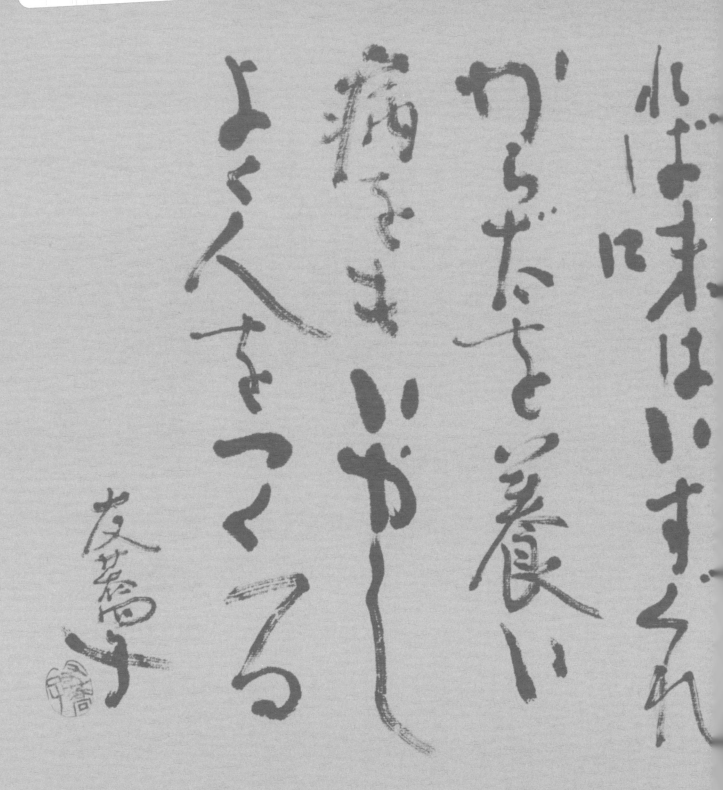

特別普及版

一茶庵・友蕎子

片倉康雄　手打そばの技術

旭屋出版

まえがき

そばは不思議な食べものである。江戸の昔から明治、大正、昭和と、時代は移り、食の傾向は違ってきても、そばは変わりなく日本人に好まれてきた。近年のような「飽食《ほうしょく》」が云々《うんぬん》される時代になってもまた、そばは日本人をひきつけてはなさぬだけの新たな魅力を充分にそなえている。――その一方で、ひとたび食糧事情が悪化すれば、そばはたちまち救荒《きゅうこう》作物に変じる特性も、大昔から色濃くあわせもっているのである。

「そば七十五日」という諺《ことわざ》のたぐいからもわかるように、そばは蒔《ま》き付けてから七十五日程度で収穫される。日本中いずれの土地でも（「そばは、やせた土地でも育つ」という諺は、このような意味に解すべきであろう）、その年の秋のうちには必ず収穫でき、しごく短時日で食糧となる。それゆえ、旱魃《かんばつ》や霖雨《りんう》のために田畑を荒らされ、食糧が激減したときは、急《いそ》ぎそばを蒔きつけて急場をしのぐことが肝要とあって、古くは第四十四代元正《げんしょう》天皇の養老《ようろう》六年（西暦七二二）、「勧農の勅《みことのり》」がくだされ、晩稲《おくいね》、大小麦、および蕎麦《そば》を作付《さくづけ》せよと仰《おお》せいだされた。この年は旱魃《かんばつ》の兆《きざ》しがいちじるしかったので、飢饉《ききん》によって餓死を出してはならぬとのおぼしめしから、そば作をおすすめになり、収穫後もたいせつに保存を義務づけられ、飢饉年を難なくのりきられた（以上『続日本紀《しょくにほんぎ》』による）。

その後、第五十四代任命《にんみょう》天皇のときにも同様の勅《みことのり》がくだされ（『続日本後紀《こうき》』）、以来、日本中にそば作が広く行なわれるようになった。

そばが飢えをしのぐ救荒食品から、上下の隔《へだ》てなくもてはやされるようになったのは、江戸時代も最盛期。「そばきり」が出現してからのことである。

その江戸時代のそば文献《ぶんけん》の一つに、そばの今後を占《うらな》う上で非常に考えさせられる文言がある。「鶴の料理過ぎて後段のときは必ずそばきりの場所なるべし」とは——、俳聖芭蕉《ばしょう》の十哲の一人、雲玲《うんれい》が、師の意を含めて書きとめ、補った「そばきり頌《しょう》」の一節にして、料理の上位に位《くらい》するそばきりを愛《め》でる名文である。

当時、鶴の料理は、天皇や将軍など限られたかたがたしか召し上がれなかった。その最高の料理を食べたあとは、必ずそば（そばきり）と決まっていたろうというのが前の文意である。そばは庶民の好物であったばかりでなく、当時の社会の頂点にあって美食を堪能《たんのう》していたはずの高貴な人々にもまた好まれてきたのである。事実、霊元《れいげん》法皇が御所に臣下《しんか》を召されて、いくたびかそばを賜《たまわ》ったご様子は、冷泉中納言為久卿《れいぜいちゅうなごんためひさきょう》の狂歌《きょうか》に名高く伝え残っている（本文二〇一ページ参照）。

舌が肥えてくるほど、そばのうまさがわかり、そばを好むようになる——。

江戸時代のそば文献が示唆《しさ》するところを現代風に書けば、このようになろうか。鶴の料理という最高の料理のあとにそばが控えているとは、すなわち、そばが「口なおし」として、鶴の料理以上の料理であるという意味にほかならない。そのことは取りもなおさず、いま始まったばかりの大衆レベルでの「美食化」傾向、「飽食」の時代にあって、そばに期待されているものが何かをも示していることになる。

これからのそばにいちばん求められているものは、最高の「口なおし」たりうるそばであり、料理と呼ぶに値《あたい》するそばであろう。そこまでの深みをそなえているところに、そばの不思議さがある。

混沌《こんとん》としているようでも、時代の方向を読める程度に変化の兆《きざ》しが見えてきた時点で、私が六十余年かけてやってきた仕事を世に問うことができるのは望外の幸せである。

この本は、私がそばを打ちながら、また、道具をいじりながら話したことを、旭屋出版の臼居さんが文章化し、それに私が赤字を入れ、さらに言い足りないことや、話し言葉の不備を補う追加説明をして書きなおし、また赤字入れ、書きなおし、また……と、一節ごとに三度も四度も稿を改めて全体を組み立ててきた。完成までには想像を絶する時間を要し、出版を待ち望む全国の多数のかたがたから、催促とお叱りの電話を再三にわたって頂戴《ちょうだい》した。臼居さんの苦労は並大抵《なみたいてい》ではなかったろう。私もまた、数えきれぬほどの催促の電話に対して、申し分けの言葉がなかった。しかし、もうここまでくれば、この本は私の本として責任を持つことができる。読者の皆様には、私のそば教室に来ているつもりで読んでもらってよいかと思う。その上で生じてくる質問や相談事には、私に時間のあるかぎり応じていきたい。

それにしても、一人の編集者が一冊の本に、これほどまでの時間をかけた話は私も聞かない。その背後には、今日の日まで、この編集者を守り、後ろ盾《だて》となってくださった大きな存在のあることを痛感する。旭屋出版代表取締役の棟田他喜男さんに、心からお礼を申し上げたい。

合掌

一茶庵・友蕎子　片倉康雄

●調理・実技ならびに技術解説
一茶庵・友蕎子　片倉康雄

●調理・実技助手
片倉敏雄（一茶庵本店）
片倉弘三（一茶庵桐生店）
片倉英晴（一茶庵伊東店）
片倉教顕（一茶庵宇都宮店）
中尾千津（友蕎子・内弟子）

●企画
棟田他喜男

●制作ならびに取材・構成・執筆
臼居孝行

●撮影
尾嶋　隆

●装丁・レイアウト
長谷川　徹

特別普及版

一茶庵・友蕎子

片倉康雄　手打そばの技術――目次

凡例

一、本書は名人・片倉康雄のそばの技術を体系的に編集したものである。

本書の前身をなすものに、雑誌連載の「名人秘伝公開シリーズ／一茶庵・友蕎子片倉康雄のそば」（小社刊「近代食堂」一九七三年四月号～一九七九年九月号）がある。編集にあたっては、当初、雑誌連載に加筆訂正する程度の方針でのぞんだが、名人、編集者ともに不満が多く、方針を変更、連載とは別物と言えるまでの、新原稿による一巻となった。

大幅な変更は次の箇所でなされた。

①名人の仕事の核をなす「さらしなの生一本《きいっぽん》」および「御膳粉《ごぜんこ》の採《と》り方」において、これまで門外不出であった部分をはじめて公開した。文字どおりの秘伝公開である。

②「並そば」概説、そば汁、薬味は、まったくの新稿である。

③いわゆる「そば打ちの技術」は、断片的な言葉や写真を読者に投げかけて、読者それぞれの読み取り方にまかせるのではなく、誤読を防ぐための手立てを可能なかぎり講《こう》じた。書き言葉によって「職人技《わざ》」の細部を解明することへの挑戦《ちょうせん》であり、その顕著《けんちょ》な一例が「木鉢」のページである。雑誌連載では、写真も含めて一回分の四ページで済ませたことがらが、本書では三十五ページにもわたって解説されている。

④手順写真は、ただ仕事の流れに沿って並べるのではなく、手順動作の最小単位のまとまりごとに小見出しをつけて示した。

⑤原材料と「そば道具」の知識ならびに技術は、「そば打ちの技術」と有機的に関連づけて説明した。それぞれを独立の篇とした場合に、名人の技術の土台をなす部分が、読まずに捨て置かれることを危惧《きぐ》しての処置である。ただし、各地のそばの品評は、いっさい省《はぶ》いた。都市化の進展と不安定な農政によってそばの作付《きくづけ》状況が目まぐるしく変わる時代に、長期間読まれる本の中で産地を論じてみても、無用のものになりやすい。そばの作付と玄《げん》そばの品質については、原論の範囲にとどめた。

⑥雑誌連載に含まれていた「うどんの技術」は、造本と構成上の理由から除外した。そのかわり、カラーの作品集に新たに「そば菓子」を加えた。（なお、カラー写真の半分強は連載時のフィルムのため、一部褪色《たいしょく》の進んでいるものもある。お許しいただきたい。）

二、本書は、「序」を導入部として、「第一篇」がすべての基礎をなすように構成してある。原則的にはページを追って順に読んでいただきたい。しかし、読者それぞれの必要に応じての拾い読みや飛ばし読みにも応《こた》えられるように、巻末に詳細な「さくいん」をつけた。「さくいん」を使って本書を縦横に活用していただきたい。

三、永く（願わくば孫子の代まで）愛用に耐えるように、カラーページ、本文ページともに、長期間にわたって変質が少ないとされている中性紙を使用した。

一茶庵・友蕎子 片倉康雄作品集

「ただいま差し上げますのは新そばでございます。お代は結構です」。一茶庵・片倉康雄は、戦前から、新そばを東京で一番早く出すように心がけてきた。9月10日には必ず新そばを出す(北海道産)。江戸っ子の初もの好きに合わすというだけではなく、新そばの風味を何よりも大事にしてきたためである。長年の習慣は現在、「色・香り・うまみ」の三拍子揃った、真に万人向きの並そばを、一年を通して出すことにまで発展している。

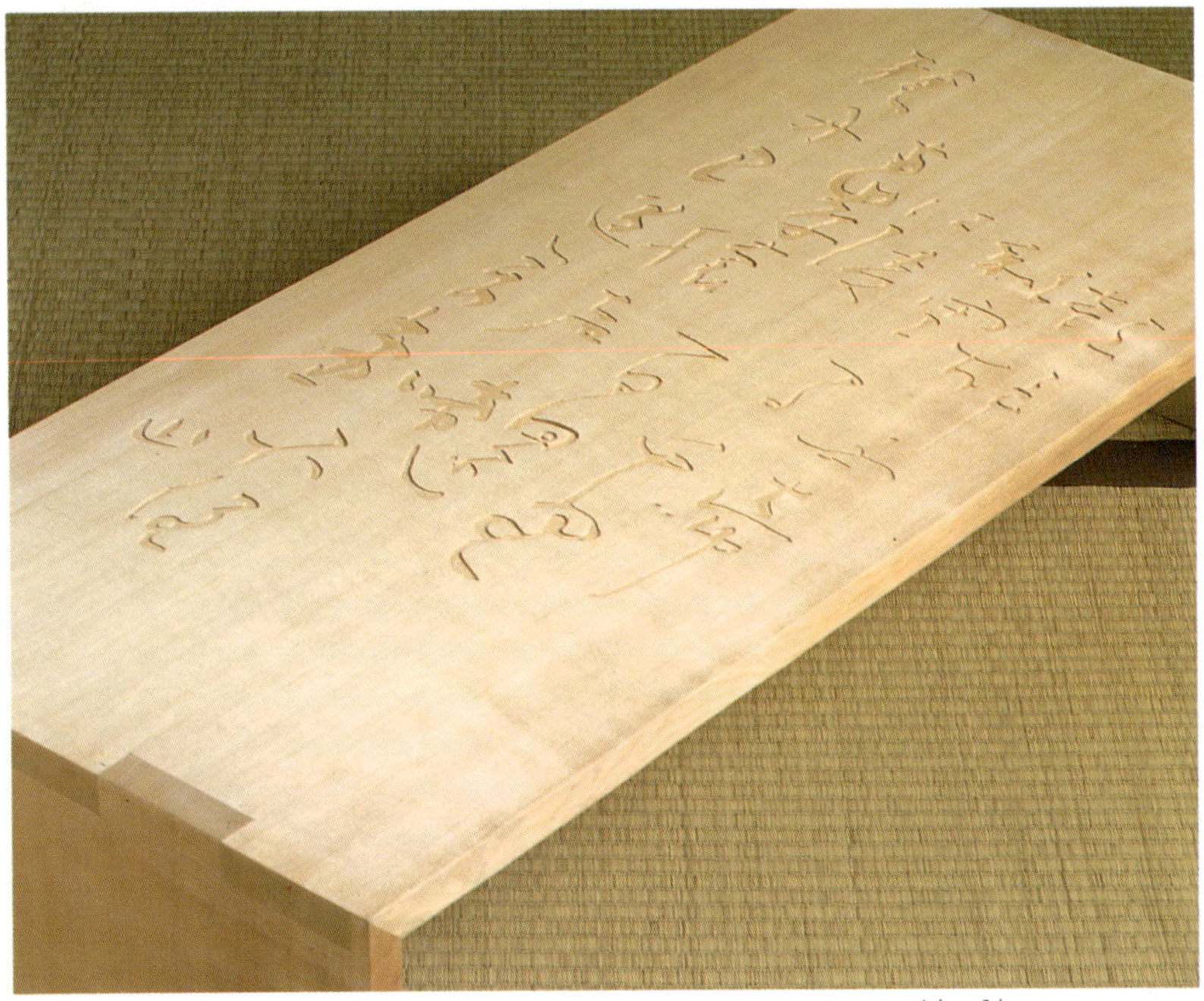

「朝辞白帝彩雲間…」李白の詩を彫った檜の卓。文字＝鵜月左青、拓《たく》・刻《こく》ともに友蕎子。

田舎そば

うまみに富む、腹の張らない粉を使った太打ち。その太打ちを盛る竹器(友蕎子《ゆうきょうし》作)には魯山人《ろさんじん》の書の拓《たく》。さらに、見事な檜《ひのき》のテーブル…。片倉康雄の「田舎そば」がきわめて洗練されているのは、このそばを本来、都会的なものと見なしているためである。「田舎そば」を好むほどの人は相当な洒落者《しゃれもの》である、と。

さらしなの生一本《きいっぽん》

「さらしなの生《き》一本《いっぽん》」こそは、洗練の極致にあるそば。これほどに色が白く、また、これほどに食べ味の軽い、さわやかなそばはない。しかしまた、これほどに難しいそばもない。原料の御膳粉の採取には最高度の特殊製粉技術が必要だし、そば打ち技術も難中の難。名人片倉康雄にしてはじめて可能な世界である。

名人片倉康雄、七十四歳の高齢時にもなお「さらしなの生一本」を打つ

一九七七年八月十九日撮影

木鉢

「生一本」と言う以上は、「ともつなぎ」にする。御膳粉（さらしな粉）の一部を煮えた状態にして、それだけで残りの粉をつながなくてはならない。名人片倉康雄は、プロにふさわしい「ともつなぎ」の方法の発見から生まれた。その秘訣とは、煮えたものに風を送って急激に熱を奪うところにあると言う（写②）。

1

2

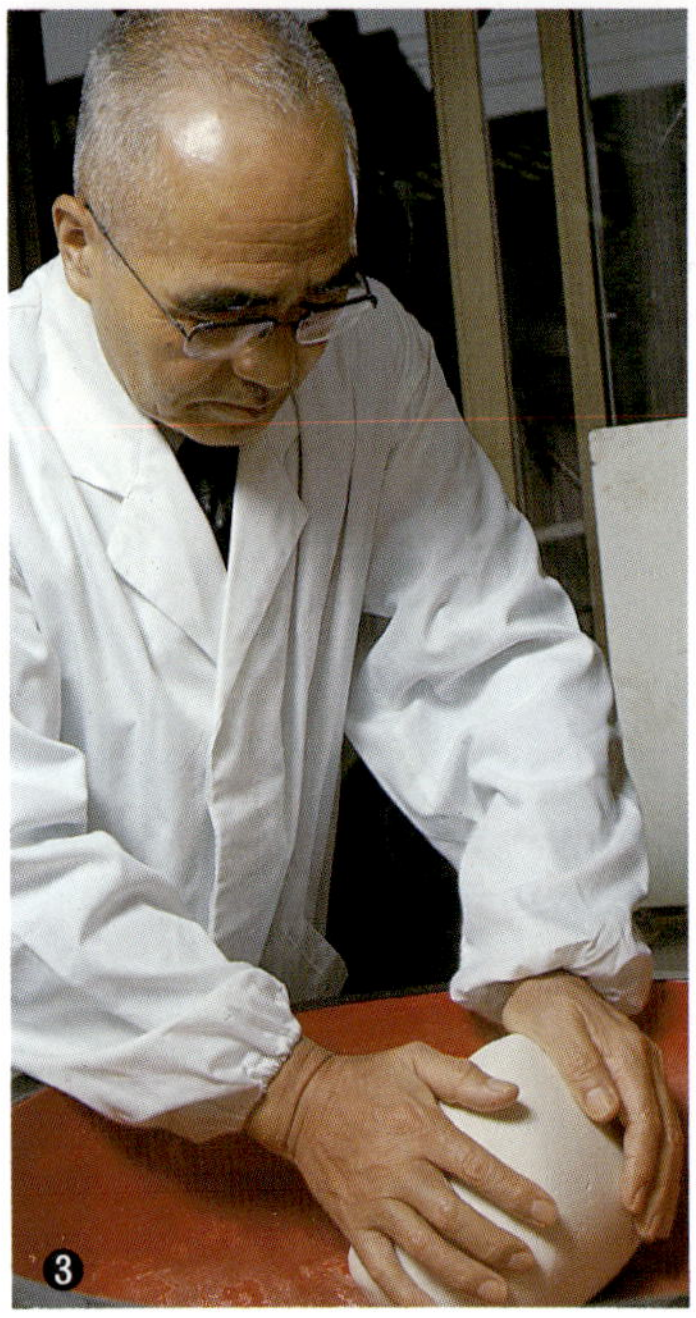

3

延《の》し

このそばの仕事は終始、気違いじみている。玉に取ってのんびり手を洗っていたら、たちまちひび割れてくる。延しもまた迅速緻密を要する。なにせまるで足がなく、切れやすい。それを持ち味を生かすべく細打ちにするのだから、手打の技術と道具の両方が、揃って最高度のものでなくては上手《うま》くいかない。

庖丁

片倉康雄の技術の凄《すご》さは、庖丁まで進むと、誰の目にも明らかになる。これだけ耐える力のないそばを「切りべら」四十本に、すなわち一寸＝三・〇三㎝幅を四十本にも切って、駒を取るときに一本もそばが落ちてこない（写⑧）。これは庖丁技術と庖丁そのものが秀《すぐ》れているだけでなく、延しまでに失敗がなかったことの何よりの証明である。

五色そば

並そばをはさんで、白いそばから黒いそばまで、幅広い領域を常時扱うのが、一茶庵・片倉康雄の仕事の特徴。「五色そば」は、その両極に位置する「変わりそば」——「けしきり」「ゆずきり」「茶そば」「しらゆき」と「田舎そば」を盛り合わせて、いろいろな味のそばを楽しんでもらう趣向のもの。一茶庵入門のそばである。

①ゆずきりとこんにゃくの白和え　②ゆずきり紅白椀　③ゆずきりと昆布の縁結び、唐揚げ　④笹身のゆずきり巻
⑤ぎんなんとゆずきりの短冊揚げ　⑥百合根の梅肉和え、そばの実かけ　⑦きゅうりのそばもろみ

ゆずきり

柚子《ゆず》皮（の表層部）をすりおろして御膳粉に打ち込んだそば。香りと口あたりのさわやかなことにかけては、他に類例を見ない。そばきりとして賞味するによく、また、料理材料としても用途の広い「変わりそば」である。柚子の時期により、そばが夏から秋にかけては青味を帯び、晩秋から春にかけては黄味を帯びる。

茶そば（茶きり）

抹茶《まっちゃ》を打ち込んだ「変わりそば」。茶の緑と、おだやかな香りに独特の趣《おもむき》がある。その品格の高さは、純粋の御膳粉に一割五分～二割以内のつなぎで打つところに生まれてくる。並み粉に抹茶を加えても、こうはならないし、御膳粉を使っても割り粉を増やせば、この品格はない。名人の面目躍如《めんぼくやくじょ》たるそばである。

茶そばの山かけ

①うなぎの茶そば巻　②茶巾椀　③茶そばとそうめんの盛合せ

①そばめしのむすび　②卵きりの冷やし椀　③卵きりのカッパ巻

卵《らん》きり

「卵きり」には、卵黄きり、白卵きり、全卵きりの三種がある。作品は、卵黄きり。黄味を帯びた美しさにより、「茶そば」と並んで〝色もの〞の代表格にあるが、卵の加わった独得な味と歯ごたえに対しては、好き嫌いが分かれる。その点を心得て、「卵きり」を毎日の仕事としていないのも片倉康雄の特徴である。

けしきり ごまきり

「けしきり」「ごまきり」ともに、香ばしさが身上の「変わりそば」。どちらも材料の持ち味を生かすべく、やや太打ちにする。御膳そばとは言っても味は重めで、食べごたえがある。そばに打ち込むためには、けしの実の炒り方、ごまの当たり方ともに、日本料理の常識を超えた仕事になるので要注意！

①鮭の信濃巻　②そば豆腐　③けしきりのそば餅

海老きり・鯛きり

海老（活マキ）は霜降り程度にして叩き、裏ごしにかけて打ち込む。鯛はみじんに切って、御膳粉に混ぜる。どちらも料理材料としての用途が主。前盛りや椀種にして生きる「変わりそば」である。高級料亭等の注文に応じてする仕事で、片倉康雄は戦前から、この領域の「変わりそば」を数多く手がけてきた。

海老きり碗

海老きり

鯛きり　柚子釜（菊酢味噌）

たねもの

おかめそば

鴨南蛮

天せいろ

天ぷらそば

つけとろ

かけとろ

山かけ

そばめしのとろろ

穴子そば

あられそば

そば磯巻ずし（太巻） 左・並そばの太巻。右・茶そば、さらしな、並の三色太巻。巻芯・かんぴょう、いんげん、酢ばす、海老おぼろ。

そばずし

片倉康雄の「そばずし」の品格は、日本料理の素養《そよう》を背景に、変わりそばを駆使《くし》するところから生まれてくる。並そばだけでは、見た目に地味というだけでなく、切り分けてしばらくすると、切り口がバラけてしまいやすい。それに対して、変わりそばは持ちがよく、かつ彩《いろどり》も華《はな》やか。すしのほうで言う細工《さいく》仕事を楽にこなしていける。

そば磯巻ずし（細巻） 並そばの細巻。巻芯・きゅうり。

①**そば揚巻《あげまき》ずし**　茶そばの揚巻。巻芯・かんぴょう、酢ばす。
②**そば玉子巻ずし**　さらしな、茶そば、並の三重巻。巻芯・ほうれんそう、椎茸、かんぴょう、酢ばす、海老おぼろ。

薄焼玉子細巻と揚巻の盛合せ　そばは並(左・右)、
さらしな(中央)。巻芯・鶏のささみ、三つ葉、椎茸、海老おぼろ。

①**そば稲荷ずし**　そばは茶そば、さらしな、ごまきりの三色(中太打ち)。具・椎茸、きくらげ、酢ばす、海老おぼろ。
②**そば茶巾ずし**　そば、具ともに①に同じ。

ひとくち茶巾

ひとくち稲荷

三角稲荷

①**そば箱ずし**　きくらげ、海老、煮椎茸、うなぎ、厚焼玉子。
②**そば握りずし**　（握り）絹さや、海老、筍、焼椎茸　（軍艦巻）キャビア、イクラ、数の子。

そばがき

そばの魅力は、そばきりだけで測《はか》れないというのが、片倉康雄の主張。それを体現して、一茶庵では「そばがき」を常時営業品目に加えてきた。「鍋がき」「碗がき」二様の調理法があるが、単純なだけに、粉の良し悪《あ》しがまともに味に表われ、満足に賞味できるものをつくるのは意外に難しい。素朴にして高雅な「そば食」。

①そばがきしんじょ西京焼　②そばがき雑煮　③伊吹だんご　④そばがき（鍋がき）

そばがき(碗がき)　薬味は左から焼海苔、花がつお、わさび、焼き味噌、おろし大根、白ねぎ、青ねぎ。

碗がきは茶席に特によく合う。風雅な味は茶の前によく、あとにもよい。

そば菓子

片倉康雄のそばには、もう一つ、「そば菓子」という大きな分野がある。この「そば菓子」、茶事に結びついたものから、粉食の源《みなもと》に立ち返っての「そば粉入り フランスパン」、「そばカステラ」「そばクッキー」などのケーキ、さらには「そばゼリー」と、まことに多彩である。冷たいそばと「たねもの」だけを商《あきな》う時代は過ぎたと言えよう。

そば落雁《らくがん》 戦前、大森に店を構えていた時代からつくり続けてきた干菓子《ひがし》。茶席では薄茶《うすちゃ》に用いる。いわゆる打ち物菓子で、木型に詰めて抜き取り、焙炉《ほいろ》で乾燥する。この形は高台寺《こうだいじ》と言う。そば粉はルチンの多い部分を選んで使用。

そばだんご 御膳粉《ごぜんこ》、並み粉を、それぞれ「そばがき」(鍋がき)にしたのち、少量をかき取って揉《も》み広げ、だんごの皮とする。中央に餡玉《あんだま》を据えて握り絞り、口を閉じて丸く仕上げる。下の写真は、それに黄粉《きなこ》をまぶしたもの。「そばがき」が時間の経過に敏感なことを反映して、この団子も持ち帰り商品には不向き。皮が割れてくる。

そばまんじゅう　皮の原料は、そば粉、小麦粉、とろろ芋、砂糖。餡《あん》は、つぶし餡。三割程度、そばの実を入れる場合もある。皮は固く練り、せいろうで蒸すので、「そばだんご」より日持ちする。写真の抹茶は、「さらしな」のそば湯点《だて》。

そばクッキー(「そば香橘子《コーキッス》」)　「そば香橘子」は一茶庵の登録商標。そば粉をこんがり焼くと、こんなにも香ばしいものかと驚くほど香りのよいクッキー。歯にまったくくっつかない点に製法上の秘密がある。ビールにも合う。

そば粉入りフランスパン　1週間は日持ちする。ルチンの多いそば粉を使用しているので、強《し》いて言えば、高血圧の人の食養生《ようじょう》に向く。小麦粉はパンに最適な「白だるま」(友蕎子の登録商標。特A混合粉）を使用している。

そばパウンドケーキ　たっぷりのバターにそば粉を加え、洋酒（コニャック）も香りづけに使って焼いたケーキ。普通のパウンドケーキに比べて、歯にもろい点や独特の香ばしさに、そば粉の特色が現われる。コーヒーは、そばの実他数種の穀物による「瑞穂珈琲《みずほこうひい》」。

そばカステラ（「そばていら」）「そばていら」は一茶庵・友蕎子の登録商標。正式の表記は変体がな。しつこさのない、滋味《じみ》に富んだ甘さ、しっとりしていても、歯にぬからない（くっつかない）点などに、あえて言えば工夫と秘密がひそんでいる。

そばゼリー　最近の若い客に、そばの新たな魅力を知ってもらうためのデザート。材料は御膳粉、ミルク、コニャック、ゼラチン。ゼラチンを寒天《かんてん》に代え、ミルクを外せば和物になる。飾り具はバラとスミレの花の砂糖づけ他。一晩冷蔵庫に寝かして昼が売頃。

〈付〉片倉康雄のそば道具

そばきり庖丁に仕上げ砥《ど》をかける名人。1日18時間研《と》ぎ続けても、両面で7日は要する。

砥石《といし》の数々。左奥の袋入りが、仕上げ砥のウチグモリ。

一茶庵・友蕎《ゆうきょう》子《し》、片倉康雄という名前は、一般には、そば打ち名人として知られている。だが、片倉康雄はその前に、そば道具づくりの名人でもある。その道具は、大げさなように聞こえても、やはり神品《しんぴん》と形容するのがふさわしい。原料を吟味し、持ち味を損わねようにそばに打つ上で、使いよく、そばに悪さをしない道具は、決定的に効《き》いてくるのである。

庖丁

仕事を幅広く能率的にこなすには、手元に重心があって切っ先の下がらない庖丁、なおかつセンターの通った肉の薄い庖丁が要《い》る。たたんだそばの一寸幅(約三・〇三cm)を六十本にまで切る片倉康雄の名人技は、まさに日本刀と同じ製法の庖丁に支《ささ》えられている。

愛用のそばきり庖丁。手前中央は、松炭100俵、延べ90日を要して自分で打った庖丁。

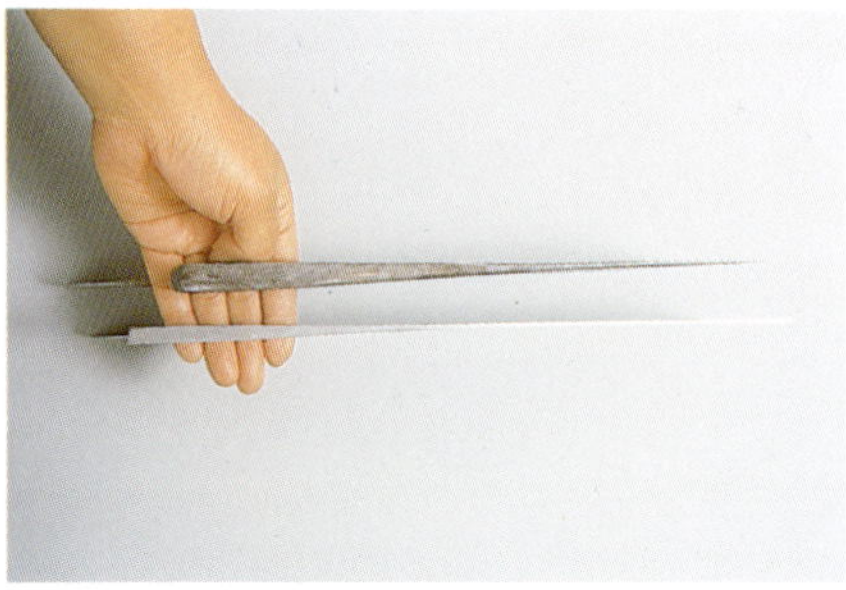

重心が手元にあり、センターが通っている。

麺棒

麺棒に必要な条件は、狂いがなく、しなやかなこと。また、すべりがよく、手に重くないこと。——以上のような条件に照らしてみた場合、一般の話題にのぼる樫《かし》の麺棒は適当ではなく、檜《ひのき》の麺棒、それも尾州檜《びしゅうひ》(木曽檜)から四方柾《しほうまさ》に取った麺棒が最高である。四方柾とは、丸く削る前の角材の状態で、柾が一本も切れてないものを言う。

麺棒の木口《こぐち》。木目《もくめ》が流れぬよう柾《まさ》に取る。

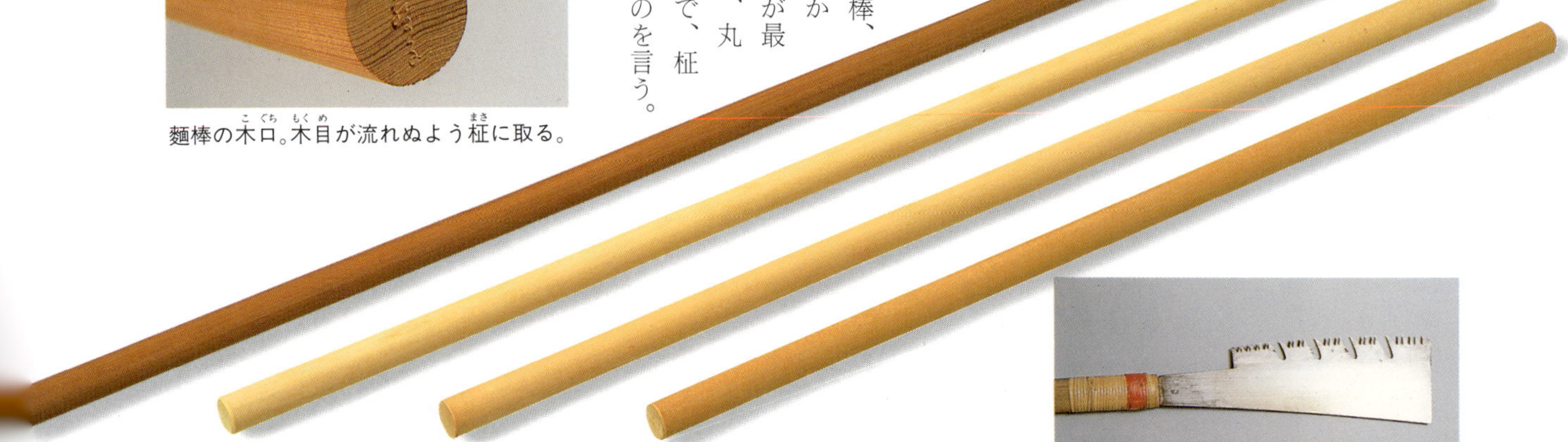

左はアララギ(一位の木)の巻き棒、他は檜《ひのき》。
右2本は尾州檜《びしゅうひ》・四方柾《しほうまさ》という最高の延し棒。

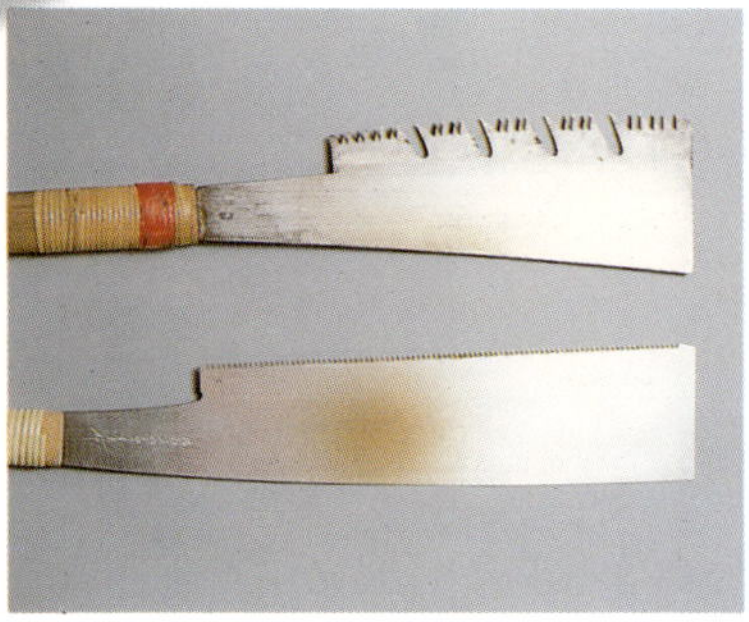

原木から四方柾《しほうまさ》に切り出す特殊な鋸《のこぎり》。

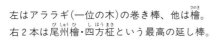

まな板

庖丁の当たりがよくて、減りが少ない。なおかつ、反《そ》りや狂う心配のない、大型のまな板。――そのような理想のまな板を求めて、名人は、檜《ひのき》の柾《まさ》の木口《こぐち》を千枚前後接《は》いだ独特のまな板を考案した。普通、まな板は一枚板でつくる。しかし、そのやり方で、目のつんだ柾の大まな板をつくることは不可能に近い。そこで発想を転換し、材木の年輪のある部分が、まな板の表面になるように、それも駒《こま》を小さく取って、つんだ柾目になるようにしたわけである。

まな板の表面は、目のつんだ柾目。

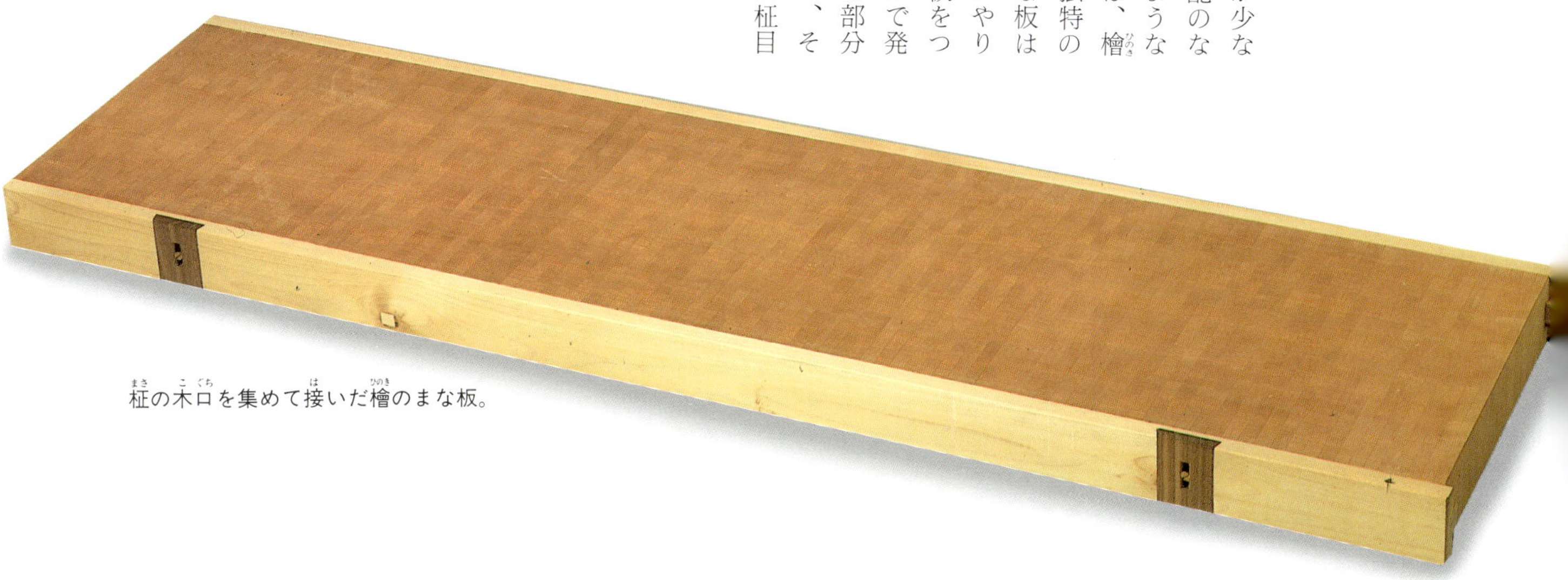

柾《まさ》の木口《こぐち》を集めて接《は》いだ檜《ひのき》のまな板。

◉接《は》ぎものの技術

上のまな板づくりでカギを握るのは、接《は》ぎ方である。同じことは、柾目の延し板をつくる場合にも言える。名人は〝べた接《は》ぎ〟という方法を採《と》る。昔、浅草の吉原付近の職人に教わった技法で、近年は付近の大工や指物師にその方法を教えてつくらせている。詳細は後の本文ページに譲るしかないが、要は、板の接ぎ目が糊の水分を吸っても迫り上がってこない接ぎ方である。

❶

❷

❸

❹

❺

石臼《いしうす》

片倉康雄のつくる電動の石臼は、昭和四十年代の初めに完成の域に達した。石材は水晶を多く含んだ硬質のものであって、同時にウロが多い塩山《えんざん》みかげ。上《うわ》臼と下臼は、縁《へり》の笹目の部分だけをすり合わせる仕組みである。そしてもう一つの大きな特徴が、臼の全面にたえず均一に原料を送り込む装置（特許取得済）。――熱を持たせて味を劣化させることなく、一度で粉にしてしまう臼である。

昭和の初めに石を探して以来、40数年研究を続けて完成した石臼碾《び》き製粉機。

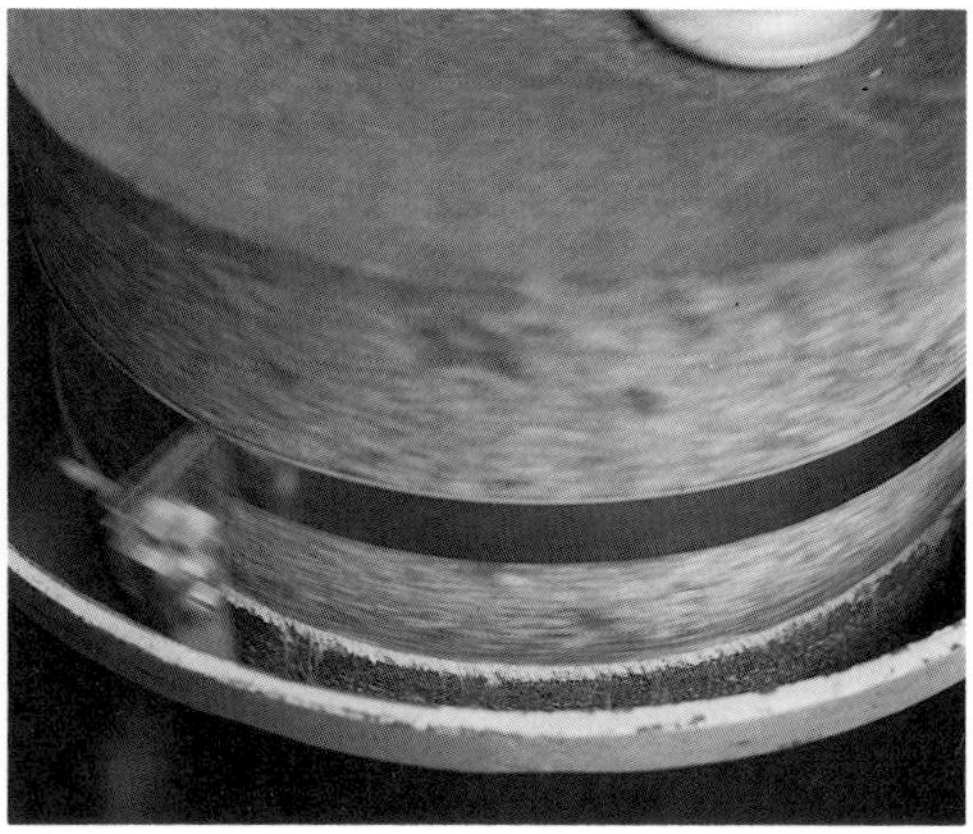

原料安定供給装置により、全縁から均等に粉が出る。

昔のふるい　三種

そば製粉業界全般を見渡した場合、現在の製粉装置で一番進んでいる部分に見えて、その実《じつ》、検討の余地を残しているのが、ふるいの使い分けである。目の粗《あら》いものを通ってきた粉のほうが味わいに富むことから見て、昔の道具も一考に値《あたい》する。

糸ぶるい　一説に江戸時代の御家人がつくったと言われ、上等な藁《わら》を使った枠に、渋をくれた麻糸が網目に通してある。「抜き」と外皮のふるい分けに使われた。国宝級の道具。

◉復原制作

ＮＨＫテレビ「日本の伝統・そば」放映取材の際に、幼少時に見聞きし、自分でもいじったりした道具を復原・制作。

木を枯らし抜く

麺棒、延し板など木製の道具は、総じて枯らし抜いた材料を使うことが必須条件。たとえば名人みずからがつくる麺棒は、材木で約八年、製板して十二年、削ってからの手入れに二年——と、使い始めるまでに二十二年くらいは必ず枯らしてある。そこまで枯らし抜いた状態にしないと、どこかに狂いが出てくるためである。

名人の家の一室に所狭《ところせま》しと並ぶ、20数年枯らし抜いた麺棒。

樹齢数百年の板を枯らし抜く。

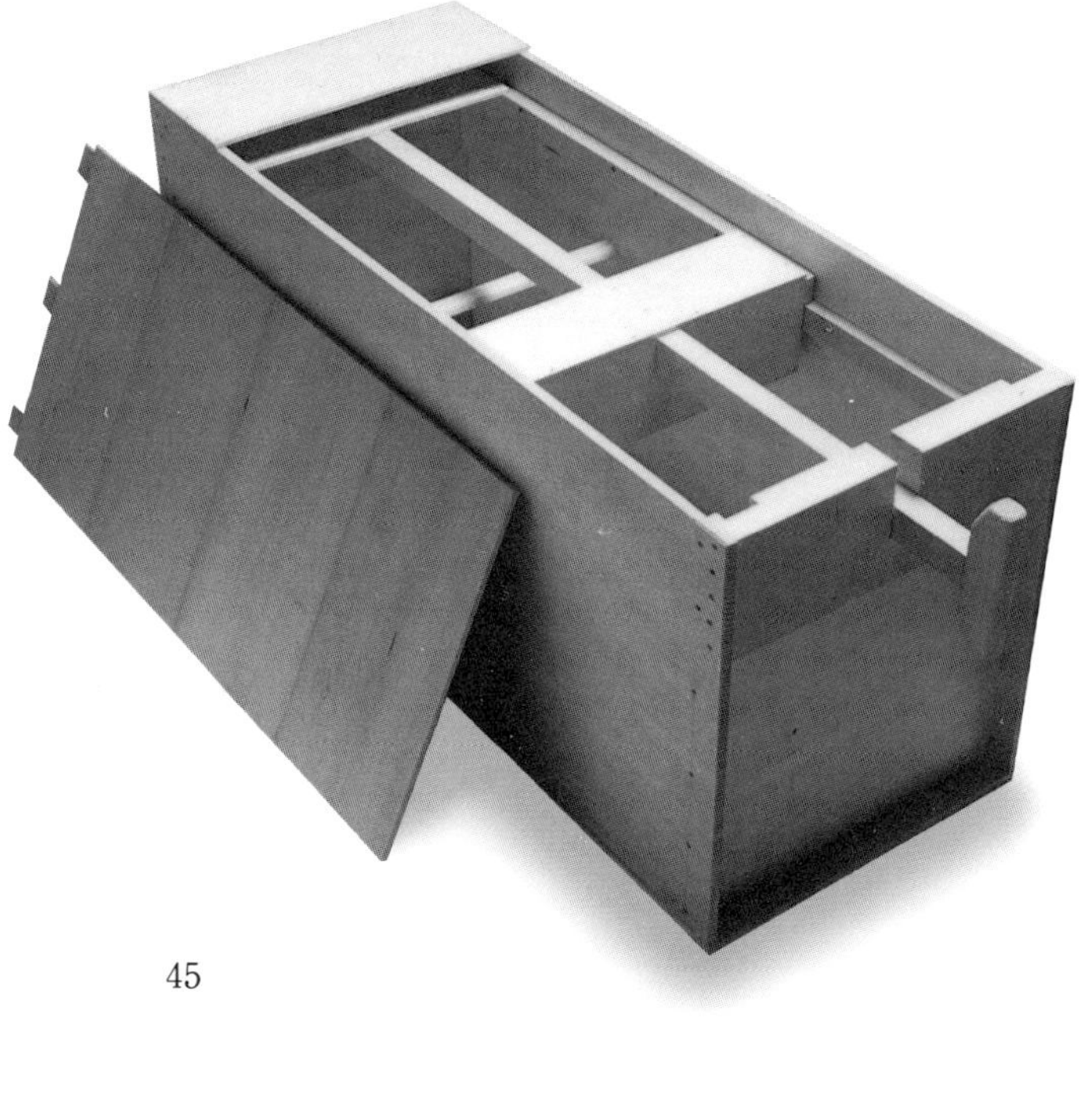

とんかんぶるい　江戸時代半《なか》ば頃から大正頃まで使われていた粉ぶるい。ふるい絹を張った木枠が上部にある。粉がとばぬようにフタをして、外に突き出た把《と》っ手《て》を前後に動かすと、よい音が響くので、「トンカンぶるい」とも言う。

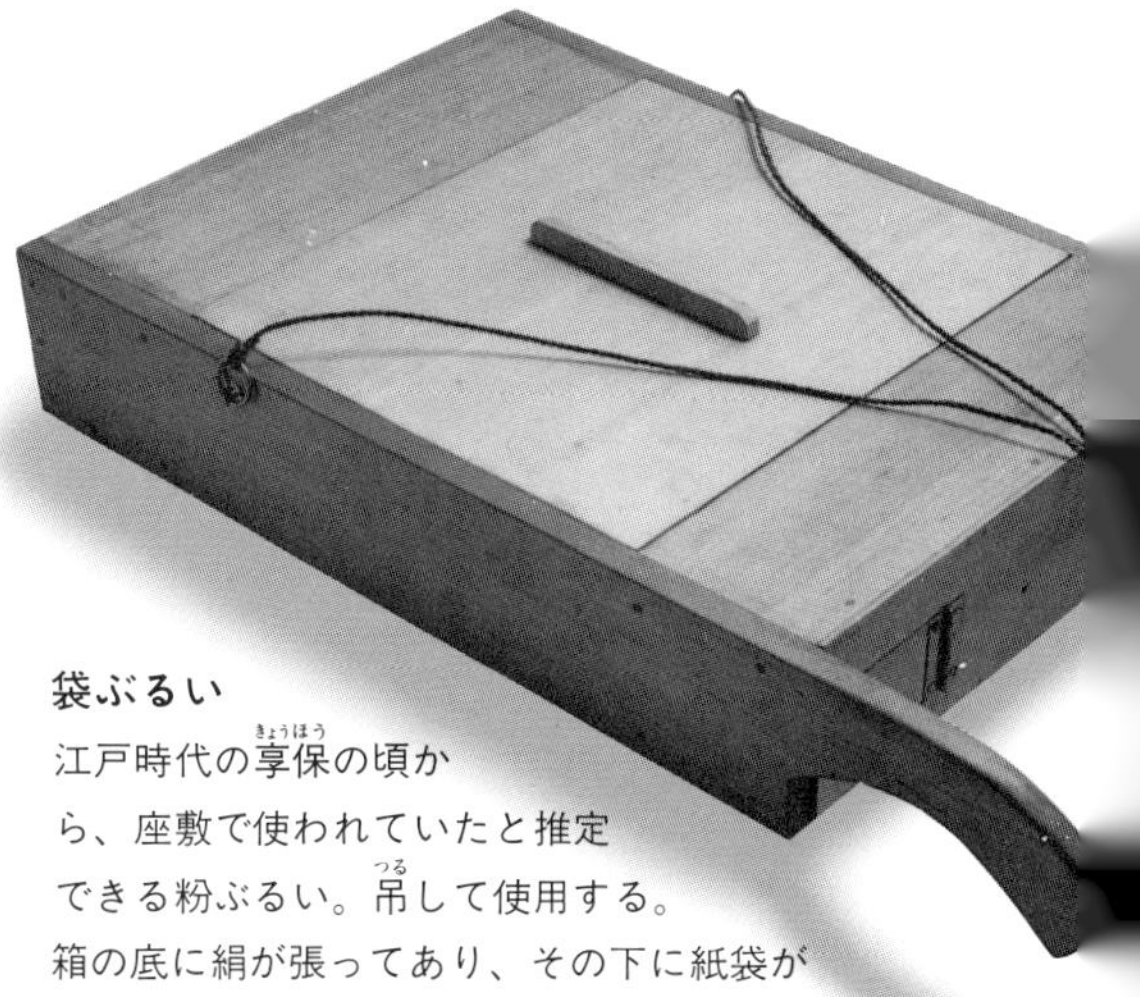

袋ぶるい

江戸時代の享保《きょうほう》の頃から、座敷で使われていたと推定できる粉ぶるい。吊《つる》して使用する。箱の底に絹が張ってあり、その下に紙袋がついている。この紙袋に粉がたまる仕組み。紙袋は折りたためるようになっている。

焼きもの・塗りもの

片倉康雄作品集の器は、大半が自家製である。塗り物はほとんどすべての器が、みずから漆を塗り、カシューを塗って、磨《みがき》をかけたもの。焼き物も、たとえば「山かけ」の丼などは自分で窯《かま》に入り、焼いたものである。好きだからと言ってしまえばそれまでだが、ここまで「そば」一筋に全人的に打ち込んできた人は他にいないであろう。

名人の自作の塗り物は、閉めきって湿度を加えた室《むろ》のような一室で乾かす。

序　そばの魅力と手打そば

一、そばの魅力

(一) そばのうまさ

延《の》して細く切った「そば」は、「そばがき」や「そばだんご」などと区別する意味で、「そばきり」という改まった呼び方もする。しかし、現在は、ことさらに「そばきり」などと言わなくても、そばという言葉がそのまで、「そばきり」を指《さ》すまでになっている。「そばきり」が「そば食《しょく》」を代表する食べものに昇格《しょうかく》して、ざっと二百年は過ぎた計算になろうか。

これほどまでに「そばきり」が愛好されてきたのは、そば（そばきり）の何が魅力なのだろうか。ひとことで言って、そばのうまさとは、何んなのか——。

食べものには、味の特徴や、おいしさの仕組みを、ひとことで簡単に言い表わせるものと、そうはいかないものがある。そばは後者の部類に入るであろう。「そばのうまさとは何か？」と切り込まれて、即座《そくざ》にシカジカと答えられる人は少ないように思う。言葉を探しまわったあげくに、適当な表現が見つからなくて口をつぐむことになりやすい。

しかし、言葉で語るのは難しくとも、この本の場合は、やはりここから始めるのが筋《すじ》というものであろう。「そば（そばきり）のうまさとは何んなのか？」という問いは、そばのエッセンス（真髄《しんずい》）にかかわる大事なことがらである。

◉感触《かんしょく》の遊び

だれにもわかることがらから始めて、そばのうまさについて語るとなると、まず指摘《してき》すべきことは「感触《かんしょく》」の問題であろう。

麺類は、いったいに、そのものの甘い・からいの味よりも、唇《くちびる》に触《ふ》れたときの感じや歯ざわり、のどを落ちていくときの感じのほうが、強く印象に残る食べものである。これは食べ方からくる、と言ってよいかと思う。

ほとんどの食べものは、よく噛《か》み砕《くだ》いて食べるのに対し、麺類はすすり込む。別に噛んでいけないわけではないが、一般には、ろくに噛まずにすすり込《こ》む食べものである。その食べ方の違いに、一種、遊びの要素があり、唇や歯に触れたときの感じ、舌の上を送られていくときの感じ、のどを落ちていくときの感じなどが、強く印象に刻《きざ》み込まれる。

では、麺類の食べ味の印象は、どれも同じかと言うと、それが意外なほど違う。主原料に小麦粉を使用するうどんの系統の麺でも、太いうどん、細いうどん、ひやむぎ（冷麦）、そうめん（素麺）などの間には、かなりの違いがある。ましてそばとなれば、うどんとはまるで違う。

そばは口あたりに、一種ざらつくようなところがある。それでいて、すべりは悪くない。そこから、よく言われるように、汁《しる》につけた麵を「つるつるッ」と音立ててすすり込む楽しみが生まれてくる。――ときに、ごそごそ・もそもそと、すべりの悪いものもないではない。「つるつるッ」とはいかず、のみ下《くだ》したのちも、いつまでものどに引っかかっているような感じがする。そういうものが、いちじるしく興《きょう》を殺《そ》ぐことから見ても、「一種ざらつくような感じを残しながらすべる」という不思議な感触が、そばの味わいに大事な役割を果たしていることがわかる。

大げさに言えば、「口中のぬめりや汚《よご》れをこそぎ落としてくれるような爽快《そうかい》感」――このすがすがしさこそ、そばならではのものである。独特という言葉は、このようなものにこそ使うべきであろう。うどん系の、つるつる・すべすべ・しこしことといった口あたりとは、およそ別の感触である。

その特有の感触が決定的にはたらくのは、のどを通るときである。そば（そばきり）のうまさは、のど越《ご》しの快《こころよ》さにきわまる。これはおそらく、万人《ばんにん》の認めるところであろう。そばのここのところがよい、あそこのところがたまらない……と列挙《れっきょ》すれば、いろいろなことがあがるが、その中で段違いに印象の強いものとなれば、やはり、のどを落ちていくときになろう。

おそらく、のど越しの印象が、そばと同じくらいに重い役割を担《にな》っている麵は、他にないのではないか。うどんは意外にも、のど越しの快《こころよ》さで食べるものではないようである。弾力《だんりょく》のある歯ごたえや、舌の上でのなめらかな印象のほうが強くて、のどに食べ味の痕《こん》跡《せき》を残すものは、いくらもない。また、のど越しの感じを楽しんでいるはずの「ひやむぎ」や「そうめん」なども、冷たさの快《こころよ》さは味わえても、そのもの自体がのどに残す刺激は、たいそうあっけない。

そこへいくと、そばののど越しには、はっきりとした自己主張がある。こそいでいく感じ――口中のぬめりや汚れをこそぎ落としてくれるようなすがすがしい感じが、なんとも言えないくらいに快《こころよ》い。私はその感じを常々《つねづね》（乱暴な表現になるが）、「のどをかっぱじく」というふうに言ってきた。そば好きには、これがこたえられないのである。

まったく、そばののど越しの快《こころよ》さは、他のいかなる麵をもってしても代えることができない。そればかりか、同じくそば粉を原料にしていても、「そばがき」や「そばだんご」からは味わうことのできないものでもある。「一種ざらつくような感じを残しながらすべる」という不思議な感触は、「そばきり」にしてはじめて可能なものである。

（そばののど越しの快《こころよ》さは、感触だけから生じてくるものではなくて、あわせて、そばの風味が決定的にはたらいている。のど越しの問題は、のちほど改めて見ることにする。）

◉噛《か》まなくてもわかる「そばの甘味《あまみ》」

ここで、ちょっと視点を変えて、そばの食べ方について言っておきたい。

「もり」や「ざる」を食べるときに、そばを汁にドップリつけてしまう人がよくいる。もっとすごい例になると、汁の中でそばをかきまわして、麺の一本一本に汁をからませたりもしている。

好き好きだから、それでいけないわけではないが、しかし、そのような食べ方だと、汁の味ばかりが勝って、肝心《かんじん》のそばの味のほうは定《さだ》かでなくなってしまう。やはり、通《つう》が云《うん》云《ぬん》するような食べ方にして、そばの味も、あわせて汁のからんだ味も、楽しんでいただきたいものである。

そばのおいしい食べ方――

「もり」や「ざる」は、そばを箸《はし》で大づかみにせず、数本をつまむ。そして、その端《はし》をちょっと汁《しる》につけ（通《つう》は「汁に顔を見せる」といった表現をする）、すぐ引き上げてすすり込む。それからまた、薬味《やくみ》にわさび（山葵）がついてきた場合、汁《しる》に溶《と》いてしまわず、そばの合《あ》い間《ま》に微量を舌先にのせ、口なおしとして使う（わさびのように香りのきついものを汁に溶《と》いてしまうと、そばの香りは消されてしまう）。

ともかく、このような食べ方をすると、まず、そばだけがきて、追いかけるように汁のからんだ部分に移るので、せいろ一枚の最後までずっと、そばそのものの味も、汁がからんだ状態の味も、ともに楽しむことができる。

その結果は、そばに意外なほど甘味《あまみ》があることに、どなたも気づくはずである。「もり」や「ざる」などの「並《なみ》そば」は、口に入れたとたんに甘味を感じるし、二、三度噛《か》めば、相当の甘味を感じる。砂糖甘さのようなくどいものではなく、軽くて滋味《じみ》に富んだ甘さである。「並そば」の場合、この口に入れてすぐわかる甘味というものは、そばの実《み》の甘皮《あまかわ》のなせる業《わざ》である（後述）。噛んで感じる甘味は、そばのデンプン（澱粉）質から生じてくる。

米にしても小麦にしても、穀類《こくるい》は甘味が身《しん》上《じょう》の食物だが、その中で一番甘味の強いのがそばである。そばは、ろくに噛まずにすすり込む食べ方に、まことにふさわしい味をそなえている。すすり込んだそばが、舌先や頬《ほほ》の内側などに触《ふ》れただけで、すぐ甘味が感じられるし、軽く二、三度噛めば、かなりの甘味がある。これは、そばデンプンの糖化《とうか》がすみやかに行なわれるところに、味の秘密がひそんでいる。

ご承知のように、穀類の甘味は、唾液《だえき》のはたらきでデンプンが糖に変化することから生じてくる。そのためには普通、唾液の分泌《ぶんぴ》をさかんにし、なおかつ、食べものに唾液がしみ込むように、よく噛み砕かなくてはならない。ところが、そばのデンプン質は、そこのところが少し違う。よく噛まなくても、唾液がそばに触れると、それだけでデンプンからデキストリンへの糖化《とうか》が起こり、すぐに甘味が出てくる。（炊飯《すいはん》はグリコーゲンの仕業《しわざ》で、そばの甘味とは異なるところがある。）

打《う》ち粉《こ》にきわめて良質のものを使った場合には、そばの表面は、デンプン質が層をなして打ち込まれた状態になっているので、大げさに言えば、それこそデンプンのひとつぶひとつぶが頬《ほほ》の内側の粘膜に感じとれ、そばの甘味も充分に味わうことができる。

さらに言えば、薬味のおろし大根が麺にからむと、それだけで、ひと噛みもしないうちから、そばに相当の甘味が出る。大根に含まれる酵素《こうそ》ジアスターゼの作用で、唾液に触れる前から、そばデンプンの糖化《とうか》が始まっているためである。

おろし大根は、ピリ辛《がら》さで食欲を刺激するだけでなく、麺にからんで、そばの甘味を引き出す。と同時に、おろしのざらついた感触によって、そばのこそいでいくような舌ざわり・のど越しの快《こころよ》い感じをも助長する。「そばのうまさを味わうには、薬味は、おろし大根に限る」と言う人がいるのも、もっともなことである。

◉のど越《ご》しの快《こころよ》さと「そばの風味《ふうみ》」

ここで再び、のど越《ご》しの問題に戻る。そばののど越しの快《こころよ》さは何から生まれてくるのか——。

その答えの半分は、前に述べたごとく、そばのこそいでいくような感触から説明できる。しかし、それがすべてではない。もう一つ、のど越しの快《こころよ》さに必要不可欠《ふかけつ》のものとして、そばの「風味《ふうみ》」が大事な役割を果たしている。

「風味」という言葉は、ばくぜんと「よい味わい」の意味で使うことが多いようだが、ここでは「口中にひろがる香り、および香りと一体になった、そのもの特有の味わい」の意味で用いている。

このように書くと、「そばに、とりたてて言うようなにおいがあったかな?」と、疑問を感じる人が多いかもしれない。たしかに、そのとおりで、ゆでて冷水に取ったそばは、水切れのちょうどよい頃合《ころあい》を外《はず》さずに味わうかぎり、口に入れる前から鼻に感じるほどのにおいは、まずない(水が切れて時間が経《た》つと、そばのにおいも鼻で感じるくらいにまで強くなる)。においの性質《タイプ》としては、口の中に入ってからひろがる種類の香りである。

すすり込んだそばを、奥歯で一嚙《ひとか》み、二嚙《ふたか》みすると、香気成分がサッと口の中にひろがる。そしてそばがのどをこそいでいくときに、香気成分がのどから鼻へ抜けて、一種の痕跡《こんせき》を残す。

その風味を、五味《ごみ》の大区分——甘い・塩からい・ぴり辛《がら》い・酸《す》っぱい・苦《にが》い——にのっとって、あえて分析するならば、そばの風味とは、「甘いと苦《にが》いにまたがった、すがすがしい味わい」ということになろう。

そばに甘味のあることはすでに述べたが、「御膳《ごぜん》そば」(後述)のような特殊なものを除けば、甘味だけのそばは一つもない。しかし、言葉はクセモノで、そばの風味を、苦味《にがみ》とか「えぐみ」と言ってしまったら、それは事実とはかけ離れてしまう。

人によっては、そばの風味を「えぐみ」の一種のように見ている向きもあるらしいが、これは用心願いたい。というのも、「えぐみ」として受け取られるようなものが、もしあるとすれば、それは、そば本来の香りではなくて、ごみ・ほこり・カビなどの混ざった臭《にお》いであることが充分に考えられるからである。そばの実《み》の外皮《がいひ》についたごみなどが粉に混じることは、製粉の仕方によってはありうる。

純粋に甘いものでもなければ、純粋に苦《にが》いのでもなく、ましてや「えぐい」のでもなく、甘いと苦いの間にあって複合されたような微妙な味わい——、そしてのどから鼻へ抜けてくる香りとしては、一種特有のすがすがしさとして感じられるもの——、あえて言えば、それが、そばの風味ということになろうか。

こういう表現は、あくまでも便宜的《べんぎてき》なものでしかないが、便宜的な記述において「甘いと苦いにまたがった味わい」という表現にこだわるのは、理由のないことではない。じつは、そこのところに、そばの味わいの深さを解《と》く一つのヒントがある、と思えるのである。そばは、のど越しの印象の強さに現われているように、口の奥からのどに味わいを残すが、そのことと、そばの風味の特徴との間には、密接な関係がありそうに思える。

よく、甘味は舌先で感じるもの、と言われる。それも間違いではない。だが、さらに口の奥——舌の後部や、上あごのやわらかいところからのどにかけてが、甘味に対して感度のよいことは特記しておく必要がある。そしてもう一つ、苦味もまた、口の奥で感じるものである。

このような味覚の一般的傾向に照らしてみると、そばの風味が甘味と苦味にスッパリ区分できるものではないにしても、なぜああまでのど越しの印象が強いのかは、わかるような気がする。元来《がんらい》が口の奥で感じる「味」であり、「におい」であって、しかもそれは、あのざらついた「感触」——口の奥からのどの粘膜をこそいでいく感触と表裏一体《ひょうりいったい》をなしている。それだからこそ、そば(そばきり)ののど越しの印象は、他の麵に比べてひときわあざやかなのである。

㈡ そばの味と技術

そばを打つには、原材料（そば粉、および割《わ》り粉その他のつなぎ材料）、そば道具、そば打ちの技術、の三つが揃《そろ》わなくてはならない。さて、この三条件は、打ち上がったそば（そばきり）の味とどのような関係にあるか。ズバリ言って、そばの味は、何によって決まるのか——。

◉「技術」以前に味を左右するもの

これから手打を始めようと考えている人や習いたての人は、おそらく、手打の技術（製麵技術）によって、そばの味が決まると考えていることであろう。地味《じみ》な小道具のように見える原材料やそば道具よりも、派手《はで》で見栄《みば》えのする手打の技術のほうに目がいってしまうのは、無理からぬことかもしれない。手打の技術さえしっかりしていれば、それだけで、つまり、原材料やそば道具の状態はどうであろうと、うまいそばが打てると思い込みやすい。

しかし、それは間違いである。手打の技術だけで、うまいそばが打てることは絶対にない。

ならば、そばの味を決めるものは何か。

それが原材料である。そば粉、および割り粉がものをいう。そばの味は、原材料であらかたが決まると言って間違いではないのである。

「あらかた」とは、ひどくばくぜんとした言い方だが、要するに、そばの味と原材料との間には、次のような因果《いんが》関係がある。すなわち、原材料が粗悪《そあく》であった場合、かりに名人級の腕をもってしても、材料の悪さからくるそばの味のまずさは、いかんともしがたい。もちろん、そば粉の質が劣る場合、そば汁《じる》のほうを工夫《くふう》し、汁の役割を極端に重くして、汁のうまさで食べさせてしまう術《て》はある。しかし、そばが主《しゅ》で、汁は従《じゅう》という本来のあり方をとおすかぎり、まずい粉は、まずいそばにしかならない。

裏返して言えば、うまいそばというものは、打ち手の技術を云々《うんぬん》する以前に、良質の原材料が絶対必要条件になっている。いわゆる手打ち場で腕をふるう以前に、客の目に触《ふ》れないところですでに、うまいそばになりうるかどうかの選択《せんたく》がついてしまうのである。

どうしてそんなにまで、原材料が決定的な重みを持っているのか。

それは——、そばが持ち味を楽しむ食べものであるためだ。そばは、調味料で味つけをほどこす食べものではないし、煮炊《にた》きによって、元の材料から想像もつかないような料理に仕上げる食べものでもない。これて打つ……と、最小限の加工はしても、味の面では、原材料の持ち味そのままと言ってよいくらいにいじっていない。それに配する汁《しる》、薬味《やくみ》ともに、そばを引き立てる脇役《わきやく》にとどまるのが普通である。

ここで、「もり」や「せいろ」を思い浮かべていただきたい。そば屋の中だけで見ている分《ぶん》には、当たり前に過ぎて、何んの疑問もわかないかもしれないが、分野の違う食べものと並べてみると、「もり」や「せいろ」は、たいへんに特異な食べものである。そばきりに、わずかの汁と薬味だけ——と、取り合わせにおいて、これほど簡素《かんそ》な食べものは他にちょっと見当たらない。

多少なりとも似ている取り合わせを、別の分野から無理やり引っぱってくれば、それは、ご飯《はん》と味噌汁に漬け物がついた形になろうか。……だが、これはあくまでも、あえてするたとえでしかないようだ。なぜかと言えば、いまどき、ご飯と味噌汁に漬け物がついただけのものを、誰がわざわざ出向いてカネを払ってまでして食べるか、という疑問が生じるからである。

それに対して、「もり」や「せいろ」は、あれほど簡素でありながら、立派に商品として通用する。それも、つけ足しの商品などではなく、そばの代表格に位置する。いちばん簡素な形のものが、そばの代表格にあるということは、すなわち、そばが、そばそのもののうまさを楽しむ食べものである、ということにほかならない。そしてまた、そばは余計《よけい》なものを加えずとも、そのもの自体が他に代えがたい魅力をそなえている、ということでもある。

いよいよもって、行き着くところは原材料ということになる。そばの味に占める原材料の役割には、抜き差しならぬものがある。

ところが、この原材料——、うまいそばがあれば、まずいそばもあることからわかるように、一様《いちよう》ではない。産地、地質、気候などの生育条件の違いや、品種の違いが、味の違いとなって表われるし、製粉の仕方によっても、味は違ってくる。

こうして見てくると、よい粉を見分ける眼というものが立派《りっぱ》な技術であることは、どなたも認めざるをえないであろう。そばの技術と言うと、製麺技術——とりわけ手打の技術ばかりがクローズアップされやすいが、原材料を選別し、そのいろいろの性質と変化を判断する能力も、製麺技術と並ぶ技術として、いや、製麺技術以上に高度の技術として認識する必要がある。

◉そば打ち技術のねらい

では、そば打ちの技術は、そばの味とどのような関係にあるのか。

そばの味が、原材料ですべて決まってしまうのであれば、のちの「技術」の高低を問うなどはムダごとであり、だれがやっても同じ味になるはずである。前のところで、そばの味は原材料であらかたが決まると、含《ふく》みのある言い方をしたのは、その後に〝可変要素《かへんようそ》〟が控《ひか》えているからにほかならない。「うまいそばは、うまい粉からつくられる」とは真理だが、「うまい粉なら、うまいそばになる」とは、必ずしも断言できない。技術レベルが低い場合には、よい粉を使いながら、いじくりこわしてしまうことだって珍しくないのである。

一つ二つ例をあげてみると——、こねたり、延《の》したりしているときの失敗に、「カゼをひかす」ということがある。これは、手や麺棒の動きに遊びのあることが原因で、生地《きじ》の水分をとばしてしまい、表面が乾いて白っぽくなったり、ヒビ割れることを言う。

打ち上がったそばの味について見ると、途中でカゼをひかせたものは、一般にうまくない。ちゃんと打ち終えたものに比べて、数段劣ることになりやすい。そばの味と生地《きじ》の含《がん》有《ゆう》水分とは密接に関係しており、そば打ちにおいては、生地《きじ》の水分を逃がさないことが必要条件なのである。

しかし、だからといって、カゼをひかせないように進めるならば、いくら時間をかけてもかまわないのかと言えば、これがまた、味に影響する。かりに一玉《たま》を打つのに一時間かかったとして、カゼをひかせないかぎり、食べられない味ではないが、一般には、おいしいものではない。時間をかけ過ぎたものは、味が減じてしまう（熟練者はそのかぎりではない）。

要するに、そば打ちの技術とは、麺状に加工できれば、それでよいというものではないのである。こねて、延して、切る……と、ひととおりの型や形ができるだけでは、技術があることにならない。原材料の持ち味を損《そこ》なわぬようにして麺状に仕上げるところに、「技術」のねらいがある。

つまりは、前のところで話した原材料を見分ける眼《め》と、そば打ちの技術とは、個々バラバラのものではなく、仕事の中では分かちがたく結びついていることになる。いや、分かちがたく結びついていなくては用をなさないものである。粉の状態でしかじかのものは、こねているときにはどんなふうになりやすく、延しではどんな反応がある、釜ではどういうことに気をつける、食べてはこんな味がする。それが、途中のどこそこで間違いをすると、のちの修正が利《き》かず、食味をいちじるしく損《そこ》なう——と、材料と仕事の状態を、常に味と結びつけて点検する。それを地道《じみち》に続けていけば、粉によって微妙に違う持ち味やクセもわかってくるし、また、持ち味を損なわぬようにするには、どんなところに気をつけて進めなければならないかもわかってくる。その積み重ねによって、生きた「技術」が身についてくるのである。

◉「道具」と　技術」の関係

おしまいは、そば道具と技術の結びつきについて——。

結論を先に言うと、道具のよし悪《あ》しは、仕事の質と密接に結びついている。よい道具なくして、質の高い仕事、念《ねん》の入《い》るこまかい仕事、仕上げのきれいな仕事は不可能だし、また、仕事を幅広くこなしていくこともできない。

「弘法《こうぼう》、筆《ふで》を択《えら》ばず」とは、よく言うが、そのようなたとえが通用するのは、ごく限られた範囲でしかない。おそらく、ことわざどおり、弘法大師《こうぼうだいし》のような書道の名人になれば、筆のよし悪《あ》しなど問題にせず、その場にあった筆で、みごとな字を書いたことであろう。さもありなんと思う。しかし、そこから論理《ろんり》を飛躍《ひやく》させて、すべてその道をきわめた人は、粗末《そまつ》な道具を使っても、すぐれた質の高い仕事をなす——と一般化することには無理がある。あくまでもそれはたとえであって、ひとつことに打ち込めば打ち込むほど、実態は、前のことわざとは逆になっていくからである。よい仕事をしようと思えば、まず、道具からしてよいものが必要になる。

そのことを、本題のそば道具を例に引いて見ていくことにしよう。いまは、そばきり庖《ぼう》丁《ちょう》を取り上げてみる。

そばきり庖丁は、幅が広くて長いので、柄《え》を握り持ったときの重さのバランスがとれていないと、たいへんに使いにくい。柄《え》を自然に握り持ってみて、先端が下がってしまうものを、俗に「前かぶり」と言う。重心が手もとになく、前のほうに偏《かたよ》っている。そのために前が下がるわけで、こういうことは刀や釣竿でもある。そのあたりの詳細は本論にまわすが、ともかく前かぶりの庖丁《ほうちょう》というものは使いにくく、こなせる仕事にもいろいろ制約がある。

ためしてみるとわかるが、柄を握り持って重さのバランスがとれているものと、とれていないものでは、同じ目方《めかた》（重量）の庖丁でも、手に感じる重さがまるで違う。当然ながら、重さのバランスのとれているものは手に軽く、バランスのとれていないものは手に重い（総重量に限度はあるが…）。

そういう重さのバランスのとれていない庖丁（ほとんどの場合、「前かぶり」の庖丁ということになる）は、柄を握り持っているだけでも力が入るので、疲れやすく、大量の仕事はこなせないことになる。

そればかりではない。庖丁仕事というものは、リズミカルに運んでこそきれいにいくのだが、重い庖丁に手首を振られまいとして力を入れているので、動作がギクシャクして、粗《あら》い仕事になりやすい。

それからまた、そういう庖丁をともかく自分なりに使いこなしていこうとすると、へんなクセもつきやすい。

そばきり庖丁のように、一つの動作を何百回、何千回と繰り返すための道具は、手に軽いほうが使いやすく、仕事もまたうまくいくものである。そのためには、単純に目方《めかた》が軽い・重いということだけでなく、重心が手もとにあること、なおかつ、左右に偏《かたよ》りなくセンターの通っていることが基本条件になる。

その基本条件を満たした上で、さらにもう一つ、脇の肉の薄いことが、そばきり庖丁の望ましい条件になる。脇の肉の厚い庖丁より、肉の薄い庖丁のほうが、仕事を幅広くこなしていくことができる。

いま、「並《なみ》そば」の仕事をしているとして、一寸＝三・〇三センチ幅を三十本に切るとしよう（これを職人言葉では「切りべら三十本」というように言い表《あらわ》す）。そば一本あたりの切り幅は約一ミリであるが、――さて、一ミリの間隔《かんかく》で切り続けるときに、かりに脇の肉の厚みが五ミリもある庖丁を使ったら、どういうことになるか。

その庖丁が片刃《かたば》なら、庖丁の片側には、そばを五ミリも押しのけようとする力がはたらくし、両刃《りょうば》なら庖丁の両側に、そばを二ミリ半ずつ押しのけようとする力が作用する計算になる。

現実には、そんな鉈《なた》のようなそばきり庖丁はないし、また、そういうお化け庖丁に耐《た》えて形を保つことのできるそばもないはずである。角《かど》はつぶれ、一本の長いままではいられなくて、ズタズタに切れてしまう。

万が一、形を保っているそばがあったとしたら――つまり、いったんは脇へ押しのけられてひしゃげたようになっても、すぐ復原《ふくげん》するなどというそばが、もしもあったとしたら、それは、うどん粉のよほど多い、化けものみたいなそばであろう。

ただし、その場合にも、庖丁の押しのける力が強くて、「口があかない」（切り分けた一本一本が、きれいに離れない）ことになってしまうはずである。

――以上は、話をわかりやすくするために誇張《こちょう》したままでであるが、ここまでバカげた事態ではないにしても、同様のことは、肉の厚い庖丁を使う場合に多かれ少なかれ生じている。巷間《こうかん》、「そばきり庖丁は肉の厚い重い庖丁がよい」と言われているらしいが、こういう俗説は間違いなのである。

道具がよくないと、仕事にどんな悪影響が及ぶかを、ここでまとめておこう。

一、割《わり》を詰めた（つなぎの少ない）本来のそばは打てない。

二、そば粉の種類・用途・好みに応じて、並《なみ》・太《ふと》打ち・細《ほそ》打ち・極細《ごくぼそ》打ちなど、いろいろなそばを扱うことができない。こなせる仕事の範囲が狭《せば》められる。

三、仕事にムダな力を要するので、一日にこなせる仕事量がきわめて限られてくる。

四、同じくムダな力を要するので、道具の傷《いた》みが早い。

五、仕上げのきれいな仕事はできない。

結論を繰り返すならば、道具と技術は一体のものである。

㈢ 手打と機械製麺

前のところで、原材料、そば道具、そば打ち技術の三つの関係を述べるにあたり、私は故意《こい》に、二つの用語の意味範囲《いみはんい》をぼかしたままに論《ろん》を進めてきた。慧眼《けいがん》な読者は、とうにお気づきであろう、「そば道具」と「そば打ち技術」という、論の核をなしていた言葉が、その二つである。

「そば打ち技術のねらいは、原材料の持ち味を損《そこ》なわぬようにして麺状に仕上げることにある」とか、「道具と技術は、表裏《ひょうり》一体の関係にある」と言う場合、その「道具」と「技術」という言葉が、機械製麺をも含んでいるのかどうか――。人によっては、そのことがたいへん気になっていたのではないか。

現在の私の心境《しんきょう》を正直に言わせてもらえ

ば（いまに限らず、戦前からそうなのだが）、失礼ながら、それは、どうでもよいことの部類に入る。材料の厳選《げんせん》こそが、すべてに優先する最重要課題であることを心底《しんそこ》理解すれば、そして苦労して良質の原料を入手するならば、その持ち味を殺さぬようにしようとする心が、おのずから、「技術」や「道具」に対しても道を拓《ひら》くからである。

しかし、初心の人を相手に、こうもアッサリ言い切ってしまっては、身《み》も蓋《ふた》もない。私も若い頃は、その種のことに興味を持った時期があったし、初期は機械製麺であった。前節で外《はず》しておいた、手打と機械製麺の比較論を、本題との関係を忘れずにここで展開してみよう。

◉手打の特徴㈠……加水量の多さ

手打の特徴をひとことで言えば、それは、そばにも打ち手にも無理のない打ち方、となる。（打ち手のことを専門用語＝職人言葉では、「そば打ち板前《いたまえ》」あるいは単に「板前」と呼ぶ。）

そば打ちは、端《はた》で見ていて感じるよりも、ずっと力の要《い》る仕事であるが、それでも「変わりそば」以外は、よほどのことがないかぎり、一人で何玉も続けて打つことができる。これは、段階を踏んで、徐々《じょじょ》に進めていくように作業が組み立てられていればこそできることで、裏返して言えば、一足跳《いっそくと》びの強引《ごういん》な力業《ちからわざ》の通用しない世界、無理の通らぬ世界でもある。

たとえば、手打は、そもそものスタートの加水量からして、機械製麺とは比《くら》べものにならないほど多量である。粉（そば粉と割り粉を混ぜ合わせたもの）に多量の水をまわしてこねる。

手打のこの多量加水という特徴は、加水量を極端に減らして固《かた》ごねに過《す》ぎた場合、腕や肩、腰などに負担《ふたん》がかかり過ぎて、仕事にならないところから生じたものである。つまり、加水量を多くするのは、打ち手が無理なく進めるための手段として、経験から割り出した「知恵」であるのだが、それが、ただの便法《べんぽう》を通り越して「知恵」とまで呼べる所以《ゆえん》は、そばの味のよさと結びついていることにある。

含有《がんゆう》水分の多いものは、含有水分の少ないものよりも早くゆだる。このこと——ゆで時間が短くて済むということは、麺類の場合、ことに大事な意味を持っている。

釜の熱湯が、一本一本の麺の中心部にまで浸透《しんとう》して煮えた状態となるまでに、時間がからないので、表面が煮崩《にくず》れすることを防げる。その結果が、口あたりや舌ざわり、のど越しの快《こころよ》さとなって生きてくる。

さらにもう一点、ゆで時間の短さは、風味《ふうみ》が飛ぶことをも防ぐ。

いずれも、そばの食べ味において、欠かすことのできない要素となるものである。このような食味をつくり出すうえで決定的に作用しているのが、すでに述べた加水量の多さと、そして、手打の延《の》し方である。

◉手打の特徴㈡……延《の》し方

手打では、こねて玉《たま》に取ったものを延《の》し台に据《す》え、麺棒（延《の》し棒）を使って徐々《じょじょ》に無理のないように延しひろげていく。打ち手に対して無理がないだけでなく、そばの生地《きじ》に対しても無理なことをしない、という意味である。

無理なこと——つまり、延し棒一本でいっきに、そばの幅や厚みを決めて、またたく間《ま》になめしたように延し上げるなどということは、手打では、やろうと思ってもできない相談であり、ここのところに、じつは、手打の長所とも短所ともなる原理的なものがひそんでいる。

手打では、板前が延し棒を通して加えている力に対して、そばの生地の側は常に逃げ場を持っている。

延し台に据《す》えた玉は、玉のすぐ外側を木枠《きわく》などで囲《かこ》われているわけではないので、力の加わり方によって、前後左右いずれの方向にも逃げられる状態にある。生地《きじ》が逃げてしまうので、たとえ製麺機のロール並《な》みの強い圧力をかけたくても、かけることができない。

そのことが手打の短所として映《うつ》るのは、あ

くまでも、機械製麺の容易さと比較してのことなのだが、ともかく、生地に逃げ場のある手打では、加える力の方向と強さの度合《どあい》、また同一動作の反復《はんぷく》回数などを、絶えず的確《てきかく》に判断しながら、段階を踏んで進めない限り、形は不定形の「延しムラ」の多いものになってしまう。（「延しムラ」とは、厚みに薄いところ、厚いところがあることを言い、食味を殺《そ》ぐ因《もと》になる——詳細は一五八〜一六〇ページを参照のこと。）

　しかし、それを修練によって克服《こくふく》した場合には、この「そばの生地の側に常に逃げ場のある状態」で作業を進めるという手打仕事の特性が、食べ味の面で、長所となって実を結ぶ。

　そばの逃げ道を塞《ふさ》ぎ、無理やり押しつぶして平らにしたりするのでなく、いわば、だましだましして徐々《じょじょ》に延しひろげてくる。その結果、顕微鏡レベルで言えば、そばの表面はつるつるののっぺらぼうではなくて、延し進めるときに打ち込んだ「打ち粉」が毛氈《もうせん》のような膜《まく》をなし、なおかつ、少しずつ少しずつ延しひろがっていったことを示す微細な襞《ひだ》が、無数に走っている。

　この表面に残る粉のつぶと襞《ひだ》が、㈠の「そばのうまさ」のところで述べた「一種ざらつくような感じを残しながらすべる」という、そばの不思議な感触を生み出すわけで、良質のそば粉を厳選《げんせん》し、なおかつ、つなぎの小麦粉をも選び、その割合を極力《きょくりょく》減らして（そば粉の二割以内にとどめて）打った場合には、そばの感触の快《こころよ》さを存分《ぞんぶん》に楽しむことができるのである。

　そばの表面に残る無数の襞《ひだ》は、もう一つ、汁のからみをよくするはたらきもする。手打そばの汁のからみがすこぶるよいのは、この微細な襞《ひだ》のためで（もちろん、肉眼《にくがん》では見分けられないが）、ここから、そばをドップリ汁につけ込まなくともよい食べ方が生まれてくる。

　ただし、以上のような諸特性からは、手打が長距離出前などに適さないことがうかがい知れよう。吸水性が高く、そばがのびやすいためである。

●機械製麺の特徴

　一方、機械製麺の特徴は、素人《しろうと》にも可能な操作《そうさ》の容易さと能率にある。この特徴は、延しの工程を受け持つロール製麺機が、物理学的に見て、手打とはまったく違う延し方をとるところから生まれてくる。

　手打の延し方が、常に生地《きじ》の側《がわ》に逃げ場のある状態で進められるのに対して、機械製麺では、生地の逃げ場を塞《ふさ》いだ状態にして作業が進む。そばの生地は、ロールの間を通過するときに、幅と厚みと方向を決められ、いやおうなく麺帯《めんたい》になっていく。

　ロールの圧延力《あつえんりょく》というものは、強大であり、麺棒などの比《ひ》ではない。ロールの間隔《かんかく》をひろげて圧力を弱めた状態にしても、回転しているロールの間に指をはさんだりしようものなら、たちまち指がつぶれてしまう。その強大な圧延力《あつえんりょく》によって、手打のように徐々《じょじょ》に延し進めるのでなく、押しつぶすようにしていっきに延し固めてしまう。

　そこから、機械製麺に特有の種々《しゅじゅ》さまざまな問題が派生《はせい》してくる。

　まず、一番よくないのが「バラがけ」の問題である。ミキサーでちょっとかきまわしただけの、ボロボロの、ろくに水のまわっていない粉っぽいものを製麺機にかけても、強大な圧延力《あつえんりょく》によって、ともかく麺帯にしてしまうことができる。——ただし、このようなものは、㈠の「そばのうまさ」で述べたような食味の対象外にある。

　そこまでひどいものにしてしまわないために、手打の「木鉢《こね》」に当たる操作《そうさ》を機械製麺なりの方法で行なう場合にも、なおまだ問題が残る。すなわち、ロールの圧延力《あつえんりょく》の強さが禍《わざわい》して、手打ほどには加水量を多くできない。加水量を手打と同じくらいに増やすと、そばがロールの力に耐《た》えられず、ちぎれてしまうし、切り刃《は》もうまくいかないのである。そこで少ない加水量で進めるが、二度、三度とロールを通すことによって、そばがのっぺりと押し固められてしまいやすい。その結果、ゆで時間が手打よりはるかに長くかかり、そばの角《かど》が煮崩れたり、風味が飛ぶ心配が残る。一番の欠点は、ゆで上げたそばが、スパゲッティのようにコチコチになることにある。そして、汁のからみもよくない。

このようないろいろの問題点を解決して、手打に負けないだけのものをつくろうとすると、機械の改良と操作に気を配《くば》るだけでなく、機械製麺といえども相当に手をかける必要の出てくるのが一般的傾向である。

◉手打の課題

さて、以上のような簡単な比較を通して、「手打なら、うまい」とか、「手打だから、味がよい」という結論を引き出す人がもしいたとしたら、それは間違いである。

機械から手打へ転換を図《はか》ろうとしている人や、すでにその転換を果たして相応《そうおう》の実績を上げている人たちは、「手打は味がよい」という答えを必要としているであろう。そば愛好家のなかにも、同じことを考えている人は結構いると思う。常になくうまいそばを食べて、それが手打であったことから、そばを見なおすようになったという話はよく聞く。

たしかに、「〝味〟の手打」に「〝能率〟の機械」といった対比は、それなりの説得力を持っており、両者の特徴を大づかみにわからせるという限りでは、間違いと言い切ることはできない。

しかし、そのレベルから一歩踏み込んで、「手打だから、うまい、味がよい」と思い込んでいるとしたら、それはもう、まったく正しくないことになる。

㈡の「そばの味と技術」のところですでに述べたように、味のよし悪《あ》しは、原材料であらかたが決まってしまう。手打だから、うまいのではなく、味のよいそば粉を使っているから（そして製麺の段階で粉の持ち味を殺していないから）、うまいのである。

その点を踏まえて、もう一度、手打の特性を要約《ようやく》すれば、手打は、粉のうまい・まずいがストレートに表《おもて》に出てくる打ち方、と言いなおしたほうがよいかもしれない。すなわち、そば打ちの技術がある程度のレベルを越えているかぎり、よい粉を使えば、粉の味のよさが素直《すなお》にわかってもらえる打ち方——、反対に、悪い粉を使えば、粉の味のまずさがまともに出てしまう打ち方——、それが手打というものなのである。

くどいようだが、手打という製麺工程の中に、まずい粉から味のよいそばをつくり出す魔術は存在しない。

したがって、機械から手打へ転換を図《はか》る場合、粉を元のままに据《す》え置くのでなく、はるかにグレード（等級）の高い、良質のものを厳選《げんせん》する措置《そち》を講《こう》じて、はじめて手打への転換が生きてくるものであることを肝《きも》に銘《めい》じていただきたい。

残念ながら、当節《とうせつ》は、品質のすぐれた原料が手に入りにくい時代ではある。だが、それを求める努力を怠《おこた》って、形だけの手打に終始した場合——、機械製麺ではあっても良質の粉を探《さが》し、その粉を生かすべく努力している店がもし近くにあったら、その店に形だけの手打は負けることになるであろう。いい加減な手打は、よくできた機械製麺に劣ると言っても、間違いではないのである。

㈣「そば食《しょく》」のひろがり

◉「もり」や「たねもの」の限界

ここで再び「そばきり」という呼び方も使わせていただくならば、これまでのところは、もっぱら「そばきり」に的《まと》を絞って話を続けてきたことになる。その「そばきり」も暗黙《あんもく》のうちに、誰もが知っている「並《なみ》そば」を想定《そうてい》してきた。ことあらためて「並《なみ》そば」などと言うと、人によってはびっくりするかもしれないが、あの、色は特別白くもなければ黒くもなく、幅もまた細からず・太からずの、よく見慣《みな》れたそばのことである。

さて、この「並《なみ》そば」を、良質の材料を厳《げん》選《せん》して、丹精《たんせい》してそばに打ち、ひたすら味のよいものを求め続けていくならば、ここにそばの道はきわまる、ということになるかどうか——。

残念ながら（いや、逆に、嬉しいことにと言うべきか）、そばの魅力は、「並《なみ》そば」だけでは捉《とら》えがたい。「並」は、そばの基本をなす大事なものだが、しかし、「もり」や「せいろ」に「たねもの」だけでよしとするには、そばの世界はあまりにも広く、また奥が深いのである。

「そば食」のひろがり

- そばきり
  - 変わりそば
  - **並そば**（もり・せいろ　たねもの各種）
  - 田舎そば
- そば料理
  - そばずし
  - そば料理
  - そばがき
- そば菓子
  - 和菓子
    - 和菓子（そば落雁）
    - 蒸し菓子（そばまんじゅう）
    - 焼き菓子（そばまんじゅう）
  - 洋菓子
    - ケーキ（そばクッキー　そばカステラ他）
    - ゼリー
- そばパン
- そば米
- そば茶
- そばコーヒー

たとえば、同じく「そばきり」とする場合にも、粉の碾《ひ》き方・採《と》り方の違うそば粉を使えば、そこに「変わりそば」と「田舎《いなか》そば」が生まれる。どちらも、普通の「もり」や「せいろ」では味わうことのできない、鮮明な特徴をそなえたそばである。

それだけに好みは分かれるが、しかし、一度そのうまさを知ってしまったら、「並そば」だけで我慢《がまん》するなどということは、とうていできない。本《もと》は一つのそばの実《み》でありながら、「並そば」では代替《だいたい》が利《き》かないほどの強い個性をそなえたそばなのである。ことに「変わりそば」は、とかくそばを野暮《やぼ》ったい地味《じみ》なものと思いがちな人にとって、上品この上ない驚異《きょうい》の世界となろう。

いまは巻頭《かんとう》の口絵《くちえ》とこの程度の説明で想像してもらうしかないが（第二篇で詳細に述べる）、ともかく、ひとくちに「そばきり」と言っても、そこまで性質の違うものがあるときに、「もり」や「せいろ」、各種の「たねもの」だけに領域を狭《せば》めて、うまいの・まずいのと言っているのは、いかにも損なことではないか。

◉「そばきり」とは別な「そばの魅力」

実際のところは、「並《なみ》」に「変わりそば」、「田舎《いなか》そば」の三種を取り揃《そろ》えても、まだこれで充分ということにはならないであろう。いや、「変わりそば」を知ることによって、そこに「そばきり」として賞味《しようみ》するだけでなく、「そば料理」への道が拓《ひら》けてくるはずである。

たとえば「そばずし」——。最近は、この呼び名を耳にする機会が結構《けっこう》多いのではないかと思うが、「そばずし」とは要するに、ゆでたそばを主材料に、海苔《のり》で巻いたり、茶巾《ちゃきん》にしたものなどを言う。

これは「並そば」でもできないわけではないが、「変わりそば」で一段と生きる料理である。

不思議なことに、「そばずし」は「そばきり」を材料としていながら、「そばきり」として食べているときにも、普通のすしを食べているときにも味わったことのない、独特の世界を創《つく》り出す。いわゆる「たねもの」などの及びもつかない料理の世界である。

そして、なにがなんでも「そばきり」にするという拘束《こうそく》を放《はな》れてみると、そばの世界が思いもかけもないほどに広大であることに、どなたも感嘆するはずである。

「そばがき」は、そば粉を多量の水で溶《と》いて煮ただけの（あるいは熱湯で溶《と》いて煮えた状態にしただけの）まことに簡素《かんそ》な食べものでありながら、その高雅《こうが》な味わいによって、茶席では珍重《ちんちょう》されている。また、そば粉を使っていろいろの菓子となせば、これまた茶の友となる。

「そばきり」同様に延《の》し進めてきたものを、麺状に截《た》つだけでなく、いろいろに截《た》って料理材料とすれば、椀種《わんだね》や酒の肴《さかな》として、高級料亭に出しても恥じないだけのものもつくれる。

「そばきり」は、「そば食《しょく》」の中でも、たしかにすぐれた食べ方ではあるが、数ある別の「そば食《しょく》」の魅力まで代替《だいたい》する力は持っていない。その点を考慮《こうりょ》して本書では、「そばきり」以外の「そば食《しょく》」にも可能なかぎりページを割《さ》いていきたい。

まことに、そばの魅力は量《はか》りがたく、また深い——。

二、私の修業法

(一) 私は、なぜ、そば屋になったか

●『一茶庵《いっさあん》』創業の日付《ひづけ》

大正十五年（一九二六）二月三日——。

この日付《ひづけ》は六十年以上経《た》った現在でも、私にとって忘れることのできないものである。この日、私はそば屋『一茶庵《いっさあん》』を開いた。『一茶庵』が呱呱《ここ》の声をあげた地は、現在、本店がある栃木《とちぎ》県の足利《あしかが》ではなく、東京・新宿駅前の食堂横丁、いまの「アルタ」（元の二幸《にこう》）脇《わき》の飲食店街である。間口《まぐち》二間半、奥行五間半の小さな店であった。

ときに私は二十三歳（数え年）。新所帯《しんじょたい》に職人一人を雇っての店開きである。

私はそれまで、会計士という時代の先端を行く職業についていた。小僧っ子の立ち上がった年齢で、早くも商店の旦那衆《だんなしゅう》より高いカネを稼《かせ》ぐ花形商売だった。——しかし、期《き》するところあって、そば屋に転業を図《はか》った。羽《は》振《ぶ》りのいい商売は、カネづかいも派手《はで》で身が持たず、自分の一生の仕事とするには不適当、と見切りをつけたのである。

●おふくろのそばに惹《ひ》かれて

では、転業にあたって、なぜ、そば屋を選んだのか。

それは——つまり、私がそば屋になったのは、母親の打つそばに惹《ひ》かれてのことだった。

私が生まれ育った土地は埼玉《さいたま》県の北部、東《とう》武伊勢崎線《ぶいせざき》・加須《かぞ》駅と利根川との間に位置する、樋遣川《ひやりがわ》というところである。このあたりでは、昔は、そばとうどんの打てることが嫁入りの条件になっており、どこの家の女房も、そばやうどんを打った。が、そうなれば当然のように、上手《じょうず》・下手《へた》が他人《ひと》の口の端《は》にのぼる。おふくろは、村でも名の通ったそば打ちであった。ことに、「毛のように細いそば」を得意にしていた。菜《な》っ切り庖丁《ぼうちょう》で切るのだが、細さといい、切り幅のそろっていることといい、村の評判どおりに見事なものであった。

私はおふくろの打つそばが大好きだった。子供ながらに、おいしいと思った。そばが食べたいばかりに、小さいうちから、おふくろの手伝いをよくしたので、十二、三歳になる頃までには、そばがどういう順を踏んで打つものであるかもおぼえてしまった。長《ちょう》じて東京に出てからも、おふくろのそばの味は、ずっと舌に残っていた。その味が、湯水《ゆみず》のようにカネをつかう生活の中で、あるときふいに、それまでに考えたこともなかったほど大

事なものとして鮮明に浮かび上がってきた。おふくろの打つ「毛のように細いそば」——あれを、自分の手で再現しよう！　おれが一生をかけるに値《あたい》する、直面目《まじめ》な仕事はこれだ、と考えるにいたったのである。

◉両親のこと

ことのついでに、ここで私の両親について記載《きさい》させていただく。父親は清治郎《せいじろう》といい、漢学をやっていた。村の学校の先生や若い衆《しゅう》が教わりに来ていたのをおぼえている。私は小さいうちから、その問答や素読《そどく》の声を聞いていたので、門前の小僧よろしく、学校に上がる前から「論語《ろんご》」の一部をそらんじていた。鷗外《おうがい》や漱石《そうせき》は、十二のときまでに、おやじの蔵書《ぞうしょ》でかなり読んでしまった。

食に関することでは、おやじはシャモ（軍鶏）の飼育が道楽《どうらく》で、そのエサに毎朝、家の前の小川からシジミ（蜆）を掘ってくるのが私の役目だった。シャモのエサは、ときに人間の食いものよりも上等に見え、子供にはうらやましかった。しかし、年に一、二度の大《おお》盤《ばん》ぶるまいで食べたシャモ肉のうまさは、忘れえぬものがあり、これが因《もと》になって後年、私は「しゃもそば」をつくるにいたった。

母親は名を「こと」といった。「こと」の「こ」の字は、正しくは変体がなの「[illegible]」であった。おふくろは長命で、九十になっても元気に、草木染《くさきぞ》めをやり、機《はた》を織っていた。そばだけでなく、そちらのほうでも村々に名が知れ渡っており、十里《り》四方から頼みに来たのである。とうとう九十一歳のときに亡《な》くなった。

子供の数は九人。九番目が私である。末っ子ということもあって私は、小さいうちはおふくろのまわりを回っていることが多かった。自然、手伝いもよくさせられ、それで、糸の紡《つむ》ぎ方や、そばを打つときの手順もおぼえてしまった。

◉「角押《つのお》し」の思い出

たとえば明日の晩、そばを打つとすると、今晩のうちに、そばの実《み》の殻《から》を外《はず》す作業までは済ませておく。収穫したそばの実は「玄《げん》そば」と言う（「くろそば」とも読む）。これを私らの地域——埼玉北部から群馬《ぐんま》、栃木《とちぎ》にかけて——の農家では、麦俵《だわら》（大麦用の五斗《と》俵）に詰めて蔵《くら》にしまっておく。私の家では、土蔵《どぞう》の中でも特に冷え冷えした場所に保管してあったのを憶《おぼ》えている。その俵から使う分《ぶん》だけを取り出し、まず、筵《むしろ》にひろげて天《てん》日《ぴ》に当てたのち、「角押《つのお》し」する。

「角押し」とは、籠《かご》や大ざるに取った玄そばを踏んで、外皮《がいひ》についたごみや泥《どろ》を落としたり、ヘタ（蕚）を外す作業を言う。「碾《ひ》き抜《ぬ》き」（外皮を取り除く作業）に先立つ準備作業である。そばの実は、三角錐《すい》のような形をしており、角《かど》が張っている。外皮は特に角が張っているので、その角のしゃくれたところにごみや土ぼこりが付着しやすい。そこでこの角を足で踏み押して、汚れを落とし、みがきをかける。三角錐《すい》状の実の尻《しり》には、ヘタが残っている。ヘタは砕《くだ》けやすく、また、取れやすいが、そのくずが残って粉に混じると、味を損《そこ》なう。そこで、これもまた踏み落とし、ヘタがなくなったのを見届けて次に進む。

ただし、こう書いてくればわかるように、「角押《つのお》し」は、力まかせに踏みつけて、実《み》をつぶしてしまってはダメである。大人の場合は加減が要《い》る。そばの実に加わる力としては、子供の足がちょうどよい。それで、この「角押し」と、「碾《ひ》き抜《ぬ》き」後の殻《から》（取り外した外皮）の始末《しまつ》には、よく使われた。

「角押し」をするときは、わらじをはき、足首からゲートル様《よう》のものを巻かされた。先刻も述べたように、そばの実は角《かど》が張り、先がとがっているので、足指に触《ふ》れたり、甲《こう》に当たったりすると、チクチクする。子供には決して快《こころよ》い刺激ではないが、それを我慢《がまん》して進めなければならない。そこで「角押《つのお》し」は、そばの実の角《かど》をみがくことがねらいではあるが、一面では、人間の角《かど》をまるくする修業でもある——と、よく諭《さと》されたものであった。

「角押し」も含めて、おふくろがそばを打つときの服装は、思い出してみると、じつによく考えられたものであった。仕事着の袖《そで》はギリギリ細くこしらえてあり、小鉤《こはぜ》でとめて、袖口に空《あ》きのできないようにしてあった。殻《から》や粉が袖口から入ったり、汗がしたたるのを防ぐためであった。加えて、木鉢でこねているときや延しているときに、袖がそばに触れるのを防ぐためでもある。

その仕事着の背は、腰骨のあたりから二つに割ってあった。腰から下は、たっつけをはき、仕事着の裾はたっつけにたくし込む。そのときに背が割ってあると、太腿《ふともも》に巻きつけてしまえるので、バクバクしたり、ずり上がってくるのを防げる。おふくろは、そんなところにまで工夫《くふう》をこらしていた。

●「碾《ひ》き抜き」の手伝い

「角押し」が済むと、「碾《ひ》き抜き」である。土地によっては、外皮を外《はず》さずに粉臼にかける——つまり、黒皮《くろかわ》も碾《ひ》き込んでしまうところがある。しかし、外皮は成分的に見て、繊《せん》維質《いしつ》そのものと言ってもよいところであるだけに、これが粉砕《ふんさい》されて粉に多量に混じると、食べては歯あたりが悪く、胃におさまってからは消化時間がかかり、ガスがたまって腹が張る。いずれも気持ちのよい状態ではない。そのために私らの地域では、そばの実の外皮を取り除いてから粉臼《うす》にかける方法をとってきた。江戸のそばと同じやり方である。

この外皮を外す作業が、何度か述べているように「碾《ひ》き抜き」である。外皮が取り除かれたそばの実は「抜き」と言う。

ところで、「碾《ひ》き抜き」は、どのようにして行なうか。——「抜き」を取るには、粉臼とは別の臼を使う。粉臼は目の切り方がこまかいので、実をすりつぶしてしまう。「抜き」を取るには、外皮だけが割れて外《はず》れればよいのだから、粗《あら》い目を引き通した臼が適している。そこで業者は、専用に「抜き臼」というものをそなえている。（もっとも、実際のところは、外皮が割れて外れるときに、全部が全部、すっぽり「丸抜き」の状態になるのではなく、実がいくつかに「割れ」てしまうものもでてくる。そして実が割れるときには、早くも一部が粉になる。この「抜き」を取る段階で出てくるそば粉が「はな粉」である。）

私らの地域の農家では、臼は、粉臼と、大麦用の「碾《ひ》き割《わ》り臼」の二つをそなえていた。なにしろ、日本でも有数の麦の産地である。そばの実の外皮を取り除く仕事は、この碾《ひ》き割《わ》り臼を使って夜までに済ませておく。

その後の殻《から》の始末《しまつ》がまた、子供の時分《じぶん》の私の手伝い仕事になる。幼いうちは夕方も暗くなると、遊び疲れて眠くなってくるが、それでも、おふくろが明日の晩に打ってくれるそばのことを考えると、手伝いもそんなに苦ではなかった。

翌日、おふくろは早起きして粉を碾《ひ》く。日中は野良《のら》仕事、そして夕方から、いよいよそばを打つ。そばを打つ麺棒は、姑《しゅうとめ》から嫁へと受け継がれてきた、家にそなえつけの麺棒である。これはどこの農家でも同じだった。

●そばの作付《さくづけ》の仕方

それにしても、私は小さいうちから、どうしてこうまでそばが好きだったのか——。

うまいから好きだったというのが、子供の時代に返っての答えである。大好きなおふくろがつくってくれるそばだから好きだった、というのも当たっていよう。……だが、大人になって距離を置いてながめてみると、おふくろのそばには、なるほどと、うなずかせるものがいっぱいあった。北関東は、そばだけではなく、いや、そば以上に、うどんの盛《さか》んな土地柄《がら》である。そういう土地に育って、私が、うどんももちろん好きではあるが、うどん以上にそばの好きな子供に育ったのは、おふくろのそばそのものが因をなしていた。

おふくろは、野菜や棉《わた》を作った後の肥料気《け》の少ない畑に、そばの種をまいた。種のまき方は、極端な厚まきで、一反歩《たんぶ》に一斗《と》から一斗五升《しょう》の種は使ってしまう。当然、生えそろった状態は、蛇が畝《うね》を横切れないほどの密植状態になる。そして肥料として施《ほどこ》すのは、カリ肥料のみ（木灰、わら灰）——。

以上のことが何を意味するかと言えば、それは、そばの実《み》を充実させることがねらいである。「そばは、やせた土地でもよい」とは、よく言われることだが、ことがらの正しい意味は、だいぶ違う。ぺんぺん草ひとつ生えないようなやせた土地では、そばもまた育たない。「やせた土地でもよい」という言葉で言わんとしているのは、窒素《ちっそ》分の多い過剰《かじょう》栄養の土地は、そばによくないということである。植物の三大栄養素と言えば、窒素《ちっそ》、燐《りん》酸《さん》、カリだが——、そばの場合、窒素分が多いと、茎や葉の生育ばかりが盛んになってしまう。木ばかり伸びて、実入りが少ない。石《こく》が半分もない。そばの実の殼《から》（外皮）は、じつに立派《りっぱ》なのだが、殼を外してみると、内部の実は貧弱である。こういうそばを悪口で「高鞍《たかくら》そば」と呼んだり、「鬼そば」とも呼ぶ。おふくろは「石《こく》のとれないそばほど、枕の材料としてはよい」と、よく言っていた。

　それに反して、おふくろの作るそばは、丈《たけ》がいくらにもならない。後年《こうねん》、私が何度も訪れた信州《しんしゅう》・川上《かわかみ》のそばよりも、もっと背が低かった。花も、一株の粒《つぶ》数も多くなかった。しかし、そうしてムダな成長を抑《おさ》えている結果として、一粒一粒の実が充実《じゅうじつ》していることにかけては見事《みごと》なものであった。

◉おふくろのそばと「味の科学」

　実が充実するとは、穀物《こくもつ》の旨味《うまみ》成分であるデンプン（澱粉）を多量に含む、という意味である。旨味は「甘味《うまみ》」とも記すように、甘い鹹《から》い（塩からい）の甘味《あまみ》が重要な役割を果たしている。デンプン質のぎっしり詰まったそばの実は、当然ながら甘味《あまみ》に富む。——このそばの点が、私が小さいうちからおふくろのそばを好きになった根本の因である。そばによっては、実がやせていて甘味に乏しく、ひどい場合には「えぐみ」とでも言うか、いがらっぽい刺激感のあるものさえも存すると聞いている。おふくろの栽培《さいばい》していたそばが、もしそのたぐいのそばであったならば、私は大人になるまで、そば嫌いで来てしまったかもしれない。だが、幸いにもそれとは逆に、おふくろのそばは甘かった。

　おふくろは、その旨味に富む原料を生かすべく、その後の粉碾《ひ》きでも、そば打ちでも、神経をつかっていた。前にも述べたように、そばを打つに当たっては——碾《ひ》きたての粉。その粉は、原料の旨味を生かし、口あたり・歯ざわりのよさを考えて、黒皮を外して粉に碾《ひ》く。そして、そばの太さは——子供でも楽《らく》にすすり込める細いそば。そして加うるに——一升打ったそばを全部いっぺんにゆでてしまうのではなく、食べ終わる頃合《ころあい》を見計《みはか》らって少量ずつゆでる。要約すれば、良質の原料に、碾《ひ》きたて、打ちたて、ゆでたてと、四拍子揃《そろ》った状態で食べさせてくれたことになる。こうなれば、私が子供のうちから、たいへんなそば好きになったのも、われながらもっともだと思える。

　もとより、こうした分析は、自分がそば屋になってみて、はじめてわかったことである。子供の頃も、そば屋に転業を図ったときも、おふくろの打つそばがうまいから好きだったのであり、その味に惹《ひ》かれて、みずからも同じ味を創り出そうとしただけであった。しかし、修業を続けて、おふくろのそばのうまさを支《ささ》えていた「食物の理」がわかってみると、身をもって手本を示してくれたおふくろに、改めて感謝の気持ちがわいてくる。

(二) 客から学ぶ修業法

ここで私の修業の仕方について明きらかにしておこう。私はそば屋の子供に生まれたのでもなければ、どこかの店に年季奉公《ねんきぼうこう》したわけでもない。素人《しろうと》のままそば屋を始めて、今日までできた。実地に指導監督してくれる師《し》匠《しょう》やや兄弟子《ぁにでし》は持たずとも、独学でやってこれたということである。

私は店を始めるやすぐ、「日々の営業、即《そく》、修業の場」とわきまえて、自己を伸ばしていくやり方を発見した。それは――客の批評や苦言《くげん》を積極的に引き出して、自己の糧《かて》とすることである。

おカネさえ払ってもらえば、客がどんな顔をして食べていようと無頓着《むとんちゃく》という店が少なくない。客は、いやなら来なければ（行かなければ）いいのだから、いまさら客の顔色を気にしてみたところで始まらないと考えているのであろうか。客足がすべてを物語る、と――。

しかし、このような商売の仕方は、たいへんに損である。それを改めずにおいて、「最近はどうもパッとしない」と愚痴《ぐち》をこぼしているような場合には、傲慢《ごうまん》ですらある。なぜかと言えば、客の顔や食べ方を、それとなく注意していたならばとうに手を打てたに違いない諸問題を、自己の怠慢《たいまん》によってすべて見落としてきたことになるからである。正直な感想を言わせてもらうと、のれんにあぐらをかいていると思える店が、相当に多いようにも見受ける。

もちろん、客にはピンからキリまである。すべての客が店に対して、何かを訴えているわけではない。しかし、多数の客の中には、素人《しろうと》ゆえに、とらわれのない眼でグサリと急所を衝《つ》いてくる客が、必ず何人かいるものである。こういう客をつかまえて自分を伸ばしていくことは、独学か否《いな》かに関係なく必要なことなので、その手立《てだ》てについて、私という例をあげながら、少し詳《くわ》しく述べておきたい。

◉抱負《ほうふ》は高く大きく持つこと

私はそば屋を始めるにあたり、「やる以上は日本一のそば屋になるんだ！」と、抱負《ほうふ》は大きく持った。会計士として神田市場《かんだいちば》や魚河《うおが》岸《し》その他を跳《と》び回っていたときは、弱冠《じゃっかん》二十歳の身でありながら、商店の旦那衆《だんなしゅう》よりも高いカネを取っていた。そういう時代の先端を行く職業を、自分のカネづかいが荒いことに、われながら呆《あき》れ果てて商売替《が》えする以上、並みのそば屋に負けてなるものか、というわけである。

これは大事なことだと思う、抱負を大きく持つことは――。同じそば屋になるにしても、ちんまりした期待しか持っていなかったら、いまの私は存在しない。いや、私に限らず、だれの場合にもそうなるはずである。その日その日が安穏《あんのん》に送れる程度の店でよいと考えていれば、よくてもその程度がやっとの商売になってしまう。おかしなもので、そういう人が客の声を聞き出しても、世辞《せじ》や追《つい》従《しょう》など、おおむね現状肯定《こうてい》の声ばかりになりやすい。自分を安心させてくれる言葉を、客に求めているためである。

それ対して、大きな願望を抱《いだ》き、しかもその願望を強く持ち続けていると、たとえば同じように客の声を聞く場合でも、客に求めるものが違ってくる。いまの自分をほめてもらうことや、お世辞は必要ではなく、必要なのは、いまの自分に欠けているものや、間違い、至らぬ点を指摘してもらうことである。この積み重ねが、願望実現の道を切り拓《ひら》き、目標に向かって一歩一歩、自己を高めていく。

ここで、いままでの客という言葉を、先生という言葉に置き換《か》えてみると、どうなるか。優秀な先生についたところで、学ぶ側の意欲が低く弱くては、身につくものは少ないという結論になるであろう。

抱負《ほうふ》を高く大きく持つことは、どんな形の修業の場合にも必要である。この点を、まず強調しておきたい。

◉客を三種に区分せよ

私は客を三種に区分してきた。この区分法は、現在においても有効と思うので、私自身の例を引きながら、少し詳《くわ》しく述べてみよう。

一、ごひいきさん

一つは、ごひいきさん――。なにかにつけて『一茶庵』『一茶庵』とひいきにしてくれ、他のお客を連れてきては店の宣伝をしてくれる客である。

ごひいきさんとなるきっかけは、種々雑多と言ってよい。店のそばそのものが気に入ってひいきになる場合だけでなく、店の雰囲気や器《うつわ》が気に入ったとか、店主や奥さんの人柄《ひとがら》・気風《きっぷ》、仕事っぷりに好感を抱《いだ》くとか、あるいはそこまでハッキリした理由でなく、要するに虫が好くとか気が合うなど、いろいろある。

私の場合、開店第一号のお客さんが同時に、ごひいきさんの第一号でもあった。名を松江きつ子さんといった。かなりの年配にお見受けしたが、ベールつきの帽子をかぶった洋装といい、ものの考え方といい、大正期のご婦人の最先端を行く方で、花嫁学校の校長先生をなさっていた。

もっとも、こういうことは後になってわかったことである。そもそもは、開店の看板を見て跳《と》び込んできただけで、店を始める前につきあいはまったくなかった。しかし、まだ素人《しろうと》の私のつくるまずいそばを、「一生懸命におやりなさい」と、ずっとあとあとまで食べ続けてくださったのは、この方《かた》である。いろいろな客を連れて来ては、まずいそばを食べてくださり、「寒中《かんちゅう》に足袋《たび》もはかずによくやっている」などと励《はげ》ましてくれる。

この方が、なにかにつけて店に出入《ではい》りしてくれるおかげで、近所でも私の店に関心を示すようになった。出前をやれるように、電話を取りつけてくださる奇特《きとく》な方まで現われた。自分の家で注文するのに困るから、という理由のもとにである。――かくして、ごひいきさんの数は少しずつ増えていったわけであるが、いまはその方々《かたがた》に感謝の意のみを表し、名をあげることは略させていただく。

二、普通の客

二つ目の客のタイプは、いわゆる普通の客――。何も言わずに食べてカネを払ってくれる客である。こちらが、今日は固すぎたかなと思うような日でも、文句を言わずに食べてくれるかわりに、うまくいったと思うときにも、食べ方やカネの払い方から反応を読むことは難しい。しかし、現実に一番数が多いのは、この種の客であり、ごひいきさん同様にたいせつにしていかなくてはならない。

三、師客《しきゃく》

三つ目の客のタイプは、名づけて「師客《しきゃく》」――。自分にとって、師すなわち先生としての役目を果たしてくれる客、という意味である。汁が鹹《から》すぎるとか、ゆすぎが悪いとか、あるいは粉がよくない……などと、正しい評、正しい論と思える小言《こごと》を言ってくれる客を指《さ》す。

この「師客」に対しては、私は全力投球を続けてきた。もっともっと小言を言ってもらいたいためである。ごひいきさんや普通の客は、店の存続のために、もちろんなくてはならない客だが、店のそばについて感想を求めると、「師客」との違いが歴然《れきぜん》としてくる。ごひいきさんは、こちらがその気になれば会話の場を持ちやすい客である。だが、ごひいきさんから聞けるのは、お世辞がほとんどで、たまに小言を言うことはあっても、器が好みではないとか、サービスが悪いなど、枝《えだ》葉《は》の意見が多い。そばそのものについて身になることは、まず言ってくれない。

そこへいくと、「師客」は違う。品物の仕上がり具合にうるさい客、材料にうるさい客、味にうるさい客……と、いろいろだが、素人《しろうと》から始めて本物をつかもうとしていた私には、じつに的確《てきかく》な評をしてくれる客であった。

たとえば、ふらりと店へ入って食べてみて、そば粉がだめだと感じた客は、そのことを指摘《してき》してくれるだけでなく、自分の田舎《いなか》の粉とか、あるいは旅先で食べてうまかったからということで、どこそこの粉を取り寄せてやろうと言ってくださる。

その親切にこたえるには、自分で答案を示さなくてはならない。ただ、「ありがとうございました」では、せっかくの評をいただきながら、努力したことにはならず、飽きられてしまう。

そんなふうにして、苦情を言われたり、怒《ど》鳴《な》られたりしたのがきっかけで口を利《き》くようになってみると、私の「師客」には、不思議に共通する特徴があった。「師客」となった人たちは、文士名士《ぶんしめいし》ばかりだったのである。文士つまり作家や、名士すなわち世間《せけん》にひろく名を知られた人、社会的地位の高い人ばかり――。

当初、これは偶然《ぐうぜん》の産物であった。私が故《こ》意《い》に文士名士にねらいをつけて「師客」としたのではなく、的確な評ゆえに「師客」となった人の正体《しょうたい》がわかってみると、文士名士ばかりだったということである。しかし、なぜそうなるのかがわかってからは、私は意識してその種の人たちを逃がさないようにした。生意気《なまいき》にも、ひそかに文士名士の百人切りを心がけるまでになった。

それというのは、先生方がまず、各地のいろいろなものを食べて舌が肥《こ》えているため、また店のそばを評するに際《さい》し、ことに作家は本質を衝《つ》いた批評をしてくれるためである。ピタリ的《まと》をついた批評や苦言《くげん》に、その人その人によって違うアクセサリーをもつけ加えてくれる。やっぱり、本当にためになる小言を言ってくれる客は、この人たちをおいてないと実感し、それで文士名士の百人切りを心がけるようになったのであった。

ただし、「師客」といえども、タダで食べさせたときの評は話にならない。まずいものでも、ごちそうになっているという頭があるので、遠慮が入る。本当のことを言ってもらうためには、やはり、料金を払って食べてもらうことが必要である。

――以上は、大正末から昭和も戦前にかけての話なので、現代に適用《てきよう》するためには小々の修正を必要とするであろう。つまり、テレビ・週刊誌その他、マスコミの異常に発達した社会では、有名人といい作家といっても、昔とは比較にならぬほど大量生産されている。有名人だから、作家だからということだけで「師客」の役割を期待した場合には、肩すかしをくらう割合も高い。玉石混淆《ぎょくせきこんこう》である。したがって、顔の知名度や肩書きによって客を篩《ふる》い分けるのではなく、客の反応の内容《なかみ》によって「師客」を選り分ける原則が必要になる。ただ、そのようにして「師客」の数を増やしていったときに、真に芸術家と呼べる人たちや高度の職人芸の世界にある人に、すぐれた感性の持ち主が多いこともまた事実である。

●客とのかかわり方

私が客と積極的にかかわるようになったきっかけは、まことにひょんなことからだった。「食道楽《しょくどうらく》」という雑誌に、まずいそばを食わせる店として紹介されたのである。ある大学の総長が、新宿の駅前でまずいそばを食わされた云々《うんぬん》、と書いた。それも憎《にく》いことに、うまくないそば屋があるというだけで、店の名はあげていない。

まずい店をわざわざ紹介するなどということは、当節《とうせつ》にもあまり例のないやり方である。私は、その考え方自体はおもしろいと思った。しかし、奥歯にものがはさまったような表現ではなく、自分の前でハッキリ文句を言ってもらいたい思いが残る。そこで電話帳で総長の住所を調べあげ、朝早く自転車で押しかけた。

「おたくの先生は雑誌で、私の店のことを悪口言った。まずいならまずいでいいからね、いくら言ってもいいですから、おれに面《つら》を見せてね、おれの前で文句を言ってくれませんか。どんなことでも受けますし、それを雑誌に書こうと何んにしようと、おたくのご自由です。それで私を盛り立てていただけませんか。先生の言葉をどこまでも、私の先生だと思って、そばの先生だと思って、一生懸命やります。これ、私の食う道ですから、命かけてやりますから、ぜひ批判をしていただきたい。一度いらしてくださいませんか。で、店に来たら告げていただいて、じきじきにまずいことを指摘《してき》してもらいたい」

ところが、取り次いでもらって相対した総長は、しらっぱくれている。きみの店の悪口は書いた覚《おぼ》えがない。なんとなれば、ぼくはきみの店のそばをまだ食べたことがないから、と言うのである。

　しかし、やりとりを繰り返していると、私の店がある新宿駅前の食堂横丁のことは、よく知っているのがわかる。ただ、私の店に入ったことがないと言った手前、最後まで知らない振りで通していたが、結局、こちらの勢《いきお》いに押されて、「それほどまでに言うのなら、ともかく行ってあげようじゃないか」となった。

　約束の日曜日、総長は奥さんを伴《ともな》って来てくださった。私はお二人にさしあげるべく、新たに小玉《こだま》で練《ね》ってやってみた。ところが、テーブルに運ぶや、総長は――、

「きみ、これでは食わないうちから、うまいはずがないじゃないか」

「そんなこと言ったって、先生、食わなきゃわからねえでしょ」

　残念ながら、そのときの私はまだ、総長の指摘していることがらの意味がわからなかった。盲《めくら》、蛇《へび》におじず。教わりたい一心の猛進《もうしん》である。

「どこのそば屋へ行ったって、きみ、ゆであげて、こんなに白《しら》っ茶けて不透明なそばがあるかね。よそへ行って食べてみたまえ」

　要するに、「ママッコ（継子）」という、水のまわっていないそばだったのである。「ママッコ」については本論で詳細に説明するとして、なるほど、総長の食べかけをつまんで食べてみると、自分でもまずいと思う。私は降参《こうさん》して、とことん、その先生に頭を下げた。

「もう一遍《いっぺん》やってみますから、先生、もう一つ食べてみてください」

　総長は悪いと思ってだろう、残っているそばを無理して食べようとする。

「先生、そんなこたァ、（してくれなくて）いいんだ」

と、「せいろ」の奪い合いをして大半が床に落っこちたところで、私はそばを踏んずけてしまった。

「私の腕を磨《みが》くんで、勘弁《かんべん》してください。これからもう一枚、先生に試《ため》していただきます」

「きみ、こさえなくたっていいよ」

「いや、そんなわけにはいきません。あそこから、わざわざいらしてもらったのにね、その、うまい、まずいは別として、私の気がすまないから、もう一つ。ご迷惑でしょうが、もう一つ……」

「いや、まいったな」

　かくして同じことを何度か繰り返した末に、とうとう、まずいそばと決まってしまった。

　――これが、私が客と深いかかわりを持った最初である。お読みになって、私の言葉づかいの荒っぽいことに気づかれたろうか。私としては思い出すままに、可能なかぎり、当時を再現したつもりである。言葉が荒っぽいのは、関東育ちのせいでもあれば、もの怖《お》じしない性格のためでもある。だが、教わりたい一心で、恰好《かっこう》をつけることなど、まるで考えていなかったというのが一番当たっている。それだからこそ、こちらの言葉が乱暴であっても、相手にしてもらえたのだと思う。

　これは、たいへんに大事なことである。教わる立場にある人が、教えてくれる人に対して失礼があってはならないと考えるあまり、きれいな言葉・きれいな態度で接しようとすると、いきおい、「ええ恰好《かっこう》しい」になりやすい。自分の言葉づかいや相手の顔色が気になって、よそ行きの取り澄《す》ました応対になりやすいし、わかってもいないことに相《あい》づちを打ったりしてしまう。こういう態度は、相手の側には、恰好《かっこう》をつけていると受け取れる。そこで相手は、そんなやつに、なにもわざわざ自分の時間を割《さ》いてまで教えてやることはないという気持ちになり、適当にあしらわれてしまう。

　恰好《かっこう》をつけるとは、つまるところ、恥をかきたくないということである。相手に対して失礼があってはならないと、相手を立てたつもりでいて、そのじつ、自分の面子《メンツ》がつぶれることを恐れている。当たりのやわらかい言葉を先方に投げかけるのは、それに応じて、自分が傷つかないような差しさわりのない返事を、無意識に期待しているのである。

　たとえば「お味はいかがでしたか」という

聞き方――。このような質問は、質問自体のうちに、問いかけた側が期待している答えが隠されている。つまり、漠然《ばくぜん》とした問いによって、「まあまあだね」とか「悪くない」といった返事から「うまい（おいしい）よ」までの、自分を安心させてくれる答えを暗《あん》に求めている。こういう質問は、何人の客に繰り返してみたところで、得るところは少ない。

そうではなくて、客がヘンな顔をしたり、まずそうに食べているのを発見したら、「すみません、ゆで過ぎでしたか」と、思い当たる節《ふし》をぶつけてみるとよい。それも、周囲の客に聞こえないようにヒソヒソやるなどのケチな了見《りょうけん》は捨て、普通の声で聞いてみるのがよい。その結果が、思ったとおりの答えであれば、それもよし、自分では考えてもみなかったことを指摘されれば、大儲《おおもう》けというものである。

客と積極的にかかわり、自分を伸ばす「師客」を本当に探しているのだったら、体面とか見栄《みえ》とかをかなぐり捨てて、裸でぶち当たることが必要である。

◉高岸拓川《たかぎしたくせん》先生との出会い

その後は、うまい・まずいをハッキリ言う客と一段と積極的に交渉を持ち、私は信州・川上《かわかみ》のそばを教わったり、また、川上行きに端《たん》を発して、石臼に最適な塩山御影《えんざんみかげ》を発見した。しかし、そのくだりは、本論にまわしたほうが適切であろう。ここでは、「師客」から師弟《してい》の交わりにまで進んだ、高岸拓川《たかぎしたくせん》先生との出会いについて記しておきたい。

高岸拓川先生は、戦前、東京の滝野川《たきのがわ》（現在の北区）にあった手打そばの名店『やぶ忠《ちゅう》』を盛り立ててきた文人《ぶんじん》である。『やぶ忠』の主人・村瀬忠太郎《ちゅうたろう》氏の名で、『蕎麦通《そばつう》』という本もお書きになっている（昭和五年刊）。私は店を始めると早くから、この人を師匠としてきた。もっとも、師匠とは言っても、この人に、そば打ちの実技を習ったわけではない。高岸先生はそば職人ではなく、前述のように文筆家である。知る人ぞ知る古事記《こじき》の研究家にして、和漢の典籍《てんせき》はもとより梵語《ぼんご》にも通じている博覧強記《はくらんきょうき》であったから、主に文献や見聞に基づいて、そば及び食物全般について教えを受け、また、私の作ったものに評を乞《こ》うたわけである。

思うに、私がなぜに高岸先生を師とするにいたったかは、縁《えん》というのがふさわしいであろう。私は六十年経《た》ったいまでも、先生が初めて私の店においでになったときのことをハッキリとおぼえている。

細い金縁眼鏡《きんぶちめがね》をかけた、鼻の高い、貴族を思わせる風格の客がやってきて、「田舎《いなか》そば」を注文した。ところが、その客はそばを一箸つまむや――、

「バカにするな！　噂《うわさ》を聞いて来たんだが、これほどまずいそばだとは思わなかった。これは、きみ、手打ではないね。ロールで延《の》して、庖丁で切ったんだろう。延すのはロールで延してもいい。延しが一定で、なにゆえに切る幅を同じに切らなかった？　まず、この点を第一に指摘できる。…手打に見せるなら、もう少し『やぶ忠』のそばでも見習いなさい。こんなそば、固くて食えるか！　これはいつまでゆでても固いんだぞ」

「そーですか、先生。そういうものなんですか」

私は嬉しくてたまらない。ニコニコ顔である。

「なんだ、きみ。きみは私に小言を言われて何を喜んでるんだ？　バカじゃないのか。他人《ひと》にけなされて喜んでるやつがいるか」

「先生、そういうことを言ってくれる他人《ひと》は、なかなかいないもの。そりゃ、嬉しいじゃないですか。これからはもう、なんとしても先生に教えていただいて――特別に時間を取ってというんじゃないんですが、うちへ来て、そばを食べてもらったときには、必ず批評をしていただきたい」

「うん。『やぶ忠』はうまいからね。行って食ってみるんだな」

そして翌日――。『やぶ忠』へ行ってみると、あのおじいちゃんが帳場《ちょうば》に坐《すわ》っているではないか。

「おお、『一茶庵』、来たな！」

なるほど、同じ「田舎そば」でも、うちの

「田舎」とはまるで違う。こんなに味のよいそばが東京の一隅《いちぐう》にあったのか、と驚いてしまった。それで店に戻るや、テーブルの上にロールを持ち出してやってみると、ただ機械にまかせっきりよりは、いくらかはましである。おもしろくなって眠るのが惜しくなり、明け方近くまで何十回もロールを転がしていた……。

それからは、暇《ひま》を見つけては何度か『やぶ忠』通《がよ》いを続けたが、それにしても、あのおじいちゃんが『やぶ忠』の主人かどうか、いまひとつわからない。帳場にいる日といない日がある。

そのうちに暮になり、浅草の奥山《おくやま》に当時あった『萬盛庵《まんせいあん》』で（この店は太平洋戦争前になくなった）、「大みそかのそばを前に食う会」が開かれた。私の店を、まずいそばを食わせる店として紹介した、例の「食道楽」という雑誌の主催で、会費は一円五十銭。当時としては高いものである。文士名士の集まりで、百五十人は来るだろうという。そば好きの大立者《おおだてもの》が一堂に会するわけである。私はこの催《もよお》しを、新宿に住んでいた近藤あめんぼという川柳家《せんりゅうか》に教えてもらった。

「おう、『一茶庵』、『萬盛庵』でこういうのがあんだ。おれが『萬盛庵』のおかみに紹介するから一緒に行かねえか。おめえさんが、いくらここでがんばってたって、よそへ出ていいもの食ってみなきゃ、味なんてわかりゃしねえ。会費はおれが持つ、おめえは貧乏してんだろうから。行ってみんべえ」

私は近藤あめんぼについて『萬盛庵』へ出かけた。すると、例の『やぶ忠』にいた、あのおじいちゃんが、ここでもがんばっている。私が『萬盛庵』のおかみに紹介されたり、近くの人に挨拶《あいさつ》したりしていると、つと、おじいちゃんが立ち上がった。

「皆さんにご紹介します。ここにいるのが、あのまずいそばを食わせる『一茶庵』です。今晩は、おおいにこの男を吊《つ》るし上げてやってください。あんなまずいそばを食わされて、手打だの何んだのと言われたのでは、迷惑千万《せんばん》です」

このときに初めて、あめんぼさんから、あの人が高岸拓川《たかぎしたくせん》先生だと教えられた。

一座は水を打ったようになった。もう、まともに私の顔を見る人などいない。気の毒で見ていられないのであろう。

この野郎《やろう》が、こいつが『やぶ忠』をかついでいる本尊様《ほんぞんさま》かと、初めてわかった。野郎、よくも言いやがったな。大勢の前で恥をかかせやがってと、ムカムカッときたのを、グッと嚙みつぶし、いまのおれは小言を言われなきゃあ、いいものがわからないザマなんだ、と自分に言い聞かせた。

「『一茶庵』へ行って、あのそばを食べた人は、ここでこの男の前で、どんどん批評してもらいたい。この男のために、そば業界のために……」

再び高岸先生が始めた。いい言葉である。なるほど、そのとおりだと思うと、窮鼠《きゅうそ》、猫《ねこ》を嚙むではないが、批評が出ないうちに私のほうから口を切っていた。

「私が『一茶庵』です。今晩、ここにお集まりの先生がたに私がお願いするのは、ここで皆さんに紹介されたからには、『一茶庵』のそばはまずいと折り紙がついたわけです。

さて、やっぱり新宿というところは、どなたも足を向ける地であります。そういうところで、まずいそばをさしあげたのでは、皆さんに申し分けないことです。そこで、皆さんが証人に、私の保証人になってくださるなら、たんだいま、高岸先生を私の先生としてお願いしたい。いかがでしょう。ぜひ、お願いします」

まわりじゅうが一緒になって、お辞儀《じぎ》をしてくれた。あれだけのことを言えば、高岸先生も文句だけでは済まないといった言葉が、あちこちで交《か》わされている。そのうちに、高野さんという粋人《すいじん》が、皆に聞こえるくらいの通る声で、高岸先生に話しかけた。

「先生、教えてあげなさいよ。われわれが証人になります。どうです、皆さん、そりゃいいことでしょ？」

会場に拍手が鳴り始めた。

「今日から高岸先生を、私のそばの師匠として、いかがでしょう。……高岸先生、皆さんを保証人にして、私を、高岸先生の弟子にしてください」

　こうして「大みそかのそばを前に食う会」の会場で、私は高岸拓川先生を自分の師匠にすることができたのであった。

●食味万般《ばんぱん》の感覚訓練

　それからはほとんど毎朝のように、新宿から滝野川の高岸先生宅まで自転車で通った。一心だから、どんなに寒くても大雨でも出かけた。

「寒かったろう」と、先生は朝食の膳をすすめてくださる。ところが、味噌汁をすすり、ご飯《はん》をひとくち食べるか食べないうちに、またもや「バカものめッ！」である。

「他人《ひと》の家に来て、ものを食ったら、うまいかまずいか挨拶《あいさつ》するのが礼儀だ。きみは呑《の》み込んだではないか。だまって食ってるやつがいるか、バカものめ。

　この米には、いわく因縁《いんねん》があるんだ。おれは貧乏はしているが、米はいい米を食っている。この秋田の米がうまいかまずいかわからないで、なにがそばの勉強だ。そばなんぞ習うより、そういうことから先におぼえろ」

　会計士として高いカネを取っていたときは、カネにあかしてうまいものを食べていたし、生まれ育った家も食うものには困らない。それで、食べものに対する感謝の言葉を口に出すなどということは、さらさら考えていなかった。また、ごちそうになるものを批評しろと言われても、この食べものは自分の商売とは直接関係ないという気持ちが強かった。

　しかし、それがまたたくまに崩されてしまった。なにしろ、おっかない。飯をひとくち食べたら、「これはどこの米ですか」と訊《き》かなければならない。そのあとは、この米はうまい・まずいの感想表明である。が、まずいものを、うまいなどと言おうものなら叱られるし、うまいものをまずいと言えば、ものすごいカミナリが落ちる。

「そんなことで食いものの商いができるかッ！」

　いやもう、びくびくしどおしだった。ほめたら怒るし、けなしたら怒るで、こちらは立つ瀬がない。さしもの無鉄砲も、戦戦兢兢《せんせんきょうきょう》の朝をいく日か続けるうちに、自分の舌の感覚が鈍《にぶ》くては、本当にうまいそばを他人様《ひとさま》にすすめられるわけがない、と観念するにいたった。

　さて、そういうふうにして食味のイロハからの訓練を続け、自分の発する「うまい」「まずい」が、いくらかはまともになるにつけても、――『やぶ忠』があれほど偉《えら》くなれたのは、自分一人の力ではない。あの先公《せんこう》がいたればこそだ、と思うようになった（当時の気持ちのままに書くと、恥ずかしながら、先生ではなく、先公になってしまう）。こうなったら、どんなことがあっても、高岸先生についていなくてはならない。そのうちに先生から、『やぶ忠』の技術を盗《ぬす》んでやる……。

　ところが、高岸先生は話を『やぶ忠』からそらそうとする。文学のこととか、食べものの供し方とか、およそ、そばそのものの話はしてくれない。

　ただ、先生の書いた原稿が、出版社や新聞社へ行ったあと、自分のところへ回ってくる。筆者名は『やぶ忠』主人の村瀬忠太郎となっているが、明きらかに高岸先生の字である。おそらく、原稿を通して『やぶ忠』やそばの話をしている以上、口でいちいち教えるまでもないとお考えだったのであろう。三年も続けて通って、ようやくそばの文献の話をしてくれ、ちらっと、『やぶ忠』は二八《にはち》であると明かされた。

「……しかし、だからといって、いまのきみが『やぶ忠』と同じにやれるものではない。『やぶ忠』の真似《まね》をしようなどと、そんなケチな了見は起こすでない。きみはきみで、自分なりのものを突きとめていけ。きみはやれば、「さらしなの生一本《きいっぽん》」が打てるまでに出世する。そこまで研究すれば、おそらく、手打そばでは最高のものではないかと思う。『やぶ忠』では、それを見たことはない」

　高岸先生はその後、私の頼みに応じて、そばの聖典とも言える一代の奇書、『蘇番経《そばきょう》　優《う》曇経《どんきょう》』を執筆してくださった。

(三) 逆算のできる仕事の仕方

◉失敗の効用《こうよう》

前項の「客から学ぶ修業法」のところにも、すでに「水まわし」と「庖丁」の失敗が出てきたが、私は、自分の一生から失敗と脱線を差し引いたら何も残らないくらい、数限りなく失敗と脱線を繰り返してきた。同じ失敗を数限りなく繰り返したという意味ではない。一つの失敗を乗り越えると、もう次の別の失敗が待ち受けているという具合に、よくもこんなに失敗することがあるかと呆《あき》れるほど、次から次へと新しい失敗を重ねてきた。それから、失敗にともなって生じる道草や脱線のほうもまた、性懲《しょうこ》りもなく繰り返してきた。正直に言って、自分から失敗と脱線を差し引いたら何も残らないというのは、やはり当たっていると思う。

なぜ、そんなに失敗ばかりするのか。

それは一つには、私がほとんど独学でそば屋になったことが大きく影響していようし、二つには、私が生来《せいらい》負けず嫌いのイタズラ坊《ぼう》主《ず》であったことも無視できない。だが、失敗が多い一番の理由は、私が失敗を厭《いと》わぬためだ。私は、失敗を積極的に評価するものである。さらにつけ加えれば、失敗にともなって起こる脱線もまた、同じく積極的に評価するものである。子供の時分《じぶん》から八十歳もとうに過ぎた現在まで、私がずっとそばに夢中でいられるのは、それこそ数限りない失敗と脱線のおかげである。

商売と仕事の現場を考えれば、失敗はないにこしたことはない。それからまた、失敗を失敗のままに終わらせてしまうのであれば、たしかに、失敗しないほうがよい。——しかし、こちらの対し方が素直《すなお》で、失敗から目をそむけたり逃げてしまわないかぎり、失敗は必ず肥《こや》しになるものである。本当は、できるだけ数多くの失敗をしたほうがよい。失敗を通してつかんだ知識や技術は、優等生的にスンナリおぼえた知識や技術より、はるかに深く、かつ、幅も出てくるためである。

たとえば、私は道具についてうるさく言う。麵棒や庖丁《ほうちょう》は、そばの微妙な変化や反応を素直《すなお》に伝えてくれるものでなくてはならないし、微妙な変化・反応についていけるものでなくてはならない。そばの邪魔《じゃま》をせず、かつ、こちらを疲れさせることのない道具が、よい道具である。平《ひら》たく言って、「道具は職人の命」ということを身に沁《し》みてわかったのは、目の玉が飛び出るような失敗を通してだった。

どうやら商売も軌道《きどう》に乗った頃、私は道具の大事さに気づいて大枚《たいまい》をはたき、尾州檜《びしゅうひ》（木曾檜《きそひのき》）トラック一台分を買い込んで意気揚揚《ようよう》と引き揚《あ》げてきた。ところが、指物師《さしものし》が見てくれて言うには、これだけあっても、本当によい麵棒（「四方柾《しほうまさ》」の麵棒）となると、たったの一本が取れるか取れないかで、あとはどれも柾《まさ》が流れてしまうものばかりだという。柾目《まさめ》が流れるとは、それだけ狂いやすいという意味である。私は泣く泣く、購入時の半値で大半を引き取ってもらった。

そんなバカをやって、尾州檜《びしゅうひ》なら何んでもよいのではないことを、身に沁《し》みておぼえてきたわけである。樫《かし》より檜《ひのき》、それも尾州檜の柾《まさ》材とは言っても、麵棒には適するが、延《の》し板には不向きなもの、あるいは、延し板にはいいが、麺棒には向かないもの、もっと別の指物《さしもの》用…と、いろいろある。その違いの見分け方を、身銭を切って、しかも大損をすることで、しっかりとおぼえたのであった。

◉道楽《どうらく》の効用

道具のことを引き合いに出したら、粉（そば粉）についても書いておきたい。私は修業中の者に、たとえば粉の色合いのごく微妙な変化をも、自分の眼で見分けられるようにならなければいけないと、うるさく言う。前の袋の粉と今度の袋の粉のごくわずかな色合いの違い、水を加えて起こる色合いの変化、延し進めていく間に起こる、そばの生地《きじ》の色の変化、延しムラによってできる部分的な色の変化など、――こういうものは、他人から指《し》摘《てき》されて気づくようでは対策が後手《ごて》にまわりやすく、自分の眼で見分けのつくことが、どうしても必要である。

ところで、このような微妙なものを見分ける眼を養うには、仕事そのものの中での訓練はもちろん必要だが、同時に、趣味や道楽という脱線も大いに役に立つ。

私は母にならって草木染《くさきぞ》めもやってみたし、世界最高と言われるニューマン（フランス）の水彩絵具や、カステル（ドイツ）の色鉛筆などもいじってみた。カステルとなると、一メートル半くらいの額《がく》に、千種に及ぶかと思うほどの色鉛筆が納《おさ》まっている。それほど大がかりでなくとも、輸入ものの本格的なパステルや色鉛筆なら、たとえば灰色系と言っても、たいてい十種を超えるくらいの色が並んでいる。だから、それに数種の緑を混ぜ、場合によっては茶系の色も加えて、どこやら「並そば」に近い色をこしらえてみると、たちまち百色は超えてしまう。

病後のひととき、敬愛するチェロの名手カザルスの本を読む（一九七六・二）

ニューマンについては、その水彩絵具のすばらしさもさることながら、篩《ふるい》についての考え方に、深く共感するものがあった。篩《ふるい》のメッシュで操作できる粒《つぶ》の大きさには限度があり、目の大きさよりも大きい粒は通さないにしても、それより小さい粒はいくらでも通してしまう。一つの目を通る粒の種類となると、百粒くらいの種類はあろうか。

ニューマンはそのことを、絵具の原料を例にあげて述べていたのだが、同じことは、そば粉についても言える。私はニューマンの発言をヒントに、そば粉の篩《ふるい》の選び方と使い方について、重要な発見をするにいたった……。

ニューマンの水彩絵具に関連して言えば、水彩画の最高の用紙にワットマン（やはりドイツ）がある。この紙は保存がとても難しい。そば打ちの仕事では、乾燥させて水分をとばしてしまうことを俗に「カゼをひかす」とも言って、厳《げん》に戒《いまし》めている。が、カゼをひかすことをやかましく言うのは、そば打ちだけではない。和紙や、このワットマンの画用紙なども、カゼをひかせてしまうとどうにもならない。保存には細心の注意が要《い》る。（蛇足《だそく》ながら、ワットマンの画用紙は、以前は日本でも入手できたが、最近は手に入りにくいようだ。）

脱線ついでに、音楽についても書かせてもらう。私の音楽道楽は、元はと言えば新宿で店を始めた当座の、売れない時代の慰《なぐさ》みだった。押し入れにＨＭＶ（ヒズ・マスターズ・ヴォイス、イギリスのレコード会社。犬のマークの総本家。現在はＥＭＩという。）の蓄音器《ちくおんき》を持ち込み、女房や使用人を避けるようにして聴《き》いたこともあった。――しかし、その音楽が、慰めと安らぎを通り越して、たちまち感覚訓練の場となった。

クラシック音楽は、楽譜は一つでも、指揮者や演奏者によって、同じ曲目が相当に違って聴こえる。テンポを速めにとってキビキビと進めていく演奏、反対に、これが同じ曲かと驚くほど遅いテンポで、すみずみまで濃厚に表情づけを施《ほどこ》した演奏、あるいは、何もしてないかのようなクセのなさが、えもいわれぬほど快いもの……と、いろいろである。その一つ一つの違いを細部まで聴き分けて、音の意味するものの違いを汲《く》み取るのは、この上もない楽しみである。ニューマンの絵具、またワットマンの画用紙、カステルの色鉛筆のところで述べたと同じことを、もっと深く、気分の移ろいや喜怒哀楽《きどあいらく》の感情にひたりながら楽しんでいるわけで、それは遊びでありながら、同時に、遊びがそのままで感覚訓練にもなっている。

とりわけピアノ独奏曲などのレコードは、楽器の違いに奏者のタッチの違い、録音の取り方や製盤の違いなど種々の条件が重なって、音色は、おもしろいように変わってくる。私はチェコ盤が一番芯《しん》の強い澄《す》んだ音がして好きだった。

もっとも、趣味や道楽というものは、仕事に常に結びつくわけではなく、それ自体が一人歩きを始める。私の音楽道楽も、クラシックに限らず、日本の民謡、義太夫《ぎだゆう》、長唄《ながうた》、常磐津《ときわず》、清元《きよもと》、小唄、端《は》唄《うた》、新内《しんない》、演歌と進んで、七十歳近い頃は、夜明けまでビートルズをぶっつづけに聴いたこともあった。――そういう体験がすべて役に立ったとは言わないが、総じて古典音楽や色彩の世界は、言葉で表現できない微妙なものを聴き分け、見分ける力を養うという点で、仕事に還《かえ》ってくるものが多い。また、ビートルズのようなものも、当時の若い人の好みを知る上で決してムダではなかった。

趣味の草木染《くさきぞ》めが発展して「紙布《しふ》」を織る。和紙をこよりにして紡《つむ》ぎ織った布は、保温・吸湿性が抜群

●逆算のできる仕事

さて、失敗と脱線の長話でこの項を打ち切ってしまっては、一番大事なことがらが落ちてしまう。私は数限りなく失敗と脱線を繰り返してきたが、一つの失敗を何度も繰り返した――とは言っていない。じつは、ここのところに私の修業法の核心があるので、それをとっくりと語っておかねばならない。

失敗を肥《こや》しにする例として、前のところでトラック一台分の尾州檜《びしゅうひ》を無駄《むだ》にした失敗談を出した。生半可《なまはんか》の知識が因《もと》で大損をし、必死で見分け方をおぼえたという話である。

こういう勉強の仕方は、まああるものだし、間違ってもいない。だが、この例はあくまでも、話をわかりよくする意味で出したものである。失敗を踏み台にして伸びていくためには、まず、毎日の仕事の中で起こる失敗を大事にしていかなくてはならない。「今日はどういうわけか、うまくいかない」とか、「なぜだかわからないが、こうなってしまった」で済ませてしまわないこと――。それは失敗を大事にし、失敗から学ぶ修業法とは真《ま》反対のものである。失敗の原因や理由を究明しない（あるいは究明できない）ということは、これからも同じ失敗を何度も繰り返すということでしかない。そういういい加減な仕事をしないためには、失敗に気づいた段階で、何を・どこで・どう間違えたかを、さかのぼって突きとめることのできる仕事の仕方をしていなくてはならない。失敗の理由や原因を正しくつかまえることができれば、それに応じて、失敗を克服《こくふく》する策や手立《てだ》ても見つかる。

粉というものは生きものであるだけに、粉を使う仕事には失敗がついてまわる。ことにそば粉のように繊細《せんさい》微妙なものは、手荒な動作や、ちょっとしたミスにも、すぐマイナスの反応を示す。加える水の量の適否《てきひ》に始まって、水まわし、まとめ、基礎延《じの》し、四《よ》つ出《だ》し、肉分《にくわ》け、本延《ほんの》し、たたみ、庖丁《ほうちょう》、釜前《かままえ》仕事と、仕事の全工程に失敗が待ち受けている。

それもやっかいなことに、たったいま失敗に気がついたとしても、その失敗がいまの作業工程で生じたものとは限らず、前の工程から送られてきたもの、もっと前での失敗と複《ふく》合《ごう》して生じているものなど、いろいろである。あるいは、仕事の進め方に間違いはなくても、道具に狂いがあって生じた失敗、粉が以前のものと違っていることに気づかなかったがための失敗…と、失敗の原因・理由は、およそ複雑に入り組んでいる。

したがって、失敗の原因・理由を間違いなく突きとめるには、「逆算の利《き》く仕事」がどうしても必要になる。失敗に気づいた段階から、一つ一つ前の段階に逆戻りしながら、何を・どこで・どう間違えたかを点検できるようにしておけ、ということである。

そのためには、一連の工程の作業を自分がどのように進めてきたか、よく憶《おぼ》えていなくてはならない。だが、一番大事なことは、仕事の起点《きてん》を明確にしておくことである。いかなる事情があろうとも――つまり、自分がまだ習熟《しゅうじゅく》していないとか、ものすごく急いで追い打ちしなければならないとか、いろいろ事情はあっても、そういう諸般《しょはん》の事情に振りまわされて例外を設けることなく、いかなる場合にも――、仕事の起点だけは、寸分《すんぶん》の狂いもないものにしておかなくてはならない。仕事の起点は、いささかも曖昧《あいまい》なものが残らぬように、一〇〇パーセント明確にしておくこと――。それが「逆算の利《き》く仕事」をするための不可欠の条件である。なぜかと言えば、間違いに気づいて元へ元へと手繰《たぐ》っていっても、仕事の起点が曖昧《あいまい》では、結局のところ、何が失敗の本当の原因なのかはわからずじまいになってしまうからである。

では、仕事の起点とは何んなのか――？

それは、粉と水の計量である。起点を一〇〇パーセント明確なものにしておくとは、粉と水の計量を寸分《すんぶん》の狂いもないものにしておく、ということである。

実際問題としては、計量の前に、玉《たま》の大きさを決め、加水量を決める仕事がある。そのうちの加水量の割り出しは、決してやさしいことではない。だから習熟せぬうちは、自分の決めた加水量に、本当のところは信頼が置けない場合も多々あろう。しかし、そのような場合にも、ともかく自分がこうしようと思ったとおりの粉の量と水の量を、正確に計量しておくことに、大きな意味がある。

そんなときは、失敗に気づいた段階から一つ一つ前の段階にさかのぼって点検してくると、どこで間違ったかはわかっても、本当の原因はつかめぬままに、起点の計量まで戻ってきてしまうことが多いはずである。そのときに、秤《はかり》の読み取りそのものは間違いなく保証できるとなれば、答えはもう出たも同然である。すなわち、失敗の本当の原因は、計量前の加水量の決定に間違いがあったか、粉が以前のものと違っていたか、のどちらか一つということになる。それは、すぐ検証《けんしょう》できる。

これが、粉も加水量も、仕事にかかる前に試《ため》してみて、正しい割合を導き出しており、それに基づいた計量そのものにも狂いがないことを確認して仕事を始めたのであれば、失敗の原因は途中を点検するだけで見つかる。

ところが、計量が曖昧《あいまい》な場合は、いくら元までさかのぼってみたところで、本当のことは結局、わからずじまいである。粉が正確にいくらあったのか、水が正確にいくらあったのか、それ自体がハッキリしないのだから、間違いを確認する方法すらないことになる。

もとより、逆算を迅速《じんそく》正確に済ますためには、起点の計量だけでなく、その後の仕事でも、次の工程へ進んでよいか、その都度《つど》チェックして進めるのが望ましい。それについては本論で追い追い説明していこう。ただ、いまは最低限、計量だけを押えておけばなんとか逆算できること、――そして計量にそこまで神経をつかうならば、のちの仕事にも気を配《くば》るようになることを言っておきたい。粉と水の正確な計量は、それくらい大事なことなのである。

さて、計量の大切さをここまで述べてきたら、詰めに入ろう。あえて途中で触《ふ》れるのを避け、意図《いと》的に伏せてきた問題である。

粉と水の計量において一〇〇パーセントの正確度を保つとは、どのような計量法をとることか――。

粉や水の計量法は、大別すると、「容量秤《ばかり》」による方法と、「重量秤」を使う方法の二つに分けられる。枡《ます》やカップ、すくいなどは容量（容積）を量《はか》る方法であり、貫目《かんめ》、グラムによる計量は重量（目方《めかた》）を量《はか》る方法である。

結論を先に言うと、いささかも曖昧《あいまい》なところのない、一〇〇パーセント正確な粉の計量は、重量秤を使わないかぎり無理である。貫目でもグラムでも、どちらでもかまわないから、狂いのない、用途に合った重量秤を用意する。それを必ず水平な場所に据《す》えつけ、目の高さを針先に合わせて数値を読み取る。そうすれば、一〇〇パーセント正確な計量が可能である。ただし、水だけはCC《シーシー》目盛の計量カップを使ってもかまわない。CCカップ自体は容積計量器だが、水一CCは一グラムなので、そのまま重量換算《かんさん》できるのである。（粉を貫目《かんめ》で量《はか》っている場合は、水も貫目で通すこと。）

粉を量《はか》る場合、枡やカップでは、どうして一〇〇パーセントの正確度が保てないのか。これは大事な問題なので、本論であらためて詳細に論じるが、要は次の二点において、最後まで曖昧《あいまい》さの残る計量でしかないのである。

一、枡やカップは、ギュッと詰めた場合と軽く詰めた場合で、量目《りょうめ》が違ってしまう。熟練者といえども、そのときどきで微妙に違っており、しかも、正確な値《あたい》はつかみようがない。

二、粉によって一升《いっしょう》の目方《めかた》がすべて違うのに、枡やカップだけの計量では、その事実を突きとめることさえもできない。

つなぎの多いそばで済ませているうちは、枡やカップでもなんとかなるであろう。しかし、失敗を踏み台にしてどこまでも伸びていこうとする人に、そういう計量法はすすめるわけにはいかない。「並そば」も、言葉の正しい意味での「つなぎ二割」以内を守り――つまり、そば粉の量の二割以内のつなぎにとどめ、さらに、そのそば粉も、デンプン質の多い重いそば粉を使うとなると、文字通り正確な計量が不可欠である。まして「さらし」ともなれば、見当《けんとう》でうまくいくようなことはまったくありえない。

先の先までを見越した場合、仕事の起点を明確にしておくとは、粉も水も目方《めかた》できちんと量《はか》ることであることを強調しておきたい。

第一篇　手打そばの技術Ⅰ　並そば

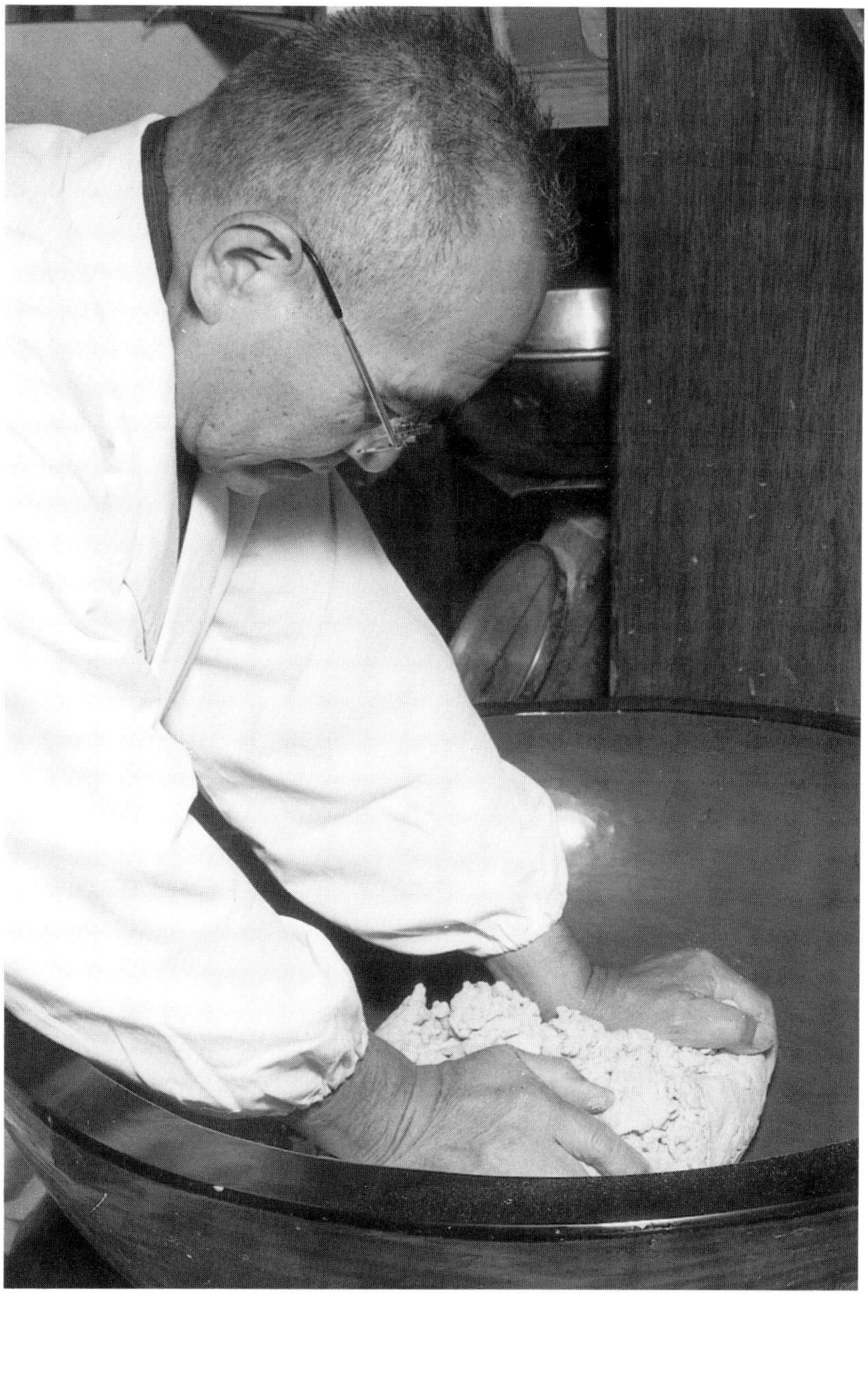

第一章「並そば」概説

そばの技術は、「並《なみ》」に始まって「並」に返ってくる。私が生涯を通して一番力を入れてきたそばは、結局、「並そば」である。

そば打ちの技術だけを取り出してみた場合、「並《なみ》」は決して難しいそばではない。むしろ、やさしいほうに入る。「御膳《ごぜん》そば」（「さらし」「さらしな」とも言う）に比《くら》べたら、はるかにやさしい。

しかし、こと、原料の粉となると、「並《なみ》」は奥が深い。一番難しい。そばの香り・風味、冴《さ》えた色合い、口あたり・歯ざわり、のど越《ご》しの快《こころよ》さ、食べ味の軽さなど、要するにひとことで言って、そばの持ち味を、まんべんなくことごとく生かすことのできる粉となれば、それは「並み粉《なみこ》」ということになる。「並み粉」を措《お》いて他にない。だが、そのような、数々の長所を十全《じゅうぜん》な形で兼ねそなえた粉をつくることは、至難《しなん》の術《わざ》である。

そばの技術と言う場合、表面に出てくる、はなやかな部分は、そば打ちの技術であろう。手打そばの場合、ことにその観がある。しかし、そばの技術全体から見れば、それは氷山の一角にすぎない。決定的に重要な役を担《にな》っているのは、原材料の技術である。

本章「並《なみ》そば」概説」は、「並そば」についての一般的説明より始めて、「並《な》み粉《こ》」、「並《なみ》そばの打ち方」の順に進めていく。いまだ他に発表したことのないものである。

◉世間《せけん》一般の「並《なみ》」との違い

「並《なみ》そば」――すなわち、そばで言う「並」は、すしや天丼などの「並」とは、意味合いが違う。一般に言う「並」は、「特上・上・並」のような系列に組み込まれていて、そのうちの一番値《ね》の安い普及品《ふきゅうひん》を指《さ》す。しかし、そばの「並」に、そのような評価は通用しない。「並そば」の上に、「上そば」「特上そば」なるものがあるわけではなく、「並《な》み粉」、「並《なみ》そば」ともに、一番値の安い普及品を指しているのでもない。

そこから、そば屋特有の言葉のやりとりが生まれてくる。つまり、本来は内輪《うちわ》言葉であるはずの「並《なみ》一枚！」といった符丁《ふちょう》が、当の注文主の客に聞こえても失礼に当たらず、また、客も恥ずかしい思いをしないで済《す》む――という情景である。

これは「並」が、そばの代表格にあるところからきている。

◉万人《ばんにん》向きのそば

いったい、そばで言う「並《なみ》」とは、何んなのか――。

第一に記《しる》しておくべきことは、「並」と言えば、「誰にも向くそば」の意味にとってもらいたい、ということだ。

そばの好みは、人によってさまざまである。全体としては、好みの幅が、たいへんに広い。いま、その両極を示すと、一方の極には、真《ま》っ白な「御膳《ごぜん》そば」（さらし）を好む人がおり、他方には、山の中の農家で打つような黒いそばを好む人がいる。

（その黒いそばを、以下では便宜《べんぎ》的に「田舎《いなか》そば」と呼ぶことにさせてもらう。昭和の初年、私は、農家のそばに模《も》した太打《ふとう》ちに、「田舎そば」の名称をつけて売り出した。以来六十余年、あの頃からすると、この呼び名

もかなりひろまり、一人歩きをするまでになったようだ。）

さて、この二つ——「御膳《ごぜん》そば」と「田舎《いなか》そば」は、同じくそばとは言うものの、たいへんな違いがある。一方の「さらし」は、純デンプン質と言ってもよいほどの、特殊なそば粉を材料としており、その食べ味は洗練《せんれん》のきわみにある。他方の「田舎そば」は野趣《やしゅ》に富んだそば——それも、外皮やゴミまで混入しているものが少なくないとあって、両方を同じくらいに好む人はまれである。

そばの好みには、それほどの開きがあるのだが、両極のいわば中間をとって、あらゆる人に応じていこうとするのが、すなわち「並《なみ》」（並そば）である。

中間と言うからには、粉からして、「さらし」につかず、「田舎《いなか》そば」にもつかないことになる。が、さりとて、どっちつかずの中途半端《ちゅうとはんぱ》の意味ではない。「さらし」の好きな人でも食べられるそば。その一方で、「田舎そば」を食べ慣《な》れてきた人にも楽しめるそば。「並」は、そのように好みの両極にある人までも納得《なっとく》させることができるという意味で、幅広い層を相手にしていけるそばである。

◉そばにまつわる偏見《へんけん》

ところで、通称《つうしょう》「並《なみ》」または「並《な》み粉」と呼んでいるそば粉は、ひといろではなく、じつにさまざまである。色が白っぽくて、手ざわりもややキリッとした、デンプン質の多い粉もあれば、その白さに淡《あわ》い緑の影をかすかに感じるもの、あるいは鈍色《にびいろ》を帯びてホシ（斑点《はんてん》）を感じるもの、さらに最悪なものになると、褪《あ》せたレンガ色と言うか、ともかく茶系統に近い色合いでホシの多いもの、などといろいろある。

そのうちの、どれが「並《なみ》」であって、どれが「並」でない、などということはないのだが、ただし、次のような考えは捨てるべきであろう。それは「いっけん、黒ければ、そばらしい」とする考えである。水を加え、そばに打つと、黒ずんだ色調になり、ホシの浮き出てくる粉が多い。そこで、そばとはそういうものだと思い込んでいる人も多いはずである。しかし、それをいかにもそばらしいと思うのは、じつは偏見《へんけん》にすぎない。——なぜかと言えば、その考えは、ごみが入っているものをよしとすることにも通じるからだ。

そば粉を碾《ひ》くには、製粉に先だち、「角押《つのお》し」（「かどおし」とも言う）「碾《ひ》き抜き」のプロセスを経《へ》る。が、この準備作業が十全《じゅうぜん》でない場合は、外皮やへたの砕《くだ》けたものが混入して粉が黒ずんでくるし、同時に、外皮やへたに付着した土ぼこり他のゴミ、そこに微生物がついてできたカビ、およびその分泌物《ぶんぴつぶつ》なども混入してくる。——そういう粉でそばを打つと、ゆでているときに上がる湯気《ゆげ》が、ほこり臭《くさ》くて、ムッとくることもあるようだ。極端なものになると、釜の湯が赤茶色になることもあると聞いている。

これは、あくまでも極端な例だが、「黒け

ればそば」とする考えは、押し詰めていけば、そこに行き着く。

それにしても、そのような黒ずんだそばを（場合によっては赤茶けたそばを）、たとえば「さらし」を好む人が喜んで食べるだろうか。むろん、答えは否《いな》である。食べ味が悪く、ゴソゴソして、口あたり・のど越《ご》しがよくない上に、食べたあとも腹が張り、消化にも手間どるからだ。その手のものしか食べた経験がなく、そばとはそういうものと思い込んでいる人にしか相手にされない。「並《なみ》」すなわち「誰にも向くそば」であるとして、食べ味の面でも、食べたあとの消化の面でも、文字通り幅広い層に受け入れられるそばにしていくことは、まことに難しい。

●甘皮《あまかわ》の果たす大事な役割

私は若い時分《じぶん》、「さらし」をつくるのに苦労した。そばの実《み》の芯《しん》の、純デンプン質と言ってもいい部分だけを粉にして採《と》り出すには、特殊な技術を要する。「さらし」は芯の部分だけを粉にする以上、その粉に、においがあってはならず、また、ホシも皆無《かいむ》でなければならない。だから、その製粉技術は、ただ単《たん》に特殊技術であるだけではなく、同時に、きわめて高度の技術が要求される。正直なところ、本当によい「さらし」をつくれる製粉所は、私が面倒《めんどう》を見た一社だけではないかと思う。

ところが、その「さらし」を採《と》るよりも、「並《な》み粉」は、さらに難しい。「さらし」は、それだけをねらった特殊な製粉法であるのに対し、「並《なみ》」は、そばの諸特性をまんべんなく兼ねそえていなくてはならない。「並」が、「さらし」と「田舎《いなか》そば」の中間にあって、「誰にも向くそば」をねらう以上、その粉は成分的に見て、そばのデンプン質も、タンパク質その他の成分も、ほどよくそなえている必要がある。また、その食べ味も、いわゆる甘い鹹《から》いの意味での味の面で、そばとして偏《かたよ》りがないだけではなく、そばの香りも、そばの色も、生きていることが求められる。――そのためには製粉の段階で、とりわけ甘《あま》皮《かわ》を、生きた形で粉にすることが絶対必要条件になる。

甘皮《あまかわ》とは、外皮（殻《から》）を外したあとに出てくる、内側の淡緑色《たんりょくしょく》の薄皮《うすかわ》を言う。実《み》の表面をおおっている薄皮である。甘皮という呼び名の通り、甘味がある。それから、香り成分も一番強いところである。ゆで上げたそばきりの、ほのかな甘味と香り――奥歯で嚙《か》む前、すすり込んだそばが、舌先や頬《ほほ》の内側などに触《ふ》れてすぐ感じる甘味というものは、この甘皮成分のなせる業《わざ》である（嚙んで感じる甘味はデンプン質）。そして良質で鮮度のよい粉で打った「並そば」に感じられる、きわめてかすかな淡《あわ》い緑の気配《けはい》も、それから、のどに残る一種さわやかな香りも、いずれも甘皮の成分から出てくるものである。したがって、そばの色・香り・味わいの三拍子揃《そろ》ったうまさが求められる「並そば」では、甘皮を、生きた形で、どの程度まで粉にできるかどうかが、最終的なカギを握っていることになる。

「生きた形で」粉にする――と繰り返しているところに、ご注意いただきたい。これは、まず、甘皮《あまかわ》を碾《ひ》くときに、外皮やごみがひとかけらも入ってはならない、ということである。異臭《いしゅう》がついてしまっては、甘皮を粉にする意味がなくなる。それからまた、高速回転する製粉機の中を何度も通すことも、御法度《ごはっと》と言わなくてはならない。熱を持たせて褐変《かっぺん》させては、元も子もなくなるからである。

もう一つ、「どの程度まで」粉にするかというのは、歩留《ぶど》まりの問題である。甘皮は、タンパク質を主成分としているが、繊維質《せんいしつ》も含んでいる。そこで、ほとんど残らず粉にしてしまった場合は、口あたり・歯《は》ざわりが悪くなり、かつ、腹が張って消化に手間《てま》どることになる。また、へたの目くそとでも言うべき部分、一般に気のつかぬ部分が砕《くだ》けて、粉が茶色になり、ホシも増えて食味を殺《そ》ぐ。

ともかく、甘皮《あまかわ》を望ましい状態で粉にすることは、たいへんな難問である。粘《ねば》ってしまって粉になりにくい。

それを粘らせずに粉に碾《ひ》くためには、石臼《いしうす》の検討《けんとう》から始めなくてはならない。石臼の石の性質が第一の問題で、次いでは、石臼の目をどのように切るか、臼の回転速度をどのくらいにするか、一回転について下ろす分量をどのくらいにするか――などの問題も、一つ一つ詰《つ》めていくことが必要になってくる。

もっとも、近年は一般的に言って、石臼を使うよりも、ロール製粉機を使う例のほうが圧倒的に多かろう。ロール製粉機も、それなりに改良が進んで、ずいぶん前から、水冷式のものが出現している。ロールが熱を持たないように、その表面をよく冷やす仕組みにした製粉機である。――しかし、水冷の製粉機で碾《ひ》いたものでも、眼と舌を使って粉そのものの状態で味を見、また、そばきりにして食べてみると、それほど味のよいものが少ないのは、なぜであろうか。水冷とは言っても、高速回転で製粉する仕方が多いので、そのことが禍《わざわい》しているのであろうか。

六十余年、この道を調べてきたにしても、私はいまだ明解《めいかい》を得ていないのが実情である。まことにお恥ずかしい次第だが、得心《とくしん》のいったやり方が一番なので、手碾《てび》きで、思うままに碾《ひ》いている。

◉私の言う「並《なみ》」とは――

ここで、私の言う「並《なみ》」について、概略《がいりやく》を述べておこう。これまでの調子で書き連《つら》ねていくと、現在の数十倍にも及ぶページが必要になり、それだけで優《ゆう》に一冊の本になってしまう。それはまた別の機会に譲《ゆず》り、いまは概略を示すにとどめたほうがよいかと思う。

私の言う「並《なみ》」は、完璧な「碾《ひ》き抜き」から、歩留《ぶど》まり六五〜七五パーセントで粉にしたものである。

完璧《かんぺき》な「碾《ひ》き抜き」とは、外皮とへただけを、きれいにスッポリ取り去った「丸抜《まるぬ》き」を指《さ》す。――なぜ完全な「抜き」だけを使うかと言えば、それは主に二つの理由からきている。一つは、前に述べた不純物が、混入しないようにもすでにない状態にして、粉臼《こなうす》にかけるため。二つには、実《み》の中心部にあるデンプン質を、余さずに「並《な》み粉」の主成分とするためである。穀物《こくもつ》の旨味《うまみ》は、結局のところ、デンプンにあると言っても間違いではない。俗に言う「一番粉《いちばんこ》」を採《と》り去ったのち、再度、臼にかけてつくる「並み粉」が、概《がい》して味わいに乏しいのは、そのあたりと関係がある。この碾《ひ》き方は、あまりよいものではない。

ただし、完全な「抜《ぬ》き」を採《と》るまでに、三五パーセントは減ってしまう。

しかし、そうして採《と》った「抜《ぬ》き」の色――すなわち甘皮《あまかわ》の色というものは、ひとたび自分の眼で見てしまったら、それを粉に生かさない法はないと、誰もが思うに違いない。おそらく、甘皮とはこんなにもきれいなものかと驚くほどの、淡《あわ》い緑である。（もちろん、これはすべての原料について言えることではない。品質の劣るもの、古くなったものでは、甘皮も色褪《あ》せて褐変《かっぺん》している。良質の原料を、時期を選んで使って、はじめて言えることである。）

私は、この名も美しい、完全な「抜《ぬ》き」に、さらに私流《わたくしりゅう》の奥の手を加えて粉臼《こなうす》にかけ、「並《な》み粉」を採《と》る。その「並み粉」の歩留《ぶど》まりは、六五〜七五パーセント。甘皮の緑の色と香り、甘味を、粉に生かすためである。――歩留まりをそれ以上に上げると、前に述べたイヤなものが混入して食味が落ちる。それを未然《みぜん》に防ぐために、歩留まり七五パーセントまでに抑《おさ》えるのだが、「抜き」によっては、五〇パーセント台にとどめる場合も出てくる。いずれにせよ、「抜き」は、「丸抜き」としては立派でも、それだけでは充分でないので、私流の奥の手を加えて粉臼にかける。

このようにしてつくる私の「並《な》み粉」は、「並《なみ》」とは言っても、ホシのほとんどない粉である。万一ホシがあっても、その粒《つぶ》は、きわめて小さい。その色合いは、（そばがきにしてみるとよくわかるのだが、）早春の若草に見られるような淡《あわ》い緑の射《さ》した白色系と言えば、想像していただけるであろうか。食べては、すぐに感じるほのかな甘味と香り、それからデンプンの甘味もあり、碾《ひ》き詰《つ》めてはいないので、歯にぬかることもなければ、ゴソゴソすることもない。

　世間の基準に照らしてみた場合、この粉を「並《なみ》」と呼ぶのが妥当《だとう》かどうか、本当のところは私にもわからない。しかし、「並」が本来「誰にも向くそば」を意味し、そばの持ち味をまんべんなく生かしていることが望まれるとなれば、この粉は「並」と呼んで差し支《つか》えないであろう。「並」として通用すると思う。現に、黒いのがそばと思い込んでいた節《ふし》のある人々が、この粉で打った「せいろ」（もりそば）を、いまでは喜んで召し上がってくださるし、反対に、「さらし」しか食べなかった人々も、「そばは、やっぱり、並だ」と、このそばを喜んでくださる。

（一度ならず繰り返した「私流の奥の手」という表現は、読者にとまどいを生んでいるかもしれない。この道六十余年の私の経験に基づいた詰めの策であるが、文字で簡単に表わしにくい性質のことなので、あえて説明は避けた。いずれ書き言葉の不自由を気にせずに説明できる機会が来るかもしれない。ともかく、三度も繰り返して述べるのには、それだけの理由のあるものであることだけは、お含《ふく》みおきいただきたい。）

◉食は元《もと》から明《つまび》らかにすべし

　さて、このようにして私の例なども引いて見てくると、読者の方々《かたがた》の中には、一つの疑問が生じているのではないかと思う。つまり、粉は粉屋にまかせておくのではなくて、自分でやらなければいけないのか、という問いである。

　それに対して、私は、「食は元《もと》から明《つまび》らかにすべし」と答えておきたい。自分から言い出すと、妙《みよう》なふうに取られやすいのだが――、私は弟子筋《すじ》の皆さんから、語録《ごろく》というか、座右《ざゆう》の銘《めい》のごときものを求められることがあり、次のような文を木版《もくはん》にしてある。

「食はすべてそのもとをあきらかにし、調理をあやまたず、そこのうことなければ、味わいすぐれ、からだを養い、病《やまい》をもいやし、よく人をつくる」

　この文章は、私が仕事を通してつかんだものや、『本草綱目《ほんぞうこうもく》』『大和《やまと》本草《ほんぞう》』『本朝食鑑《ほんちょうしょっかん》』『養生訓《ようじょうくん》』などからつかんだものを、私流に煎《せん》じ詰めて表現したものである。これと同じ文章は、他にどこにもない。

　が、それはともかく、言葉の表現は違っても、食の問題を突き詰めていけば、皆同じところに行き着くのではなかろうか。他人様《ひとさま》の命を、たとえ一時なりとも預《あず》かることの重大さを自覚するならば、元から明きらかにしなくては恐《こわ》くてやっていけないはずである。ただそれらしい形をなしていればよい、というものではなくなってくる。そもそもの原材料がどういうものであるか、どこで穫《と》れたものか、その土地の気候風土に人体に害をなすものがないかどうか――といったことまでも、突きとめざるをえなくなる。

　食味は、もちろん大事である。が、それも、単純にうまい・まずいの評価だけで済ますわけにはいかない。たとえば日本に輸入されているそばのうち、某《ぼう》地方産のものは比較的良質ということで通っているのだが、私は、どうしても使う気になれない。その理由は、某《ぼう》地方の地質がガン（癌）の発生に関係あり、と外国の研究者に見なされているためである。（物議《ぶつぎ》をかもすことになるので、地名は完全に伏せる。）――話は脱線するが、私はチェロのカザルス（今世紀最高のチェロ奏者、スペイン生まれ。故人）が大好きで、それがきっかけになって、このたいへんな事実を知るに至った。カザルスは、指に刺さったトゲが悪《わる》さをして、演奏活動を一時中断していたことがある。そのトゲを抜いて、再びチェロを弾《ひ》けるようにしてくれたのは、スペイン国境に近い西南フランスの町、プラードのお医者さんだったと聞く。この医師が一方で、ガンの発生率の高い風土について、専門に調査研究を続けていた。そして、危険な土壌《どじよう》の一地域に、前出のそば、およびある種の穀物《こくもつ》の産地として有名な某《ぼう》地方をあげていたのである。事実、私が調べてみると、そこにはガンの大病院があった……。

　要するに、元が何んであるかを確かめずに、そばの打ち方や商品としての体裁《ていさい》を工夫《くふう》してみても、それは、そのもののうまさを本当に引き出すことになるかどうかわからない、ということである。それどころか、徒労《とろう》に終わるような枝葉《えだは》の工夫に走りやすい。

持ち味を生かすためには、持ち味の何たるかを知らねばならず、そのためには、まず、粉の点検が必須《ひっす》の条件になる。そして粉をよく知るには、製粉方法だけではなく、その大元の原材料と、その生産地、タネとつくられた土地の状況にまで溯《さかのぼ》らねばならない。そうしてみて、はじめて、そのそばの持ち味とは何か、どうすれば持ち味が生きるか、を知ることができる。

このように書くと、「並《なみ》そば」ひとつ打つのに、そこまでやらなくてはいけないのかと、あきれる人も出てくるであろう。しかし、本当にそば屋をやろうと思うのなら、そこまで行かなくてはウソというものだろう。たとえ自分で栽培《さいばい》したり製粉したりしないまでも、そば粉のできるまでを研究し、その品質管理を続けていくことは絶対に必要である。粉を他人まかせにして、そば屋でいながら、そば粉のできるのを知らないということは、たいへんにおかしな、また、ふざけた話である

〈補註〉「打ちやすい粉」について

そば粉を選ぶときに、「打ちやすい粉」か「打ちにくい粉」かを問題にする人が多いと聞く。それからまた、「味のよい粉は概《がい》して打ちにくく、打ちやすい粉は概して味がよくない」といった評価も聞こえてくる。しかし、このような評価や粉の選び方は、いずれも間違いである。

なぜかと言うと、粉さえきちんとできていれば、打ちにくいなどということは、あるはずがないからである（「さらし」だけは例外）。このことは、私のそば教室の実例をもって証明できる。すなわち、玄そばから「抜き」、「抜き」から粉――の工程を実際に見せて、いま碾《ひ》いたばかりの粉を使用、つなぎ（小麦粉）二〜三割、「水ごね」で、誰もが打てたからである。その〝誰も〟の大半は、教室へ来るまでズブの素人《しろうと》だった。

ところが、現実に街の声として聞こえてくるものは、まるで違う。先年、そば業界に物議《ぶつぎ》をかもした事件があるが、すでに小麦粉が六割も入っている粉を知らずに使っていて、なおかつ、それでも打てなかったとか……。気が遠くなるような話である。――これは結局、（本論でも述べたように）元を知らない・知ろうとしないために、かような事態になるとしか思えない。「さらし」以外は、良質の粉ほど打ちやすいものである。

ただし、そのことを本当にからだで知ってもらうには、明治・大正頃までのように、「抜《ぬ》き屋」という商売が復活しないとダメかもしれない。あの頃の東京では、明日使う分の「碾《ひ》き抜き」を前日のうちに、抜き屋が届けてきた。それから粉碾《ひ》き職人が来て、翌日分のそば粉を碾《ひ》いていったものだった。（現在のようなそば粉屋は、元の抜き屋が商売をひろげる形で、大正の初めから半《なか》ばにかけて、今度はそば粉屋として雨後の筍《たけのこ》のように出現したものである。）

もともと、そば屋はこのように、明日のそば粉は今日のうちに自家製粉すべきものであるのに、どうしたことか、現在では、そば粉屋にお株を奪われた形になってしまった。私の店の長年来のお客様の一人は、よくこんなふうに言う――、

「そば屋が便利《べんり》、便利と、手を省《はぶ》くことだけに気を取られ、大事な客の好みに合うようなそば粉づくりを忘れていた。その怠慢《たいまん》が、そば粉の良否《りょうひ》を識別《しきべつ》することすら、できなくさせてしまったのだ。自業自得《じごうじとく》というものサ」

このお叱言《こごと》、肝《きも》に命じておくべきであると思う。

これを機に、おもしろいことが発見できる。どのそば粉屋に「碾《ひ》き抜き」を売ってくれと言っても、一、二の例外を除いて、「碾《ひ》き抜き」を売るそば粉屋がほとんどなくなったことである。「碾《ひ》き抜き」で売れば、そば粉にするまでの厖大《ぼうだい》な時間と手数が省ける。加えて、歩留まりの上でも利益率が高まる。にもかかわらず、どのそば粉屋さんも、「碾《ひ》き抜き」販売を断《ことわ》る。

「ここにも、先年、物議をかもした事件の原因があるのではないか」と、先のお客様は語気を強めて言う。このお客様が、そば屋をまだ見限っていない証拠であろうと、私は思う。こうしたお客様が、たとえわずかではあっても、おいでになることは、私どもそば屋の強い味方であり、感謝しなければならない。合掌《がっしょう》。

◉「つなぎ」の割合

さて、「並み粉」について語るべきことは、まだ十分の一も話してないが、ここでひとまず打ち切り、先へ進むことにさせていただく。

「並《なみ》そば」を「誰にも向くそば」にしている要素としては、そば粉そのものの特質のほかに、さらに二つのことが考えられる。「割《わ》り粉《こ》」と「切りべら」の問題である。まず、割り粉のほうから見ていこう。

「並《な》み粉《こ》」も「生《き》一本《いっぽん》」では、「湯《ゆ》もみ」にするために、口あたりは、それほどよいものではない。噛んでみての味も、少しは落ちる。打つに難しく、切れやすく、その上、ゆ

で上げてから客に出すまでのタイミングを一つ間違うと、まずくなってしまうこともある。純粋に過《す》ぎて、幅広く客を摑《つか》むのが難しいそばである。（精選抜きから生一本《きいっぽん》のまま、水で打てる粉もあることをつけ加えておこう。）

しかし、小麦粉を一割五分《ぶ》〜二割加えると、生一本《きいっぽん》などに比べてはるかに打ちやすく、かつ、口あたりもよいそばになる。気が短くて威勢《いせい》のいい江戸っ子が、つるつるッとかっ込むのに、おあつらえ向きのそばである。――それでいて、そば特有の口あたりがややざらついた感触は生きており、他のつなぎ材料――たとえば卵など――の場合のように、そばの風味に別の臭《にお》いが混ざって、異《い》臭《しゅう》に変化してしまう心配も少ない。

ただし、割り粉も三割を超えたら、手打の魅力はない。「ない」と言って大げさなら、手打の魅力がいちじるしく損《そこ》なわれる、と言い換《か》えても同じである。これは実際にそばを打ってみればわかるはずのことだが、割り粉が三割を超《こ》えると、延しているときにゴム状の伸縮が始まる。この伸縮は、延し棒を通して手に伝わってくる性質のものであり、そばとは言っても、それだけうどんに近い要素が混ざってきた証拠にほかならない。――だから私は、つなぎ（小麦粉）は一割五分（夏場）から二割で通している。（用途によっては生一本でも打つ。）

ところで、つなぎが二割、三割……という表現は、現在では、多少の追加説明をしておいたほうがよいだろう。これは、そば粉と小麦粉の比が、八対二、七対三……という意味ではない。そば粉を基準にして、その二割がつなぎ、という意味である。あくまでも基準は、そば粉にある。（先の「八対二」は、そば粉に対するつなぎの割合が二割五分、「七対三」は四割を越えることになる。）

〈補注〉「内《うち》二割」と「外《そと》二割」

つなぎが二割という場合、「内《うち》二割」「外《そと》二割」二つの割り方がある。どちらも、そば粉を基準にして、その二割を小麦粉とすることに変わりはない。が、その量《はか》り方が違っているので、主人が職人に「うちは外二割だぞ」「うちは内二割だぞ」と、ことわったものである。

「外《そと》二割」とは、そば粉のほうを、たとえば、一キロとか一貫目《かんめ》などの切りのよい量にして、その二割（こちらも二百グラムとか二百匁《もんめ》など、計算のしやすい量）の小麦粉を加えていくやり方。このやり方だと、一玉の粉総量は一貫二百匁などのように半端《はんぱ》が出る。だから粉を量《はか》るのは簡単だが、粉総体に対して加水量を割り出す段になると、ちょっとややこしい計算を必要とする。

「内《うち》二割」のほうは、粉総体を端数の出ない切りのよい量に決めて割っていくやり方。たとえば一貫目玉の場合、そば粉八百三十匁に、その二割の百七十匁が小麦粉という計算になる。こちらは割りを出すのにこまかい計算が要《い》るが、加水量を決めるときには暗算でもできる。

〈補注〉枡《ます》や「すくい」で量《はか》って、割りを出すやり方の問題点

昔は枡や「すくい」で粉を量《はか》った。いまでも続いているかと思う。しかし、私は、そのような容量《ようりょう》を量《はか》るやり方はとらない。粉一升とは言っても、そば粉と小麦粉では重さがまったく違う。それも、そば粉の一升は何百匁というふうに一定不変ではなく、原料・粉の種類等によってまちまち、小麦粉についても、まったく同様である。その上に、ぎゅっと詰めたのと軽く詰めたのでは違ってきてしまう。これでは、「内《うち》二割」だ「外《そと》二割」だと言ったところで、何を基準にしてのことなのか、正確は期《き》しがたい。だから私は、そば粉も小麦粉も水も、計量はすべて目方《めかた》（重量）で量る。私の言う「つなぎ」二割は、匁《もんめ》やグラムなど重量計量による二割である。――この問題は、のちの「計量と玉の大きさ」の項で説明する事柄であるが、重複《ちょうふく》を承知で、ここでも強調しておきたい。

◉割《わ》り粉《こ》の質と、そばの味

割《わ》り粉《こ》でもう一つ見ておかなくてはならないのは、小麦粉の質そのものの問題である。

つなぎ二割とは、粉全体に占める小麦粉の割合で言えば、一割六分から七分程度のものでしかない。二割にも満たない。……しかし、そのわずかな量の小麦粉が、そば全体の味を微妙に左右する。そば粉は同じであっても、割り粉を変えれば、微妙だが確実に、そばの味が変わってくる。とびきり上等の割り粉を使って、そばの味をうまくすることさえ可能である。

これは要するに、割り粉を選ぶ場合、「力《りき》」（粘力）の強い・弱いだけで選んではダメということだ。力の強さだけを求めているのであれば、グルテンそのものを加えてもよいことになろう。しかし、そば粉にグルテンを加えただけでは、肝心《かんじん》の粘力において期待するほどでなく、そばのつながり具合は、あまりよくない。そればかりか、味の面で悪さをして、うまいそばにならない。

小麦粉もまた穀物《こくもつ》である以上、（そば粉同様に）その主成分のデンプンが、粉全体の味を決める上で大きな役割を果たしている。それから量は少なくても、タンパク質や繊維質、灰分なども、味に影響してくる。それら味をつくり出す成分が、見えないところで、そば全体の味に影響を及ぼしてくるのである。

しかし、ここでやっかいなのは、うどんに打って味のよい粉が、そばのつなぎにも最適とは断言できないことだ。

長い年月にわたる試行錯誤《しこうさくご》の過程《かてい》では、私も一時期、うどんに打って味のよい粉が、そばのつなぎとしても適当である、と考えたことがあった。だが、近年は、それを越えたところで、かつてなかったような割り粉をつくることに成功して、先に述べたごとき見解を表明している。

私は、その粉を「白《しろ》だるま」と呼んでいる。――「白だるま」とは、小麦の一品種で、関東の一部、埼玉あたりを中心に戦前までつくられていたものである。うどんに打って最高の小麦であったが、収量が少ないのと、天候に左右されるのとで、種が尽《つ》きた感があった。私の言う「白だるま」は、品種改良によって新たにつくり出したものである。

さて、その割り粉であるが、この粉でうどんに打ったら、およそ、うまいとは言えない。ところが、割り粉としては抜群のはたらきを示す。この粉を使うと使わないでは、そば粉は同じでも、味に格段の開きが出る。そば粉との相性《あいしょう》が、めっぽうよい粉である。

もとより、日本中のそば屋の皆さんに、私と同じようにせよと言うのではない。しかし、「並そば」を字義通り「誰にも向くそば」としていくには、割り粉もまた、真剣に再検討せねばならない材料であることは確かである。近ごろは、小麦粉製粉各社やその特約店に依頼して、多種多様の小麦を取り寄せ、その貯蔵庫や袋数について、積み重ねる数による品質変化、温度による貯蔵日数の変わり方など、気違いじみた試《こころ》みをしている人もいるらしいが、大事なことは、小麦粉だけに限らず、デンプン質は、できるだけ数多くのものを試《ため》してみるということである。そばのつなぎだけにとどまらず、うどん、ラーメン、菓子、パンと、心を許してはならない。インスタント食品のなかのあるものが、その味のよさから、年間数百億食にも達すると伝え聞く。「この原料で、この味が出せるとは…！」と、驚きの目を見張るようなことが起こっているのである。そば屋といえども、視野を広く持つ必要がある。

〈補注〉割《わ》り粉《こ》のグレードダウン（格下げ）の恐ろしさ

不景気になると、どこかで原価を下げようという意識がはたらいて、割《わ》り粉《こ》の質を落とすことになりやすい。しかし、忘れてならないのは、小麦粉の場合、ごくわずかな値段の違いが品質グレードの違いになり、味の違いとなって跳《は》ね返ってくる、ということだ。小麦粉は高いの安いのと言っても、そば粉の約三分の一の価格でしかない。そば粉に比べて値幅が小さい。だから、少しぐらい落としてもいいだろう…の、その少しぐらいが、じつは、思いのほかの等級ダウンになりやすい。逆に、わずかの出費が品質向上につながる。現在（昭和五十年代後半）のように物価の値上がりの激しい時代でも、一袋二十五キロで千円くらい上のものに換《か》えると、ほぼ一グレード上のものを入手できるはずである。

〈補註〉味の向上とデンプン

概《がい》して言えば、穀物の旨味《うまみ》はデンプンにあり、麺類の味においても、デンプンは大事な役割を担《にな》っている。そのことを端的《たんてき》にわからせてくれた実例として、数年前の即席麺《そくせきめん》の味の向上を指摘しておきたい。

即席麺《そくせきめん》は、年間生産高四百億食とも言われる時代に入って、一時期、味の面でも格段にグレードアップした製品が目についた。そばを名乗るものは、さすがに製麺の難しさから、いまだしの感が強いのだが、こと、うどんや中華麺になると、驚くほど味がよくなった。

これには、いくつもの要因が考えられるが、その一つとして特記しておくべきことが、デンプンの使用である。インスタント・ラーメン類の容器や袋には、材料を明記してある。その中の麺の材料とおぼしきものを見ていくと、小麦粉、コーンスターチ、塩、油のほかに、現在は多くの場合、デンプンという記載《きさい》にぶつかる。

このデンプンが何のデンプンであるかは、製品によって違いがあるようだ。ものによっては、コーンスターチ、つまり、とうもろこしデンプンを指す場合もあるが、コーンスターチは明記して、それ以外に別にデンプンの表記があるものもあった。私は、みずからの研究・実験から推《お》して、某《ぼう》メーカーのヒット作のうどんには、馬鈴薯《ばれいしょ》デンプンが使われていた、とにらんでいる。その混入率は、およそ二〇パーセント前後ではないかとも推定している。

しかし、その後、デンプンの価格が高騰《こうとう》し、最高級の小麦粉をもしのぐほどになった結果、残念ながら、この味の優秀なインスタント麺は姿を消してしまった。

そこには、いろいろ触発《しょくはつ》される問題が多いのだが、記述があまりに多方面にひろがるのを防ぐために、いまは読者の皆さんのご想像におまかせしようと思う。ともかく、某《ぼう》インスタントうどんの味を決める上で、馬鈴薯《ばれいしょ》デンプンが、大きな役割を果たしていたと見なすことができるのであり、——そこから、ひるがえって割《わ》り粉《こ》を選ぶ場合にも、「強力」の文字だけに踊らされず、その小麦粉のデンプンの質と含有量にも目を光らせるように強調しておきたい。そば粉についても、やはり同様である。

◉「切りべら二十三本」

「切りべら」云々《うんぬん》は、江戸時代から続いてきた、そばの太さを示す約束事である。——すなわち、一寸《いっすん》幅を何本に切るかで表わす。「切りべら二十三本」とは、一寸幅を二十三本に切る、の意味。江戸のそば職人は、「切りべら二十三本」を御常法《ごじょうほう》と呼んで、「並《なみ》そば」の標準目標としてきた。

メートル法になおせば、三・〇三センチ幅を二十三本に切ることになるから、そば一本当たりの太さ（切り幅）は、生麺《なまめん》の状態で約一・三ミリになる。

延しの厚みは、そば一本分の切り幅より少し厚くすることになっているので、そばの小口《こぐち》は真四角ではなく、やや長方形になる。先の御常法《ごじょうほう》について言えば、「並《なみ》そば」の太さは、一・三ミリ×約二ミリ程度（生麺《なまめん》の状態）が標準である。

これは、職人技《わざ》としては難しいものではない。また、食べる側からしても、ゆでて太さが増したところで、抵抗なくらくに呑《の》み込める太さ——いきおいにまかせて、つるつるッとやるには恰好《かっこう》の太さの麺、ということになろう。「切りべら二十三本」の御常法《ごじょうほう》が、打つ側・食べる側の両方にプラスにはたらいて、「並《なみ》そば」の普及に力があったと見てよいかと思う。

私もまた、「並《なみ》」は「切りべら二十三本」を標準として踏襲《とうしゅう》してきた者であるが、近年は良質の粉を得て、「切りべら三十本」とすることが多い。

ここで大事なことは、「切りべら何本」という約束事が、一寸《いっすん》幅を何本に切るかを表わしているだけでなく、延しの厚みをも規定《きてい》していることである。なりゆきで薄く延せるだけ延してしまって、二十三本に切ったのでは、食味を殺《そ》ぐ。「並《なみ》」の「誰にも向くそば」という条件を満たすには、「切りべら何本」と言われたら、いくらの厚み・幅・長さに延して何枚にたたみ、何本に切る——と、すぐ頭で計算でき、それを守れるくらいでなくてはなるまい。

〈**補註**〉「**細打《ほそう》ち**」**について**

「並《なみ》」が二十三本を標準とするのに対し、「細打《ほそう》ち」は次のようになる。

「中細《ちゅうぼそ》」三十本～四十本
「極細《ごくぼそ》」五十本～六十本

そば一本当たりの太さ（切り幅）は、生麺《なまめん》の状態で、「切りべら三十本」の場合が約一ミリ、「四十本」で〇・七ミリ強、「五十本」で約〇・六ミリ、「六十本」で約〇・五ミリ。延しの厚みは、切り幅より少し厚い。

いずれにしても、この細さは、どんなそばでも生きるというものではない。良質の粉、正確な延し、肉の薄い庖丁《ほうちょう》、精度の高いまな板、庖丁技術——の五つが揃《そろ》って、はじめて生きてくるものである。「並《なみ》そば」の場合は、良質の粉でも四十本前後が止《と》まりであろう。それ以上は「御膳粉《ごぜんこ》」で生きる技術、と言っても間違いではない。ことに六十本ともなると、「御膳粉」を使って、庖丁技術の冴《さ》えを見せるような場合に限られようか。

私は先年、NHKテレビの「日本の伝統・そば」という番組で、「切りべら六十本」を試《こころ》みた。居合わせた人が数えてみて、正真正銘《しょうしんしょうめい》六十本であることに驚いていた顔を、いまでもおぼえている。——この番組では、「たねもの」を含めて、古式《こしき》そば二十種、創作そば三十種、およそ五十種ほど作品を用意したのだが、放送のほうは、残念ながら四分くらいで終わってしまい、よく見ていただく時間がなかった。

◉基礎にして基本をなす仕事

さて、このあたりで、「並《なみ》そば」の仕事が、そばの技術全体のどのようなところに位置づけられるかを、まとめておこう。

「並そば」の仕事は、基礎にして基本の位置にある。前のところで述べた「切りべら二十三本」に限らず、「並」の仕事のすべてが、そばの仕事全体の土台をなしており、「並」が満足に打てないようでは、別の粉の仕事はおぼつかないことになる。

いや、「田舎《いなか》そば」だけなら、「並そば」の仕事を知らなくとも打てるであろう。すでに述べたように、「田舎そば」は、「並」のような職人技とは別のところにあったそばである。……しかし、その「田舎そば」も、「並そば」をマスターして臨《のぞ》んだ場合は、自己流でいくよりも、はるかにらくに、かつ、ムダを出さずにこなすことができる。

これが「御膳《ごぜん》そば」になると、技術のグレードが段違いに高くなる。そもそも、純粋の「御膳粉」を入手すること自体が難しい。かりに粉は手に入ったとしても、いきなり一足《いっそく》跳《と》びにやってみたところで歯が立つものではなく、練習にもならない。「並」をマスターしてはじめて、その練習のための下地《したじ》ができたと言える。

営業品目から見ても、「並」は、そばの品目の大半に使うそばである。「かけ」「もり」「せいろ」「ざる」のどれもが「並」を使うし、各種の「たねもの」の台になるそばもまた、特別な場合を除いては「並」を使う。そこから、あえて「並」という言葉をかぶせず、たんに「そば」と言えば「並」を指すような風潮も生まれた。

ことほど左様《さよう》に、商売の見地から見ても、技術的な見地から見ても、「並そば」の仕事は、他のそばの仕事をするときの標準となるものである。

〈補〉私の石臼

◉石臼碾《び》きとロール挽《び》きの違い

そば製粉の方法は、石臼碾《び》き、ロール挽《び》きの二つに大別でき、作業効率の関係で、ロール挽《び》きが大勢《たいせい》を占めている。石臼碾《び》きが占める割合はいくらでもない。そこから稀少《きしょう》価値のようなものが生まれて、ちょうど機械製麺に対する〝味の手打〟という評価が生まれたのと同じように、一般に石臼碾《び》きはロール挽きより味がよいと思われているようである。

しかし、これもまた、序論の「手打と機械製麺」の比較のところで述べたことと同じように、石臼ならうまいと断言するなどは、とてもできない。ロールにはロールの問題点があるように、石臼にも石臼ゆえに生じてくる解決を要する問題が多々《たた》あるからである。

ロール挽《び》きの製粉方法は、こまかい歯のついた二つのロールを、時計の歯車のように違った速度で回転させ、そばの実《み》をひっかき切っていく方法をとる。ロールとロールの間には、コンマ数ミリというすき間があり、しかも瞬間的にひっかき切っていく。原理的には粉が熱を持ちにくい仕組みであり、その点だけに限って言えば、石臼より勝《まさ》っていると言っても間違いではない。

ロール挽《び》きの問題点は、一度で粉にする量を増やそうとして、このロールを高速回転させ続けていること――、さらには歩留《ぶど》まりを上げるべく、高速回転するロールの間を何度も通すことによって生じてくる。すなわち、粉が熱を持つために、香りが飛ぶ心配があり、はなはだしい場合には、香りが飛ぶだけでなく、粉の色が褐変《かっぺん》してしまうこともありうる。また、粉の粒の大きさが均質化される傾向にあるので、手ざわりはなめらかで、打つにも打ちやすいが、味わいは、やや劣ることになる。

それに対して石臼碾《び》きは、上臼《うわ》と下臼の間で実《み》をすりつぶして粉にする仕組みである。当然そこからは、上下の臼のすれ合う面の状態や、原料が臼の中を送られていくときの実の流れ具合、臼の回転数の変化などにより、摩擦《まさつ》熱の問題が生じてくる。この摩擦熱が、そば粉の香りを飛ばしやすい。そればかりでなく、石の材質や臼の構造、使い方次第では、石が砕けて微粉末が粉に混じる懸念《けねん》もある。要するに、石臼碾《び》きでありさえすればよいといった安易な考えで粉を選んでいたら、製粉の段階で原料の持ち味を殺してしまった、とんでもない粉をつかむことにもなりかねないのである。

ただし、以上の問題点（粉が熱を帯びやすいことと、その心配から逃《のが》れようとすると、極端に能率が落ちやすいことなど）を解決した場合には、石臼碾《び》きには大きな取り得《え》がある。それは、実をすりつぶして粉にするという原理的な仕組みからもたらされるもので、粉の粒子《りゅうし》に大きいもの、小さいものがいろいろ混ざっている点である。ロール挽《び》きに比べて、石臼碾《び》きは、手ざわりが粗《あら》く感じられることが多いのだが、良質の原料で、熱を持たないように、なおかつ歩留まりを極端に上げないで粉にした場合、石臼碾《び》きの粉の、この手ざわりの粗《あら》さは即《そく》、味わいのよさに通じているのである。

したがって、石臼で持ち味を損なわぬ粉を採《と》ろうとする場合には、次の四点を解決した粉臼をつくらなくてはならない。

●石臼の材質

まず、石臼の材質について――。

前に述べたことからもわかるように、第一の条件は「熱を持ちにくい石」ということになる。緻密《ちみつ》なものより、ウロ（洞）のある石のほうがよいということである。

ただし、これだけでは、臼材としては充分でない。

第二の条件は「減《へ》りの少ない石」ということである。

臼は回転させる道具であるから、回転によってすり減ってしまうほどやわらかい石では役目をしない。片減りを起こしたりすれば、臼が傾いて、粉になる箇所・ならない箇所と、ムラができてしまうし、また、すり減った石の微粉末が粉に混じる心配もある。

つまり、石臼の材質としては、「ウロがあって、なおかつ減りの少ない固い石」という難かしい条件を満たすものが必要になる。そうなると、これは探すのに骨が折れる。

一般に石臼と言えば、すぐ花崗岩《かこうがん》（みかげ石）があがるが、前の条件に照らしてみるとわかるように、必ずしもよい材料ではない。花崗岩《かこうがん》は緻密であるために、熱を持ちやすいのである。その上、石英《せきえい》、長石《ちょうせき》、雲母《うんも》などを含んでいるので、すべりやすく、一度で粉になりにくい。

一方、その道の人たちの間で話題に上《のぼ》ることの多い蜂巣石《はちのすいし》は、ウロが多いという点ではよくても、固さに問題を残している。

私が昭和の初めから現在まで、臼のつくりは変わっても、引き続き使用しているのは、「塩山《えんざん》みかげ」という石である。――甲州《こうしゅう》すなわち山梨《やまなし》県の塩山《えんざん》で取れる花崗岩系統の石である。水晶が多く、同時にまたウロの多いことを特徴としている。つまり、固くて熱を持たないという、前述の条件をそなえた石なのである。

ウロがあるということでは、安物の蜂巣石などにも似ているが、水晶を含んでいるために硬質なところが違い、たいへんに粉にしやすい。私はこの石を、昭和の初め、日本一のそばの名所、信州《しんしゅう》・川上村《かわかみ》を訪れた際《さい》に教えられ、甲州路の川の中で発見した。

ただ、現在は「塩山みかげ」も埋蔵量が減ってきたために、山一つ入札しなければ手に入らない状態にあるようだ。

●臼の目の切り方とすり合わせ

それにしても、何から何まで理想的な石などないもので、「塩山みかげ」にも弱点がある。それは、加工の技術が難しく、石臼の目を切るときに砕けが出やすいことである。

しかし、その欠点も、現在では技術の進歩

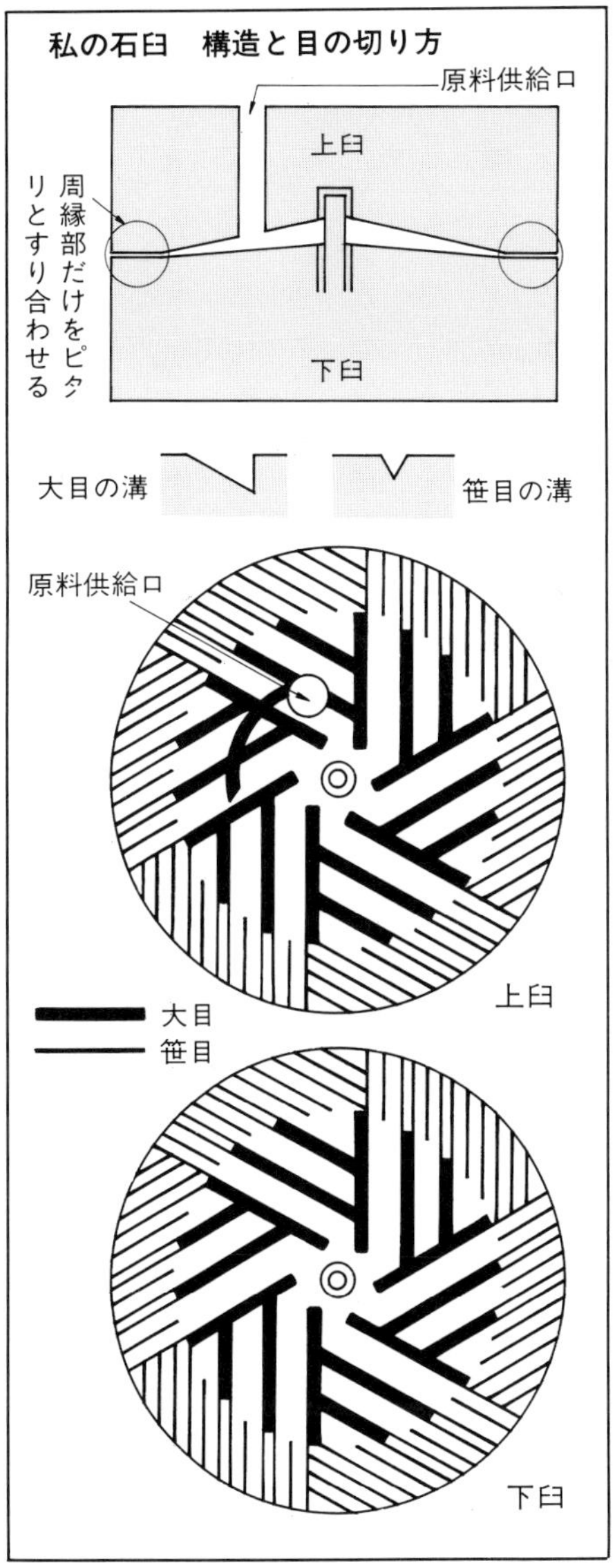

によってカバーできる。昔の手作業の鑿《のみ》よりはるかに衝撃《しょうげき》の小さいエアハンマーで目を切ったのち、目をゼラチンで固めてしまうのである（石臼は低速回転で使用する、という原則を崩さぬかぎり、ゼラチンが熱で溶けることはない）。

では、石臼の目は、どのように切ればよいのか――。

石臼の目とは、上臼・下臼の対向面に刻んだ溝《みぞ》を言う。この溝は、送り込まれてきた原料を、臼の中心部から周縁《しゅうえん》に流す通路の役目をし、また、上下の臼がすり合わさる区域内においては、実をすりつぶして粉にする役目もしている。

ここで、私の製作した臼（粉臼）の略図をご覧いただきたい。

まず、上の構造図――。原料が送り込まれてくる中央部は、上臼の対向面を相当に凹《くぼ》ませてある。中心部から上下の臼がすり合って実を粉にし始めては、粉が外へ出るまでに何度も摩擦される結果、熱を帯び、溝に貼《は》りついたりする。その心配をなくして、原料を周縁に流すはたらきだけをさせるために、空洞を設け、なおかつ下臼にも傾斜をつけてあるのである。

当然ながら、その部分の溝《みぞ》（大目《おおめ》）は太くて深い。大目の割りつけが、どれも中心から少しずれていることにも注目いただきたい。これは、臼の中心を通して目を切った粉臼は、粉がもたつきやすいのに対し、中心を少し外《はず》した位置から目を切った粉臼は、粉がよく走ることを発見しての処置である。

そして、上臼と下臼が文字通りすり合わさっているのは周縁部のみ――。この部分には細い浅い溝（笹目《ささめ》と言う）が無数に刻んである。つまり、臼の中を空間的ゆとりを持って速《すみ》やかに流れてきた原料は、外へ出る最後のところへ来て、一瞬のうちに粉になる仕組みである。これならば、たとえ強くすりつぶされても、すりつぶされた直後には外へ出てしまうので、粉が熱を帯びる心配は、まずありえない。――ただし、刃先だけを全面均一にピタリとすり合わせるには、高度の技術を要する。一カ所でも高いところがあると、臼が傾いて接触し、石がこすり取られてしまう。

◉原料安定供給システム

しかし、いかにすり合わせに苦心しても、臼に供給される原料が一部に偏《かたよ》れば、臼は片側が持ち上げられ、反対側が沈んでしまう。そしてそれを避けようとすれば、一回転ごとの原料供給量を、ごくごくわずかにするしかない。――従来の手碾《び》き臼の最大の弱点は、ここにあった。

私の臼では、水を注《そそ》ぐように、たえず全面に均一に原料を行き渡らす安定供給システムを考案することによって、この難問を解決した（特許取得済み）。その結果、粉は臼の全面から同じように勢《いきおい》よく出てくる。

私の粉臼の性能は、以下のようになる。回転数は一分間に十五～四十五回転（調整可能）。一回転の製粉量（並み粉の場合）六～十グラム未満。一度の抜き収容量、約十五キロ。その製粉必要時間は二～二・五時間。八時間で五十キロは製粉可能である。

第一章　そばの打ち方

一、「木鉢《こね》」

第一項　仕事のねらいと位置づけ

◉「一鉢《はち》、二延《の》し、三庖丁《ほうちょう》」

そばを打つ仕事は、大きく分けて、三つの部分からなる。仕事の順に上げて、「こねる」「延《の》す」「(庖丁《ほうちょう》で)切る」の三つである。

俗に「一鉢《はち》、二延《の》し、三庖丁」と言う。(「一鉢」は「一こね」とも読む。)この言葉は、そば打ちの三つの仕事のなかでの、難しさの順番、役割の重さの順番を表わしたものである。すなわち、木鉢《きばち》で「こねる」仕事が一番難しい。また、木鉢で「こねる」仕事の役割が一番重い。「木鉢」は、のちの仕事の土台をなすものである。それだけに、ここでの失敗は、あとあとまで響く。すべてがムダ骨になってしまうことも珍しくない。

だが、習いたての頃は、「延し」や「庖丁」の派手《はで》な身のこなしに引かれて、いきおい、「こね」は裏方《うらかた》の仕事かなんぞのように思い込んでしまう。それからまた、現在では、「木鉢」の仕事を、ミキサーという便利な道具に代行させることも可能なため、経験年数を積んでも、「木鉢」に身を入れない人が少なくない。

しかし、ここでハッキリ記憶しておかなくてはならないのは、次のような厳然《げんぜん》たる事実である。すなわち、それは、かりにミキサーで済ますにしても、ミキサーを使いこなしていくためには、手作業の「木鉢」を完全にマスターしていることが不可欠《ふかけつ》の条件になる、ということである。いや、ミキサーを使いこなすよりも前に、構造のすぐれたミキサーを選んだり、みずから考案する段階で、手作業の「木鉢」をマスターしているかどうかが大きくものをいう。

「延し」や「庖丁」に比べて、「木鉢」の仕事は、たしかに地味《じみ》ではある。が、見た目よりもずっと難しいものであることを、初めによくよく強調しておきたい。「木鉢」は、十年やっても仕上がらない人がたくさんいる。

◉「木鉢《きばち》」の仕事の区分

「木鉢」の仕事は、「水まわし」と「まとめ」(「くくり」とも言う)の二つの部分からなる。

「水まわし」とは、簡単に言って、粉のひとつぶひとつぶに、まんべんなく水分を含《ふく》ませる作業。仕事の形としては、粉に適量の水を加えて、全体をよくかきまわす作業である。

「まとめ」とは、水を吸い、粘着力が出て、つぶの大きくなった無数の塊《かたまり》を、寄せ集めて一つにまとめ、よく練《ね》って「玉《たま》」にするまでを言う。

以上の作業を、もう少しこまかに区分してみると、「木鉢」の仕事は四つの工程に分かれる。

一、加水量の（割合の）決定
二、粉と水の計量
三、水まわし
四、まとめ（くくり）

●「木鉢」の難所《なんしょ》

では、「木鉢」の仕事は、どんなところが難しいのか。前の作業区分に基《もと》づき、仕事の流れに沿って見ていくと、難所《なんしょ》は四つある。

一、加水量の決定

「木鉢」の仕事は、初めの「加水量の決定」からして、たいへんな難所である。

加水量を決めるには、まず、粉を握ってみて、粉の色や手ざわりなどから、その粉の特徴をつかむ。また、その日そのときでの粉の状態の変化をつかむ。その上で、現在の天候条件（気温・湿度）をも勘案《かんあん》して、その玉の適正加水量を割り出す。

しかし、これだけのことで、毎日、その玉の適正《てきせい》加水量を間違いなく割り出すのは、決してやさしいことではない。使う粉の性質が、よくわかっていなくてはならないし、同時に、その粉の標準加水量をも突きとめておく必要がある。

したがって、粉を知ろうとしない人や、粉の勉強がいまだ充分でない人は、そば打ちのそもそものスタートのところから狂いが生じやすい。そして、その狂い——つまり加水量の狂いは、困ったことに、仕事の運びにも肝心《かんじん》のそばの味にも、悪い影響を及ぼす。

二、粉と水の正確な計量

二番目にあげる問題は、じつは、きちんと計量する習慣が身についている人にとっては、難所《なんしょ》でもなんでもない。しかし、おおざっぱな目分量《めぶんりょう》で通してきた人や、粉枡《ます》一升《しょう》に水ひしゃく何杯とか、片手でこれだけ、といった量《はか》り方で通してきた人の場合は、計量の不正確なことが、すぐさま加水量の狂いを引き起こし、「木鉢」の仕事を一段とやっかいなものにしてしまう。そればかりか、のちのちの作業にも、要《い》らぬ困難がついてまわる。おまけに、元がハッキリしていないために、どこをどう間違えたのか、失敗の原因を突きとめることさえもできない。

こういう失敗を繰り返さないためには、そば粉も割り粉も水も、すべて目方《めかた》（重量）で量《はか》るように提唱《ていしょう》する。そば粉とつなぎの小麦粉との割合も、粉総量に対する水の割合も、正しく目方《めかた》に置き換《か》えてきちんと量《はか》ることを怠《おこた》ってはならない。

三、加水後一分間の「水まわし」

「加水量の決定」は、根本的・総合的判断を必要とするがための難しさである。それに対し、この段階から、木鉢作業そのものの本当の難しさが始まる。水は全量を一度に加える。（何度かに分けてチビチビ加水するやり方は、技術的に欠陥《けっかん》があり、食べ味に悪い影響が及ぶ。それについては、あとでくわしく説明しよう。）ともかく、全量の水を一度に加えたら、その後の一分間が勝負の分かれ目になる。一分で文字どおりの「水まわし」を済ませてしまわなくてはならない。

それが、最初の一分を過ぎても、まだ粉っぽいところが残っているようでは、味の面で上等なそばに仕上げることは難しいし、また、その後の仕事にも打ちにくさがついてまわる（熟練者は、そのかぎりではない）。

四、「二十二の眼《まなこ》」による監視

「水まわし」を一分で済ませても、それから玉に取るまでの手作業に遊びがあると、乾いたところができてしまう。これを俗に「カゼ（風邪）をひかす」とも言う。

カゼをひかさないようにするには、「二十二の眼《まなこ》」を終始はたらかせていなくてはならない。「二十二の眼《まなこ》」とは、二つの目玉で見るだけではなくて、両手の指の一本一本にも、いわば二つの目玉がついているかのように指先の感覚をはたらかせ、粉の変化をつかまえなさい、という意味である。

　ところが、これのできない人が意外なほど多い。実際のところを言えば、二つの目は粉を見ているようでも、そして両手は動いていても、フッと別のことに気を取られて、指先がムダな動きを繰り返しているという人が、相当に多い。昔風《ふう》に言って、「心ここにあらず」という状態である。

●「ママッコ」の恐ろしさ

　なぜ「木鉢」をやかましく言うのか——。この問いを別の視点から言い換《か》えるならば、それは、江戸のそば職人の言う「切らず玉《だま》」が、何ゆえに売りものにならないかを突きとめておくことでもある。もとより、「木鉢」の失敗は「切らず玉」だけではない。だが、致命《ちめい》的失敗ということでは、「切らず玉」以上のものはない。そこで、「水まわし」ができていないことの恐ろしさを中心課題に据《す》えて、「木鉢」の失敗に気づかずに（あるいは無視して）最後まで進めた場合、そのそばの味たるや、どんなものになるかを、ここで見ておくことにしたい。（そんなことは百も承知という人は、もちろん、飛ばしてくださって結構である。）

　江戸のそば職人は、「水まわし」の悪い玉を「切らず玉」と呼び、処分が決まるまで、そのままうっちゃらかしにしておいた。延して切ってみたところで、売りものにならないため、結局は玉のまま処分してしまうのである。

　「切らず玉」をこしらえた者は、仕事の合間《あいま》を見つけては、戒《いまし》めのために何度でもやりなおしをさせられ、練習を積まされる。「木鉢」の仕事は、それくらいキビシイものであった。

　「切らず玉」とは、水がまわっていないものを言う。水がまわっていないとは、どこかに粉のままのところがあるという意味である。この粉のままに捨て置かれた箇所を、昔の人は「ママッコ（継子）」と呼んだ。ママッコのコは、子どものコと、粉のコを掛《か》けたものであろう。

　ともかく、「ママッコ」とは、よくも言ったものである。なるほど、周囲が水を吸わせてもらってしっとりしているのに、そこだけは除《の》け者《もの》にされ、いつまで経《た》っても粉のままに捨て置かれている。人間の場合、継子《ままこ》いじめをされた子は、かわいそうで同情を呼ぶ反面、いじけてひねくれてしまいやすいが、そばで言う「ママッコ」は、人の子以上にひねくれた反応を示す。「ママッコ」にすると、手のほどこしようのない事態が生ずるのである。

　すなわち、「ママッコ」は、煮ても焼いても生《なま》、炭《すみ》になっても生《なま》のままである。水のまわっていない粉は、熱を加えても、デンプンがα《アルファ》化しない——つまり、煮えた状態にならない。

　さて、そのようなママコにしたそばを食べさせられた場合、食べる側の反応はどうなるか。——これが大問題である。

　人間の感覚は、生理的に不快をもよおすものに対して鋭敏に反応する。食べものに対しては特に敏感で、不快な刺激を感ずるや反射的に、その刺激物を吐《は》き出そうとする。からだのこうした仕組みは、そばを食べるときにもはたらいており、恐ろしいことに、一本のそばのどこかに生《なま》のままのところが残っていても、ひと噛《か》みで、それがわかってしまう。口あたり、歯ざわりが、まるで違うためである。

　そしてその瞬間、口に入れていたそばは、食味の対象外に外《はず》れてしまう。うまい・まずいを言う以前の、異物に変じてしまうわけで、過敏な人は吐きそうになったり、口から引き出して調べたり…と、妙なことになる。このようなことが、もし、店内のあちこちで起こっているとしたら、その店はどうなるか。想像するだけでも、恐ろしいかぎりではないか。——追記をすれば、機械打ちの「バラがけ」に、この状態を見かけることがあった。

　かような次第で、江戸のそば職人は、水のまわっていないものの恐ろしさを知り抜いていたからこそ、「切らず玉」として処分したわけである。そばとは縁の深い僧侶の一人、沢庵禅師《たくあんぜんじ》も、そば粉をもらったときの返歌《へんか》で、「継子《ままこ》にすな（するな）」と、カンどころを押さえている。

　わが子とて持たぬ法師《ほうし》の身にしあれば
　　そば粉をもって申し入れ候《そろ》

　これが禅師にそば粉を贈《おく》った側の歌。それに対する沢庵禅師の返歌として、次の歌が伝えられている。

　そば粉とて賜《たまわ》るからはわが子なり
　　継子《ままこ》にすなと申し付《つ》け候《そろ》

〈補註〉「ママッコ」の問題を解決した、大規模製麺工場の噴射式《ふんしゃしき》ミキサー

　最近の大規模製麺工場には、新式の恐るべきミキサーが据《す》えてある。噴射式《ふんしゃしき》ミキサーとでも言えば、わかってもらえるだろうか。粉と水が微粒子の状態で、向かい合わせに噴射するようになっており、たちどころに粉の一粒一粒が水に濡《ぬ》れた状態になる。しかも、その加水量は、コンピュータによって、最適値に調節されている。したがって、本論で口を酸《す》っぱくして述べた「ママッコ」は、この種のミキサーでは、原理的にまず起こらないところまできている。

「そんな高度なことが、どうして機械にできるか」と、不審《ふしん》な人もいるかもしれない。じつは、このような新式のミキサーは、名人級の手打技術——手作業のあるべき形、そなえていなければならない諸条件等——を、微細に分析して、機械化したものである。つまり、そのコンピュータには、粉の性質と標準加水量、そのときの気温・湿度による加水量の増減、麺の用途からくる調節その他、数多くの因子がインプットされ、水をまわすとはどういうことかを、原理的に解明していると見てよい。その精度は、まだまだ高まるはずである。

　すでに本書の序論において、「手打だから〝うまい〟とはかぎらない」ことを詳述《しょうじゅつ》したが、形だけの手打が機械に負けることは、目に見えていると言わなければならないだろう。

＊

　前にも述べたように、「木鉢」の失敗は、「切らず玉《だま》」だけではない。切らず玉は、もうどうしようもない最低の失敗であって、そこまでにはいたらずとも、味を損《そこ》なう失敗は数々ある。

　そのうちでも、加水量の間違い——特に加水量の少な過ぎる間違いは、のちの仕事にも味にも禍《わざわい》をなす。多過ぎる間違いも、これもまた極端に過ぎれば別の問題を引き起こすが、少々の程度であれば、のちの作業で修正していくことは可能である。しかし、加水量の間違いは、少な過ぎるほうへ間違える場合が圧倒的に多い。

　さらに、「カゼをひかす」失敗。これもまた、味に影響する。カゼをひかせたものは、うまくない。

　このような間違いは、突き詰《つ》めていけば、粉というものの性質を知らないところから起こってくる。その点を踏まえて、以下のページでは、仕事の流れに沿って一つ一つ見ていくことにしたい。

第二項　木鉢の選び方

◉白木《しらき》と塗《ぬ》り、漆《うるし》とカシュー

　そば屋の木鉢と言えば、誰もが塗《ぬ》りの鉢を思い浮かべるであろう。外側を黒漆《うるし》、中を朱《しゅ》漆《うるし》に塗り分けた木鉢は、江戸のそば屋以来使われてきた道具である。

　民家では白木《しらき》の鉢が当たり前であったのに対し、そば屋で塗りの鉢が使われてきたのは、塗りの鉢のほうが丈夫《じょうぶ》で保《も》ちがよいためである。白木は水を吸うし、減りも早いが、漆を塗った鉢は堅牢《けんろう》で、水にも熱湯にも強く、摩擦《まさつ》にも強い。

　ただし、その強度となると、漆の長所として昔から言われてきたことが、そのまま現在のそば屋の木鉢にも当てはまると思うのは早計であろう。というのも現在では、木鉢に使われる漆は外国産（東南アジア産）のものがほとんどであり、日本産の漆に比べて品質的にかなり劣るからである。

　したがって、外国産の漆を塗るのであれば、「塗りもの」即《そく》「漆塗り」の常識を放《はな》れて、別にすぐれた塗料のあることを紹介しておく必要があろう。それはカシューである。

「カシュー」という言葉を聞いて思い浮かべるのは何んだろうか。カシューナッツ？　そのとおり、カシュー塗料は、あのカシューナッツの殻液を主成分とする塗料である。こう言うと、びっくりする人が多いだろうが、じつは何んのことはない、カシューは熱帯産の漆科《うるしか》の植物なのである。だから、塗料の成分も性能も漆とよく似ており、仕上がりは光沢があって、きわめて美しい。

　このカシューを、現在、木鉢に使われている外国産の漆と比較してみると、カシューのほうが、熱にも摩擦にも強い。

　ただし、カシューには一つだけ、注意を要することがある。臭《にお》いを消しにくい。――そこでカシュー塗りの鉢は、使う前に早くから準備し、空気に触れさせて脱臭する必要がある。半年はねかすほうがよい。

●手彫《てぼ》りと「くりもの」

　木鉢には栃《とち》や「栓《せん》の木《き》」（針桐《はりぎり》とも言う）が使われる。これは、大木《たいぼく》が得られること、その割に軽くてやわらかく加工が容易なこと、などから出た先人の知恵であろう。いずれにしても、材質の枯れ抜いたものがよいことは、麺棒や延し板の場合と同じである。

　木鉢としては、直径二尺あるいは二尺三寸あたりのものが、比較的よく使われている大きさになるかと思う。――ただし、この寸法は、俗にヤマ寸法というもので、山奥で切り出したときの寸法を指《さ》している。木鉢は大木の木口《こぐち》から二つ取りにするが、そのときの寸法である。実際の木鉢の仕上がり寸法は、それよりやや小さい。

　ところで、ここできわめて今日的《こんにちてき》な木鉢の問題を取り上げておきたい。それは、手彫《てぼ》りと「くりもの」の優劣《ゆうれつ》についてである。

　木鉢には、ろくろを使った「くりもの」と、のみで彫《ほ》った手彫りのものがある。知らない人には、ろくろを使うほうが新しいように思えるかもしれないが、ろくろ挽《び》きの技術は大昔からあったもので、お椀《わん》その他の食器や調理道具でも活用されてきた技術である。だから、どちらが古いの新しいのということはない。ただ、営業用として見た場合、数の上では「くりもの」のほうが多いようだ。手彫りは希少性《きしょうせい》のゆえに――それからまた一部の人には、いかにも手打にふさわしい手づくりの道具と見えるためか、珍重《ちんちょう》されているようである。

　たしかに美術品として観賞するのであれば、のみの彫り跡《あと》のわかる手彫りのほうに、より価値を認める人が多いことであろう。ところが、こと実用の道具となると、その手彫りの彫り跡が問題になる。

　粉に対してまんべんなく水をまわす――それも迅速《じんそく》に処理する――という目的からすれば、木鉢は表面がなめらかであるほど望ましい。しかし、この基本的な使用目的に照らしてみた場合、手彫りの木鉢は、その彫り跡の凹凸《おうとつ》ゆえに、いささかの問題を生む。ろくろを使う「くりもの」のなめらかさには、所詮《しょせん》及ばないからである。

　のみ跡の凹凸は、さび（「とのこ」と「せしめ漆《うるし》」を混ぜたもの）で平らにするが、「くりもの」と同程度にまで平らにするのは至難の術《わざ》である。かりに表面は平らにできたにしても、さびの厚みはのみ跡の凹凸で一定せず、山の部分は塗りがきわめて薄いことになる。その結果、仕上げは平らでも、何かのショックで固いものが当たったりすると、すぐ傷がつきやすいし、そこに粉が喰《く》い込めば、塗りが剝《は》げてしまう。

　仕事のしやすさ、道具の保《も》ちのよさ、いずれから見ても、一般論として言えば、「くりもの」の木鉢のほうが無難であろう。木鉢は手彫りと「くりもの」のどちらがよいかと問われれば、私は断然「くりもの」をすすめる。

●底の深い鉢と浅い鉢

　三つ目は、木鉢の形の問題である。

　一般には、大玉をこなす場合を考えて、深い鉢を選ぶ傾向がある。これは、その限りでは納得《なっとく》のいくものである。

　しかし、いろいろな種類のそばを打つとなると、木鉢の形状について、もう少し違った観点からも見ていくことが必要になる。「並そば」と「田舎そば」だけでなく、御膳粉《ごぜんこ》を使う「変わりそば」までやろうという場合、深い鉢は、ときに仕事の邪魔《じゃま》をするからである。

「変わりそば」には、木鉢の中で肘《ひじ》を突っ張って練り込む工程がある。親指のつけ根のふくらみを生地《きじ》に当てて、手前から向こうへ、力いっぱい何度も練りつける。御膳粉は純デンプン質と言ってもいい特殊なそば粉であるために、水ではつながらず、ぐらぐら煮え立つ熱湯で湯もみにする。しかし、それだけではまだ、全体が一つに結びつくまでの粘着力はない。そこで、飯粒から糊《のり》をつくるのと同じ要領で、よく練って粘りを出す。

この作業は、たいへんに力が要《い》る。と同時に、腕をぐっと伸ばせるだけのスペースを必要とするが、そのときに、底の深い木鉢は、据えつけ方によっては仕事の邪魔《じゃま》をする。つまり、腕をぐっと伸ばしたときに、木鉢の縁《ふち》に肘《ひじ》がつかえてしまい、手前から向こうへ練りつける一動作の途中で、姿勢を変えるようなムダな動きが必要になる。

これが底の浅い平底《ひらぞこ》の木鉢だと、そんなムダな動きをしないでやっていける。ただ底の浅い木鉢というのでは、内側全面がカーブしているものもあるが、平底で径《けい》が二尺ないし二尺三寸のものになれば、浅い木鉢とは言っても、水まわしで粉が飛び散るようなことはない。練るときに肘《ひじ》がつかえることも、もちろんない。縁《ふち》が低く底が平らだから、向こう端《はし》まで腕を充分に伸ばして練り込むことができる。

扱うそばの種類を増やしていこうとするならば、木鉢は、肘のつかえない深さという条件も考慮《こうりょ》したほうがよい。

底の浅い平底の木鉢（直径２尺カシュー塗）。手を伸ばしても木鉢の縁に肘《ひじ》がつかえないので、「変わりそば」までこなすには底の深い鉢よりも便利である。

第三項　計量と玉の大きさ

◉私が枡《ます》やカップを使わない理由

粉と水の計量は、それだけで一区分をなすほどの大きな仕事ではない。しかし、すでに再々《さいさい》繰り返してきたように、計量は、仕事のスタートを明確にしておくという意味で、きわめて重要な役割を担《にな》っている。何よりも計量の方法が問題になる。

昔は、枡《ます》や「すくい」で粉を量《はか》り、それに水ひしゃく何杯、または片手何杯、といった量《はか》り方をする店がほとんどだった。今でも多いかと思う。その店独自の流儀《りゅうぎ》で、特定の丼を代々、一種のメジャーにしてきた店もあるようだ。近年の、計量カップを使ってカップ何杯とやる量《はか》り方は、さしずめ、そういったものの現代版になろうか。

以上のやり方は、計量に使う容器は種々さまざまに違っても、容量を量《はか》るということでは、すべて共通している。だからここでは、便宜的に、「容量秤《ばかり》」という名でひとくくりにさせていただく。

ところで、これからする話は、その「容量秤《ばかり》」で通してきた店に対して、ケチをつけようとしているのではない。その店には、その店なりの事情があって、枡やカップで通してきたはずだからである。——ただ、私はハッキリした理由があって「容量秤」は使わないので、その理由を述べておこうと思う。

一、詰《つ》め方が一定でない

私が枡《ます》やカップを使わない第一の理由は、正確を期《き》することができないためである。これは、私がその種の量《はか》り方を苦手《にがて》にしているという意味ではない。そうではなくて、枡やカップは、どうやってみたところで、粉の量を正確に量《はか》るのに適さない、ということである。枡は元来、粉や米、豆などの穀物《こくもつ》、それから酒や醤油《しょうゆ》などの液体を量《はか》るものとされてきた。しかし、穀物を正確に量《はか》るとなると、枡はたいへんに心もとない計量器でしかない。粉の場合、ことにその感が強い。

まず、ギュッと手で押し込むように詰《つ》めたのと、軽くすくったのとでは、同じカップ一杯、枡一升でも、量目《りょうめ》がかなり違う。押し詰めたときには、うんと詰まってしまう。山盛りにしての話ではなく、すり切り一杯という条件下においてである。これは、すなわち、詰め方によって値《あたい》が一定せず、何をもって基準とするか、ハッキリしないということだ。したがって一軒の店でも、そのときどきで計量に当たる人間が違うと、その狂いは馬鹿にならないし、かりに一人が専属で受け持った場合でも、そのときどきで微妙に違うことになってしまう。

二、粉によって一升《いっしょう》の重さが違う

その上に、もっと困った問題が生じる。こちらのほうは、粉の詰め方について、その店なりの厳密な決まりを設け、全員に守らせたとしても、そのままでは処理できない性質の問題である。それは何かと言うと——、

粉によって、一升《いっしょう》の目方《めかた》がすべて違うのに、枡やカップだけの計量では、その事実を突きとめることさえできない、という欠点である。同じく一升とは言っても、粉によってどんなに違うか、試《こころ》みに左に列記してみる。

うどん粉一升《いっしょう》→およそ二〇〇匁《もんめ》
（約七五〇グラム）

「並《な》み粉」一升→二五〇匁
（九三七・五グラム）

純粋の「御膳粉《ごぜんこ》」一升→三五〇匁以上
（一三一二・五グラム以上）

以上の数値は、枡《ます》で量《はか》った後、あらためて「重量秤《ばかり》」にかけてはじき出したものである。つまり、二度手間《でま》をかけないかぎり、一升の内容《なかみ》を突きとめることはできない。

念のために申し添えておくと——、うどん粉一升《いっしょう》のおよそ二百匁《もんめ》という数値は、昔から標準とされてきた数値。粉を箕《み》でサラサラと落として枡《ます》に受け、そのすりきり一杯が、およそ二百匁ということである。量《はか》り方からわかるように、枡に片手を添えて量《はか》るのでは、量目《りょうめ》が違ってきてしまう。したがって、同じ小麦粉でも薄力粉《はくりきこ》になると、粉が軽くて宙《ちゅう》を舞うので、よほど上手《じょうず》にやらないと量れないことになる。

袋の粉を量《はか》るについても、やはり同種の問題が生じる。粉の袋から量《はか》るのと、粉をふるいなおしてから量《はか》るのとでは、量目《りょうめ》がずいぶん違う。

しかし、その差も、デンプン質の多い粉になると、わずかな違いになる。粉はデンプン質の多いものになるほど重くなる。そば粉で一番重いのは「御膳粉《ごぜんこ》」であるが、純粋の「御膳粉」ともなると、量《はか》り方による量目《りょうめ》の違いは、ごくわずかなものでしかない。重い粉は、押し詰めてみたところで、軽い粉のようには詰まらないのである。

例にあげた「並《な》み粉」は、前出の私の言う「並《なみ》」の場合である。したがって、同じく「並」とは言っても、粉によっては、もっとうどん粉の目方《めかた》に近いものもあるはずである。

それにしても、うどん粉、「並《な》み粉」、「御《ご》膳粉《ぜんこ》」の三つは、同じく一升《いっしょう》とは言いながら、すごい違いではないか。これは何も、私の使っている粉だけの特殊事情ではない。みなさんの使っているそば粉、割《わ》り粉、うどん粉などについて調べてみても、一升の重さは、やはり、すべて違うはずである。それか

ら、一度量《はか》ったら終わりにしてしまうのでなく、袋の封を切るたびに同じ方法で量り続けてみると、同一銘柄《めいがら》の粉でありながら、まれに一升の重さがハッキリと違う場合も出てくると思う。「抜き」が変わったり、機械の切れ目などに起こる現象である。

さて、これだけ違いのあるものを、一升《いっしょう》」あるいはカップ一杯という見かけの単位で量《はか》り続けることは、何を意味するだろうか。つまるところは、計量とは言うものの、およその見当《けんとう》をつける程度のものではあるまいか。正確なところは自分でも知らぬままに、仕事を始めていることになろう。

私は、そういう仕事は恐《こわ》くてできない。だから、「容量秤《ばかり》」を使わないのである。

〈補註〉　粉一升《しょう》の重さの違い（追加データ）

昭和五十八年五月十八日（水）午後二時、手もとにある粉を使って、一升の重さの違いを再度こまかく調べたので、ここに追記しておく。

量《はか》り方は二通り。正規《せいき》の量《はか》り方とギュウ詰めにした場合の二通りを、二度繰り返し計量。念のために申し添えておくと、正規のほうは、篩《ふるい》で粉をサーッと落として、下に置いた一升枡《ます》に受け、枡かき棒（定規《じょうぎ》）で縁《ふち》にそろえてかき落としてから重量計量。もう一つのやり方は、枡にギュウギュウ押し詰めて上を平らにかき落としたのち、重量計量。

粉の種類	正一升	ギュウ詰め一升	増加分
御膳粉	一五〇〇g	一五五〇g	（＋五〇g）
打ち粉(特殊)	一五五〇g	ほぼ同じ	

（私が特別につくらせている粉。御膳粉よりウルサク言う。ゴミのたぐいを除くまでに骨折る。）

並み粉A	一三二〇g	一五八〇g	（＋二六〇g）

（上等の丸抜《まるぬ》きを歩留《ぶど》まり五五～六〇％で碾《ひ》いた粉。色白で、ややキリッとした並み粉。）

並み粉B	一三二〇g	一五九〇g	（＋二七〇g）

（右と同等の丸抜きで歩留まり六五～七〇％、わずかに暗色を帯びた並み粉。）

並み粉A＋B	一三二〇g	一四七〇g	（＋一五〇g）
一種の末粉《さなご》	一二〇〇g	一三一五g	（＋一一五g）
うどん粉	一一四〇g	一二四〇g	（＋一〇〇g）

そば粉はデンプン質の多いものになるほど重量が増し、また、軽く詰めてもギュウ詰めにしても、その差は少ない。しかし、一升とはいっても、成分的にいろいろ含んでいる粉になると、同じく一升とはいっても、詰め方で量目が相当に変化する。手元になくて数字を掲《かか》げられなかったが、外皮の混じっている粉の場合、正一升とギュウギュウ押し詰めた一升では、一割くらい量目が違うはずである。

◉粉も水も、計量は目方《めかた》で——

私は、粉も水も、すべて目方《めかた》（重量）で量《はか》る。自分の子どもにも弟子にも、「そば教室」の生徒さんにも、いずれに対しても、計量は目方《めかた》で行なうように指導してきた。

その理由は端的《たんてき》に言って、目方《めかた》の計量には、「容量秤《ばかり》」のようなアイマイさがないためである。秤に狂いがないこと、用途に合った秤を使うことの二点に注意すれば、正確に計量できる。

枡《ます》やカップのところで指摘したような問題は、目方《めかた》の場合、まったく起こらない。どんな詰め方をしようと、百匁《め》は百匁だから、目盛を正しく読み取りさえすれば、誰がやっても同じ結果になる。また、枡やカップの場合に問題だった、粉による重さの違いも、その重さで量《はか》るのだから問題にはならない。

もう一つ、これは初歩的(?)な問題であるが、容量で量《はか》るときに意外に起こりやすい計量単位の混乱も防げる。容器の制約で、粉は一升枡《いっしょうます》、水を量るカップやひしゃくはリットルと、違う単位の道具を併用《へいよう》する例は少なくない。そんな場合、いちいち換算《かんさん》するのがわずらわしいためか、別々の単位のままで進めることになりやすい。いきおい、そこに悪い意味で、経験とカンに頼《たよ》った仕事が生じがちである。——それに対して、目方《めかた》で量るほうは、そば粉も割り粉も水も、すべて、貫目《かんめ》なら貫目、グラムならグラム一本で通していけるので、計量にアヤフヤなものが入り込む心配はない。（水だけは、一グラムが一CC《シーシー》なので、計量カップも可。）

そば粉、小麦粉、水の計量は、すべて目方《めかた》。容器にその重さをマジックペンなどで書いておくと便利！

◉計量を徹底するための策

ただし、目方《めかた》の計量も、いくつかの問題を解決しておかないと、正確を期《き》することは難しい。毎日・毎回の計量を、苦《く》もなく正確に続けていくためには、それなりの準備が要《い》る。ここで、その具体策を述べておこう。

一、秤《はかり》に狂いがないこと

年に数回は点検が必要。また、秤《はかり》は水平な場所に設置すること。そのときどきで適当な所に置くのでなく、デコボコのない所を選び、据《す》えつけ場所だけは優先して取る。

秤《はかり》に狂いがあってはならないのは、当たり前のことだが、意外な落とし穴がある。次との絡《から》みで考えていただきたい。

二、用途に応じて秤《はかり》を使い分けること

たとえば、容器の重さも含めて五百グラム以内のものを量《はか》るとしよう。そのときに、五百グラムまで量れる秤《はかり》を使うのと、十二キロ秤を使うのとでは、結果は同じだろうか。

――答えは予測がつくと思うが、簡単なことなので、読者各位《かくい》が実際に試《ため》してみるようにおすすめする。もう一つ、別な問題も発見されるであろうから――。

さて、答えは、たぶん読者の予想された通りのはずである。小量を量《はか》るときに、大型の秤《はかり》では狂いが出る、ということだ。大きな秤で一目盛違ったら、狂いは大きい。用途に応じて秤を使い分けることが必要である。

そば屋の場合、鰹節《かつおぶし》、砂糖、味醂《みりん》、醤油《しょうゆ》から、そば粉、割《わ》り粉、うどん粉、天ぷら粉……と、一度の使用量に大きな開きのある材料を使うから、一台や二台の秤《はかり》では用をなさない。水を量《はか》るにしても、ダシを取るのと、そばやうどんの加水量とでは、秤を替《か》える必要がある。そば打ちに限って言えば、そば粉と割り粉は別の秤、そして水もまた別の秤が必要である。――そのそば粉も、「並《なみ》」ひといろでなく、「田舎《いなか》」「さらし」と、数種のそば粉を使うようになると、玉《たま》の大きさ（一度に打つ量）の違いから、やはり、一台の秤では間に合わなくなる。

かくして私の場合、小は天秤《てんびん》に始まって、五十グラムを量《はか》る秤《はかり》、二百から三百グラムのものを量る秤、五百、一キロ、二キロ、四キロ、八キロ、十二キロ、その上……と、グラム秤だけでも相当《そうとう》な種類を揃《そろ》えて使っている。同種のもの、特殊なものまで含めると、都合《つごう》二十種近い秤を身辺に置いていることになる。（いわゆるヘルスメーターも、大づかみに知るには便利である。たとえば二キロ秤で量ったものが、ヘルスメーターだと、どのくらい誤差が出るかを確かめておけば、それなりの使い方があるものだ。）

三、秤《はかり》にショックを与えないのせ方をすること

もう一つ、ご自分で試《ため》したなら実感できると言った別の問題とは――、秤《はかり》の台にのせるのせ方で、値《あたい》が変わってくる、ということである。

これは、内部にバネを使っている秤《はかり》の場合、すべてに言える問題だが、ことに小量秤では、細心の注意を要する。それだけにバネが柔らかいのだから、そっとのせたのと、カタンとのせたのでは、針の指《さ》す位置が微妙に違ってくる。秤にショックを与えないのせ方をしなくてはならない。

四、容器に、その重量を明記しておくこと

ところで、粉や水は、むき出しのまま秤《はかり》にかけるのではなく、容器に盛って秤にかける。秤の針は、粉や水に、風体《ふうたい》の重さが加わった値《あたい》を指すわけだが、これを計量のたびに、まず空《から》の容器の重さを量《はか》り、しかるのちに、粉や水を量《はか》って差し引く――というようなことをやっていては、めんどうであり、計算の勘違《かんちが》いもある。人によっては、それが手抜きの発端《ほったん》にもなりかねない。

毎回の計量に手間《てま》取らず、かつ、正確であるためには――秤《はかり》にかける容器を大小数種決めておき、前もって風体《ふうたい》の重さを量《はか》って、外側に明記しておくと便利だ。粉や水を入れて秤にかけるまでの間に、自然に頭がはたらいて、総体で針が指していなければならない値を、暗算ではじき出してしまうからである。

――その風体に端数《はすう》が多く、かつ、いろいろな人が計量に当たるとなれば、たとえば、いくらの玉《たま》のときは総体でどれだけになるかを、注記しておく。

ただし、容器の重量も、秤《はかり》同様、年に数回は点検が必要である。ぶつけてへこんだところに粉がこびりついて、重さが変わっていたりする場合もあるからだ。もちろん、縁《ふち》を欠いたりしたら、その場で量《はか》りなおすことが必要である。

〈**補註**〉　**大みそか他、繁忙時の対策**

大みそかを筆頭《ひっとう》に、ふだんとはケタ違いの大口《おおぐち》注文が入ったときなどは、計量の時間も惜しくなる。板前《いたまえ》（そばを打つ人）が、一玉《ひとたま》打ち終えるごとに、また粉から量《はか》っていては、能率が落ちる。そのようなときは、朝のうちに一玉ごとの粉を計量して、ビニール袋などに取り分け、封をしておく。同時に加水量も割り出しておけば、途中で気温・湿度が大きく変わらないかぎり、いっきに仕事を続けていくことができる。

◉仕事の起点としての位置づけ

なぜ、計量をやかましく言うのか。なぜ、容量《ようりょう》を量《はか》るのではなくて、目方《めかた》（重量）できちんと量るように、うるさく言うのか。

その理由については、序の「私の修業法」ですでに述べた。大事なことなので、繰り返しになっても、かいつまんで再度説明しておくと、それは――、「逆算の利《き》く仕事」をするためである。

粉を扱う仕事には、失敗がついてまわる。加水量の適否《てきひ》に始まり、そばをゆでて客前に出すまで、すべてのプロセスに失敗が待ち受けている。おまけに、その失敗は、現在進めているプロセスで生じたものばかりとはかぎらず、前の工程から送られてきたもの、もっと前の工程での失敗と複合して生じているもの、あるいは仕事の進め方に間違いはなくても、道具に狂いがあって生じた失敗、粉が以前のものと違っていることに気づかなかったがための失敗…と、複雑に入り組んでいる。

そういろいろな失敗の原因を、そのつど突きとめて、まったく同じ失敗を何度も繰り返す愚《ぐ》を避けようとすれば、失敗に気づいた時点から、何を・どこで・どう間違えたのかを、さかのぼって点検できる仕事の仕方をしていなくてはならない。そのためには、初心者・ベテランを問わず、また、いかなる事情があっても（たとえば、急いで追い打ちをしなくては間《ま》に合わない、など）、仕事の起点だけは一〇〇パーセント正確にしておかなくてはならない。起点がアイマイでは、元まででさかのぼってきても、失敗の本当の原因はつかめずに終わりやすい。

そこから、いささかもアイマイなものを残さない計量法として、目方を正確に量《はか》るやり方が導き出されてくるのである。

繰り返すが、「並」も、つなぎの多いものから、つなぎの少ないものへ、さらに、デンプン質の多い・重い粉へ――と変わってくると、正確な計量が不可欠の条件になる。「変わりそば」ともなると、正確な計量なくしては、とても怖《こわ》くて先へ進めたものではない。

◉「大玉より小玉」

再び本論に戻る。計量に関連する問題として、もう一つ、玉《たま》の大きさ（一度に打つ量）についても見ておきたい。仕事の順序から言えば、玉の大きさの決定は、計量に先立つ事項だが、あえて優先順位をつけて後《あと》にまわした。計量に正確を期《き》するようになると、それが文字通り起点になって、その前の仕事にも、その後の仕事にも、点検の目がはたらき出すからである。

さて、玉《たま》の大きさは、何を目安《めやす》にして決めるか。――と言うよりも、そもそも、玉の大きさを決めるに当たって、目安となるものがあるかどうか。

味を前提にした場合、私は、おのずと目安にすべきことが二つはあると思う。

その一つは、打ち終えるまでの所要時間の長さである。一般論を言えば、所要時間が長びくほど、そばの味は落ちる。「木鉢《きばち》」の仕事に一部ミキサーを使ったとして、「こね」から切り終えるまでに三十分以上を要したものは味が落ちる――と、評価を下《くだ》すそば好きもいる。熟練した者は、そのかぎりではないと思うが、時間をかけ過ぎたものは、どうも味が落ちやすい。

所要時間が長びく原因としては、いくつかのことが考えられる。加水量が不足して固《かた》ごねに過ぎた場合、延《の》しの技術が未熟か集中力に欠ける場合、それと、玉《たま》が大き過ぎた場合である。

玉《たま》が大き過ぎるということは、物理的な扱い量が多いのだから、単純に考えても、それだけ時間がかかることになろう。——もっとも、実際は、それほど単純ではなくて、ここにも（大玉の所要時間という問題にも）、先の前二つの技術的問題が絡《から》んでくるので、一《いち》概《がい》なことはいえない。が、店が繁盛《はや》れば、一日に何玉も打つようになるから、一玉に長時間を要する仕事は能率に影響し、仕事にムラを生じたり、雑な運びになったりして、結局、味を損なう事態になりやすい。原則としては、「大玉より小玉」ということを守るべきである。

さて、玉《たま》の大きさを決めるに当たって、もう一つの目安とすべきものは、「生舟《なまぶね》」の大きさである。これは別の言い方をすれば、仕上がりの大きさから逆算して玉の大きさを決めよ、ということである。

延し終えたものは、たたんで庖丁《ほうちょう》で切り、生舟に納《おさ》める。そのときに、一玉《たま》が一つの生舟に、そっくり納まる量を目安にしなさい、ということである。一玉が、いくつもの生舟に股《また》がるくらいの量になると、打ってから時間の経《た》ったものを供することになるし、ときに、先に打ったものが後《あと》まで残る——つまり、わざわざ味をまずくして提供するような混乱も起こり得る。また、客の入《い》りが少なくて、残ったものを処分する場合にも、バカにならない。それが惜《お》しくて、かりにも明日へ持ち越すようなことをすれば、そのときから店の信用は失われる。

私は六百匁玉《めだま》を標準においている。切りべら三十本以上の仕事になると、粉で六百匁（約二二五〇グラム）を超《こ》えないくらいが、一番仕事がしやすいため。これよりもっと小さい玉は、逆にまた打ちにくく、慎重《しんちょう》を要する。熟練した者は、そのかぎりではないが、慣《な》れないうちは、小玉だと、所定の厚みにとどめる計算がはたらかなくて、紙みたいに薄くしてしまいやすいからである。「この玉は切りべら〇〇本だぞ」と言われたら、厚みをどのくらいにし、幅・長さをいくらに延すか、すぐ計算できなくてはならない。

私の六百匁玉《めだま》は、切りべら三十本以上で、厚みは二ミリより少し薄い状態、そして幅三尺《じゃく》、長さは九尺に延す計算になる。それを、「こね」から切り上げまでを含めて、二十五分から三十分以内に終えてしまう。

この六百匁玉《めだま》一つが、一つの生舟《なまぶね》にピッタリ納まる。——じつは、そこまで計算して生舟をこしらえてあるから、そうなるのである。六百匁玉という大きさに標準を合わせたのは、一つには、その程度の量ならば、半端《はんぱ》を売り残して処分する段になっても、いくらでもないためだ。

「玉《たま》の大きさは生舟《なまぶね》の大きさから逆算する」とは、口幅《くちはば》ったいことを言えば、目先の損得に駆《か》られて心に魔が差すことのないように、道具立てから整えて身を保つ、ということにもなろうか……（ナ）？

〈補註〉生舟《なまぶね》は白木《しらき》でなく、塗《ぬ》りの箱に——

本来は庖丁《ほうちょう》の説明のところで述べるべきことがらだが、話のついでに、生舟《なまぶね》についても簡単に触《ふ》れておきたい。

私は漆塗《うるしぬ》りの生舟《なまぶね》を使っている。白木《しらき》の箱でなく、塗りの箱を使うのは、狂わないこと、カビがつかず、黴菌《ばいきん》対策上、安全性が高いこと、などのためである。白木の生舟は、麺を入れたときも洗ったときも、水分を含むので、問題が多く、洗い乾《ほ》しの繰り返しで、木が狂いやすい。そのすきまに、打ち粉や麺の切れ端《はし》が目詰まりして、たえず湿気を受けるとなれば、これは黴菌《ばいきん》の温床《おんしょう》となる危険大である。漆塗りなら、塗りのハゲたものを平気で使うような愚《ぐ》を犯《おか》さぬかぎり、心配は少ない。だから私は、生舟は必ず塗りのものを使い、なおかつ、空《から》になったらすぐ洗うように、子どもにも弟子にも、やかましく言う。そこまでやっておけば、かりに万が一、何か起こっても、お客様に致命的な危害を加えるようなことにはならないだろうからである。

ただし、塗《ぬ》りの箱を使う以上は、水滴《すいてき》（汗をかくこと）への対策が必要である。水滴のつきにくい塗りもあるが、とにかく、布や特殊な紙を敷く配慮《はいりょ》は要《い》る。

〈補註〉初心者への注意（練習用の玉《たま》の大きさ）

まったくの初心者の場合、計量が正しく、また、のちのページで言う打ち方に倣《なら》って進めても、すぐ満足なものが打てるとは限らない。むしろ、粉をムダにしてしまうことが多い。そこで、ムダにしてもよい範囲の量で練習するようにすすめる。粉総量（そば粉＋割り粉）で一キログラム以内、五百グラムくらいが適当であろう。

五百グラムの玉《たま》を、思うままの厚さに打ちこなせれば、たいしたものである。これは、やさしそうで、なかなかできない。厚さが出たと思うと、幅がうまくいかないし、幅を出そうとすると、厚さがだめといった具合である。指定の厚みに延すことは、思いのほか難しい。その問題については、のちに本論で説明する。

〈補註〉修業中にやっておくべきこと（馬方《うまかた》そば）

俗に「馬方《うまかた》そば」と言って、単価も比較的安く（したがって原料も、そう高いものでなく済み）、厚く太打ちにして、出前や煮込むのにも適したそばがある。手打ちは、これを訓練しないと、本当はダメである。一玉《たま》に粉だけで二貫目《かんめ》（約七・五キロ）も使うので、水を加えると三貫目からの大玉になる。これを「四つ出し」で引きずって来るときに、ザックリ切ってしまったりしないように、また、たたんだところに、折り目ができて切れてしまったりしないようにして庖丁《ほうちょう》まで終えるには、ものすごい体力と注意力が要《い》る。とりわけ、庖丁がものをいう。まな板にのせた厚みたるや、すさまじい厚みになるから、肉の厚い、重いだけのような庖丁では、めり込んでしまって、それこそ、歯（刃？）が立たない。よい仕事をするには、肉の薄い上等な庖丁の必要なことを、痛感するはずである。庖丁の大事さを知るにも、また庖丁の訓練にも、「馬方そば」は一番よい。（おもしろいことに、これとは反対に、薄く延して、延しの厚みより幅広に切る「ひや麦」でも、「麦切り庖丁」は、肉の薄い、よいものでないとダメである。）

もちろん、大玉《おおだま》の力仕事でも、はずみをつけてラクラクとこなすことができる。「馬方《うまかた》そば」を二、三玉こなしても、疲れを感じないまでに訓練すれば、上々である。機械から手打に変えたはよいが、疲れて量がこなせないのでは、商売が以前より小さくなってしまう。手打は量をこなす訓練も必要である。それをやっていてはじめて、本論の「大玉より小玉」の原則が生きてくることを補足しておきたい。小玉にするとは、打つ回数を増やすことである。

第四項　加水量の割り出し方

◉仕事の難しさの原因

加水量の割り出しは、そば打ちの最初の難関である。加水量が適正でないと、そば打ちの仕事は初めからもたつくし、仕上がりの味にも悪い影響を及ぼす。ことに少な過ぎる間違いは、たいへんによくない。

加水量の間違いには、水が多過ぎる間違い、少な過ぎる間違いの両様がある。

水が多過ぎる間違いも、極度に過ぎれば、そのままではまとまらなかったり、粘《ねば》ってしまって、どうしようもない。だが、ちょっと多めの程度、少々やわらかごねという程度であれば、打ち進む途中で処置できる（後述）。その処置を心得ているかぎり、やわらかごねは、むしろ、そばを打つのに一番ラクなやり方である。

ところが、少な過ぎのほうは、そうはいかない。極端に少なければ、水まわしそのものがうまくいかない。粉のままのところに水を足すはめになったり、まとめて玉にしようとしても、ひび割れてしまったりする。それほどでない場合でも、無理をすると切れやすいので、仕事はもたつきがちだ。

ともかく、少な過ぎてよいことは一つもないのだが、困ったことに、加水量の間違いと言えば、ほとんどが少な過ぎる間違いである。

加水量を割り出す作業は、なぜ難しいのか。

それは第一に、そば粉によって「適正《てきせい》加水量」がみな違うためである。ちょうどよい量の加水量のことを、私は「適正加水量」と言うが、この適正加水量――、粉が違えば、その割合も違ってくる。粉の種類によって相当な開きがあるだけでなく、同一銘柄《めいがら》の粉でも、厳密なことを言えば、適正加水量は一袋ごとに微妙に違う。そこで加水量の決定には、初心者の言う難しさとは違った意味で、真剣勝負の難しさがいつになってもついてまわる。永久についてまわる難問である。

もう一つ、加水量の割り出しが難しい第二の理由は――、それは私が年来実践《じっせん》し、また提唱《ていしょう》してきた大原則のためである。

水は一度に全量を加えてしまうこと。何度かに分けて水を加えるのは、いかに理屈をこねまわしてみたところで、粉の側から見ればよくないことであり、水が少な過ぎて途中で足《た》し水するのと同格の失敗でしかない。

なぜ全量の水を一度に加えてしまわなければならないか（裏返して言えば、なぜ何度かに分けて水を加えてはいけないか）については、次項「水まわし」で説明することになるので、いまは触《ふ》れない。ともかく、粉から見て自然でまっとうな、この原則を通すとなると、加水は一度で決めてしまわなければならないから、これはたいへんにきびしい。

加水量の間違いを減らし、間違いの振れを小さくしていくには、結局、自分の眼で粉を見分けられるようになることが、どうしても必要である。ここでは、そのための、きわめて実践的段階的方法を示すことにしよう。まず始めに、加水量決定の大本《おおもと》になるものを明らかにし、それに基づいて自分でおよその見当をつける方法、微調整を必要とする条件、現場での適正加水量の割り出し方、の順に進めていく。

◉加水量の大原則

加水量を決める大本《おおもと》は何か？

これは知識としても記憶しておいたほうがよいだろう。加水量決定の大本になるものは、そば粉の主成分である。そば粉のデンプン質とタンパク質――。それの多い・少ないが、加水量を決める大本《おおもと》になる。

デンプン質の多い・少ないがわかれば、それだけで、加水量について、およその見当をつけることができる。しかし、特殊な粉を除けば、あわせてタンパク質の多い・少ないも考慮する必要がある。デンプン質とタンパク質は、何かにつけて対照的だが、そば粉の場合、デンプン質の多い粉とタンパク質の多い粉では、こと加水量の傾向が違ってくるのである。

そば粉のタンパク質は、小麦粉タンパクなどに見られない特殊な性質をそなえている。「水溶性」――水に溶ける、という特性である。小麦粉のタンパク質が、水をかかえ込んで粘性を発揮するのと違い、そば粉のタンパク質は水に溶け出して粘る。裏返して言えば、自分の中に水をかかえ込んでおくことはしない。そこで加水量が多過ぎると、タンパク質成分の多いそば粉はベロベロになってしまう。粘ってどうしようもない。加水量の多いほうへの間違いが、仕事のたいへんな邪魔になるのである。

一方、デンプン質のほうは、水を充分に吸わせておかなくてはならない。デンプン質の場合、水の足りないのが一番よくない。水のまわっていないところは、煮ても焼いても生《なま》のままで残ってしまうからである。

そこで、デンプン質の多いそば粉は、加水量を多くする必要があり、タンパク質の多いそば粉は、加水量を少なくする必要がある。

デンプン質の多いそば粉――→加水量多。

タンパク質の多いそば粉――→加水量少。

これが、そば粉の成分から導き出される「加水量の大原則」である。

〈補註〉デンプンとタンパク質、粘力の生じ方の違い

デンプンの粘力とタンパク質の粘力は、はたらく時期（条件）が違う。粘力を生ずるのに水分を必要とすることは、どちらも同じだが、タンパク質は常温で粘りを生じ、熱せられて煮えた状態では、固まって粘力を失う。反対に、デンプンの粘力は、煮えた状態にならなければ生じてこない。これは、そば粉に限らず、一般論として言えることである。

以上のことが、そばきりの水まわしにおいて何を意味するかと言えば――、デンプンの粘力は「湯もみに」しないかぎり、水まわしの段階ではまったく作用していない。サラサラの粉が水を吸って無数の小塊《しょうかい》と化し、その小塊が結びついて大型化していく木鉢の中での変化は、そば粉と割り粉（小麦粉）両方のタンパク質の粘力によって進んでいくことになる。

◉加水量の上限と下限

加水量の大原則は、裏づけとなる数値もあわせて記憶しておくと役に立つ。「デンプン質の多い粉――→加水量多」「タンパク質の多い粉――→加水量少」という公式を頭に叩き込んだとして、その「加水量多」や「加水量少」が、およそどのくらいの割合を指すかがわからなくては、雲をつかむような話になってしまう。

前の公式様《よう》の表現は、よく見てもらえばわかるように、「デンプン質の多い粉」という条件の中にも、「加水量多」という答えの中にも、変動要素がひそんでいる。ひとくちに「デンプン質の多い粉」と言っても、その多さの程度によって加水量の多さの度合いもまた変化する、という意味である。同じことは「タンパク質の多い粉――→加水量少」についても言える。

したがって、加水量の大原則を一つの公式として現場で活用していくには、尺度となる数値をしっかりつかんでおく必要がある。

では、何が尺度となりうるか。それは、「デンプン質の多い粉──→加水量多」「タンパク質の多い粉──→加水量少」という二大区分のそれぞれにおいて、極限を示す粉とその加水量の値である。「デンプン質の多い粉──→加水量多」の極限とは、言い換《か》えれば、手打そばの加水量として、これより多いことはあり得ないという意味での「上限」をあらわし、反対に、「タンパク質の多い粉──→加水量少」の極限とは、これより少ないことはありえないという「下限」をあらわしている。加水量は粉によって違うにしても、上限と下限を押さえておけば、その間のどこかに、どんな粉でも必ずおさまってしまう。また、そのおさまり方には、前述の加水量の大原則がはたらいている。だから、上限と下限を押さえておけば、自分の使っている粉がどの辺に位置するか見当がつくし、見当をつけやすい。

加水量が一番多いのは、純デンプン質と言ってもいいほどの特殊なそば粉・御膳粉《ごぜんこ》である。その加水量は、そばきりに打つ場合、およそ五五パーセント前後。つまり、粉の量を一〇〇として、その五五パーセント前後にも及ぶ量の水を加える必要がある。──実際のところは、水のままで全量加えるのではなく、約半分量は煮え立つ熱湯の状態で御膳粉だけに使用しておき、ある程度冷《さ》ましてから割り粉を加え、残り半分の水を加えて打つ。ともかく、粉の量の優に半分を超す加水量──これが、「デンプン質の多いそば粉──→加水量多」という原則の上限である。

反対に下限のほうは、──こちらは「タンパク質の多いそば粉──→加水量少」のさらに下に、加水量の一番少ないそば粉が位置している。末粉《さなご》がそれである。末粉《さなご》はタンパク質が一番多いそば粉と言うより、デンプン含有量の一番少ないそば粉と言うほうが当たっているが、その加水量は、そば粉の中で一番少ない。およそ三〇～三五パーセント。約三割余りである。

すなわち、そば粉の加水量は、末粉の約三割余りを下限に、上限は御膳粉の五割五分まで。その間に、いろいろの粉が散らばっており、そのそれぞれについては、先の大原則に基づいて、およその見当をつけることができるのである。

〈補註〉手打、機械製麺と加水量の違い

手打と機械製麺では、同一の粉を使用しても、加水量のパーセンテージは違う。「デンプン質の多いそば粉──→加水量多」「タンパク質の多いそば粉──→加水量少」という基本原則が貫《つらぬ》いていることは変わりないが、加水量の数値は、どんな粉の場合にも、手打のほうが多い。手打の加水量が、仕事のしやすさとの兼ね合いで割り出すのに対し、機械製麺のほうは、ロールにくっつかない範囲ということから加水量を割り出す。いきおい、その数値は手打より小さい。

〈補註〉「そばきり」の加水量と「そばがき」の加水量

本論はあくまでも、そばきりに打つ場合──つまり手打そばの加水量にかぎって論を進めている。こういうことをわざわざことわるのは、ほかでもない、加水量というものが千篇一律《せんぺんいちりつ》にはいかないためである。たとえばの話が、いま、「そばがき」をかくとして、「同じ粉を使っているのだから、そばきりに打つときと同じ加水量でよいだろう」で進めたなら、どういうことになるか。「そばきり」に打つときの加水量で、「そばがき」をかこうとしたら、粉のまま残ってしまうところのほうが多くて、食べられたものではない。「そばきり」の加水量が、一番多い御膳粉の場合でも粉の量の五割五分前後であるのに対し、「そばがき」の加水量は、じつに粉の二倍量くらいの水を必要とすることが多い。おまけに、碗がきと鍋がきではまた大きく違う。作るものが違えば、同じ粉であっても、加水量はガラリと違ってくる。

●目安としての粉の手ざわりと色あい

自分の使っている粉がデンプン質の多い粉か、あるいはタンパク質の多い粉かについては、どのようにして調べるのか。

デンプン質の多い粉かタンパク質の多い粉かは、粉をつかんでみればわかる。粉の手ざわりや色あいというものは、そのものの正体を意外に正直に告げているものである。粉の成分的な特徴がつかめるだけでなく、粉の粗《あら》い・こまかいまでもわかるので、加水量について、およその見当はつく。

色が白くて、手ざわりのキリキリ・キシキシした粉──→デンプン質多──→加水量多。

色が黒くて、手ざわりのぬめっとした（指

にまつわりつくような）粉──→タンパク質多──→加水量少。

色が白い・黒いと言っても、そば粉のそれは、絵の具の白・黒とは違う。うどん粉の白が、絵の具やホワイトカラーなどの白に近い黄ばんだ白色であるのに対し、そば粉の白は、大げさに言えば透明感に通じるところのある、やや沈んだ色調の白。それに対して、色の黒いそば粉の黒とは、もちろん、ブラックの意味ではない。灰黒色あるいは茶黒色の黒っぽい粉、ということである。

その白と黒は、そば粉の二大成分から出てくるものである。白がデンプン質の色、黒がタンパク質の色。ただし、タンパク成分の多いそば粉は、すべて黒っぽい色をしているわけではない。俗に「そばきり色」と言って、焼きもののほうで珍重されているような淡緑色を示す例もある。「抜き」がきちんとできていて、甘皮を上手に粉に碾《ひ》いた場合に現われてくる色である。実物と焼きもののほうで言う色とでは相当に差があり、実物のほうが上品で深みのある色に思えるが、こういう色は現在、並粉もごく上等なものに限られる。大勢《たいせい》としては、碾《ひ》き抜き調整が粗雑な場合、タンパク成分の多いそば粉は黒っぽい。

忘れてならないのは、そば粉の色と手ざわりの特徴とが結びついている点だ。色が白いことも、手ざわりがキシキシしていることも、デンプン質の多いそば粉のそなえている特性である（その最《さい》たるものが御膳粉であることは、これまでに述べてきたところからも理解いただけるであろう）。逆から言えば、色が白くてキシつかなかったならば、そば粉としてはヘンであり、ニセモノ（混ぜもの）と見なして差しつかえない、ということだ。

一方、色が黒っぽくて、手ざわりのぬめっとした感触は、タンパク成分の多いそば粉の特性と見るのがよいであろう。タンパク質は一般に、生《なま》の状態ではねばねばしているものだが、粉の感触もどこやらそれに近い。

ともかく、いま手にしている粉の感触と色あいから、その粉の加水量について、およその見当はつく。実際のところは、前出の公式様の表現のようにスパッと区分できる場合より、「中間」状態のほうが多いかもしれない。しかし、その場合にも、傾向としてはどちらに近いかを読む。たとえば、キリキリ・キシキシとまではいかないが、ややキシつく感じがして、色も白っぽい──となれば、「この粉は御膳粉ほどではないにしても、加水量は多いほうだゾ」と、およその見当をつけるわけである。反対に、ぬめっぽい感じを受けたら、少ないほうに見当をつける。

〈補註〉**粉の色の見分け方**

粉の色を調べるときは、条件を同じにすることが大切である。行き当たりばったりでは、周囲のものの反射や影が影響して、判断を間違うことが多い。

粉を見分けるとは──、言葉や印刷インキでは表現しにくい微妙な違いを見分けてこそ意味がある。その経験の積み重ねがものをいうのであるから、初心者とかベテランとかの区別なく、次の注意を守って進めていただきたい。

一、光線を一定に保つこと

直射日光は不可。屋内の、窓際《ぎわ》の自然光で見る。人工光線に頼らざるをえない場合は、なるべく自然光に近いものを使う。戸外で行なう場合は、太陽光線の澄《す》みきっているときに（曇天《どんてん》はダメ）、太陽を背にして自分の影の中で見るようにする。

調べる時刻、光線の来る方向、眼と粉の位置などを、毎回同じにする。

二、粉は決まった容器に入れること

粉の色は、手につかんだ状態でも調べることができる。しかし、容器を使えば、粉の色だけでなく、粉の鮮度や乾燥度合いまでも調べられるので（後述）、ここでは容器に盛って見ることをすすめたい。

粉を盛る容器は、毎回同じものを使う。反射の少ない器が安全である。容器を持つ（置く）角度なども、毎回同じに保つこと。なりゆきまかせでは、容器の材質・形・大きさ・置き方などによって光の反射・吸収の度合《どあい》がまちまちなために、その影響で、同じ粉が違って見えてしまう。たとえば、ステンレスのボールとホウロウのボールでは、光り方が違う。これはどなたも、すぐ理解できるだろう。ではステンレスなら、何んでもいいかというと、それがそうはいかない。ひとくちにステンレスといっても、ステンレス二－七とステンレス一八－八では、粉の色や質感が違って見えてしまう。恐ろしいものである。

ただし、これだけ周囲の影響を受けるとなると、容器を決めたにしても、一つの容器で点検するだけでは心配だ、という人がいるかもしれない。その容器の影響下での粉の色を見ているのであって、条件が変われば、また微妙に違って見えるのではないか、というわけである。

そこで念の入った仕事をするのであれば、たとえばボールに移して見るだけでなく、袋の口を開けたとき、ボールに移して、さらに水に濡《ぬ》らした状態で（後述）……と、何ん通りかのやり方を決めて点検を続けるとよい。直感的に感じる色で判断すること。じっと何十秒も見続けてはわからなくなる。

三、粉の量を一定に保つこと

四、点検時の服装（特に色）を決めておくこと

ここまでくれば、詳細な理由説明をしなくてもわかるであろう。服装で一番よいのは、テレビスタジオで使うのと同じ白衣。いくらか空色がかった白衣がよい。

〈補註〉デンプンの色と手ざわりについて

じつは、色が白いことと、手ざわりのキシキシ・キリキリした感触とは、そば粉デンプンに限らず、粉末状のデンプン一般が必ずそなえている特徴である。小麦粉デンプン、じゃがいもデンプン、片栗粉《かたくりこ》、コーンスターチ（とうもろこしデンプン）など、いずれも色が白く、キリキリ・キシキシしている。

もちろん、デンプンの組成《そせい》や粒子がそれぞれで違う以上、白さや手ざわりは微妙に違う。それについては、自分なりに、その違いをつかんでおく必要があろう。自分なりにとは、ものの本に書かれている言葉を暗記するのではなく、自分の指先や掌《てのひら》の感覚を通して、その感じの違いをつかんでおけ、という意味である。私の場合、たとえばコーンスターチは、どういうわけか、つかむとヒヤリとして、寒気《さむけ》がする。

〈補註〉御膳粉《ごぜんこ》と他のデンプンの見分け方

御膳粉と称するものは、打ち粉に使ってみることをすすめる。片手につかんで、延し台にいきおいよく打ちつけるように振ってみる。それで、こまかに散れば問題ない。だが、ぼたん雪のような塊《かたまり》ができる場合は要注意！　何か異質のデンプンが含まれているのではないか、と、疑ってみる必要がある。

その種の疑念が生じたら、さらに、「そばがき」にかいてみるとよい。混じり気のないそば粉ならば、煮えてくるにしたがって箸が重くなり、かきまわすのにたいへんな力が要《い》るものである。ところが、それが終始ズルズルな糊《のり》のままで、箸が重くならないとなれば、これは異物を相当量混ぜたそば粉と見て、まず間違いない。色白粉で「そばがき」にして固まらないものとしては、とうもろこしデンプンなどがある。

巷間《こうかん》、遺憾《いかん》ながら御膳粉と称して一番混入されることの多いのは、とうもろこしデンプン（コーンスターチ）であるようだ。

じつは、こういうことは、私がそば屋を始めて三十五年目に、ようやっとつかんだ経験則である。その頃、私のところで修業していた人の一人が独立したので、私は開店準備に出向いて「さらし」を打ってやっていた。ところが、その「さらし」が上手《うま》く打てない。つかんだときにキリキリ・キシキシするということでは、たしかにデンプン質そのものなのだが、前に触《ふ》れたように鳥肌が立って寒気《さむけ》がする。そこで不審《ふしん》に思い、打ち粉にしたときの散り方をよく見ると、こまかに散らず、ぼたん雪のような塊ができる。さらに「そばがき」にかいてみたところが、いつまで経《た》っても箸が重くならない。これは、何か異質のデンプンを多量に混ぜた粉だと断定するにいたり、あわてて夜中に別の粉屋さんへ走って、かろうじて開店に間に合わせた苦《にが》い思い出が残っている。しかし、これは貴重な体験になった。のちにいろいろ試《ため》してみて、私に寒気を起こさせたり、打ち粉に使うと、ぼたん雪のように固まるこのデンプンの正体を突きとめることができたからである。それがコーンスターチ（とうもろこしデンプン）だったのである。

◉微調整を促《うなが》す条件㈠……粉の粒の粗さ

粉の手ざわりからは、デンプン質の多い粉かタンパク質の多い粉かがわかるだけでなく、もう一つ、加水量に関係する条件が読み取れる。それは、粉の粒《つぶ》の粗《あら》さである。

粒の粗い粉──→加水量多め。

粒のこまかい粉──→加水量少なめ。

粉の粒の粗い・こまかいで、御膳粉と末粉《さなご》の加水量のような違いが出るわけではない。成分的に似たような粉があったとして（あるいは、粉の区分上では同じ区分けに入る粉の場合）、粒のこまかい粉より粒の粗い粉のほうが、加水量は余計に要《い》る。──ことがらの意味するところは、こういうことである。

ここで注意を要するのは、むしろ、色の黒い粉のほうかもしれない。色の黒い粉は一般に、手ざわりがぬめぬめしているものだが、例外もある。色が黒くて手ざわりのザラザラする粉、握ってみて指の間から漏《も》るようなものは、意外に加水量が要《い》る。色が白いわけではなく、ましてその手ざわりはキシキシとは違うので、油断しやすい。ところが、少ない加水量では割れてしまうのである。

初めはやわらかいように思えても、水が滲《し》みていく間に締まってくる。これは粉が粗く、粒になっているので、水が滲みていくまでに時間がかかること、それから、そうして滲み込んだ水が、デンプンに吸い取られてしまうために起こることである。こういう粉は加水量を多めにして、いわば水でもたせておく。

◉微調整を促《うなが》す条件㈡…粉の乾燥度、夏冬と気温・湿度

粉の乾燥度合や、気温・湿度等の外的条件も、加水量を割り出すときには考慮する必要がある。湿った粉は、乾いた粉にくらべて、すでに何がしかの水分を余計に含んでいることになるから、加水量はその粉の標準より少なめで、ちょうどよいくらいになる。同様に気温・湿度が高い場合も、空気中の水分の影響を考慮して、手加減が必要である。

一年を通して見た場合、夏と冬は、時間の経過につれて変化が生じることを読んでいないと、大失敗する。すなわち夏場は、練りたては固いくらいでも、時間が経《た》つうちにやわらかくなってくる。高温という条件下では、木でも鉄でもやわらかくなるくらいだから、ましてや、そば・うどんにおいてをや、というわけである。ズルッ玉で始めたら、延し進むうちにベロベロになりかねない。夏は、その粉の加水量の標準よりも少なめにすることが大事である。

どのくらい減らせばよいか——。これは条件によって違ってくるが、気温三〇度C以上、湿度八〇パーセント以上の盛夏で、「標準加水量」のおよそ一〇パーセント減から、まれには二〇パーセント減くらいまで、とおぼえておけば間違いない。

反対に、冬場は標準より増やすようにしないと、うまくない。夏とは逆で、練りたてはやわらかいくらいでも、時間の経過につれて、どんどん固く締まってくる。

では、その寒暖の変化に対して、水はどうするか。水温を調節して、夏は冷たく、冬は温めて使ったらどうか、と考える人がいるかもしれない。しかし、水は「常温」が原則である。熱したり冷やしたりせず、自然のままで使う。水道の配管に問題があって、炎熱や冷気をまともに受けるとでもいうのでないかぎり、水温の変化は、気温の変化ほどには大きくないものである。それにまた、いちいちわかしたり冷やしたりしたのでは、手間がたまったものではないし、商売が伸びてくれば、まったく現実的でないことがわかる。そういう余計なことをしなくても、水の量で調節のきくのが、まっとうな仕事である。

なにせ、気温・湿度の変化に対応していくには、寒暖計や湿度計という強い味方がある。自分のからだに感じるものを、その種の簡単な道具に照らし合わせるトレーニングを一、二年も続ければ、「この程度の暑さだと、気温はどのくらいで、湿度はどのくらいだろう」と、寒暖計等に頼《たよ》らずとも見当がつくようになる。同時に、加水量の増減についても、成功・失敗事例が蓄積されてくる。

ここでのポイントは以下のとおり——。加水量を決める大本《おおもと》が粉の主成分であるのに対し、粉の乾燥度や気温・湿度の変化は、その粉の加水量の標準に対して微調整を促《うなが》す因子《いんし》としてはたらく。すなわち——、

冬場（気温・湿度の低いとき）——→加水量増。

夏場（気温・湿度の高いとき）——→加水量減。

粉の乾燥度の悪いとき（湿った粉）——→加水量減。

〈補註〉　粉の乾燥度合や鮮度の調べ方

手に感じるほどのものから粉の乾燥度合を読みとるなどということは、正直に言って、きわめて難しい。

しかし、主に並み粉の場合は、別に方法がある。粉の袋の口を開けたときに、一度、袋ごとトンと下に突いて、粉の崩れ具合を見るのである。ボールや鉢ですると きは、粉を山に盛り、容器を片手で軽くひと突きして、山の崩れ具合を見る。

トンとひと突きすると、地震で地割れを生じたようにヒビができる。このヒビから、粉の粒がホロッとこぼれるようならば、それが乾燥のよい状態である。乾燥の悪いときは、崩れた縁《へり》が細く紙みたいになってきても、粒がこぼれ落ちない。

このヒビ割れからはまた、粉のよしあしについても見当がつく。割れめの陰《かげ》になったところに、やや淡緑の色がさしていたら、よい粉、新鮮な粉と見てよい。それが赤褐色というか、チョコレートのような黒っぽい色をしていたら、品質的には劣る粉と見て差しつかえないだろう。悪い粉にできる陰には、泥っぽい感じがある。

〈補註〉　粉の乾燥度と手打場の湿度

粉の乾燥度を保つには、まず、保管場所がものをいう。保管にあたっては、専用の大型冷蔵庫をおすすめする。商いの大きい店の場合、プレハブ式の冷蔵庫にしたほうが便利だが、そこまでのものが必要でない店でも、粉専用の冷蔵庫は設置するようにすすめたい。

当座の使用分は、厚手のステンレスを使った密閉容器などに移す。いわゆる「木鉢下」は、食品衛生、粉の湿気の両面から見て、たいへんによろしくない。

もう一つ、注意を要することがある。それは、粉の袋

も乾燥度を保つには重要だ、ということである。袋の紙質やつくりによっては、万全とは言いがたいものもある。それで私は自分のところで袋詰めにする際《さい》、他から送られてきた袋は、いっさい使わない。クラフト紙の厚いものを四枚から五枚重ねた、特別あつらえの袋を使っている。このくらいの袋になると、間違っても湿気を通すことがないかわり、作業はたいへんである。冬場の乾燥のひどい時季の袋詰めは、戸外だと紙がバリバリになってしまい、袋の口をミシンで縫う段になっても紙が寄らない。家の中の、風の出入りのない日射しの入らぬところでないと、仕事にならないのである。

粉の保管にあたっては、湿気にこのくらい気をつかう必要があるが、――しかし、打つ段階になったら、話はまた別である。「カゼをひかすな」と言う以上、手打場には或る程度の湿度があったほうが、そばのためにもよいし、仕事もラクになる。もちろん、調理場のような湿気はダメだが、現在では空調設備によって、手打場の温度・湿度を一定に保つ工夫が必要であろう。

◉微調整を促《うなが》す条件㈢……割り粉

これもまた本来、微調整の部類の問題である。割り粉の種類によって加水量が大きく変わることはありえないし、また、つなぎの割合について、そば粉の二割以内という基本を守っているかぎり、ことさら計算に入れなくても大丈夫である。しかし、ものによっては手加減したほうがよいこともある。それは、強《きょう》力《りき》系の小麦粉を割り粉に使う場合である。

中力《ちゅうりき》や、中力と薄力《はくりき》の混合粉などは度外視してよいだろうが、強力系を割り粉に使う場合は、加水量を多少増やしたほうがよい。手でさわってみればわかるが、中力以下が粘っこいのに対し、強力はサラサラしている。それだけ強力のほうが粗く感じられる。

◉適正加水量と標準加水量

さて、これまでに述べたような点検事項を一つ一つチェックして、加水量を割り出すときに、忘れてならないことがある。それは、「その粉の適正加水量は○○パーセント」と決め込むのはよくない、ということである。正しい答えは一つではなく、状況に応じて何通りかの正解がありうる。

同一銘柄《めいがら》の粉でも、一袋ごとに粉は微妙に違う。その上に、季節・天候（気温・湿度）の変化など、いろいろの条件が加味される。したがって、その粉の適正加水量は、そのときどきでいろいろに違うのが、むしろ自然である。――そこから、「加水量は幅でとらえる」という原則が生まれてくる。

じつは、文中、何んの説明もせずに使ってきた「標準加水量」という用語や、「その粉の加水量の標準」という表現は、この原則から導き出されてきたものである。

一袋ごとに第一回目の一玉で、その粉の加水量を幅をもって突きとめておく。つまり、およそ○○パーセント前後、あるいは何パーセントくらいから何パーセントくらいまで、というつかまえ方――。それが私の言う「標準加水量」である。

なぜこういうことをするか。それは、もうおわかりであろう。自分が使っている粉の、そのときそのときの適正加水量を、間違いの振れを少なく、かつ小さくして、手際《てぎわ》よく割り出すために、あらかじめその粉の加水量を幅で押さえてしまうのである。

試《こころ》みに、手打にする場合の各種そば粉の加水量について、およその目安をここに示しておこう。

キリキリする粉（御膳粉）……およそ五五パーセント前後。

ちょっとキリッとする粉……およそ五〇～五一、二パーセント。

ちょっとベットリする粉……およそ四〇～四五パーセント。

以上の数値は秋から冬、春先までのものである。夏場の湿度八〇パーセント以上、温度三〇度C以上のときは、条件によって一〇～二〇パーセント減くらいに見ておく必要があろう。

◉加水量の割り出し方

一袋ごとに最初の一玉で標準加水量を突きとめる。それを基《もと》にして、毎朝、その日の適正加水量を割り出す。（さらに一日のうちでも天候が急激に変わるときは、その段階で加水量を手直しする。）

加水量の間違いを減らすには、大局的に見てこの二段階の仕事の仕方をすすめる。つけ加えて言えば、店の規模が大きくなったりして、板前仕事を他の人にまかせるようになった場合でも、標準加水量を突きとめ、毎朝、適正加水量を割り出す作業は、主人が責任をもって果たすべきものであろう。

　ところで、標準加水量と言い、適正加水量と言っても、どのようにして割り出すのか。

　結論から言えば、最初の一玉を打つ前に、まず小玉で試《ため》してみることをすすめる。これまでに述べたような点検事項のチェックに基づき、想定した加水量を、小玉で試してみる。小玉で試して、自分の読みが正しいかどうか調べてみて、振れを修正してから仕事にとりかかること。

　いきなり一発勝負では、狂いが大きかったときに、失敗を取り返す術《すべ》がない。商売として見た場合、たいへんにまずい仕事の仕方である。だが、小玉なら、失敗して処分する段になっても、損害はいくらでもない。一玉でダメなら二玉と、楽な気持ちでさぐっていける。――たとえば、初めの小玉を加水量四〇パーセントでやってみて、少な過ぎた場合、二度目の小玉は小刻みな一パーセント増でするのではなく、四五パーセントとか四四パーセントなど、間をひろげた値《あたい》でやってみる。今度は少し多過ぎて、少々やわらかごねだったとすれば、その袋の粉の加水量は当面、四一、二パーセントから四四、五パーセントの間にあることがわかろう。加水量を幅でつかまえるとは、そのような理解の仕方を言うわけである。

　小玉を使って、そこまでのことがわかったなら、最初の一玉の加水量は次のようにして出す。――すなわち、ここで思い出すべきことは、少な過ぎるのはよくないが、少々多過ぎるくらいは間違いのうちに入らないという原則である（気温・湿度の高いときは別）。つまり、前述の幅でつかまえた加水量の上限か少し下の値《あたい》でやってみる。

　ただし、気温・湿度が高くてどんどん蒸《む》してくる日に、それをやったら、延し進むうちにベロベロになってしまう。そこで、そういう日は、幅でつかまえた加水量の下限か下限に近い値にしてみる。

　小玉で試して割り出すとは、以上のような仕事を指して言う。こういう割り出し方は、標的《まと》をだんだんに絞り込んでいくやり方であるから、失敗が少ない。失敗しても、小さな失敗で済ますことができるし、次のときに同じ失敗を繰り返す愚《ぐ》は避けられる。例としては、小玉を二度使ってさぐり当てるやり方を示したが、経験を積み、情報が蓄積整理されてくると、たいがいは小玉一玉で用が済んでしまうものである。

◉加水量の適否の判断と途中での処置

　加水量が適正であったかどうかは、仕事のどの段階にきてわかるか。

　極端に少なかったり多かったりした場合のことは、ここでは除外しよう。いずれも、失敗であることはすぐにわかるし、また、そこまでの失敗に対しては、まっとうな仕事で通すかぎり、策のほどこしようがない。

　そういう救いようのない失敗は別として、仕事が順調に運んできたような場合、加水量の適否は「口《くち》あけ」にきて判明する。

　延し終えたものは、新たに打ち粉を充分にまぶしてたたみ、庖丁《ほうちょう》で切る。駒《こま》を取って、それからが「口あけ」である。口あけ――つまり口があくとは、切り終えた一本一本が、きれいにほぐれた状態になることを言う。それに対して、一本一本にほぐれず、くっついてしまっているところのあるものを、口があかないと言う。この口があくか・あかないということが、加水量と大いに関係がある。

　打ち粉のまわし方が充分であったか否《いな》か、それから、そば一本の切り幅に対して、庖丁の肉が厚過ぎなかったかどうかということも、口あけには大いに影響する。言い換《か》えれば、打ち粉の使い方が充分でなかったり、庖丁の肉が厚過ぎたりすれば、加水量は適正であっても、口があかない場合があるということになる。――しかし、そこまでの仕事の仕方に問題がないならば、加水量の適否は口あけで判断できる。

　口があく←――加水量適正
　口があかない←――加水量過多

加水量が少な過ぎた場合については、口があく・あかないとは別の観点から調べがつく。つまり、切れやすい、ということである。延しているときにも切れやすいが、口あけにきては、打ち粉を振《ふる》っているときにボロボロ切れてしまいやすい。

もっとも、そば粉が粗碾《あらび》きで粒のような状態のときは、口があかなかったり、ボロボロに切れたりすることがあるので、これは注意を要する。

以上で加水量の適否の判断についての説明は終えるが、実際問題として、口あけにきて失敗とわかっても、それでは、あとの祭というものである。気をつけていれば、もっと初期の段階でわかるはずなので、加水量が多過ぎたときの仕事の進め方について、要点を記しておこう。

加水量が多過ぎたときは、「四《よ》つ出《だ》し」を大きめにして、のちの「肉分《にくわ》け」「本延《ほんの》し」は修正程度にとどめる。仕上がりの厚みを常に計算に入れていないと、やわらかごねは紙のように薄くしてしまいやすい。同時に、打ち粉を充分に使い、裏表に打ち粉を充分にまわして、打ち粉で固めていくことが必要になる。

反対に、加水量が少な過ぎたときの第一の注意点は、打ち粉を少量にとどめること。御膳粉を打ち粉に使う場合はもちろん、「はな粉」を打ち粉にしている場合も、主成分はデンプン質である。そこで打ち粉が多過ぎた場合には、ただでさえ少ないそば粉の水分を打ち粉が奪ってしまうことになり、余計に切れやすくなる。

延すときは、力が麺棒より前方へ向かう延し方ではなく、麺棒の真下に力が加わる延し方をする。

たたみは慎重に。釜に入れるときは、高い位置から落としたりしないように。親指と四本の指で適量を一度につかみ、手の甲が湯につくくらいにして、流れに逆らわずに入れる。そこまでする以上、箸は使わず、第一回のゆすぎは、汲《く》み置きの水にすっと落とすようにして、手荒なことは避ける。

〈**補註**〉　**初心者と加水量の間違い**

習い始めは大部分の人が、固いほうに間違える。これは水まわしの技術レベルと密接に関係している。初めからこねてしまって一部に水たまりをつくったり、かきまわす手に遊びがあるために、水を持て余してしまうのである。その証拠に、固いほうに間違える一方で、ズルッ玉（多加水）でもカゼをひかせやすい。

加水量の間違いをなくすには、水まわしに習熟することが不可欠である。

〈**補註**〉　**ズル玉・固打ち、修業中にやっておくべきこと**

修業中はズル玉（多加水）、固打ち（少加水）の両方をこなす必要がある。加水量の数値は幅を持ったものであるのだから、多めでも少なめでも打てるようにならないと、仕事を幅広くこなしていけない。ズル玉は本文に述べたような計算ができているかぎり、からだには楽でいいが、固打ちとなると、ひび割れぬように切れぬように、すみずみにまで神経を配《くば》りながら、同事に力も要《い》る骨折り仕事である。いわゆるサメ肌のようにカゼをひかせたときは、麺棒の使い方でなめらかにしていかなくてはならない。だから、両方打てるということは、かなりの程度まで修業を積んだとみなしてよいことになる。

第五項　水まわし

「水まわし」とは、粉のひとつぶひとつぶに、まんべんなく水分を含《ふく》ます作業である。この仕事は、次の二つの条件を守って進めることが大事である。

一、水の加え方……水は何度かに分けてチビチビ加水するのでなく、全量を一度に加えてしまうこと。

二、所要時間……文字どおりの「水まわし」（後述）は、加水後、およそ一分程度で済ませてしまうこと。

読者のかたがたの中には、ここで主張するやり方と違って、何度かに分けて水を加えるやり方で通してきた人も多数おいでになろう。また、これからこの本を参考に独習するつもりの人も多数おられるであろう。そこで以下では、まず仕事の流れを記述し、しかるのちに、仕事のカンどころや問題点を説明するかたちで進めることにする。

◉準備作業

①粉は使う前に必ず篩通《ふるいどお》しする。

篩通《ふるいどお》しは、そば粉、割り粉、それぞれ別に行なう。篩通しを済ませたのちも、別々に取り分けておくこと。

②そば粉と割り粉を計量する。

計量は重量秤《ばかり》。秤は水平な場所に据《す》え、目盛りが目の高さにくるようにして量《はか》る。

③水を計量する。

加水量の割合を重量に換算《かんさん》して、水を計量する。加水量の割り出し方は前出の項を参照のこと。水の計量は、グラム、ＣＣ《シーシー》のいずれでも構わないが、粉を尺貫法で量《はか》っている場合は、水もそれに倣《なら》う。

◉篩通《ふるいどお》しの問題点(一)

粉は使う前に必ず篩通《ふるいどお》しする。ひとつぶひとつぶにまで、よくほぐしておくためである。これは、そばやうどんに限らず、粉を使う場合に必ず行なう準備作業である。

注意しておきたいのは、塊《かたまり》ができているような粉の場合である。そういう粉は、篩《ふるい》で塊《かたまり》を選り分けて使うようなことはせず、いさぎよく処分してしまいなさい――と、私は言いたい。塊《かたまり》のできる原因としては、過度の湿気、取り扱いの悪さ、品質の劣る粉、その他いろいろあってきりがない。が、大事なのは、いたんだり、品質劣化《れっか》をきたしている箇所は、塊《かたまり》のできているところだけではない、ということである。だから、そういう粉は使わないほうがよい。

それから、外皮のかけら、その他の異物も、この篩通《ふるいどお》しのときに選り分けておくように言われる。だが、こまかに砕《くだ》けて粉に混ざっているものは、とても取り除けるものではない。粉といっしょに篩《ふるい》の目を通ってしまう。大きなかけらなら、たしかに選り分けできる。しかし、使う直前のそば粉の篩《ふるい》通《どお》しに、外皮のかけら等の選別がつきものと思ってもらっては困る。良質の原料を選んできちんと碾《ひ》いたそば粉には、外皮やへたのこまかに砕けたものはほとんど混ざっていないし、大きなかけらなどは、まずありえない。そういうものが常時混ざっているのは、正直に言って、グレードの低い粉である。

だから、粉の状態を少しでもよくしようと、篩通《ふるいどお》しのときにいろいろ目を光らせているのであれば、その努力を粉の仕入れに振り向けるほうが賢明《けんめい》である。粉の仕入れ時に、重量がちゃんとあるかどうかを検《しら》べるだけではなくて、手ざわりや色合い、さらには味も調べてみる。粉の味は、親指と人差し指でつまんで揉《も》み出してから舐《な》めてみると、結構《けっこう》よくわかるものである。

そういうふうにして調べてみると、ホシが多く、殻《から》の大きなかけらが混ざっているようなそば粉は、ゴミ臭《くさ》く埃《ほこり》っぽい味がすることに気づくであろう。さらに一歩進めて、篩《ふるい》通《どお》しを済ませてから再度味を調べてみるならば、大きなかけらを取り除いてみたところで、ゴミ臭さは消えないことに気づくはずである。行きつくところは、よい粉を仕入れるしかないという結論になり、粉屋さんと仲好くして、始めからホシのない粉をつくってもらうようになるはずである。

◉篩通《ふるいどお》しの問題点(二)

篩通《ふるいどお》しは粉ごとに別に行ない、篩通《ふるいどお》しを済ませた後も、やはり粉ごとに別のボールなどに取り分けておく。

そば粉と割り粉を一緒にして篩《ふるい》に通したり、あるいは篩通《ふるいどお》しの後、両者を混ぜ合わせておくやり方があると聞いている。しかし、私はそのやり方をとらない。また、ひとにもすすめない。そういうやり方は、一種類のそば――それも、そばきりだけで通しているぶんには便利なようでも、数種の違ったそばを扱うには適さないためである。

ことに、朝のうちに一日分《ぶん》の篩通《ふるいどお》しを済ませ、そば粉と割り粉を混ぜ合わせて一つにしておくなどは、論外と言うべきであろう。そんなことをしたら、玉ごとに割りが違ってしまい、しかも正確な値《あたい》は調べる手立《てだ》てさえない。総量でそば粉と割り粉を各々いくら使ったかはわかっていても、あとはすべて見当《けんとう》仕事になる。私はそういう仕事は怖《こわ》くてできない。

　だから私は、木鉢に移すまでは、粉ごとに取り分けておく。その当座の保管庫には、厚手のステンレスでこしらえた、小型の銅壷《どうこ》を使っている。参考までに、そのつくりを記すと――、密閉容器としての性能を充分に持たせるために、フタは、ちょうつがいが箱の幅いっぱいに、長く一列にすき間なくついているもの。収納や移動に便利なようにキャスターつき。内部は、いくつかの独立した箱に分けておくと便利である。

　この保管庫は密閉性がきわめて高く、以前に実験してみたところでは、小麦の強力粉は封を切って移し入れてのち、なんと三年間もの長い間、いたむことがなかった。酸っぱくもならなければ、粉の塊《かたまり》もできなかったのである。

　粉は使う直前に篩《ふるい》に通すのが原則だが、以上のような密閉容器を当座の保管庫にしている場合は、朝のうちに、その日に使う分《ぶん》を全部篩通《ふるいどお》ししておいても大丈夫である。

●割《わり》――つなぎの割合の決め方

　篩通《ふるいどお》しを済ませた粉は重量秤にかけてきちんと量《はか》り、それに基《もと》づいて水量を割り出す。計量の仕方、加水量の割り出し方については、すでにたっぷり説明したはずだから、いまは繰り返さない。

　ここでは、そば粉とつなぎの割合についてだけ、再度強調しておきたい。つなぎの割合の決め方である。

「つなぎ二割」とは、そば粉を一〇として、その二割――つまり、そば粉の量の二割に当たる小麦粉を加える、の意味。「割り粉」「割る」と言う以上、何を何で割るかを考えてみれば、主客《しゅかく》の関係は正しくつかむことができる。基準はあくまでもそば粉であって、そば粉の何割というようにして割を決めるのが、江戸の職人以来の伝統である。

つなぎの割合

そば粉8.34：小麦粉1.66	⟶	そば粉10：小麦粉2	**つなぎ2割**	(○)
そば粉8：小麦粉2	⟶	そば粉10：小麦粉2.5	**つなぎ2割5分**	(△)
そば粉7：小麦粉3	⟶	そば粉10：小麦粉4.28	**つなぎ4割以上**	(△)
そば粉6：小麦粉4	⟶	そば粉10：小麦粉6.66	**つなぎ約7割**	(×)

　いま、「つなぎ二割」を比率で表わせば、「そば粉一〇 対 小麦粉二」（外《そと》二割）、または「そば粉八・三四 対 小麦粉一・六六」（内《うち》二割）となる。いわゆる「そば粉八 対 小麦粉二」は、つなぎ二割ではなくて、「つなぎ二割五分」である。

　この計算を間違えないでいただきたい。と言うよりも、そこに新解釈を持ち込んで、粉総量を基準にしたほうがわかりよいとか、当世風だ、などとは考えないでいただきたい。なぜかと言えば、それは江戸のそば職人の考え方とは反対に、割を開くことに通じるからである。「うちは「そば粉七 対 小麦粉三」で、割り粉は三割までに抑《おさ》えている」――と言えば聞こえはよいが、実態は三割どころか、「四割二分以上」にも及んでいるのである。「そば粉六 対 小麦粉四」にいたっては、もはや「つなぎ約七割」！ 粉総量に対する割合でなら体面《たいめん》を保っているように見えても、そば粉に基準を戻し、正しく割を計算すれば、たちまち正体が割れてしまう。その数字の恐るべき違いは、何を語っていることになるのであろうか。私としては、職人の伝統に流れているものを理解して、受け継いでくださるように願うのみである。

●「水まわし」手順(一)

①そば粉と割り粉を木鉢にあける。

②粉を混ぜ合わす。

そば粉と割り粉は軽く混ぜ合わせ、鉢の中央にまとめておく。平らになるように――。

③水を加える。

適正量の水を全量、中央に加える。粉が跳《と》び散らない程度の低い位置から、ザアーッとあければよい。

④水の滲《し》みたところに、周囲の粉をかぶせる。

ここからあとの作業は、常にスピードが要求される。間《ま》があいてはならない。水の滲《し》みたところに、周囲の粉をすばやくかぶすには、両手を同時に使って進めること。

手は小指が下、親指が上になる形にして、小指の脇を木鉢につける。そして粉を手で掃《は》き寄せる要領で、水の滲《し》みた上にかぶせる。右手は右側の粉を中央へ送り、左手は左側の粉を中央に送るというように、両手で同時に行なえば、二、三動作で済む。

⑤粉をかきまわす。

指は立て、力を入れないで伸ばし加減《かげん》に。右手と左手は円運動。右手が手前に来たときには左手が向こうに行くように、互い違いにかきまわし続ける。粉全体が常に動いているようにするためである。

かきまわす手の向きは随時《ずいじ》変える。つまり、しばらく時計回りにかきまわしたら、次は反時計回りにかきまわすようにする。

⑥粉の塊《かたまり》に撚《よ》りをかける動作を適宜《てきぎ》はさみ込む。

かきまわし始めて五、六秒もすれば、粉のつぶ全体の八割くらいにまで水がまわっている。それからは、かきまわし続けるだけではなくて、次の動作も適宜《てきぎ》はさんでいくのがよい。――すなわち、片手ですくい上げた粉の塊《かたまり》に、もう一方の手をかぶせ、塊《かたまり》に撚《よ》りをかける要領で払う。

たとえば、左手がすくってきた粉の塊《かたまり》を、右手で払う形をしばらく続けたら、今度は手を替《か》えて繰り返す。

およそ一分程度、両手の動きにして百数十回も、かきまわしたり、撚《よ》りをかけたりしているうちには、すっかり水がまわり、粉のままのところはなくなって、無数の小さな塊《かたまり》に変わっている。

●「水まわし」手順㈡

⑦粉の塊《かたまり》に撚《よ》りをかける動作を繰り返す。ただし、前とは違い、意識的に相当に力を入れて――。

この作業により、徐々《じょじょ》に粘力が出てくる。そして粘力によって無数の小塊《しょうかい》が結びつき、塊《かたまり》はしだいに大型化する。

⑧木鉢の手前にたまった塊《かたまり》を、掌《てのひら》で押し転《ころ》がして中央に戻す。

撚《よ》りをかける作業を続けていると、どうしても木鉢の手前に塊《かたまり》が集まってくる。そこで手前に集まった塊《かたまり》は、掌《てのひら》で押し転《ころ》がして中央に戻す。

中央に戻すだけなら、両手でかき集めても目的は達する。掌《てのひら》を無数の塊《かたまり》に押し当て、転《ころ》がすようにして中央まで戻すのは、撚《よ》りをかけるのと同じ意味のことをしているわけである。したがって、いっきに中央に戻すのではなく、はずみをつけながら、少しずつ少しずつ前へ転《ころ》がしていくのがよい。

掌《てのひら》にすくって撚《よ》りをかける動作およそ十回に対し、一回くらいの割で、この中央へ戻す動作をはさむとよい。

⑨⑦⑧を反復する。塊《かたまり》がうるおいを帯び、親指の頭大になるまで――。

●加水の原則

水まわしの進め方について概略《がいりゃく》を述べたところで、仕事のカンどころや問題点を順次見ていくことにしたい。

まず、加水の方法について――。水は、なぜ全量を一度に加えてしまわなければならないか。

水を全量、一度に加えることについては、それがきわめて自然な方法だから、という答え方もできる。この答えそのものは、間違いではない。

しかし、水を何度かに分けて加える人が結構いるのを、私も知らないわけではないので、そのやり方が、なぜよくないかということに力点をおいて説明してみよう。加水を何度かに分けるのは、どうしてよくないのか。

それは、粉のひとつぶひとつぶに、平均に水がまわらないからよくないのである。水を余分に含んだところができる一方で、水のまわりの充分でないところもできてしまう。そればかりか、小さな塊《かたまり》をつぶしてみると、最後まで粉のままのところが残っている場合も少なくない。

何度かに分けて水を加えるとなれば（足《た》し

●「水まわし」手順

〈水を加える〉 粉を軽く混ぜ合わせたのち、全量の水を中央部に注ぐ

〈粉をかぶせる〉 注いだ水の上に、両手ですばやく周囲の粉をかぶせる

〈かきまわす〉 指は立て、力を入れずに、こまかにちぎるようにかきまわす

三十回くらいかきまわし続けているうちに、粉は小さな塊《かたまり》に変わってくる

水のまわっていないところがないか、よくかき混ぜながら点検する

粉の塊に撚《よ》りをかけたり、かきまわしたりを続ける。塊は次第に大きくなる

〈塊に摩擦を加える〉 掌《てのひら》から指先までを当て、少し力を入れて押し転がす

塊がうるおいを帯びて親指大になるまで、撚《よ》りをかけたり押したりを反復

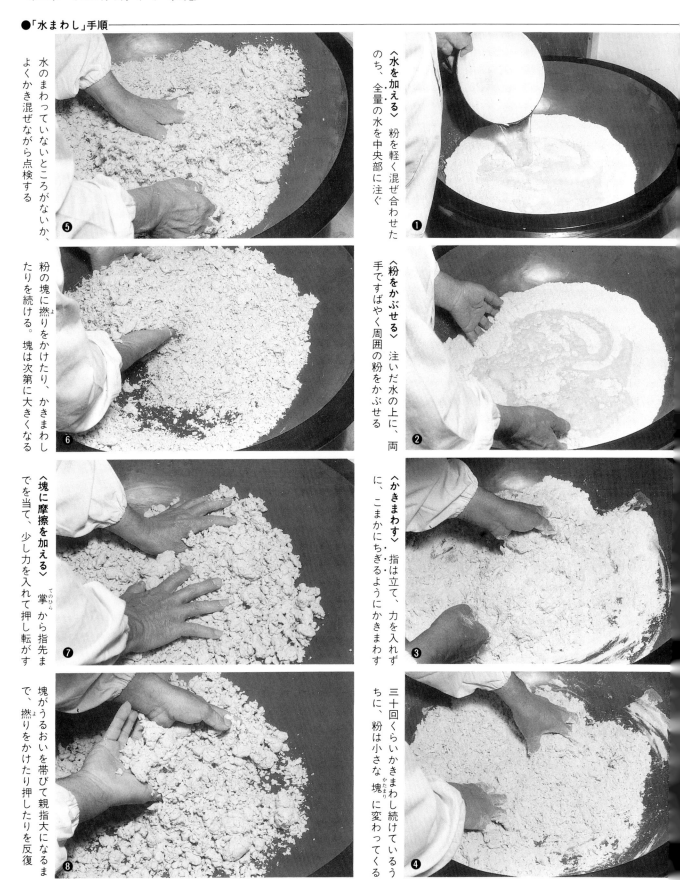

水の場合も同じことだが）、初回に加える水は必要量に充《み》たない。粉の量に対して、水の量が絶対的に不足している。粉のひとつぶひとつぶにまで水が充分に行き渡らぬのは、考えてみれば当然のなりゆきである。

それにまた、かきまわす作業がなにがしかは進んでいるので、すでに水を吸った粉、まだ水を吸っていない粉が、複雑微妙に入り混じっている。——じつは、これが問題なのである。そういうところに再度、水を加えたら、何が起こるか。

木鉢の中の粉は、再加水を必要とする箇所だけに限って足し水できる状態にはない。複雑微妙に入り混じっている。そこに再加水する以上、足し水は、水の足りないところに滲《し》み込みもすれば、すでに充分に水を含んでいるところに、さらに余分な水が加わりたがることにもなる。つまりは水が平均せず、粉のひとつぶひとつぶにまんべんなく水分を含ませる、という水まわしのねらいから外れてしまう。

恐ろしいもので、水を充分過ぎるほど吸った小麦粉のタンパク質が、かきまわしているうちにグルテンとなって粘性《ねんせい》を発揮《はっき》し、小麦粉デンプンと結びついて固まると、そば粉はもう寄りつけなくなってしまう。

かくして、水を充分に吸って粘り始めるものがある一方には、いつまで経《た》っても水にありつけず、粉っぽいままに捨て置かれたところもできてしまいやすい。それをなんとかしようとして、水を足し、粉を足し…で奮闘《ふんとう》するうちには、昔の職人が「殿様そば」と言って軽蔑《けいべつ》した、抱腹絶倒《ほうふくぜっとう》のそばができあがる次第となる。

もっとも、このような説明に対しては、反論も大いにあろう。「私は二回か三回に分けて水を加えるが、決してそんなことにはならない」と主張する人が結構いらっしゃるはずである。そこで私は、その人達に二つの質問をしてみたい。

一つは、本当に「つなぎ二割」で打っているのかどうか、という質問である。

前にも説明したように、「つなぎ二割」とは、そば粉八 対 小麦粉二の割合を指すのではない。ところが、その八対二どころか、七対三にして、それにさらに卵を加えて卵水《らんすい》にしているなどと聞くと、私はもう考えあぐねてしまう。そこまでして、何度かに分けて加水しなくては水まわしができないとは、いったい、どんな仕事をしているのか……。よほど悪い粉でも使っているのではないか、と疑わざるをえない。

二つ目の質問は、どんな理由があって、何度かに分けて加水するやり方にしたのか、である。

何度かに分けて加水するのは、失敗を恐れてのことであろうか。「全量の水を一度に加えて、もし多過ぎたら……」というためらいや、「一度に多量の水を加えると、泥んこ遊びのようになって、水まわしがしにくい」といったところから出てくるものと思われる。

以上、二つの理由のうち、「もし多過ぎたら……」というためらいのほうは問題外としよう。それが理由で加水を何度かに分けていたのなら、その人は前のところで述べた「加水量の割り出し方」をマスターすれば、全量を一度に加水する仕事に戻れるからである。

しかし、「一度に全量の水を加えると、水まわしがやりにくい」ので、何回かに分けて加えるやり方にしたという人、——その人は、自分の水まわしの技術と仕事の仕方を、一度根底から疑ってみる必要があるのではないか。なぜかと言えば、「一度に全量では、やりにくい」という感想そのものが、その人の技術に難点のあることを告げているためである。水まわしは、本書で述べるやり方をするかぎり、全量の水を一度に加えて始めたところで、決して難しいものではない。

●目安《めやす》としての所要時間

原則的な問題をもう一つ、所要時間について——。

粉のひとつぶひとつぶに水分を含ませるという、文字どおりの水まわしは、加水後およそ一分程度の時間で終えてしまうように述べておいた。およそ最初の一分で、粉っぽいところがまったくないまでに進めてしまう。

　これは、なにがなんでも一分で終えてしまわなくてはいけない、という意味ではない。熟練者はこの限りではないし、体力によっても違ってくる。だが、からだの盛《さか》んな若いうちは、一分で水まわしができないようではおかしい。ものの本によると、一分あれば、早口の人で四百五十字以上もの言葉が話せるというし、遅い人でも二百八十字くらいの言葉は話しているそうである。一分は、どうして結構中味《なかみ》の濃い時間である。木鉢の中の粉をかきまわして、粉のひとつぶひとつぶに水を吸わせるなんぞは、正しいやり方を身につけ、神経を集中して進めるかぎり、およそ一分もすれば、いやでもできてしまう。やってみれば他愛《たあい》なくできるものである。

　それが働き盛りのからだで、一分を過ぎ、二分を過ぎても、まだ粉っぽいところが残っているとなれば、これは水まわしに難点があると見なさざるをえない。その意味で、およそ一分という水まわしの所要時間は、仕事の良否《りょうひ》を判断する一つの目安《めやす》になる。（さらに言えば、そば粉の良否を知る一つの目安にもなる。）

　それにしても、どうして一分くらいのうちに水まわしを終えてしまわなければいけないのか。

　結論から先に言うと、これもまた加水の原則と同じく、粉全体に均質に水を吸わせるためである。粉をかきまわす手に遊びがあると、動いているのは一部の粉だけになり、水はどんどん一部の粉に滲《し》み込んでしまう。そして水を充分過ぎるほど吸った粉の中では、かきまわしているうちに、すでに述べたような小麦粉タンパクの作用が始まる。水をしっかりかかえ込んで粘り出し、無数の小さな塊《かたまり》ができる一方で、まだ粉のままの粒《つぶ》との間での水のやりとりは難しくなっていく。

　その失敗を避けるためには、割り粉のグルテンがはたらき出す前に、粉のすべてにムラなく水を吸わせてしまわなくてはならない。それには、できるだけ早いうちに水まわしを終えてしまう必要があり、――かくして、一分程度という時間的な目安が生まれてくる。

●「こねる」と「かきまわす」の違い

　それでは、「水まわし」とは、どのように進めるものなのか。

　第一に指摘《してき》しておくべきことは、水まわしとは「こねる」作業ではなく、「かきまわす」作業だということである。「一鉢《こね》、二延し、三庖丁」とは言っても、文字どおりの水まわしは「かきまわす」作業である。

　この「こねる」と「かきまわす」の違いを、修業中の人は、しっかりおぼえていただきたい。それというのも、独学である程度のことを身につけた人や、機械製麺から転向してきたプロの人にえてして多いのが、はじめからこねてしまうという間違いだからである。全量の水を一度に加えると、粘りがひどくてやりにくいと言うのも、じつは、これである。かきまわし方に問題がある。このことは、そば教室で何千という数の生徒さんを教えてみて、よくわかった。

　そこで、「こねる」から見ていくと――、こねているときの手指の動きは、ものをつかむときのように指を伸ばしては曲げる動作の反復《はんぷく》とか、ピアノを弾《ひ》いているような指の動きの連続、ということになる。木鉢の中で両腕をまわすようにして、この指の動きを素早《すばや》く繰り返そうとすると、いきおい、指先に力が入りやすい。――そういう手の動きが、加水直後の粉に対してどのように作用するかは、すでに述べたとおり。強い粘《ねば》りが出てしまう。

　なぜ、はじめからこねて粘らせてはいけないのか。その理由は、加水の仕方とその他のところで再々述べたことと、まったく同じである。粉全体に均質《きんしつ》に水分を含ます作業を飛び越し、たまたま早く水にありついた粉の粒《つぶ》だけを相手にして、急激に粘着力を高めてしまう。その結果、手にくっついて仕事の邪魔《じゃま》をするほどの強い粘着力を示すものがある一方で、水にありつけない粉の粒も結構できてしまう。これがよくない。

　「こねる」のではなく、「かきまわす」作業から入るのは、第一段階として、すべての粉の粒にムラなく充分に水を吸わせることがねらいである。かきまわす作業とは、言ってみれば、粉の粒同士のすきまをひろげて、水と触れ合う場をできるだけ多くつくり出す作業、ということになる。

そのようにしてまんべんなく水を吸わせたのちは、第二段階として、時間をかけて無理のないように全体の粘力を高めていく。その無理のないように徐々《じょじょ》にことを運ぶために、文字どおりの水まわしが済んだのちもしばらくは、基本的には、かきまわす作業を続ける。

「かきまわす」ときの手指の動きは、すでに見たとおり。指は立て、力を入れないで、伸ばし加減にして、粉をかきまわす。――ただし、言葉の意味するものが違って受け取られては困るので、二、三補足しておきたい。

「指は立て」とは、木鉢の底面や粉の平らな面に対して、伸ばした指が、斜め上から入っている状態を言う。指を寝かせて平らにしたら、掌《てのひら》や指の腹で粉をこすることになり、こねると大同小異《だいどうしょうい》である。それを避けるために、あえて「立てる」と表現したまでなので、「立てる」にこだわって、垂直になるほど指を立てるようなことはしないでもらいたい。そこまで指を立ててかきまわそうとすれば、指を立てたままにしていることが目的化して、力が入ってしまう。力が入れば動きが鈍《にぶ》り、また、粉に対しては、こねているのと同じになってしまう。

「伸ばし加減」という含みのある表現にしたのもまた、「指は常にピンと伸ばした状態でかきまわせ」と言ったときに起こる弊害《へいがい》を考《こう》慮《りょ》してのこと。粉をたくさんつかまえる上でも、また、こねくりまわしにならないためにも、指は伸ばした状態でかきまわし続けるのがよい。だが、常にピンと伸ばし続けることだけにとらわれると、これまた指にムダな力が入る。そして、粉の微妙な変化をつかまえる上で一番大事な、指先の感覚が鈍化してしまう。要は、無用な力を加えずに迅速に進めることにあるのだから、なにがなんでもピンと真《ま》っ直《す》ぐに伸ばせという意味ではない。

その伸ばした指に関連して、手順説明のときに言い落としたことを追加しておく。――指と指との間は広く開《あ》けてかきまわすほうがよい。できるだけ多くの粉をつかまえて動かしていくためである。

両手の操作について言えば、右手と左手が互い違いになるような円運動によって、粉全体を常に動かしていることが必要。どこかに動かずに粉が溜《た》まってしまうようなかきまわし方、逆から言えば、一部の粉だけをつかまえて動かしていてはダメで、ここで指をひろげてかきまわすことに意味が出てくる。

●「撚《よ》りをかける動作」のねらい

水まわしの手順には、もう一つ、特徴のある動作が含まれている。それは、「片手ですくい上げた粉の塊《かたまり》に、もう一方の手をかぶせ、塊《かたまり》に撚《よ》りかける要領で払う」動作である。この動作を、初期はそれほど力を加えずに繰り返し、ある程度まで進んだら、意識的に相当に力を入れて繰り返すように指示《しじ》してきた。

これは、水分を吸収した粉の塊《かたまり》から、徐《じょ》徐《じょ》に粘力を引き出すことをねらいとした動作である。

図解をご覧いただきたい。掌《てのひら》を上にして横から手前に動いてきた左手に対して、右手は左手にかぶせた位置を起点にして、向こうへ突き出される。両手は、すり合わせる形で反対方向へ動くことになるが、この両手の間に粉の小塊《しょうかい》がはさまれている以上、そこで何が起こるかは、およそ見当がつくであろ

粉の塊《かたまり》に撚《よ》りをかける動作

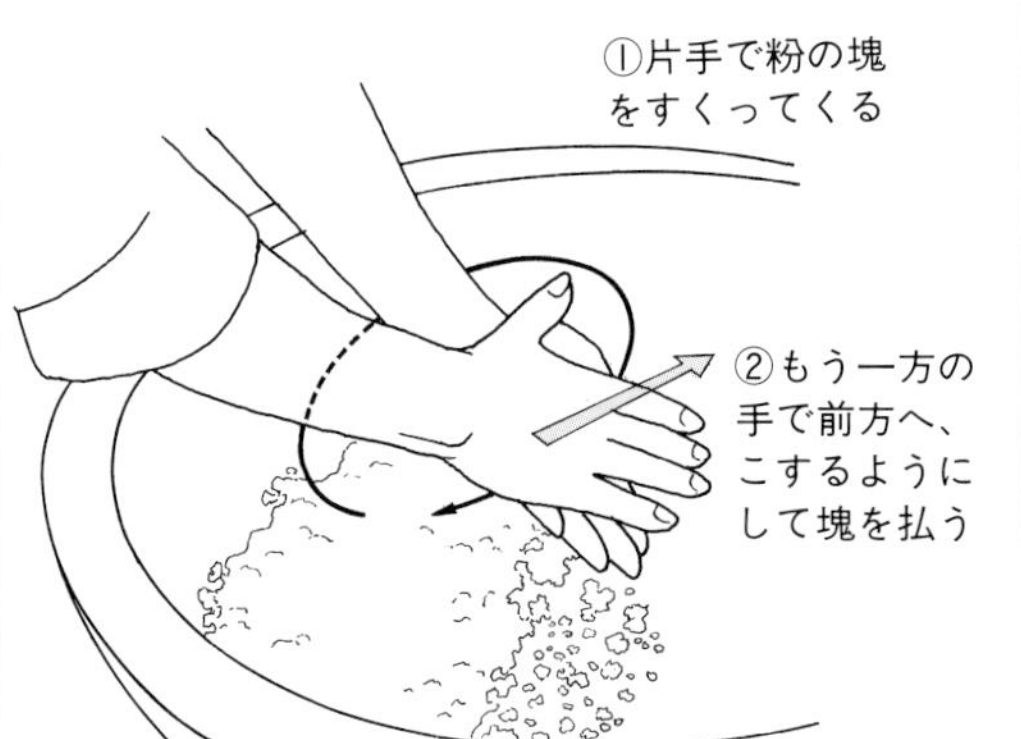
①片手で粉の塊
をすくってくる
②もう一方の
手で前方へ、
こするように
して塊を払う

●「水まわし」の自己診断テスト

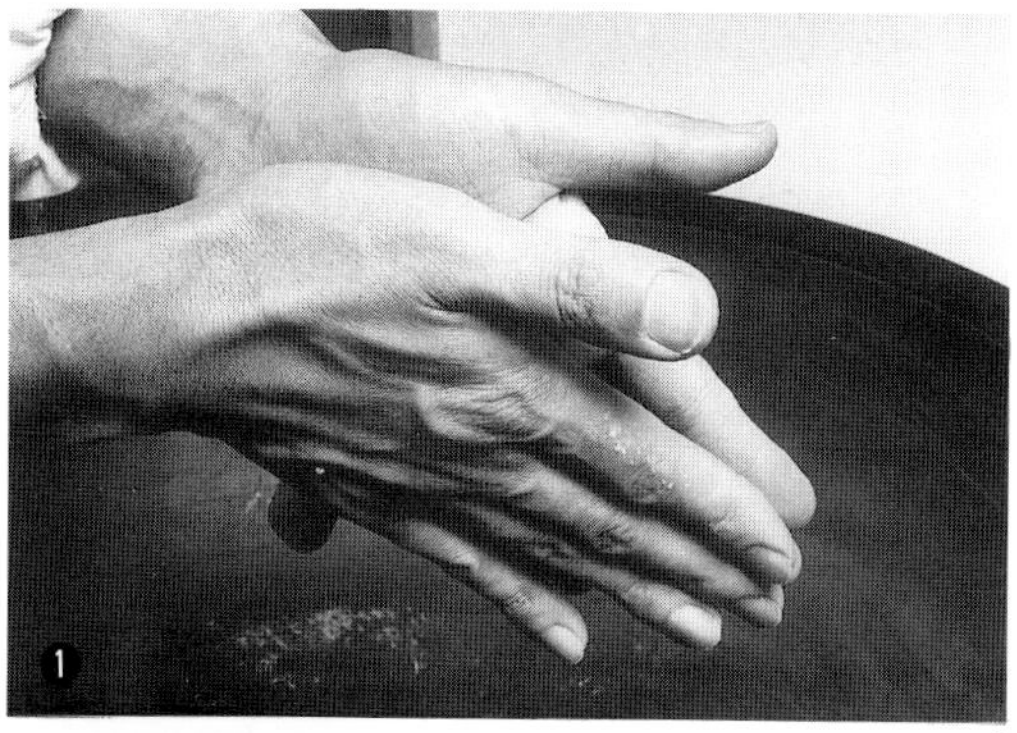

大きめの塊《かたまり》を一つとり、両手でよじって棒状にする

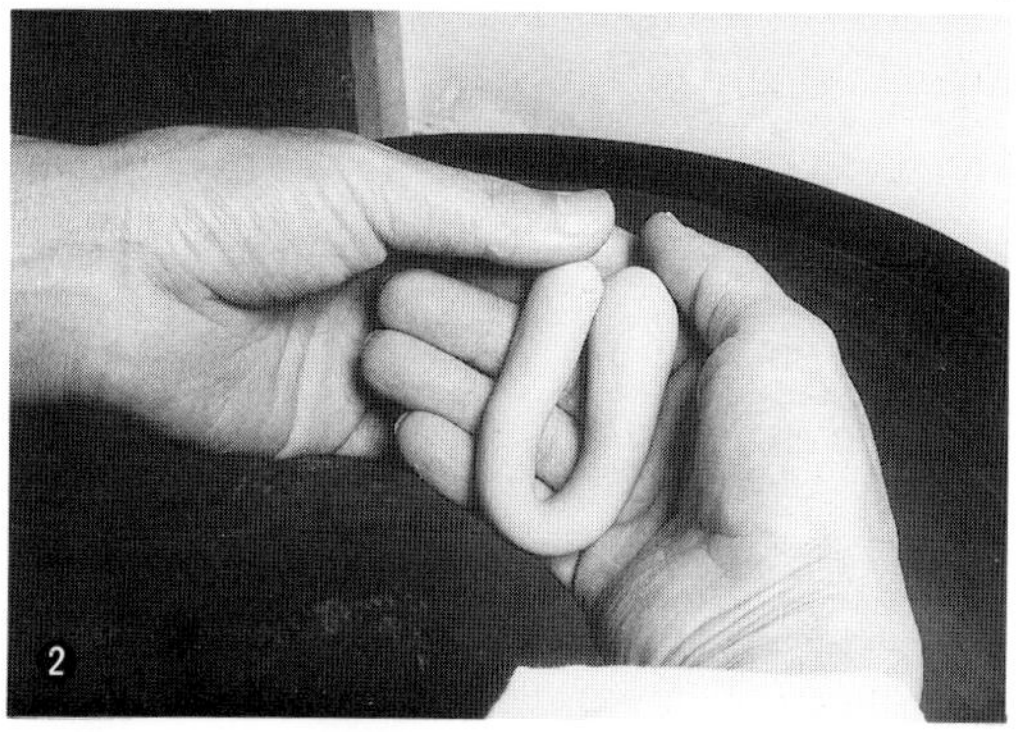

棒状にしたものを二つに曲げて、また両手でよじって棒状にする

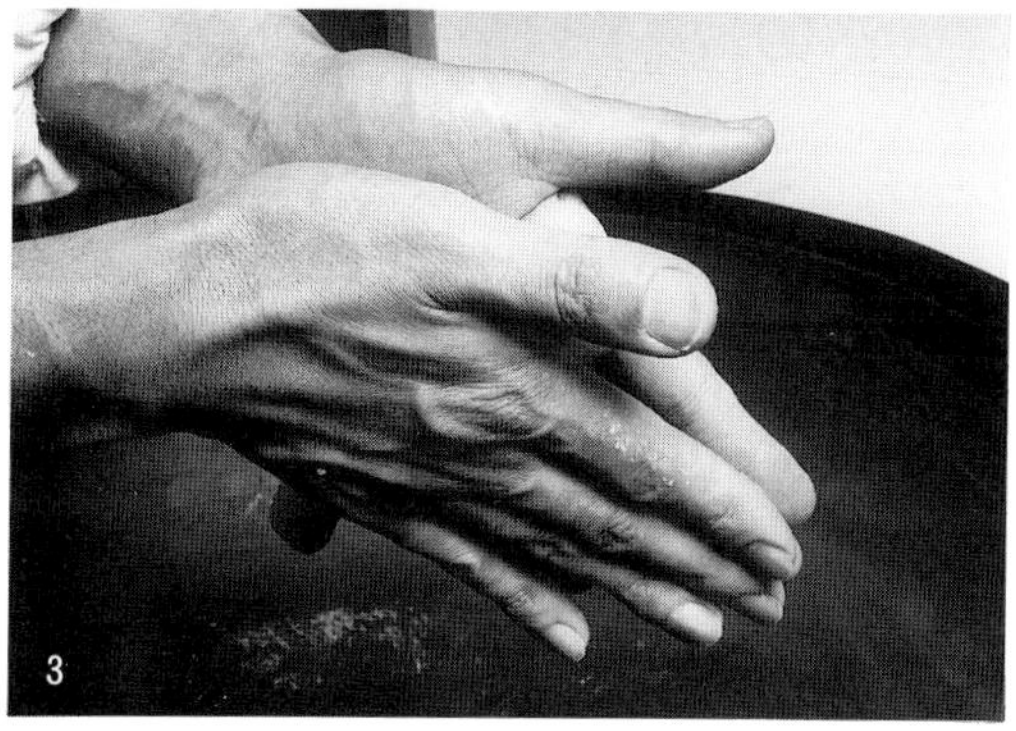

二つに曲げては棒状によじる　動作を五～六回繰り返す

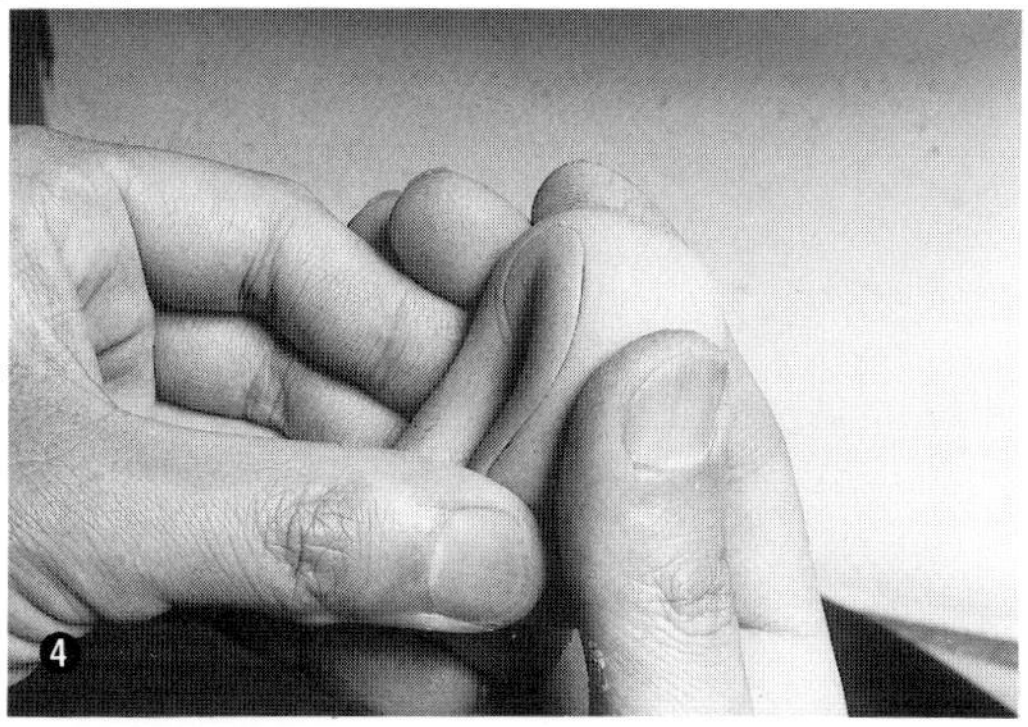

二つにした曲げ端《はな》を親指と人差し指にはさみ、ギュッとつぶす

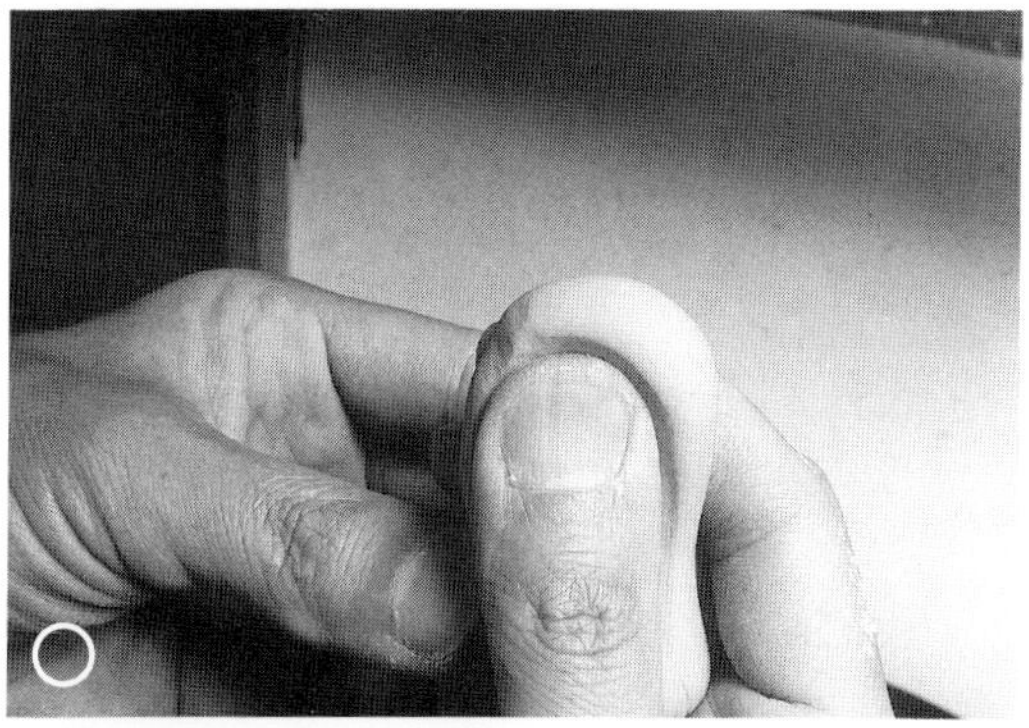

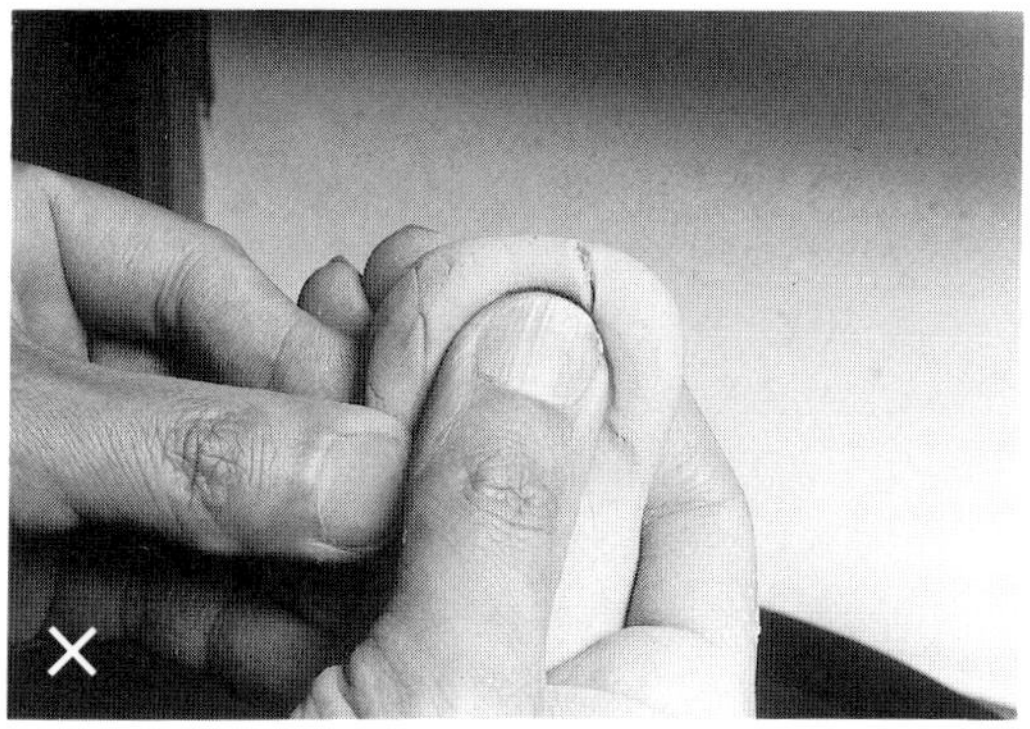

瞬間的に力を入れて先をつぶしてみて、縦ひびが出なければ、水まわしは合格。ひびが出た場合は、それまでの作業か粉に問題がある

う。粉の塊《かたまり》は、両手の適度な摩擦《まさつ》によって回転し、撚《よ》りをかけられ、粘力を引き出されて、結びつきを強めていくのである。

動作のポイントは、塊《かたまり》を払ったときに、もう次の分《ぶん》をすくい始める敏速《びんそく》さにある。

◉「水まわし」の自己診断《しんだん》テスト

繰り返すが、「水まわし」は、そば打ちのスタートに位置する大事な仕事である。ここでの完全な失敗は「切らず玉」となってしまうし、そこまでひどい失敗でない場合でも、あとあとまで影響が及ぶ。

したがって、のちの仕事の進め方について目途《めど》を立てるためにも、水まわしがうまくいったかどうかを、自分で点検・確認する方法を、確実におぼえておかなくてはならない。

「水まわし」の自己診断テストは次のようにすすめる——、

大きめの塊《かたまり》を一つまみ取る。それを両手でよじって棒状にしては二つに折り曲げ、またよじっては折り曲げることを五、六回ほど繰り返す。それから、曲がり端《はな》を片手の親指と人差し指の間にはさみ、一瞬、指先に強く力を入れて曲がり端をつぶしてみる。

つぶしてみて、ひびが出なければ、「水まわし」は成功。縦ひびが入った場合は、のちの作業は慎重《しんちょう》を要する。加水量不足、こね方の失敗、そば粉がつくるものに適していない……などの事態を告げているからである。

第六項　まとめ（くくり）

「水まわし」を済ませたのちは、いくつもの塊《かたまり》を寄せ集めて一つにまとめ、よく練《ね》って玉《たま》に取る。

この工程を、「まとめ」とか「くくり」と呼ぶ。生地《きじ》のなめらかな玉とするべく、よく練ることが、ここでのねらいである。

初心者で餅《もち》つきの経験のある方《かた》は、杵《きね》でつくたびに、合方《あいかた》が臼《うす》の中に手を入れて餅を返していた場面を思い出してもらうとよい。言わば、あれと同様の作業を、そば打ちの仕事では、杵のような道具を使わずに、一人の手作業で進めることになる。

もっとも、当今《とうこん》は杵で餅をつくなど、ごくまれにしか見ることのできない光景であり、また、そばと餅では、仕事の仔細《しさい》は当然ながら異《こと》なる。以下に手順を示す。

●「まとめ」手順

①木鉢の中にひろがっていた塊《かたまり》を寄せ集める。

②寄せ集めた塊《かたまり》を両手でつかみ、引きずって行っては引き戻す前後運動を、約二十回ほど繰り返す。

うるおいを帯びて粘りの出てきている塊《かたまり》は、寄せ集めるとくっつき合って、ともかくいちおうは一つの集合体になる。だが、塊《かたまり》同士の結びつきはまだ弱いので、その結びつきを強めて一つのまとまりにすることが、この手順のねらいである。

そのためには、両手が、できるだけ多くの塊《かたまり》をつかまえていることが必要になる。手首までを押しつけるようにしてつかむこと。

前後運動は、本鉢に塊《かたまり》を貼《は》りつかせてしまわない程度の力加減をしながら繰り返し、全体が一つになったら、次へ進む。

③玉の端《はし》に指をかけながら、手首までを当て、グッと押しつけるようにして練る。

左手でグッとひと押ししたら、右手で玉を少し回し送る要領で一巡《いちじゅん》する。

④片手で玉の端を持ち上げては真ん中へ送り込み、送り込んだところを、もう一方の手でグッとひと押しする。

ひと押ししたら、両手で玉を少し回し送る要領で、一周約十二動作を三周ほど続ける。この手順は、前に述べた餅つきの場面などと似たことを一人で行なっているわけである。

ここまで進むと、玉は相当に厚みを持ったものに変わってくる。同時に、周辺を持ち上げては真ん中に送り込んできた結果として、中央に小さな穴ができる（下まで抜けている穴ではなく、くぼみである）。

⑤玉を横に倒し、穴の口が塞《ふさ》がるように手前を絞りながら、両手で回転させる。

横に倒した玉を、両手ではさむようにして回転させる。そのときに、両の手首を絞って穴を塞《ふさ》ぐ。木鉢の左端から右端までの行程を二度ほど繰り返すが、手首を絞っているので、先の尖《とが》ったラッキョウ形になる。

⑥尖ったほうを上にして片手にのせる。

⑦玉のトンガリ頭にもう一方の手をあてがい、クルッと向きを反対にして、口を完全にねじり塞《ふさ》ぐ。

上に来た手で押しを利《き》かせ、玉を受けている掌《てのひら》を動かして口をねじる。

⑧下の手を外《はず》し、上の手で押すようにして木鉢に落とし、少しつぶして平らな玉にする。

これで「木鉢」の工程は終わる。

玉とは呼び慣《なら》わしているが、いわゆる球体ではなく、厚みのある円盤状《えんばんじょう》に仕上がる。

⑨すばやく手を洗い、次の作業に移る準備をする。

人により、粉によって、程度の違いはあるが、「木鉢」の仕事では指先などに粉がこびりついて残る。そのままの手で次の「延し」に移れば、麺棒の木肌を荒すことにもなりかねないし、乾いて固まったものがそばの上に落ちて打ち込まれた場合は、食味を殺《そ》ぐ。したがって、玉に取ったのちは、必ず手を洗う――それも、そばを遊ばせて乾燥させせぬよう、すばやく手を洗うことが大事である。

●「まとめ」手順

〈一つにまとめる〉 塊《かたまり》を寄せ集めて両手で大きくつかみ、前後へ約二十回

〈練る①〉 手前を押さえながら、もう一方の手で押しつけるようにして練る

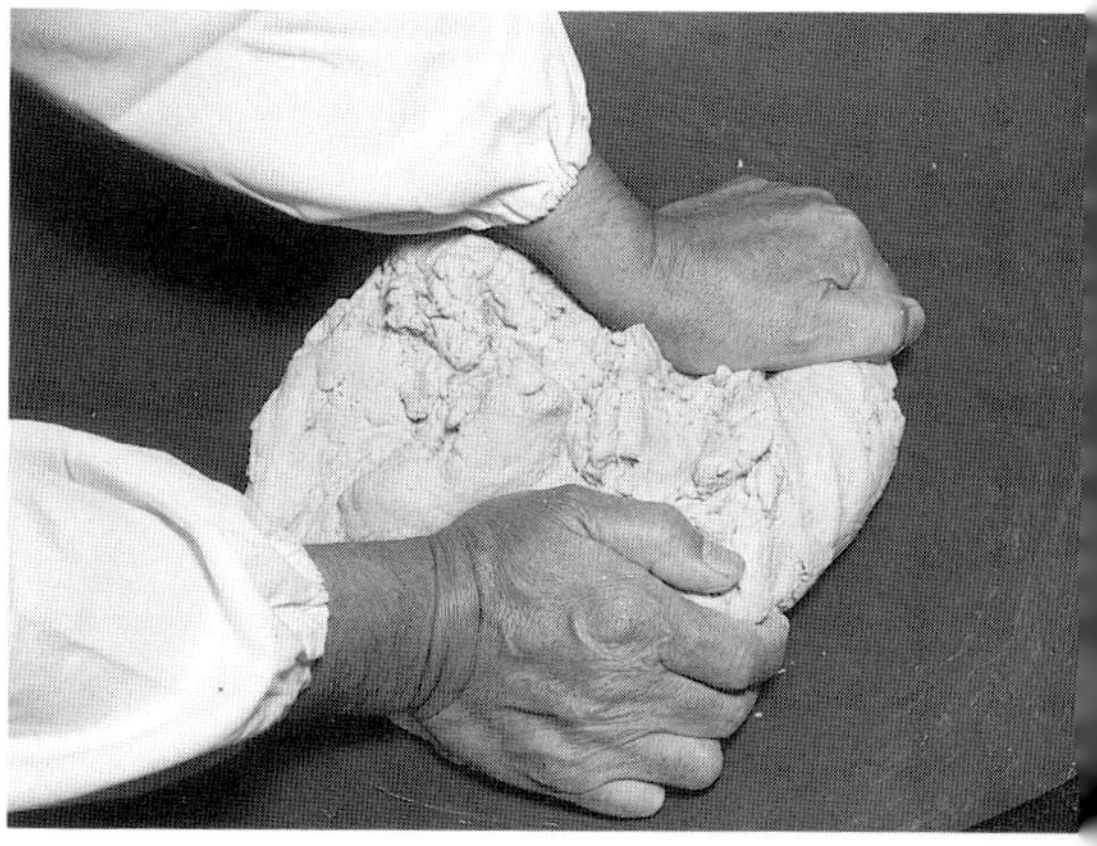

〈練る②〉 周囲を迫《せ》り上げて中央へ送り込んだら、その先を片手で押し込む

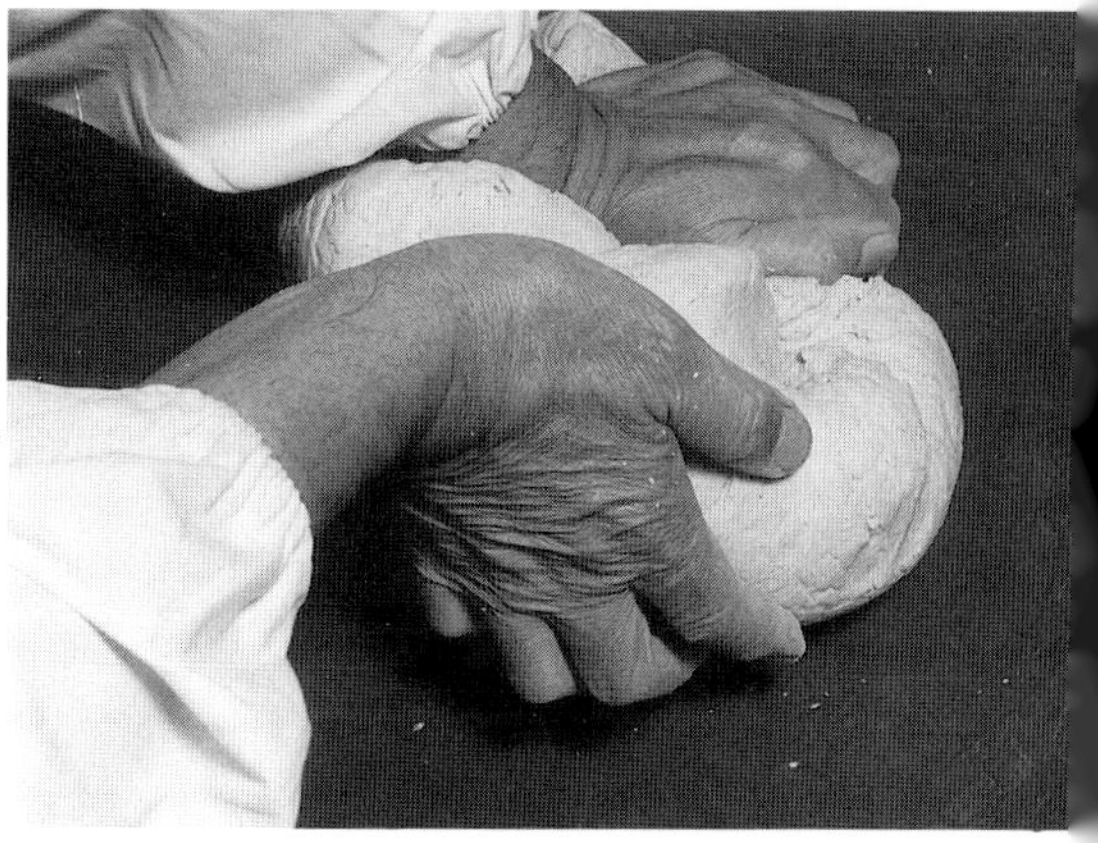

一回転十二動作でこまかく練り、三回転するまで繰り返す

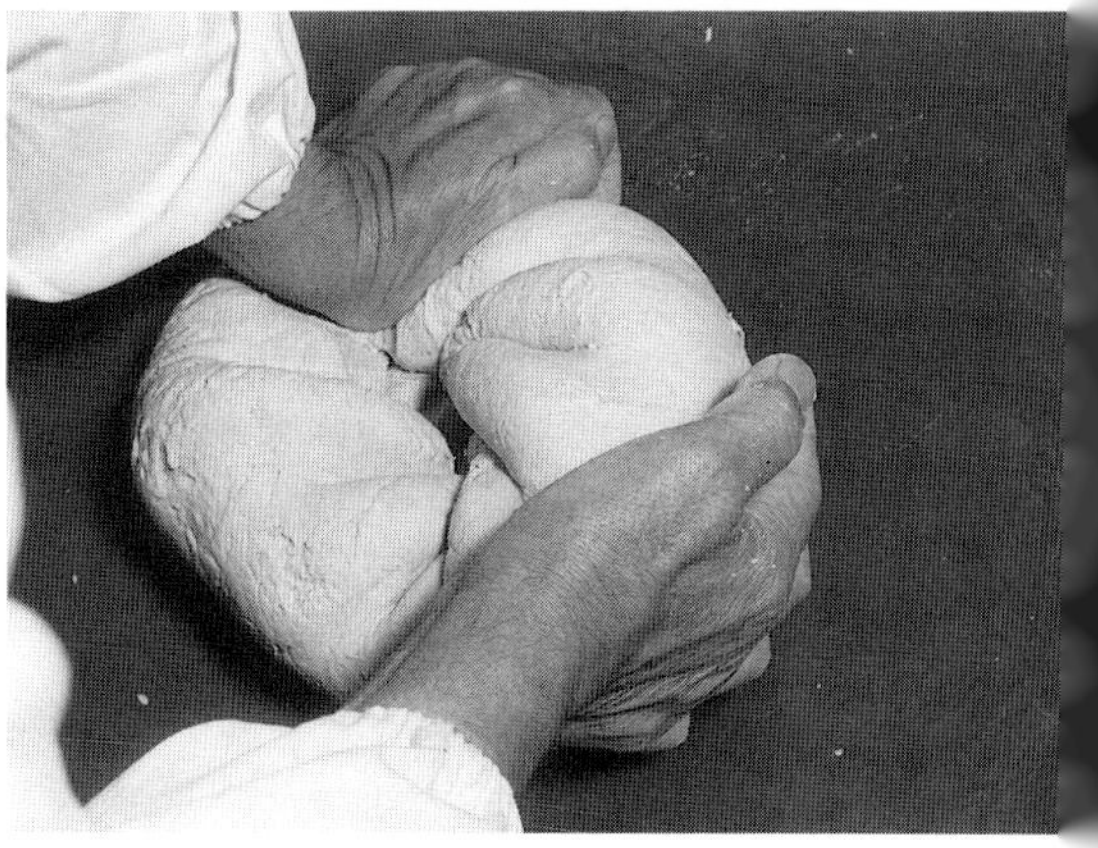

〈ラッキョウ形にする〉 横に倒し、口のあるほうを絞りながら回転させる

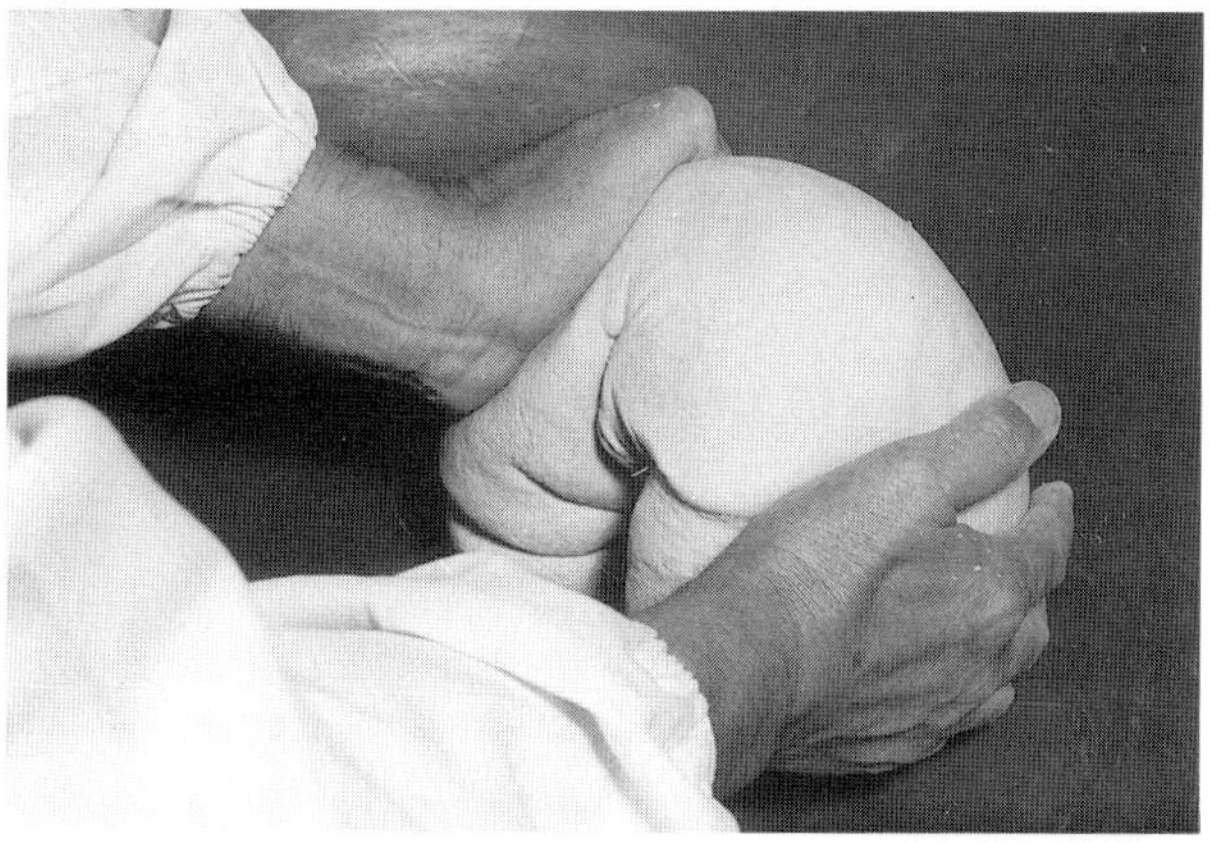

木鉢の左端から右端まで二度、絞りながら回転させて、ラッキョウ形にする

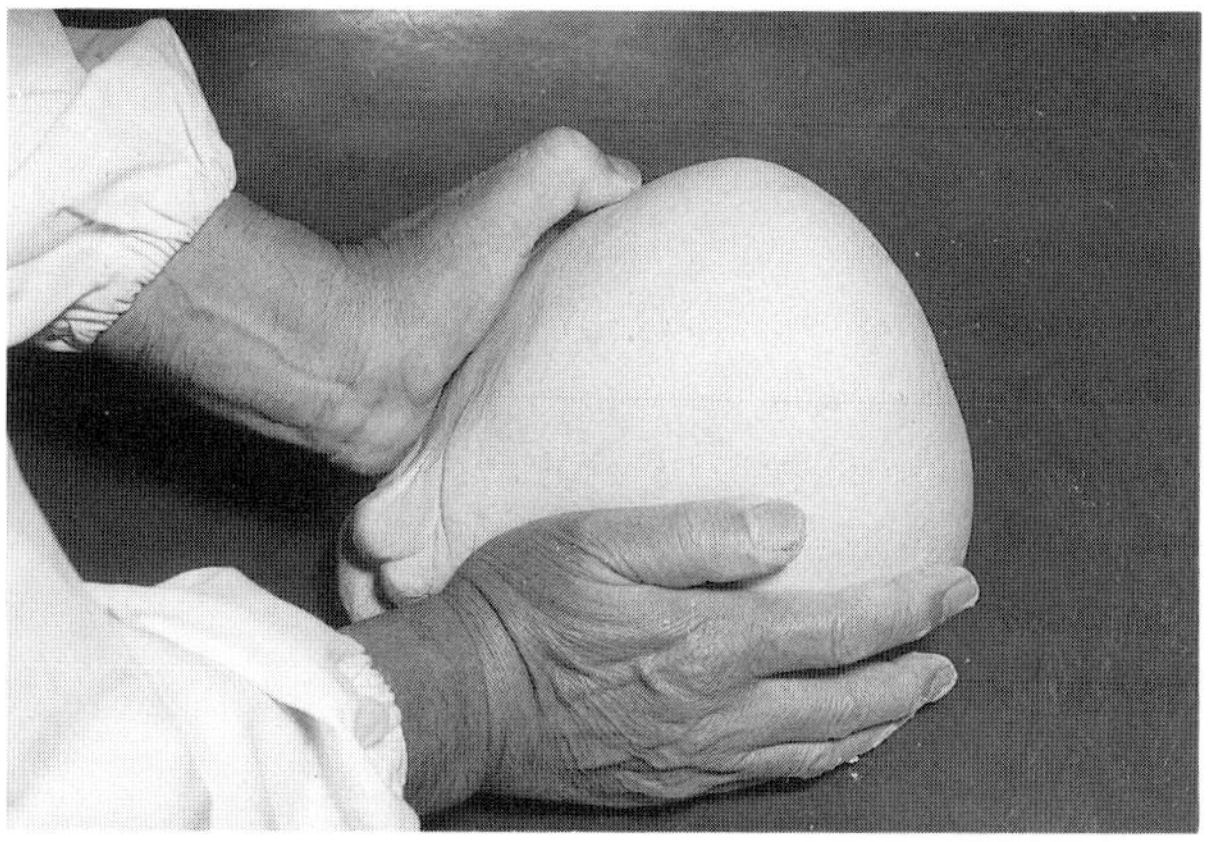

〈玉に取る〉 尖《とが》ったほうをねじりながら伏せて、口を塞《ふさ》ぐ

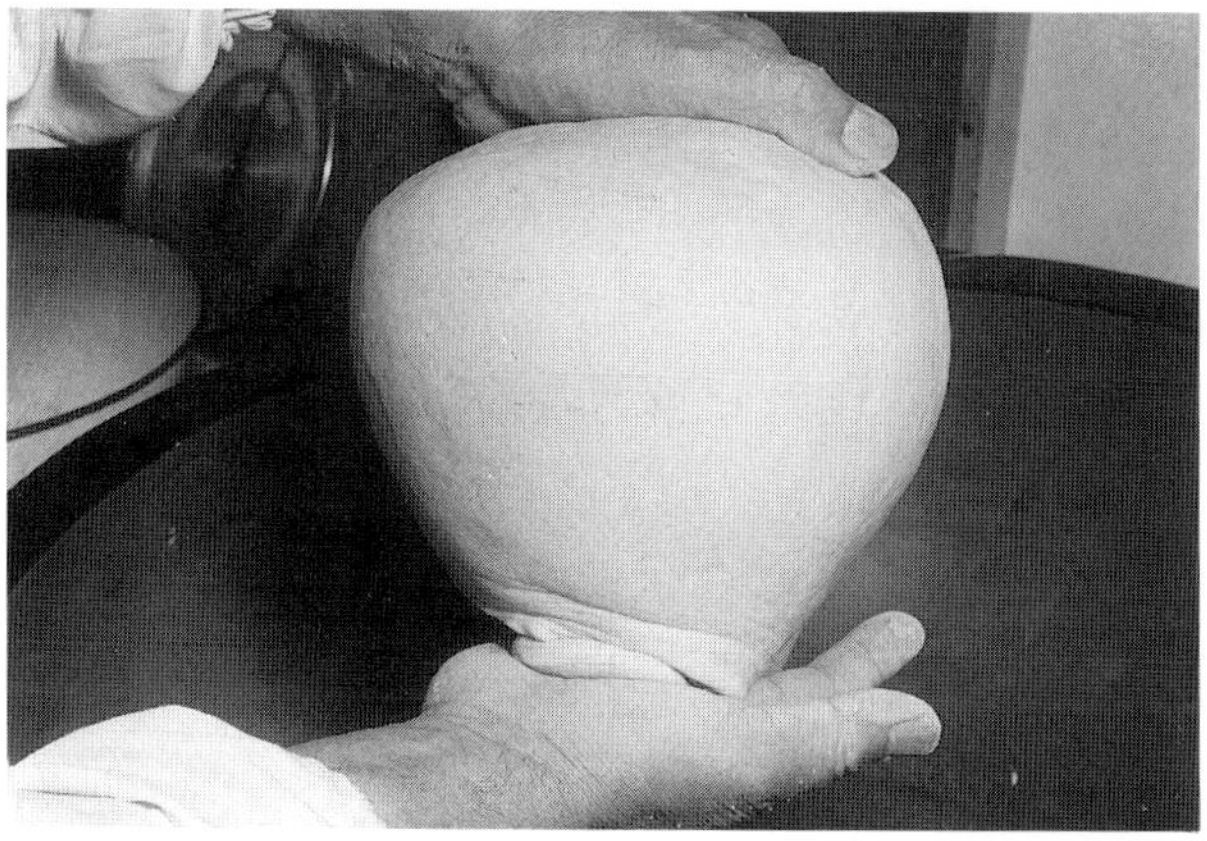

そのまま木鉢に落として、中央を押して平らにつぶし、玉にする

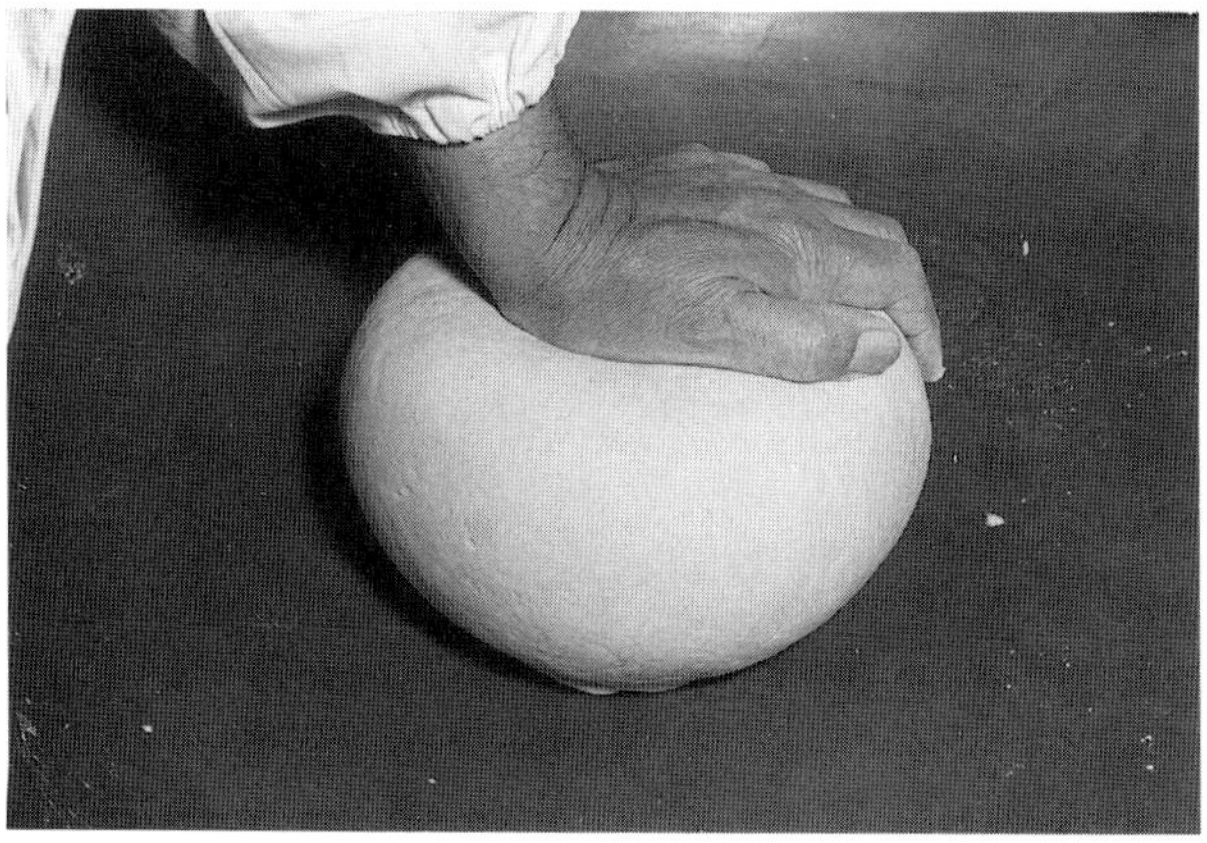

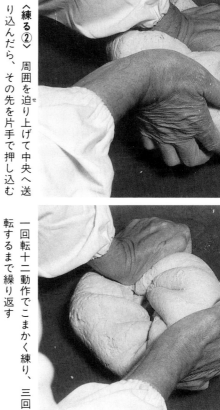

補項　ミキサー

手打そばの本にミキサーについての一項を設けるとなると、その是非《ぜひ》から論を始める必要があろうか。手打を名乗《なの》る以上、ミキサーは本来邪道《じゃどう》だと考えている人も少なくないであろう。私自身について言えば、私は、それとはまったく違う立場をとっている。ミキサーの使用が邪道か否《いな》かは、仕事の質から判断すべきであり、いまや仕事の質を抜きにして形や様式にこだわる時代ではない――というのが、常々私の主張していることがらである。手打の看板を掲《かか》げる者がミキサーを使ったところで、私は少しも邪道とは思わない。いや、思う・思わないという頭の中だけの問題にとどまらず、私自身が率先《そっせん》してミキサーを使ってきた。私のところで手打の修業を積んで独立した人も、大半はミキサーを使っている。仕事の奥が深まり、商《あきな》いが大きくなると、いまやミキサーは必需品《ひつじゅひん》と言っても間違いではないのである。

結論を先に出しておくと、ミキサーは木鉢をマスターした人が使うかぎり、仕事の質において、木鉢より劣ることはない。それどころか、すぐれたレベルの仕事を短時間に処理し、量のこなしがきくという点では、木鉢の手作業より圧倒的に勝《まさ》っている。だからこそ、ミキサーについて一項を設けるのである。

◉木鉢の手作業と持久力《じきゅうりょく》

木鉢の仕事についてくどいまでに述べてきた私が、なぜミキサーをすすめるかと言えば――、それはほかでもない、持久力《じきゅうりょく》ということにかけて、手作業には限界があるためである。

たとえば扇風機が十六分《ぶん》の一馬力《ばりき》として、人がウチワで同じように風を送る場合、まんべんなくあおぎ続けることができるのは、時間にして三分《ぶん》がやっと。五分もつのは異例、ということである。前と同じ動作を、前と同じ調子を維持《いじ》して反復し続けるとなると、手作業の持久力たるや、かくも脆《もろ》いものなのである。

木鉢の手作業もまた例外ではない。木鉢の迅速《じんそく》・念入《ねんい》りな仕事も、一鉢では、まったく問題はないし、午前中に二、三玉、午後二、三玉のように間《ま》をおいて五、六玉なら、「こね」から庖丁まで一人で通しても、楽《らく》にこなしていくことができる。鼻唄まじりの仕事である。しかし、これが一日に五十玉、百玉となると、一人でこなすなどは、とてもできない。一人では、こねるだけでも難しい。

ところで、いきなり五十玉だ、百玉だと、大きな数字を出したのは、なぜか。

この数字は単純な思いつきから、五、六玉の十倍ということで五十玉……百玉と口をついて出てきたものではない。ハッキリ意図《いと》があって持ち出した数字である。すなわち、大みそかなどの玉数。手打も商いが大きくなると、大みそかなど、五十玉を超《こ》すのは普通のことである。

その五十玉と五、六玉との落差の中に、じつは手打の店の問題がひそんでいる。ことに機械製麺から手打へ転換《てんかん》を図《はか》った店などでは、遅かれ早かれ吹き出してくる種類の問題である。どういうことかと言うと、それは、――出前を切り、人手も減らし、店売りだけでやっていける店を目差して〝味の手打〟に転換したところが、重労働な割には、思ったほど客数をこなせない。単価が上がった分《ぶん》、売り上げは増えたにしても、大きな商売をするとなれば、そば打ち板前一人では何んとしても限界がある、という悩みである。

もちろん、この問題は、板前をあと一人か二人増やすことができ、それにともなって延し場を拡張できるならば解決する（延し板のスペースは板前一人分、幅二メートル×奥行一・二メートルは必要である）。しかし、当《とう》節《せつ》、筋《すじ》のよい職人などなかなか見つからないし、いればいたで、人件費がバカにならない。自分の息子や親戚の子が手伝う年頃になっていれば話は別だが、そうでないとすると、これから伸びようとする店が板前の頭数を確保するのは、たいへんな難問である。

…しかし、それも発想《はっそう》を転換すれば解決の途《みち》がある。その大きなステップになるのが、すなわちミキサーである。ミキサーに木鉢の手作業を肩代わりしてもらえば、延《の》しや庖丁《ほうちょう》は、五十玉くらいまでなら、一人でもこなせるものなのである。――そのためには、しっかりした技術を身につけているだけではだめで、よい道具をそなえ、同時に手入れの行き届いていることが必要である。が、これはできないことではないので、要は、木鉢の手作業の問題を解決すれば、手打の店にも規模拡大の途《みち》があるということになる。

◉ミキサーの能力

ミキサーは手作業に比《くら》べて、どのくらいの能力をそなえているか。以下、要点を整理して見ていこう。

まず、仕事を処理する速さ――。ミキサーは手作業の四、五倍から七倍ないし十倍の能力をそなえている。たとえば、手作業で二十分かかるものなら、ミキサーだと、二分から五分くらいで済んでしまう。そばの場合、計量から玉にするまで四、五分が普通である(慣《な》れた人の場合)。

仕事のこなし量――。何キロとか何貫といった具体的数量は、機種により、使い方により違ってくるので、一般化はできない。そういうことではなくて、人間の力の何倍くらいの仕事をこなすかについて言えば、ミキサーは、男の中でも特に筋骨たくましい男の二十倍くらいの仕事はこなしてしまう。早い話が、二十人力《りき》と思ってもらって構わない。――前のところで述べた連続五十玉以上をこなす仕事などは、木鉢に関するかぎり、ここに解決の途《みち》のあることが早くも理解できるであろう。

目を転じて、特殊な仕事について見ていくと、比較的固ごねの場合でも、ミキサーは人力の及ばぬ仕事をこなしてしまう。

そばすきや煮込みうどん用に、たとえば加水量四〇パーセントで打つとして、水まわしから玉にまとめるまでを全部手作業で進めたら、疲れてまいってしまう。加水量の少ない玉を練《ね》りつけて粘りを出していくのは、ほんとうに力の要《い》る骨折り仕事である。――ところが、それを粉が散らない程度のところまで木鉢で処理して、あとはミキサーにまかせてしまえば、いとも簡単である。わずか四、五分のうちに、ミキサーがこねる仕事を全部代行してくれる。

固ごねの反対に、多加水の最たるものの場合にも、やはりミキサーは至《いた》って重宝《ちょうほう》である。「さらしな」の練る作業は非常な労力を要するので、二玉、三玉…と続けて「変わりそば」を打つのは苦行《くぎょう》に近い仕事である。ところが、これもまた、「湯もみ」までは木鉢で処理してミキサーに移せば、前の固ごね同様に、ミキサーが何玉でもこなしてくれる。(もっとも、「さらし」までこなすとなると、どんなミキサーでも可《か》というわけではなく、ミキサーの羽根の構造が特にものをいう。このことは付記しておかなければならない。)

◉ミキサーと仕事のレベル

仕事を短時間に処理し、量のこなしがきくということでは、すでに見たように、ミキサーは断然すぐれている。――では、肝心《かんじん》の仕事の内容のほうはどうなのか。

ミキサーは、動作の原理も構造も、ごく単純な部類の機械である。ドラムの中には羽根があるだけで、一般には、その羽根を電動モーターで回転させて粉をかきまわす。仕組みとしては、それだけのものである。加水量の計算を機械がやってくれるわけではなし、水をいつ加えるか、どのように加えるか、その他もろもろのことがらは、すべて使い手の判断にまかされている。

したがって、ミキサーは、使い方で仕上がりに大きな差が出る。安易に機械に依存して、いい加減な使い方をすれば、木鉢のきちんとした仕事にはとてもかなわない。しかし、木鉢の仕事の意味するものを充分に理解して、その視点からミキサーに対するかぎり、ミキサーは木鉢と同レベルか、またはそれ以上の仕事をしてくれる。言い換《か》えれば、ミキサーが木鉢より勝《まさ》ればとて劣ることは決してない。

もっとも、安易に機械に依存した使い方と言い、木鉢を踏まえた使い方と言っても、どんなことを指しているかがわからなくては、右の結論も意味をなさない。二、三、例をあげておこう。

木鉢で行なう場合、加水後ただちに水まわしに移り、すみやかに粉全体に水分を行き渡らすように指導したが、さて、これをミキサーに置きかえると、水を加える時期はいつが最適か。

機械を止《と》めてある状態で、粉だけでなく水までも加えた場合、動き出すまでに水の何割かが特定の箇所に吸い込まれてムラになることもある。ミキサーの羽根は人間の手のように縦横《じゅうおう》に動くわけではないから、その点を考《こう》慮《りょ》に入れて水まわしの原則をつらぬくとなると、ミキサーの場合、スイッチを入れて粉が動いている状態になってから水を加えるべし、となる。一般には、これがミキサーの加水の時期としては最適である。

だが、そのやり方も、加水量が普通か多めのときには通用するが、加水量の相当に少ない場合や小玉の場合には通用しない。固ごねは、粉に対して水の量の少ないことがイタズラして、いつまでも粉のままのところが残りやすいし、特別小玉の場合は、ミキサーの中が逃げ道の多い状態になるので、粉と水が分かれたままで進行してしまう。いずれの場合も、（前にも述べたように）粉が飛び散らなくなるまでは木鉢で助《すけ》っ人《と》してやって、それからミキサーに移す細心さが求められる。

こういった問題を一つ一つつぶして使いこなした場合には、ミキサーは、木鉢のきちんとした仕事に劣らぬどころか、用途によっては、木鉢の手作業の及びもつかないレベルの仕事までこなしてくれるのである。

◉ミキサーの上手な使い方

ここで、ミキサーを上手に使うための注意事項を列挙しておこう。

一、ミキサーの容量と一度にこなす量

そば粉用のミキサーは、十〜十二キログラムどまりのものが多い。ところで、これに、示された容量のギリギリまでとか、それに近い量の粉を入れてはうまくない。機械がスリップする危険があり、木鉢以上の仕事をしてくれる保証はなくなってしまう。

めしを炊くときに、五升釜に五升の米を仕掛けるバカはいない。三升五合くらいが一番うまく炊《た》ける量である。それと同じように、そば粉のミキサーを上手に使うには、示された容量の半分ちょっとくらいの粉にとどめるのが常識である。容量十〜十二キロのミキサーの場合、一回の粉の量は六、七キロどまりになる。

二、特別小玉の場合、文字どおりの水まわしは木鉢で済ませてからミキサーに移す（加水量は、やや多めに）

三、加水量の少ない玉（固ごね）の場合も、木鉢で手助けしてやってからミキサーに移す

以上の二点については前のところで触れたので、説明は省略する。

四、一日の最初の一玉はミキサーでなく、木鉢で進めて、その日の適正加水量を割り出す

ミキサーの能力は木鉢の十倍以上もあるだけに、間違えた場合は、その被害もまたきわめて大きい。木鉢なら、加水量を間違えたにしても、失敗は一玉で済ますことができるが、いきなり大量の粉をミキサーにかけて失敗した場合には、取り返しようがない。

途中で間違いに気づいてから、粉を足すなり、水を足すなりすればいいではないかと言う人がいるかもしれない。が、これについては加水量の割り出し方のところですでに述べたように、失敗とわかるまで進んでからの粉や水の追加は、水まわしにムラのあるまま仕事を続けることになってしまう。

ミキサーを使いこなしていくためには、一日の最初の一玉は、やはり木鉢で試みて、適正加水量を割り出すようにすすめる。

五、ミキサーの加水法も木鉢と同じ。全量の水を一度に加える

ミキサーの場合は木鉢以上に、チビリチビ

り加水するやり方になりやすい。しかし、これは間違いである。いつまでも水にありつけない粉が飛ぶことになりやすい。人間に比べれば、はるかに融通《ゆうずう》のきかない機械を相手にしているのだから、加水法は一度に全量の水を加えるやり方を必ず守ること。

六、加水の時期は、粉を入れたミキサーを作動させた後――（説明済み）

七、水の加え方は、粉や水が外へ飛び散らないように静かに――

口の大きいヤカンに適量を入れて注《つ》ぐもよし、計量に使ったボールのままそそいでもよい。静かにと言っても、牛の涎《よだれ》のようにする必要はないので、誤解しないように。

八、ミキサーを停止させる時期は、水まわしの自己診断テストを試みて判断する

ミキサーでもう一つ注意を要するのが、スイッチを止《と》める頃合である。手作業にくらべてケタ違いに時間を短縮できるかわり、止めるタイミングを間違え、いつまでもかけ続けると、練り過ぎて仕事が進めにくくなるところまでいってしまう。

これを防ぐには、手作業のところで述べた「水まわしの自己診断テスト」を、ミキサーの場合にも途中で試《こころ》みる必要がある。いったん機械をストップさせて塊《かたまり》を取り出し、テストの結果が「よし」と出れば、木鉢に移して玉にとるわけである。

そのときに、ミキサーの所要時間を調べておく。これが大事である。というのも、一玉ミキサーで決まれば、その日の二回目からは、同じ量目の玉の場合、テストを繰り返さずとも時間で処置していけるからである。――もちろん、急激な天候変化で加水量を大幅に増減するときは別である。これについて多言は無用であろう。

九、玉にとった後の処置

ところで、一回六、七キログラムの粉をミキサーにかけた場合、それを一玉にまとめる人はまずいない。手打では三玉にとるのが順当である。

玉にまとめたら、薄いビニール袋など、空気の出入りのない袋に密封して、打ち場の収納庫に納《おさ》めておく。収納庫の内部の温度は、打ち場に近い温度が望ましい。（打ち場全体は最近のクリーンな暖冷房装置によって、温度調整ができるようにしておくこと。）

さて、ミキサー一回分を玉にまとめたら、すぐ板前に早変わりしてその玉を打つのではなく、引き続き二回目、三回目のミキサーをかける……というようにして、半日分くらいの玉をこしらえてしまう。こうすれば、商いが大きくなっても、能率的にこなしていくことができる。おもしろいもので、ミキサーで練った玉は、とり置いてある間に特別の暑さ寒さに当てないかぎり、延し板に移してからはかえって仕事がやりよい――というのが、私の長年の実感である。

◉ミキサーの構造と選び方

ミキサーはどんな構造のものがよいか。別な表現をすれば、ミキサーは、構造によって、扱える仕事の幅や質に違いがあるかどうか。

これはよく訊《き》かれる質問である。事実、機種によっては、たいへんな目にあう。たとえば、ドラムの上と下で違う回転をするミキサーがあると聞いているが、これなどは、うどんすらまとまらないはずである。上と下が違う回転をしたのでは、形成層《けいせいそう》を切ってしまう。こういうミキサーを使いこなせる人がい

みずから設計した特注のミキサー。羽根の取りつけ方に工夫があり、「変わりそば」の練りつける工程までを充分にこなしてしまう

たら、私は最敬礼したい。やはりミキサーは、一定方向の回転が土台である。

が、並そばやうどんだけでいく場合は、基本的な機能に問題がないかぎり、どんな構造のものでも構わない。すなわち、水と粉をよく混ぜあわせ、塊《かたまり》にしていく役割を果たしてくれれば、構造は二の次ということだ。

ただし、御膳粉《ごぜんこ》まで扱うとなると、特殊な構造のミキサーが必要になる。練《ね》るはたらきを充分に持たせなくてはならないためである。

私のミキサーは特別誂《あつら》えの機械である。二十数年前、自分で木型をつくって発注し、こしらえてもらった。それまでの八年間、普通のミキサーの動きを見詰め続けて、御膳粉まで扱う場合に必要な羽根の枚数や位置、ねじれ具合などについて、われながら決定的とも言える発見をしたのである。

私のミキサーは、普通のミキサーが四枚羽根であるのに対し、六枚の羽根を使っている。その材質も、アルミのテフロン加工にして、強く練りつけても羽根に貼《は》りついてしまわないようにしてある。こういったことは、公表しておいたほうがよいだろう。

木鉢では息が切れるような御膳粉を練りつける作業も、このミキサーだと、短時間のうちに楽々とこなしてしまう。また、その羽根の構造ゆえに、粉を遊ばせてしまうことがないので、当然のことながら、並み粉でもうどんの場合でも、すこぶる調子がよい。

おもしろいのは、少し固ごねの場合の処置である。前のところで、加水量の少ない場合は木鉢で助《すけ》っ人《と》してやる必要を説いたが、このミキサーでは、じつのところ、その必要がない。最初からミキサーでスタートしてしまう。そして途中で機械を止めて、いったん、すべて外へ出して、いくつかの小玉（だんご）にして、今度は回転している羽根のつけ根にぶつけるようにして投げ入れる。――こうすると、羽根の練りつける力が強いので、固ごねの場合でも、やわらかに上がる。

そんなくらいだから、水を加える時期にしても、粉と水を入れてからスタートしたところで、ムラになることはない。

始めのほうで、ミキサーの仕事の質は木鉢より勝《まさ》ればとて劣ることはないと述べたが、この発言は、じつは、いま見てきたようなミキサーを使っていればこそ出てきたものである。

なお、扱える仕事の幅をひろげる意味では、羽根の回転スピードを切り替《か》えできるほうが便利である。速い回転、遅い回転の二段切り替えくらいはほしい。たとえば私のミキサーに一貫二百匁《め》玉をかけた場合、速い回転のときで二分、遅い回転のときでも四分で玉になる。――ミキサーを使うならば、そのくらいの能力をそなえたミキサーをお使いなさい、というのが私の正直な感想である。

〈補註〉「ミキサーは熱を持つからよくない」という説について

また聞きではあるが、何年か前、「ミキサーは熱を持つからよくない」というおかしな説を、まことしやかに聞かされたことがある。その理屈の立て方からして、手打の看板を掲げる店のどなたかが言いだしたことであろうが、さて、いまどうなったことか。

そのときにも、私は雑誌「近代食堂」の誌面を借りて、こういういい加減な説は即座に否定したことを記憶している。おそらくは、ミキサーを使ったことのない人が想像でものを言った――それも、科学的な思考とは無縁なアタマで想像したものと思われる。「何をたわけたことを！」と一喝《いっかつ》したいところだが、こういう世迷い言《よまいごと》が再び世人を惑《まど》わすことのないように、ここで再度、キッパリ否定しておく。

ミキサーは粉だけを入れて長時間かきまわす機械ではない。粉に水を加えて練るのだし、時間にしてせいぜい二分くらいから五分くらいのものである以上、モーターの熱やシャフトの摩擦《まさつ》熱が高くなって粉に悪影響するなどということは、十中八九《じゅっちゅうはっく》ありえない。

ありうるとすれば、それは、加水量のきわめて少ない玉をバラがけにした場合である。その場合には、いつまでも粉っぽいので、多少の熱は持つかもしれない。しかし、そういう使い方がミキサーの性質を理解したものでないことは、これまでのところをお読みくださった人には説明不要であろう。

ミキサーも機種によっていろいろだが、本文で例に出したような、よほどひどいものでもないかぎりは、もっと機械を信用し、からだをらくにして、よいそばをつくっていただきたい。その場合、くどいようだが、一日の最初の一玉だけは、すべて手作業で進めることを忘れずに行なっていただきたい。その日の粉の状態をつかみ、適正加水量を割り出すためである。

二、延《の》し

第一項　仕事のねらいと位置づけ

◉「手打」という言葉のいわれ

「延《の》し」は、「手打」という言葉と直接かかわりを持つプロセス（工程）である。そこで仕事の概要《がいよう》や注意点を述べる前に、まず、「手打」という言葉そのものから見ていくことにしたい。手作業で延すことに対して（もちろん、延《の》し板《いた》と麺棒《めんぼう》を使っての手作業だが）、なぜ「手打」と言うのか。そもそも、「そばを打つ」の「打つ」とは、何を表現している言葉なのか。

　辞書を引けば、「打つ」という言葉の意味の一つに、そばやうどんをつくることを指《さ》す、とある。それからまた、「手打」の意味の一つには、機械ではなくて手作業でそばやうどんをつくること、という説明がなされている。じつは、この程度のことは辞書を引くまでもなく、日本人なら大半の人が知っているはずだが、それでは、そばやうどんをつくることに、なぜ「打つ」という言葉を当てるのか。

　中華麺ならば、「打つ」という言葉を文字通りの意味に取ってもよいだろう。中華麺には、台に打ちつけては引っぱるという作業工程がある。それを文字の上にも表わそうとして、「拉麺」という書き方をしている例も目にする。「拉《らっ》」という漢字は元来、「引く・引っぱる」という意味の文字である。

　日本の麺類も、枠を広くとって見ていけば、引っぱるものも入ってくる。手延《の》べそうめんや「稲庭《いなにわ》うどん」が、その類《たぐい》ということになる。しかし、こと、そばに関するかぎり、中華麺のような意味での打ったり引っぱったりするプロセスはない。延《の》し板《いた》に玉を据《す》えて麺棒で延《の》すだけに見える。……だが、その延す仕事の中に、やはり、そばを「打つ」動作がたしかに含まれているのである。

　のちにくわしく述べるが、「本延《ほんの》し」に入って右・左、右・左と延すときに、まず延《の》し棒《ぼう》でそばを打ってから延し始める。延し棒をパタッと打ちつけて、そのまま延しに移る。そして、およそ十センチから二十センチくらいまで延したならば、延し棒を持って反対側に身を移し、またパタッと打って延していく。

　なぜ、延し始めに麺棒でそばを叩く所作《しょさ》が入るのか。

　これは要するに、気を引き締めてやっていると、自然にそうなるというまでのことである。前の中華麺のように麺棒を強く打ちつけて、そばの生地《きじ》をやわらかくしようなどというのではない。そんなつもりで進めたならば、そばは中華麺やうどんとは違うので、たちまち切れてしまう。といって、そばは切れやすいから、そっと当てなくては……と、おそるおそる麺棒を当てていたのでは、これもまた仕事にならない。仕上がりのきれいな仕事は望むべくもなく、「カゼ」をひかせてしまうのが落ちであろう。——そういうことではなくて、自分に気合いを入れ、リズミカルに延していこうとすると、麺棒をそばに当てる瞬間は、いきおい、軽く打つ形になるものである。そこで手打場には、パタッ…パタッ…パタッ…と、快《こころよ》い打ち音が響きわたる。

この音——すなわち、麺棒がそばに当たる瞬間の音、そして引き続いては、延し進むときの麺棒とそばのこすれる音は、下の延し板が反響板の役目をしているので、かなりの音量になって手打場に響いている。習い始めの頃は、麺棒の使い方にばかり気をとられて、うかつにも、これらの音に気づいていないことが多いようだが、心のとらわれがなくなると、そばを介《かい》して木と木の触れ合う音が自然に耳に入ってくる。延しの技術の上達した人が行なえば作業はスムーズに進むから、その音は、いわばバロック音楽の通奏低音《つうそうていおん》のようにリズミカルに響く。

おもしろいもので、気構えができていると、自然にパタッ…パタッ…と打っていくようになるのであるが、その音がまた、打ち手の気をのせていくはたらきもするので、精神がそばに集中する。そこで、パタッと延し棒を打ちつける瞬間に、こまかい延しムラなどが眼《め》に入り、見落とさないようになる。

そのような、打ち手の気持をそばに向かわせるはたらきに注目した場合、延し棒と延し板がそばを介《かい》してつくりだす響きの質は、ことのほか大事である。私が「尾州檜《びしゅうひ》」（木曽《きそ》檜《ひのき》）の柾《まさ》の麺棒や延し板にこだわる理由の一端《いったん》は、じつは、こういうところにもある。

「手打」という言葉は、麺棒をパタッと打ちつけて延すことから生まれた

この点については、能《のう》や歌舞伎《かぶき》の舞台が檜《ひのき》舞台であることを考えれば、合点《がてん》がいくであろう。木質が緻密《ちみつ》で、かつしなやかな「尾州《びしゅう》檜《ひ》」の、柾目《まさめ》がきちんと通った麺棒と延し板のつくり出す響きは、とても快いものである。あえて言えば、私は、その快《ここちよ》い響きによって雑念を払い、自分を律《りつ》しようとしてきたことになるかもしれない。

ともかく、「そばを打つ」とか「手打」の「打つ」は、この「音」をとらえて表現したものである。目に映《うつ》る姿は、決して大げさに打ったり、叩いたりする動作ではなく、もっとこまかな動きであり、身のこなしである。しかし、耳に入ってくる音は、軽い小刻みな木の響きなので、その音からは、いかにもそばを打っていると知れる。しかも、その響きは打ち手によって、リズム・テンポ・強さが一人一人微妙に違うので、姿は見えずとも、延し場から響いてくる打ち音を聞けば、誰が打っているかがわかる。これこそは手打でなければ味わうことのできない、微妙な音の調《しら》べである。

◉「延《の》し」の概略《がいりゃく》と作業区分

「延《の》し」と次の「庖丁《ほうちょう》」の仕事は「延《の》し場《ば》」で行なう。

延しの仕事には、いく通りかのやり方があるが、ここでは、江戸のそば職人以来続いてきた延し方を示す。三本の麺棒を使って角《かく》に延し、長い幅広の帯状《おびじょう》に仕上げるところが特徴である。その仕事の流れを、小さなまとまりごとに区分すると、延しの作業工程は四つに区分できる。「基礎延《じの》し」（丸出《まるだ》し）、「四《よ》つ出《だ》し」（幅《はば》出し）、「肉分《にくわ》け」、「本延《ほんの》し」の四工程である。

「基礎延《じの》し」……玉であったものを円盤状に延しひろげる作業。初めは手だけで行ない、次いで麺棒一本を使って、適度な大きさと厚みの円盤状になるまで延す。

「四《よ》つ出《だ》し」……麺棒に巻いた状態で延す作業を四度繰り返し、四つの角《かど》を出して、四角形に拡大する。丸いものを四角に変え、延し幅の見当をつける作業。

「肉分《にくわ》け」……四つ出しの際《さい》に残った四カ所の分厚《ぶあつ》い肉を分け、同時に「幅出《はばだ》し」も決めてしまう。

「本延《ほんの》し」……二本の巻《ま》き棒《ぼう》と一本の延し棒を使って、所定の厚み・幅・長さになるまで、徐々《じょじょ》に延しひろげていく。

「延し」の作業区分

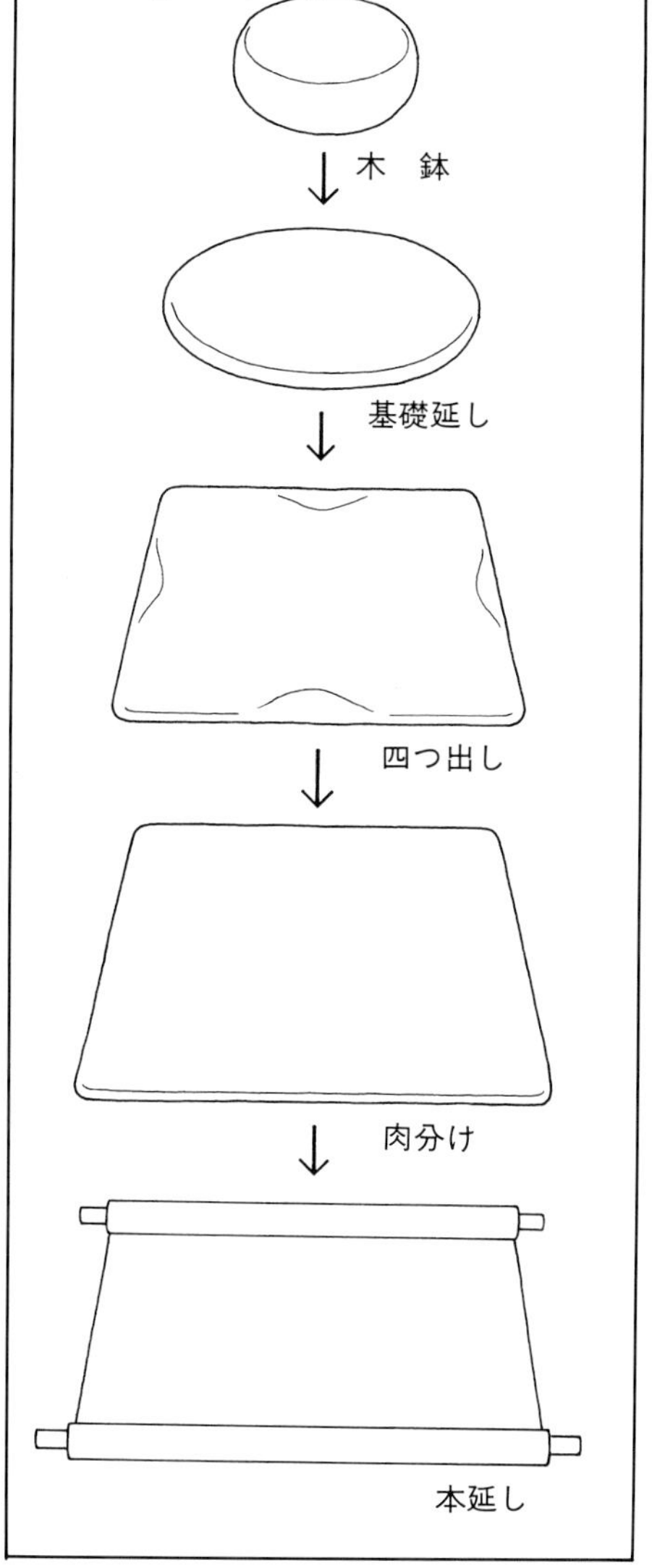

◉「巻《ま》き延《の》し」について

ところで、先に概略を示した江戸そば職人以来の延し方に対し、一本の麺棒に巻き込んだ状態で、丸《まる》のまま延すやり方もある。麺棒に巻いたまま延すという意味で、「巻《ま》き延《の》し」と名づけてもよいだろう。

全国レベルで見た場合、郷土そばの多くは巻き延しであろうかと思う。

残念ながら、私には巻き延しの経験はない。巻き延しでは、どれだけの幅・長さ・厚みに延して何本に切るという計算が立たないので、試《こころ》みたことがないのである。切りべら何本を要求される仕事には対処できない。かりにいくらかでもその要求に副《そ》おうとすると、前述の「本延し」をする延し方に比較して、数倍の時間と労力を要するはずだし、麺棒も六、七尺のものが必要になって、さばききれないはずである。それにしても、中細《ちゅうぼそ》打ちや極細《ごくぼそ》打ちは、まず無理であろう。

それからまた、巻き延しは割り粉が多くないとやりにくいし、こまかなムラが全面にわたる。ムラが全面にわたる理由は、そばをどんな状態にして延しているかを考えてみれば、納得がいくであろう。すなわち、丸いものを麺棒にグルグル巻きにするとなれば、巻き始めの生地の横幅と一巻きしたときの横幅、二巻き目の幅、三巻き目の幅…は違ってくる。したがって、巻き延しで通すということは、終始、そばの生地《きじ》にいくつもの段差がついた状態で延すことになるわけで、これでは、両手の位置を絶えず変えてならし作業をしてみても、厚みのこまかなムラは取りきれるものではない。

そんなわけで、仕事の精度や、計算のできる仕事を求めるとなると、本延しをするやり方が一番間違いが少なく、かつ早い。以下では、この江戸のそば職人に始まる、本延しを順序よく進めて超長方形に延す延し方で通すことにする。

●「延し」の注意事項㈠

延しで注意すること、守るべき事項を、一つ一つ拾い出したら相当な数にのぼる。だが、こまかな問題は、仕事の流れの中で語ったほうがわかりやすいのであとまわしにして、ここでは、初心者・ベテランを問わずに守らなければならないことがら——いわば延しの大原則とも言うべきことがらに絞って話しておきたい。それは次の二点である。

「延し」の大原則——

一、厚みにムラを残さぬように延すこと(延しムラ防止)。

二、仕上がり寸法と厚みを、常に頭に置いて進めること。

なぜ、延しムラがあってはならないか。その理由は至極《しごく》明解である。すなわち、延しを済ませて「庖丁」に移ったときに、一定の切り幅で切り終えても、厚みのムラが禍《わざわい》して、太いそば・細いそばができてしまう。そしてその結果として、ゆで時間が一定でなくなってしまうのである。一本のそばでありながら、細いところは早くゆだり、太いところは、ゆだりが遅い。したがって、細いところに時間を合わせて釜から早く上げれば、太いところは生《なま》ゆでになり、太いところを基準にして時間をかければ、細いところはゆだり過ぎて腰がなくなる。いずれにしても、結果は思わしくない。

話の枠《わく》を拡大して、そば一本から、せいろ一枚分のそばに焦点を移して考えていただこう。というのも、延しムラがあるとなれば、せいろ一枚分のそばに、太いのや細いのが入り混じっていることになるからだ。

こうなると、ハッキリそれとわかる延しムラが、いちじるしく食べ味を殺《そ》ぐことは、くだくだ説明するまでもなかろう。

延しムラを防ぐには、麵棒の持ち方や延し方がきちんとできていなければならないのはもちろんだが、姿勢——ことに玉に向かって立つ位置が大事である。

「本延《ほんの》し」に入ってからは、右を延し、左を延し……と、左右交互に延し進めることが鉄則なのだが、そのときにズルを決め込んで、からだは移さずに、手だけ右へ左へ伸ばして済ませていると、延しムラをつくってしまう。右を延すときは、延し棒を持ったまま歩を進めて、からだも正しく右へ移動してから延し、左を延すときは同様にからだを左へ移してから延す。これを、ズルをしないで、きちんと守って続けていこうとすると、初めに延べたような、あの快《こころよ》い打ち音が連続するようになる。

それからまた、延しムラを防ぐには、道具そのものの点検も重要である。狂いのある麵棒や片減《かたべ》りを起こした麵棒、あるいは手入れが悪くて凹凸《おうとつ》のある麵棒では、満足な仕事はできない。延し台もまた同様である。

だが、一番大事なのは、延しムラを見分ける眼《め》を養うことだ。延しムラとは、厚さが均一でなく、厚いところや薄いところがあるという意味であるから、眼で突きとめられる現象としては「色ムラ」となって現われてくる。微妙な差ではあるが、肉の厚いところは色が濃く、肉の薄いところは色が淡《あわ》い。それからまた、延しているときの左右の縁《へり》(「耳《みみ》」と言う)の近くに、厚いところや薄いところがある場合は、延し板にできるそばの縁の影に濃淡の差がつく。むろん、そのような変化は、あくまでも微細な変化でしかないが、しかし、そのごくわずかな変化をも見分ける眼を養うことは、そば打ちに習熟する上で必要な条件である。

●「延し」の注意事項㈡

さて、延しのもう一つの大原則は、「仕上がり寸法を常に頭に置いて仕事を進めよ」ということである。

この原則が何を意味するかと言えば、それは、職人仕事の場合、なりゆきで薄く大きく延したり、厚く小さく延したりすることは許されない、という意味である。趣味で打つそばはともかくとして、職人仕事では、「切りべら」の約束事が延しの厚みを規定している。したがって、その約束事を守ろうとすれば、仕上がり時の幅や長さは、玉の大きさによっておのずと決まってくる。

　たとえば、私は六百匁《め》玉（粉総量約二二五〇グラム）を標準においているが、六百匁玉で、切りべら三十本となれば、厚みは二ミリより少し薄い状態で、幅は三尺、長さは九尺と、仕上がり寸法がたちまち頭に浮かんでくる。

　つまり、同じ大きさの玉で、「切りべら」の本数が同じならば、何玉打とうと、また、いつ打とうと、仕上がり寸法はほとんど同じでなくてはならない。――それが職人仕事というものである。

（余談だが、私は若い時分、趣味のレコードを通して、分野は違っても職人芸に共通するものを感じとり、いたく感激した思い出がある。新宿から大森へ移って商《あきな》いも大きくなった頃、私は蓄音器《ちくおんき》を二台揃《そろ》えていて、一人の指揮者や演奏家が同じ曲を二度、三度と録音しなおすたびに同曲レコードを買い求め、両方の蓄音器で同時に鳴らす実験を何度もやってみた。すると、特別若いときと晩年になっての演奏とか、曲の解釈がいちじるしく変わった場合などの一、二の例外を除けば、両方の蓄音器で鳴っている音楽が、ほとんど同時に終了することを発見した。それからまた、一つの曲を違う指揮者・演奏家で比較した場合、曲の解釈や細部は微妙に違っていながら、演奏所要時間となると、片一方が他方の倍の時間もかかることはまったくなく、ごくわずかな時間差でしかないことも発見した。とかく音楽のような、そのときの気分に左右されやすい芸術になると、一回一回で大きく違うように思いやすいが、一流のプロともなれば、仕事のこなしに極端なバラツキはないものである。）

　閑話休題《かんわきゅうだい》。職人仕事というものは、以上のような次第であるはずだが、しかし、ときに「手打は不揃いなほうが、かえって手打らしくていい」という声も聞かないではない。そば一本一本の切り幅もまちまちならば、肉の厚みにもムラがあり、玉によって厚さが違う。そういうもののほうが、人間のやることらしくていいではないか。また、機械製麺に比《くら》べて、ひと目で手打とわかるので、手打を売り物にしていく一つの方法ではないか――というのが、不揃いをよしとする人の理屈であろう。

　しかし、このような意見は、正直に言って、いかがなものであろうか。先刻、趣味で打つそばは職人技《わざ》とは別のものとしていちおう除外したが、その趣味のそばでさえ、技をみがくにつれて、素朴《そぼく》・稚拙《ちせつ》なレベルを越《こ》えてしまうものである。ましてや商売人のつくるそばにおいてをや……となるであろう。プロの仕事に要求されるのは、作業の平準化《へいじゅんか》である。つまり、同じものをいくつも繰り返しつくる場合、そのときどきで仕上がり具合が違ってしまうことは許されず、規格の揃《そろ》っていることが求められる。手打とか機械製麺とかに関係なく、それがプロの仕事の前提条件である。

　そのためには、常に仕上がりから逆算して、一つ一つの工程をチェックしながら先へ進めていくクセをつける必要がある。たしかに人間のすることであるから、間違いもないとは言えない。しかし、それに気づかずに最後まで進めてしまって、なりゆきまかせのものを他人様《ひとさま》に売りつけるのではなく、たとえば「基礎《じ》延《の》し」で少し薄く延し過ぎたと気づいたならば、「四つ出し」以後で調整して、仕上がり寸法の枠からはみ出さないようにする。言い換《か》えれば、一つ一つのプロセスを、どこまでにとどめて次のプロセスに移ると、基準の仕上がり寸法になるかということを頭に叩き込んでおく。そして、その頭の中のモノサシに照らして、いまのこの作業が標準ラインから隔《へだ》たっているかどうかをチェックし、隔たりがある場合は、次のプロセス以後で修正していくわけである。

　延しにおいては、特にこの技術を身につける必要があるので、後の実技の項では、その点も考慮して説明するつもりである。

第二項　麺棒・延し板・延し場のつくり

「木鉢」の仕事を順調に進めるためには、使いよい木鉢が前提条件になっていた。それと同じように、「延《の》し」においては、「麺棒《めんぼう》」「延《の》し板《いた》」のよし悪しや、「延《の》し場《ば》」のつくりが、仕事に直接影響する。そこで、話が長くなるであろうが、延し場と、延し場で使う道具について述べておきたい。

(一) 麺棒

◉麺棒の四条件

使いよくて、そばにも悪さをしない麺棒とは、どのような麺棒か。言い換《か》えれば、よい麺棒とは、どのような条件を満たしているものでなくてはならないか。――この問いを詰めていくと、四つの必要条件が上がってくる。

一、狂いがないこと

麺棒は、何はさておき、狂いのないことが第一の基本条件である。本来、まっすぐであるべきものが狂っていては仕事にならない。かりに弓なりに反《そ》った麺棒を想定《そうてい》してみよう。弓なりに反っているということは、いま麺棒の両端はそばに当たっているが、中央部は浮いており、そばに対して延す力がはたらいていないことになる。ところで、この麺棒を半回転させた状態では、反りの形は逆になる。麺棒の中央部はそばに強く当たっているが、両端は浮いてしまう。実際の作業場面では、両端が浮くのを避けるために両手の力を手加減して、麺棒の左右中央から片側だけは、しっかりそばに当たるようにするだろうが、その場合にも、麺棒の一端が遊んでしまうことは避けがたい。そしてさらに半回転すれば元の状態に戻り、また中央部が浮くことになる。

――要するに、反《そ》りの大きい麺棒は、一本の麺棒でありながら、そばに強く当たる部分と、用をなさずに遊んでいる部分とが常にできてしまうわけである。したがって、延しムラを生じるのはもちろん、そばの生地《きじ》を傷つける危険が多々ある。

以上は、話をわかりやすくするための極端な例であるが、程度の差はあっても、反った麺棒を使った場合には、こうしたことが起こると見て差しつかえない。実際のところ、三《さん》分《ぶ》くらい狂った麺棒というのが、意外に多いものである。

二、軽くてしなやかであること

麺棒の第二の条件は、軽くてしなやかであること――。そばの生地《きじ》の、力を加えたい箇所に的確《てきかく》に力を加えるためには、これがどうしても必要である。弾力性がないと、こまかな仕事はこなしていけない。

堅《かた》く重い麺棒では、延すときによけいな力を必要とする。腕や肩、腰などに負担がかかって疲れる。その結果、延しに手間どることにもなる。こういう麺棒では、田舎風のそばを数玉こなすのがせいぜいであろう。「並」「太《ふと》打ち」「細《ほそ》打ち」「極細《ごくぼそ》打ち」と、多様な仕事をこなすには、やはり、対応力に富んだ軽くてしなやかな麺棒でなければ用をなさない。

三、なめらかで、すべりがよいこと

麺棒（延し棒）の第三の条件は、木肌《きはだ》がなめらかで、すべりがよいこと――。これは、そばの肌を荒らさないことと、玉数をこなす上で、特に重要な条件である。

大みそかのように、一人で連続八十玉も百玉も打ち続ける場合は、このなめらかで、すべりがよいという条件が大きくものをいう。ほんとうにすべりのよい麺棒の場合には、途中一、二度手でしごくだけで、百玉を超《こ》す大仕事を、最後まで一本の延し棒で通してしまうことができる。

これが、すべりの悪い延し棒だと、そうはいかない。すぐに渋《しぶ》くなって（すべりが悪くなり）、何本か取り替《か》えて進める必要が生じるし、疲れも大きいので、かりに一人で打ちおおせたにしても、いきおい、仕事は雑になりやすい。

四、太さ、長さが適していること

麺棒には、そばを延す道具としての用途と、延したものを巻き取る道具としての用途の二つがある。「本延《ほんの》し」をする延し方では、この二つの用途にしたがって、麺棒を「延し棒」と「巻き棒」に分ける。延し棒と巻き棒では、径《けい》の太さや長さを違えたほうが仕事がしやすいためである。

径の太い麺棒、長い麺棒ともに、延し棒としては好ましくない。いずれも加えた力が分散してしまい、大まかな仕事しかできない。径が大きいということは、そばに触れている面積も広く大きいことになる。したがって径の小さい麺棒と比較した場合、同じ力を加えても、力が広い範囲に分散してしまい、そばに対する当たりは弱い。その上、麺棒が一回転する間に進む距離が大きいので、力は麺棒の真下の生地《きじ》に向かうよりも、前方へ向かいやすい。

一方、延し棒の長さについて言えば――、「四《よ》つ出《だ》し」までを奥行きに比例した大きさに延してきたとして、「本延し」に入って、右を延し、左を延し……と進めていく際、延し棒を持ってそばの左右中央から右半分なり左半分へ身を移したときに、延し棒がそばの左右両耳《みみ》（端《はし》・へり、の意）からはみ出しているようでは長すぎる。これでは、前述の径の太さと同様の理屈で、延し棒がそばの左耳から右耳まで全面に当たっているために、右半分を延しているつもりでも、加えた力は全面に分散してしまう。

結局、太い延し棒、長い延し棒では、太打ちも太打ちの田舎っぽいそばを打つぐらいが関《せき》の山であろう。幅広い仕事を、細部を決めながらこなしていくとなると、延し棒は、そばの幅よりも短めで、細めのものがよい（九分丸《くぶまる》が適当）。

それに対して、巻き棒はそばを巻き取るものである以上、そばの幅よりも確実に長くなくては都合《つごう》が悪い。また、巻き取ったときに、そばの重みでたわんでしまうようなやわなものでも具合が悪い。したがって巻き棒は、延し棒よりもはるかに長さが必要になる。径のほうは多少太くともよい。その寸法等の詳細は、延し棒の場合も含めてあらためて説明するので、ここでは、巻き棒の長さは、延し台の奥行《おくゆき》よりも拳《こぶし》三つくらいある長さを目安にするとよい、とだけ言っておこう。

――以上に述べた「麺棒の四条件」は、そのうちの一つなり二つなりの条件を充《み》たしていればよいという性質のものではなく、四つが四つとも必要な条件である。

しかし、この四条件をすべて充たしている、ほんとうによい麺棒を求めるとなると、現在では手《て》ずからつくらなければならないのが実状のようである。

木鉢やそばきり庖丁、せいろ、湯桶《ゆとう》などと並んで、最近では麺棒も市販されているようだが、正直なところ、市販のそばきり庖丁に多々問題があるように、麺棒をはじめとしてその他のいろいろな道具も、最終的には手づくりによらねばならぬところへ行き着いてしまうように思われる。

◉麺棒の材質

麺棒の用材としては、檜《ひのき》、アララギ、それから松（赤松）などがすすめられる。

一、檜（ヒノキ）

檜《ひのき》――なかでも特に「尾州檜《びしゅうひ》」（木曽檜《きそひのき》）は、麺棒に最適の用材である。延し棒にはことに向いている。材質が密で、狂いが少なく、しかも軽くてしなやか、木肌には光沢がある。

「尾州檜」が入手できない場合は、国内産他の地域の檜や外材を使うのもやむをえないだろう。国内産の場合、産出量の多さでは、三重《みえ》から和歌山《わかやま》あたりの「尾鷲檜《おわせひのき》」があげられる。が、「尾鷲檜」は建築材が主なので、麺棒のようなこまかいものを取るには、よく材を選ぶことが必要である。

国内産の檜に次いでは、「米檜《べいひ》」「アラスカ檜《ひのき》」（スプルース）も良材。「スプルース」も、よいものになると安くない。柾《まさ》の目がこまかく、手に持っても軽くて、国内産の出自《しゅつじ》のいい加減なものなどより、ずっとすぐれている。しかし、そのような良材の入手は、たやすいことではない。

いわゆる「台湾檜《たいわんひのき》」は、縦《たて》にも縮みやすいのが欠点。脂《あぶら》っ気《け》も少ないのか、しなやかさという点では、国内産に比《くら》べてだいぶ劣る。また年月が経《た》つと、色が黒ずんで汚《きた》なくなる。

やはり、何んと言っても、檜は国内産の、それも「尾州檜《びしゆうひ》」が最高である。その「尾州檜」を「四方柾《しほうまさ》」に取った延し棒となると、これにかなうものは他にないとさえ言える（「四方柾」の麺棒については後述する）。

二、一位（イチイ）

「一位《いちい》」は、別名アララギとも言う。神官などの持つ笏《しやく》の材料になる木である。イチイという呼び名は、「正一位《しよう》」からきているのであろう。どんな木か知らない人もいるだろうが、カヤの木やキャラボクの仲間と思ってもらえばいい。（そのカヤの木やキャラボクも、現在では知らない人が多いだろうから、巻頭のカラー写真をもう一度見ていただこう。）

木材の色は赤みを帯び、木質はきめがこまかい。最大の特徴は木肌がなめらかなこと。冬場に扱っても温かく感じるくらいである。

思うに、一位の木でつくった麺棒のよさは、使った人でないとおそらくわからないかもしれない。木質の緻密《ちみつ》さ、手のあたりのしなやかさ、すべりのよさが別格である。木肌のなめらかなことは、他の用材でこしらえた麺棒の及ぶところではない。ことに木曽の一位の木がすばらしい。軽くて緻密《ちみつ》、木に粘《ねば》りのあることでは、サハリン産もよい（欠点と言えば、手入れが悪い場合に黒ずむくらいか）。

しかし、それほどまでにすばらしい一位の麺棒が、およそ知られていないのには、それなりの理由がある。一位すなわちアララギは、土地、地質、周囲の条件によっては、百年経《た》っても、幹が十二、三センチ程度にしかならぬものが多い。そのため、太い良材の入手はきわめて困難。また、枝のこまかい木なので、節《ふし》も多い。木曽の一位で、節の一つもない二尺六寸の延し棒を取ったままではよいが、ひびが入っているというようなこともある。用途の少ない木なので、木曽では水に浸《つ》けておかないようだ（床《とこ》柱や笏《しやく》に使うぐらいが主たる用途。ただし、シラタのきれいなことは抜群で、工芸品には願ってもない材料）。ともかく、一位の木で「四方柾《しほうまさ》」に取った麺棒ともなると、国宝級にもなかろうし、「二《に》方柾《ほうまさ》」でも国宝級である。

三、赤松（アカマツ）

松は幹《みき》に曲がりが出やすく、幹の太さのほうも、根本と枝が生えるあたりではずいぶん違う。枝も太いので、節が出やすい。良材の得にくい木である。

それだけに、柾目《まさめ》のこまかく通った用材を得て麺棒にした場合には、独特の価値が生まれる。樹脂のつくり出す琥珀《こはく》色《いろ》の模様や艶《つや》は、見て美しく、使ってまた楽しい。

なお、脂の乗っている木は色が濃く、不思議と目方もやや重く感じられる。それに対して、色のおとなしいものは重さも軽い感じがするので、木によって、巻き棒、延し棒に使い分けるとよい。

黒松は、ここでは除外する。

〈補註〉樫（カシ）の麺棒について

家庭用の料理書や料理事典の類《たぐい》を開いてみると、麺棒には樫《かし》がよいといった記述をよく目にする。おそらく、民家で昔から使われていたことなどから推《お》しての記述だろうが、正直なところ、この種の記述はどうかと思う。おまけに、樫の麺棒くらい狂いやすいものはないからである。おまけに、堅《かた》いわけだから、力を入れたときにすぐ反応するしなやかさにも欠け、ちょっと径が太くなると手にたいへん重く、使いづらい。長丁場《ながちようば》の仕事では肩にきて疲れる。田舎風のそばで、それも「巻き延し」にする程度の仕事にしか使えない。

つまり、おおまかな粗《あら》っぽい仕事で済ます分《ぶん》には樫もよいだろうが、細部をきちんと決めて、仕上げもきれいな仕事を幅広くこなしていくとなると、樫の麺棒は不適当である。

◉用材のねかし期間

さて、木の種類や木目《もくめ》の通り具合ということでは良質の材であっても、木材は枯れ抜いたものでなくては用をなさない。

例を他にとると、有名な輪島塗《わじまぬり》などでは、いいものになると木地《きじ》のままでほぼ二十年は枯らす。お椀で、誇張《こちょう》して言えば紙のように薄くえぐったものなどは、二十年おかないと塗りの工程に入れないと言われている。二十年おく間に、目のところは堅《かた》くて残り、目の間がやせてくる。そのやせたところに平均するように研《と》ぎつけて平らにし、下地《したじ》をつけなくてはならないのである。

昔の表現で言えば、二昔にもあたる長い期間を要することは、麺棒でも、延し板やまな板、駒板《こまいた》にする木材の場合でも同じである。

だいたい材木というものは、何に使うかを決めて木取《きど》りをしてから、目的に合った寸法に挽《ひ》いて、二十年は経過しないとダメである。こまかいことを言えば、麺棒の場合、水に浸《つ》けて十年以上、原木で約八年、製板して十二年、それから削って手入れに二年と、使い始めるまでに三十二年くらいは枯らす必要がある。

なぜ、それほどまでに年月を経《へ》たものでないとダメなのか――。

じつは、そこまで枯らし抜いた状態にしないと、どこかに狂いがでてしまうのである。

材木に限って言えば、どうも材木というものは、育ったときの木の形に戻ろうという性質があるようにうかがえる。曲がっていたものを真《ま》っ直《す》ぐにすれば、やっぱり曲がろうとする性質があり、枯らしている間には、その癖《くせ》が判別できる。そこで、狂いようのないところまで性質を安定させてしまう。そのためには、三十年以上の歳月を見てやらなくてはならない、というわけである。

このような事実を知ってみると、道具に対する見方、道具の扱い方というものは、おそらく変わってくるのではないか。

（なお、木を枯らすには、水に浸《つ》けておくのが一番。腐《くさ》らないし、木もすなおになる。）

◉「四方柾《しほうまさ》」の麺棒

麺棒の材質、用材のねかし期間、と話してくれば、次は「木取《きど》り」が問題になる。麺棒の材質としては、いかにすぐれた木材であっても、「木取《きど》り」――つまり、木材からどのように切り出すか――によって、麺棒に仕上げたときの価値はまるで違ってくる。言葉を換《か》えて言えば、「尾州檜《びしゅうひ》」の素性《すじょう》のよい木を得たにしても、取り方が悪ければ狂うし、価値のない麺棒になってしまう。

麺棒を作るには、まず角材に「木取り」して、それを三十六角に落とし、次いで、「丸かんな」を使って一度で削り上げるという工程を踏む。（最後は、麺棒でそばの生地《きじ》を引っかけたりすることのないように、両端の角《かど》を面取《めんと》りする）が、――大事なのは、やはり初めの角《かく》に取る取り方である。

「四方柾《しほうまさ》」とは、その角材の四面すべてに、柾目《まさめ》が端《はし》から端まで切れずに同じ数で通っている「木取り」の仕方を言う。素性《すじょう》のよい太い材の、しかも木目《もくめ》がきれいに平行に走っている箇所を選んで「木取り」するわけである。

もっとも、材木の状態では、木目は木口《こぐち》にしかない。いわゆる年《ねん》輪《りん》である。したがって、その年輪の筋《すじ》が、できるかぎり等間隔に緻《ち》密《みつ》に揃《そろ》って円をなし、筋の色も極端に濃淡の差のないもの、そしてまた径の太さの極端に急に細らぬものを選んで、木口《こぐち》に墨《すみ》を入れていくことになる。

墨を入れる箇所は、材の周縁部。麺棒にしたときに、麺棒の木口の木目が彎曲《わんきょく》しているようでは狂ってしまうので、木目が直線になるように取らなければならない。そこで、木材の芯《しん》部ではなく、外側に近い部分を使うことになる。外周部に、いわば扇形に墨を入れ、鋸は縦挽《たてび》き、初めは鑿《のみ》も使って、一本分ずつ木取《きど》る。その仔細《しさい》は書き言葉ではいかんともしがたいので、別掲《べっけい》の図面をご覧いただきたい。図面は、私が戦後、太さが二尺余り（六十センチ以上）、長さが二十四尺（約七・三メートル）という、「尾州檜」としてはついぞない良材を得て「四方柾」の麺棒を数十本取ったとき

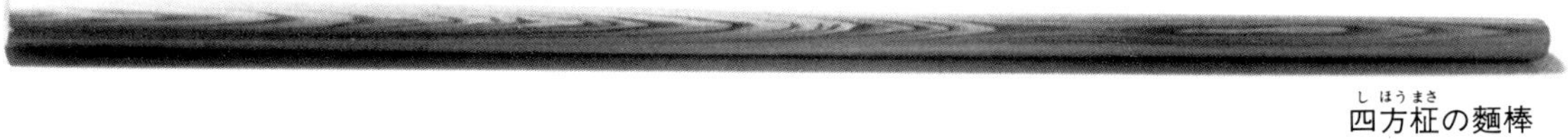

四方柾《しほうまさ》の麺棒

に基づき、新たに書き直したものである。私としては、そのときに先人の教科書にない仕事を、私の言うがままに、私の手足となって働いてくれた佐野《さの》（栃木県《とちぎ》）の大工、遠藤、大塚両氏の名をここに記して感謝の意を表したい。

それからまた、桐生《きりゅう》（群馬県《ぐんま》）の鋸《のこぎり》屋「中《なか》屋」さんの名もあげておかなくてはならない。前のところで、鋸は縦挽《たてび》きと、いとも簡単に書いたが、じつは、日本には縦挽きのよい鋸がない。普通の鋸で縦挽きにした場合、木くずが目に詰まって、すぐに刃が先へ進まなくなる。そこで私は、アメリカの鋸を参考に、木くずをため込んで楽に吐き出せる鋸を、特注で中屋さんにこしらえてもらった。この特殊な鋸一本ができるまでにも、かれこれ五年はかかった。

ところが——そんなにして木材を選び、取り方に苦労した「四方柾」も、麺棒に削り上げてしまえば、柾目が数本切れている角材でこしらえた麺棒と、素人《しろうと》目にはそれほど区別がつかない。特別に目の利《き》く人でないと、見分けは困難なのである。

だからこそ、ほんとうによい麺棒を得ようとすれば、材料の段階から見届ける必要がある。たかが麺棒一本と軽く考えている人もいるだろうが、使いやすくて狂いがなく、手入れさえ怠《おこた》らなければ一生保《も》つような、「尾州檜・四方柾」の麺棒となると、とても簡単に手に入るものではないのである。

そこで条件をもう少しゆるくした場合について付加すると、角材の状態で、緻密《ちみつ》な柾目が二面だけは切れずに正しく通っていることが必要になる。これを「二方柾《にほうまさ》」と言う。「四方柾」に次ぐ良材である。

◉麺棒の種類と太さ・長さ

前にも述べたように、江戸のそば職人以来のやり方で、そばを打つには、一式三本の麺棒が必要になる。延し棒が一本、巻き棒が二本である。普通は、この三本一組みの麺棒を持っていればこと足りるが、「変わりそば」まで手がけるとなると、別にもう一本、専用の延し棒を用意しておきたい。

ところで、一式三本ないし都合《つごう》四本の麺棒を用意するとして、その延し棒や巻き棒の長さ、太さは、どのようにして割り出すものなのか。

ここで頭に入れておいてもらいたいのが、木材は一寸《すん》（約三・〇三センチ）角《かく》×六尺《しゃく》（約一・八二メートル）を単位にしていることである。これを「才《さい》」と言う。

麺棒を取る場合には、この一寸角×六尺を基準に据《す》えて考えるのが実用的である。山野の樹木を思い浮かべてもらえばわかると思うが、根本から六尺以上も幹が細らず、枝もなく真《ま》っ直《す》ぐな木というものは、やたらない。つまりは、六尺以上になると柾《まさ》が流れやすく、また節《ふし》もいくつか出てしまうということになる。六尺ぐらいまでであれば、柾がきれいに通っている材も探し出せる。

したがって、この六尺の長さをどのように二分するかが、麺棒を取る知恵となる。

私は一寸角×六尺の柾の材から、二尺六寸（約七十九センチ）と三尺四寸（約百三セン

四方柾《しほうまさ》の取り方

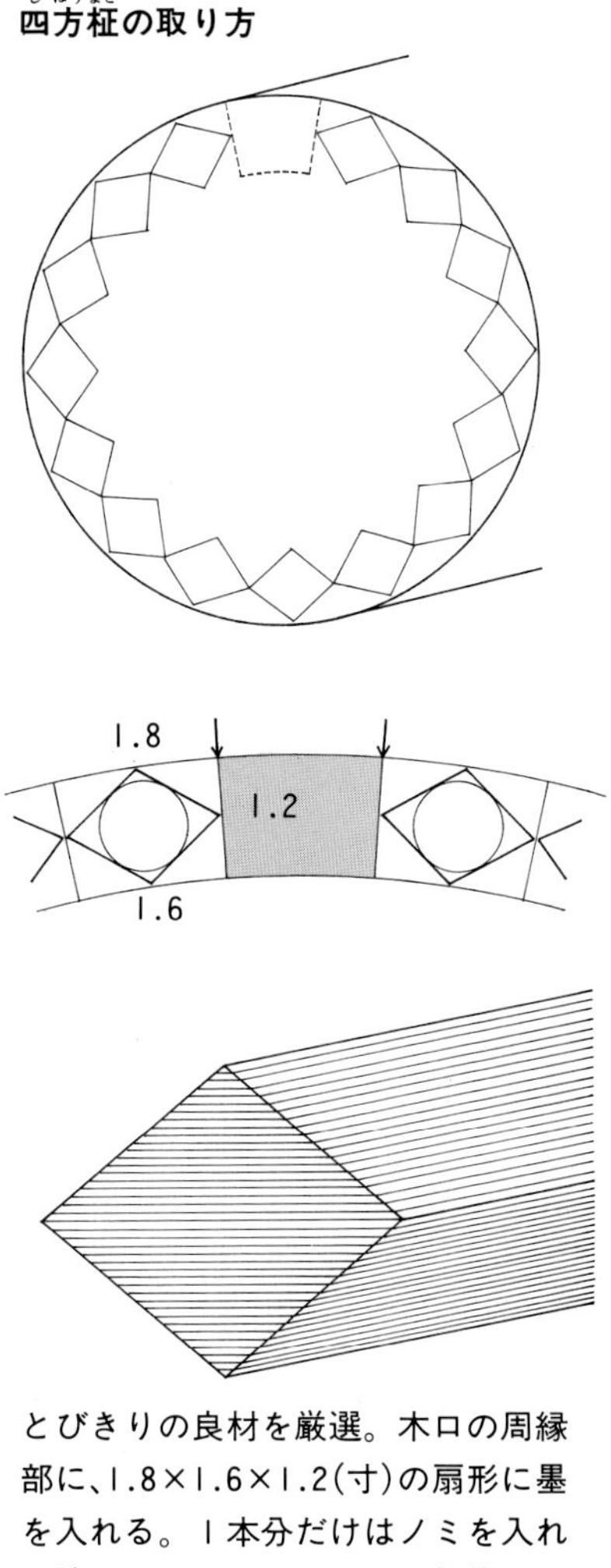

とびきりの良材を厳選。木口の周縁部に、1.8×1.6×1.2(寸)の扇形に墨を入れる。1本分だけはノミを入れて捨て、口をつけたのち、縦挽きノコで扇形に切り出し、角材に取る

チ）の麺棒を取る。太さは九分丸《くぶまる》（約二・七センチ）。二尺六寸が延し棒、三尺四寸が巻き棒である。（巻き棒の三尺四寸の長さは、延し板の奥行《おくゆき》三尺から割り出したもの。）

延し棒としては、二尺六寸の長さがあれば、どんな人でも充分に用が足せる。延し棒の長さは、仕事のしやすさという点から、生《き》地《じ》の幅よりやや短いほうがいい。延すときに、そばの部分部分に力が集中できるし、こまかい仕事ができる。三尺（約九十一センチ）以上の延し棒は、延したような気持ちだけで、そばの場合有効でないことが多い。力が全体に拡散して、細部に力が届かない。（「麺棒の四条件」の「四、太さ、長さが適していること」参照。）

一方、巻き棒の長さは、玉の大きさと延し板の奥行きに関係がある。

あとで触《ふ》れる「四つ出し・三本目」から「四本目」に移るときに、そばをいちばん幅広く巻いた格好《かっこう》になるから、「四つ出し」でそばを無理なく巻き取ることができる長さが、すなわち巻き棒として必要な長さになる。

ただし、その場合、延し板の縁からそばが垂《た》れ下がるほど大きく延すことは禁物《きんもつ》だから、玉の大きさにも、おのずと制限が生まれる。

巻き棒の長さの割り出し方としては、延し板の奥行《おくゆき》四方の対角線の長さ、つまり奥行より拳《こぶし》三つほどの長さにする。

延し板の奥行を三尺とすれば、三尺四寸の巻き棒であれば、特別大玉でないかぎり、用が足せる。

三尺四寸の巻き棒のほうは、延し板の奥行に関係するので、延し板の寸法が極端に違えば、この三尺四寸という長さも変える必要がでてくる。しかし、奥行が、かりに四尺以上あったとしても、実際の仕事の場面では遊ばせておくスペースが広いというにすぎないので、巻き棒は三尺四寸あればどんな玉でもこなしていける。延し幅を三尺五寸以上にするのでなく、幅は三尺程度にとどめて、長さのほうに伸ばしていく延し方をすれば、処理できるからである。

◉麺棒の手入れ

麺棒は、使い始めるまでに、二〜四年間ぐらいは手入れをしたい。ムラを取って磨《みが》きをかけたり、水気を吸い取らぬように表面に脂肪の膜《まく》をつくったりする必要がある。

ムラを取るには、最初にトクサの茎《くき》、次にムクの葉を使って行なう。以上は一回の手入れだけでいい。ムラ取りに普通のサンドペーパーを使うと、木に砂がくい込み、木肌を荒らすので、もっと当たりの柔らかいものを使用する。それには、木に対して悪さをしないトクサがもっともいい。

トクサの茎は、節《ふし》を切り取り、節と節の間だけを使う。茎を縦に切り開いて広げ、厚みを揃えて板に一尺（約三十センチ）も貼《は》ればよい。一番よい方法は、厚目の板を外丸《そとまる》鉋《かんな》（一寸一分《ぶ》）で削り取り、彎曲《わんきょく》した部分にトクサの茎を、板の長さに対して横縞《よこじま》になるように貼る。そうすれば、寸法としてほぼ九分《くぶ》丸《まる》に合うものが得られる。竹で内径《ないけい》の寸法の合うものを見つけ出せれば、これは賢明な策。ただし、半割りでは麺棒を入れにくいので、半割りよりは狭い幅に作る。

トクサの茎をボンドで接着したあと、ボンドが固まるまで麺棒をあてがい、傷のつかないような紐《ひも》で結んでおく。

研《と》ぐときは、ゆっくり時間をかけて仕上げていく。

水気を吸い取らないように表面に脂肪の膜をつくるには、おからを使う。大豆油などは粘ってしまってよくない。何んといっても、おからが一番よい。

磨《みが》いたあとは、すぐ乾拭《からぶ》きする。熱を麺棒に与えてすぐ乾かすと、表面の脂肪分がごくわずかながら、内部へ吸収されていく。また、磨《みが》いている間には、手脂《てあぶら》も乗り、おからの脂肪分も滲《し》み込んでいくから、すべりがよくなる。これが、すべりが悪いと延しに十倍もの力が要る。

（事情があって、二、三カ月で麺棒を使おうとするときは、おからの代わりに生クリームを使う場合もあるが、あとの手入れに工夫を凝《こ》らさなければならない。磨《みが》いたあとは、臭《にお》いをとばし、カビを防ぐため、柔らかい布を湯に浸し、固く絞って拭く。そのあと乾拭き。そして風通しのよい場所へ置いておく。）

仕上げは布で磨《みが》く。使い古した柔らかい木綿の布をぬるま湯に浸して固く絞り、熱の出るくらいキュッキュッと磨《みが》く。

使い始めてからは、毎日必ず一回手入れをする。仕事を始める前に習慣として乾拭きをするようにし、仕事を終えてからはまた、粉のカスなどが残らないことをつきとめて、柔らかい布をぬるま湯に浸して拭き、そのあとすぐ乾いた布で乾拭きにすること。使うたびに必ず手入れすることを怠《おこた》ってはならない。

こうした手入れを毎日怠りなく続けていると、一日五十玉打っても、すべすべの状態で使い続けることができる。また、大晦日《おおみそか》のように連続百玉以上ものそばを打ち続ける場合でも、途中で何本も麺棒を換《か》えることなく、同じもので通していける。多少渋くなった（滑りが悪くなった）ようだと感じたときにも、手でしごくだけで、たちどころにすべすべした状態に戻る。

私の頒布《はんぷ》する麺棒は、仕上げの手入れを十組単位（三十本）で行なう。仕上げの手入れだけでも三カ月はかかる。それほどの手間がかけてあるので、使いにくいことは絶対にない。——けれども、この麺棒を入手された方が、日々の仕事を終えたのちの手入れを怠るならば、それは保証のかぎりではない。

私はこの三十年間、手打店の道具の（手入れの）状態をよく見ているつもりだが、手入れを怠っているとおぼしき店では、打ち始めると間もなく、転がしにくくなると見え、途中でサンドペーパーで磨《みが》いている場面を数多く目にしてきた。あれでは一カ月も使うと、棒は麺棒としての用をなさないであろう。相当に理屈をこねるご主人がたの中にも、このような恥ずかしいことを平気でやっている人が意外に多い。こんなことは絶対にしていただきたくないばかりに、参考に申し添えておく。

麺棒にこびりついた打ち粉を庖丁《ほうちょう》でこそげ落としたりしているのも、まったくもってどうかと思う。毎日使い終わってから手入れをしておけば、とてもそんな羽目《はめ》にはならないものである。まだまだ、道具のありがたさがわかっていないのであろう。

私は自分の作った麺棒がそんなことをされていると、身を切られる思いがする。

(二) 延し板

◉延し板の寸法《すんぽう》

延し板は、場所の広さとか、その他制約条件があるにしても、事情の許す限《かぎ》り広いほうが仕事がしやすい。一人で打つ場合、奥行三〜三・三尺（九十〜九十九センチ）、長さ六尺（一・八二メートル）はほしい。つまり、畳一畳《じょう》分ほどの広さである。いろいろな仕事をこなしていくには、どうしてもこれぐらいの広さを必要とする。

ただし、一人打ち専用で小玉でいくとなれば、奥行三尺、長さ三〜四尺（九十センチ〜一・二メートル）でも、延せないことはない。

一度に二人で打つには、奥行三〜三・三尺はいいとしても、長さは九〜十一尺（二・七メートル〜三・三メートル）は要《い》る。

◉延し板の材質

延し板もまた、材質が問題になる。そばにしても、うどんにしても、かなり水分のあるものを打つわけだから、延し板の表面は、常に濡《ぬ》れたり乾いたりを繰り返していることになる。営業用の延し板ともなれば、それが毎日のことなので、たいへん狂いやすい条件下にある。したがって、延し板は狂いの心配の少ない材を選定することが肝要である。

一、ベニヤ板

材質によって変化の度合《どあい》は違うが、一般にベニヤ板は水を吸い過ぎるきらいがある。ベニヤ板には、ラワン材を使ったものがもっとも多いが、延し板としてラワン材は不適当である。延し板の表面は、延しているときは玉の水分をかなり吸い取って膨張《ぼうちょう》し、使用しないときは乾いて収縮するという変化が激しいために狂いやすい。それればかりか、吸水し過ぎるという性質は、そばやうどんの出来上がり状態や食べ味にも影響する。肌のなめらかさが失われ、ひどくざらついた感じになる場合もある。

しかし、何んらかの事情でベニヤ板を延し板にというのであれば、ベニヤ板の表面にシナ材を使ったものなら、用をなさないことはない。「さらしな」などを打つには、延し板に特殊加工をしておかないと難しい。特殊な塗料を薄めて数回塗り、一〇〇〇番ぐらいの水ペーパーを板に張ったもので、乾いた塗装面をなめらかにする。そのあと、また塗って、また研《と》ぐということを数回繰り返す。

以上は、のし板の表面の処理。それが済んだら、裏になるほうは、前の塗料を薄めて二回も塗っておけばよい。こうすれば、板が水《みず》気《け》をとりすぎて狂うこともないので、「さらしな」も扱える。シナ合板は、二十ミリ以上の厚さのものを使う。

二、化粧板

化粧板も、延し板にはおすすめできないものの一つである。ベニヤ板とは逆に、水を吸わないため、デコラ板に汗をかく。そのせいで、そばやうどんが延し板に貼《は》りついてしまう。やはり、化粧板も好ましくない。

三、檜《ひのき》の柾板《まさいた》

延し板の材料としては、麵棒同様に檜《ひのき》が最適である。天然木でも楢《なら》、欅《けやき》、栓《せん》、梻《たも》、栗《くり》などの雑木類のように、目のあるものは狂いやすい。粉が木目《もくめ》にめり込んでしまって、掃除ができない。また、その木目の凹凸《おうとつ》が禍《わざわい》して、そばやうどんの肌を荒らす心配もある。

そうかといって、銀杏《いちょう》、朴《ほう》、桂《かつら》などの闊葉《かつよう》樹《じゅ》は、水分を吸いやすいので、できるだけ檜にしたい。

もちろん、檜でも板目《いため》に取っては同じことで、これはあくまでも柾目《まさめ》でなければならない。柾目も、できれば「正柾《しょうまさ》」の無節《むふし》がよいが、値段が驚くほど高い。「正柾流れ《しょうまさなが》」でもよい。それとても安くはない。

私は、昭和三十四、五年頃、長さ二十四尺の檜丸太を四つ割にして、「正柾」の延し板を五枚ほど作った。幅（奥行）が三尺で長さが六尺の延し板である。このうち、ごくいいものの二枚は、『家族亭』さんがお持ちで、いまでも狂わないそうである。

延し板を作るとき、奥行を考えると、国内産の檜――それも「尾州檜《びしゅうひ》」の場合、柾目の一枚板を使うというわけにはいかない。柾目で三尺何寸などという板が取れるほど大きな木は、はっきり言って、まったくない。木口《こぐち》が三メートル以上の直径であっても、三尺の柾板はとりにくいのである。二枚を接《は》いで作るなどは、米国ものか何かでも難しいだろう。できるにしても、たぶん板目か、「追《お》い柾《まさ》」のたくさん入ったものになってしまうはずである。

柾とは言っても、「追い柾」の大きなものが十本も入れば狂いの生ずることが多いから、それはかえっていけない。

そこで、「尾州檜」でつくろうということになると、いまでは幅がせいぜい三寸五分ぐらいがいいところである。それでも「正柾」は、なかなか取りにくい。柾で六寸幅など、目の玉がとび出るくらいの金額になる。値段も三寸五分と六寸では、四～五倍は違い、これに長さが加わると、石《こく》当たりの単価がまるで違ってくる。

そこで、たとえば三寸五分の柾板で、奥行三尺三寸の延し板を作るとなると、約十枚の板を接《は》ぐことになる。そうなると今度は、接《は》ぎ賃が高くつく。

いずれにせよ、檜の柾板で、よい延し板をつくるとなると、金がかかるものである。ただし、二代でも三代でも使えるものであることを考えれば、安いものだ。

◉延し板の接《は》ぎ方

延し板は、接《は》ぎ目に一厘《りん》（約〇・三ミリ）の隙間《すきま》があってもいけない。あとで接ぎ目に粉が詰まって固まったり、水気を吸って口を開《あ》けたりして、結局狂ってしまう。それほど接《は》ぎ方は難しい。

一、いんろう接《は》ぎ

「いんろう接《は》ぎ」とは、「枘《ほぞ》」をくぼみに差し込んで接《は》いでいく方法である。私は若い時分、お客から、これが延し板の接ぎ方では最高だと聞かされた。

しかし、この方法では、枘《ほぞ》と枘穴《ほぞあな》の合わさる面が五面できる。この五面を一厘《りん》の隙《すき》もなくピタリと合わせ、毎日濡《ぬ》らしても狂いのこないようにつくるということは、とうていできる技《わざ》ではない。二、三日で口が開いて粉が詰まり、それが乾いては、また湿《しめ》って詰まるといった具合で、あげくのはては用をなさない。

結局、教わってつくった延し板は、岩国《いわくに》（山口県）の錦帯橋《きんたいばし》みたいにぼこぼこに反《そ》ってしまい、そばを延すどころではなかった。しかし、こういう失敗をやらかしたことが、のちの道具づくりに大いに役立った。

二、べた接《は》ぎ

私が錦帯橋のような延し板をいくつもこしらえて唸《うな》っていた頃、今度は「べた接《は》ぎ」という、板と板とをくっつけるだけの接《は》ぎ方をする名人が現われた。

「べた接《は》ぎ」の名人を探し当てたのは、なんとも妙なときで、正直に言うと、吉原《よしわら》へ女郎《じょろう》買いに出かけた帰りだった。東京の入谷《いりや》へ出向いて、トラック一台分の「尾州檜《びしゅうひ》」を買い込み、その勢いで吉原へ繰り出した帰り途《みち》のことである。日本堤《にほんづつみ》の警察の近くを歩いていると、建具屋《たてぐ》が一軒ある。そこで「べた接ぎのうまい人は知らないか」と訊《き》いてみたところ、「べた接ぎがうまいかまずいか、うちへ来てそんなことをいう奴《やつ》ァ、横っ面《つら》張り倒してやるぞ！」。――なんとそれが、目差す名人の家だった。人伝《ひとづて》に聞いていた「べた接ぎ」名人を、入谷《いりや》中探し歩いてもわからなかったのが、吉原まで足を伸ばしたら一発で見つかったことは、まことにおかしなものである。ともかく、この職人に教わったことが、こんにち、私が接《は》ぎものをやれる本《もと》になった。

その「べた接ぎ」とは、板と板とをそのまま接着する方法である。五面をぴったり合わせる「いんろう接《は》ぎ」に比べ、板の一面だけを接《は》ぐやり方なので、いっけん、簡単そうに思えるが、これがなかなか一筋縄《ひとすじなわ》ではいかない代物《しろもの》である。

板と板を隙間《すきま》なく合わせるには、まず「側《そば》」（板の側面）をきっちり削り合わせなければいけない。それが目的通りに削れているかどうか試《ため》すには、接《は》ぐ延し板を二枚合わせ、暗い所から明るいほうへ向けて接ぎ目を見る。ひとすじたりとも光線が抜けてくることのないまでに、両側を削り合わせるのである。接着面にほんのわずかな隙間《すきま》でもあったら、糊《のり》がもう用をなさない。つまり、接《は》ぎ目が密着しないような接《は》ぎ方では、木に水分が加わった場合、はがれてしまう。

また、接着剤を多量に使い、接《は》ぎ目に一層、肉眼でわかるほど厚く残した場合は、糊が悪さをする。とくに尿素系の接着剤は乾燥すると、きわめて硬《かた》くなるので、仕上げ鉋《かんな》の刃がこぼれてしまう。

延し板の接《は》ぎ方（1）

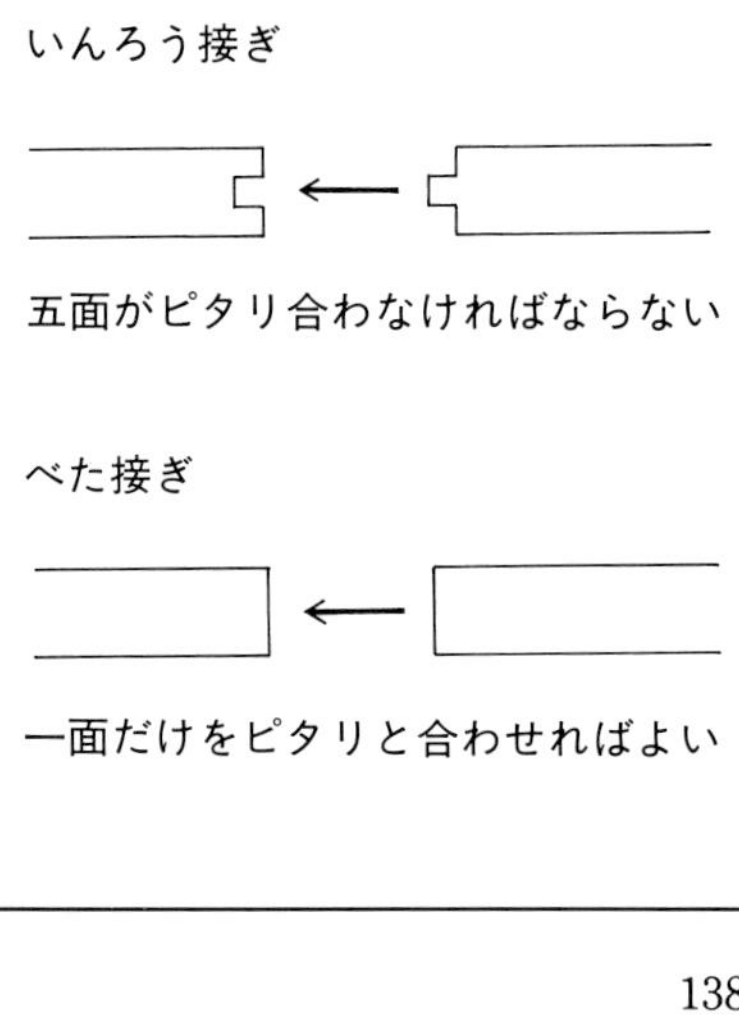
いんろう接ぎ
五面がピタリ合わなければならない
べた接ぎ
一面だけをピタリと合わせればよい

側面を隙間《すきま》なく合わせるには、次の順序ですすめる。

まず初めに、板の厚みを揃《そろ》える。たとえば十枚の板を接ぐ場合、一番薄い板を標準にして、それに厚みを揃えて真っ平に削る。次いで側面を、正確な九〇度に削り上げ、二枚を合わせて光線を透《す》かして見るわけである。

それが済んだら、接ぎ合わせる二板の板の側面――正確に言えば側面の「こば」――を玄能《げんのう》で叩いて殺す。同じ早さ、同じ強さで叩いてつぶすことが大事である。

さて、そうすると、中央が山になって残る。その山の部分にすばやく仕上げ鉋《かんな》をかける。極薄《ごくうす》に刃を合わせ、山になった頂点を二度、三度削る。鉋屑《かんなくず》は吉野紙《よしのがみ》以下の薄さのものが、接《は》ぎ合わせる両方の板で都合《つごう》四枚ないし六枚出ることになる。

　ところで、木を殺す目的は何か。——接着剤には、程度の差はあれ、水分が含まれている。木は水分を吸うと膨張《ぼうちょう》する。つまり、接ぎ合わせる面に糊をつけると、そこがふくれてくる。木質が均質であればあるほど、水分の吸収も均質で、膨張率も一枚の板の「こば」と中とで変化が少ない。その点、「尾州《びしゅう》檜《ひ》」は優《すぐ》れた材料だが、それでもふくれる率が中へ入るほど大きくなる。中央部を薄く二〜三回削るのは、この膨張率の違いを見越してのことである。もし、角《かど》を出したままで中央部を削らずに接《は》いだ場合には、中央部が大きくふくれてくるために、口が開いてしまう。「こば」を叩いて、へこますのは、中央部を削るための処置である。だから、殺し方に気をつけないと復元力がなくなる。

　接ぎ合わせるときは、どの板も木表《きおもて》、木《き》裏《うら》、本《もと》、裏を揃《そろ》えて行なう。仕上げに鉋《かんな》をかけるとき、ばらばらの接《は》ぎ方だったら逆目《さかめ》をたててしまうことになる。

　また、糊を接《は》ぎ目に余さないことが大切。糊を一層、筋をなすほど残した場合には、水分を吸収すると口が開き、はがれてしまう。そのため、接《は》ぎ合わせる面に糊をつけ、水分がある程度滲《し》み込んだあとは、板をすり合わせて密着させ、余分な糊を外へはみ出させてしまう。糊は接ぎ合わせる両方の側面につける。

　なお、削り合わせから側面を殺すまでに二十分以上かけると、木が狂う。時間を争うので、一仕事に六人以上の指物師を必要とする。そのうち二人は熟練工——腕のいい指物《さしもの》師と大工——の揃《そろ》っていることが必要である。たとえば十枚の板を接《は》ぐとなれば、二枚目から九枚目までは一枚の板につき二度、接《は》ぐことになるので、同じ作業を都合十八回は繰り返さなくてはならない。

　ともかく、そのようにして全部の板を接いだら、「締め台」などに挟《はさ》んで接着面を固定し、あとは仕上げ鉋《かんな》、アリを打ち込む作業で終わる。

●延し板と「アリ桟《ざん》」

　前述の柾板《まさいた》を接《は》いで、一枚の延し板とするときに、釘《くぎ》はいっさい使わない。また、接《は》いだ柾板を固定して、その接ぎ目の切れを防ぐために、「アリ桟《ざん》」を通すが、これも同じく釘で止めることはいっさいしない。それどころか、「アリ桟」を通す溝《みぞ》は、隙間《すきま》を平均してあけておく。ピッタリしていては、どこか当たるところができるので、かえってよくない。ただし、利《き》きどこは、利《き》かせてある。

延し板の接《は》ぎ方（2）

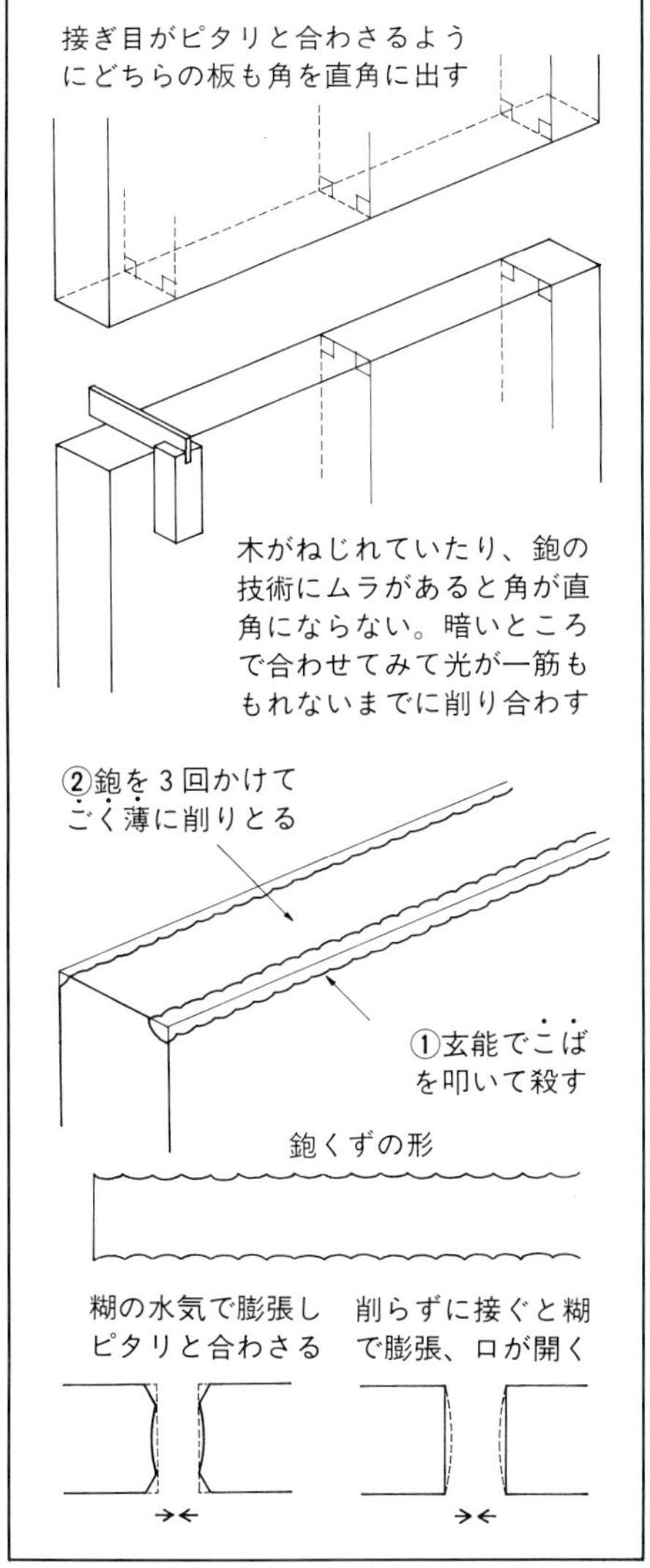
接ぎ目がピタリと合わさるようにどちらの板も角を直角に出す
木がねじれていたり、鉋の技術にムラがあると角が直角にならない。暗いところで合わせてみて光が一筋ももれないまでに削り合わす
②鉋を３回かけてごく薄に削りとる
①玄能でこばを叩いて殺す
鉋くずの形
糊の水気で膨張しピタリと合わさる
削らずに接ぐと糊で膨張、口が開く

アリ桟《ざん》

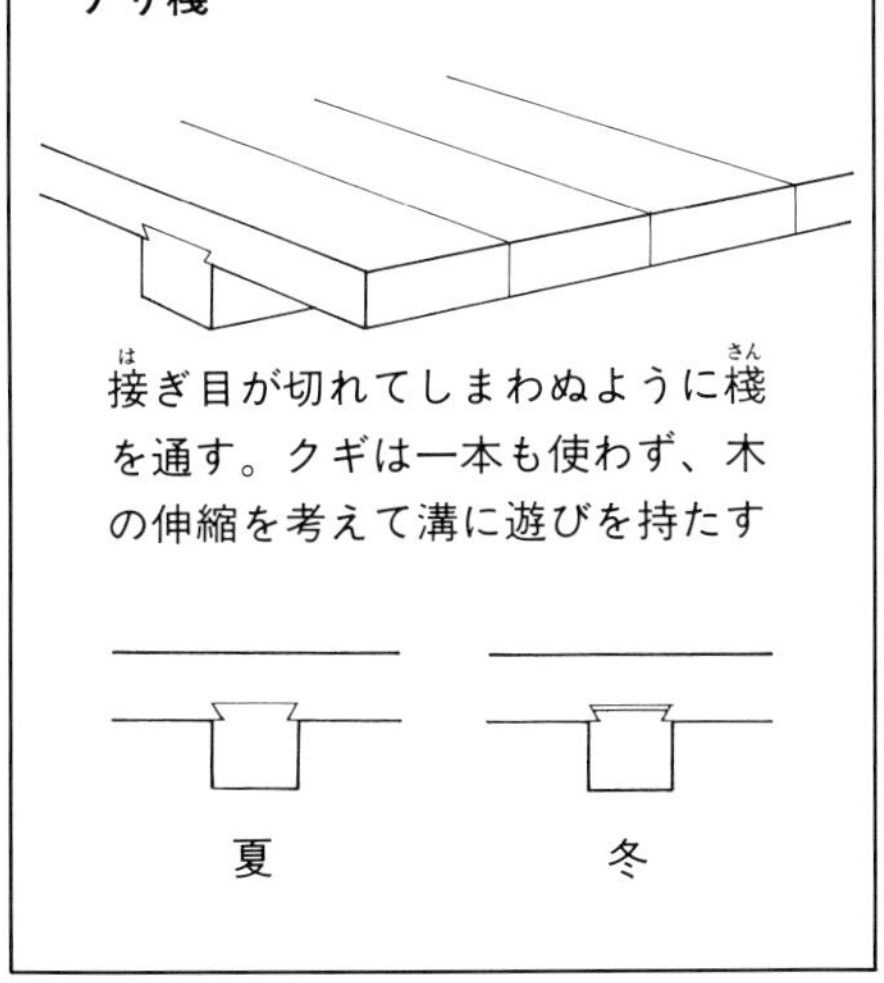
接《は》ぎ目が切れてしまわぬように桟《さん》を通す。クギは一本も使わず、木の伸縮を考えて溝に遊びを持たす
夏
冬

延し板の裏側に掘る「アリ溝《みぞ》」の大きさは、喰わえ込むアリよりも、かすかに大きく作る。これは、木の伸縮する性質を考えてのことである。

実際、この隙間《すきま》は、夏と冬でかなり違う。夏には、湿度が高いので木が膨張して延し板の幅が総体に伸びる。冬は逆に、総体に縮む。

それを釘で固定した場合には、木材の性質を無視するので、板に無理がかかることになる。だから、釘は一本も使わない。自由に、夏は夏らしく伸び、冬は冬らしく縮むことができるようにしてやるのが、必要な条件になる（釘を打つと割れてしまう）。

延し板の据《す》えつけ方

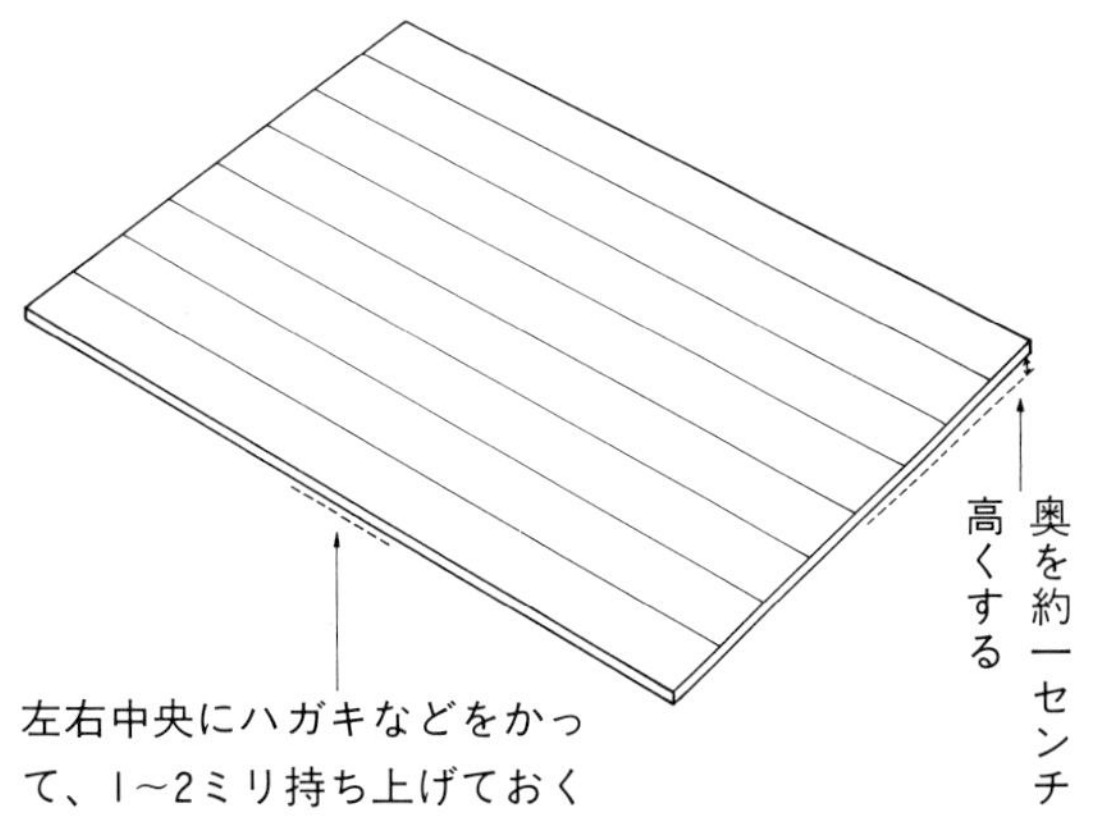
奥を約一センチ高くする
左右中央にハガキなどをかって、1～2ミリ持ち上げておく

◉延し板の据《す》えつけ方

最後は、延し板の据《す》えつけ方である。簡単なことのようだが、じつは、これにはたいへん重要な問題が多々含まれている。いかによい木材を使って精巧《せいこう》に仕上げた延し板でも、据《す》えつけがよくなくては、仕事に支障《ししょう》をきたす。高さや位置が、自分の体に合わないので、肩や腰も痛めやすい。おまけに、そばの延し上がり状態も思わしくない。

延し板の高さは、高すぎても低すぎても姿勢が崩れてしまう。丹田《たんでん》に重心がくるような位置が一番よいが、そうするためには、「気をつけ」の姿勢で手首の位置の高さくらいに調整する。これが、正しく楽な姿勢で仕事のできる、延し板の高さである。

そうは言っても、一軒の店で板前が大勢いる場合もある。そのときは、どんな人の高さを基準にすればよいか。――その場合は、一番仕事量の多い人の高さに合わせるか、または一番背の高い人に合わせる。もし、背の高い人が何人かいる場合は、その人達の身長の真ん中へんに近い人の高さに合わせる。背の低い人には、スノコの踏み台を設ければ解決する。かりに、身長差が十センチあるとすれば、五センチ程度のスノコの踏み台で用をなす。延し台のうしろの壁に蝶番《ちょうつがい》を使って取りつけ、必要なときに倒し、使わないときは壁に寄り掛けるように工夫すればよい。

次に、延し板は、中央部をほんの気持ちだけ（二ミリ）持ち上げて設置する。延し板の中央部にハガキを二つ折りにしたものなどを、手前から奥まで通して置けばいい。二ミリほど持ちあげるというわずかな操作で、仕事はスムーズにすすむ。つまり、右を延したり、左を延したりしているときに、その操作をしていないと、中央部が心持ちたわむ。それを防ぐためである。二人用の延し板では二ヵ所、三人用（十二尺以上）の延し板では三ヵ所設ける。

延し板を据える台には、しっかりしたものを使うこと。生木《なまき》は狂いが出るので不可。

また、延し板の奥のほうを五、六ミリ持ち上げる。これも仕事をしやすくするためである。これだけで、麺棒がひとりでに手前まで戻ってくる。

最後に、手前に打ち粉の樋《とい》を約十センチ幅で取りつける。打ち粉をムダにせず、かつ足もとを汚さないためである。そのときに、樋《とい》の手前の板を厚目にする。そばを打つときに、衣服がそばに触れるのを防ぐためで、衛生上の見地からそうしてほしい。樋の中は、一日一回は必ず掃除すること――。

(三) 延し場のつくり

◉窓と出入口

延し場は食品衛生上、虫やネズミの侵入できないつくりにすべきである。これは、延し場が下水の不要なスペースであることを考えれば、決して難しい注文ではない。

窓やドアのつくりを点検して、密閉性の高いものを選び、かつ、開《あ》け放しにしないように注意すれば、目的は達することができる。

現状では、窓やドアはサッシュにする必要があろう。それも、サッシュでさえあれば、どんなものでもよいというわけではなくて、サッシュの合わさり面のゴムの厚いものがよい。ゴムが薄くやわだと、何度も開閉しているうちにはバカになり、隙間《すきま》から虫が忍び込む心配がある。また、サッシュの合わせ目のゴムには、空気を逃がしたりする関係で切れ目が入っている。ここが虫の侵入路になるので、厚手のラシャなどを貼るとよい。

窓にはさらに、網戸をつけるほうが安全である。ふるい（篩）に使うステンレスの針金の網——一平方センチ当たり二十本くらいのかなりこまかいもの——を網戸にすると、虫よけにたいへんな効果がある。目がこまかいのでアリ（蟻）でも入れない。ただし、風通しは悪くなる。

●冷暖房設備と冷蔵庫

延し場内の設備に目を転ずると、空調機器と冷蔵庫は欠かせない。

手打場を客の目につくところに、しつらえたまではよいが、板前（打ち手）が大汗をかいて仕事をしているというのでは、かえって逆効果——。現代の客は、その汗がそばに打ち込まれることを想像して、よい感じは持たないし、ことは感じの領域にとどまらず、実際に食品衛生上からも問題になる。それからまた、仕事の能率も低下する。したがって、現在のように冷暖房設備の発達した時代にあっては、延し場に空調機器を備えつけることは、もはや常識として処していくくらいの態度が必要である。

ただし、備えつけるに当たっては、延し台のそばに風が吹きつけないように、設置場所や空気の流れをよく調べることが大事。冷気にせよ暖気にせよ、そばに直接吹きつけては、そばがたちまち乾いてしまう。これではなんのための空調か、ということになる。したがって、もし場所がとれるならば、延し台の下から打ち手のからだのほうに向かって吹き出すように設置するのがよい。そしてまた、その温度調節も、目盛りを最強にしたりしないで、必要最小限に絞って使っていく心配《くば》りが必要である。

それからもう一つ、延し場には冷蔵庫も備えつけておきたい。これは、打ち終えて生舟に納めたそばきりを一時保管したり、これから使う分の粉を収納しておくためのものである。だから、大きさとしては、八〇〇リッター以上の中型程度の冷蔵庫で用は足りる。

ただし、用途から見て、庫内温度を〇度C～五度C以内に調節可能なものがほしい。

この一時保管収納の冷蔵庫を備えつけるとつけないとでは、仕事も延し場の衛生も、ずいぶん違ってくる。打ち終えるたびに、生舟をかかえて出入りしたり、粉を取りに行ったり、持ってこさせたりでは、仕事が混んだときに非能率である。それからまた、延し場への人の出入りが多くなり、戸の開《あ》け閉めが頻《ひん》繁《ぱん》になれば、それだけ延し場は汚れやすくなるし、虫とネズミ（鼠）が忍び込む危険も高くなる。

仕事の能率と食品衛生という二つの面からも、場所を取らない程度の冷蔵庫は備えておきたい。また、各種電気製品の据えつけから言えることは、延し場をこしらえてからのちも、いろいろ小道具を追加していく例はままあるものなので、当初から電源コンセントは数多く設けておくことをすすめる。さしあたって使う目的はなくても、二つや三つは余分にコンセントを設けておくとよい。それも一〇〇ボルト、二〇〇ボルト両方を備えておいたほうがよい。

●道具かけ

延し場には、麺棒をはじめ、庖丁、まな板、駒板、生舟などの道具類がたくさんある。毎日使う道具だけに、手入れもさることながら、整理《せいり》整頓《せいとん》を心掛ける必要がある。これが充分でないと、仕事へのとりかかりに手間どるし、段取りよく仕事をすすめていくことができない。

　また、乱雑な扱い方や乱暴なしまい方をしていたのでは、道具類の傷《いた》みが激しいし、よい仕事はできない。

　麺棒、庖丁、まな板などは、壁に掛けるようにしたほうがよいし、生舟などは棚を設けてきちんと収納する。

　麺棒掛けをつくる場合は、二点支えで延し台の前か、うしろの壁などに作ったほうが便利である。掛け幅を決めるときは、長さの異なる二種類の麺棒のそれぞれに、ムリのかからない掛け幅を見つけ出して決めること。つまり、麺棒にたわみや狂いのこない掛け幅にする。

　次に庖丁掛けも、麺棒掛けを設けた壁の下側に設けると便利である。その場合、一人打ちでも二人打ちでも間に合うように、二、三本掛けられるつくりにすればよい。

　まな板も、延し台の横に立てかけたり、延し台の下に押し込んだりするのでなく、きちんと置き場所を決めて、壁に掛けるか棚に置くかする。私の使っている特製のまな板は、大きくて壁に掛けるほど簡単なものではないし、ぶつかったり倒れたりしたら、接《は》ぎ目の糊がはがれる恐れがあるので、特別に延し台の上方に棚をつくり、そこへ収めている。

〈補註〉　板前の服装

そば打ち板前は、とくに衣服がそばに触れたり、汗や髪の毛などが落ちたりしないように作業衣への配慮と工夫が大切である。

そばを延すときは、頭から汗がしたたることもあるし、毛髪だって落ちることがある。そこで、単に帽子をかぶるだけでなく、ガーゼの鉢巻をしたうえで、帽子をかぶったほうがいい。汗止めにもなるし、髪の毛の落ちるのも防げる。

作業衣で大事なことは、筒袖《つつそで》で手首のところがピシッと締まっていること。口が開いていると汗や毛が落ちたり、延しているときに袖がふくらんで、そばをこすったりする。

また、作業衣としては白衣が多いが、白衣即衛生的というのは、見た目だけの問題で、本筋は汚れていなくて、黴菌《ばいきん》のいないことが作業衣の前提条件である。つまり、白衣にこだわるのではなく、頻繁《ひんぱん》に洗濯を繰り返して常に清潔にしておくことである。

それと作業衣は、粉が目詰まりしやすい生地は避けたほうがいい。延し場から客席、厨房などに行ったとき、粉を撒《ま》きちらしていくことになる。そこで、客の前に出るときとか、仕事が終ったときなど、はたけばさっととれるような織地がいい。私は、イギリス製の紺のモヘア地で剣道袴《はかま》を五着こしらえている。これを延すときに白衣の下に着用する。そうすると、前掛けなしで大丈夫だし、粉は目立つが、ちょっとはたくだけできれいにとれてしまう。もちろん、頻繁な洗濯を前提にしての話である。

次にもうひとつ、袴を着用することでの効用がある。仕事をするときに、袴であれば腰板があるため、下腹がぐっと締まる。つまり、丹田《たんでん》に力を集中できる。ちょうど、神主が笏《しゃく》を構えたときのように、背筋が伸びて姿勢が決まる。

第三項　基礎《じ》延《の》し

「基礎《じ》延《の》し」とは、木鉢でまとめた玉を円盤状に押しひろげる作業を言う。作業は、手だけで進める工程と、延し棒一本を使って行なう工程の二つからなる。

◉準備作業

①「木鉢」から「延し」へ移る前に、すばやく手を洗う。

「木鉢」の最後で述べたことと重複するが、重要なことなので、再度繰り返し説明する。粉のこびりついて乾いた手指で玉をいじれば、玉の肌を荒してしまうし、その手で延し棒を使えば、延し棒の木肌も傷《いた》めてしまう。必ず手を洗って「延し」に移る。

　ここで見落としてもらいたくないのが、「すばやく」という制限条件である。

　仕事の区切り目だからと、ゆっくり手を洗っていたのでは、玉がひび割れてくる。手を洗っている間は玉を放置しておくことになるので、表面が乾燥し、間もなくひび割れてくるのである。この望ましくない変化の進行度《ど》合《あい》は、デンプン質の多いそば粉ほど急激である。第二篇で取り上げる「御膳粉《ごぜんこ》」の場合、手を洗う暇《ひま》もないほどで、人を代えて間を置かずに進めなければならないこともある。

並み粉の仕事は、そこまで気違いじみてはいないが、しかし、並み粉もデンプン質の多いものになると、悠長《ゆうちょう》なことはしておれない。「延し」に移る前の手洗いは、「必ずすばやく」を習慣づけたい。

②延し板に「打《う》ち粉《こ》」を軽く一振りして玉を据《す》える。

③玉の上に打ち粉を一振りしてならす。

●打ち粉について

打ち粉は、延し板や手、麺棒、庖丁《ほうちょう》などに、そばがくっつかないようにするために使うもの。したがって、その用途からすれば、デンプン質の多いそば粉でないと、打ち粉の役を果たさない。（デンプン質の多い粉であれば、そばの水分を吸っても粘《ねば》り出すことはないが、タンパク質の多い粉は粘ってくっついてしまう。）

打ち粉はまた、そばの表面に打ち込まれて肉となるし、うまい「そば湯」ともなる。つまり、そばがくっつかないようにするだけではなくて、打ち粉は、そばの味にも直接影響するものである。

それだけに、どんなそばを打つ場合にも、打ち粉には最高級のそば粉——すなわち「御膳粉」を使いたい。

ただし、その使用にあたっては、多量に過ぎると、また別の問題を生む。加水量が多めのやわらかごねの場合は、打ち粉（ここでは御膳粉）を比較的多めに使い、打ち粉で固めていくという手もとれるが、加水量の少ない固ごねの場合や、デンプン質の多いそば粉の場合は、打ち粉（御膳粉）を必要最少限にとどめないと、打ち粉がそばの水分を奪って、たいへん打ちにくくなる。

〈補註〉「はな粉」について

昭和十年頃までは、打ち粉と言えば、「はな粉」で間《ま》に合わせていたものである。粉を注文すると、そば粉一《いっ》袋《たい》の中に、和紙の別袋が入ってくる。袋には何んの表記もなかったが、これが「はな粉」である。一袋につき、一キロ〜一キロ半くらいの「はな粉」が入っていた。

「はな粉」という呼び名は、しょっぱなに出てくる粉だから「端粉」という説、打ち粉にして振ったときに、花が咲くように見えることから「花粉」という説など、いろいろあって定説はない。

が、この粉をどのようにして採《と》るかと言うと、「抜き」を碾《ひ》くときに「割れ」から出てくる粉が「はな粉」で、この点から言えば、「はな粉」はまさしく端粉である。デンプン質を主成分とする粉だが、いくらか夾雑物《きょうざつぶつ》があるので、「御膳粉」のような真っ白い粉ではない。手ざわりもまた、キリキリとザラザラが入り混じっている。打ち粉としては、やはり、本論で述べた「御膳粉」のほうが断然すぐれている。一般ではほとんど例がないだろうが、私は現下の情勢では「御膳粉」を打ち粉に使うことをすすめる。

●「基礎延《じの》し」手順(一)

①右手（利《き》き手）親指つけ根のふくらみで、玉の周囲を押しひろげる。

右手親指つけ根のふくらみを玉の周辺部に当て、一押ししたら、左手で玉を一送り回す。次の箇所を一押しして、また一送り…と、左手で少しずつ玉を回しながら、右手で切れ目なく押し続けて一周する。一周二十〜三十回押し。所要時間は約一分。

右手、左手の位置を動かさないようにして、いま押した箇所と次に押す箇所との間に空《あ》き地《ち》ができぬように、切れ目なく押し続ける。

ただし、玉の縁《ふち》までつぶしてはいけない。縁はつぶさずに残しておかないと、次の「四つ出し」に移って、平均した厚みを保てなくなる。

そのためには、親指つけ根のふくらんだ部分に力を入れて押すようにして、指にまで力が入らないようにすること。

しかし、縁をつぶさぬように気をつけて進めていても、一押しすると縁にヒビの出る場合がある。これは、時間をかけすぎてカゼをひかせてしまっているか、デンプン質の多い粉で、加水量の不足ぎみなことが原因である。

そのような場合には、玉の縁に軽く指をかけ、玉に手が触《ふ》れ続けているようにして進めるとよい。手を触れている間は、水分が多少は表面ににじみ出て乾きをおさえることができる。その上で、迅速《じんそく》に進めることを忘れないように——。

②中央に残った山を右の掌《てのひら》で押しつぶす。伸ばした掌で二、三回押しつぶし、周囲と同じ高さにならす。

③①と②の工程を都合《つごう》三回ほど繰り返す。

一回転（一周）するだけで、延し棒を使う作業（丸出《まるだ》し）に移ると無理があるので、都合三度は繰り返したほうがよいだろう。ただし、三度目はならす程度でよい。

以上で、手だけで玉を押しひろげる作業（基礎延《じの》し）は済ませ、麺棒（延し棒）で延す作業に移る。

しかし、この段階までできて玉が小さく分厚《ぶあつ》い場合、そのまま次へ進むと、麺棒を握ってから余計な労力を必要とする。「基礎延《じの》し」の終わりまできていながら、玉が小さいということは、小手先《こてさき》で押していたわけであるから、そのようなときは姿勢を正し、さらに玉を押しひろげておくことを忘れないようにしてもらいたい。

◉麺棒の扱い方

麺棒――特に延し棒の操作は、両手で行なうのが原則である。「丸出《まるだ》し」に限って言えば、延し棒を片手で操作するような場面はまったくない。そこでまず、両手を当てる位置から見ていくと、麺棒は左右のバランスがとれる位置を持つ。両手の外側に余す長さが左右等しくなる位置を持つ、ということである。そのときの両手の間隔《かんかく》は、「丸出し」の場合、そばの直径よりやや内側がよい。

（次の「四《よ》つ出《だ》し」で引き戻してくるときや「本延《ほんの》し」では、肩幅の広さが、すなわち棒を持つときの両手の間隔の基本、とおぼえておくとよいだろう。）

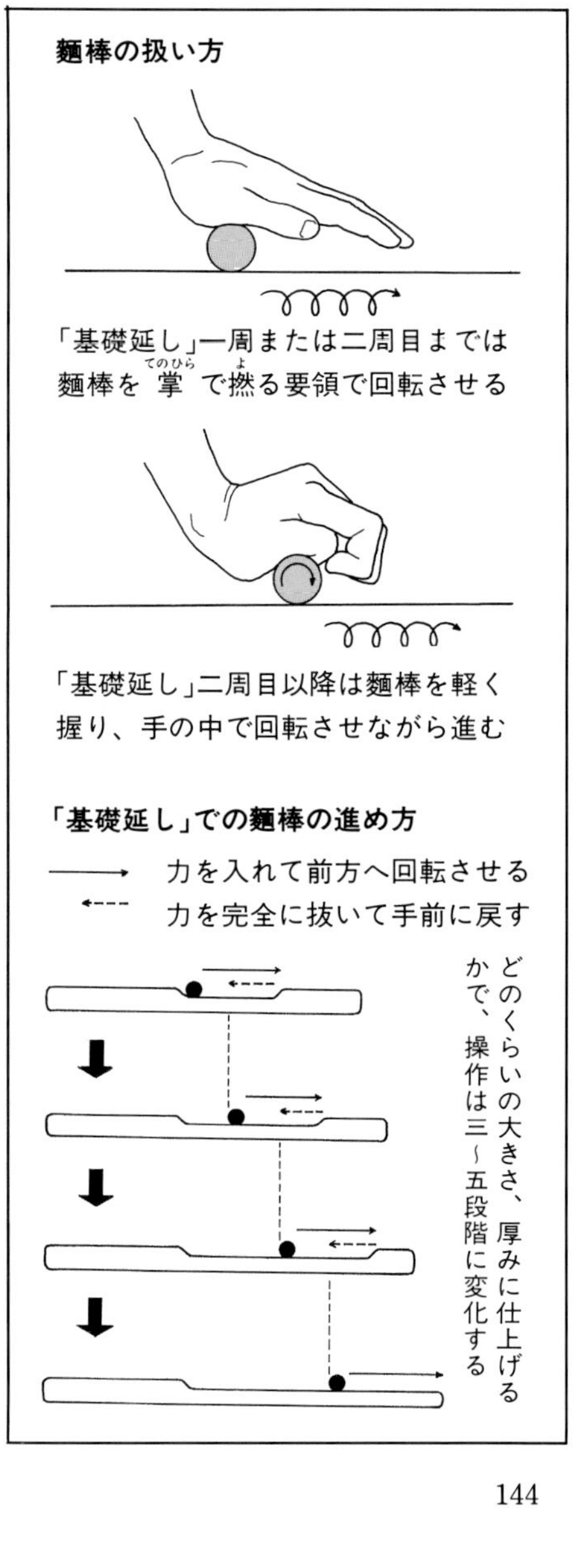

麺棒の扱い方
「基礎延し」一周または二周目までは
麺棒を掌《てのひら》で撚《よ》る要領で回転させる
「基礎延し」二周目以降は麺棒を軽く
握り、手の中で回転させながら進む
「基礎延し」での麺棒の進め方

どのくらいの大きさ、厚みに仕上げるかで、操作は三～五段階に変化する

麺棒の持ち方ないし延《の》し方は、「丸出し」の場合、二様の方法をとる。「丸出し」は、延しとムラとりの二工程からなり、それにともなって麺棒の持ち方も変えるわけである。

初めの延しの工程では、掌《てのひら》を麺棒に当て、掌で撚《よ》る要領で棒を回転させる。

ムラとりの工程では、親指を上にかけた状態で棒を軽く握り、手の中ですべるように回転させる。この延し方は、のちの「本延し」での基本的な型となるので、ヘンなクセがつかぬようにマスターすることが必要である。前の掌で撚《よ》るように回転させる方法と比較すると、こちらのほうが延し方としては難しい。習い始めのうちはなめらかに回転せず、麺棒が上すべりしたり、力を加えようとして爪《つめ》を立て、木肌を荒らしてしまったりする。あるいは指にムダな力を入れて、指のつけ根にタコができ、そのタコで木肌を荒らしてしまったりする。小手先《こてさき》で延そうとするのではなく、姿勢を正し、下腹に力を入れて延す練習を充分に積む必要がある。

◉「基礎延《じの》し」手順㈡

①麺棒をそばの中央に据《す》え、中央から向こうへ少しずつ延す。

麺棒を中央から手前へ戻してくる延し方はしない。延し台の縁《ふち》と平行になるように、そばの中央に麺棒を据え、必ず中央から向こう半分を延す。

中央から先端までいっきに進めるのではなく、少しずつ延す。力を入れて十センチから

●「基礎延し」手順

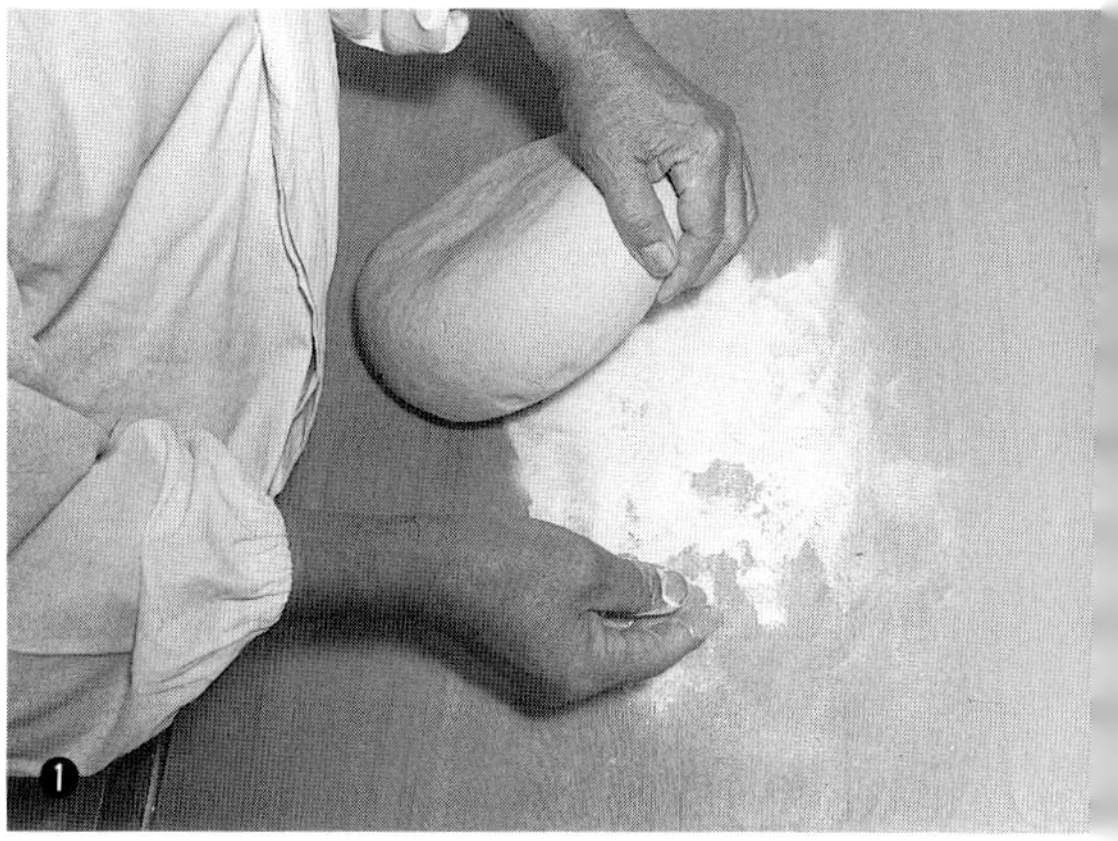

❶〈玉を据《す》える〉 軽くひと握り打ち粉を振って玉を据え、玉の上にもひと振り

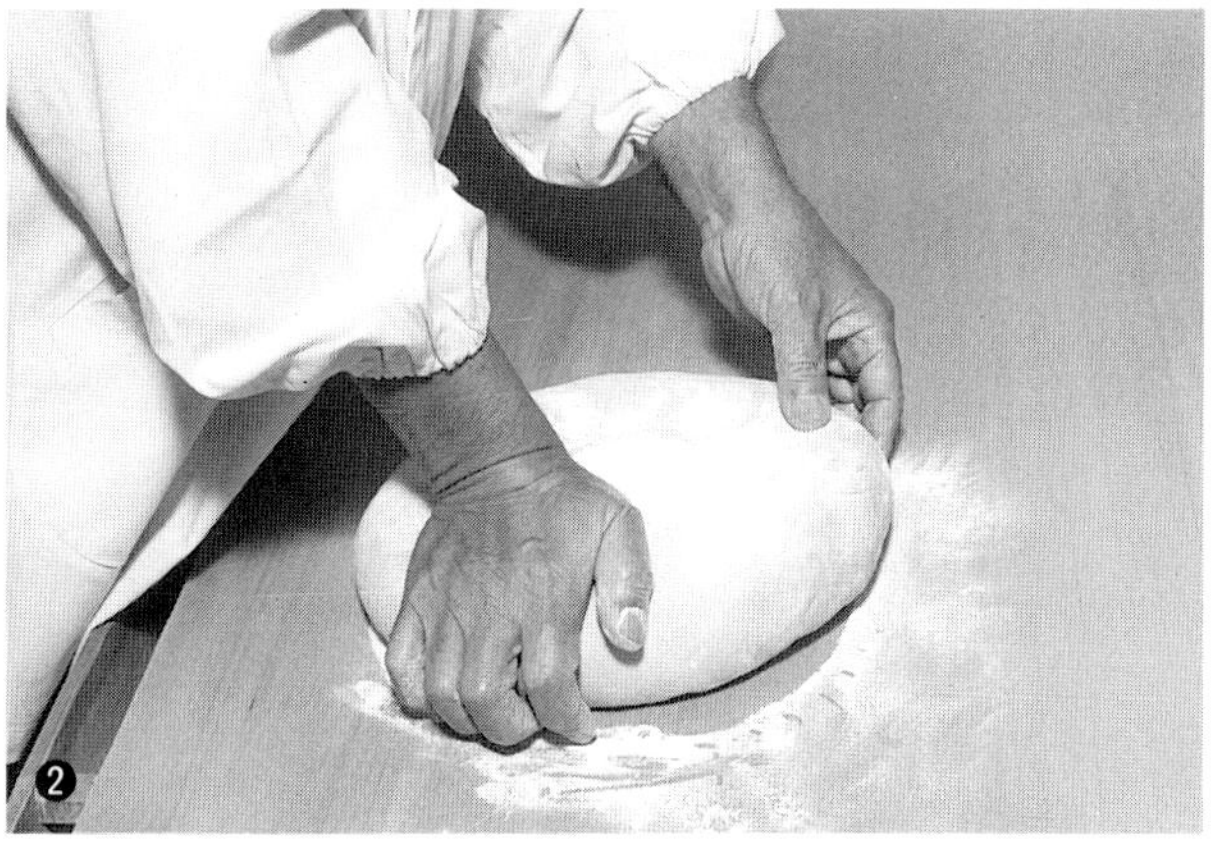

❷〈押しひろげる〉 右手親指のつけ根を当てて押す。左手で送り、一週20～30回

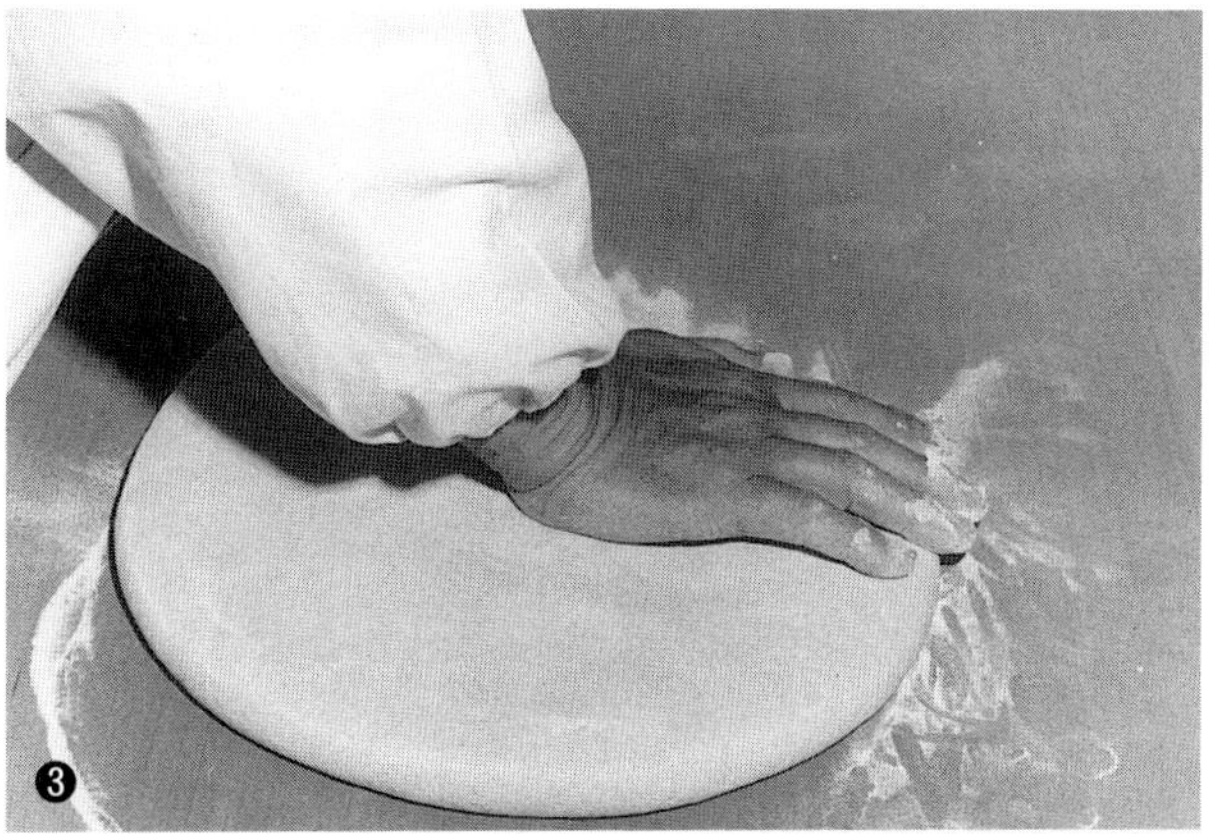

❸周辺を押しひろげたら、中央に残った山を掌《てのひら》で押す。②③を三回繰り返す

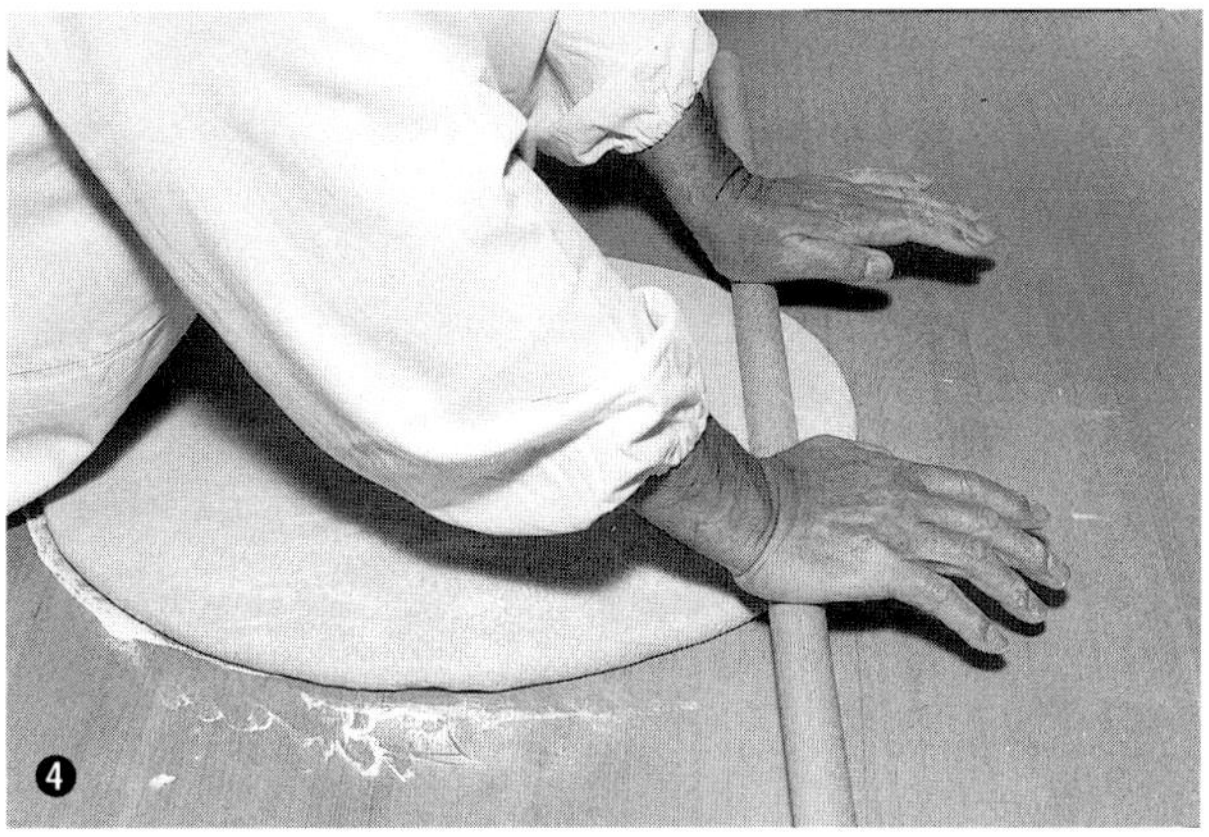

❹〈延す〉 中央から先端へはずみをつけるようにして延す。そばを回して反復

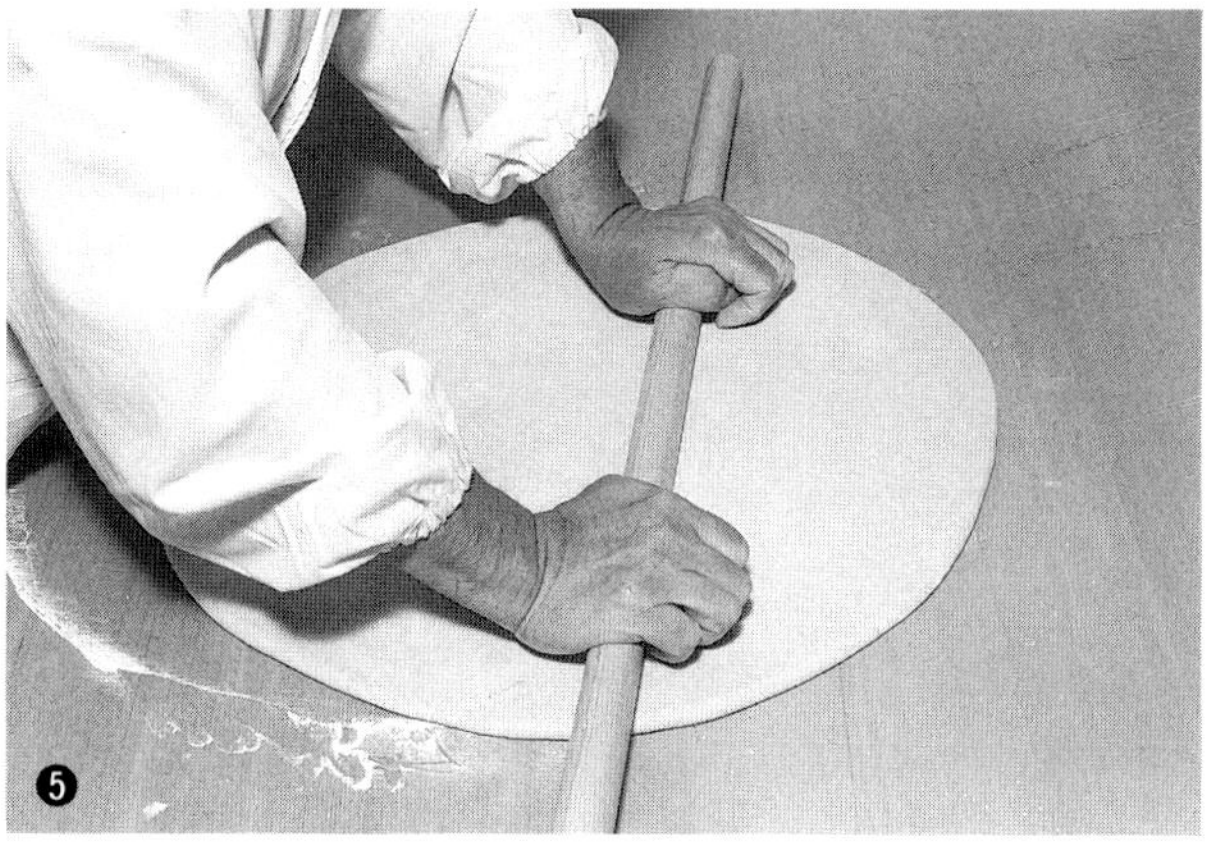

❺〈ムラとり〉 延しを一周したら、棒を軽く握る持ち方に変えてムラをとる

十五センチほど、麺棒を前方へ転がしたら、その半分ほどのところまで、力を完全に抜いて戻してきて、また力を入れて前方へ十センチから十五センチくらい回転させる…というようにして、先端まで延す。

　先端へ進むにつれて、麺棒に加えている力を弱めることが大事な点である。面積が小さくなったときに、中心部のときと同じ力を加えていたら、圧力は数倍に増大し、厚さムラをつくってしまう。

　ただし、力を弱めるにあたっては、腕で調節しようとしないで、下腹で調整する。

　先端まで進めてきたときに、麺棒は決して端《はし》から延し板に落としてはならない。端だけを薄くつぶしてしまわないためで、これもまた大事な注意事項である。

　②そばを三〇度くらい回しては、延す作業を繰り返し、一周する。

　前の手で押しひろげる工程で、そばのほうを少しずつ回しながら進めたように、麺棒で延す工程も、そばを三〇度くらいずつ回しては、中央から向こう半分を延す。およそ十二、三回で一周する計算になるが、慣《な》れれば半分の回数で済ますことができる。

③麺棒の持ち方を変えて、ムラとりを行なう。

前の掌《てのひら》で撚《よ》るようにして延す延し方は、一種節《ふし》をつけて進めているために、厚さムラがいろいろな方向に節《すじ》状に（あるいは帯状に）残りやすい。そこで、すでに説明したように麺棒を軽く握る持ち方に変えて、ムラとりを行なう。

この持ち方では、麺棒はなめらかに回転しているので、延しムラは麺棒を通して感じとることができる。

麺棒の向きは必ずしも延し台の縁《ふち》と平行でなくてもよい。これもまた、そばのほうを少し回しては、中央から向こう半分を延すようにして一周する。

第四項　四《よ》つ出《だ》し

◉「四《よ》つ出《だ》し」のねらい

「四《よ》つ出《だ》し」という言葉は、四つの角《かど》を出すところからきている。「基礎延《じの》し」で円盤状に延したものを、四角に延しひろげる工程である。「四つ出し」でねらいとするところは次の二つ——。

一、正方形に延すこと。

一つの角《かど》は九〇度でも、他は一二〇度、七〇度、八〇度といった、いびつな四角形にしてはいけない。「四つ出し」で極端にゆがんだ四角をつくってしまったら、そのあとの「肉分《にくわ》け」「本延《ほんの》し」で、ムラを残さずに形を修正するのは非常に難しい。

四つの角《かど》がどれもほぼ九〇度、そして四辺の長さもほぼ等しい四辺形——正方形に延すことが必要である。

二、延し台の奥行に納《おさ》まる幅に延すこと。

いかなる場合にも、延し台から垂《た》れ下がるほど幅を出してはいけない。

◉延し方のカンどころ

ここで頭に入れておくとよいのが、「四つ出し」は、基本的には二つの作業動作の繰り返しからなる工程だということである。「四つ出し」は、麺棒に巻きとる生地《きじ》の方向を変えて、「四つ出し」一本目、二本目、三本目、四本目と、順次、四つの角を出す作業だが、この一本目から四本目まで終始一貫、次の二つの作業動作が繰り返される。——すなわち、一つは、麺棒に生地を巻きつけた状態で、延し台の手前から奥へ向かって回転させながら延す作業動作。二つは、そうして回転させていったものを、いっきに引き戻してくる作業動作。ひとことで言って、そばの生地を麺棒に巻きつけてする往復運動である。

「四つ出し」に習熟するためには、この往復運動を構成している二つの作業動作のツボを押さえた仕事が求められる。

一、麺棒に巻きつけた状態では、そばの生《き》地《じ》がつねにすきまなく締まっていること——。これがゆるんでいると、ひろげたときに、どうにも手のつかない形になる。

二、引き戻してくるときは、そばの生地の一箇所が何度も延し板に当たらぬようにすること——。いつも同じ箇所《かしょ》が延し板に当たっていると、そこだけが極端に薄く延びて、これまた無様《ぶざま》な形になってしまう。「四つ出し」の一本の工程のなかで、何回か反復《はんぷく》する場合、板に当たる部分が変わるように調節することが大事である。

なお、麺棒に巻きとったときに、生地の先端が棒の真下にある状態で引き戻すことは避けたい。紙のように薄くなってしまうためである。

三、加水量が多くてやわらかごねにすぎた場合、大玉の場合、デンプン質の多い、足のない粉の場合、——このような場合は、引き戻すときに少し浮かせ気味《ぎみ》にすること——。さもないと、やわらかごねの玉の場合は延びきってしまうし、足のない粉の場合は圧《あつ》の強さについていけなくて、ひび割れたり、ひどいときにはザックリ切れてしまう。

なお、「四つ出し」には、延し棒でなく、巻き棒を使用する。「四し出し」三本目から次の二つ——。

●「四つ出し」一本目・手順

〈打ち粉を振る〉 手いっぱいにつかんだ打ち粉を、玉の上に縦に振る

〈打ち粉をならす〉 手前に巻き棒を据《す》えて、そばを柏餅《かしわもち》状にかぶせる

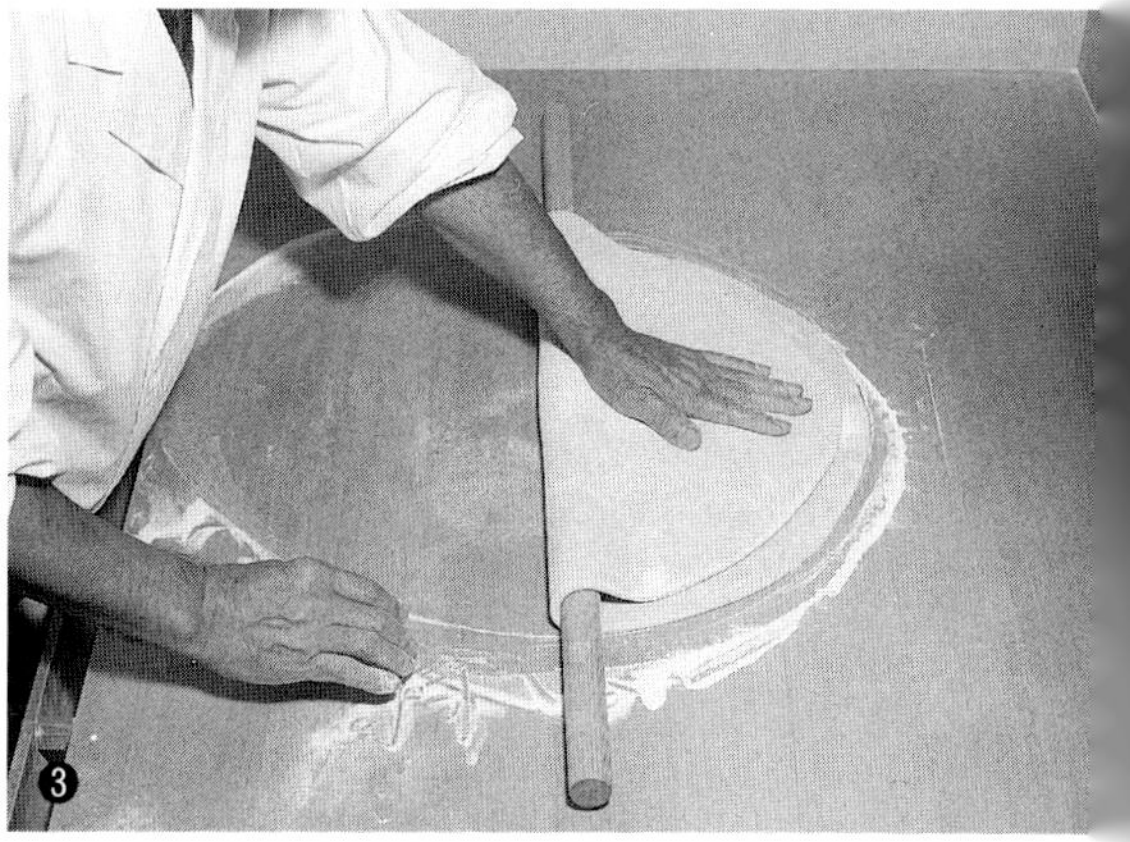

棒をくるむようにして、片手で上から押さえながら手前まで引き戻してくる

〈そばを巻く〉 たるみができぬように巻く。先端が棒の真下にこないように

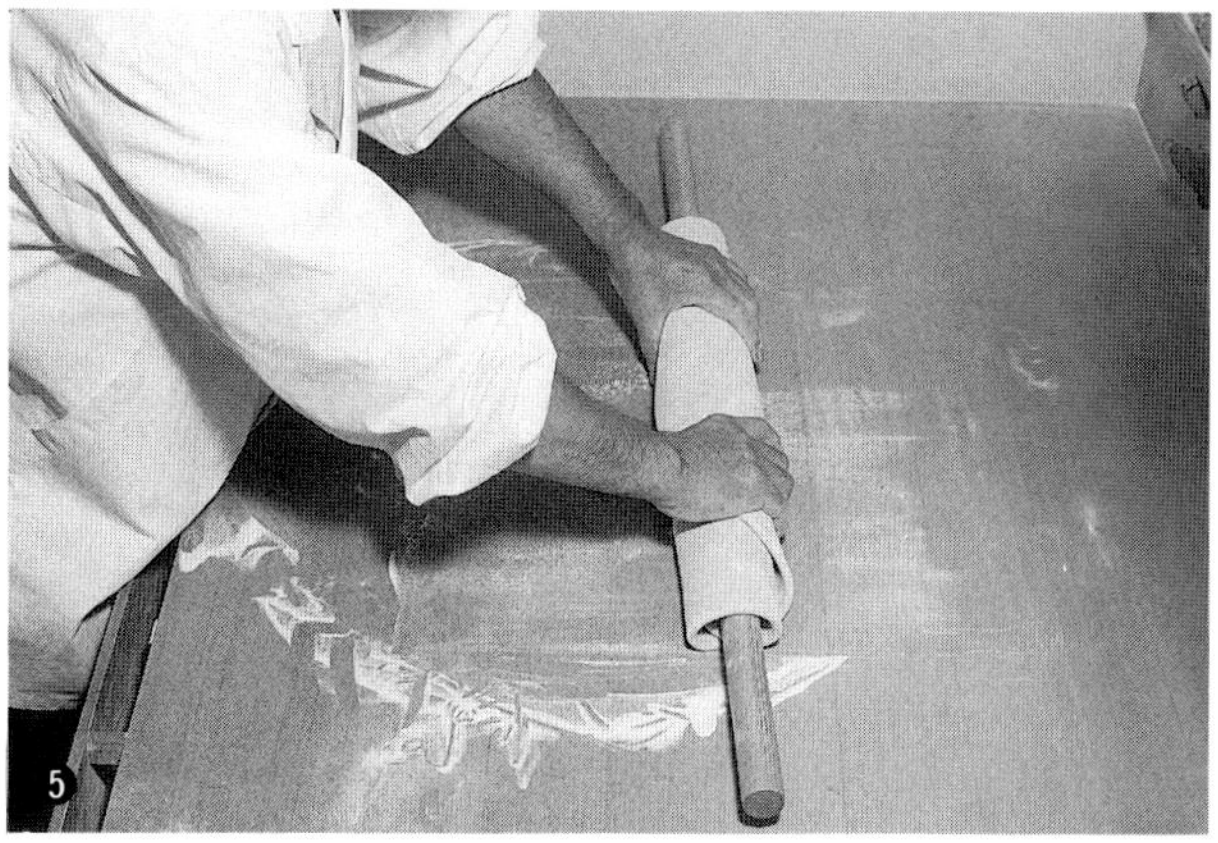

〈引き戻す〉 延し台の奥から手前までいっきに引き戻す。力は加減すること

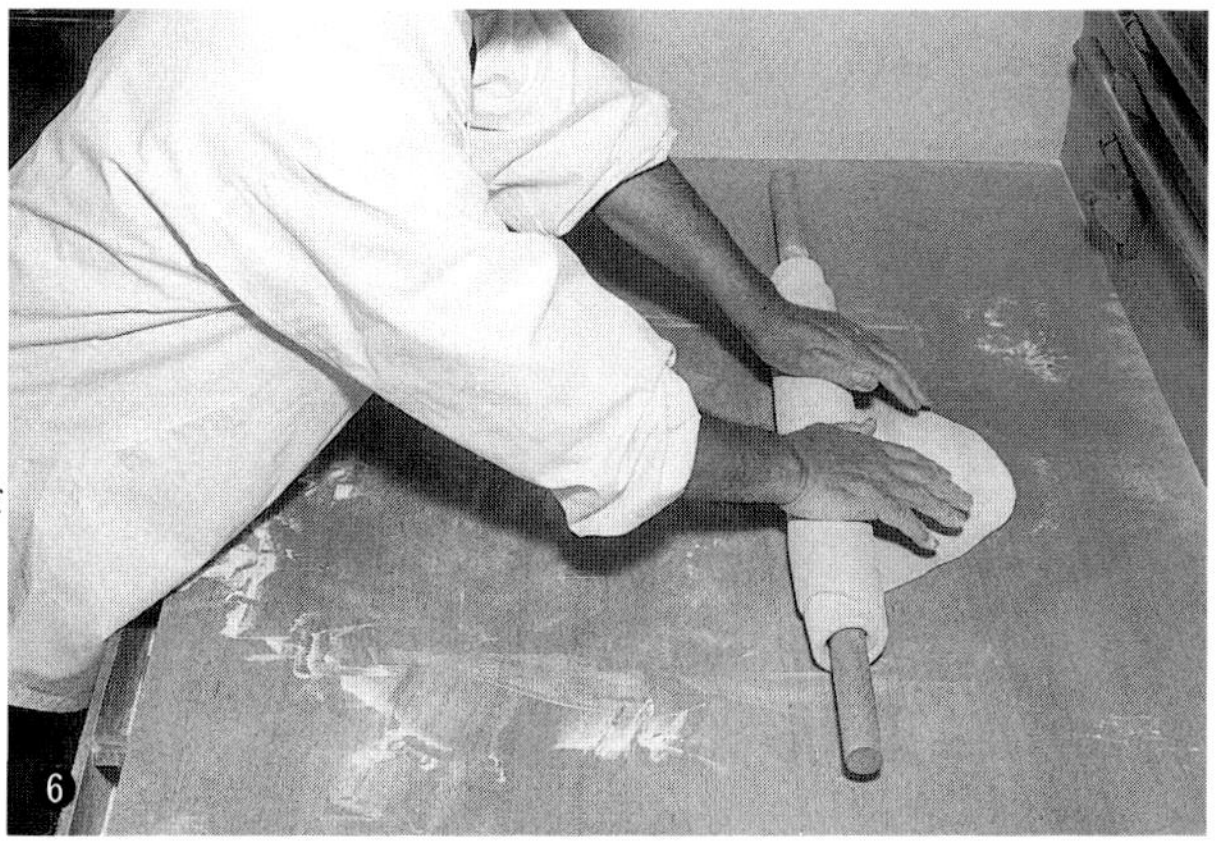

〈奥へ回転させる〉 節《ふし》をつけて行う。肉の厚い箇所は、左右になでて散らす

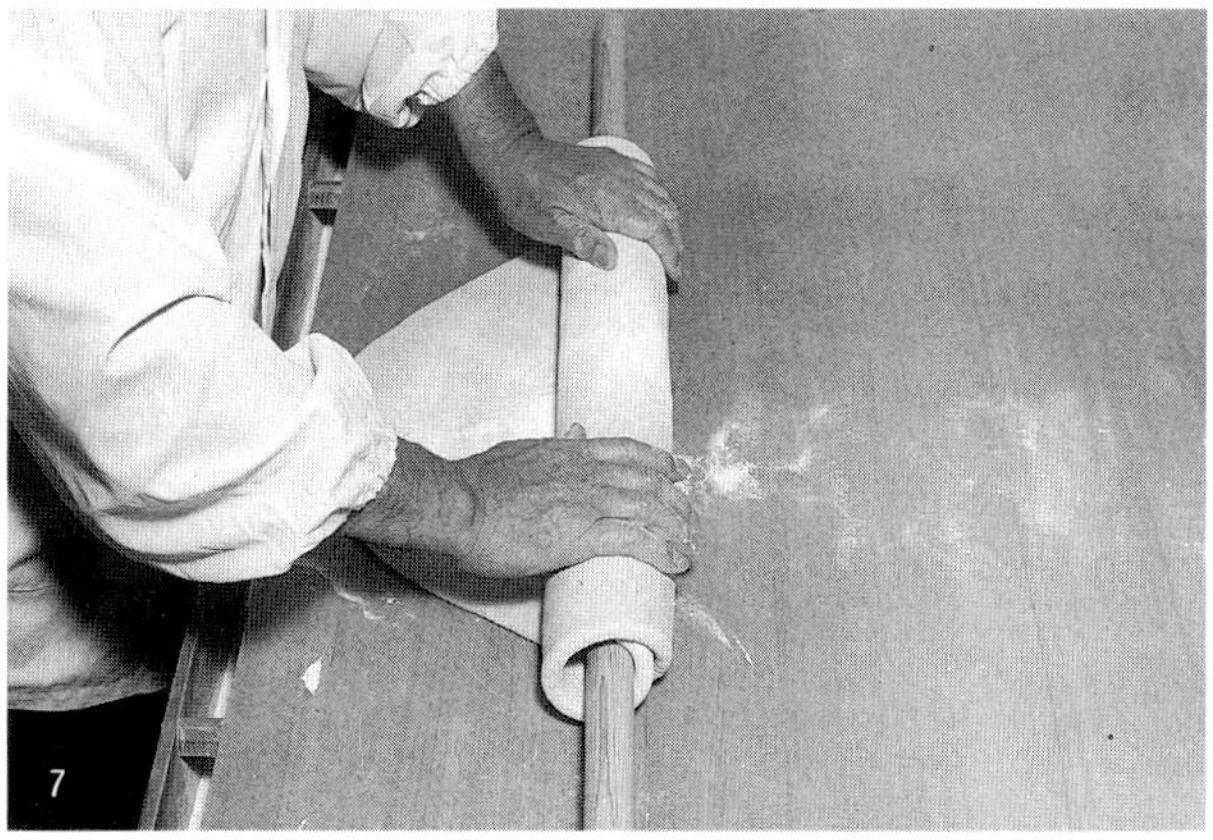

〈そばをひろげる〉 ⑤⑥を適宜反復したのち、向きを変えて巻きほどく

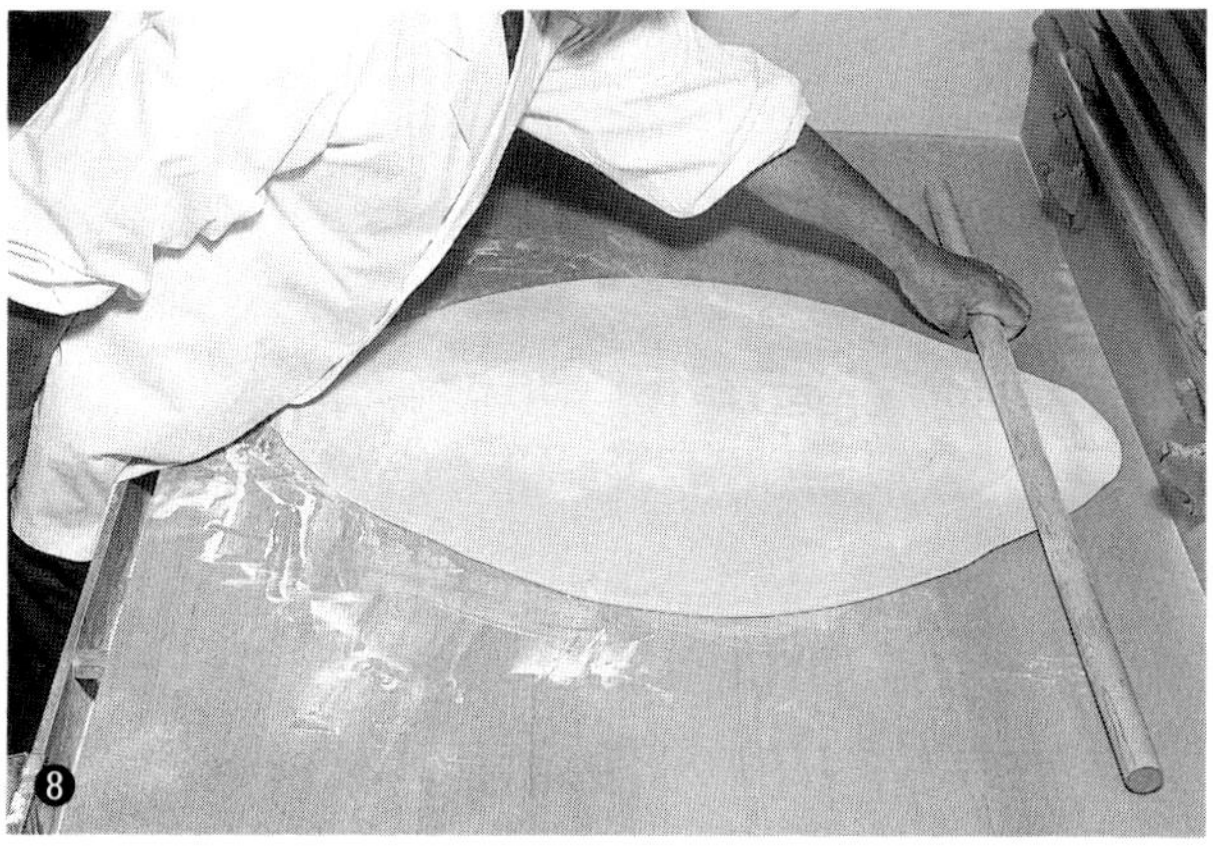

「四つ出し」一本目を終える段階で、幅出しの見当をつけること

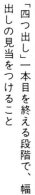

は巻きとる幅がグンとひろがり、延し棒のように短い麵棒ではうまくいかないためである。

●「四つ出し」一本目・手順

①「丸出し」の済んだ玉の上に、手いっぱいにつかんだ打ち粉を縦に振る。

②延し棒を玉の中央に据《す》え、そばを柏餅《かしわもち》状にかぶせる。

③かぶせたそばの上から押さえるようにして、延し棒を玉の手前端近くまで戻してくる。

柏餅《かしわもち》状にかぶせたそばを、巻き棒を間にはさみながら、軽くすり合わせるようにしてひろげてくることになる。これによって、打ち粉は手でなでまわさなくとも、かなり広い範囲に行き渡る。

上から押さえるようにして巻き棒を引き戻してくる手順は、お柏《かしわ》状にかぶせた部分を完全にひろげきってしまうのでなく、一巻き分、延し棒にかぶさった状態まででストップしておく。その状態で、打ち粉が平均したかを見届け、巻き棒の中心も決めたら、次に移る。

④延し台奥の楽《らく》に手の届く所まで、たるみができないようにしっかりと巻き進める。

そばがたるんで、巻き棒との間に隙間《すきま》ができないように、また、玉の中心軸と麵棒の中心がズレないように、しっかり巻き込む。

⑤手《て》もとまで、回転をさせずにいっきに引き戻してくる。

延し台に強く押しつけたまま引き戻してきてはいけない。デンプン質の多い粉や加水量の少ない玉の場合、切れそうになる。いや、悪くすると、ザックリ切れてしまったりする。そういう心配のまずない玉の場合でも、強引《ごういん》に引きずってくれば、板に当たっていたところだけが紙みたいに薄くなってしまうので、手加減が必要である。

それからまた、すでに注意したように、引き戻してくるときに、巻きとった端《はし》が延し棒の真下に来ないように調節することも大事である。

⑥節《ふし》をつけるように押しながら、向こうへ回転させていく。

⑦⑤⑥を数回反復する。

巻き棒に巻いた状態で回転させていくときに、まだ肉の厚くたまっている箇所や薄くなった箇所の差異《さい》が、両手を通して感じとれるはずである。そこで肉の厚い箇所に両手を当て、左右になでるようにして肉を平均させたり、引き戻してくるときに厚い箇所が板に当たるようにしたりする。

⑧引き戻してきたそばを振りかえて、手前から奥にひろげる。

麵棒に巻きとって向きをかえることを「振りかえる」と言う。さて、振りかえて手前から奥にひろげると、そばの状態は、手前がまだ丸みを残しているのに対し、向こうは延びてとがり、角が出ている。この延びて角の出たほうが、麵棒に巻いてあったときの内側の部分、丸みをとどめているほうが外側の部分である。

「四つ出し」一本目を終えてひろげるときには、奥のほうの角《かど》の出具合から、二本目をどの程度で済ますか見当をつけ、延し台の奥行以内の幅に納《おさ》める算段をする。

●「四つ出し」二本目・手順

①手いっぱいにつかんだ打ち粉を、そばに縦に振る動作から、巻き棒にしっかり巻いて引き戻したり、回転させていく反復《はんぷく》動作まで、「四つ出し」一本目同様に進める。

ただし、一本目より力を加減する（または反復回数を加減する）ことが大事な点である。

②延し台に対して、麵棒が垂直になるようにそばの向きを変え、右から左へ横にひろげる。

そばの形は、二等辺三角形を二つ合わせたような菱形《ひしがた》というか、角のとがった楕円《だえん》のような形になって、横にひろがることになる。この左右の長さや幅の均等に揃《そろ》っている状態が、二本目までを正しく終えたときの形である。

それが、片側が極端に短いとなれば、二本目に入ってからの作業で力が足りなかったか、反復回数の少な過ぎたことが原因である。

そのときは、角のよく出ていないほうが、

●「四つ出し」二本目・手順

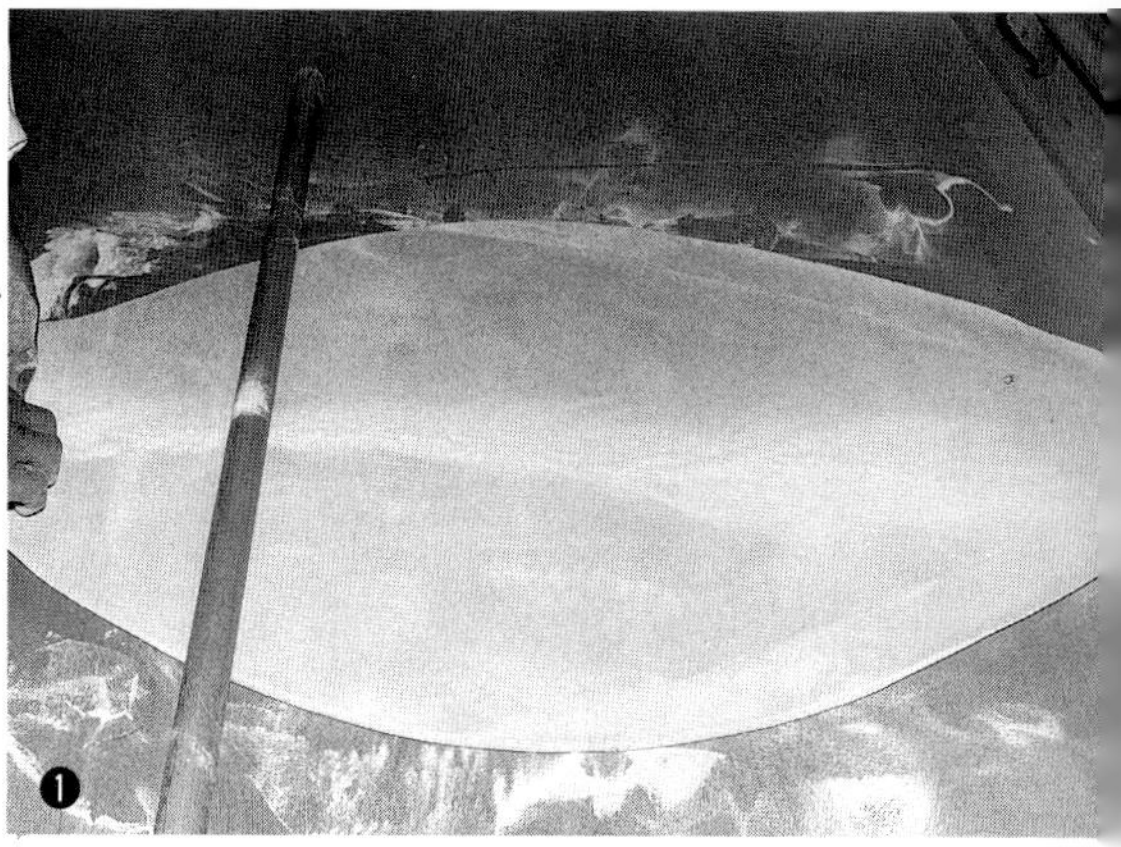

〈打ち粉を噛《か》ます〉　打ち粉を縦に振ったのち、そばを柏餅《かしわもち》状にかぶせる

からだの正面手前にきて、角の出ているほうが延し台奥にいくように向きをなおし、再度巻きなおして作業を続ける。ただし、反復回数は前より当然少なくしないと、今度は二本目を出し過ぎて、ひろげたときにまた左右均等ではなくなってしまう。また、延し台の奥行よりも幅が出てしまう危険もある。

◉「四つ出し」三本目・手順

①横にひろげたそばの上に、平行に麺棒をのせる。

延し台には左右に角《かど》の出たそばがひろがっている。天地はまだ丈《たけ》も延びず、鈍角《どんかく》のままである。三本目は、この中央手前の角《かど》を出すために、左右の角を結んだ線上に麺棒を据《す》えてそばを巻きとる。四辺形の対角線に麺棒を据えて巻くわけであるから、この三本目にきて、長い麺棒（巻き棒）を使ってきたことの意味が出てくる。

②手いっぱいにつかんだ打ち粉を、そばに縦に振る動作から、巻き棒にしっかり巻いて引き戻したり、回転させていく反復動作まで、前と同じに進める。

ただし、そばが延びてひろがってきている

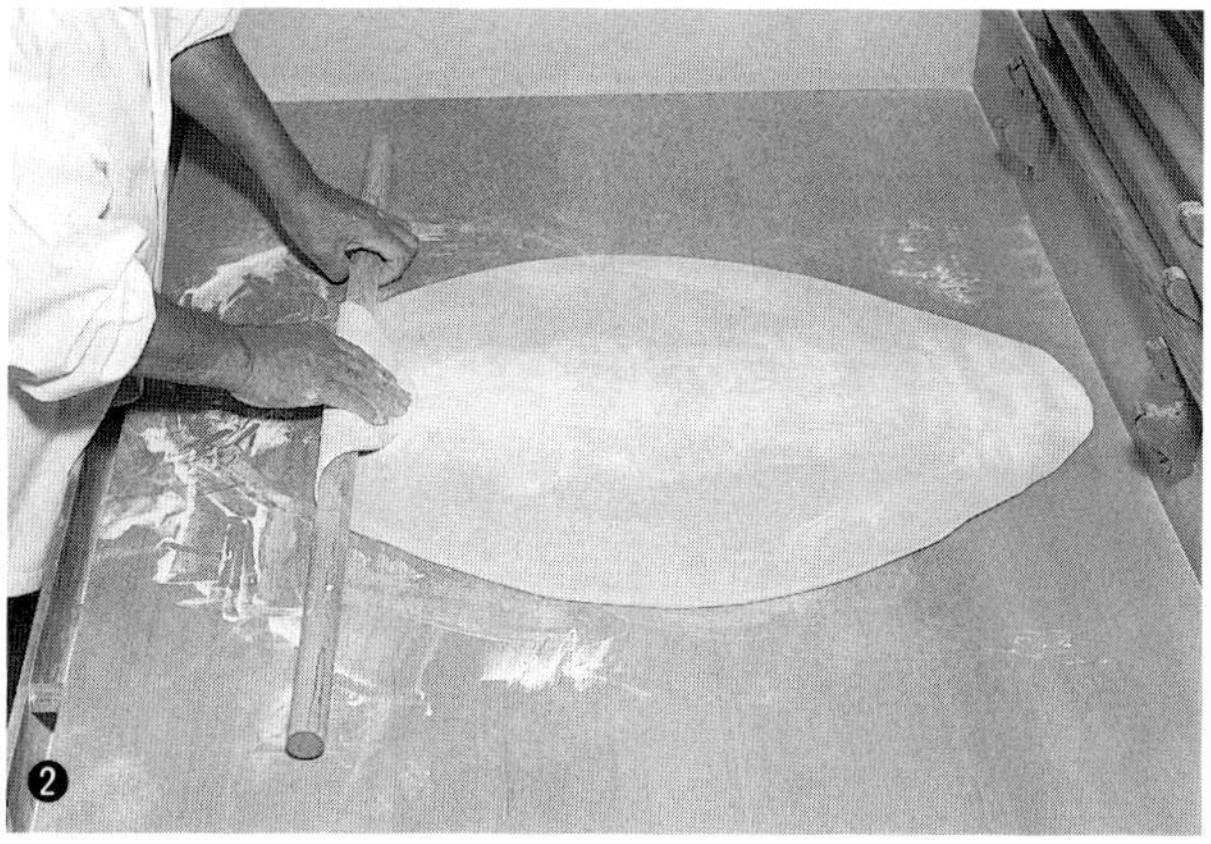

〈そばを巻く〉　両手で押さえながら手前まで戻し、たるみのないように巻く

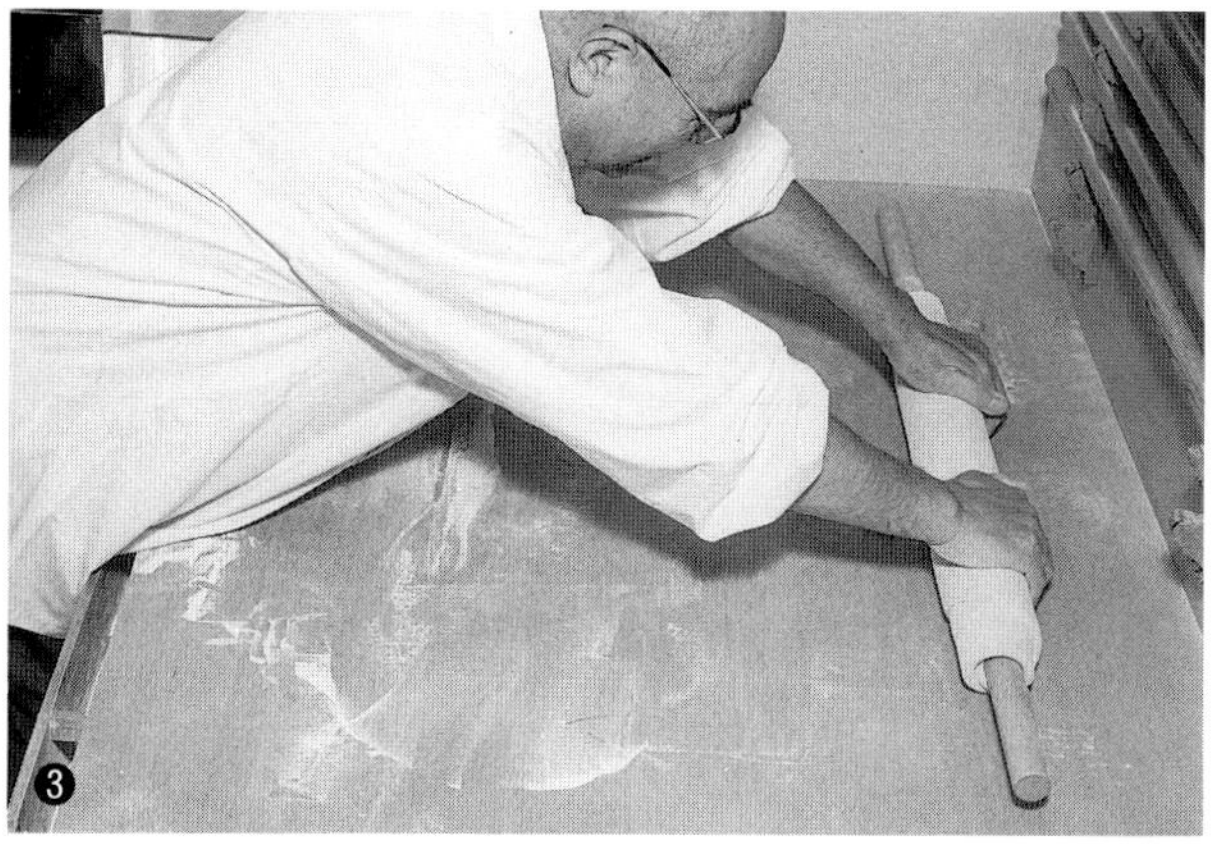

〈引き戻す〉　延し台の奥から手前までいっきに引き戻す。力は加減すること

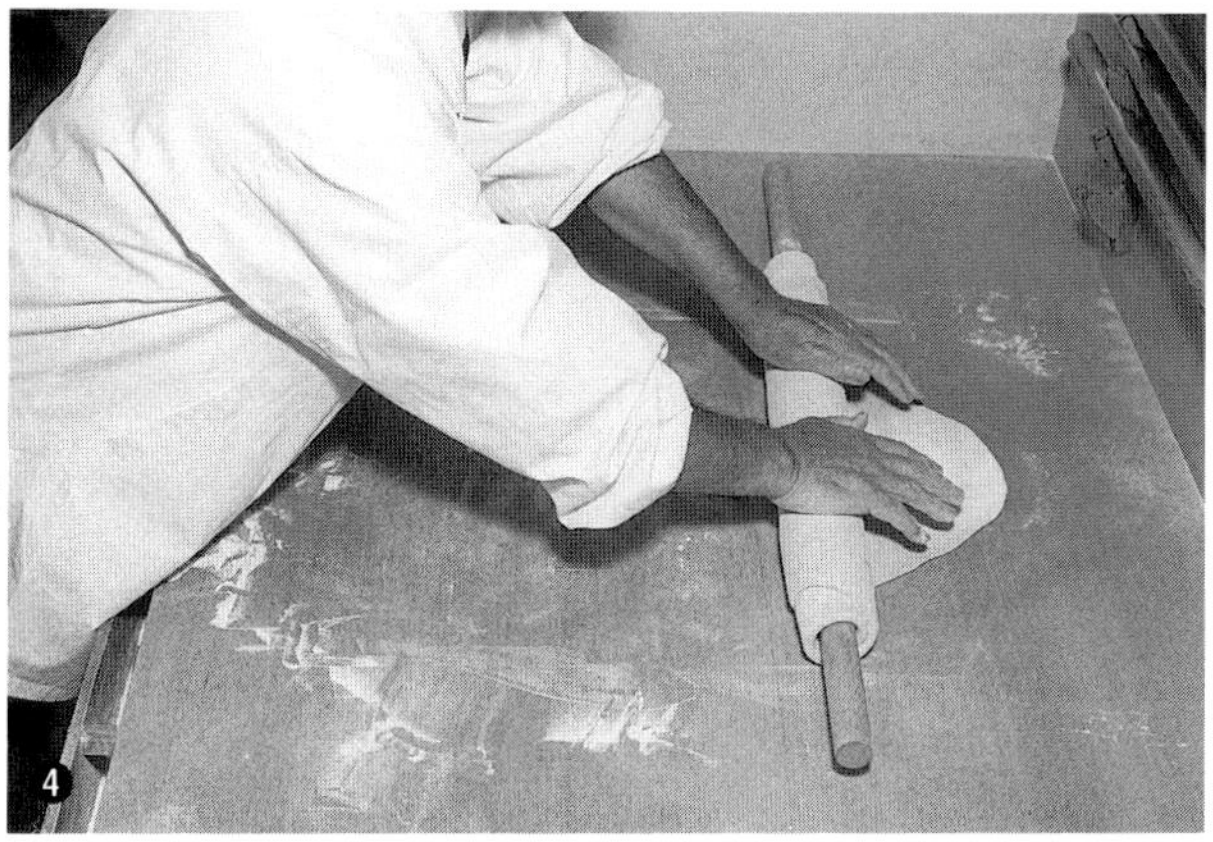

〈奥へ回転させる〉　節《ふし》をつけて行う。肉の厚い箇所は、左右になでて散らす

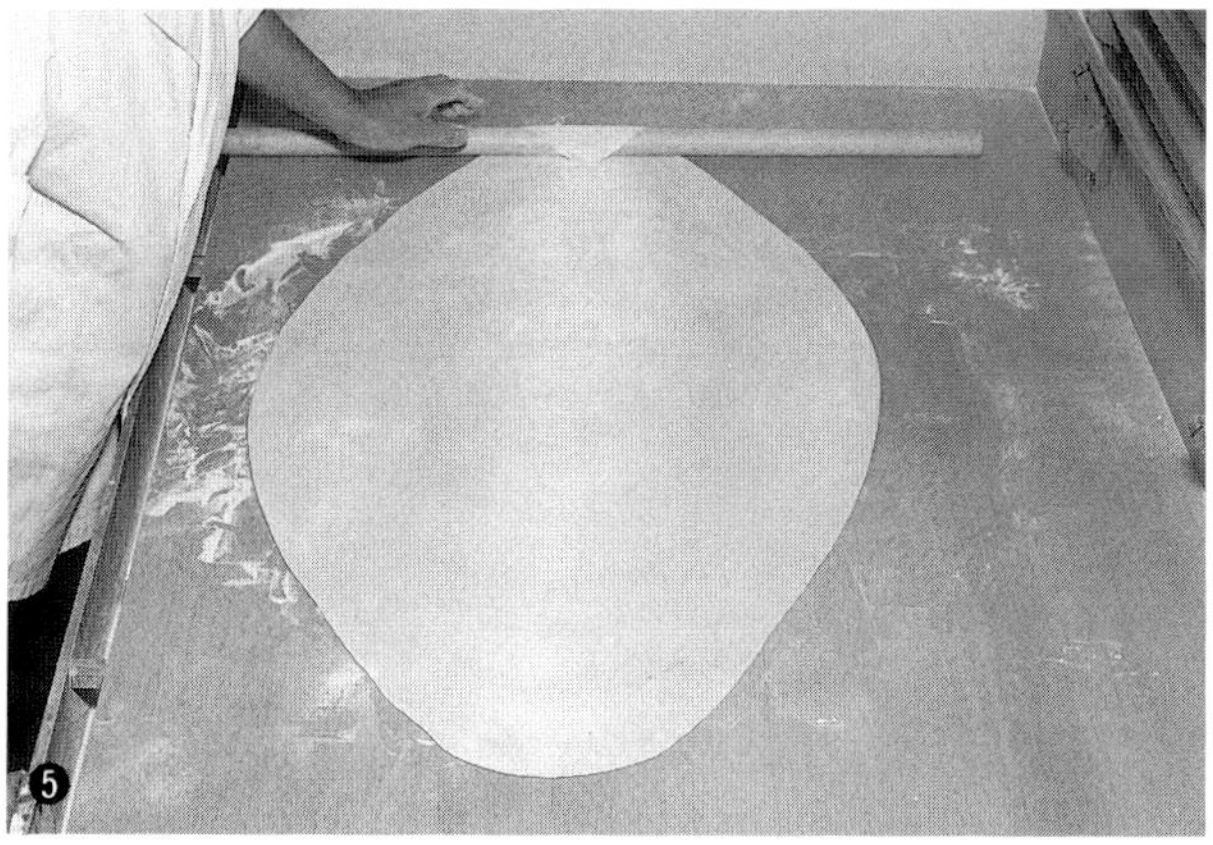

〈そばをひろげる〉　③④を適宜反復したら、棒を垂直にして左へ巻きほどく

●「四つ出し」三本目・手順

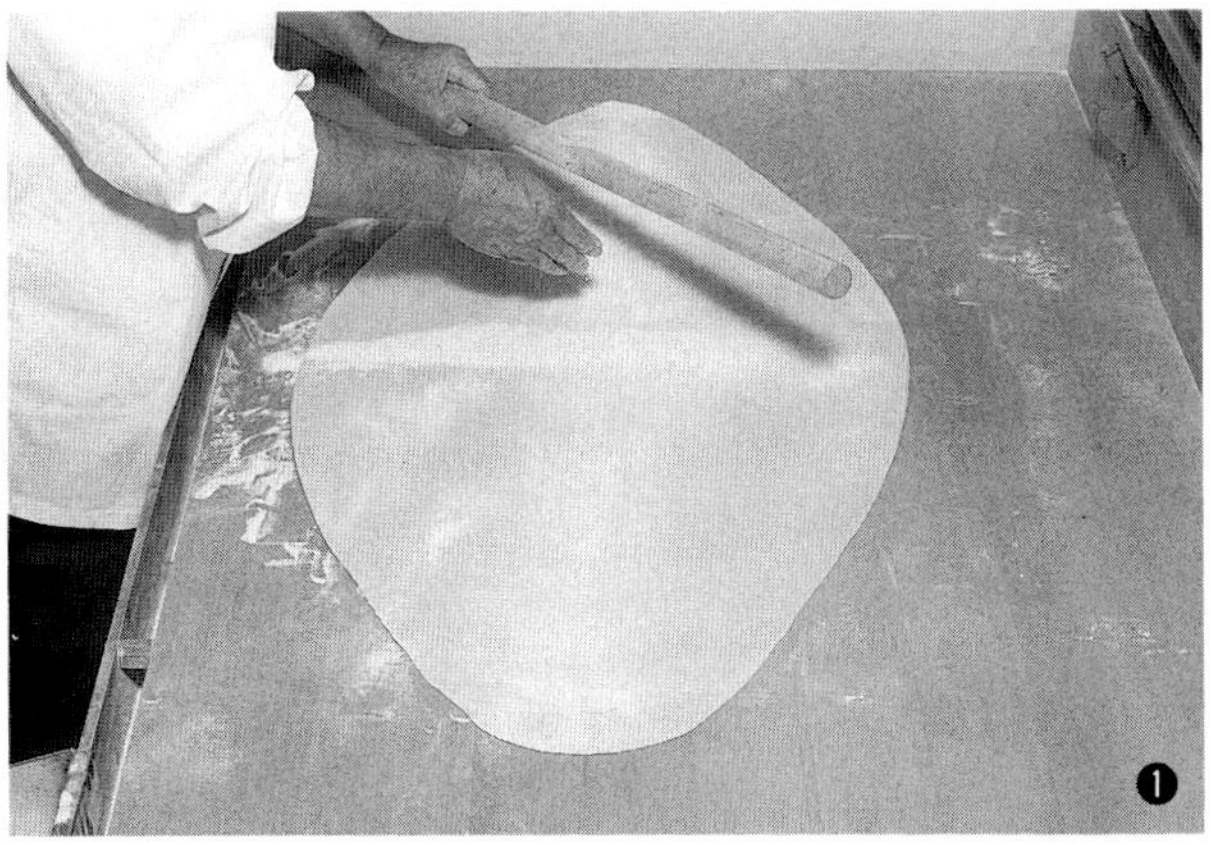

❶ **〈打ち粉を振る〉** 巻き棒の向きを水平になおし、充分の打ち粉を縦に振る

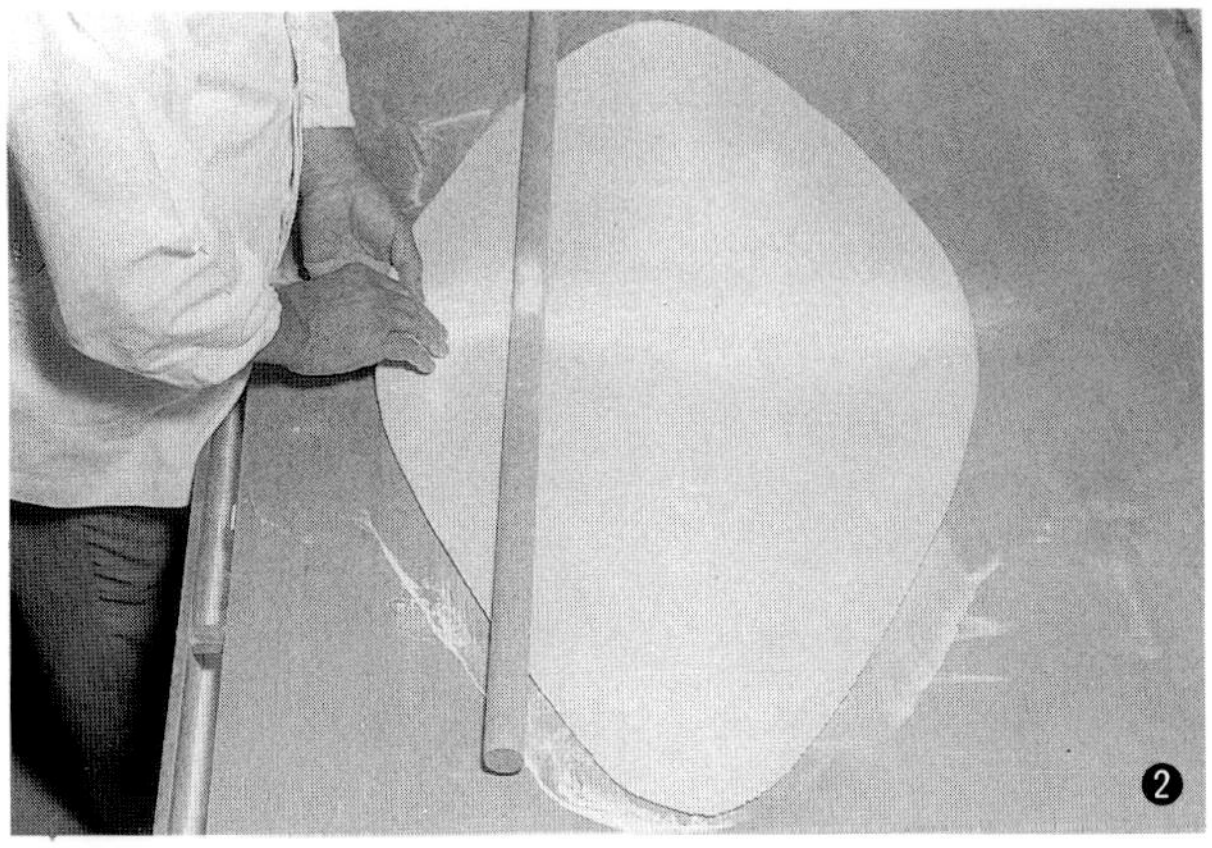

❷ **〈打ち粉をならす〉** そばを柏餅《かしわもち》状にかぶせて、打ち粉をよく噛ます

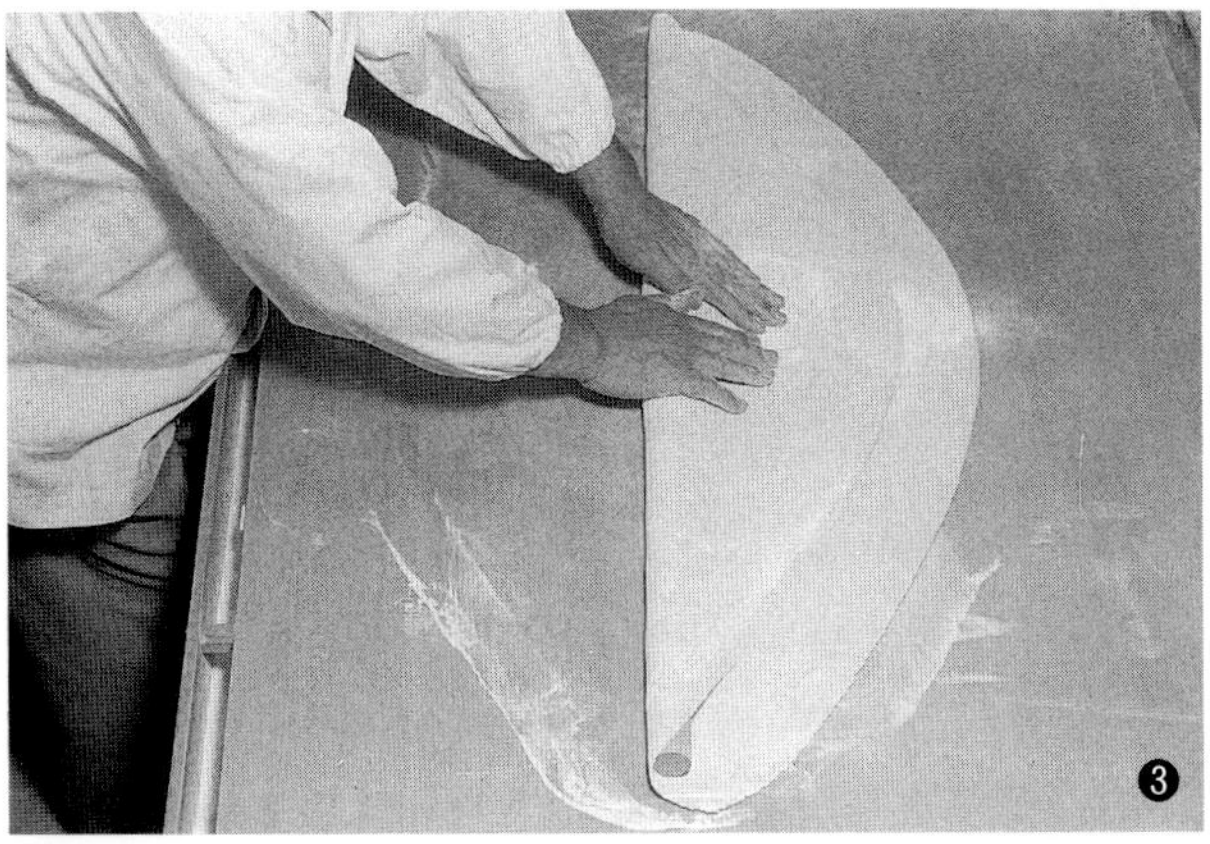

❸ 棒をくるむようにして、両手で上から押さえながら手前まで引き戻してくる

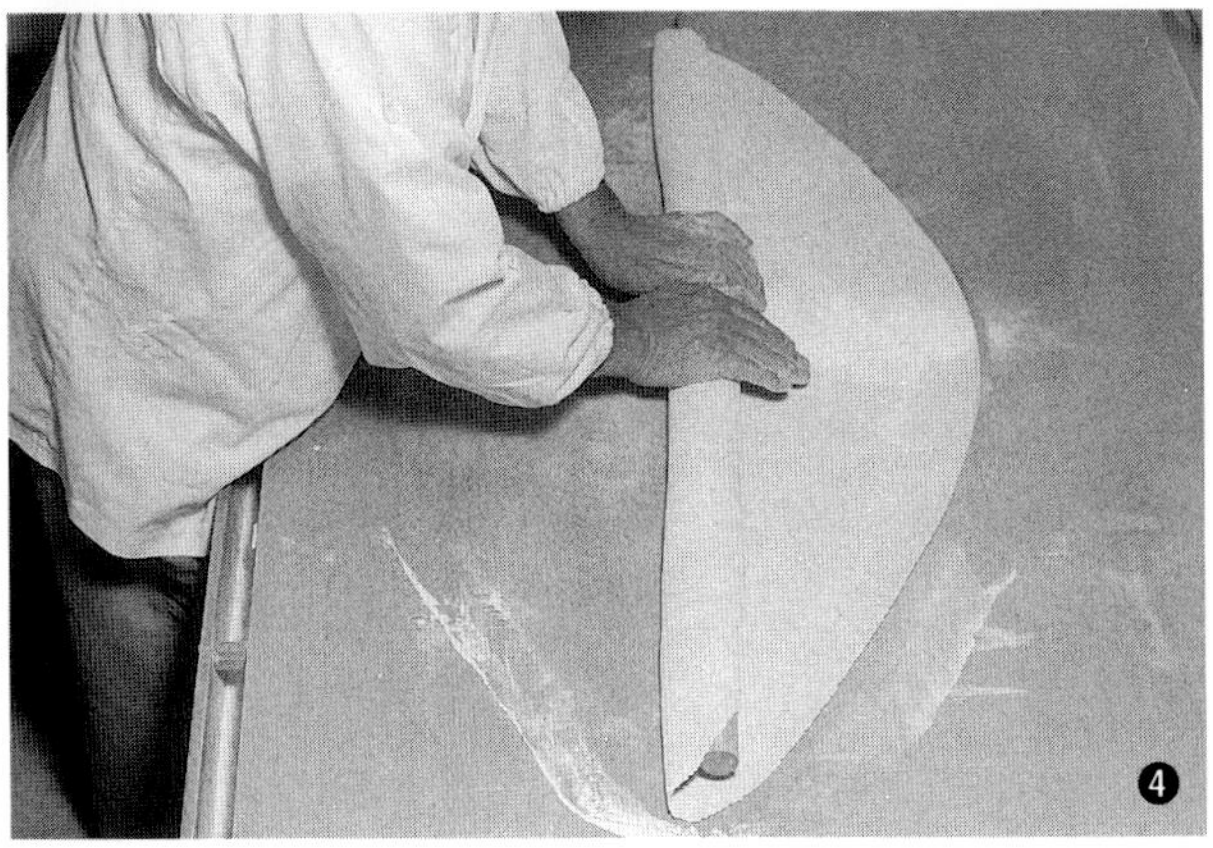

❹ **〈そばを巻く〉** たるみができぬように巻く。そばがひろがっているので注意

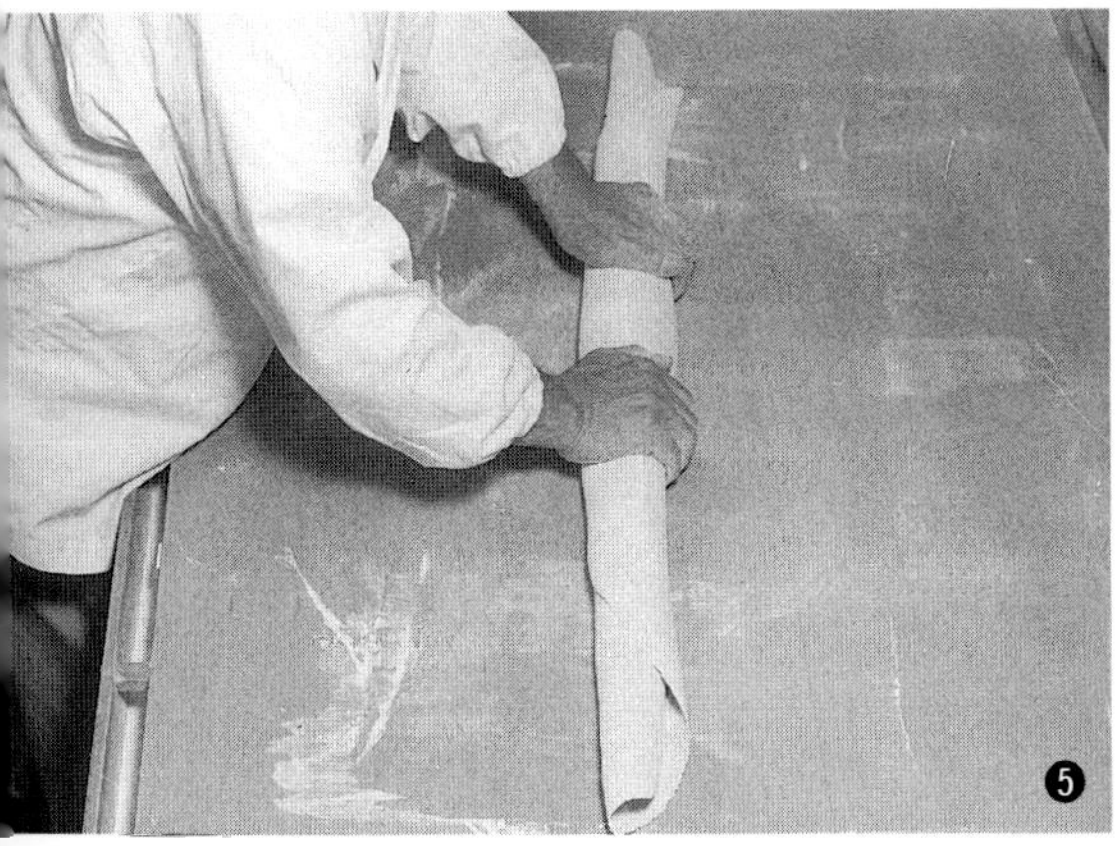

❺ **〈引き戻す〉** 延し台の奥から手前までいっきに引き戻す。力は加減すること

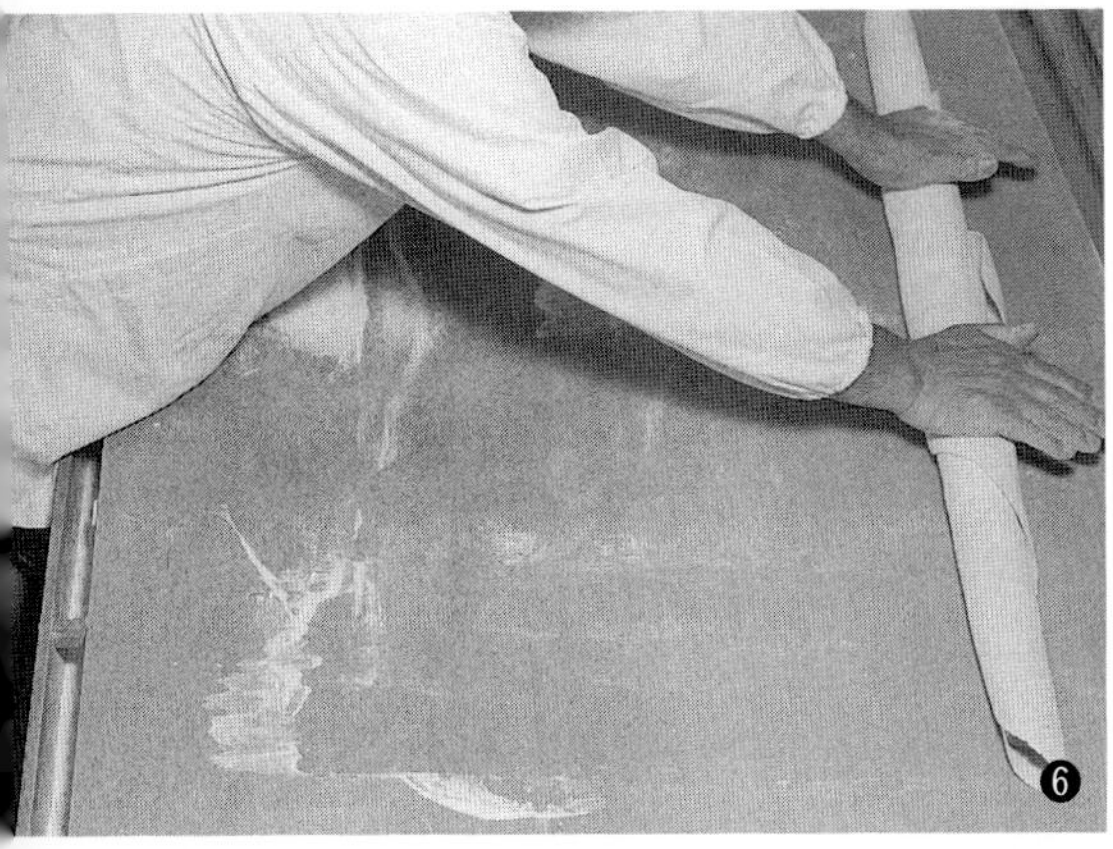

❻ **〈奥へ回転させる〉** 節《ふし》をつけて行う。肉の厚い箇所は、左右になでて散らす

❼ **〈そばをひろげる〉** ⑤⑥を適宜反復したら、手前右から斜め奥へ巻きほどく

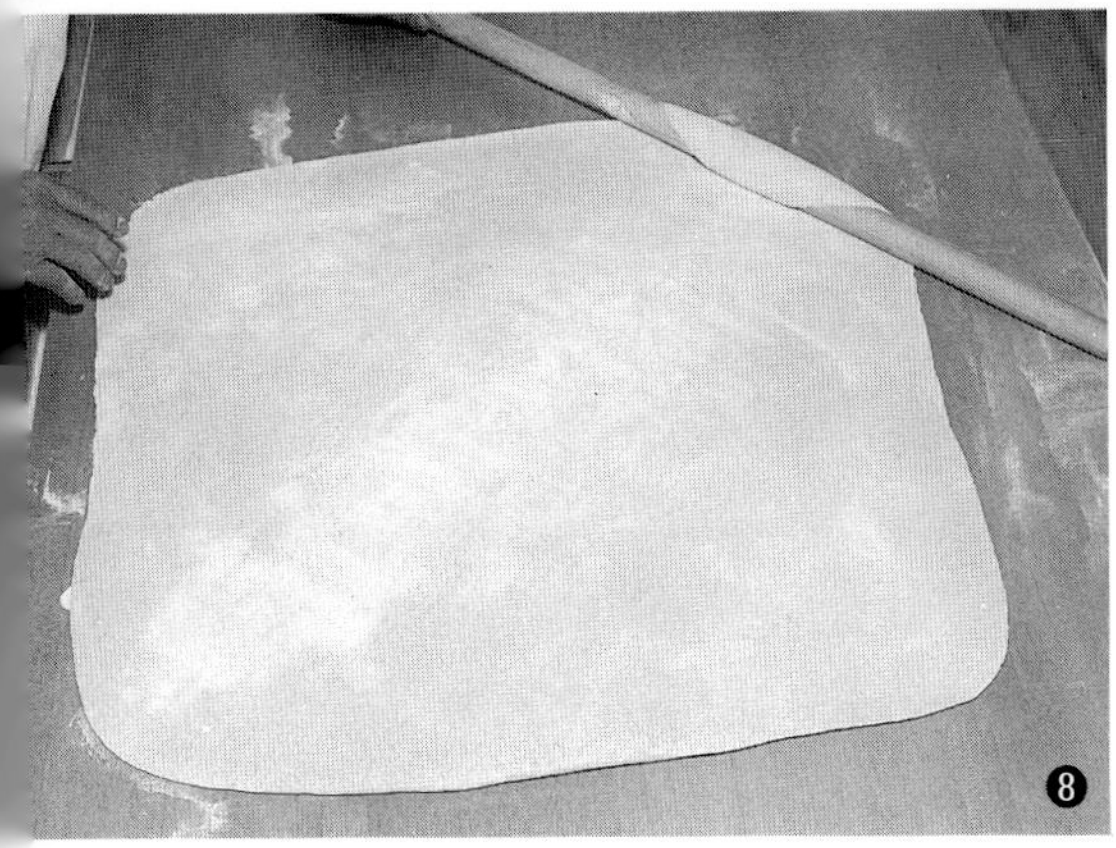

❽ 延し台の奥行に余裕のある状態で「四つ出し」三本目を終えること。

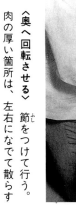

ので、うかつにやっていると、初めの巻き込む段階で早くもたるみが出やすい。そばの生《き》地《じ》と麺棒の向きをきちんと揃《そろ》え、両手の力も同じにして、しっかりと巻かなくてはならない。

それからまた、引き戻したり、押し転がしたりの反復動作のときにも、両手の力のバランスがとれていないと、棒に巻き込んだ端《はし》がたるんでしまう。そばが大きく延びていて延しムラになるので、慎重《しんちょう》さが必要である。

もっとも、神経を張りめぐらしていても、麺棒や延し板に狂いがあると、生地がたるんでしまうことがある。こういうところにも、道具の良否《りょうひ》がすぐ効《き》いてくる。

③振りかえて、右手前から左奥へ斜めにひろげる。

そばの状態は、左手前、左奥、右奥の三つの角《かど》は出ているが、右手前だけはまだ角が出ていない。その一角だけが鈍角《どんかく》の、いびつな四辺形である。

延し台の奥行よりやや幅の狭い四辺形であることが大事。――しかし、奥から手前へ真《ま》っ直《す》ぐ麺棒を巻きほぐした場合には、延し台に対してそばがダイヤ型にひろがることになるから、延し台の奥行きよりやや幅の狭い四辺形であっても、一角が縁《ふち》からはみ出してしまう。そこでそばが延し台と平行になるように、麺棒は斜めの向きにひろげてくる。

ただし、そのように向きをかえてひろげてみても、延し台の縁からはみ出してしまうようでは、力の加えすぎである。ずる玉や大玉の場合は、力を加減しないと、奥行より大きくしてしまう。要注意である。（万が一、延し台からはみ出て、たれ下がるほど大きくしてしまった場合には、たれ下がる部分を切断して次の玉にまわす。）

●「四つ出し」四本目・手順

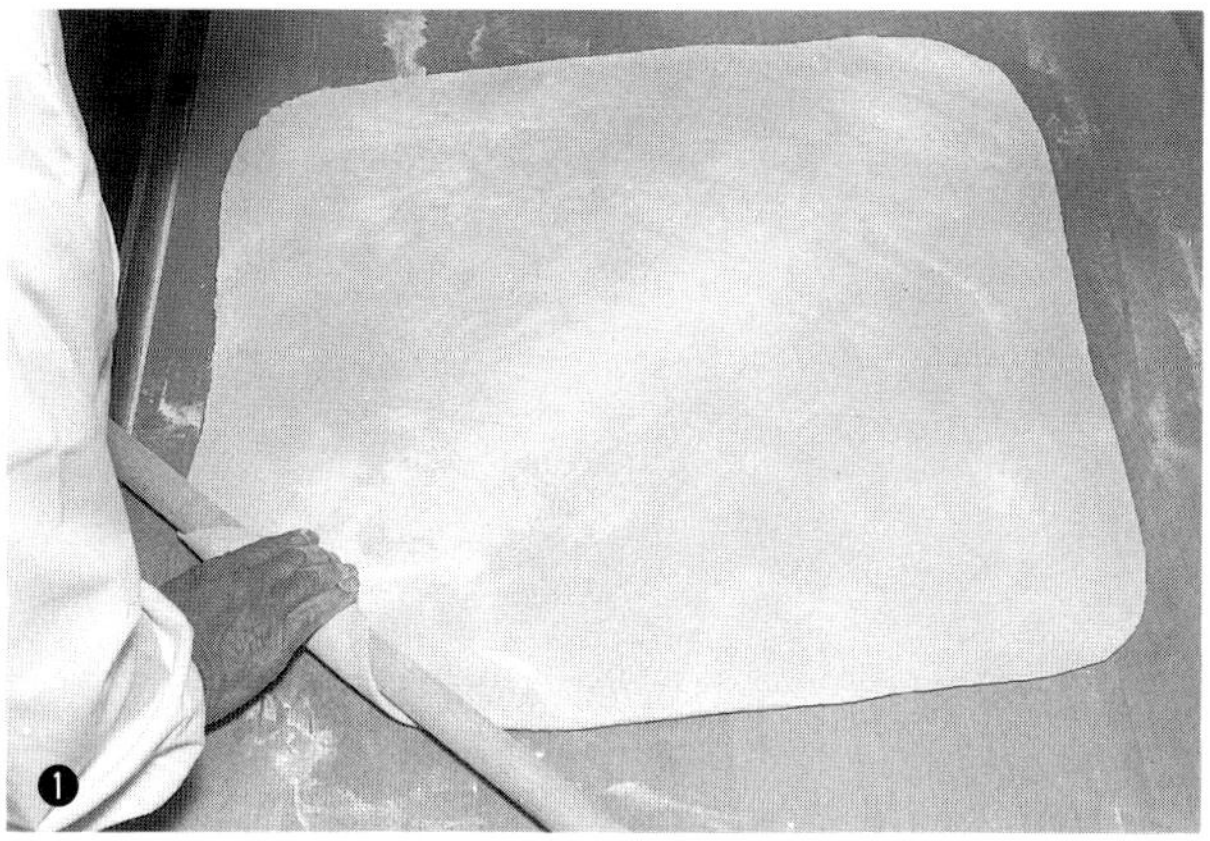

〈打ち粉を噛ませて巻く〉 右手前から斜め奥へ、打ち粉を振って巻く

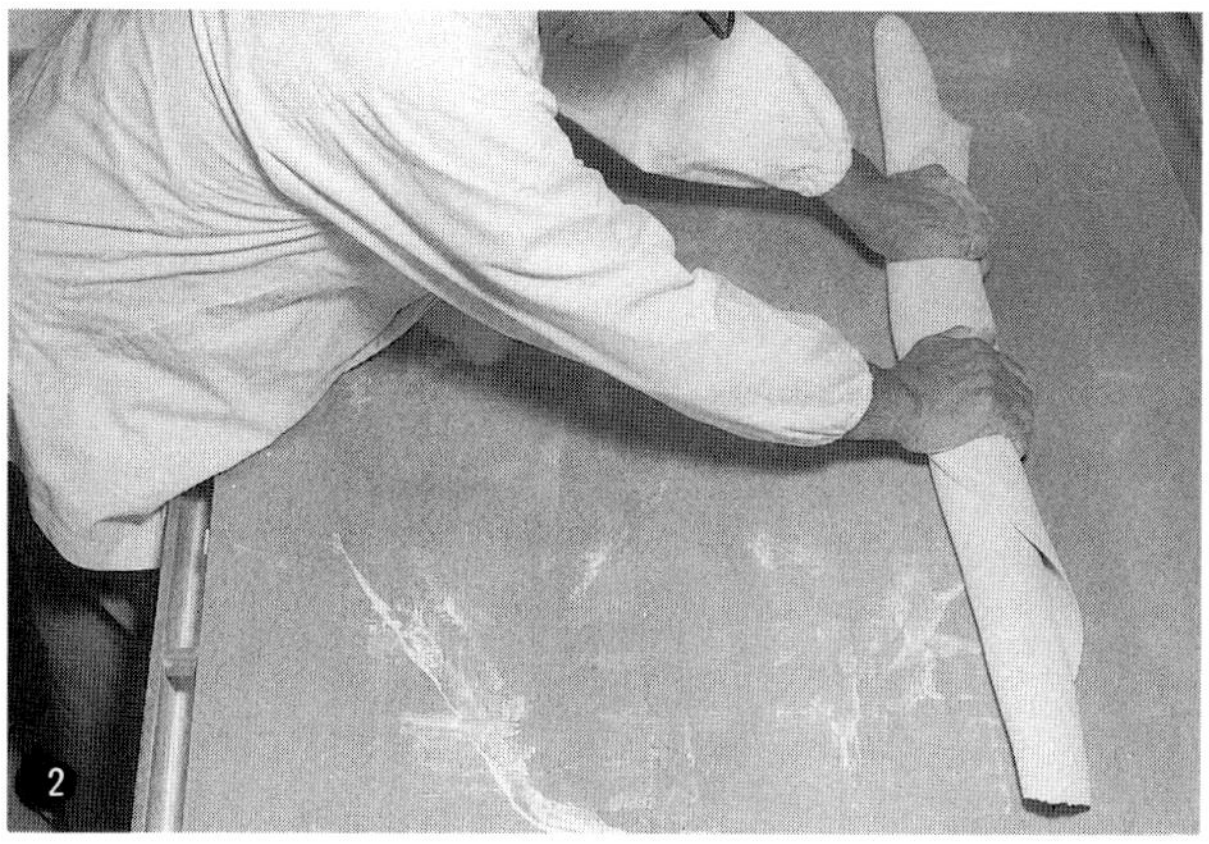

〈引き戻しては奥へ回転させる〉 三本目までと同様に。ただし、回数は加減

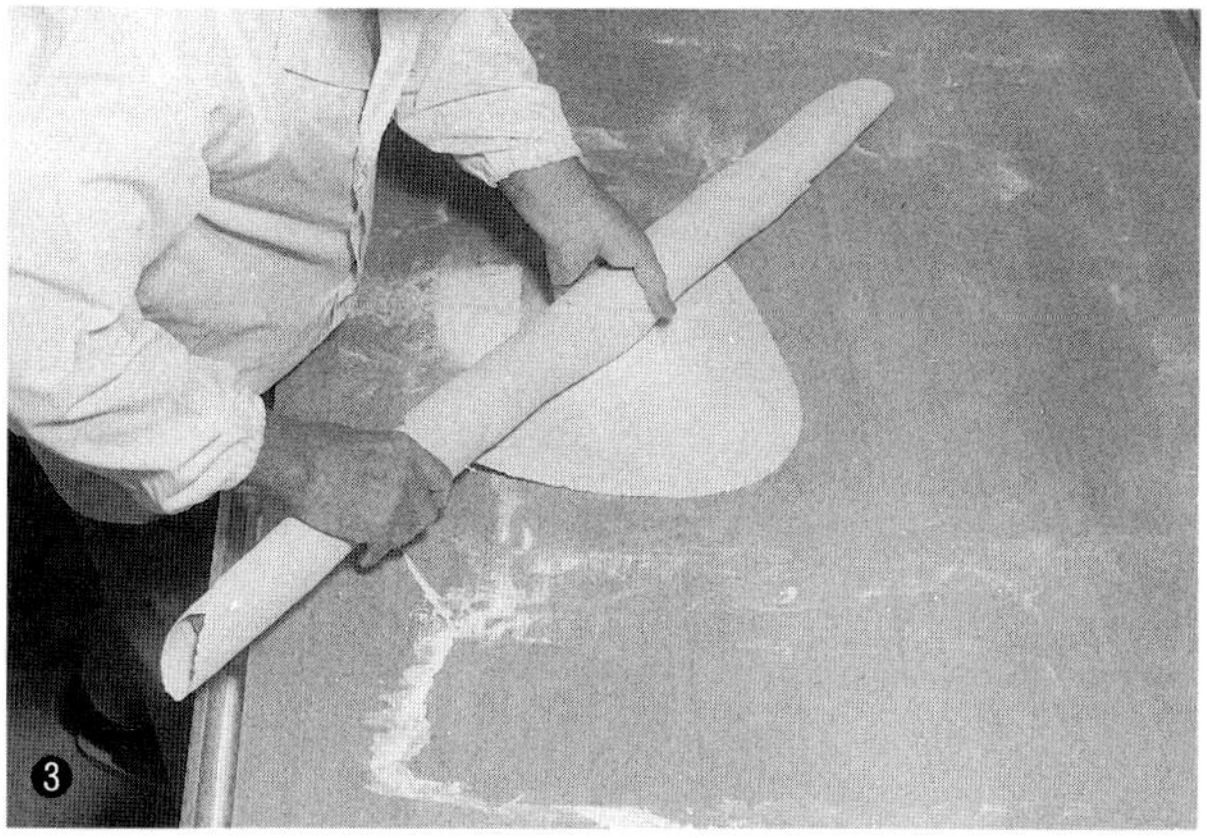

〈そばをひろげる〉 少し巻きほどいて角《かど》が正しく出ているかどうか確認する

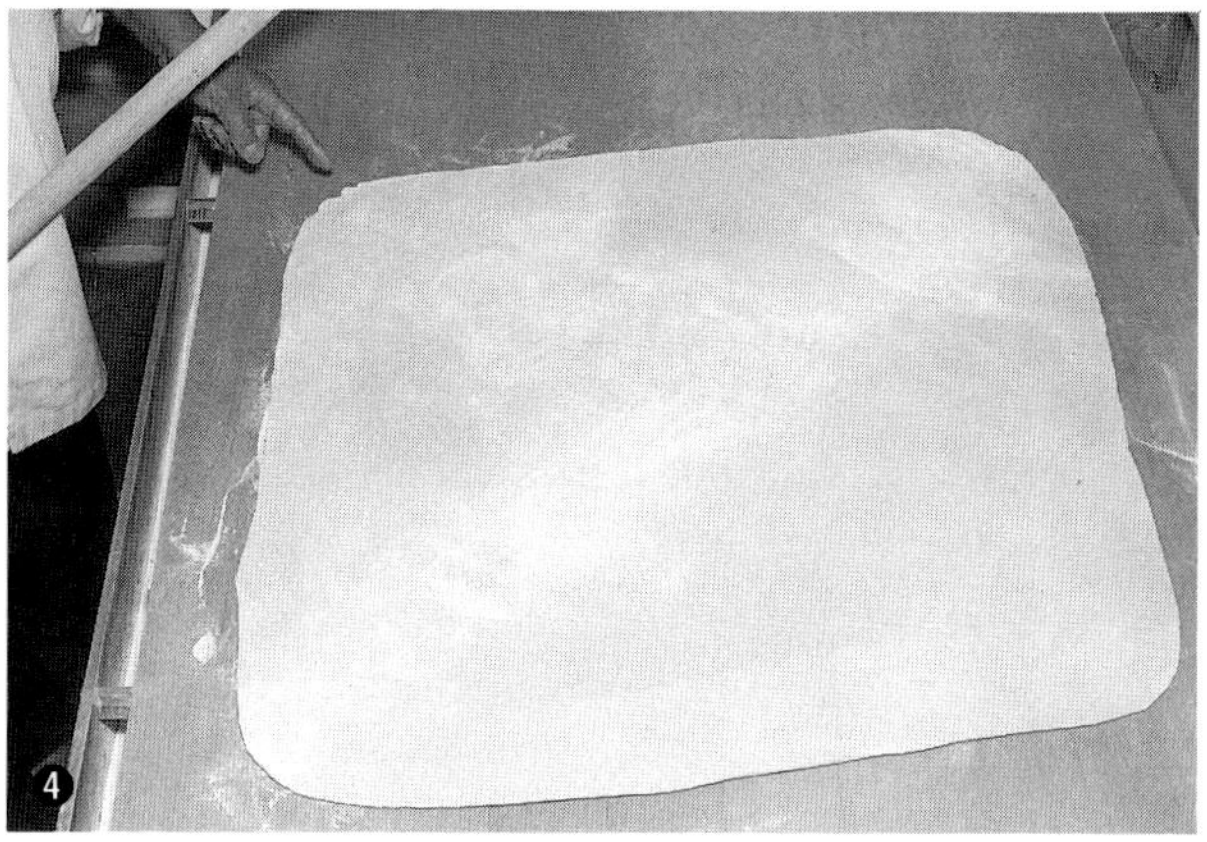

右奥から左手前へ斜めに巻きほどく。四本目終了時には、正方形になること

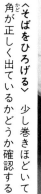

●「四つ出し」四本目・手順

①手いっぱいにつかんだ打ち粉を、右手前角《かど》から斜め奥に振る。

②右手前角に斜めに麺棒（巻き棒）を据《す》え、斜め方向にそばを巻きとる。

三本目までを順調に進めてきた場合、右手前だけがまだ九〇度に出ていない。この角《かど》を出すことが四本目の仕事である。そこで右手前と左奥を結ぶ対角線を、そばと麺棒の中心軸にして、斜め方向にそばを巻きとる。

③麺棒の向きを（延し台の縁《ふち》と平行に）なおし、前と同じように、引き戻しと回転の往復動作を反復《はんぷく》する。

ただし、三本目より力を加減する。また反復回数も減らす。

④少しほぐして、角が正しく出ていることを確かめてひろげる。

麺棒を斜め方向に巻きほぐしてひろげる。仕事が正しく進んだ場合には、そばの状態は正方形になる。

もっとも、正方形とは言っても、角には少し丸みがあるのだが、全体が四角と言うよりも円っぽかったり、ひどくゆがんだ四辺形をしている場合、あるいは正方形ではあるが、極端に形が小さくて、分厚《ぶあつ》い場合などは、「四つ出し」が足りないことになる。したがって、のちの仕事は念入りに進めなくてはならない。

第五項　肉《にく》分《わ》け

「四つ出し」を終えた状態では、そばは正方形になる。だが、肉の厚さのほうは均一でなく、四辺のそれぞれ真ん中あたりに、肉が分《ぶ》厚《あつ》くたまっている。これは、棒に巻き込んで回転させたところからくる当然の結果である。

そこで四つの角を出したら、すぐさま、分厚く固まっている肉を散らして、ほかと同じ厚さにならす作業が必要になる。たとえて言うなら「地ならし」——これを、そば打ちの仕事のほうでは「肉分け」と呼んでいる。

●肉厚の箇所《かしょ》の見分け方

ところで、肉が分厚く固まっているとは言っても、どうすれば見分けがつくのか——。

この段階では、そばの色で判断するのは難しい。打ち粉のムラに幻惑されてしまう。

それよりも、延し台にできる耳（そばの縁《ふち》）の影を見るのが一番よい。肉の厚い箇所は、耳の影が濃く出るからである。影の濃いところを調べていくと、すでに述べたように、四辺それぞれの真ん中あたりに影の濃いところ——したがって肉の厚いところのある

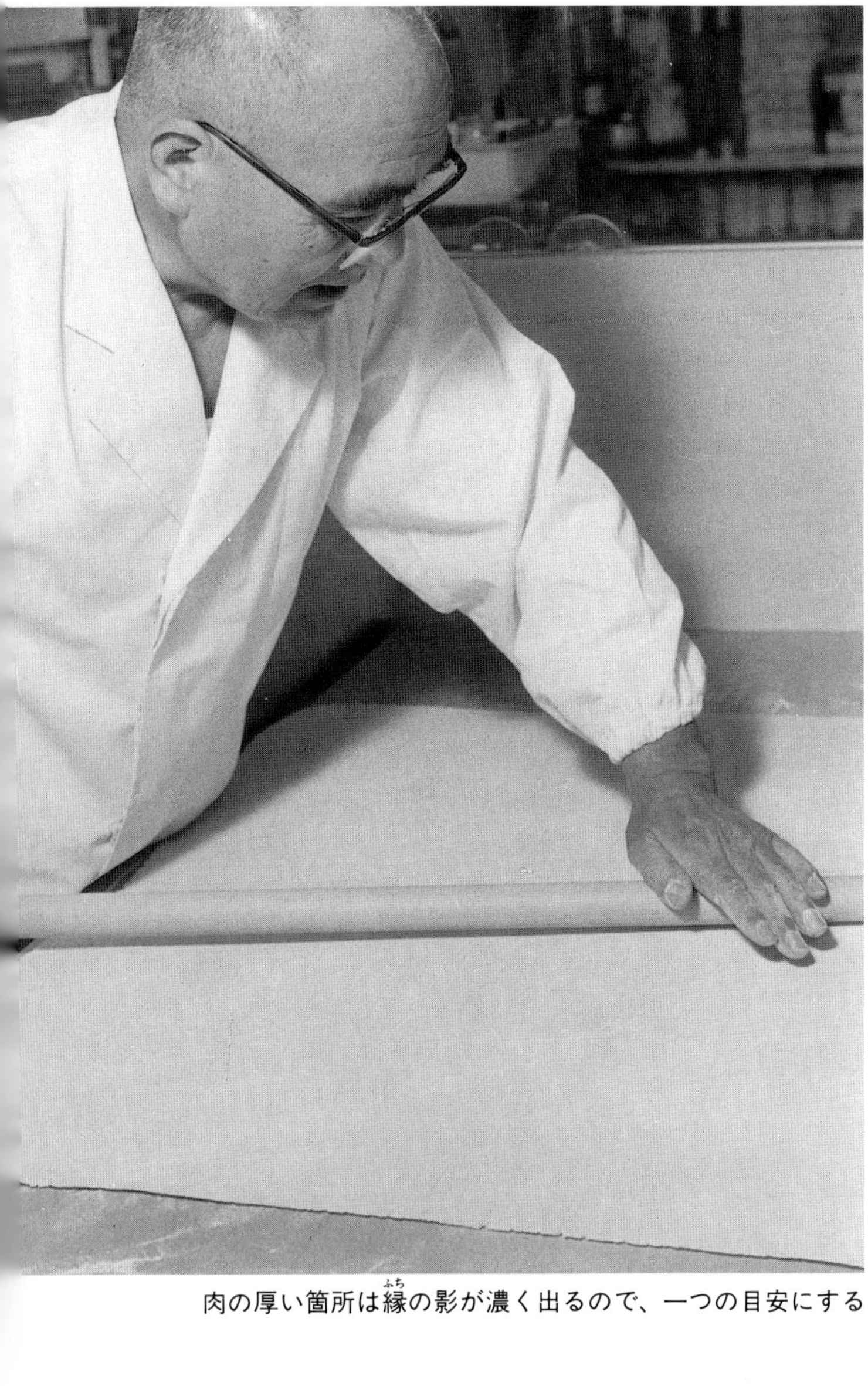

肉の厚い箇所は縁《ふち》の影が濃く出るので、一つの目安にする

●「肉分け」手順

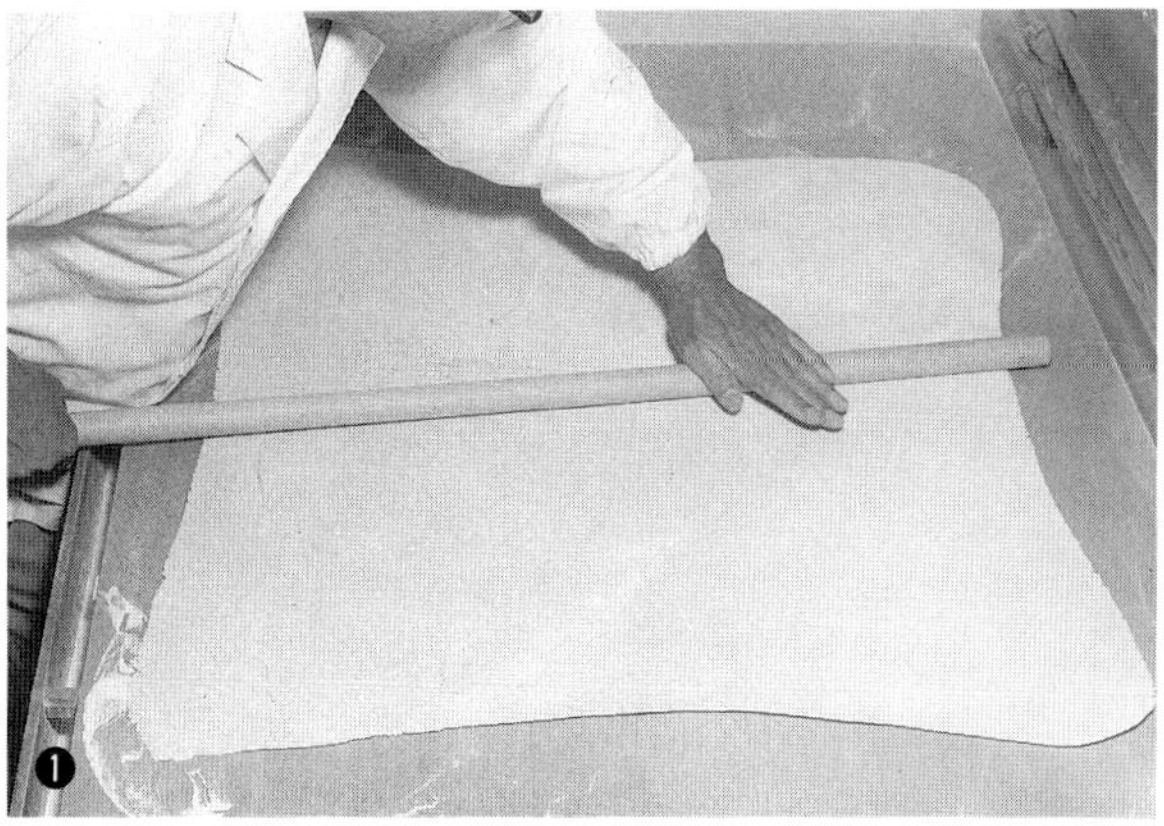

❶〈奥中央・左耳中央の肉分け〉棒は手もとを浮かせ、片手の掌《てのひら》で転がす

❷〈手前中央・右耳中央の肉分け〉棒の先がめりこまぬようにして回転させる

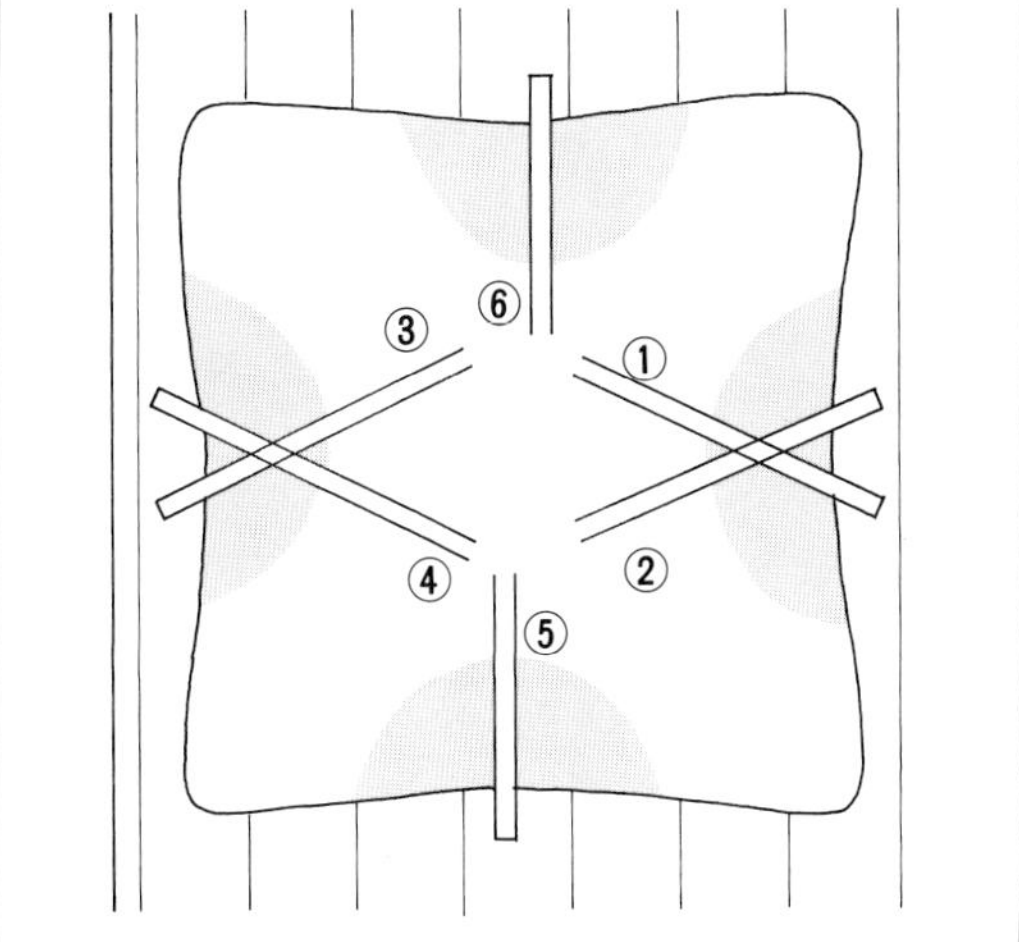

肉分けをする箇所と棒の当て方

ことがわかるはずである。

もちろん、肉厚の箇所は、麺棒を通して掌《てのひら》に感じとることもできるが、しかし、麺棒の手入れが悪くて回転が渋くなっているときは、判断を誤りやすい。不必要に力を入れて掌《てのひら》がこわばっているときも同様である。

その意味では、耳の影で見当をつけ、見当をつけたのちは、麺棒の反応を通して対処していくのが、順当な方法である。

●「肉分け」手順

①延し台奥中央の肉を分ける。

麺棒は元を右手で握って奥へ渡す。先がそばの端から出るように——。右手で握っている元を浮かせて、棒の先端部だけがそばに触《ふ》れているようにする。

その先端部より少し下の位置に左手を当て、掌《てのひら》で麺棒を左右に転がして肉を分ける。

掌《てのひら》で転がしていて、肉を分けている感じがつかめない場合は、（前に述べた）不必要に力を入れて掌《てのひら》がこわばっているか、麺棒が渋くなったかのどちらかである。無理のない姿勢で、ムダな力を抜いてみてもうまくいかない場合は、麺棒に原因があることになる。そこで麺棒を数回しごいてやりなおしてみる。が、それでもダメならば、その場は他の麺棒に代えて進める。

②手前中央の肉を分ける。

元を握る右手は変わらず。左手は親指を上にかけたまま麺棒を軽く握る。前の「丸出し」のときのムラとりの握り方と同じである。握る位置は、そばの中心よりやや手前あたりがよい。

軽く握り持った左手で、麺棒を左右になめらかに回転させて肉を分ける。

このとき、棒の先がそばにめりこまないように注意する。そのためには、右手で握り持つ元のほうを高く浮かさないこと——。

③右耳中央の肉を分ける。

両手は②の状態のまま、麺棒を横向き（延し台の手前の縁《ふち》に平行）に据《す》えて行なう。元を支え持つ右手は、そばの右側延し台の上に、心持ち浮かせた状態で位置することになる。

軽く握り持った左手で、麺棒を前後になめらかに回転させて肉を分ける。

④左耳中央の肉を分ける。

麺棒を支え持つ左手に替《か》え、右手で前後に回転させて同様に行なう。

第六項　本延《ほんの》し

「肉分《にくわ》け」が済んだら、いよいよ「本延《ほんの》し」に入る。「本延し」の「本」は、「基礎延《じの》し」の「基礎」に対応するものである。麺棒三本を使って、幅広い帯状に延す。二本は巻き棒、一本が延し棒である。前にも触れたように、この延し方は、江戸のそばに特徴的な延し方である。この延し方の利点は、次の三点にある。

一、仕上がり寸法が計算可能である。
二、延しむらを防ぐことができる。
三、（庖丁《ほうちょう》で切り終えた後の）一本一本のそばの長さが同じになる。

●「本延《ほんの》し」の作業区分

「本延し」の仕事は、およそ次の六つの工程からなる。

一、手前半分ほどを巻き込み、巻き棒のそばから約$\frac{1}{2}$幅を延す。
（一〜三……巻き棒一、延し棒一）
二、中央から先端近くまでを延す。
三、先端を延し整える。
四、振りかえて、残り半分ほどの約$\frac{1}{2}$幅を延す。（四〜五……巻き棒二、延し棒一）
五、中央から先端近くまでを延す。
六、先端を延し整える。
（六……巻き棒一、延し棒一）

この区分は玉の大きさによって、多少変化するが、二キロ前後の普通の玉の場合、右のように進んでいく。

仕事の流れということでは、前の六工程の作業は、大きく二つに区分できる。つまり、「肉分け」の済んだものの半分をまず延し、次いで残り半分を延す。一から三までがひと続き、四から六までがまた、ひと続きの作業になる。そして「本延し」の仕事を大きく二つに分かつ境界が、そばを巻き取って向きを変える「振りかえ」という作業である。

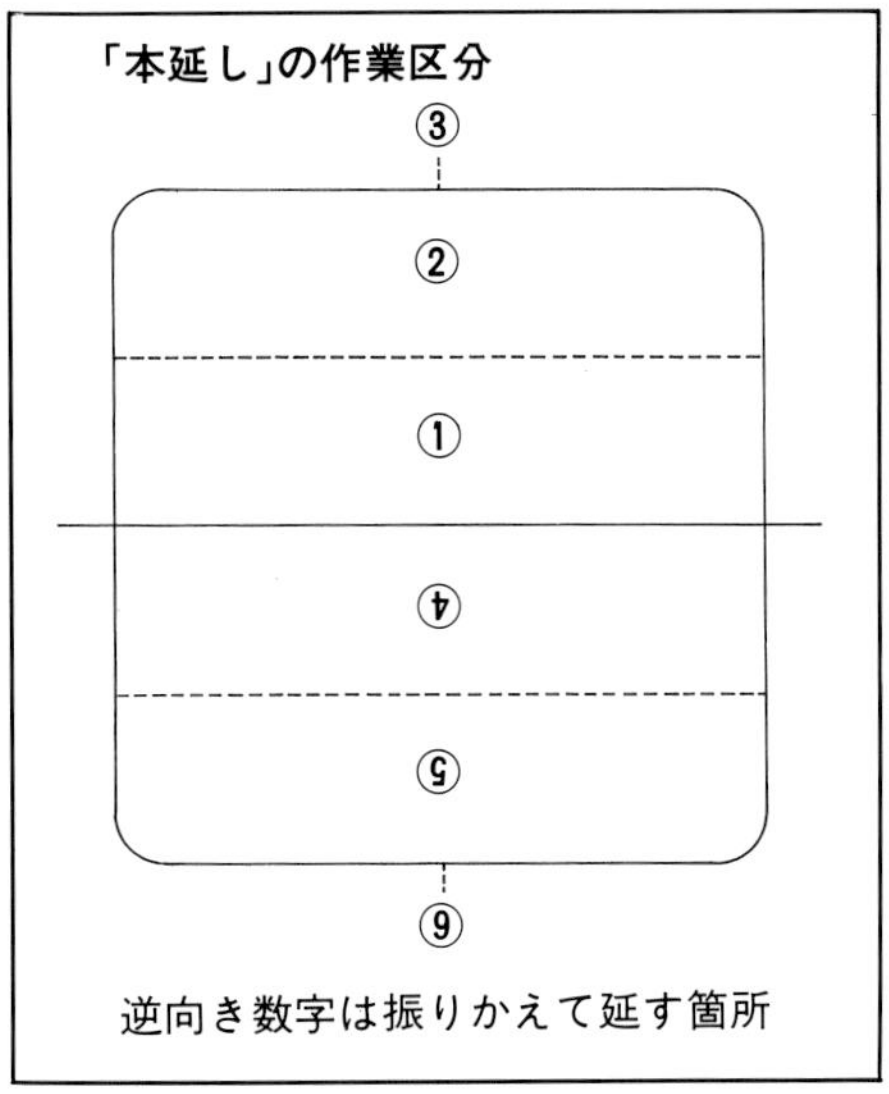

二キロ前後の普通玉の場合、この「振りかえ」という作業は一度しかない。しかし、特別の大玉を中細《ちゅうぼそ》打ちにする場合などは、三度振りかえて、全体を二度延しする方法をとる。一度で所定の厚み（と言うよりも薄さ）にまで延し進めた場合、まだ延しの済んでいない箇所との段差が激しく、切断の危険が高いためである。

そういう特別の場合もさることながら、普通玉で進めていても、「振りかえ」は毎回行なう作業である。そこで、その方法については、あらためて別項で説明する。

●延し棒の扱い方

①延し棒の操作《そうさ》は両手で行なう。持ち方は、五本の指を棒の上にかけるようにして握る。両手の間隔《かんかく》は、およそ肩幅の広さが原則。そばの幅より短い延し棒の場合は、両手の外側に余す長さが左右等しくなる位置を握る。そばより幅のある長い延し棒の場合、右側を延すときは延し棒のおよそ右半分を握り、左側を延すときは、延し棒のおよそ左半分を握り持つ。

②延し方は、麺棒の上にかけた両手で、棒を回転させることにばかり頭がいっていると、そばにはいくらも力が加わらない。延し棒に加えている力が、下のそばに向かうようにする。

延し棒の上に軽く手をかけているだけでは、前方へ回転していく麺棒を追いかけたり、あと押しするだけになりやすい。棒を効《き》かせるには、両手で下へ押さえつけるようにしながら回転させること。——ただし、棒を逃がさないようにするあまり、爪《つめ》を立ててはいけない。指先は、麺棒の丸みに添わせておく。五本の指の中では、特に親指と中指に力が入る。延し棒をコントロールする意志がはたらくためである。

◉延し方の鉄則

一、延しの作業は、姿勢に無理がかからぬ位置に玉を据えて行なう

「本延し」では、そばは常に奥へ延びていく。そこで、ここにあげた原則を踏《ふ》まえていないと、仕事が進むにつれて、腕をいっぱいに伸ばし、前かがみになって遠くを延すようなはめに陥《おちい》る。しかし、こういう延し方はよくない。力の加減がうまくいかないし、延しムラを見分ける眼力《がんりき》もまた鈍る。同じことは、延し台の手前の縁《ふち》ぎりぎりのところで仕事をする場合にも言える。

延し台での仕事は、どんな場合にも、無理な姿勢にならぬ位置に玉《たま》を据《す》えることが原則である。「本延し」では、この原則が特に大事である。——ただし、そばが常に縦に延びていくわけであるから、無理のない姿勢で、仕事のしやすい位置に常に玉を据えて進めるためには、それ相応の処置が必要になる。その処置が、たとえば延し終えた部分を巻き棒にしっかり巻き込んで、これから延す部分が延し台のしかるべき位置に来るように「引き戻し」てきたりする動作である。全部を巻き取って向きを変える動作も同様のもので、この動作は「振りかえ」とか「振りかえる」と言う。

❶延し棒を通して、力が斜め前方へ向かうようにして15～20センチほどを延す

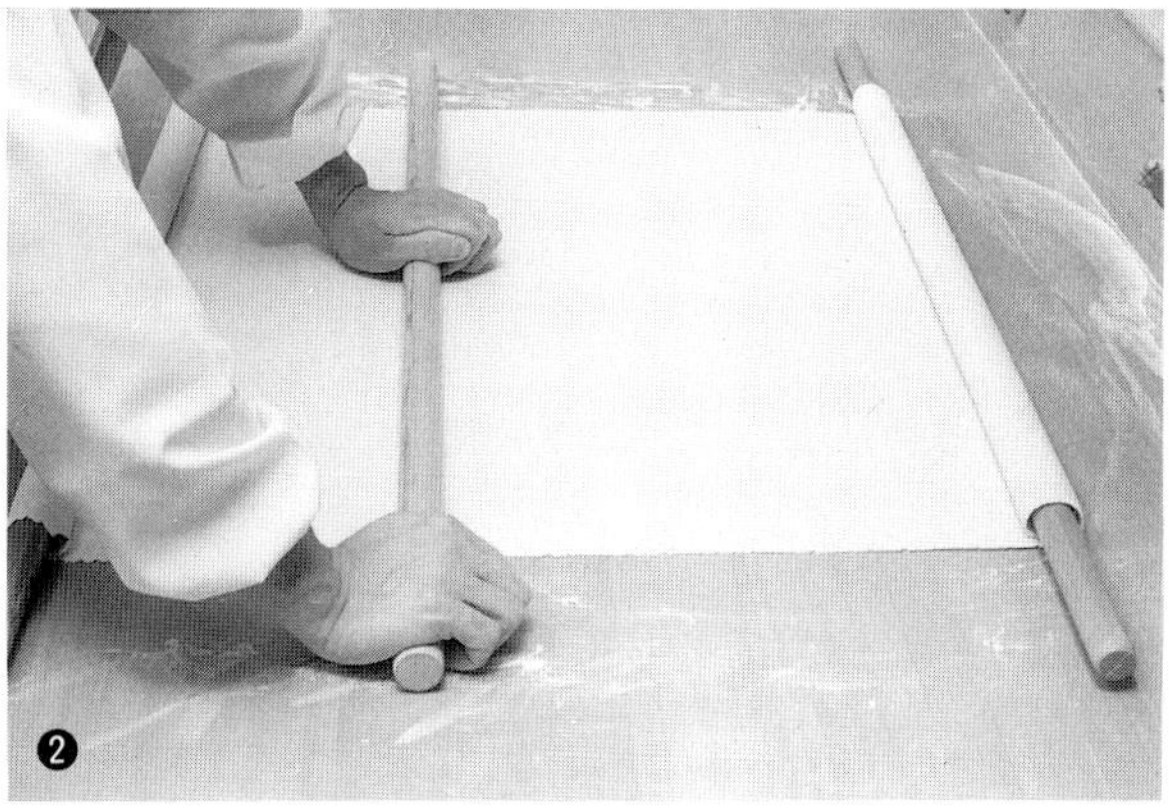

❷延し棒を通して、力が真下に加わるようにして、いま延した分を逆戻りする

二、右左、右左と、少しずつ交互に延す

かりに左側ばかりを十センチ、二十センチ、三十センチ……と、続けて延したとすると、どんなことになるか。

右側は元の長さ、元の厚みのままである。それに対して左側は数倍の長さに伸び、厚みは数分の一の薄さに変わっている。左右で厚みも長さも極端に違う。そのために、左側は真《ま》っ直《す》ぐピンと張った状態で伸びていくことはできない。左へ張り出してくるし、たるみもできる。たるみを通り越して、シワが寄ることさえもある。このシワに延し棒が当たったりしようものなら、たちまちそこが裂けてしまう。

かりにシワが寄ったり、裂け目が入るほどでなくても、いったん片側ばかりを極端に延してしまった場合には、反対側を同じ長さ・同じ厚みにきちんと延し整えることは不可能に近い。肉が不平均なままに延し終えるはめになる。（このような物理現象の不思議は、トタン板の切れ端を鉄敷《かなしき》の上で叩いてみる

片側だけを延し続けた場合の弊害《へいがい》

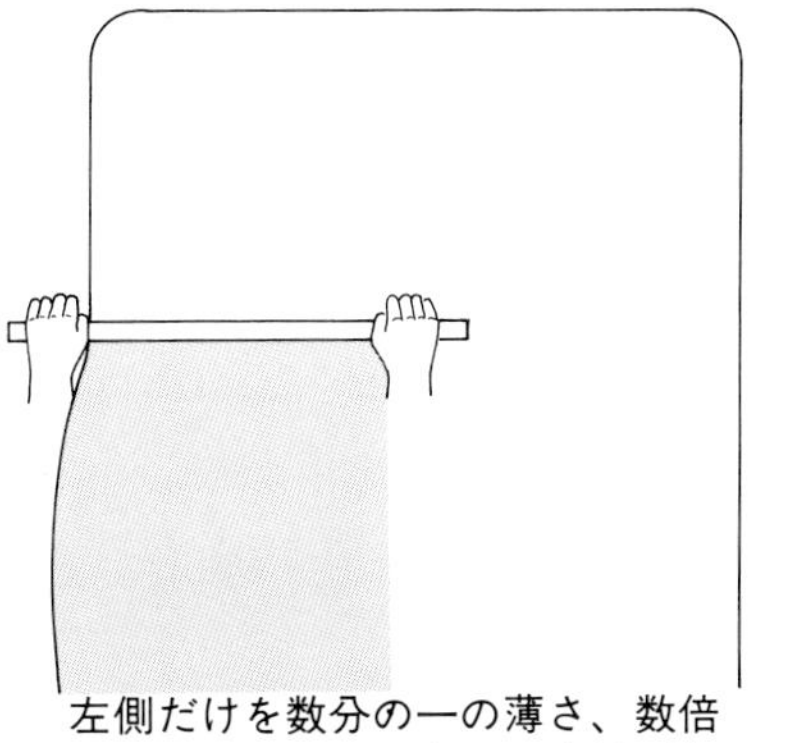

左側だけを数分の一の薄さ、数倍の長さにしてしまうと、生地がたるむ。右側を、同じ厚み・長さにきちんと揃えることは不可能！

と、よくわかる。片側だけを先に叩き延ばしてしまうと、狂いは戻らない。）

延しの鉄則は、右側を少し延したら、引き続いて必ず左側を少し延し、右左、右左……と、必ず交互に進めることである。――ただし、この鉄則を守って延し進めるためには、細部をもっと詰めておく必要がある。以下に列記する。

①一度の延し幅は、十五センチから二十センチ以内にとどめる。初心者は十センチ程度にとどめるのが無難。

②右側を延すときは、麺棒だけでなく、からだも必ず右に移す。左側を延すときは、同様に麺棒もからだも左に移す。

ズルを決め込んで、からだは移さずに、麺棒を持った手だけ右へ左へ伸ばして済ませていると、延しムラをつくってしまう。右を延すときは、延し棒を持ったまま歩を進めて、体も正しく右へ移動してから延し、左を延すときは同様に体を左へ移してから延す。これをきちんと守って続けていこうとすると、左から右へ、右から左へと移って延し始めるときに、延し棒をパタッと打ちつける音が響くようになる。いわゆる「手打」の音である。

③そばに対して、両手は次のように位置させる――、

右側を延す場合、右手は、そばの右耳（右端）より少し外側に位置させる。左手は（特別小玉でないかぎり）そばの真ん中あたりに位置するようになる。

左側を延す場合、左手は、そばの左耳（左端）より少し外側に位置させる。右手は（特別小玉でないかぎり）そばの真ん中あたりに位置するようになる。

右、左と交互に延す――延しの鉄則

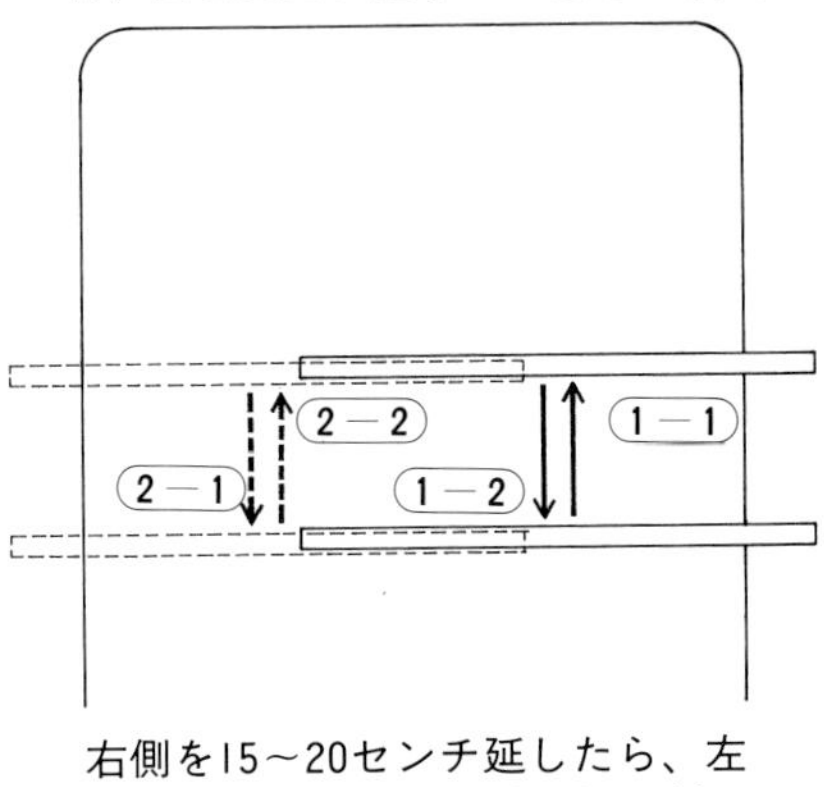

右側を15～20センチ延したら、左も同じだけ延す。良質の粉で割を詰めている場合は、後ろへも延したのち、反対側に移るようにする

三、前へ延したら、すぐ後《うし》ろへも延す

一度の延し幅を二十センチ以内にとどめ、右左、右左と交互に延し進めていく。しかし、それだけではまだ充分ではない。延し幅を狭め、左右交互に進めていても、前方にばかり延し続けていると、生地《きじ》が中細《なかぼそ》りの鼓形《つづみ》になってしまう。これは、生地が前へ引っ張られ続けていることから起こる現象である。

その結果として、両耳《みみ》（両端）が真っ直ぐに揃《そろ》わなくなる。それだけにとどまらない。デンプン質の多いそば粉を、「つなぎ」二割以内で打つ場合には、耳が裂《さ》けたりする。特に巻き込んである近くが裂けやすい。

こういう失敗を防ぐには、次の延し方を習慣化すること――。

①前へ延したら、その分《ぶん》、後《うし》ろへも延す。

②特に後ろに延す場合は、麺棒の真下《ました》に力が加わるようにする。

たとえて言えば、前方へ延す作業はブルドーザー、後ろへ延す作業は地ならしのローラーということになる。

●「引き戻し」のコツ

「引き戻し」は簡単に見えて、その実、細心の注意を要する。「四つ出し」で頻発《ひんぱつ》した「引き戻し」と、「本延し」の作業手順としての「引き戻し」の違いをよく理解しておくことが大事である。

「四つ出し」での「引き戻し」は、全体がまだ部厚い状態での作業であった。ところが、「本延し」では、全体がほぼ均一の厚さの状態で引き戻してくるのは、初めの一回だけである。あとはすべて、厚みに段差のある状態で引き戻してこなくてはならない。二度目に引き戻してくるときのそばの状態を例に

引き戻してくるときの注意点

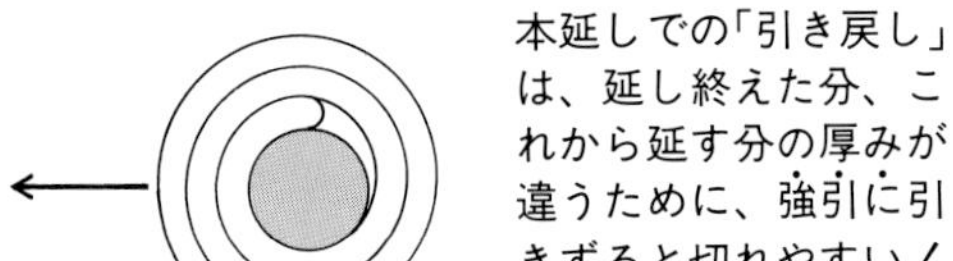

本延しでの「引き戻し」は、延し終えた分、これから延す分の厚みが違うために、強引に引きずると切れやすい！

とろう。

麺棒（巻き棒）に巻き込んである内側の何巻きかは――まだ「本延し」の済んでいない厚い部分。

外側一巻き前後は――「本延し」の済んだ薄い部分。

延し台に広げたままの部分は――まだ「本延し」の済んでいない厚い部分。

このように厚みに差のあるものを引き戻してくるとなると、その差のついたところに無理がいって切れやすくなる。加水量の少ない固ごねの場合は、とりわけ切れる率が高いし、逆に、やわらか過ぎても耐える力がなく、危ない目にあう。

この危険を未《み》然《ぜん》に防ぐには、延し板との摩《ま》擦《さつ》が少なくなる引き戻し方をしなくてはならない。引き始めに、そばが延し板に密着していないかどうかを見きわめた上で、浮かせぎみに戻してくることが肝要《かんよう》である。

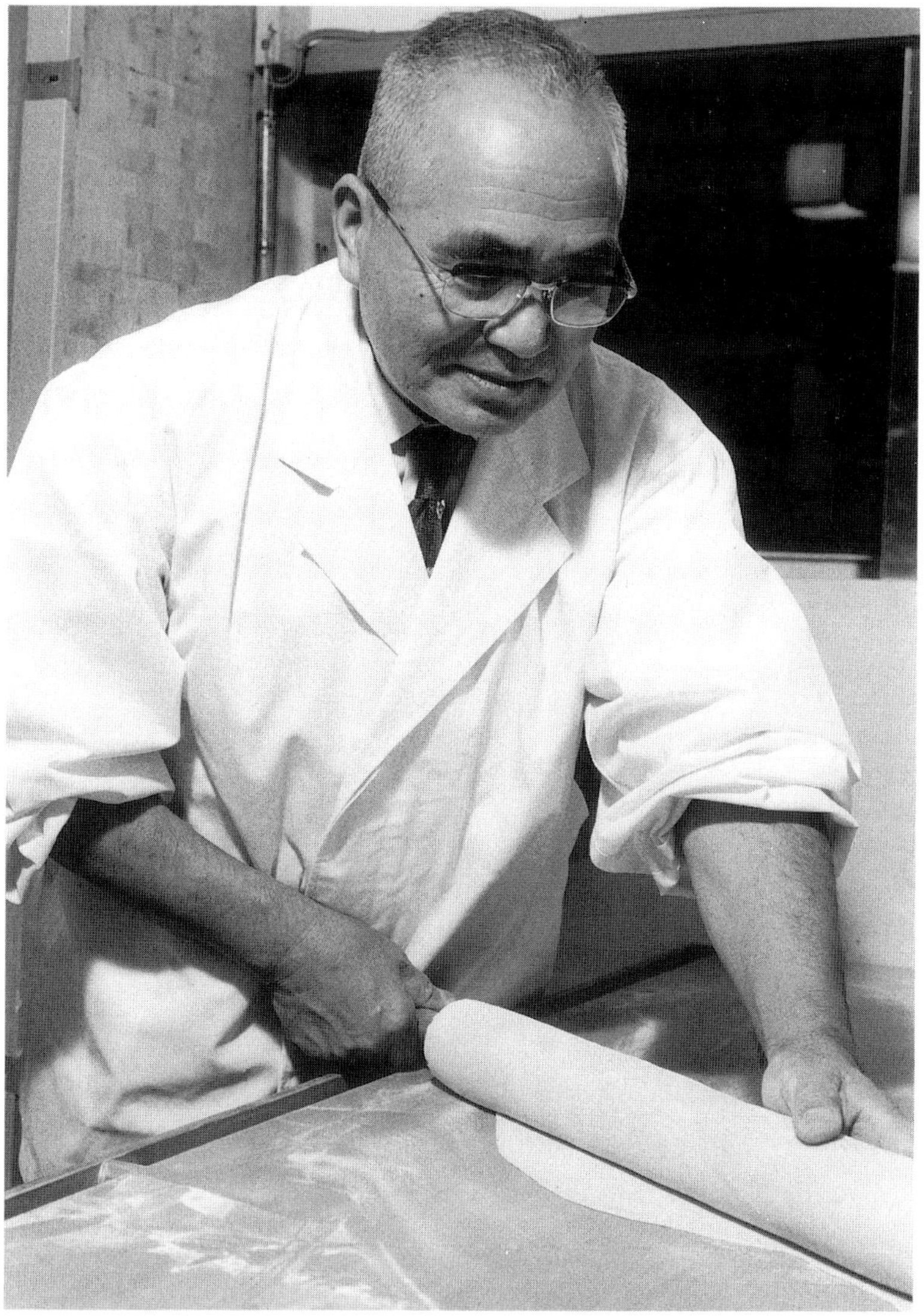
「振りかえ」（そばを巻き取って向きを変える作業）は、本延しに特徴的な作業

延し台に振った打ち粉は、こういうところで効《き》いてくる。と同時に、「本延し」に入ったら、「打ち粉を裏へまわす方法」に熟達していることが必須の条件になる。その方法については別項で説明する。

もっとも、つなぎの小麦粉が三割を超えてくると、強く引っぱっても耐える力がかなりある。だから一例が、「木鉢」までは他人の受け持ちでも、引き戻してくるときの様子で、そば粉と小麦粉のおおよその割合、さらには加水量の適否などを見抜けるまでにカンを養うことも可能である。

●振りかえ方

①巻き棒を向こうへ回転させて、そばを全部巻き取る。

②片手を支点に、もう一方の手でそばを約3/4回転させる。たとえば左手を支点にして右手で回す場合、次のようにするとよい。左手は、人差し指以下を下に差し込み、親指が上に来るようにしてそばを押さえ持つ。右手は甲《こう》を上にして、巻き棒の右端を握り持つ。そして、右手で手前まで引き戻しながら、左手で送れるところまでそばを送っていく。浮かせぎみに行なうこと。

③手を持ち替《か》えて引き戻し、延し台手前に据《す》える。これで、そばは一回転して、向きが逆になる。

（書き言葉だけではわかりにくいので、のちの手順写真の該当《がいとう》箇所を参照いただきたい。）

◉打ち粉を裏へまわす方法

そばが延し板に貼《は》りついたり、麺棒に巻き取ったそばがくっついたりするのを防ぐには、打ち粉をそばの裏側にもまわさなくてはならない。これは延し終えた分《ぶん》を巻き込むときに、次のような手順を踏むとよい。

①延し終えた部分の表面に打ち粉を充分に振り、よくならす。

②打ち粉を振ったところまでを、巻き棒にしっかり巻き込む。

③巻き込んだものを元のところまでほぐす。この段階で、巻き取ったそばの外側——すなわち、延し台にひろげてあったときの裏側のほうにも、打ち粉が移っていることを確認できる。そこで、ただ巻きほぐすのでなく、打ち粉が移りついた面を両手でならしながら巻きほぐす。両手を左右に動かし、なでるようにして、打ち粉を広い範囲に行き渡らせること。

④②③の要領で、巻いたりほぐしたりを数回繰り返す。そばの裏表に、毛氈《もうせん》の毛足のような打ち粉の膜《まく》ができあがったら、巻き棒に巻き込んで次へ進む。

◉延しムラの原因

延しムラは、延し方にまずいところがあって起こる場合、道具に問題があって起こる場合、の両様がある。

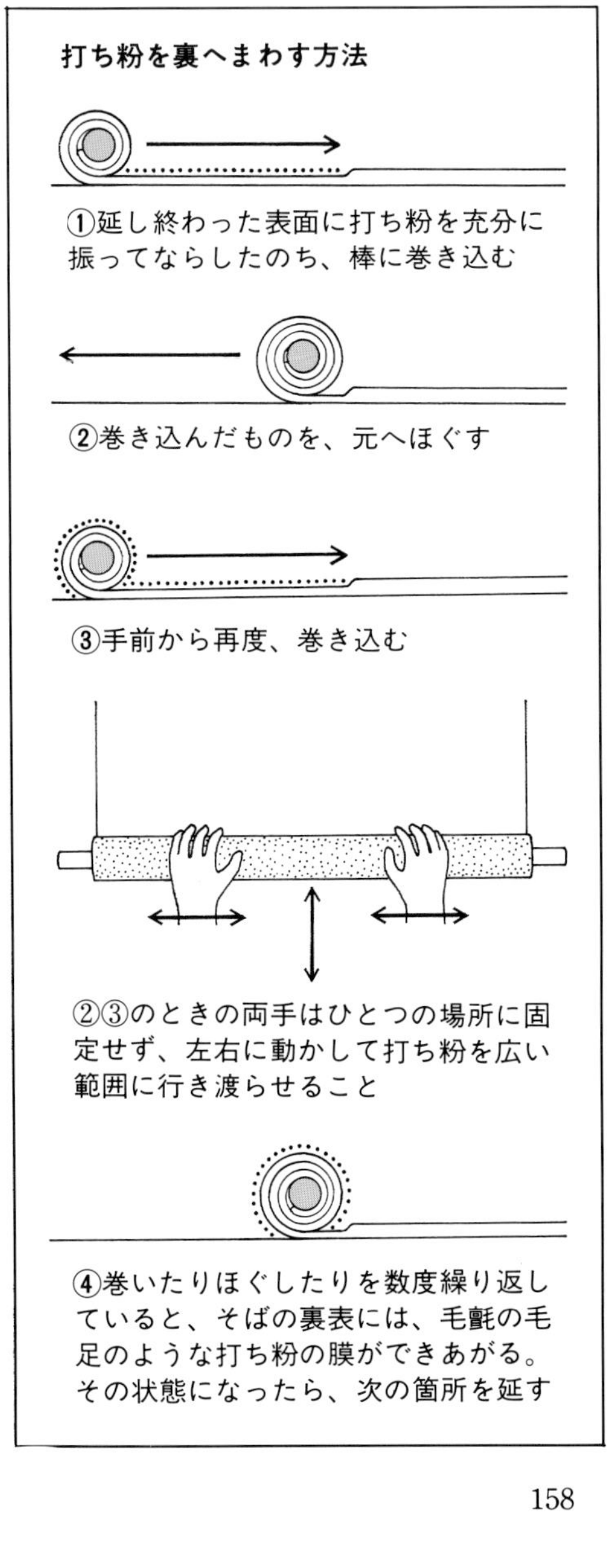
打ち粉を裏へまわす方法
①延し終わった表面に打ち粉を充分に振ってならしたのち、棒に巻き込む
②巻き込んだものを、元へほぐす
③手前から再度、巻き込む
②③のときの両手はひとつの場所に固定せず、左右に動かして打ち粉を広い範囲に行き渡らせること
④巻いたりほぐしたりを数度繰り返していると、そばの裏表には、毛氈の毛足のような打ち粉の膜ができあがる。その状態になったら、次の箇所を延す

一、延し方に原因がある場合——

①右左、右左と延し進むときに、からだと右左に移らず、手だけ伸ばして延している。

②形はきちんとしているようでも、両手に加えている力が均等でない。

それによって間々《まま》起こるのが、右左、右左と延し進めてきたうえで、あらためて真ん中を延すという非能率な仕事である。右左、右左と延し進めていれば、真ん中には都合《つごう》二度ほど力が加わる。だから普通は、あらためて真ん中だけを特別に延す必要はない。ところが、両手の力のバランスが崩れ、——特に左側を延すときの右手の力が弱く、右側を延すときの左手の力が弱い場合は、事情が変わってくる。すでに真ん中を二度延したことになるにもかかわらず、真ん中が両側よりも厚いままに残ってしまう。

なぜ、こんなことになるのか。逆から言えば、真ん中は二度延す計算になるのに、なぜ、一度しか延さない外側と均等の力を加えなければならないのか。

それは——棒の当たる面積が真ん中は広いので、力が分散して半減してしまうためである。たとえば、両手に七の力を加えていても、そばに作用する力としては、真ん中は三から四の力になってしまう。これが最初から三の力と七の力というようにバランスが崩れていたらどうなるか。右を延したら左を延す……と、真ん中を都合二度延しても、計算上、両側と同じ力が加わったことにはならない。だから、あらためて真ん中だけを延す羽目になるのである。

③延し終えた分《ぶん》の色を目安にして次を延す

●「本延し」手順（1）

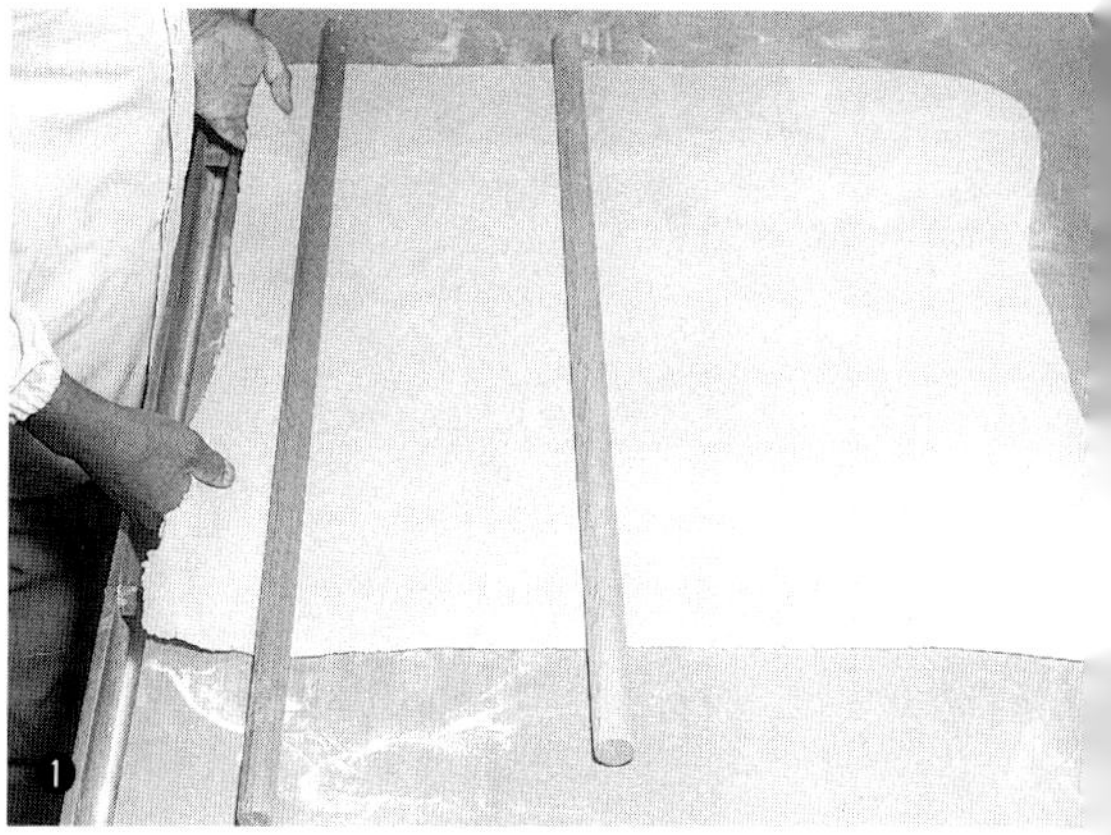

1 **〈手前半分を巻きとる〉** 延し棒は中央に残し、手前に巻き棒を据《す》える

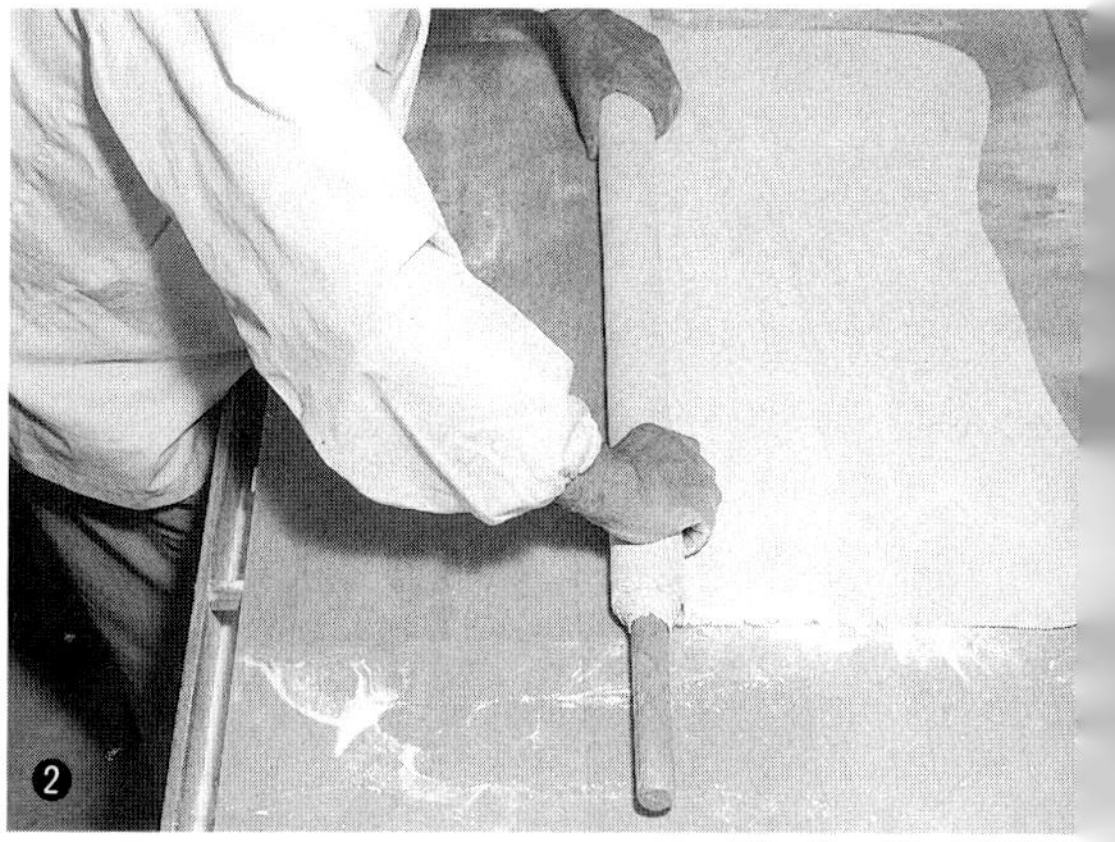

2 巻き棒に全体の半分ほどを巻く。たるみのないように、また耳も揃《そろ》えて巻く

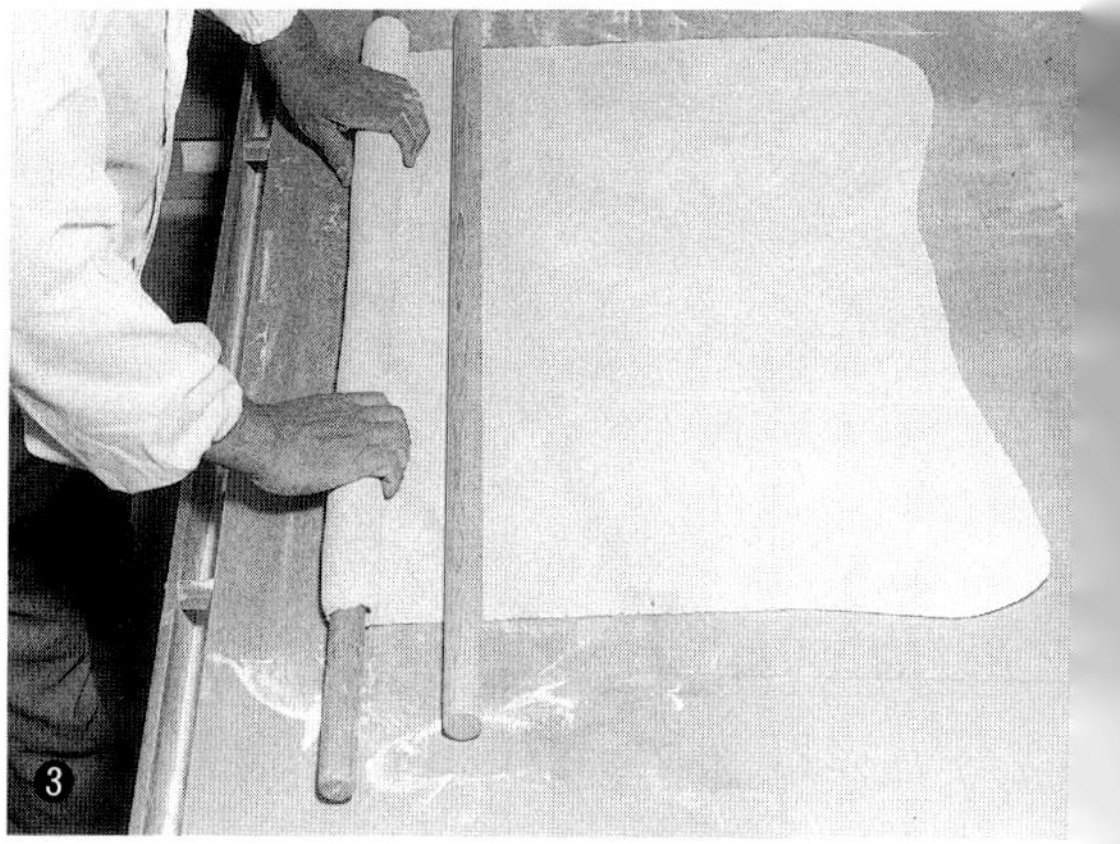

3 **〈引き戻し〉** 軽く浮かせぎみにして、仕事がしやすい位置まで引き戻す

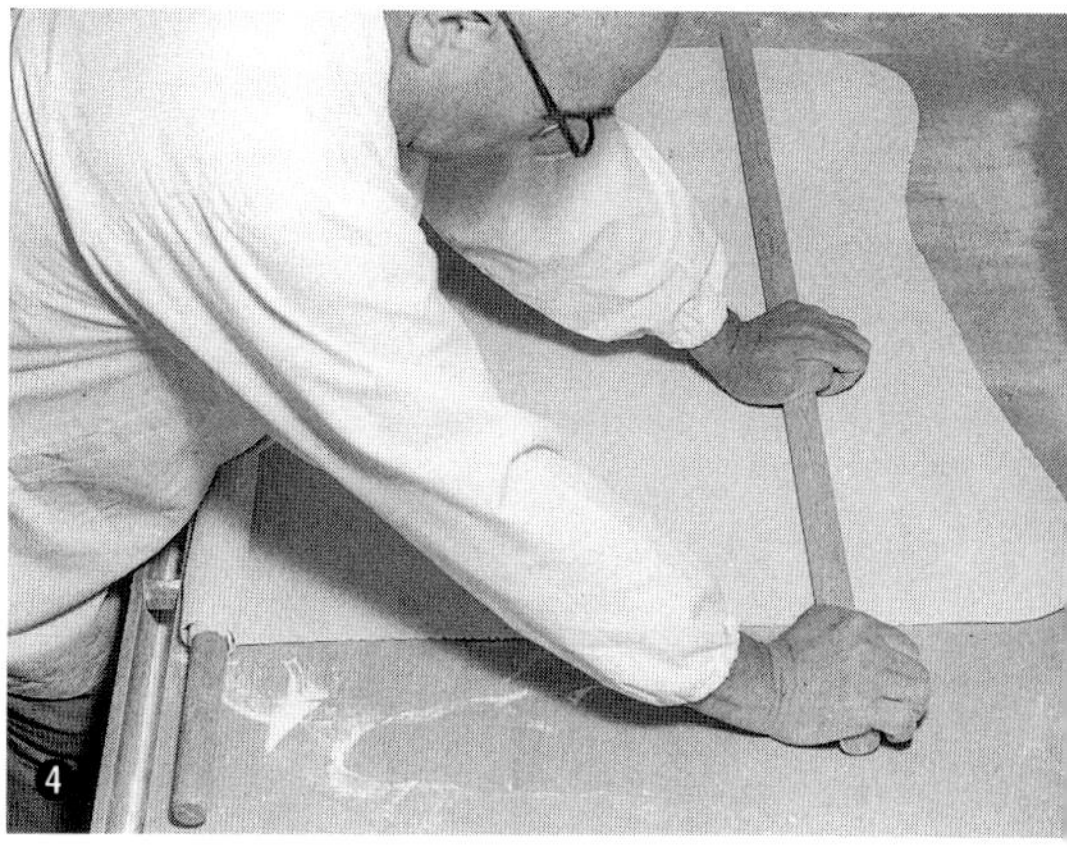

4 **〈1/2ほどを延す〉** からだごと右へ移り、右側を延す。両手の力は均等に…

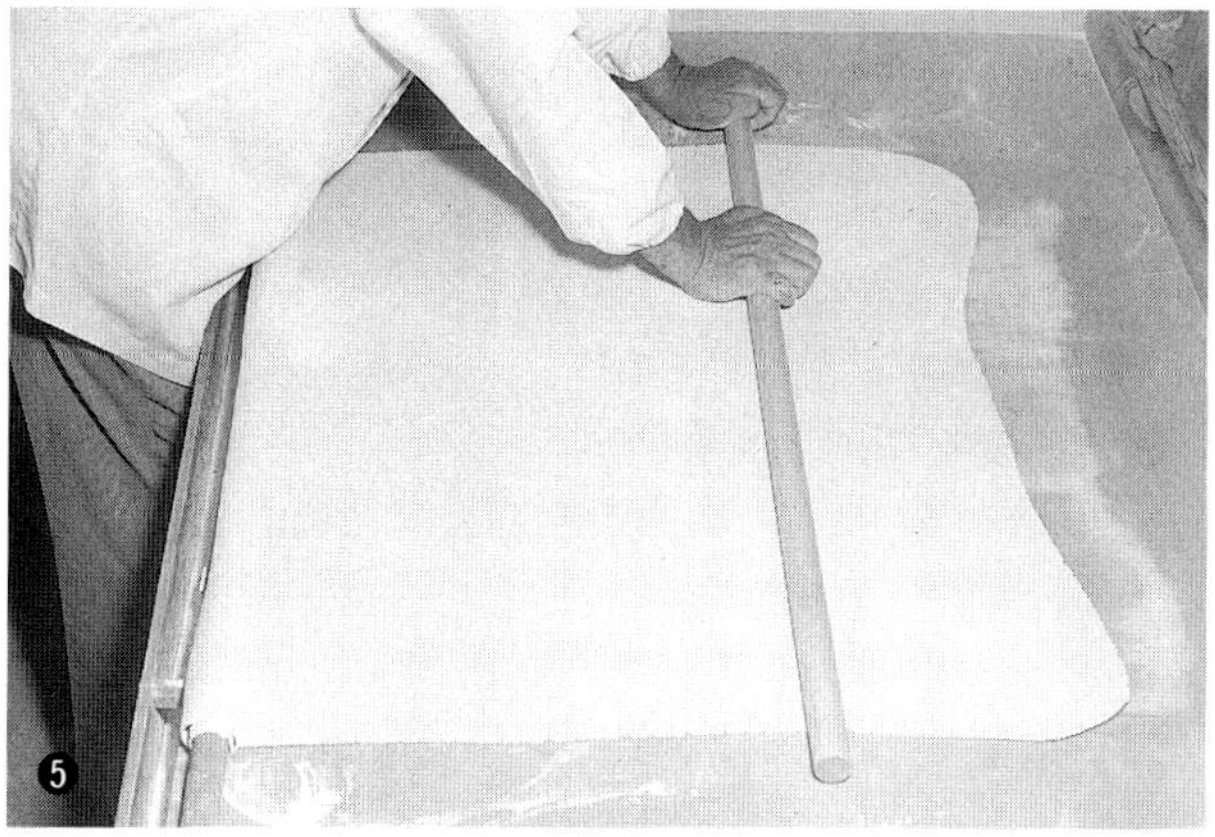

5 からだごと左へ移り、右側と同じ分だけ延す。④⑤を適宜《てきぎ》続ける

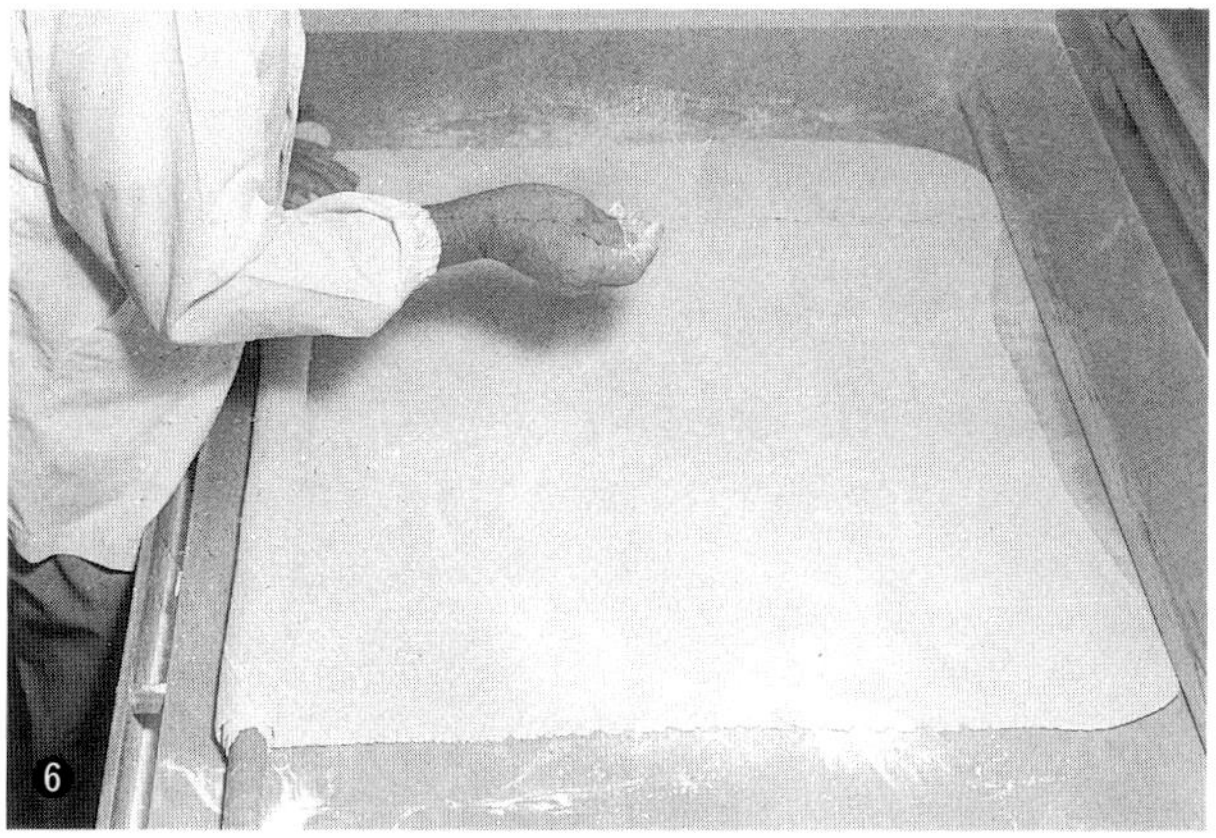

6 **〈打ち粉を振る〉** 延し終えた箇所《かしょ》に、手いっぱいにつかんだ打ち粉を振る

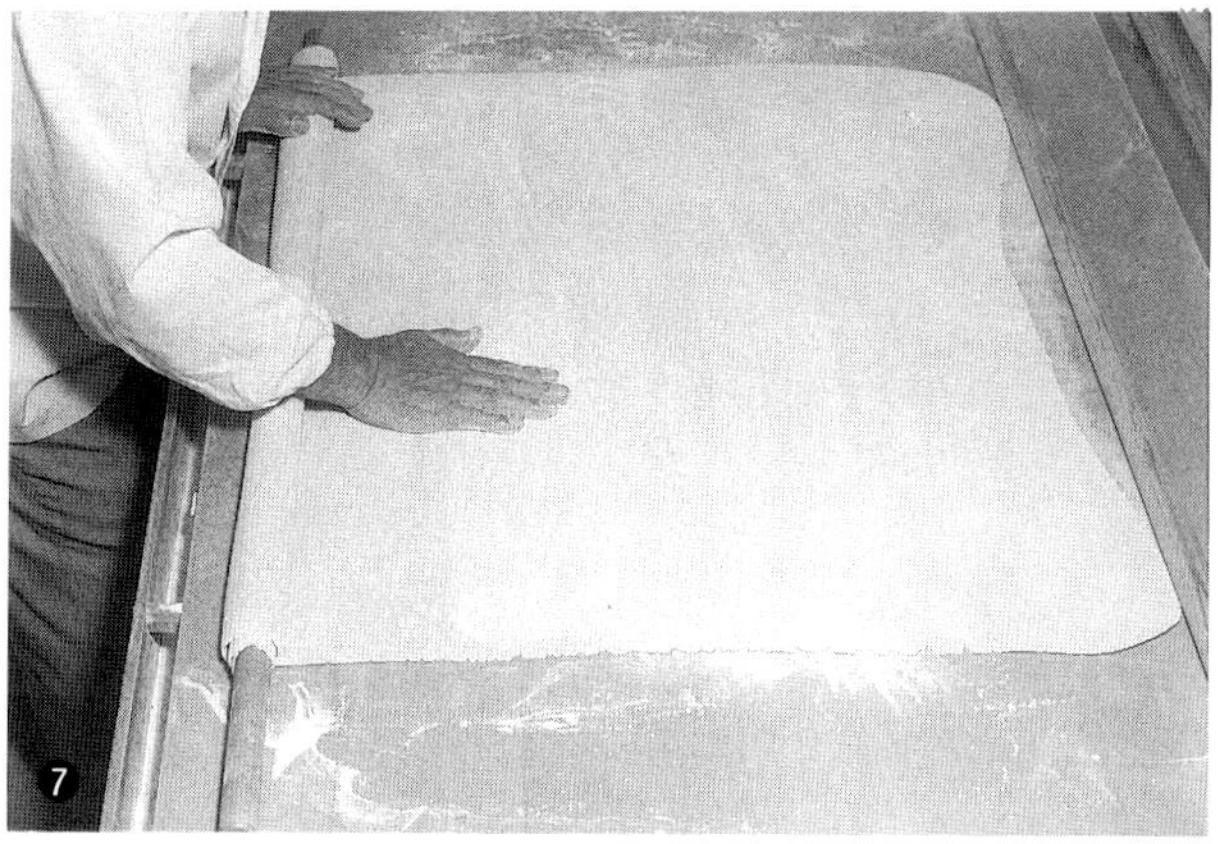

7 **〈打ち粉を裏表にまわす〉** 打ち粉をならしながら、裏表に広く行き渡らせる

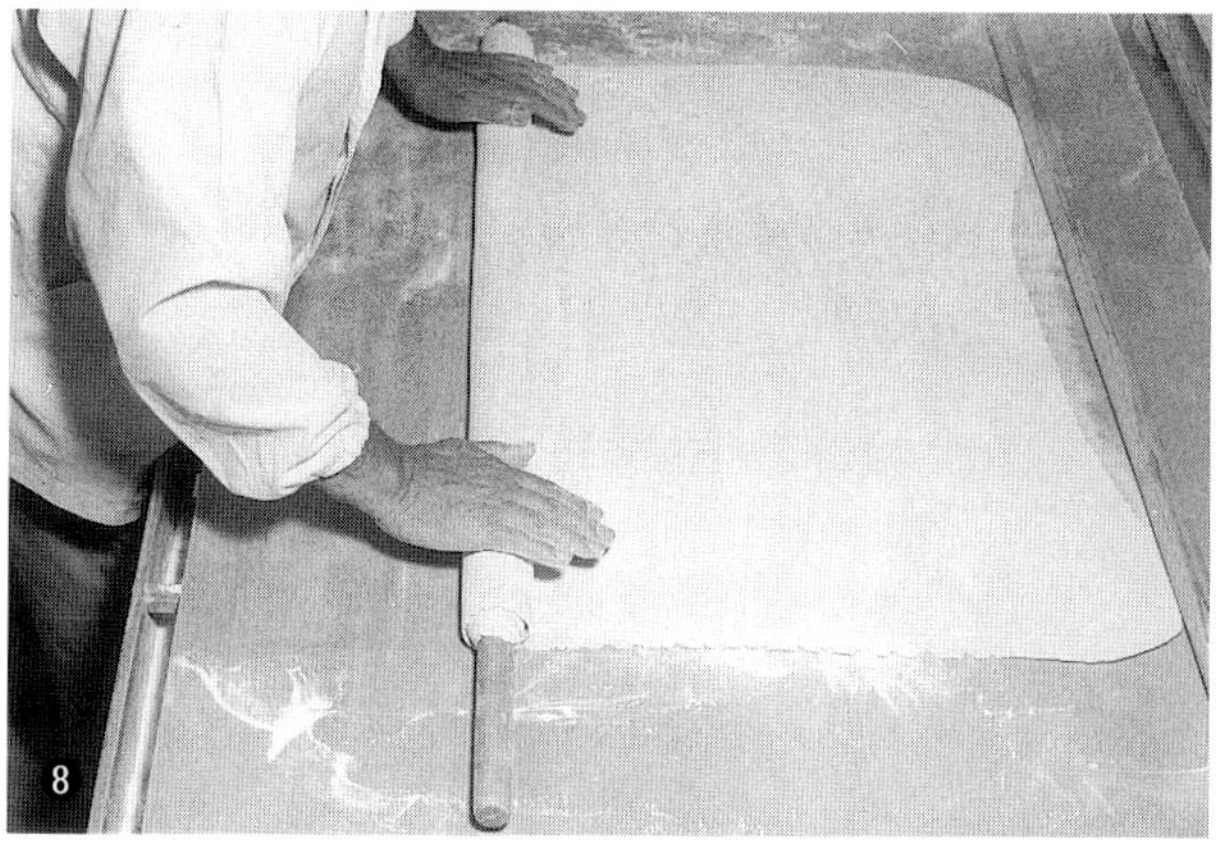

8 **〈延し終えた分を巻き取る〉** 全部巻き取らずに、少し巻き残すようにする

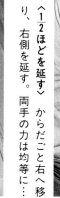

ことをしていない。（仕上がり時の厚みを計算して進めていない。）

これについては、別項で詳説する。

二、道具に原因がある場合――

①狂いのある延し棒、片減《かたべ》りを起こした延し棒、手入れが悪くて凹凸《おうとつ》のある延し棒を使用している。

②延し板に狂い（反《そ》り）や凹凸《でこぼこ》がある。

◉延しムラの見分け方

しなやかで、すべりのよい延し棒を使っていると、延しムラは、棒を通して感じとることができる。

だが、一番大事なことは、延しムラを見分ける眼を養うことである。延しムラは、必ず「色ムラ」となって現れるから、目で見分けられるようにならなくてはいけない。

色の濃いところ――肉の厚いところ。

色の淡いところ――肉の薄いところ。

耳（そばの左右の縁《へり》）の影の太く濃いところ――縁近くの肉が厚い。

耳の影の細く淡いところ――縁近くの肉が薄い。

以上の変化は、あくまでも微細・微妙な変化である。おまけに、そこには打ち粉の色ムラも加味されやすい。不確かな条件がいくつも重なっては、正しい判断をくだせないから、打ち粉はよくならしておくことが大切である。

厚さを均一に延し進める方法

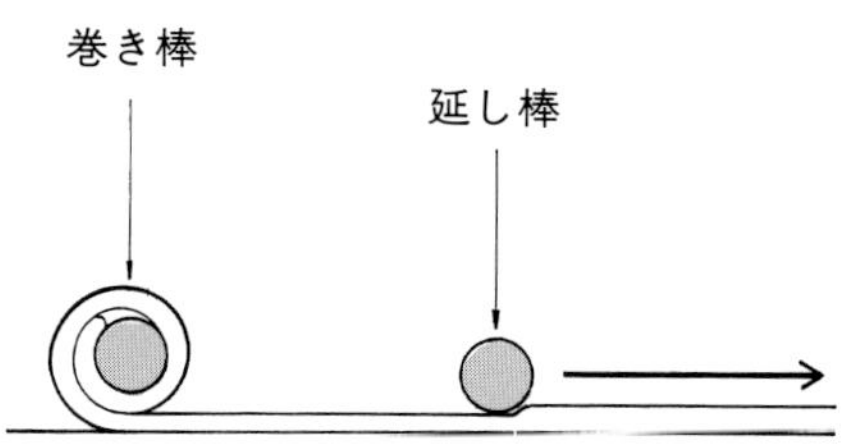

①延し終えた分を全部巻き込んでしまわず、15～20センチほど残しておく。その色を参考にしながら先を延すこと

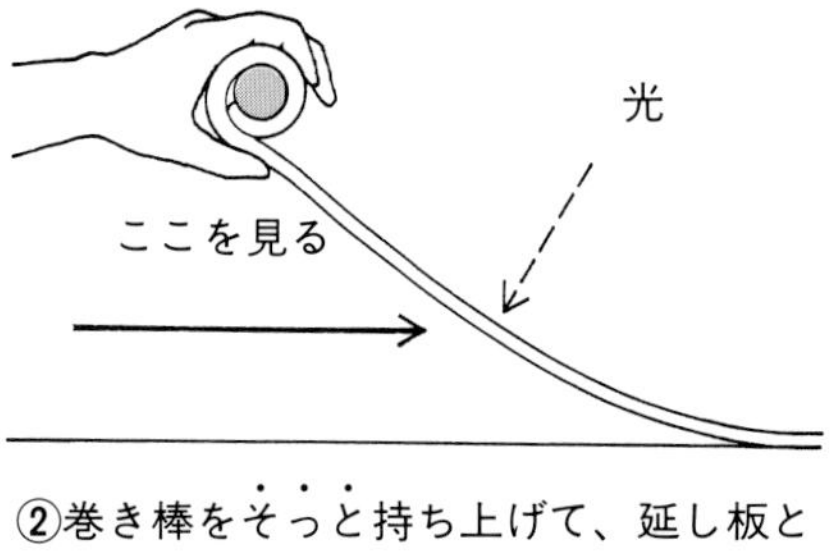

②巻き棒をそっと持ち上げて、延し板とそばの間に風を入れる。そのときに、そばの裏側の光線の通り具合から、延しムラを判断する。ていねいに軽く扱うこと

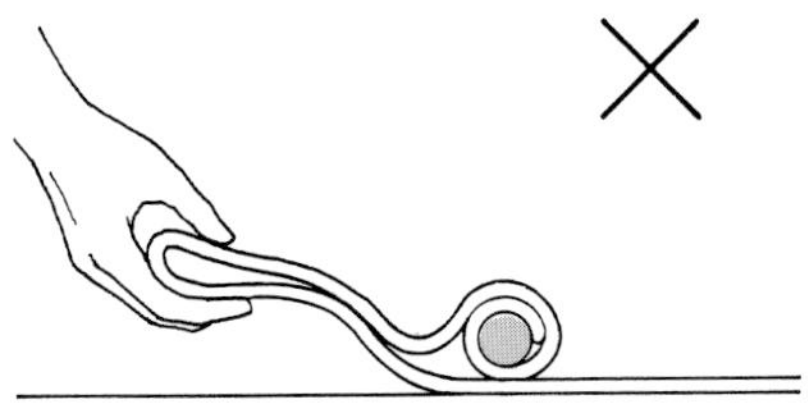

親指と人差し指などにはさんで厚みを測るのは失格。厚さムラは色ムラとなって現れるのだから、目で見分けるべし！

ここでひとつ、よい方法をお教えしよう。この方法は本来、そばが延し板にくっつくのを防ぐための方法である。加水量が多過ぎたり、温度・湿度の高いときは、延し板に打ち粉を振っておいても、そばが貼《は》りついてしまうことがある。それを防ぐための方法が、同時に、延しムラを見分けることにもたいへん役に立つ。

①巻き棒（すでに延し終えた分を巻き込んである）を、みぞおちの下くらいの高さまで、そっと持ち上げる。（元来《がんらい》は、これによって、そばと延し板との間に風を入れるわけである。）

②持ち上げたそばの裏側を見る。裏側への光線の通り具合から、延しムラを見分けることができる。肉の厚いところは、当然ながら、光線の通りが悪い。

◉厚みに段がつくのを防ぐ方法

「本延し」では、延し終えた分《ぶん》を巻き取ってその先を延すために、慣れないうちは次のような失敗を犯す。すなわち、いま延しているところは延しむらもなく、平均に延せたようでも、「たたみ」に移ってひろげてみると、何箇所かに段がついている――。

このような失敗に気づくこと自体は、喜ぶべきことであろう。他から指摘《してき》を受けなくても、自分で延しムラを見分ける眼がついてきたことになるからである。

厚みに段がつくのを防ぐには、延し終えた部分を、ぎりぎりまで巻き込んでしまわないようにする。十五センチから二十センチくらいは、ひろげたままにしておく。そして、その箇所の色を目安にして次を延す。

●「本延し」手順（2）

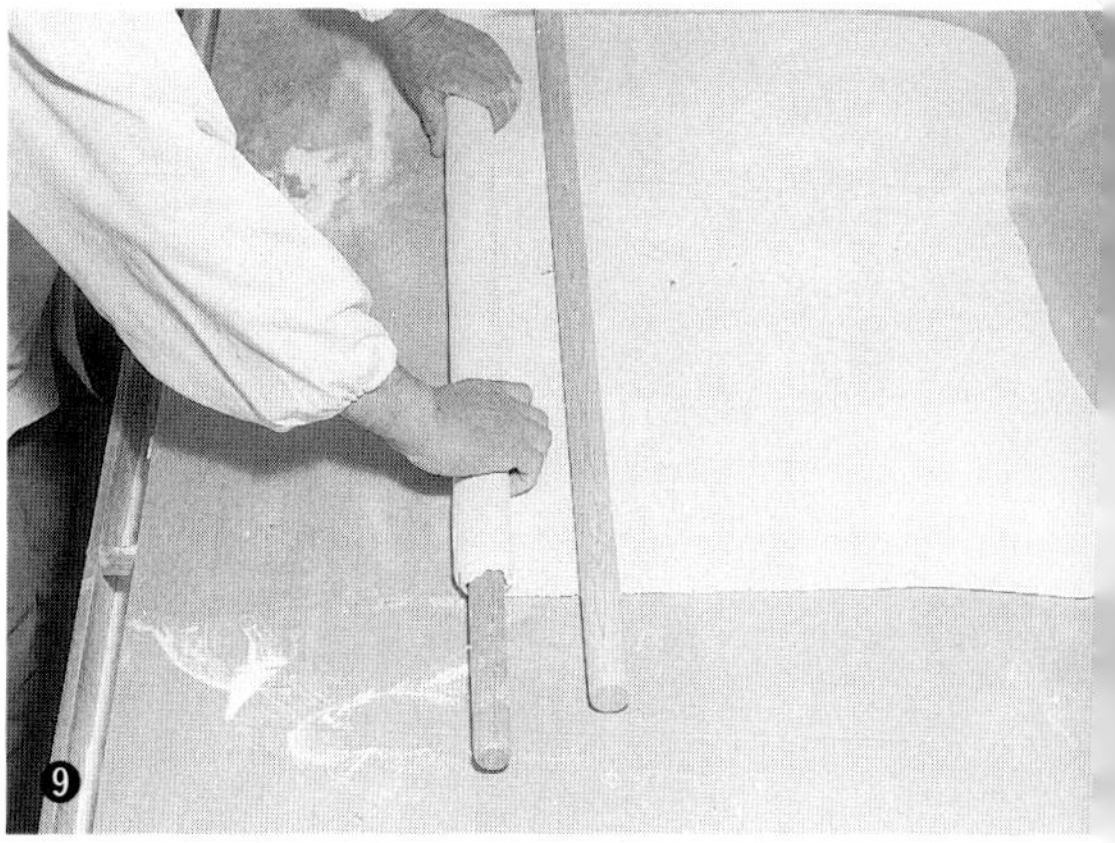

〈引き戻し〉 軽く浮かせぎみにして、仕事がしやすい位置まで引き戻す

〈残り1/2ほどを延す〉 からだごと左へ移り、左側を延す。両手の力は均等

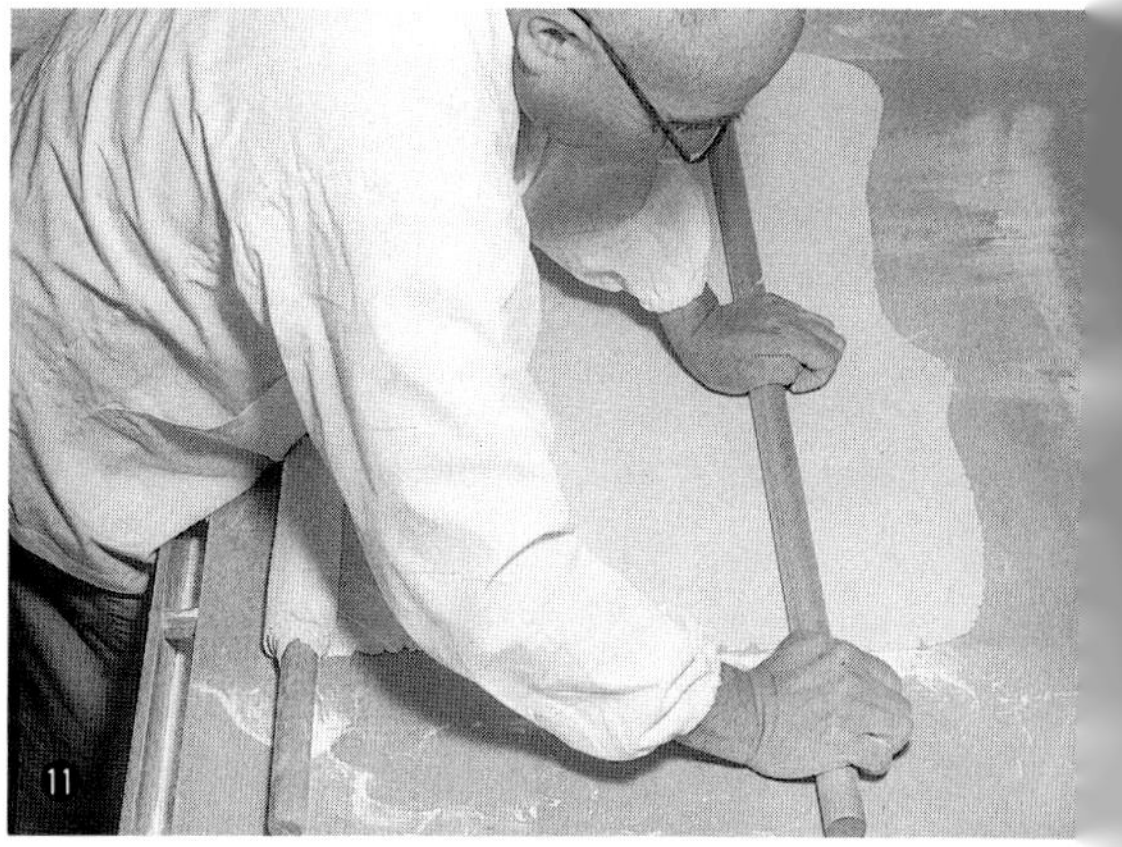

からだごと右へ移り、左側と同じ分だけ延す。⑩⑪を適宜《てきぎ》続ける

〈先端を整える〉 右耳を揃《そろ》えながら、厚みを均一にする

左耳を揃えながら、厚みを均一に仕上げる。先端は形より実質を優先させる

〈打ち粉を裏表にまわして巻き取る〉 ⑥⑦同様に進め、耳を揃えて巻き取る

〈振りかえ〉 左手を支点にして、右手で巻き棒を手前まで引き回してくる

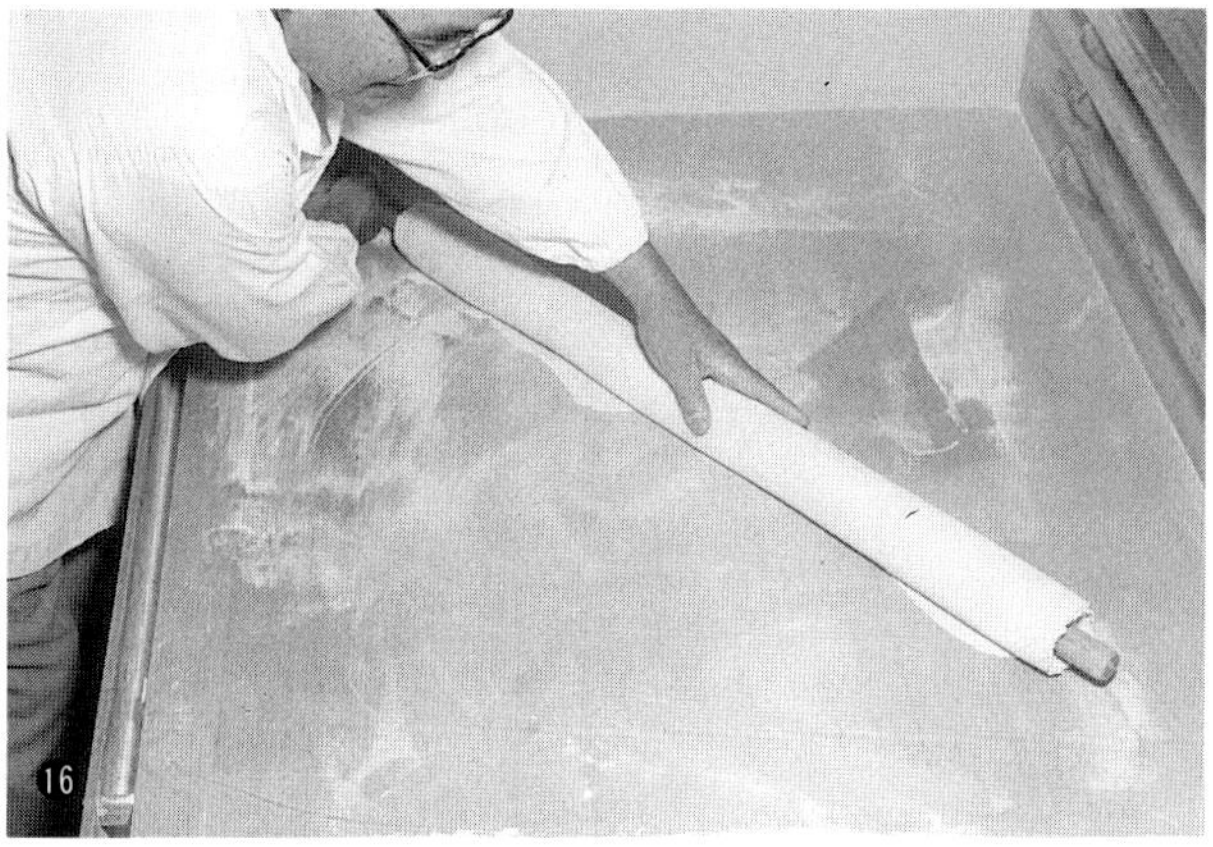

そのまま手を替《か》えずに送れるところまで回していく。浮かせぎみに行うこと

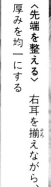

ときに、延し終えた部分を二つ折りにして、親指と人差し指にはさんで厚みを見る人がいるようだが、これは感心しない。それをやる人には、私はいつも九〇点の減点を言い渡してきた。その理由は、指でさわってみなければわからないというのでは、その人の目がフシ穴同然のはたらきしかしていないためである。

厚みの違い――総じて延しムラは、必ず色ムラとなって現れる。したがって、延しムラは目で見分けられるようにならなくてはいけない。

◉「耳《みみ》」を揃《そろ》える方法

「耳《みみ》」とは、延しているときのそばの左右の端《はし》を言う。「パンの耳」などと表現するのと同様の用語法である。

この両耳を真《ま》っ直《す》ぐに揃《そろ》えることもまた、大事な職人技《わざ》である。私は撮影のために、仕事の流れを何度も不自然に中断させられることがある（同じ所作を数回繰り返させられることも珍しくない）。が、それでも、耳が不揃いになることはまずない。かつて吉川英治《よしかわえいじ》さんは、延し終えて巻き取った耳が、ほとんど一分《ぶ》の狂いもなく平らな面をなすことにびっくりした様子で、「神わざ」の評を私にくださった。こまかいところにまで目がいくのは、さすがに作家である。しかし、正直に言わせていただくならば、「神わざ」という評語は嬉しくもあれば、ちょっぴり残念な気もしないではない。というのも吉川英治先生が、分野は違っても、職人仕事とはすべからくそういうものだという視点でご覧になっていたのではないことを、その言葉が明かしているためである。

職人仕事というものは、角《かど》を決めるところは角を決め、真っ直ぐに揃えるところは真っ直ぐに揃えられないと、様《さま》にならない。作家の幸田文《こうだあや》さんは、ＮＨＫテレビ「日本の伝統・そば」でごいっしょさせていただいた折に、私の一部始終《しじゅう》をご覧になっていて、「そば一つを取り上げてみましても、職人仕事の伝統は、このような形で生きているのですね」と、おっしゃってくださった。

閑話休題《かんわきゅうだい》。耳を揃えるには、次のように進めるとよい。

巻き取ったときに、耳が揃うように延すこと

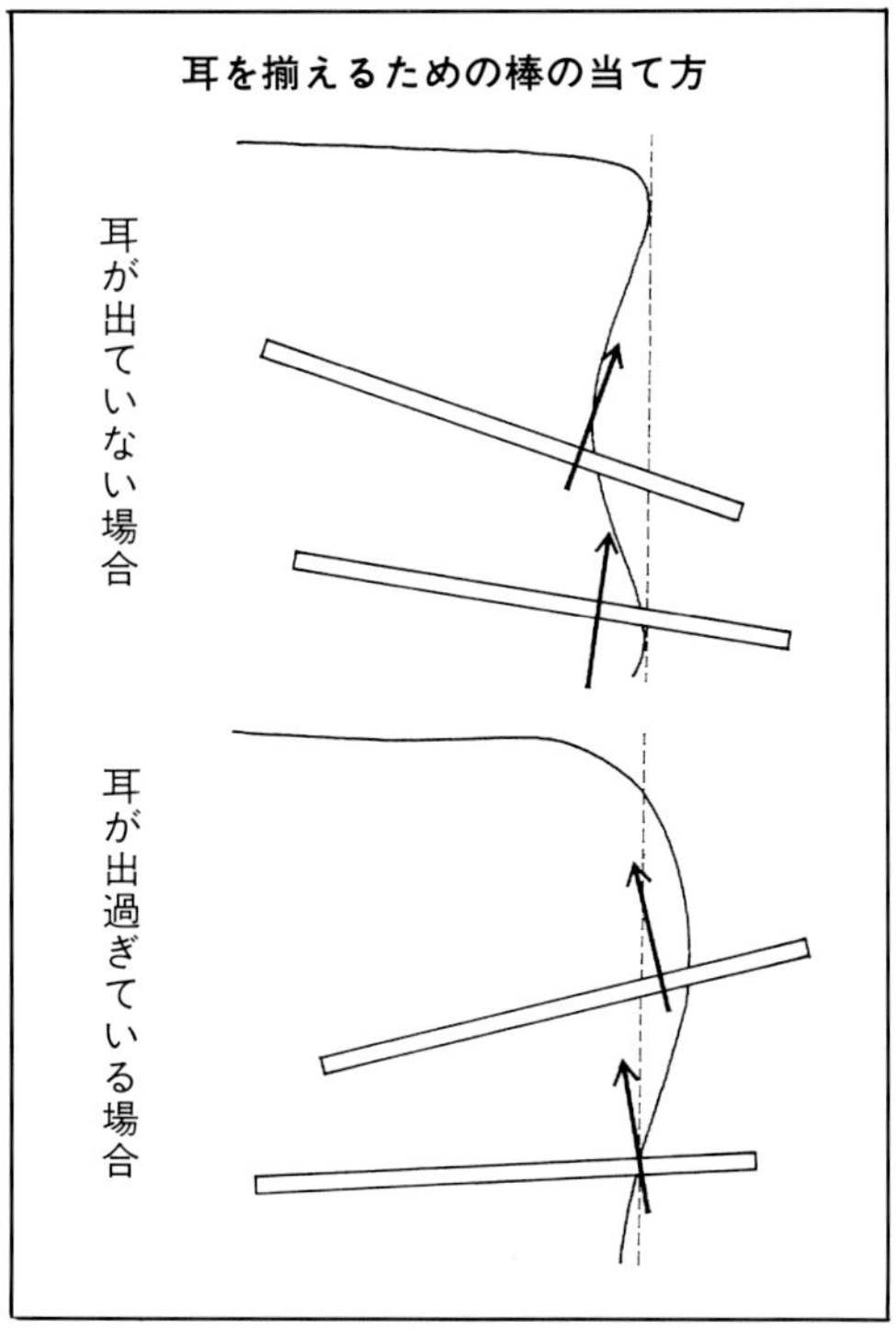

①目印を定める。延し板や、その向こうの壁・窓などに目見当《めけんとう》で、両耳から真っ直ぐに伸びた目標を定める。その目標に照らして、絶えず現在位置を点検修正しながら進めるようにする。

②修正にあたっては、耳が出過ぎている場合、延し棒の進む方向が内側へ向かうようにして肉を移動させる。

③耳が出ていない場合は、延し棒の進む方向が外側へ向かうようにして肉を移動させる。

耳が出過ぎている場合と出ていない場合では、延し棒の当て方も力の方向も反対になる。しかし、棒を当てる角度は、たとえば一箇所に限ってみても、初めに当てた角度のままで続けていてはうまくない。肉の移動につれて、棒の角度を微妙に変えていくことが必

●「本延し」手順（３）

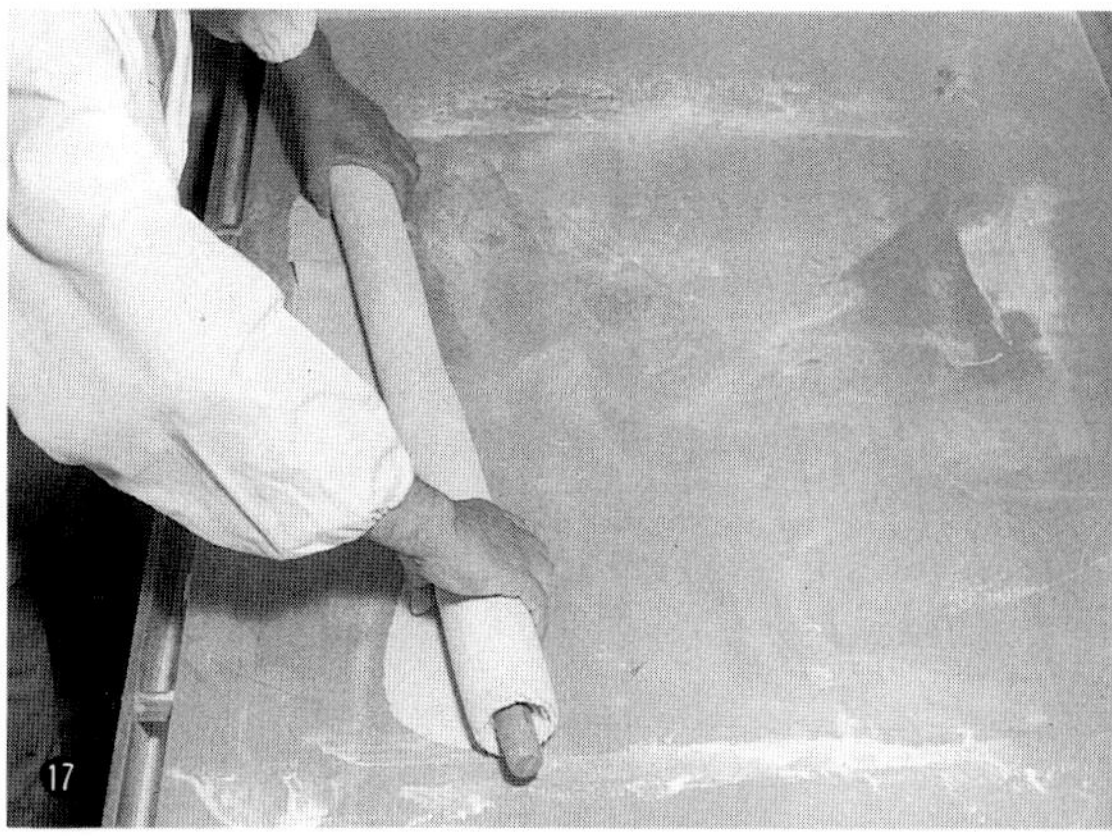

⑰ 両手を持ち替えて引き戻し、延し台の手前に据《す》える

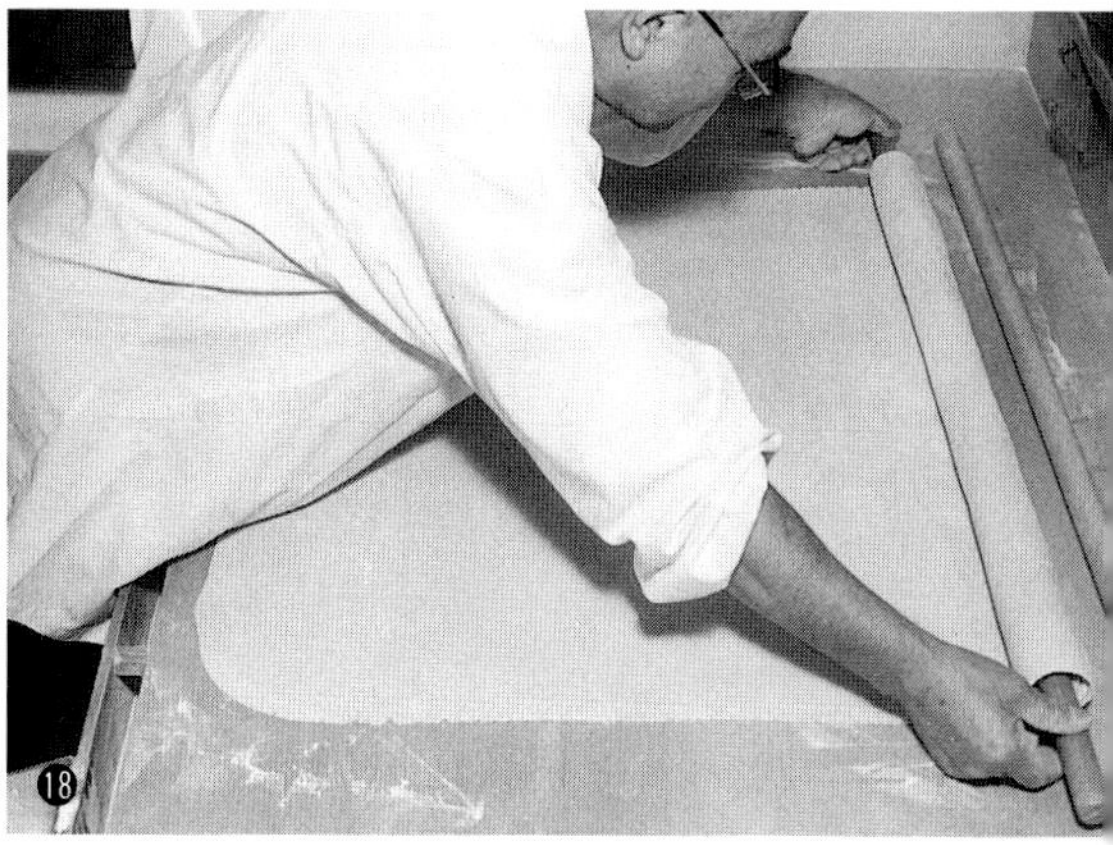

⑱ 〈延し終えた分をひろげる〉　巻き棒の両端を持って、そばを奥へ巻きほどく

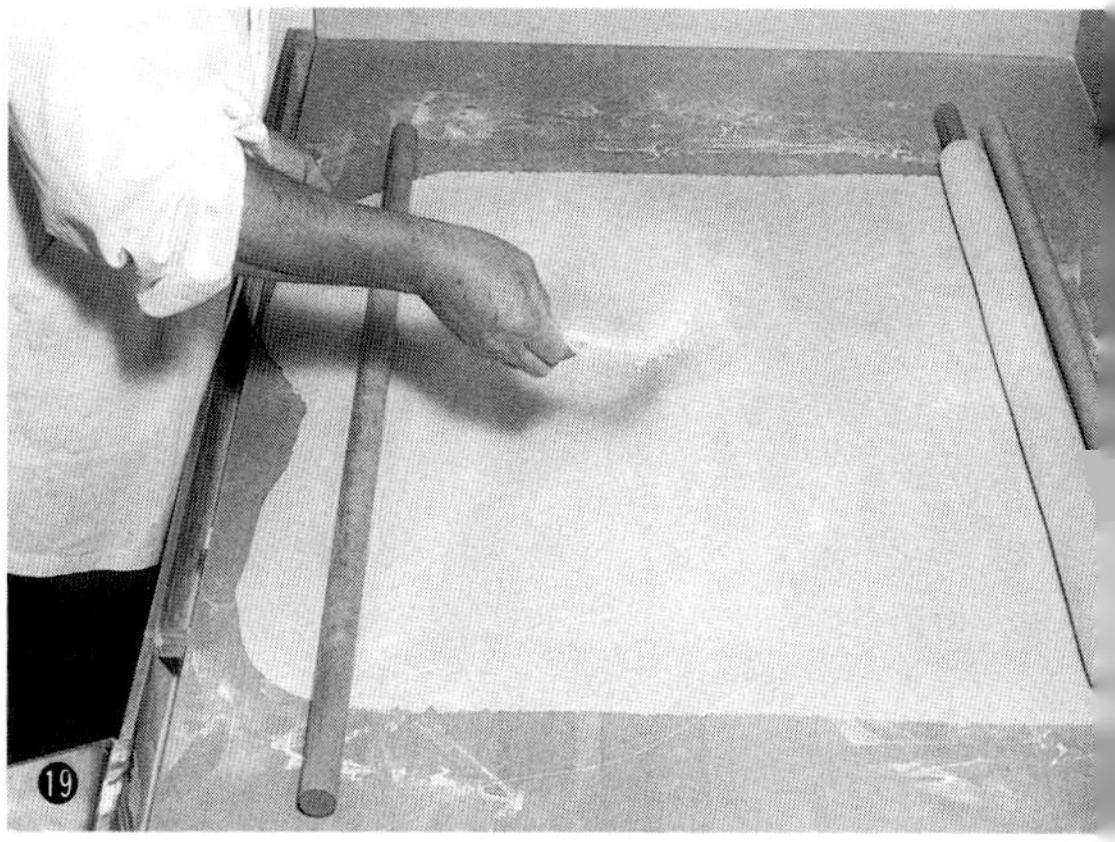

⑲ 〈打ち粉を振る〉　ひろげた分に打ち粉を振ってならす

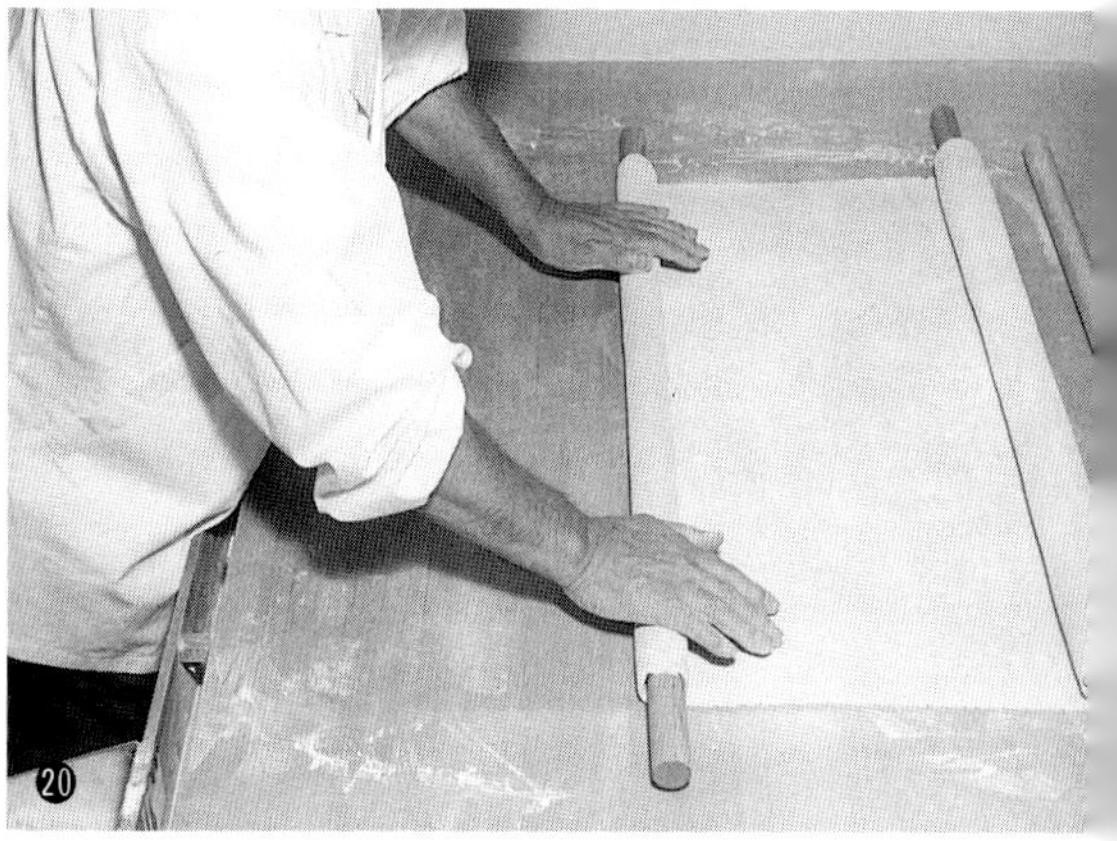

⑳ 〈二本目の巻き棒に巻く〉　二本目の巻き棒を手前に据え、ひろげた分を巻く

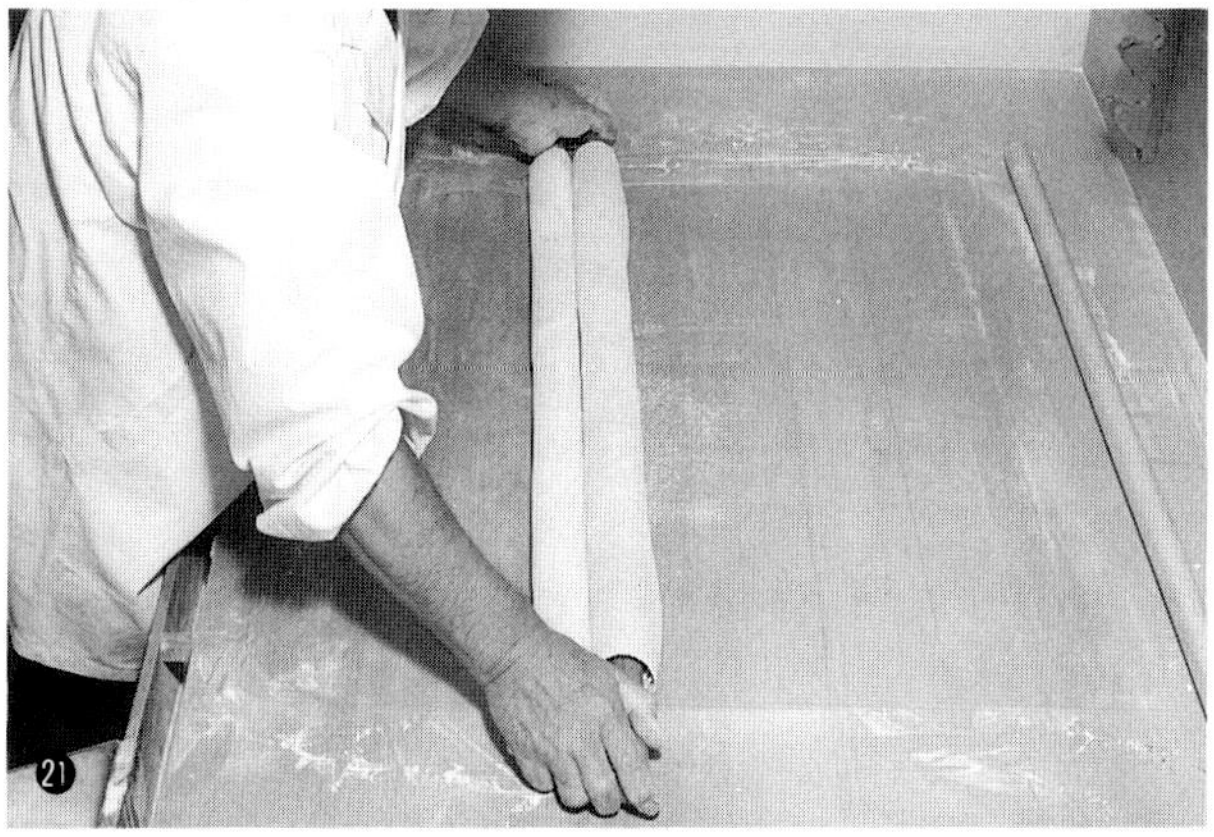

㉑ 〈引き戻し〉　二本の巻き棒を持ち、浮かせぎみに手前まで引き戻す

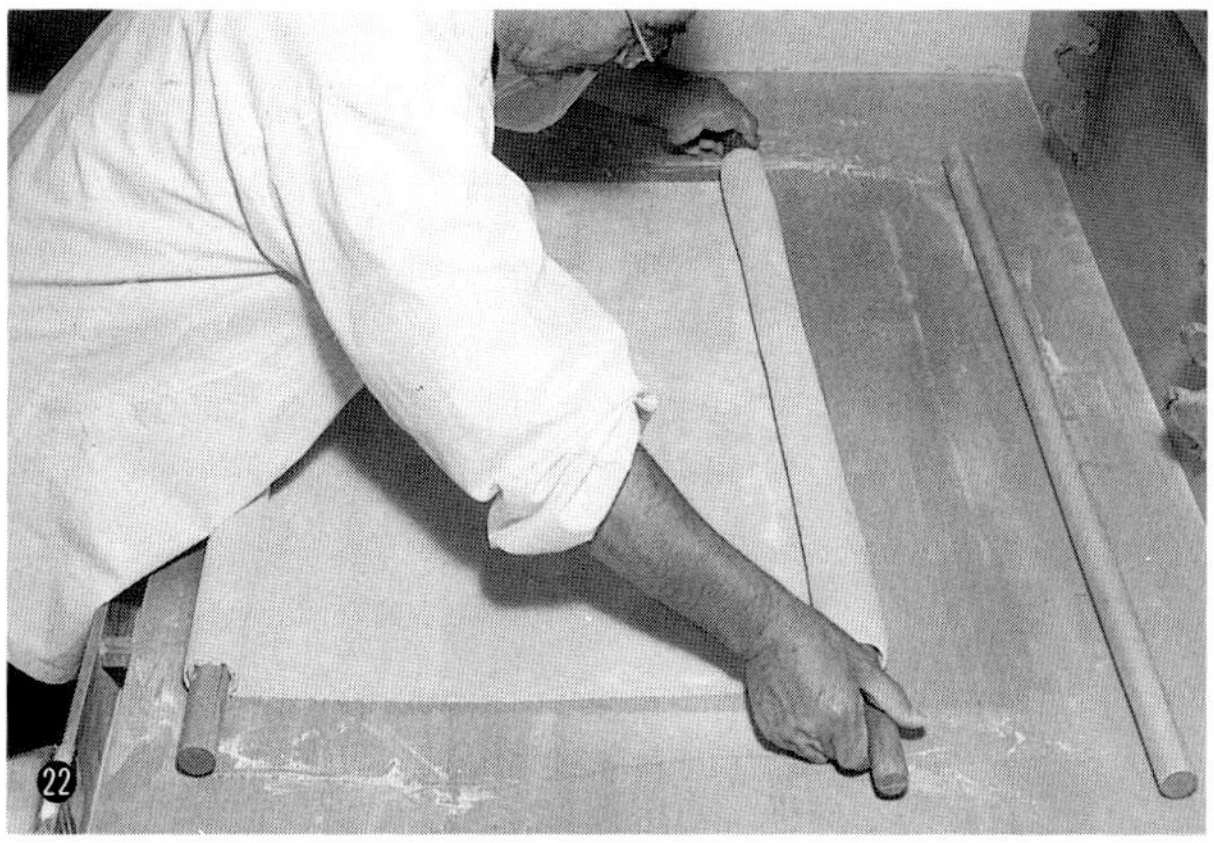

㉒ 〈向こう側1/2ほどをひろげる〉　これから延す分をひろげる

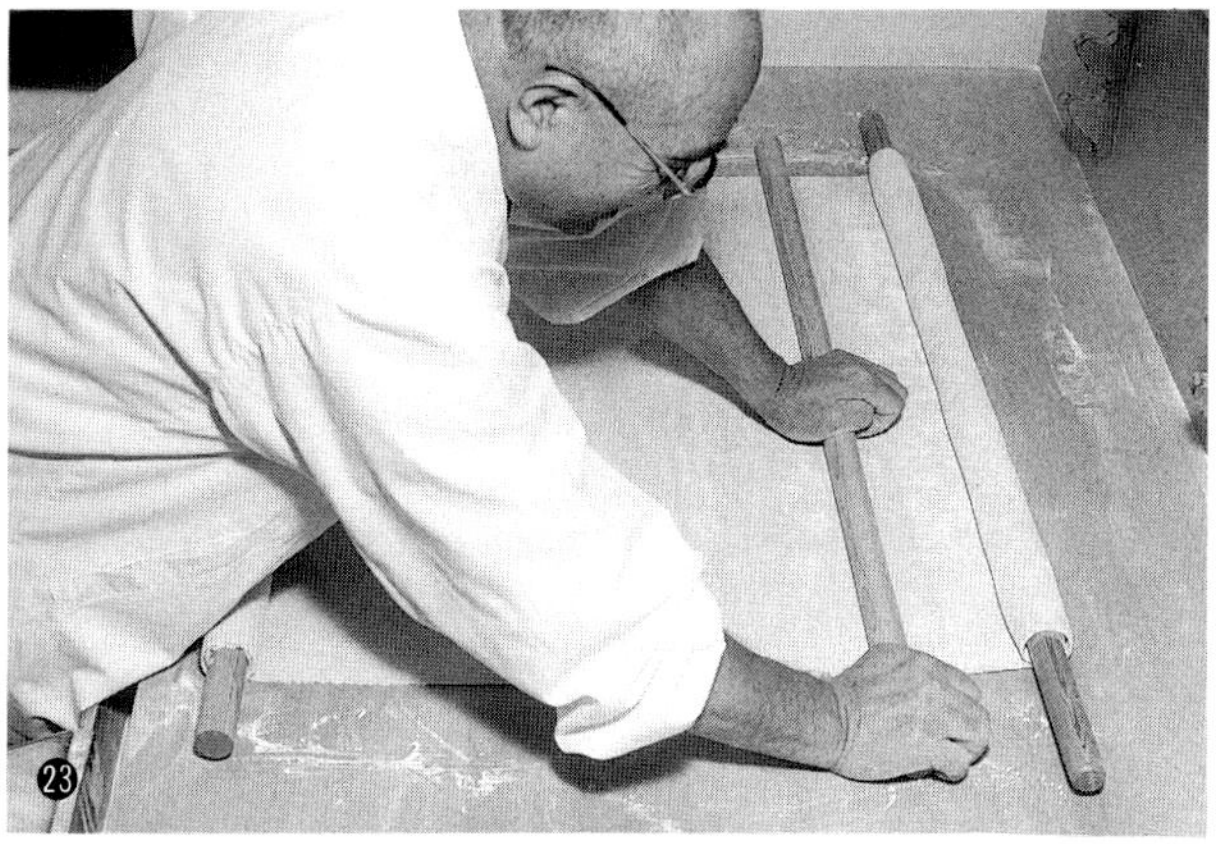

㉓ 〈ひろげた分を延す〉　からだごと右へ移り、右側を延す。両手の力は均等に

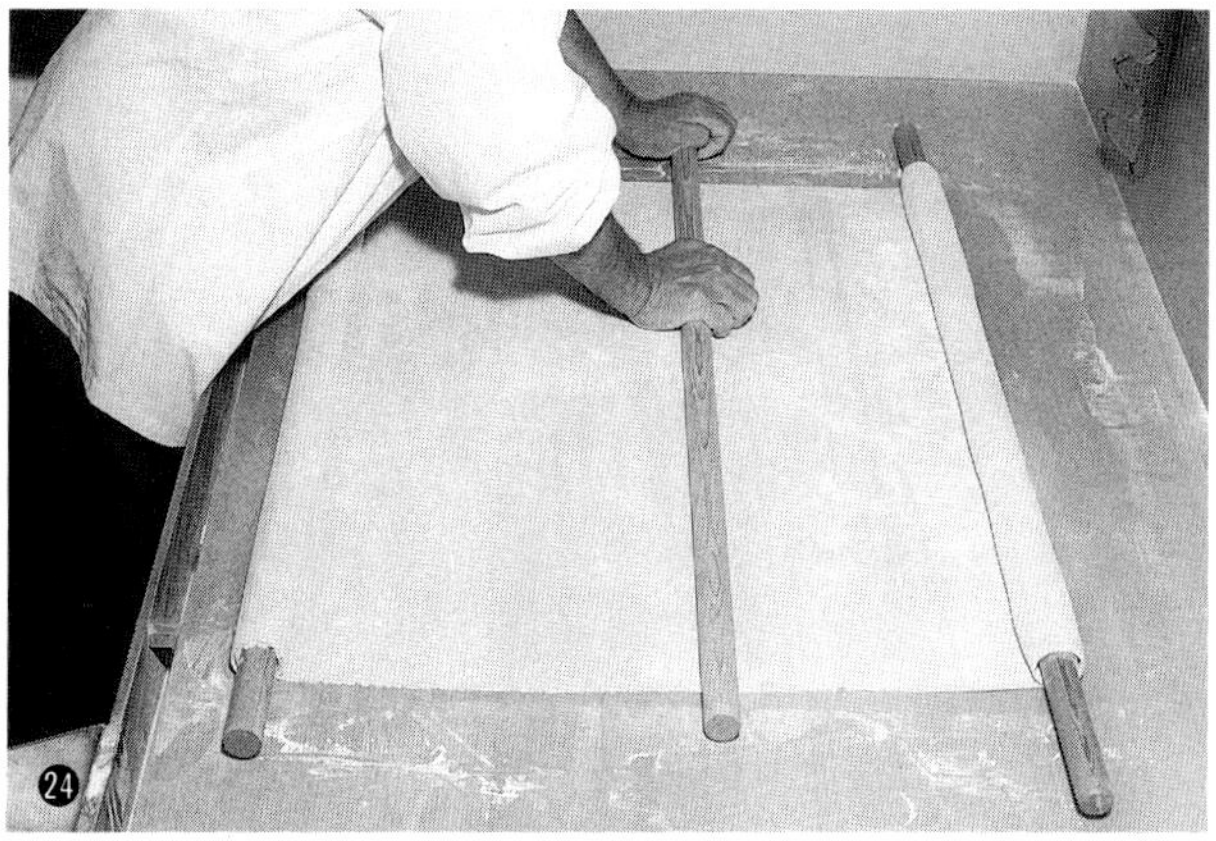

㉔ からだごと左へ移り、右側と同じ分だけ延す。㉓㉔を適宜《てきぎ》続ける

要である。（これについては、百の言葉より一枚の図解のほうがわかりよい。極端な場合をあえて想定して作図しておいたので、参照いただきたい。）

●先端の延し方

先端は、形を四角に仕上げることよりも、厚みを他と同じに延し整えること、および耳を揃えることのほうが優先《ゆうせん》する。

先端は「四つ出し」で巻き込んであったところだけに、一巻分はどうしても肉が厚いままに残っている。そこで、これを他と同じ薄さになるまで延し進めなくてはならない。そのときに、幅はこれまで延してきた箇所と同じに保つのが自然である。したがって、耳を揃えながら、同時に、厚みを一定に整えていくことになる。

だが、そうして延し進めていくと、先端が絵《か》に描いたような四角形になることは、まずありえない。ここは、見かけにとらわれて、延しムラを見過ごしながら四角に保つよりも、形は多少崩れても、耳を揃え、厚みを均一に仕上げるほうが賢明である。

●「本延し」手順㈠

①延し棒はそばの中央に残し、巻き棒をそばの手前端《はし》に置く。

②手前半分ほどを巻き棒に巻く。

耳が極端にデコボコせぬよう、また、たるみのないように巻くこと。そばの状態は、手前半分は巻き込み、向こう半分がひろげたままの状態になる。

③仕事のしやすい位置まで引き戻す。

浮かせぎみに引き戻すこと。

④手前$\frac{1}{2}$ほどを所定《しょてい》の厚みに延す。

片側だけ連続して$\frac{1}{2}$も延すようなことはしてはいけない。右左、右左と、必ず交互に少しずつ延す。右を延すときは、からだも延し棒も右へ移し、左を延すときは同様に左へ移す。両手の力は均等に――。

⑤延し終えた箇所に、打ち粉を振ってならす。

⑥打ち粉を裏へまわす。

⑦延し終えた分《ぶん》は全部巻き棒に巻き込む。

延し終えた分は全部巻き込んでしまわず、少し残しておく。次に延す箇所の厚みを、同じに揃えるための策。

⑧仕事のしやすい位置まで引き戻す。

注意は③に同じ。ただし、そばの状態は③のときと違い、延し終えた薄いところと、まだ「本延し」の済んでいない厚いところがひとつながりになっている。扱いは慎重に。

⑨中間$\frac{1}{2}$ほどを所定の厚みに延す。

⑩延し終えた箇所に打ち粉を振ってならす。

⑪打ち粉を裏へまわす。

⑫延し終えた分を巻き棒に巻き込む。

⑬仕事のしやすい位置まで引き戻す。

⑭先端を所定の厚みに延す。

左右の角《かど》を出して耳を揃え、厚みを均一に――。延し終えたら、延し棒は向こうへ外《はず》しておく。

⑮打ち粉を振ってならす。

⑯打ち粉を裏へまわす。

⑰全部巻き取る。

●「本延し」手順㈡

①振りかえる。

②手前から奥へ、延し終えた分《ぶん》をひろげる。

③二本目の巻き棒を、ひろげたそばの端に据《す》える。

④打ち粉を振ってならす。

⑤二本目の巻き棒に、ひろげた分を巻く。

一本目の巻き棒には、「本延し」の済んでいない分が巻き込んである。その一本目の巻き棒に触れるところまで、二本目を巻いていく。そばを二本の巻き棒に巻き取る。

⑥巻き棒二本の端《はし》を両手に持ち、仕事のしやすい位置まで引き戻す。

⑦一本目の巻き棒を向こうへ回転させ、「本延し」の済んでいない分の$\frac{1}{2}$ほどをひろげる。

このとき、すでに「本延し」を済ませた分が、手前にのぞいている状態が望ましい。そのためには、②で延し終えた分をひろげるときに全部ひろげてしまわず、一部を一本目の

●「本延し」手順（４）

25 **〈打ち粉を裏表にまわし、延し終えた分を巻く〉** 二本目の巻き棒に巻く

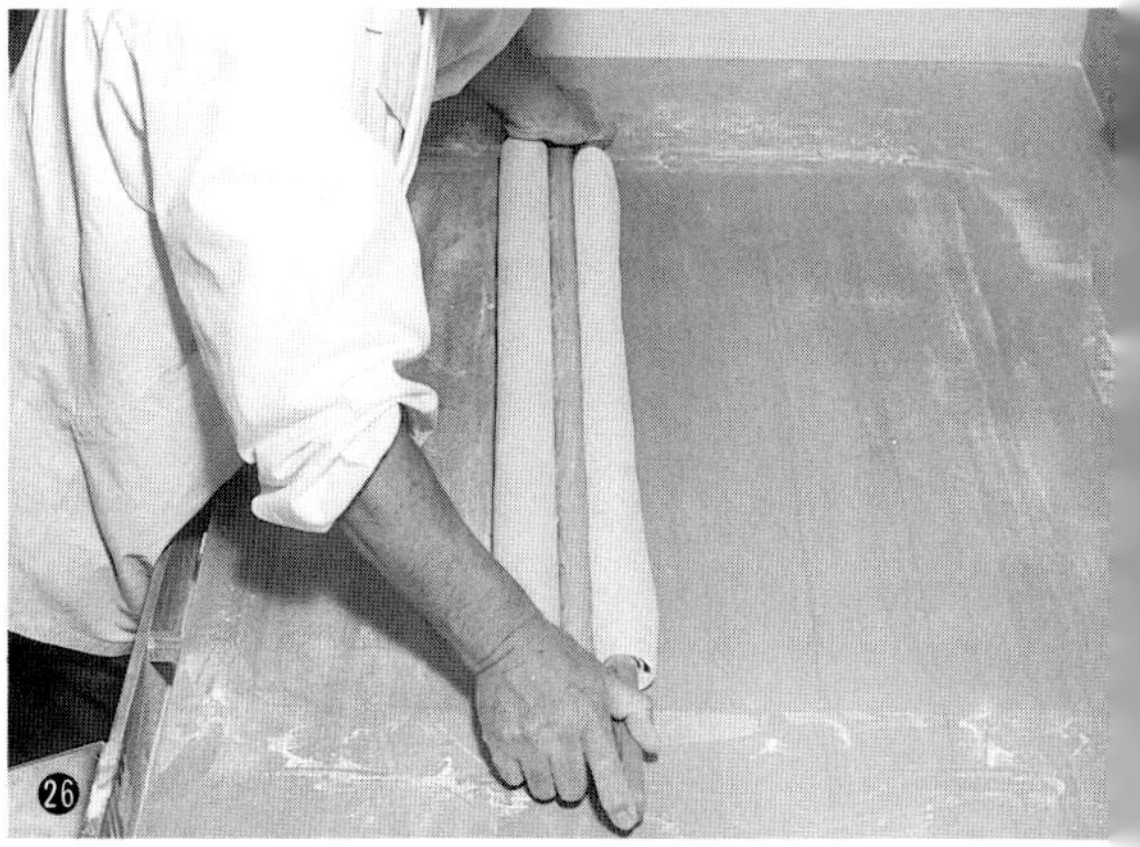
26 **〈引き戻し〉** 間に延し棒をはさんだまま、都合《つごう》三本の麺棒を持って引き戻す

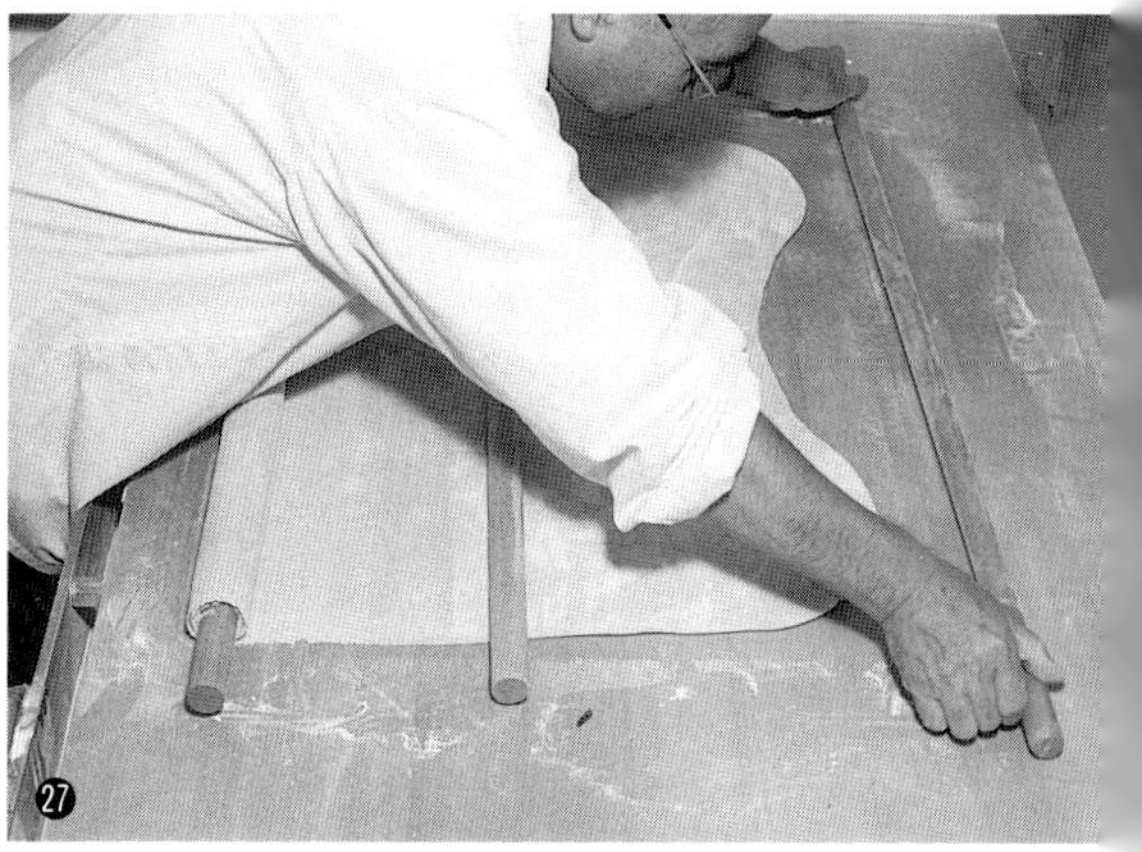
27 **〈一本目の巻き棒を外《はず》す〉** 一本目の巻き棒を奥へ回転させ、そばをひろげる

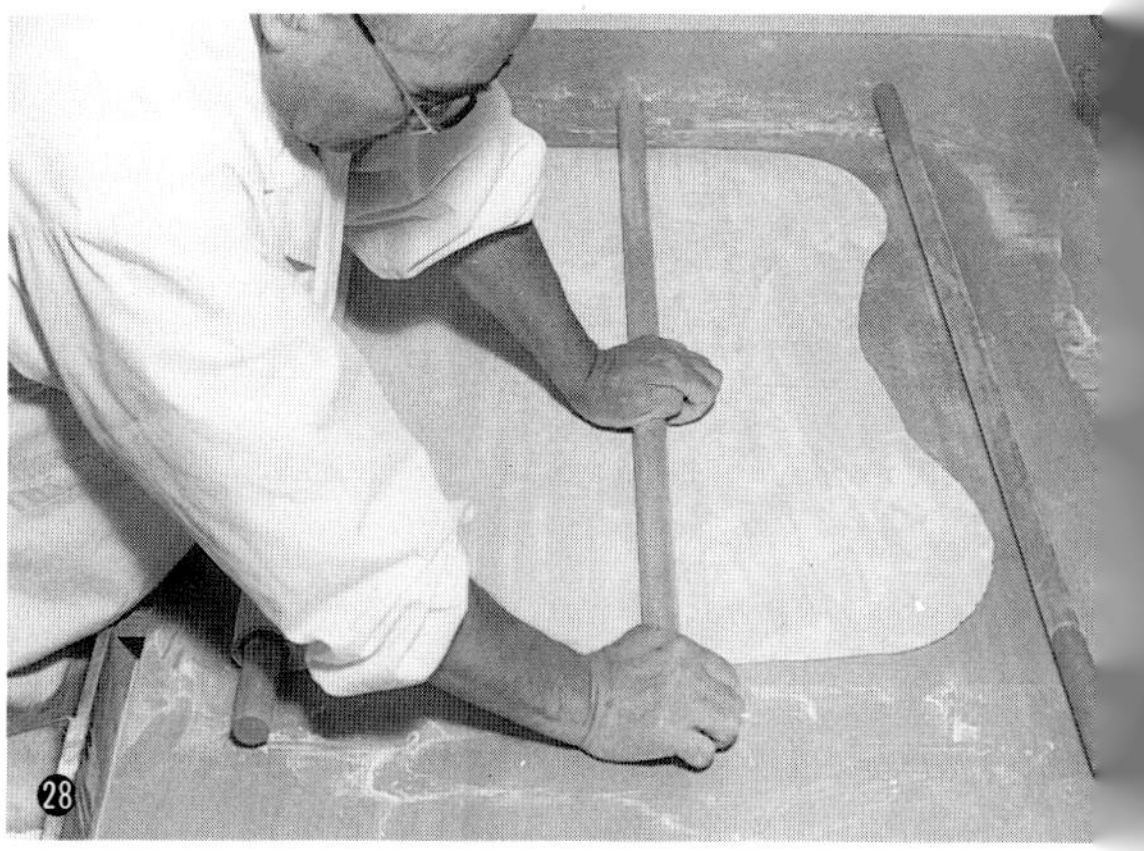
28 **〈残り1/2ほどを延す〉** それまでと同じように右、左、右、左と交互に延す

29 **〈引き戻し〉** 残りがもういくらでもない場合、そのまま引き戻してくる

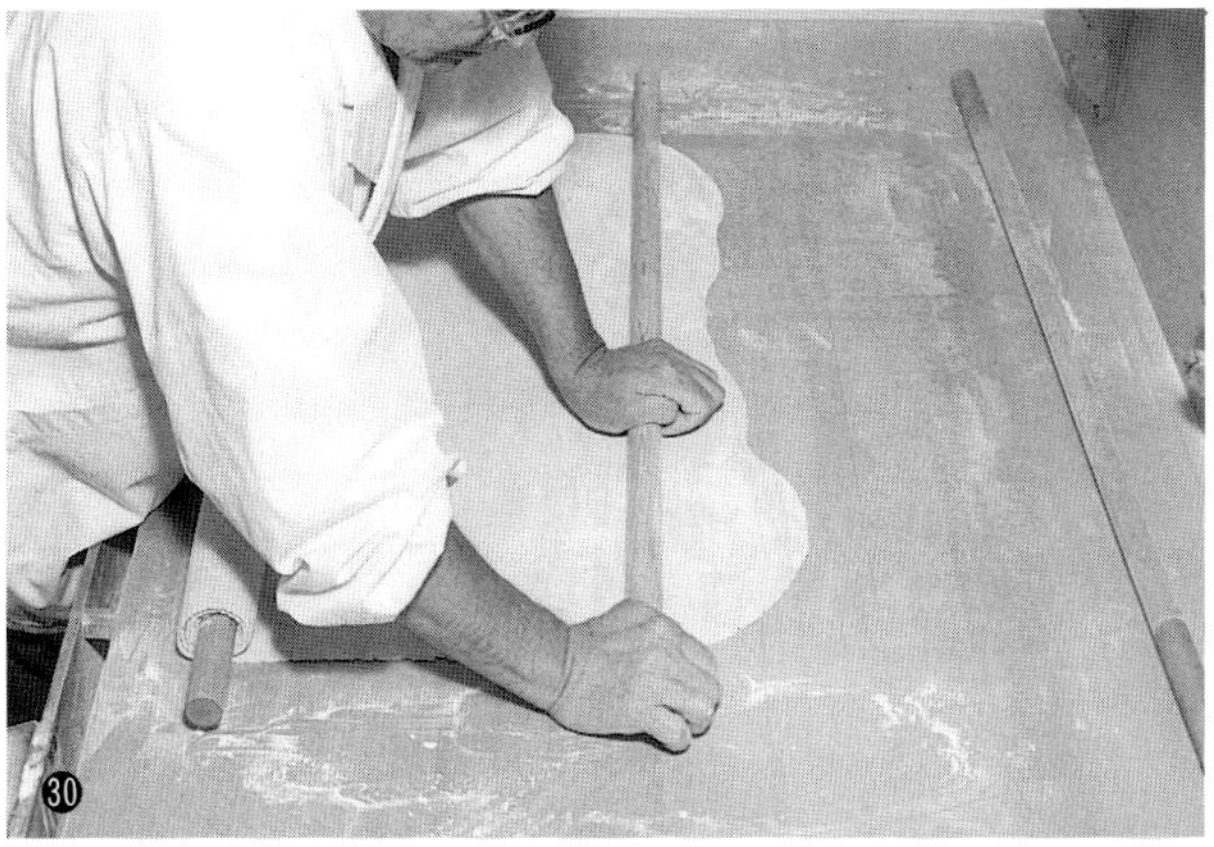
30 **〈先端を整える〉** 前のときと同じように左右の耳を揃え、厚みを均一にする

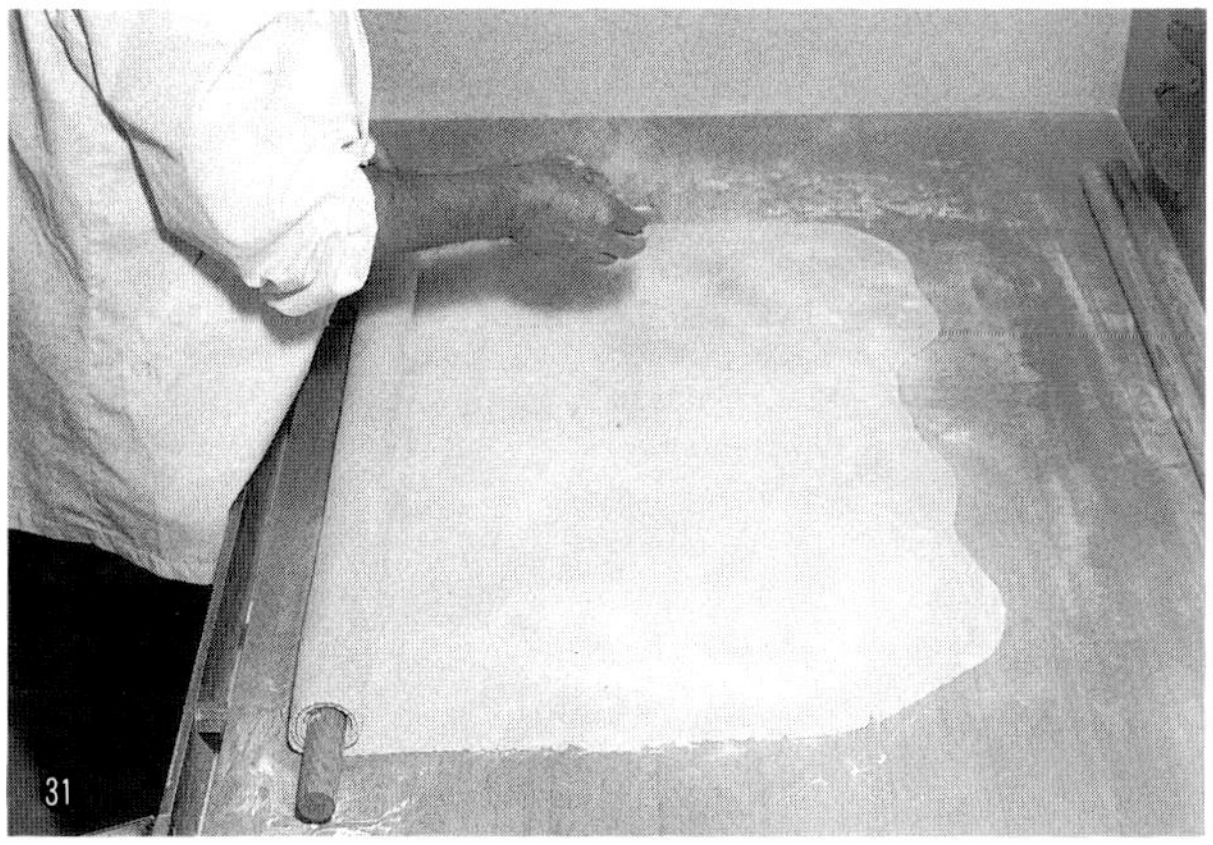
31 **〈打ち粉を裏表にまわす〉** 延し終えた分に打ち粉を振り、裏表に行き渡らす

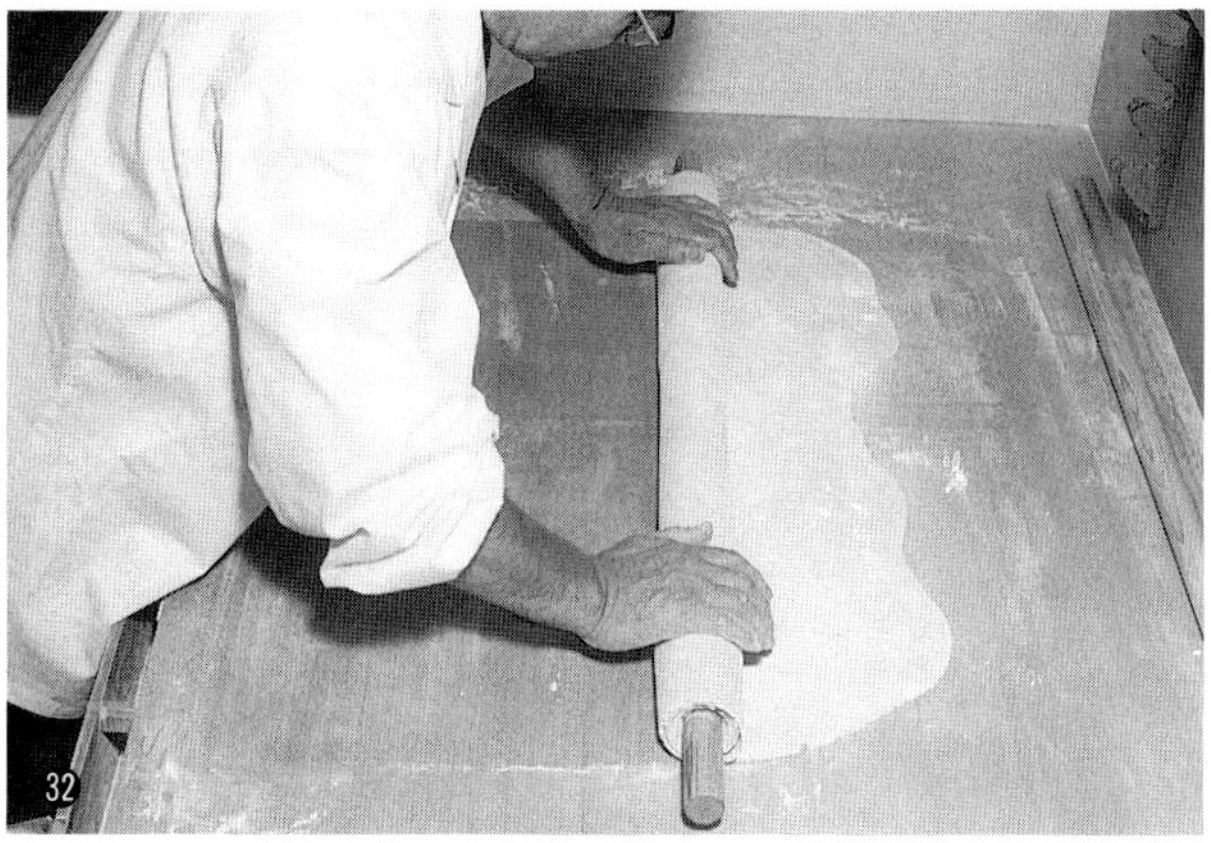
32 **〈二本目の巻き棒に全部巻き取る〉** 左右の耳が揃うように注意して巻き取る

巻き棒に巻き込んだままにしておく。あるいは、二本の巻き棒に巻き取った状態で、一本目のほうに少し巻き送ってもよい。

⑧ひろげた分《ぶん》を所定《しょてい》の厚みに延す。

⑨打ち粉を振ってならす。

⑩打ち粉を裏へまわす。

⑪延し終えた分を二本目の巻き棒（手前にあるほう）に巻く。

延し終えた分を二本目の巻き棒に巻き込んでいくと、延し棒をはさんで、そばは再び、巻き棒二本に巻き取られた状態になる。

⑫三本の麺棒の端を両手に持ち、仕事のしやすい位置まで引き戻す。

真ん中の延し棒の重みがそばに加わらぬように、注意して引き戻す。

⑬一本目の巻き棒を向こうへ巻きほどき、そばをひろげる。

⑭ひろげた分の半分を、所定の厚みに延す。

⑮延し終えた箇所に打ち粉を振ってならす。

⑯打ち粉を裏へまわす。

⑰延し終えた分を、二本目の巻き棒に巻く。

⑱仕事のしやすい位置まで引き戻す。

⑲先端を所定の厚みに延す。

⑳打ち粉を振ってならす。

㉑打ち粉を裏へまわす。

㉒二本目の巻き棒に全部巻き取る。

三、「庖丁」

第一項　仕事のねらいと位置づけ

そばを打つ仕事が、俗に「一鉢《はち》、二延《の》し、三庖丁《ほうちょう》」と言われ、それは仕事の手順とともに難しさ、重要さの順序をも表現していることを、「木鉢」の部分で述べた。

「庖丁」は、第三番目に位置しているが、仕事に熟練度を要求される点では、前二者と少しも変わりはない。むしろ、自己流に陥《おちい》りやすい危険性が高い仕事なので、妙な癖《くせ》をつけて応用範囲を狭《せば》め、こなせるそばの種類を少なくしてしまうことのないよう、正しい形をしっかりと身につけなければならない。

◉「庖丁」の由来

ところで、「庖丁」という言葉を、私たちは料理用の刃物を指すものとして何んの疑いもなくつかっているが、じつは、この言葉の由来には、料理に携《たずさ》わる者にとって深い教えが含まれている。まず、そのことから述べておこう。

「庖丁」という言葉は、中国の古典『荘子《そうし》』の養生主篇《ようせいしゅ》に出てくるが、そこでは「庖丁」とは、料理（「庖《ほう》」）を職業とする丁《てい》という名の名人を指している。この料理の名人と梁《りょう》の恵王《けいおう》との問答《もんどう》が次のように記されている。

庖丁《ほうてい》、文恵君《ぶんけいくん》の為《ため》に牛を解《と》く。手の解《ふ》るる所、肩の倚《よ》る所、足の履《ふ》む所、膝の踦《かがま》る所、砉然《かくぜん》、嚮然《きょうぜん》。刀を奏《そう》するに騞然《かくぜん》として音《いん》に中《あた》らざる莫《な》し。桑林《そうりん》の舞《まい》に合い、乃《すなわ》ち経首《けいしゅ》の会《しらべ》に中《あた》る。文恵君《ぶんけいくん》の曰《いわ》く「譆《ああ》、善《よ》い哉《かな》。技《わざ》も蓋《けだ》し、此《ここ》に至《いた》るか」と。

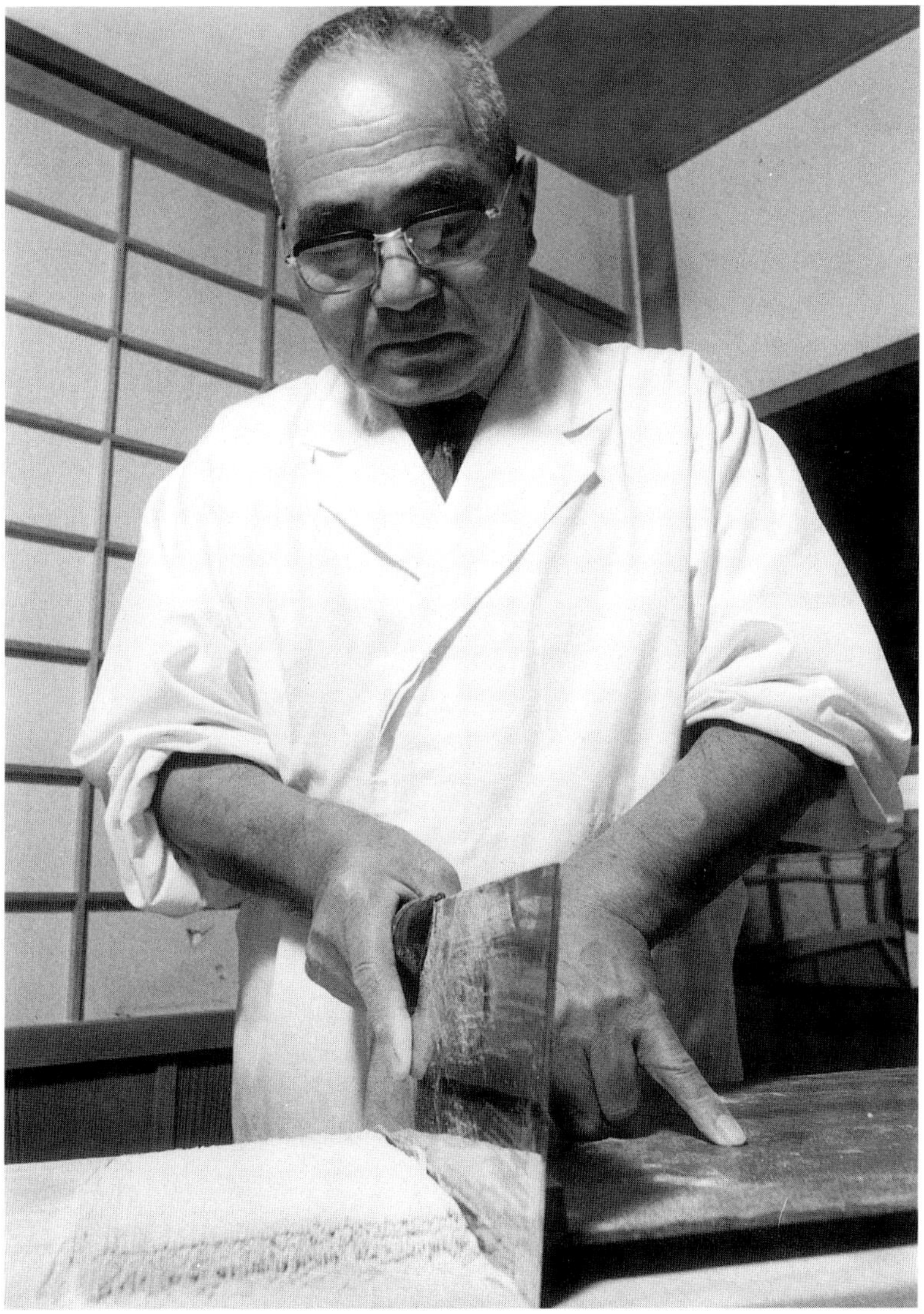
良質の原料を得て、「並」は１寸＝3.03㎝を30本に切る

庖丁《ほうてい》刀を釈《す》て対《こた》えて曰《いわ》く「臣《しん》の好む所の者は道なり。技《わざ》よりも進めり。（中略）良庖《りょうほう》は歳《とし》ごとに刀を更《か》う。割《さ》けばなり。族庖《ぞくほう》は月に刀を更《か》う。折ればなり。今、臣の刀は十九年。解《と》く所は数千牛。而《しか》も刀刃《とうじん》は新たに硎《けい》より発《はっ》せしが若《ごと》し。彼《か》の節《せつ》なる者には間有《あいだあ》りて刀刃《とうじん》には厚さ無《な》し。厚さ無きを以《もっ》て間有るものに入るる。恢恢《かいかい》として其《そ》の刃《じん》を遊ばすに於《おい》て必ず余地《よち》あり。是《これ》を以《もっ》て十九年にして刀刃《とうじん》は新たに硎《けい》を発したるが若《ごと》し、然《しか》れ雖《ど》も、族《ぞく》に至る毎《ごと》に、吾《われ》其《そ》の為《な》し難《がた》きを見て怵然《じゅうぜん》として戒《いましめ》を為《な》し、視《み》ること為《ため》に止《と》まり、行くこと為《ため》に遅く、刀を動かすこと甚《はなは》だ微《び》なり。謋然《かくぜん》として已《すで》に解《と》け、土の地に委《い》するが如《ごと》し。刀を提《さ》げて立ち、之《これ》が為《ため》に四顧《しこ》し、之《これ》が為《ため》に躊躇《ちゅうちょ》し、志《こころ》を満《み》たし、刀を善《ぬぐ》いて之《これ》を蔵《おさ》む」と。文恵君《ぶんけいくん》、曰《いわ》く「善き哉《かな》、吾《われ》、庖丁《ほうてい》の言を聞きて生を養うを得たり」と。

およその意味はおわかりかと思うが、念のために口語訳をつけてみよう。

庖丁《ほうてい》が文恵君《ぶんけいくん》のために牛を料理した。庖丁《ほうてい》の手がふれるところ、肩をゆるがすところ、足のふむところ、膝をかがめるところ、あるいはバリバリと、あるいはサクリサクリと、刀がたてる音はさえわたり、音楽のリズムに合っている。桑林《そうりん》の舞（舞楽《ぶがく》の曲名）もこのようかと思わせ、経首《けいしゅ》（これも大古《たいこ》の音楽の名）の楽章の演奏そのままである。これを見た恵王《けいおう》は「ああ、みごとなものだ。技《わざ》も奥儀《おうぎ》を極《きわ》めると、こんなになれるものか」と感嘆した。

すると庖丁《ほうてい》は刀をおいて答えた。「私が願いとするところは『道』であって『技』以上のものです。（中略）腕のよい料理人でも一年ごとに刀を取り替《か》えますが、それは筋《すじ》のあるところを切り割《さ》くことがあるためです。普通の料理人は一カ月ごとに刀を取り替えますが、それは骨を無理に切って刀を折るからです。ところが私の刀はいまは十九年になり、料理した牛は数千頭ですが、砥石《といし》からおろしたてのように刃こぼれひとつありません。もともと骨の節と筋の間にはすきまがあり、刀の刃《は》には厚みがありません。厚みのないものをすきまのある所へ入れるのですから、ひろびろとしていて、刀を使いこなすのに充分のゆとりがあります。だから十九年使い続けても研《と》ぎたてのようなのです。とはいえ、骨や筋がからまり集まっている所にぶつかると、これは難しいとみてとり、心をひきしめ、視力を集中し、手の運びを遅くし、刀さばきを慎重《しんちょう》にします。やがて切り終えると、土の塊《かたまり》が地面に落ちるように、肉の山が骨から離れて落ちます。そこで私はホッとして刀を提《さ》げたまま少しばかり満足感にひたり、やがて刀を収めます」。文恵君は言った。「なるほど、すばらしい。庖丁《ほうてい》の話を聞いて、私は養《よう》生《せい》の秘訣《ひけつ》を知ることができた」と。

　養生《ようせい》とは、与えられた自分の人生を全《まっと》うする根本原理を言う。名人の到達した境地は、自然の理に沿うことだった。この話から「庖丁」が料理用の刃物の庖丁《ほうちょう》を指すことになったのだが、私は、庖丁仕事の理想がまことに見事《みごと》に語られた話だと思う。とくに庖丁使いにリズムが必要だという点に同感する。

●職人仕事と「切りべら」の約束事

　庖丁仕事の基本は、まず、そばの太さを均一に切ることにある。切り終えた一本一本の太さが、それとわかるほど不揃《ふぞろ》いであった場合は、ゆで時間に影響が及び、太いものに合わせれば、細いものはゆで過ぎになり、細いものに合わせれば、太いものは早過ぎることになってしまう。それほど極端でない場合でも、不揃いだと、江戸っ子好みのつるつるッとかっこむそばにはなりにくい。

　そこで、そばの太さについては江戸時代以来、そば職人の間で一定の約束事がつくられてきた。たたんだそばの一寸幅（三・〇三センチ）を単位にして、一寸を何本に切るという決まりを、「切りべら××本」という言葉で表わすのである。

　そして、おそらくは食べやすさと仕事のしやすさとの兼《か》ね合いからであろうが、「切りべら二十三本」を御常法《ごじょうほう》と呼んで、並そばの基本としてきた。一寸（三・〇三センチ）を二十三本に切るとなれば、そば一本の切り幅は約一・三ミリの計算になる。――ただし、延しの厚みについては職人の逃げで、そば一本の切り幅より少し厚くてよいことにしてあったので、そばの小口《こぐち》は真四角ではなく、長方形になる。

　これが、江戸のそば職人の基本的な仕事と見なされてきたわけで、その上に、数段階に分けて、細打ちの仕事があった。中細打ちで三十～四十本未満、細打ち四十～四十五本前後、極細打ちは五十～六十本にも及ぶ。

　各地の郷土そばにはそんな決めはなく、ここに職人仕事との違いがあった。現在も並そばの太さは、この御常法《ごじょうほう》の影響下にあると見てよい。店によって多少の違いはあるが、一寸を二十本から二十五本の間の太さに切る例が多いようである。私は近年、よい粉を得て、「並」は三十本前後に切る。食べ味において万人《ばんにん》向きのそばという意味では、このそばは正真正銘《しょうしんしょうめい》の並そばであるが、庖丁仕事の旧来の区分に従えば、「並」の中細打ちということになろう。

●手駒《てごま》と駒板《こまいた》

　「並」や細打ちの約束事はわかったとして、では、太打ちは、どんな決まりになっていたのか。

　太打ちには、これといった決まりはなかった。元来が、江戸の職人仕事には含まれていなかったのである。

　「切りべら」の約束事に置き換《か》えて、十本とか十五本とかの仕事は、そば一本当たりの切り幅を計算してみればわかるように、職人技《わざ》を競《きそ》うような世界ではない。「切りべら十五本」で約二ミリ、十本では約三ミリだから、

うどんと同じと見てよく、あえて言えば、沢《たく》庵《あん》を切ったりすることの延長線上にある仕事である。

そこから、郷土のそばと江戸の職人仕事では、使う道具にも顕著《けんちょ》な違いを生じた。

うどんや野菜を切るときは、片手の指を折り曲げてものの上に置き、その脇《わき》に庖丁をあてがう。折り曲げた指を枕にして庖丁を導いているわけで、これを「手駒《てごま》」と言う。

しかし、「切りべら二十三本」以上の仕事は、手駒ではこなせない。切り幅が不揃いになりやすく、危険でもあり、量をこなすことができない。そこで江戸の職人仕事では「駒《こま》板《いた》」という補助具を使う。

長さ約一尺（約三十・三センチ）余りの板の片端《かたはし》に、庖丁を導く枕をつけたもので、これを片手の指三本で軽く押さえ、いわば定規《じょうぎ》代わりにしながら、三十本、四十本、五十本……といった、こまかい仕事をこなしていくわけである。

もっとも、こういう細密な仕事は、駒板さえ使えば他の道具は何んでも結構というわけではなく、何よりも庖丁とまな板がよくなければこなしていけない。

そこで、庖丁仕事の解説に移る前に、そば打ちに必要な、まな板と庖丁について、麺棒と延し板のところで相当のページ数を割《さ》いたのと同じように、とことん説明しておこうと思う。

第二項　まな板と庖丁

(一) まな板

◉「まな板」に必要な条件

初心の方だけでなく、熟練者を自認する方でも、そば打ち仕事における「まな板」のよし悪《あ》しを私のように重要視する方は、ごく少ないかもしれない。しかし、商売用として毎日使う「まな板」は、やはり、それにふさわしい条件を備えたものでなければならない。さらに私は、庖丁仕事がリズミカルにはかどるためには、よい「まな板」が欠くことのできないものであることを強調したい。

では、よい「まな板」とはどんなものか。それは次の条件を満たすものである。

一、庖丁の当たりがよく、庖丁が傷《いた》まない。
二、減りが少ない。
三、反《そ》りや狂いがない。
四、まな板材の臭《にお》いがそばに移らない。
五、庖丁動作や料理材料に適当な大きさである。

この五条件は、商売用の「まな板」には、どれ一つとして欠かせないものである。とりわけ、前四つの条件は、使われる板材の材質と仕上げ加工の良否《りょうひ》によって決定的に左右されるから、「まな板」の場合も、すでに述べた「麺棒」や「延し板」同様に、材料から吟《ぎん》味《み》して選ぶ必要がある。

◉「まな板」の材料と材質

「まな板」の材料は、木とプラスチックに大別できるが、プラスチック製品についての話は割愛《かつあい》する。どのメーカーのものがよいの悪いのと言う前に、総じてプラスチック系の「まな板」は、庖丁当たりの点で、木製のものにとうてい及ばないからである。

そばきりの庖丁仕事のように、リズミカルな反復動作が身上《しんじょう》の仕事――もう少しくわしく言えば、庖丁の刃を常に「まな板」の表面に接してすべらせる反復動作を行なう場合に、庖丁当たりの悪い「まな板」は、仕事の邪魔をする。乱切りならいざ知らず、「さらしな」の細打ちや極細打ちとなると、庖丁当たりの悪さは致命的な悪影響を及ぼすと言っていい。

もちろん、木製ならどんな木材でもすべて庖丁当たりがいいわけではない。昔から「まな板」には、柳、銀杏《いちょう》、檜《ひのき》、桂《かつら》、朴《ほう》、ポプラなどが使われてきたが、それぞれに長短があり、使い分けがされているのである。

一、柳の「まな板」

一枚板の「まな板」の材料としては、柳がいちばんすぐれていると言えようか。

材木の切り口を見ると、たいていの木は、赤みを帯びた芯部《しんぶ》と、色の淡い白っぽい外周部からなっているものだが、柳にはこの赤身がなく、全部が白くてきれいな色をしているものが多い。

木目がきれいで、木目と木目の間の肉とが同じくらいの固さであるために、木肌がなめらかに感じられる。庖丁を乱暴に使わないかぎり、刃当たりがしないと言っていいし、狂う心配もない木である。

ただ、昔は柳の大木があったせいか、柳の大まな板は珍しいものではなかったが、昭和になって木がなくなってきたのか、昔ほどは目にしなくなった。

二、銀杏《いちょう》の「まな板」

これは現在でも、たくさん見かける。

色は黄みを帯び、材質としてはなめらかな部類に入る。木目と肉の固さに、へだたりのない材質である。

銀杏《いちょう》は、用材としては大きなものがとれるので、営業用の大型の「まな板」には向いている。

三、檜《ひのき》の「まな板」

狂いの少ないことと、体裁《ていさい》のよさとが、長所としてあげられる。

ただ、檜《ひのき》の材質によっては、木目と肉の固さに多少の差があって、木目のすじが少々庖丁に当たるものがある。したがって、よい用材を選ぶことが大事で、板目《いため》よりは柾目《まさめ》、それも追い柾の少ないもののほうがよい。

檜はこれまで何度も述べたように、「尾州《びしゅう》檜《ひ》」であれば申し分《ぶん》ない。しかし、大型の「まな板」を、檜の柾《まさ》の一枚板で、しかも分《ぶ》厚《あつ》く取ることは、たいへんに難しい。

いずれにしても、「まな板」に向く用材は材質が固すぎず、木目と肉の固さにへだたりがなく、しかも木目がきれいに通っているなめらかなものがいい、ということになる。

（「まな板」については、常に衛生問題がやかましく言われる。プラスチックものはそこから出現したわけだが、そば店の場合、生《なま》のを、この「まな板」で切るのではなく、そばきり専用とするのが通常である。また、そばという柔かいものを切るのだから、庖丁には本来、「まな板」にキズがつくほどの力は要《い》らないはずである。したがって、衛生上、木製の「まな板」がプラスチック製より劣るということは、言えないであろう。）

◉柾《まさ》の木口《こぐち》を接《は》いだ私の「まな板」

私は、長年、既製品を使わずに、自分で理想とする「まな板」をつくりつづけてきた。その「まな板」は、先に述べてきたものとは、だいぶ違う。木製であること、主に檜《ひのき》の柾《まさ》——それも可能なかぎり「尾州檜《びしゅうひ》」を使うということでは、先に述べた話と同じではあるが、じつは、用材の取り方、使用法がまったく違うのである。

私の「まな板」は、一枚板ではない。かといって、延し板のように何枚かの柾板を接《は》いだものでもない。

用材の使用法からすると、そもそも「板」は使っていないと言うべきものである。

いったい、どんな「まな板」か——。

それは、檜の柾の「木口《こぐち》」を数百枚から千枚近く集めて接《は》いだものである。

つまり、木口（木の幹の縦の軸に水平な断面。すなわち、切り口の年輪《ねんりん》の見える部分）を上場《うわば》（庖丁の当たる面）にした「まな板」である。（もちろん、「まな板」の裏側も木口になっている。）

ただし、切り口の丸のままで、たたんだそばを置けるような大木はないし、また、かりにあったとしても、年輪の輪のままよりも、木目が一方向だけのほうが、庖丁の当たりが一定になるので、年輪を直線で取れる範囲で板にして、その木口を接《は》いでいく。

したがって、一枚の「まな板」とするためには、おびただしい数の板の小片が必要になる。また、それだけたくさんの板を接《は》いで平らにし、そして強度を持たせるには、当て木を必要とする。

こうしてつくる「まな板」が「板」を使ったものでないと述べたわけが、以上のことでおわかりいただけただろう。

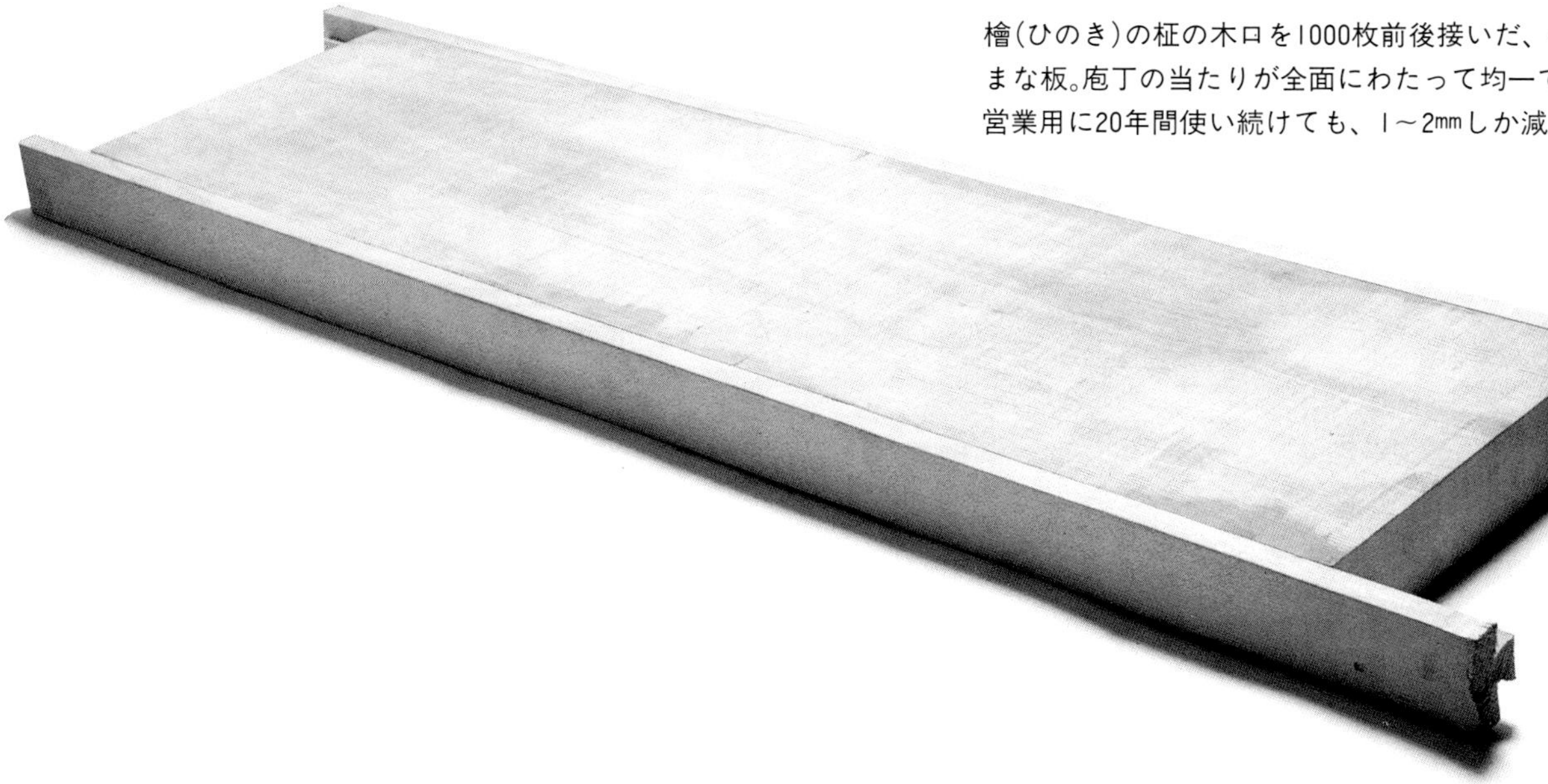

檜(ひのき)の柾の木口を1000枚前後接いだ、独特のまな板。庖丁の当たりが全面にわたって均一であり、営業用に20年間使い続けても、1～2㎜しか減らない

私は、この手の「まな板」を、これまでにもう、いくつも自分でつくってきた。

なぜ、このように手がかかり、金もかかる「まな板」をつくり続けてきたのか。

けっして趣味や道楽でやっているのではない。こうしてつくった「まな板」のほうが、一枚板の「まな板」よりも、はるかにすぐれているからである。接《は》ぎ方（これについては「延し板」の場合と同様なので、参照されたい）で、とんでもない間違いや手抜きをしないかぎり、また、よほど乱暴な取り扱いをしないかぎり、狂う心配が皆無《かいむ》に近い「まな板」がつくれるからである。

この「まな板」の第一の特徴は、庖丁の当たりがきわめていいことにある。柾目を選び、それを庖丁の刃に対して十文字になるように配置し、接《は》いでつくるから、木目の流れは同一パターンとなり、しかも目のつんだ柾を条件としているので、庖丁の当たりを「まな板」の全面にわたって一定にすることができる。したがって、庖丁の当たりがきわめていい。

第二の特徴は、減りがきわめて少ないことにある。何人もの人が交替《こうたい》で営業用に毎日、使い続けて、二十年間にわずか一、二ミリ減るか減らないかという、まさに驚異的と言うべき「まな板」なのである。

どうして木口《こぐち》を接いでつくる「まな板」は減らないのか——。

その理由は、木というものの性質からきている。

普通の一枚板の「まな板」は、木材の「板面」を使ったものである。一枚板のものは、木の繊維が横になっている。したがって、庖丁の刃が、「まな板」に当たるときは、繊維を切断することになる。何回も何回も使っているうちに、この繊維はこまかく切断され、やがてはがれてしまう。そのために、減って凹《くぼ》みの生じた「まな板」の表面を、何度も平らに削りなおさなければならない。

これに対して、木口を接《は》いでつくった私の「まな板」は、木の繊維が縦に通っているため、庖丁の刃が繊維を切断することは少ない。そのために、はがれて減るということになりにくいのである。

先に、木口の柾目を接《は》ぐときに、庖丁の刃と木目が必ず十文字になるように接《は》ぐと述べた理由は、このことからおわかりだろう。もし庖丁の刃と同じ方向になるように木目を配置すれば、木目の柔らかな部分を切り込んでしまうことになり、「まな板」の減りが早くなってしまうのである。

こうしてつくった私の「まな板」が、よい「まな板」の条件の一つであった、狂わないという条件をも充分に満たすのも当然で、この「まな板」と、次で述べる庖丁の二つが揃《そろ》ってこそ、私は「切りべら六十本」などという極細打ちもこなしてこれたのである。

(二) 庖　丁

◉私と庖丁とのかかわり

私がそばきり庖丁《ほうちょう》に関心を持つようになったのは、昭和十年頃のことである。店を新宿から大森に移した頃で、年齢は三十代の初めであった。

それまでは、御多分《ごたぶん》にもれず、庖丁は出来合いのものを使っていた。既製品は種類が極端に少なかったが、使い勝手は、どれもけっしてよくはなかった。形、重み、材質、見てくれ、のいずれも感心できないし、なによりも、たいへんに使いにくいのである。不満を覚《おぼ》えつつ年が経《た》つうちに、あつらえてみようかという気が、しだいにつのってきた。

料理庖丁で有名な、浅草の「正本《まさもと》」(現在の「かね惣」)の主人が、埼玉の越谷《こしがや》の在《ざい》の出で、同県人のよしみで頼んで打ってもらったのは、もう戦争が激しくなっていたときだった。大森《おおもり》の店をたたんで浦和《うらわ》へ越し、大宮《おおみや》のそば小屋で会員制のそばを手碾《び》き、手打ちでやるようになって、よい庖丁が必要にもなったのである。

「備前長船《びぜんおさふね》」の刀が二十円で買えた時代だったが、百円以上ものカネを出して、特別あつらえの庖丁をつくってもらった。ところが、この庖丁が期待ほどにはよくなくて、使いにくさにかけては、それまで手にした出来合いのものと、さほど変わらなかった。

このことが機縁となって、がぜん、庖丁に対する興味が嵩《こう》じ、あれこれと思案を重ね、研究するうちに、とうとう自分で庖丁を打つところまでいくことになった。

◉庖丁の条件

私がそばきり庖丁のよし悪《あ》しにこれほどこだわるのは、まな板にこだわったのと同じ理由である。商売用に何万回も何十万回も反復動作を繰り返す仕事だから、道具のよし悪《あ》しは重大なのである。

私がよいそばきり庖丁の条件として第一にあげるのは、柄《え》を握ったときの重さのバランスがよくとれていることである。

安い庖丁は、板金《いたがね》に鋼《はがね》をちょっとつけただけのものが多い。そうした庖丁は、たいてい重心が手もとになく、いわゆる前かぶりで手に重く、使いにくい。そばきり庖丁は、幅が広くて長いので、柄を握ったときの重さのバランスがとれていないと、たいへんに使いにくい。試《ため》してみるとわかるはずだが、同じ目《め》方《かた》の庖丁でも、重さのバランスがとれているものと、そうでないものとでは、手に感じる重さがまるで違う。バランスのとれているもののほうが軽く感じられる。

だから、「そばきり庖丁は重さで切る」などという俗説に惑《まど》わされて、単純に手に持ったときに重く感じられることだけで選んだりすると、とんだ駄物《だもの》をつかむことになる。

この、重さのバランスの感じを、しかとつかむのに大いに参考になったのが、竿師《さおし》や刀鍛治《かじ》の話だった。

名人竿忠《さおちゅう》——私がおつき合いしたのは三代目の方で、音吉さんといった。釣竿についてのいろんな話のなかで、「振り込んで、ペシャッと水の表に穂先《ほさき》がつくような竿は、かぶっている竿で、こんな竿をこしらえたら、おじいちゃん(初代竿忠)に叱られる」という言葉があった。つまり、重心が手もとにない釣竿は失格だというわけである。

特別あつらえの庖丁も前かぶりで困っていたときだったから、私は、この言葉で目の前がパッと開けた思いがした。庖丁と釣竿は、重さのバランスで共通点がある。

形ではさらに近い関係にある日本刀にも、この共通点が認められた。刀の切れ味や美しさよりも、古刀《ことう》と新刀《しんとう》の違いで、そのことを確認するようになったのである。

古刀とは、約五百年前の日本刀であるが、その頃の刀は、主に馬上で使っただろうから、重心が切《き》っ先《さき》のほうに寄った刀、つまり、前述のような「かぶる」刀では使いにくい。振りまわしたら落馬の危険があり、大段《おおだん》平《びら》(幅の広い刀)はとても使えない。そこで、太刀《たち》という、軽い細身《ほそみ》の刀が必要となったらしい。古刀は、持ってみるとわかるように、

刀と同じ製法によって打った、自作のそばきり庖丁。大八車の金輪その他、軟らかいクズ鉄を集めて地金となし、鍛錬には松炭百俵、延べ九十日を要した

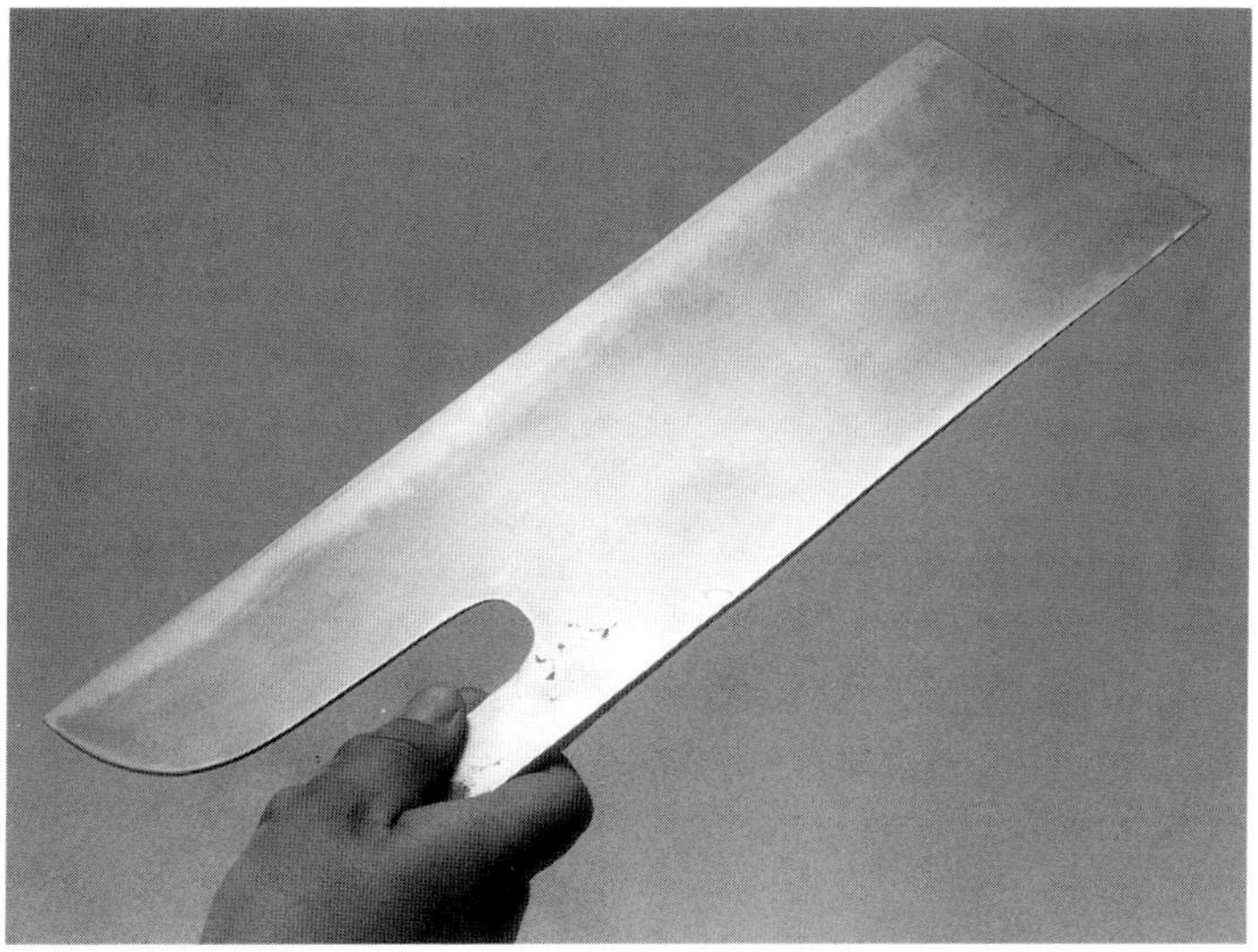

割り刃（両刃）のそばきり庖丁。焼き入れによるひずみで鋼にひびが入る危険は、片刃よりも少ない

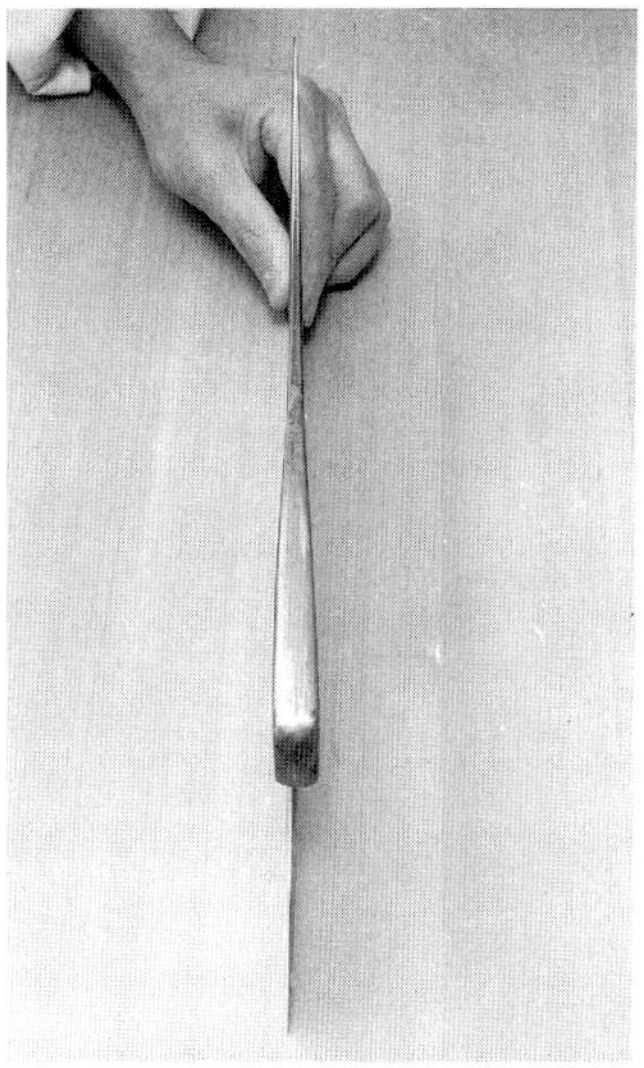

握り持ったときの重心が手もとにあって前が下らないこと、センターの通っていることが、必須の条件

重心が手もとに近いところにある。

そばきり庖丁のように、反復動作を早く多く繰り返す刃物は、古刀同様に手に軽くなくてはいけない。手もとに重心がくるように先を薄く打つ必要がある。

よいそばきり庖丁の第二の条件は、他の条件を満たしているなら、脇肉《わきにく》が薄いことだ。

同じ庖丁でも、そばきり庖丁と刺身庖丁では、使い方も目的もまるで違う。刺身の場合は、ひと切れの厚みは、フグの薄造《うすづく》りでも、そばの細打ちや極細《ごくぼそ》打ちに比べると、はるかに分厚《ぶあつ》い。切り終えて庖丁で寄せていくこともできるくらいだから、脇肉の厚い庖丁で切り込んで魚の身を押し分けても問題はないが、そばの場合は、そうはいかない。

並そばで一寸（約三・〇三センチ）を三十本に切るとすると、そばの幅は約一ミリにしなければならないが、庖丁の脇肉が厚いと、どんなことになるか——。

刃が切り進むときに、厚い脇肉でそばを押し分けていくことになるから、そばの角《かど》がつぶれてしまう。そばがくっついて、口が開《あ》かないことすらもある。加水量が多くて、つなぎの少ないそばとか、太さの違ういろいろなそばなどは扱えないし、極細打ちの五十本、六十本などという仕事はとうてい不可能である。とにかく脇肉の厚い庖丁では、仕事もはかどらず、仕上げのきれいなこまかい仕事もできにくい。

手に軽くて薄い庖丁は、抵抗が少ないので、そばを切り終えて刃がまな板に届いたときの当たりの違いを快《こころよ》く感じることができる。

よいそばきり庖丁の第三の条件は、センターが通っていることである。

センターが通るとは、握り柄《え》から刃先まで、棟《むね》が真《ま》っ直《す》ぐであるばかりでなく、刃もよじれていないことを言う。割り刃（両刃）の庖丁の場合は、手もとの握りの中心から刃先まで、真っ直ぐになっていて、かつ、脇肉の厚みが左右均等になっていることを言う。

これらが狂っていると、庖丁が直っ直ぐに使えないし、とくにこまかい仕事をするときにうまく扱えない。つまり、庖丁が素直《すなお》な仕事をしてくれない。こうした庖丁は、道具として失格である。

◉私の庖丁づくり

以上の条件を満たした、前かぶりのない、使いやすい庖丁は、もう自分で打つほかはないと考え、私は庖丁を刀と同じ方法でつくる決心をした。

庖丁づくりの仕事は、およそ、次の順序で進む。地金《じがね》の選定、鋼《はがね》の選定、地金の鍛錬《たんれん》、鋼をつける、打ち延ばし、焼き入れ、ひずみ取り、研《と》ぎ、である。この順に従って述べよう。

一、地金《じがね》の選定

庖丁の地金《じがね》には、軟らかい鉄が向く。一般には、土蔵《どぞう》の扉の折れ釘《くぎ》などが軟らかいとされているが、近年ではそれも少ない。私は軟らかい地金を二トンほどまとめ買いしていたが、それもぼつぼつなくなり始めた。

硬《かた》い鉄は、なぜ、庖丁の地金には使えないのか――。それについては「ひずみ取り」で述べるが、その段階で割れてしまうことが多いからとだけ、ここでは言っておく。

二、鋼《はがね》の選定

鋼《はがね》は、主に硬度の違いによって区分され、それは「号」で表わす。鋼には、比較的軟らかいものから、きわめて硬いものまで、いろいろある。そばきり庖丁にどんな鋼が向いているかと言われても、何社の何号のものがいい、といった答え方は私にはできない。それは鍛冶《かじ》屋にまかせるのがいい。

ただ、次のことは言える。鋼は、硬度が増せば切れ味はよくなるが、ショックには脆《もろ》くなる。硬度が減ると、切れ味は落ちるがショックには強くなる。このことから、そばきり庖丁の鋼に必要な性質の見当がつこう。

まな板の上でそばを刻む動作を数万回も数十万回も反復する道具だから、そばきり庖丁の鋼は、まずショックに強い必要がある。そのうえ、切れ味もよくないといけない。

それなら、ステンレスの庖丁はどうか。ステンレスもまたいろいろで、ゾーリンゲン（西独）のヘンケル、イギリスのハーダーなどのものは、格段にすぐれている。ゾーリンゲンは、日本の小鍛冶《こかじ》まで研究していると聞く。熱処理によほどの高度な技術を使っているのだろう。やがてはセラミックを使ったものも出現して、さらに品質が向上するだろうが、いまのところは、ステンレスのものは鋼ものと比べると、切れ味において一歩劣るところがある。それに、摩滅《まめつ》の早いことが弱点である。

やはり、そばきり庖丁を一生使う道具とみなすなら、鋼の良質のものを選ぶことになってしまう。

三、地金《じがね》の鍛錬《たんれん》

日本刀は、今日のような美術品である前に武器であった。当然、よく切れなければならない。しかし、よく切れるとともに、折れたり曲がったりしないことが必要で、刀身《とうしん》はそのように打ち鍛《きた》えられた。それが鍛錬《たんれん》である。地金《じがね》を熱して打ち延ばし、折り曲げては延ばし、また折り曲げては延ばしを繰り返して地金を錬《ね》りあげ、丈夫なものにしていく。

この仕事のねらいは、まず鉄質の純度を高めることにある。小学唱歌《しょうか》の「村の鍛冶屋」に「とびちる火花」とあるが、熱した鉄を鎚《つち》で打つたびにとぶ火花――鉄花《てつばな》と言うか、一種の酸化鉄だが、あれを繰り返しているうちには、目方が何割も減り、不純物がとり除かれていく。

つぎに、この仕事で、地金に粘《ねば》りがでる。

鉄質の純度が高まるにつれて粘りがでるのだが、刀剣にはこの粘りが大事である。硬くて粘りがあるという必要条件の基礎が、この鍛《たん》錬《れん》によって、きずかれるのである。

こういう話は、店を開いて間もない頃からあれこれと聞きかじっていた。あるときは、鎌倉に正宗《まさむね》の（十数代から二十代目くらいにもなろうか）子孫の方が存命と聞いて、出かけて教えを乞《こ》うたこともある。

いろいろうかがってみると、そばきり庖丁に打つのなら、軟らかい鉄がよいはずだ、土蔵の重い扉を支えている折れ釘《くぎ》が、いちばんよいのではないか、と——。それを鍛冶屋《かじや》にうまく話してやらせるのがよい、と正宗さんは言われた。

そこで、土蔵の折れ釘を集め始めた。しかし、それで打つのでも百円以上はかかった

戦後、私は自分でも鍛錬《たんれん》してみた。物資欠乏時代だから、土蔵の折れ釘さえ思うように集まらない。そこで、自分で屑鉄《くずてつ》を拾い集めてまわった。そのとき、大八車《だいはちぐるま》や馬車についている車の輪に目をつけた。これで庖丁が打てるのではないかと、ハッと思い当たったのだ。車の鉄の輪は、すぐに角《かど》が摩滅《まめつ》してカマボコ型になってしまう。これは、どうもあまり硬《かた》い鉄ではないな、と気がついた。

そんな単純な考えから、荷車《にぐるま》の輪を材料にして、初めて自分で庖丁を打ってみた。電気ハンマーの力を借りて打ったのだが、一丁打つのに日数にして延べ九十日、松炭《まつずみ》百俵《びょう》近くを使った。肝心《かんじん》なところは親方が打ったが、鍛錬《たんれん》だけは自分でやってみたのである。

はじめは、土蔵の折れ釘や大八車の破片など、一定の形を持っていたものを、寄せ集めて火で熔《と》かして一つに打ちかためる。それから叩き延ばしにかかる。火で赤《あか》めて叩き延ばしたものは、くるくると巻きとって丸太棒にし、今度は向きを変えて、また叩き延ばし、ひろげる。こうした仕事を何度も繰り返し続ける。だいたい、これを十回も繰り返すと一日が暮れてしまう。電気ハンマーを使っても、本格的にやると小一日《こいちにち》はかかる。

十回くらいの叩き延ばしで、鉄の目方《めかた》は少なくとも三〜四割くらい減ってしまう。鍛錬を終わる頃には、大きさに一応見当をつけ、庖丁に仕上げたのちの棟《むね》のいちばん厚い所、つまり握りの部分は相当厚くし（五、六分《ぶ》にしておく）、あとは叩き延ばして地紙形《じがみがた》にタガネ（鏨）で切って形をととのえておく。

この鍛錬にも、のちに述べる焼き入れにも、鉄を熱するには松炭を使う。松炭の火は柔らかく、刃物を焼くには最上と言える。コークスを使うと、鉄が荒れてしまう。

ただ、松炭は使いでがなく、一俵ぐらいはアッという間《ま》に使い切ってしまい、すでに述べたように、庖丁一丁を打つのに百俵近くも使ってしまった。

四、鋼《はがね》をつける

そばきり庖丁は、片刃《かたば》が一般的だが、私は近年、割り刃にする方法をよくとるので、二通りについて説明する。

まず、割り刃の入れ方。地紙形《じがみがた》にまとめた地金《じがね》の刃をつける側を、タガネ（鏨）で割り、菱《ひし》形に鋼《はがね》を入れる。

片刃のつけ方は、形を出したのち、裏から薄い鋼を貼《は》りつける。接着剤は硼砂《ほうしゃ》。——ミョウバンのように撒《ま》いてから貼りつける。刀鍛冶は泥《どろ》で貼りつけるという。

五、打ち延ばし

菱《ひし》形に鋼を入れた（割り刃の場合）のち、所定の厚みになるまで、地金と鋼の両方をいっしょに鎚《つち》で打ち延ばす。所定の厚みに近づいたら、タガネで握り柄《え》の下を切り取り、柄をつくる。握り柄を肉厚にし、刃先のほうを薄くして、重心が手もとにくるように打つ。

棟《むね》に肉がためてあるとはいっても、持ったときのバランスをとるためで、ほんとうに肉をたくさん集めるのは、握るところだけだ。

また、先に述べたように、脇肉や刃先など研《と》ぎしろのところは、まったく薄くする。

打ち延ばすにつれて扇形にひろがっていく。そこで、ひろがった両端をタガネで切り捨てる。最後は、角を九〇度に断《た》ち、焼き入れに移ることになる。

六、焼き入れ

これは、熱した刃物を水に入れ、急激に冷やすことによって切れ味のよい刃をつくる仕

事である。鋼は高熱で熱したのち、いっきに水へ持っていって急激に熱を奪うと、硬度が増してしゃんとし、はじめて刃物としての役をするようになる。

焼き入れのカンどころは、火加減と水加減にある。火加減は焔《ほのお》の色、水加減は水の温度を言うが、両者の温度差が刃物の切れ味を左右するわけで、これは、古来、刀鍛冶などが秘伝とするところである。

原則的に言えば、火入れの温度と水の温度との隔《へだ》たりが大きければ、切れ味が鋭くなるし、その隔たりが小さければ、切れ味は甘くなる。

それでは、火入れの温度をやみくもに高くし、水の温度をギリギリまで下げれば、切れ味が鋭くなるかというと、そうはいかない。そんな単純なものでないからこそ、古来、刀鍛冶が秘伝としてきたのである。

まず、火加減は、地金《じがね》の質、鋼《はがね》の質、またその割合や厚みなどによって変わってくる。つまり、材質によって焼く温度が違ってくるので、最適温度をつかむまでがたいへんだ。

水加減は、火加減や刃物の材質、厚みなどに応じて割り出す。気温も関係してくる。火加減同様、これも難しい。水温が低いと、切れ味はよくなるが、ヒビが入りやすい。とくに薄く打った庖丁ほどヒビが入りやすい。水温が高いと、切れ味は甘いが、ヒビ割れの危険は少なく、安全である。

ともかく、切れ味がよく、しかも割れる危険の少ない温度に水温を調整するとなると、これはもう素人《しろうと》の及ぶところではない。

参考までに言えば、刃物は温度差のあるところで、焼きを入れないと、ほんとうの硬さが出ないので、夏よりも冬の仕事となる。ただし、水はぬるまったものを使う。

ところで、外国では焼き入れに油を使う例が多いと聞く。ヘンケルにしても、ハーダーにしても、たいてい油を使っているようだ。それは、油で処理するほうがヒビの入る危険性が少ないからである。ただし、切れ味は、水のほうがすぐれている。

こうしたことも、やがて無重力の宇宙空間で冶金《やきん》が行なわれるようになると、すっかり事情が違ってくるだろう。そうやってできた刃物に、早くお目にかかりたいものである。

焼き入れのねらいや要点は、以上の通りだが、焼き入れで起こる大変化について触《ふ》れる必要がある。それは、焼き入れ前に形を整えておいたものが、焼き入れによって少しは変形し、また、ゆがみを生じるということである。日本刀の反《そ》り身の美しさは、焼き入れによって起こる形態変化を巧《たく》みに利用したものと言うことができる。日本刀は初めからあのように反《そ》っているのではなく、焼き入れ前には真《ま》っ直《す》ぐな形をしている。反り身になるのは、鉄が急激に収縮するために起こる現象で、そばきり庖丁にも似たことが起きる。

七、ひずみ取り

そばきり庖丁も焼きを入れると、変形が起きるが、日本刀のように反らずに、幅にシワヨセがくる。誇張《こちょう》して言うと、庖丁が焼きイカのようになってしまう。

そのため、焼きを入れたあと、「ひずみ取り」という仕事が必要になってくる。つまり、収縮でできたシワや反りを、鎚《つち》で叩き延ばしていくのである。

この段階へきて、前に述べたヒビ割れの問題が生じる。冷えて硬《かた》くなった鉄を、鎚《つち》で叩き延ばすのだから、ヒビが入ることはままある。ここへきて、もう火は使えない。だから慎重《しんちょう》に、だんだんに打ち延ばしていくしかない。細心にことを運んでも、薄く打った庖丁は、とくにヒビが入りやすい。こうした失敗を何回か経験してわかったのが、地金《じがね》の質と鍛錬《たんれん》の大事さであった。

材料および基礎の段階から手を抜かず、慎重にすすめたものは、薄く打ってもヒビ割れる危険が少なく、たいへん使いやすい庖丁に仕上げることができる。

なお、片刃《かたば》で裏から鋼を貼《は》りつけた庖丁は、焼き入れによるひずみで、鋼の切れるところがでてきたりする（これは研《と》ぎの段階で判明する。）割り刃のほうが危険は少ない。

また、先に述べた、センターを通す仕事は、焼き入れに移るまでにも、およそ見当をつけて脇肉の配分に気をつけながらすすめて

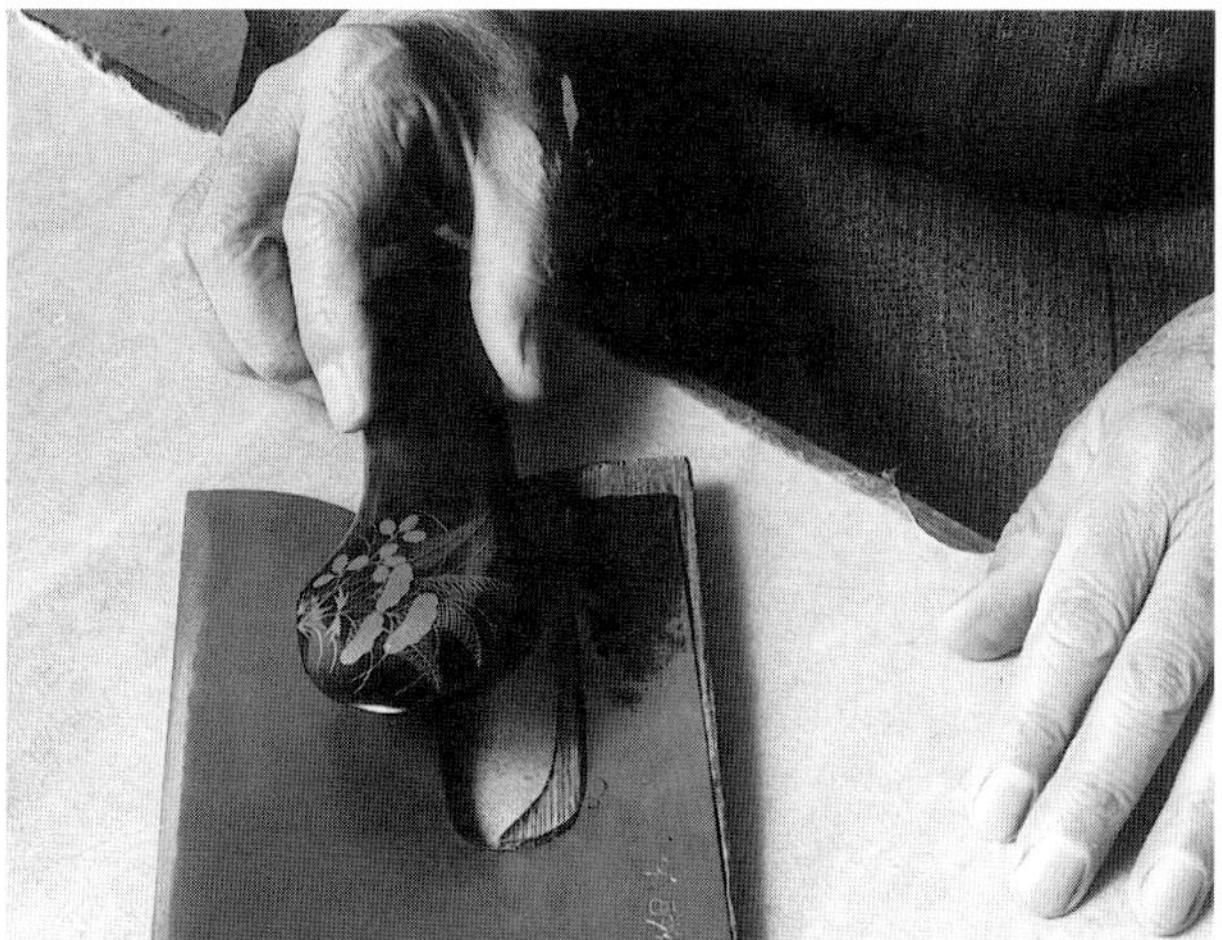

ウチグモリという最高に軟らかい砥石をすり合わせて砥クソを出し、庖丁の研ぐ部分に配る。その上を、ウチグモリの破片（面取りして使う）を漆で和紙に貼りつけたもので研く。写真はその後の磨きの工程。本絹羽二重の中は同じ砥石の粉末

刀よりも難しく根気の要る研ぎ仕事。仕上げ砥《ど》だけでも１日18時間研ぎ続けて、そばきり庖丁１丁に７日は必要

くるが、正しくセンターを出すには、この段階が大事である。手もとの握りから棟の先端まで糸を張り、真っ直ぐかどうか、脇肉の厚みが左右均等かどうか、次いで棟から刃先に糸を渡して、左右の厚みが均等かどうかを調べる。そこで均等でなければ、慎重に打ち延ばして調整する。そのあと、右利《き》きか左利きかによって、刃先付近での肉の厚みや、勾配《こうばい》に差をつけるのである。

八、研《と》ぎ

最後の研ぎがまた、たいへんな仕事である。刀のほうでも、刀鍛冶《かじ》の仕事は荒研《あらと》ぎまでで、あとは専門の研ぎ師にゆだねている。その刀よりも、そばきり庖丁の研ぎはもっと大仕事である。砥石《といし》から決めてかからなければならないし、仕上げ砥《ど》だけでも、かりに一日十八時間砥ぎ続けるとして、庖丁一丁に約七日はかかってしまう。

私は仕上げ砥石に、ウチグモリを使っている。爪《つめ》でキズがつくほど軟らかで、きめのこまかな砥石である。

ウチグモリとウチグモリをすり合わせてトクソを出し、それを庖丁のいま研ぐ箇所に配る。そのトクソの上に、角《かど》を面取りしたウチグモリの破片を当てて静かに研ぐ（この破片は漆《うるし》で和紙に貼《は》りつけてある）。つまり、きわめて軟らかい砥石を使いながら、それでも地肌に直接触れないようにして研ぐ。ここまでしないと、庖丁の地肌を傷《いた》めてしまう。

第三項　そばのたたみ方

「たたみ」は庖丁仕事の準備工程。簡単な仕事である。

　簡単な仕事であるだけに、基本を踏み出すことなく、気合いを入れて行なうことが大事である。そばの種類が異なり、「変わりそば」――特に「茶そば」――などをたたむ段になると、うかつにやっていては、そばが切れてしまうことがある。

●たたみ方の基本

「たたみ」は、次の四つのことを念頭に置いて進めること――。

一、延し台に横にひろげてたたむ

　延し終えたそばをたたむときは、延し台に必ず横にひろげてたたむこと。これを「本延し」のときと同じように縦にひろげて折り返すやり方は、絶対にしてはならない。

「本延し」の済んだそばは、巻き棒に平行に延し目が入っている。これは延し棒で、縦方向に徐々《じょじょ》に延していくことによって生じたものである。もちろん、肉眼で見えるようなものではなく、顕微鏡レベルのものである。そばきりの状態で言えば、一本のそばの表面に何本かのすじが入っている、と思ってもらえればよいだろう。機械製麺のそばに比べ、手打そばの汁のからみがすこぶるよいのは、この延し目のためである。

　ところで、延し目と十文字に、延し目を寸断する形でもし庖丁を入れたら、どういうことになるか。切り終えて打ち粉を振るい落としているときや、釜に入っている間に、そばがズタズタに切れてしまうであろうことは、充分に予測できよう。延し台に横にひろげてたたむのは、間違ってもこういう馬鹿なことをしないためである。

二、打ち粉をたっぷりくれる

　そばをたたむときは、打ち粉をたっぷり振って、よく行き渡るようにすること。たたんだときに重なる面がくっつくのを防ぐためである。また、庖丁のすべりをよくし、庖丁で切ったあとの口がよくあくようにするためでもある。

　それには、一度たっぷり打ち粉を振ったら、それで充分というわけではなく、たたみ進むごとに打ち粉を振って、表面によく行き渡るようにすることが必要である。

三、まな板におさまる長さにたたむ

　これについて、多言は無用であろう。

四、庖丁で切りやすい枚数・厚さにたたむ

　たたんだときの全体の厚さと、庖丁の切り幅・角度とは、大きな関係がある。たとえば十二枚重ねにたたんだ場合、「田舎そば」などでは厚さが五センチ近くにもなる。このくらいの厚さになると、よほどの熟練者でないかぎり、庖丁の入る角度が上と下で違ってしまう。その結果は、そばきり一本一本の太さがまちまちになってしまう。なおかつ、こまかいことを言えば、切り口の断面が長方形にそろわず、菱形《ひしがた》ができたり、台形になったりして無様《ぶざま》である。

　このような失敗を防ぐには、仕事を二度に分けるのが得策である。最終的に十二枚なり十六枚になる計算が立ったなら、きりのよいところで切断して二度に分ける。慣れないうちは、特にこれを心がけておいたほうがよいだろう。

　切断法は次のようにする――

　①巻きほぐしているそばを折り返したところで、右の掌《てのひら》で押すようにして折り目をつける。

　②左手に巻き棒を持ち、折り目が開くように戻す。

　③そのまま巻き棒の先端を延し板につけて安定させる。手前は握り持ったまま浮かせておく。ただし、そばがピンと張った状態に保つこと。

　④左手で③の状態を続けながら、右手の人差し指（爪《つめ》のある側）を折り目の下に差し込み、向こうまで押し切る。

　この切断法は、加水量の多い場合や割り粉の多い場合、また、新そばの時期などには訓

●「たたみ」手順（１）

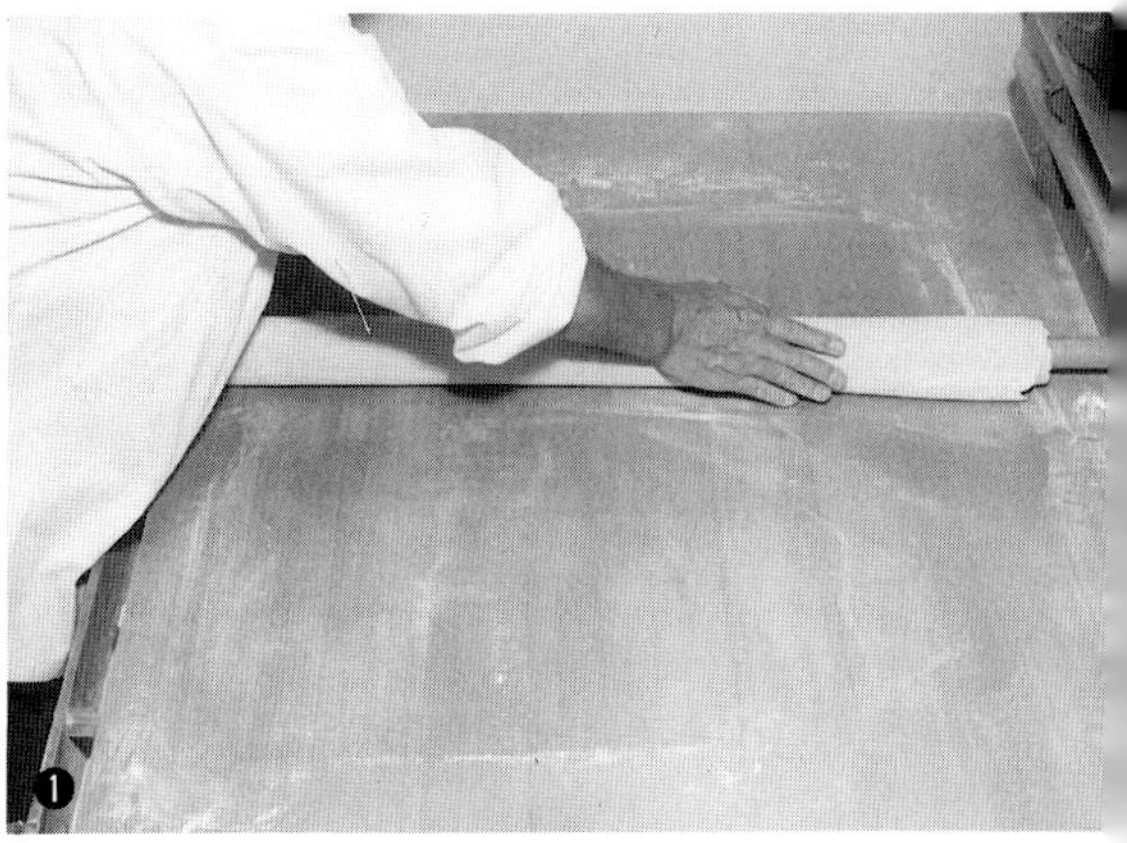

❶ **〈左から横にひろげる〉** 巻き棒が縦の向きになるようにして左に移す

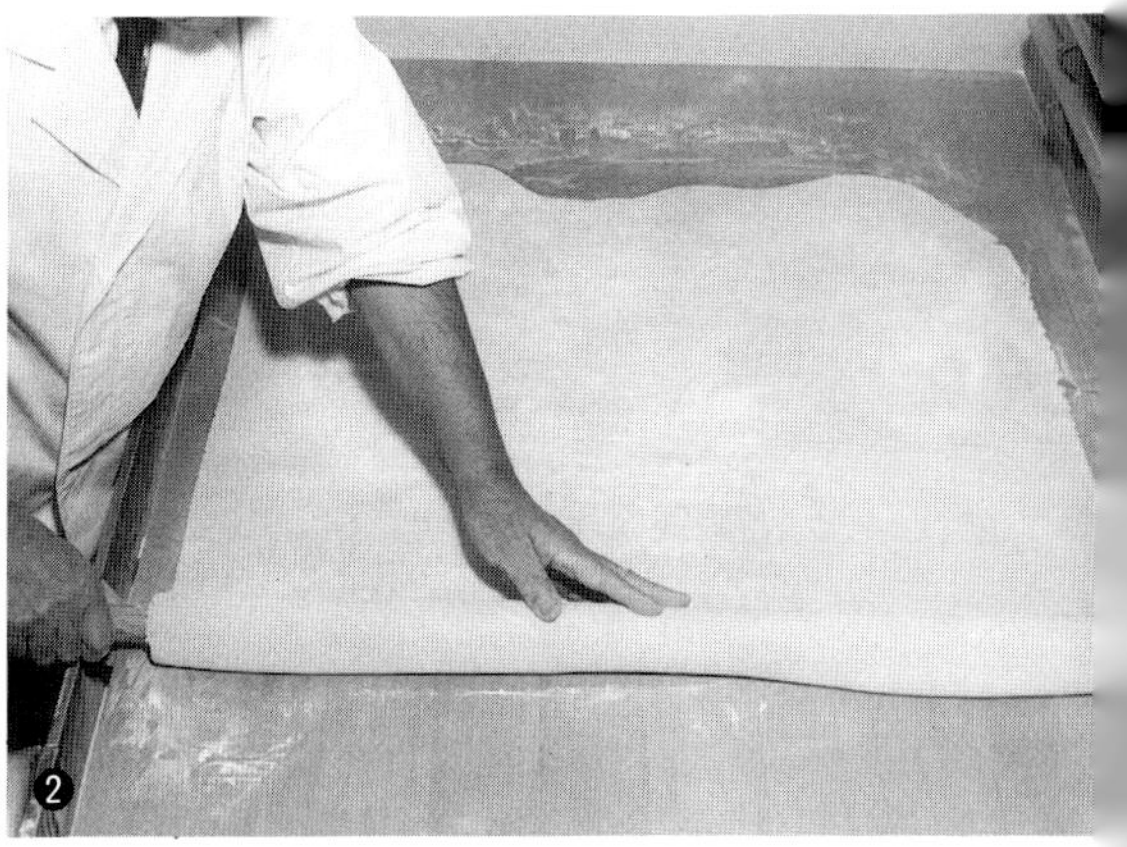

❷ そのまま横に転がして、そばをひろげる。まな板におさまる長さにとどめる

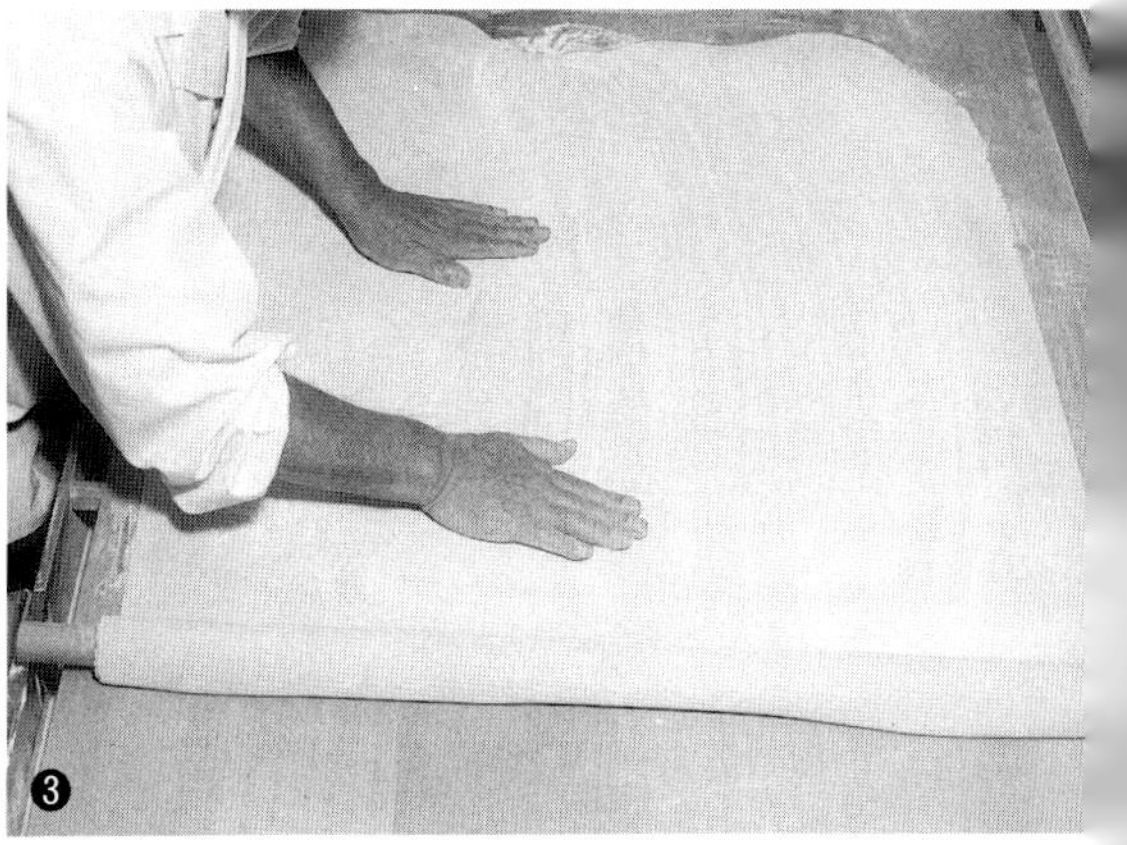

❸ **〈打ち粉を行き渡らす〉** ひろげた面に打ち粉をたっぷり振り、両手でならす

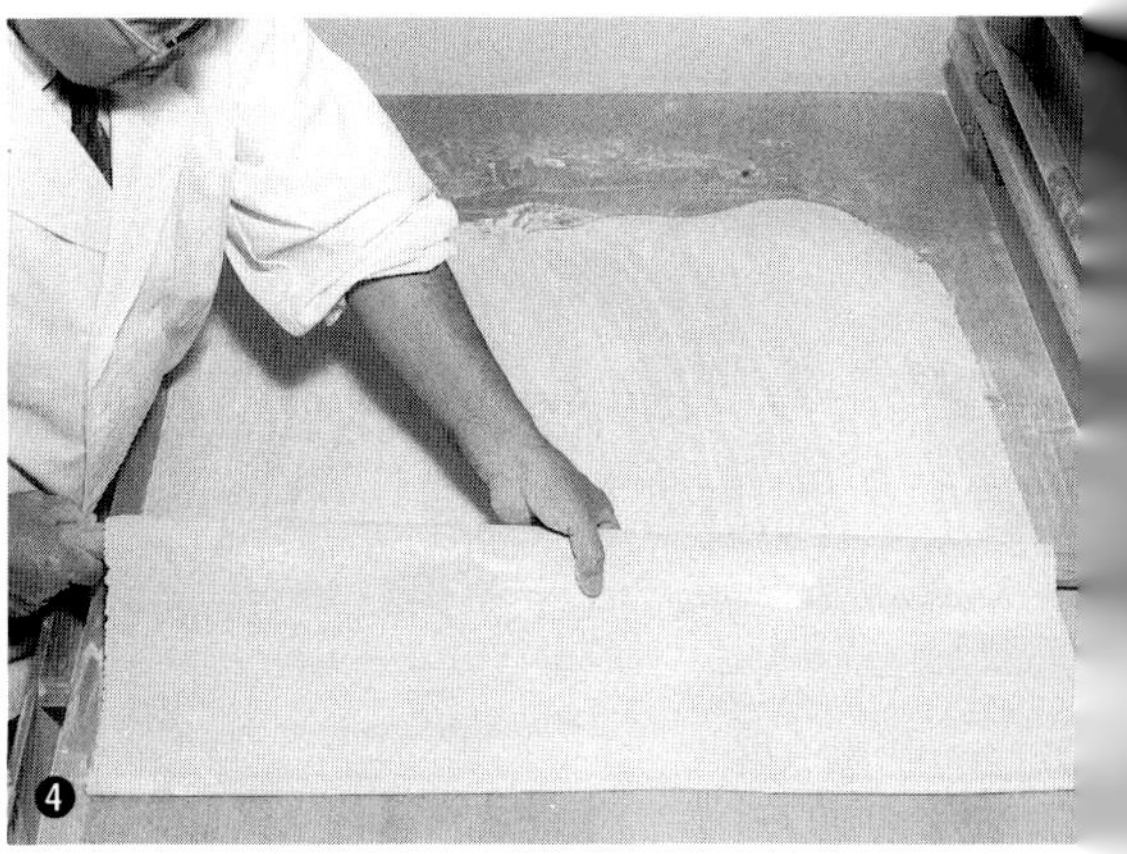

❹ **〈二枚重ねにする〉** 巻き棒を持って折り返し、そばを巻きほぐす

❺ 天地の耳が上・下で揃うように、また左右幅が上・下で揃うのが望ましい

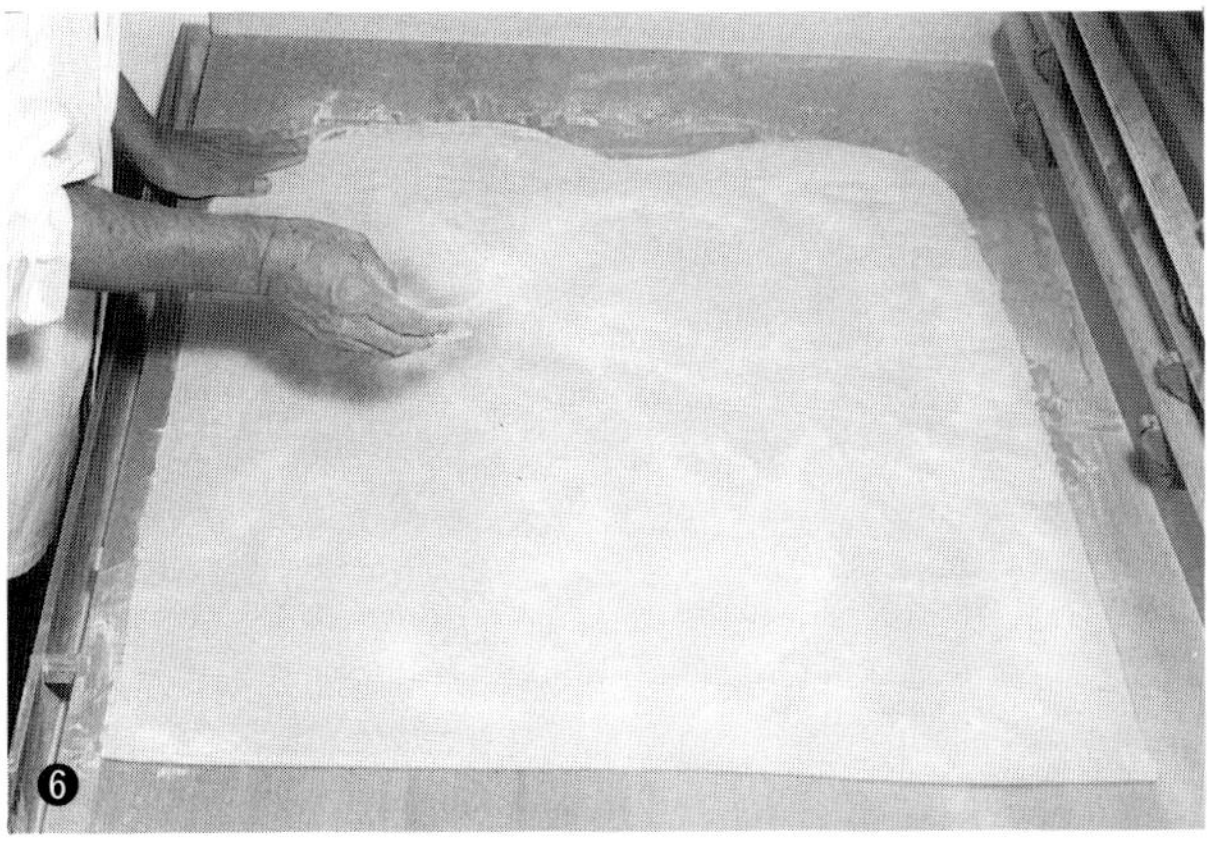

❻ **〈打ち粉を行き渡らす〉** そばの上面に打ち粉をたっぷり振り、両手でならす

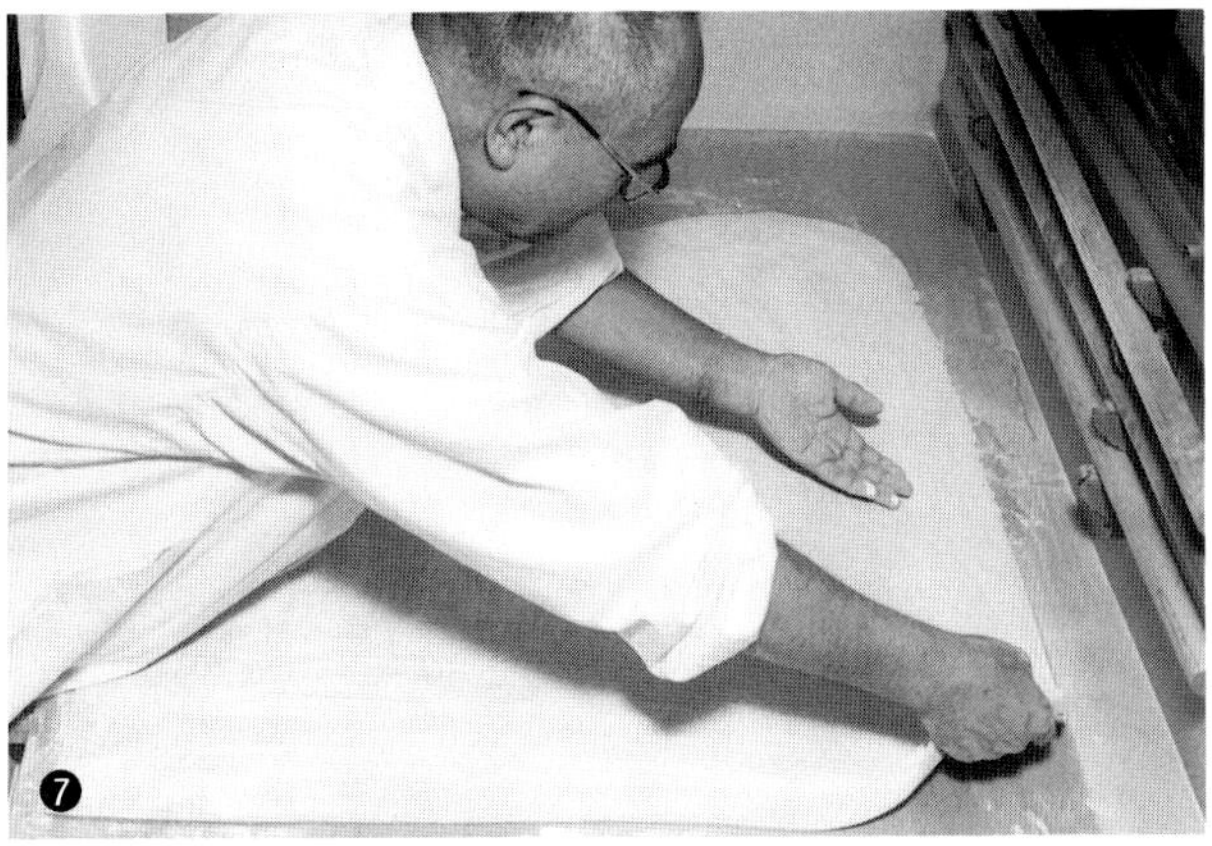

❼ **〈四枚重ねにする〉** 右奥の端をつまんで、いっきに折り返し……

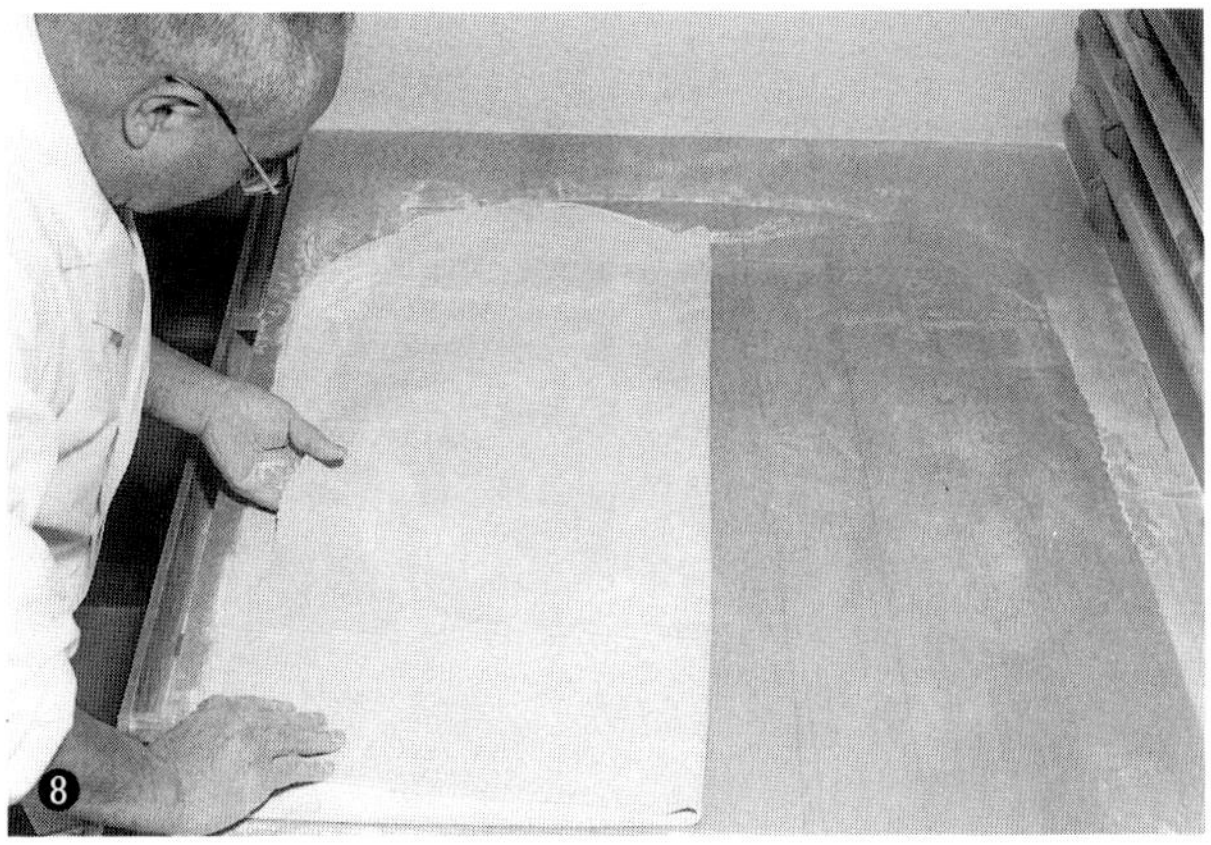

❽ 右手で折り返すや、すぐ左手も真ん中あたりを持って両手で引っぱってくる

●「たたみ」手順（２）

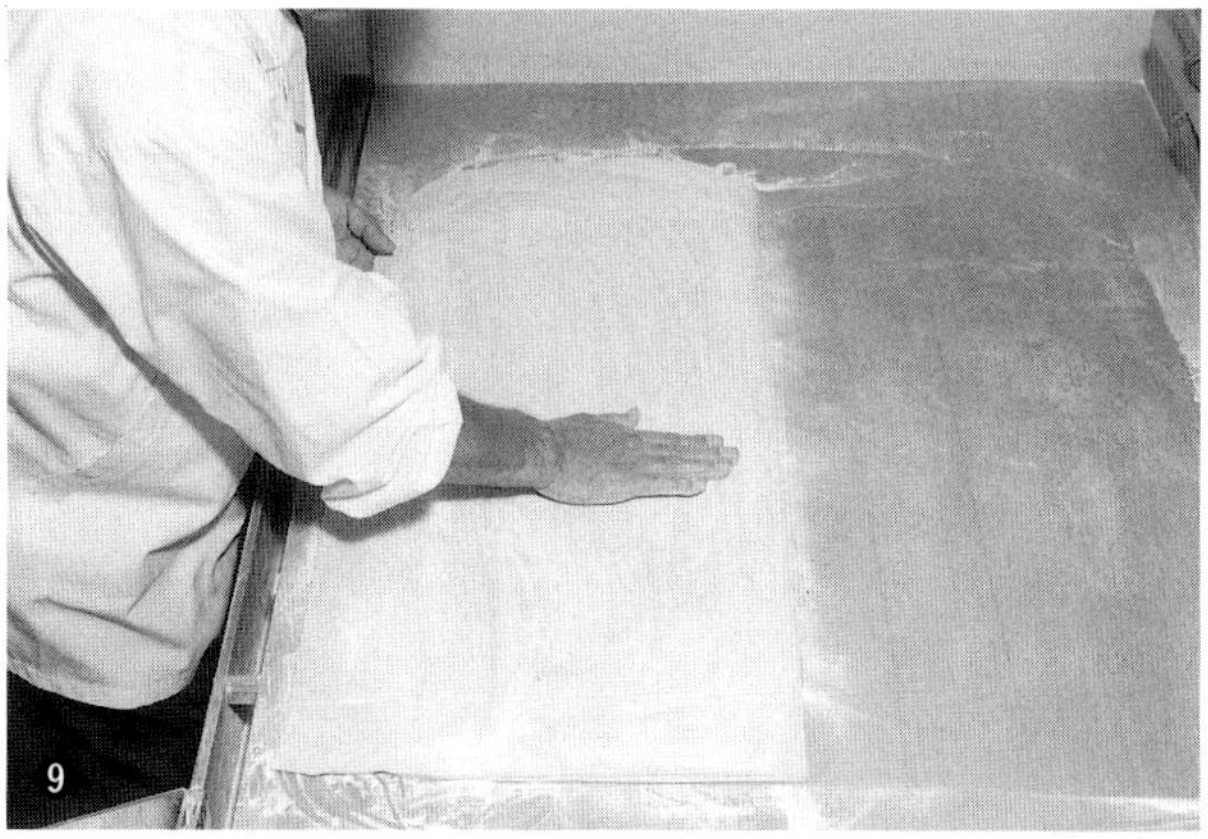

〈打ち粉を行き渡らす〉そばの上面に打ち粉をたっぷり振り、両手でならす

〈八枚重ねにする〉耳が揃っているか確認したのち、手前を両手で軽く持つ

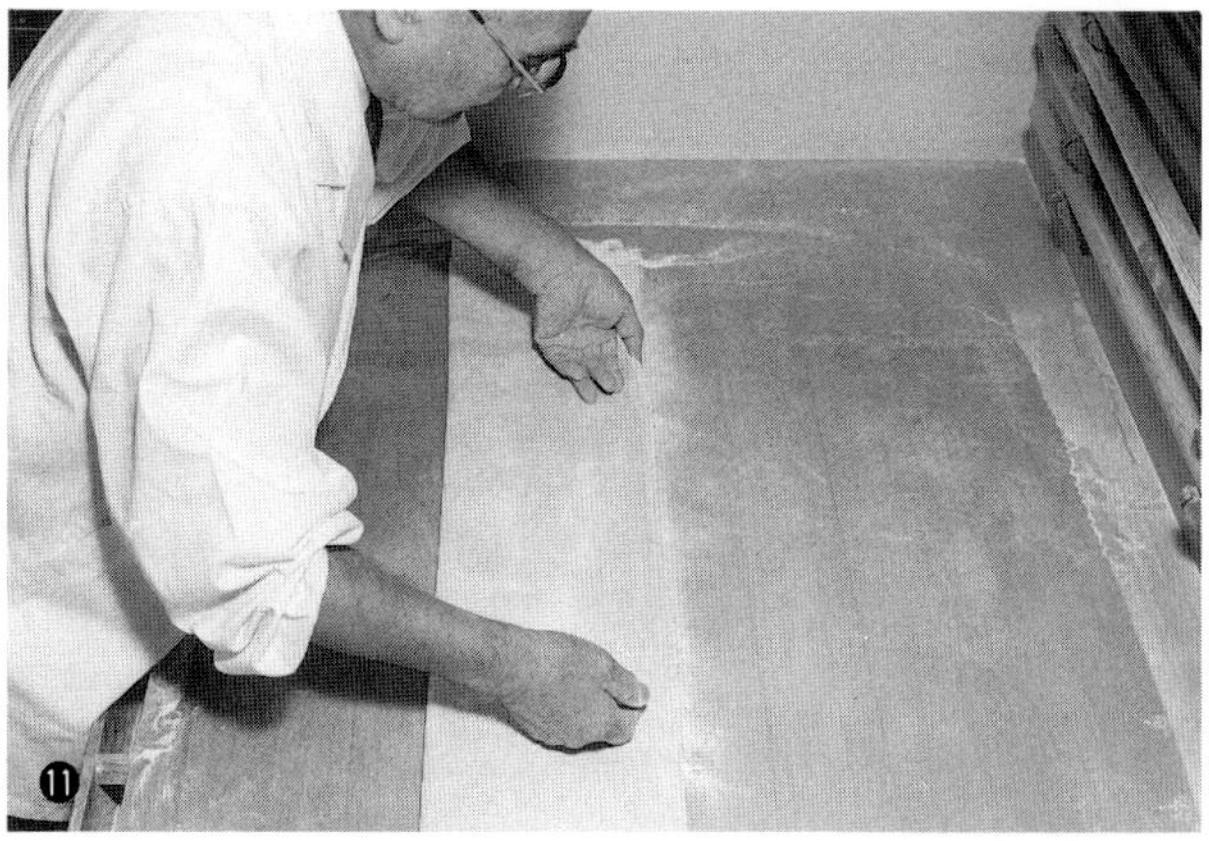

爪でキズをつけぬように向こうへ折り返す。ピタリ重なるようにたたむこと

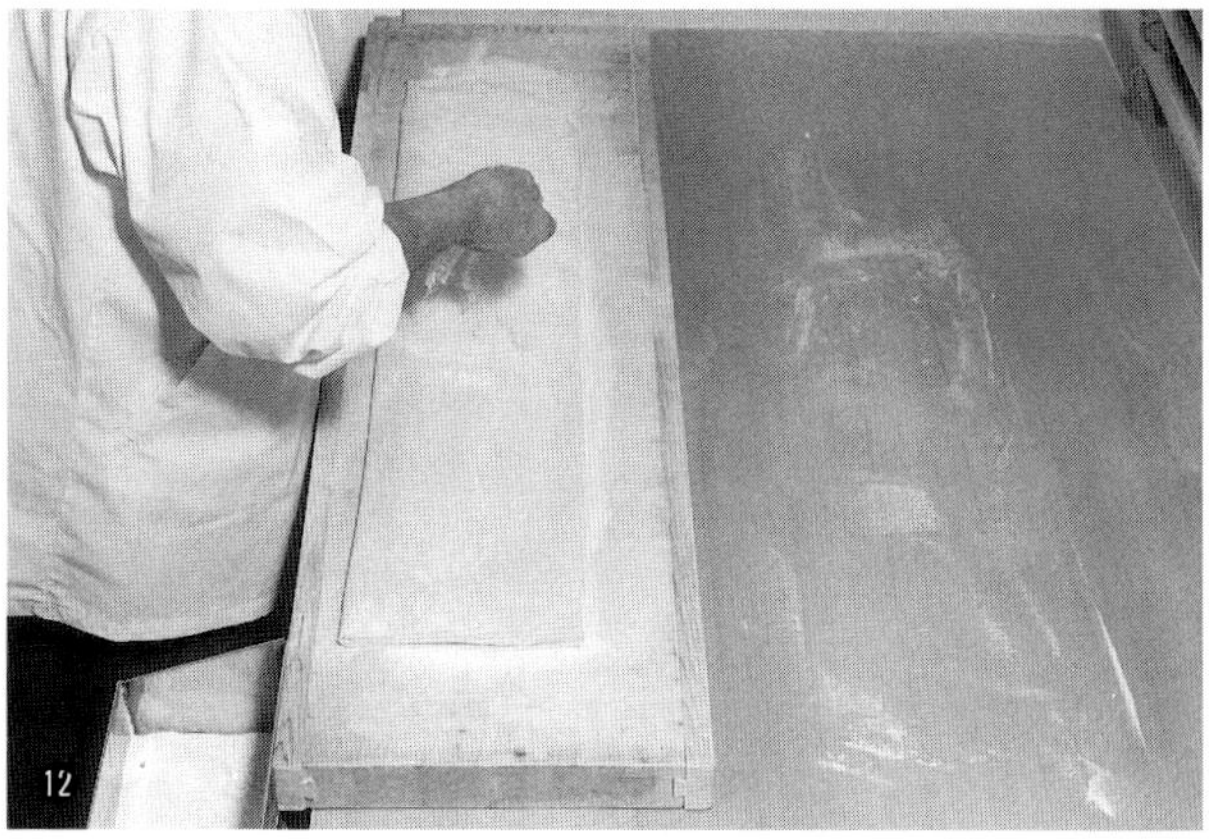

〈まな板に移す〉まな板を据えて打ち粉を振り、そばをのせて打ち粉を振る

練を要する。そばに粘《ねば》りがあるので、簡単には切れないためである。これは練習を積んでいただくしかない。

それはそれとして、切断した残りのほう――まだ巻き棒に巻いたままのほうは、そのまま延し台に放置したりせず、ビニールなどに包み、仕事にかかるまでに乾燥してしまうことのないようにしておくこと。

●「たたみ」手順

①巻き取ったそばを、延し台の左端（または右端）に移す。

②巻き棒を横方向に転がして、そばをひろげる。まな板におさまる長さにとどめること。

③打ち粉をたっぷり振り、両手でならす。

④巻き棒を持って折り返し、巻きほぐす。

二枚重ねにする。二枚重ねの状態で、すっかり巻きほぐしてしまえる場合は、上・下で左右幅がピタリ揃《そろ》うようにするのが望ましい（あくまでも、まな板におさまる範囲でのこと）。

また、天地の耳が上・下で揃うようにたたむこと。

二枚重ねにして、さらに折り返すほど長い場合は、そこで切断して仕事を二度に分けたほうがよい。

⑤上面に打ち粉をたっぷり振り、両手でならす。

⑥右奥の端《はし》をつまんで、いっきに手もとへ折り返す。

右奥の端《はし》は右手でつまむ。しかし、右端をつまんだだけで折り返してきたら、左側がばらけてしまう。

そこで、左手は掌《てのひら》を上にして受けの態勢《たいせい》をつくり、右手で端をつまんで折り返すや、すぐ左手も真ん中あたりを持ち、両手で引っぱってくる。

ただし、この動作は、あくまでも、ひと呼吸で済ませてしまわないとうまくない。ゆっくり三動作で行なうと、かえってばらける。「さらしなの生一本《きいっぽん》」や「茶そば」などは、ばらけ加減になったときに、耐《た》える力がなくて切れてしまう危険が大きい。ひと呼吸でいっきに引き戻してくること。

この段階で、そばは四枚だたみになる。

⑦四枚だたみにした手前の耳《みみ》を揃《そろ》え、位置を正す。

⑧上面に打ち粉をたっぷり振り、両手でならす。

⑨手前を両手で軽く持ち、向こうへ折り返す。爪《つめ》でそばに傷をつけぬように——。ピタリ重なるようにたたむこと。

以上で、そばは八枚だたみになる。

⑩延し台の手前に、まな板を据《す》える。

⑪まな板に打ち粉をたっぷり振り、両手でならす。

⑫たたんだそばの手前を両手で軽く持ち、まな板に移す。真《ま》っ直《す》ぐに置くこと。

⑬そばの上面に打ち粉をたっぷり振り、両手でならす。

第四項　庖丁の技術

◉「庖丁」のねらい

「たたみ」に比べると、「庖丁」は格段に重要な仕事と言わなければならない。

この仕事のねらいは、結局のところ、そばを所定の太さに、均一に、真《ま》っ直《ぐ》ぐに、切り揃《そろ》えることにある。

そのために、まな板も庖丁も、最良のものをつくり、あるいは選ぶのである。そのうえで、庖丁仕事を、基本にのっとった、正しい姿勢、手順、進め方で行なうなら、太さがまちまちになったり、跳《と》び駒《ごま》が頻発《ひんぱつ》したり、同じところに二度、刃を当てて切り刻んだり、という失敗は生じない。

たいせつなのは、繰り返すが、リズミカルに仕事をすすめること。これを体得《たいとく》するには、実際の仕事の場で練習を積む以外ない。

◉「庖丁」の基本姿勢

一、足の位置

まな板に近く、両足をふつうに開いて立ったのち、左足を、親指の爪《つめ》がまな板の下に入るところまで踏み出す。

右足は、それより五、六センチ下がった位置がよい。

これは、庖丁動作につれて、からだを左側へ移動させることを計算したものである。

駒板は、枕のすぐ傍に親指と人差し指、そして小指の三本で軽くささえる。庖丁の柄は、中指〜小指で軽く握る

二、駒板《こまいた》の押さえ方

駒板《こまいた》は、庖丁で切り進む際《さい》の定規《じょうぎ》の役目をするものである。したがって、これの押さえ方に無理があると、ひどい切りむらができてしまう。

駒板を、まな板に真っ直ぐに置き、枕のすぐ脇を、左手の親指と人差し指で押さえる。

この二本の指が枕から遠い位置にあると、庖丁が当たったときに駒板が揺れ動くことになるし、また、かりに枕のすぐ傍に置いたにしても、残る小指を寝かしすぎると、同じ危険が生じる。

親指、人差し指、小指を、ほぼ等間隔《とうかんかく》に、直角に開き、指先に力を入れて肩に無理がこないように、軽く押さえることがたいせつである。こうしておけば、あとは庖丁の操作で、自然に駒板が送られていく。

三、庖丁の持ち方

柄《え》を握るのは、中指、薬指、小指の三本。親指と人差し指は、当てているだけにする。いわば、舵取《かじと》りの役目をさせるわけだ。

この右手のほうも、力を入れて固く握りしめないこと。あとの、手順で述べる手首の返しがうまくいかないからである。

剣道をやった人ならわかるだろうが、竹刀《しない》を握る要領である。きつく握りしめず、しかも確実に保持する要領で、——リズミカルな庖丁の動きが、これで可能になる。

◉「庖丁」手順

①そばの上に駒板《こまいた》を正しく据《す》える。

②庖丁の刃を、枕に真《ま》っ直《す》ぐに当てる。

③庖丁を前にせり出すように下ろし、下まで完全にそばを切る。

たいせつなのは、庖丁の角度も向きも狂わせないこと。駒板の枕に添って真っ直ぐに庖丁を下ろし、たたんだそばの上も下も同じ幅に切る。下まで完全に切るには、刃がまな板に届く頃から、庖丁を押し出すようにして切るのがコツ。力を入れ過ぎないこと——。

④手首をわずかに返して庖丁を傾け、駒板を送る。

駒板の移動は、手首を返し、庖丁を駒板の側《がわ》に傾けることで行なう。移動した分が次の切り幅になる。「切りべら二十三本」でも、手首の返しは小さい。細打ちはごく、わずか。

⑤②〜④を反復する。

⑥十五〜二十センチ程度切り進んだら、切り終えた分《ぶん》を庖丁で左に寄せ、駒《こま》を取る。

庖丁仕事は、からだの中心で行なうのがよい。それには、どこまでもいっきに切り続けず、十五〜二十センチ程度切り進んだところで、切り終えた分を処置し、再度からだの中心で切る仕事を繰り返すようにする。

⑦下に庖丁を差し込み、延し板に移す。

⑧親指の腹で、そばの元を押す。

⑨片手で切るようにして、そばの切り口に空《あ》きをつくる。

⑦〜⑨の操作を「口《くち》あけ」と言う。切り口をあける、という意味である。

⑩元を左手で持って打ち粉を払う。

⑪右手で先を持ち、生舟《なまぶね》に納《おさ》める。

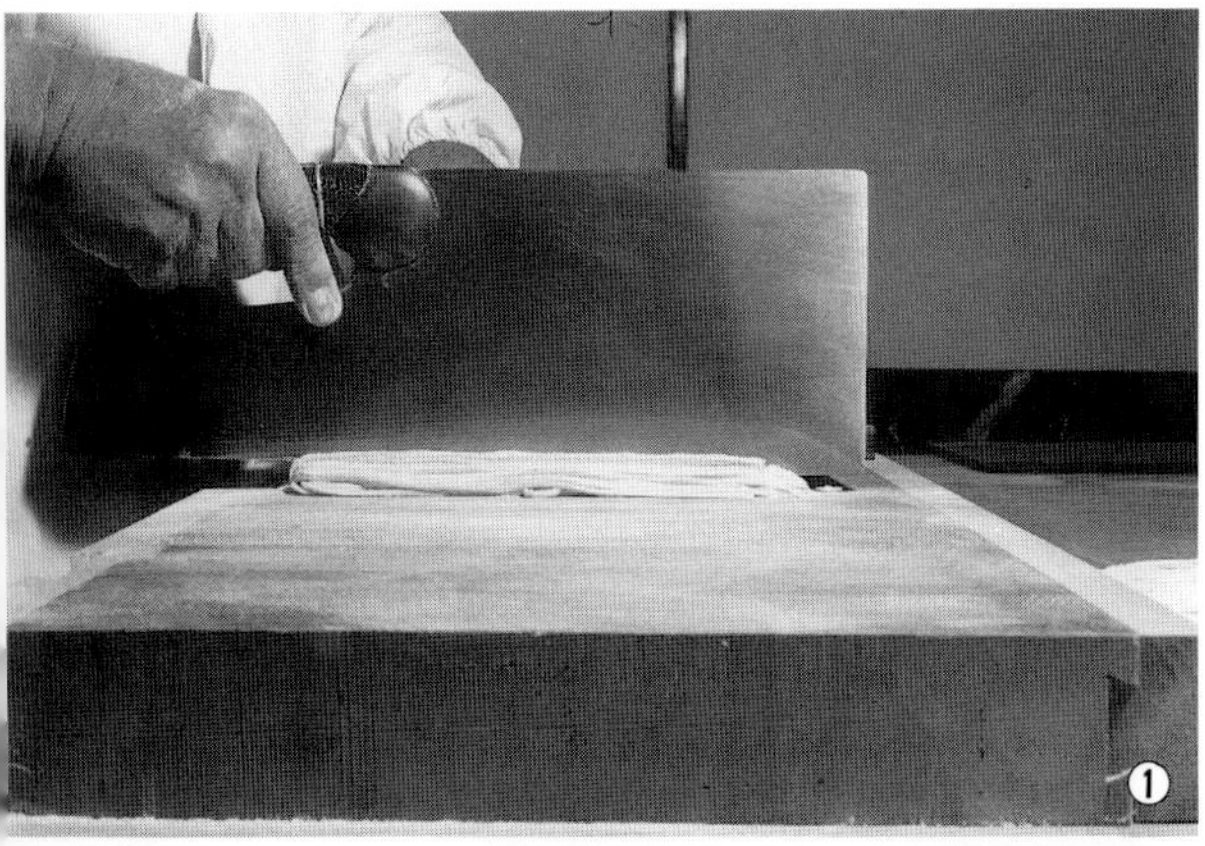
①

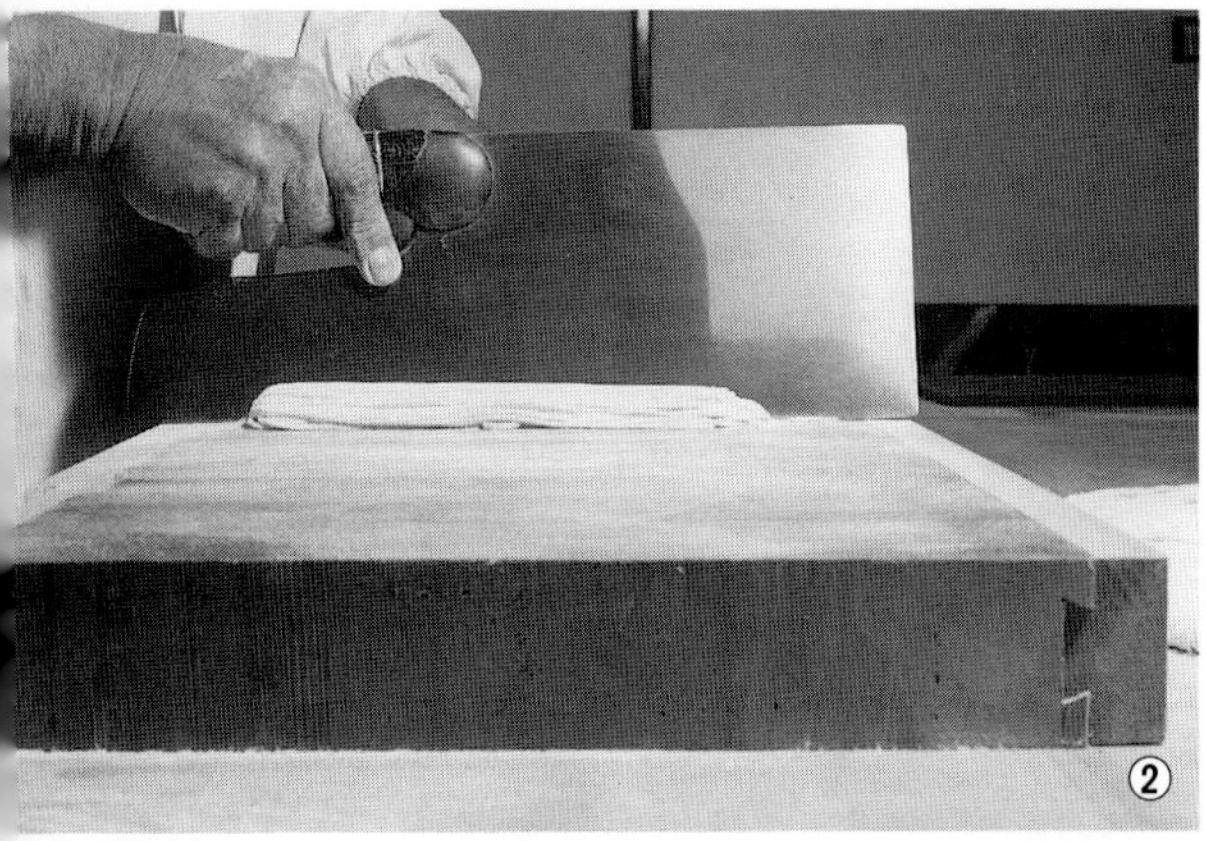
②

③

＊①〜③は❶〜❸の側面からの撮影

●「庖丁」手順

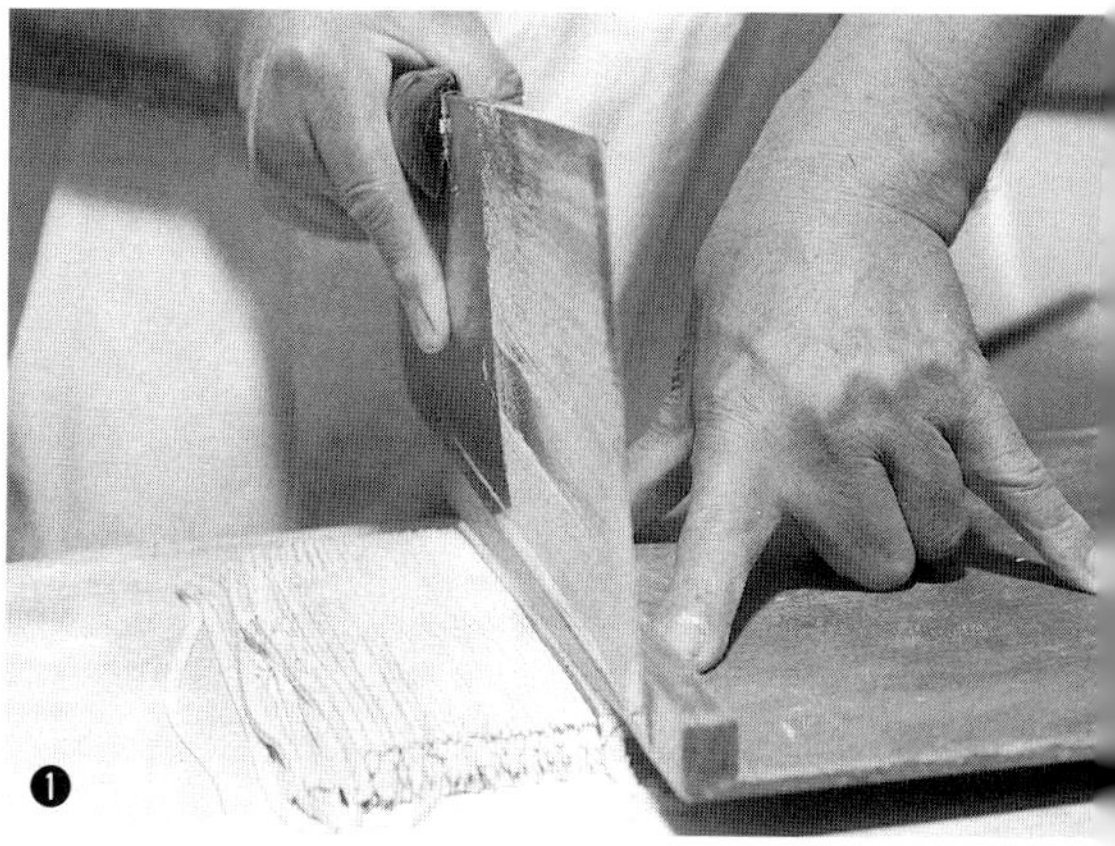

❶ 〈そばを切る〉 庖丁の刃を真っ直ぐにして、駒板の枕に当てる

❷ 庖丁を前にせり出すように下ろし、下まで完全にそばを切る

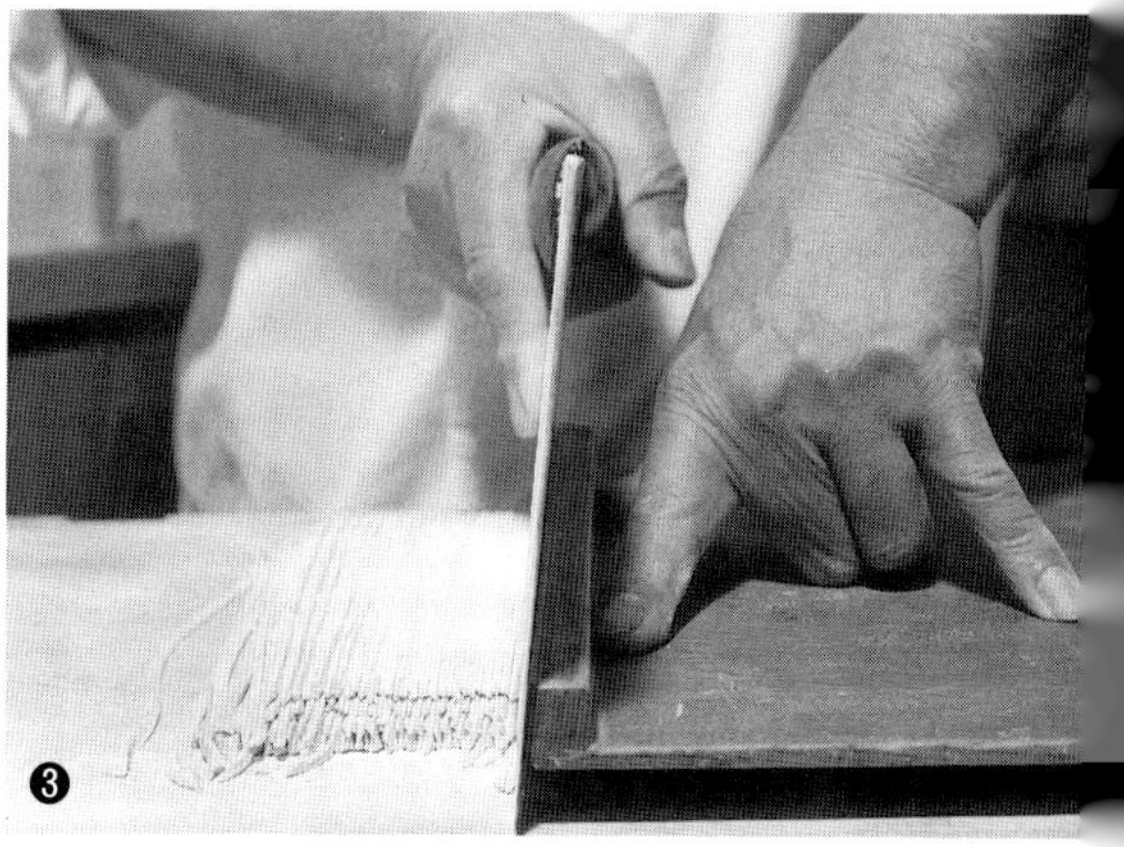

❸ 〈駒板を送る〉 手首をわずかに返して庖丁を傾け、駒板を送る（ずらす）

❹ 〈駒を取る〉 ①～③を反復して、15～20cm切り進んだら、庖丁で左に寄せる

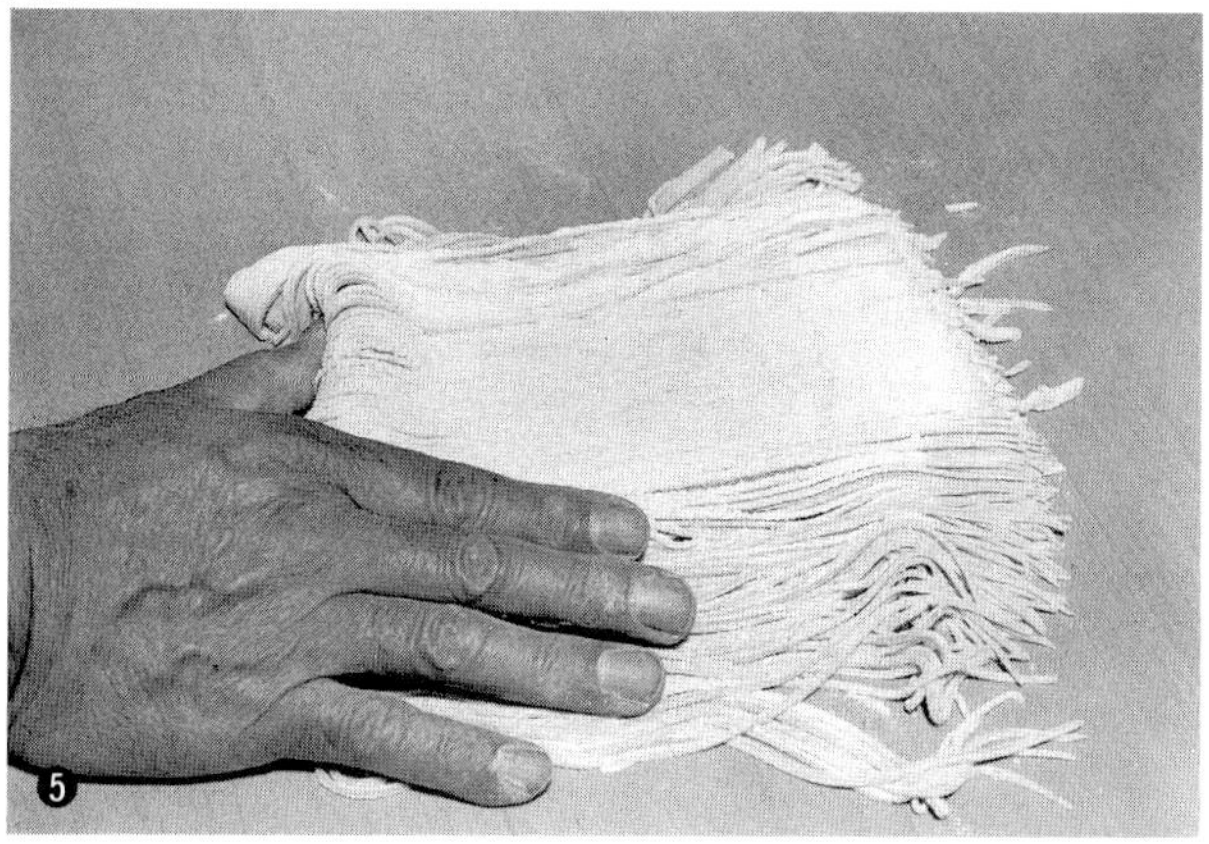

❺ 〈口あけ〉 下に庖丁を差し込んで延し板に移し、元を親指の腹で軽く押す

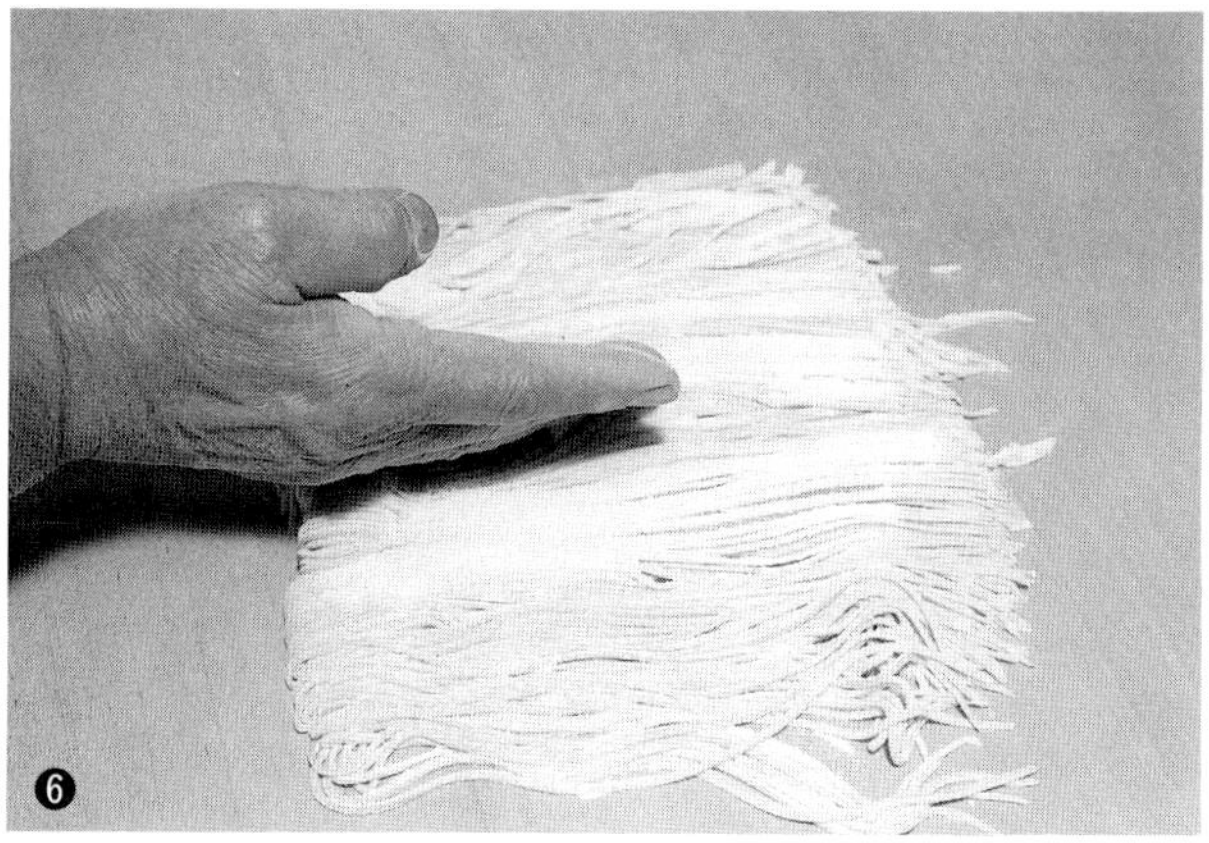

❻ 右手を斜めにして切り口に入れ、口をあける。左から右へ順次こまかく――

❼ 〈打ち粉を払う〉 そばの元を左手に持ち、軽く振りひろげて打ち粉を払う

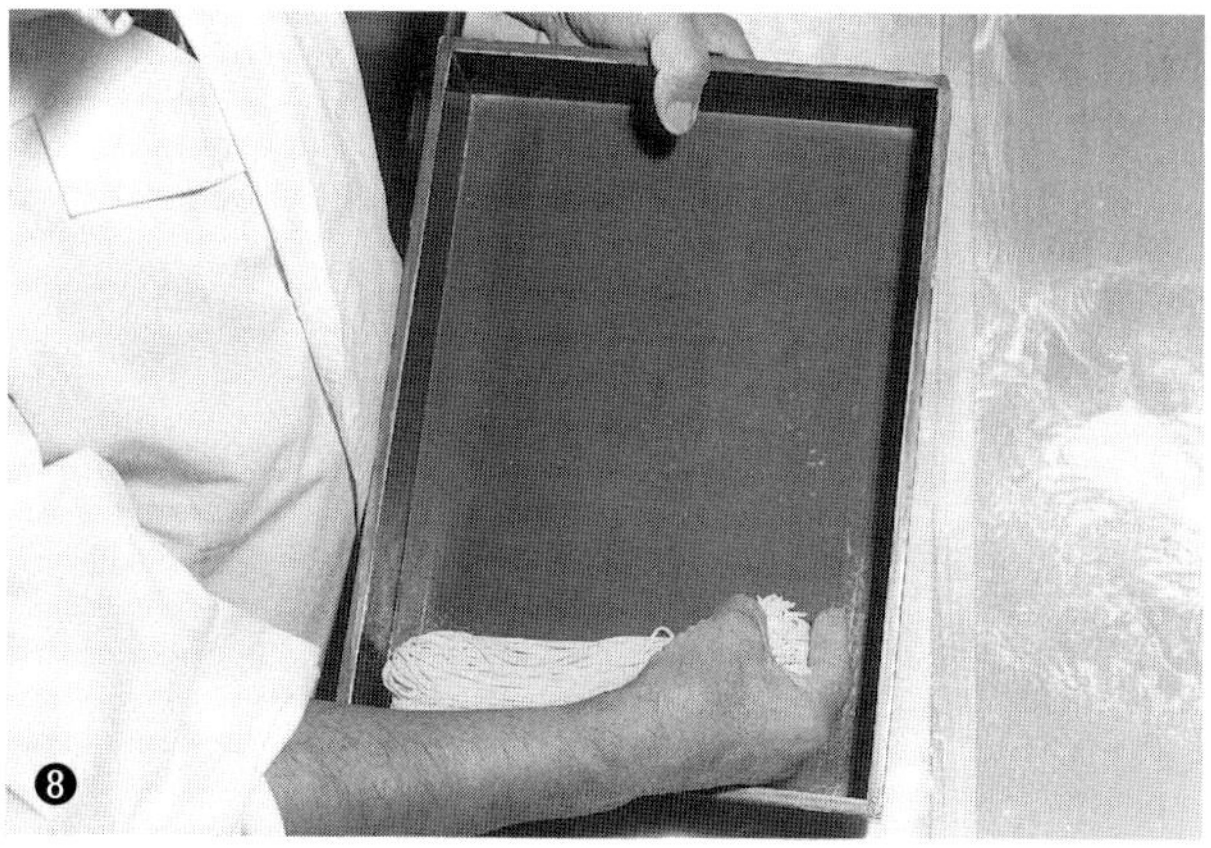

❽ 〈生舟に納める〉 そばの先を右手に持ち、生舟に納める。①～⑧を反復する

第三章　釜前仕事

◉「釜前仕事」と役割の重さ

そばのゆで時間は、他のどんな麺類よりも短い。また、同じくそばとは言っても、手打は、機械製麺のそばや乾麺より、ずっと短時間で済むのが特徴である。

それだけに、ゆで過ぎにならぬようにするには細心の注意が必要である。手打そばの基本を問われれば、たしかに「一鉢、二延し、三庖丁」と答える。しかし、丹精《たんせい》して打ったそばを生かすも殺すも、ゆで方ひとつ――、ここで失敗したら元も子もない。その意味で「釜前《かままえ》仕事」の役割の重さは決定的である。

◉湯の温度と「ゆで上がり」の科学

科学的に言って、そばがゆだった状態とは、β《ベータ》デンプンがα《アルファ》デンプンに変化した状態を指《さ》す。デンプンの緻密《ちみつ》な結合がほぐされて、すきまに水分が行き渡り、熱によって糊《こ》化《か》した状態である。

しかし、味の面からこの変化を追うならば、ただβ《ベータ》からα《アルファ》に変わりさえすればいいのではない。そばのデンプン質の味わいを生かし、そばきりの感触を生かすためには、β《ベータ》からα《アルファ》への変化が、できるだけ短時間に起こらなくてはならない。それも、釜に入れたそばの全部に一度に起こる必要がある。

これを釜の中の湯とそばのありさまとして伝えれば、次のようになる。すなわち、沸騰《ふっとう》するお湯の勢《いきお》いは、そばを入れても衰えず、湯に落ちるやそばが踊ってたちまちゆだる、という状態である。

しかし、現実によく見かけるのは、そばを入れるや、たぎる泡《あわ》が消え、そばがしばし釜底に沈む状態である。火の勢いに変化はないものの、しばし、そばが湯の熱を奪い、沸点《ふってん》を割ってしまう。こういう釜の中でのβ《ベータ》からα《アルファ》への変化は時間を要し、かつ、二段階変化とも言える経過をたどる。

湯の温度が一〇〇度Cを下《くだ》ったとは言っても、そばのデンプンは八〇度Cあたりから糊《こ》化《か》を始める。まず、そば一本一本の表面で糊化が始まる。そして湯の温度が回復するにつれて、内部にまで糊化が進行する。だが、やっかいなことに、沸騰する湯の中では、先に糊化した表面にはストップをかけ、内部だけに熱を送るなどという芸当はできない。そこで一本一本の内部が完全に糊化する頃には、すでに表面のほうは煮え過ぎになりやすい。

そばを釜に入れて初めから踊る場合は、表面がサラッとした状態にゆだるのに対し、釜に沈む時間が長くなると、表面がべとついてしまう。そして釜で粘《ねば》ついたものは、あとでどう処置しようとも、シャキッとさせることは難しい。

◉そば釜の能力

それならば、そばの味を殺さぬようにゆでるには、どうしたらよいか。

結論を先に言えば、かま（そばかまど）の能力を超える分量のそばを一度に入れない、ということになる。

自分の店のかまが、最高の状態でどれだけの能力をそなえているかは、簡単に調べることができる。そば釜に八分目程度の水を入れ、火力を最大にして沸騰させてみる。水の

デンプン質の多い粉で割りを詰めて打ったそばは、割り粉の多いものに比べると早くゆだる。熱効率のよい釜でないと表面が煮崩れてしまう。また竹箸は無用なばかりか、害にさえなる。そばをズタズタに切ってしまうことになるからだ

量を八分目程度にとどめるのは、噴《ふ》きこぼさないための処置である。さて、火力最大で沸騰を続ける湯の中に、何人前かのそばを入れてみる。それで湯の勢いの静まらぬ範囲が、そのかまの能力（最高状態）である。

　そのようにして調べてみると、一度に入れてよいそばの量は、ずいぶん限られてくるであろう。しかし、ドサッと入れて沈ませてしまうよりも、はるかに短時間に、しかもおいしくゆだるのだから、少量ずつ続けるほうが賢明《けんめい》である。

●『一茶庵』のそば釜の能力

　味よく能率よくゆでるためには、もう一歩突っ込んで、そば釜そのものの能力の改善に目を向けることが必要である。熱効率のいいかまほど早くゆだり、ゆで上がりの状態がすぐれている以上、かまを旧態《きゅうたい》依然《いぜん》に据《す》え置くのは、営業的にも得策ではない。

　私は戦時中、埼玉・大宮《おおみや》にそば小屋をこしらえた折、かまどのことで客と賭《かけ》までしたことがあった。私が自分でついたばかりの、まだぬれているへっついで、はたして湯が沸《わ》くかどうかが争点になったのである。相手の客は、まったくの素人《しろうと》ではなく、中島飛行機の仕事をしている人たちだったが、賭は私の勝ちに終わった。かまどの内部の高さ、燃え木の高さ、釜のつばの高さ、煙突《えんとつ》の位置……と、火の通路を心得ていれば、ぬれている

『一茶庵』のそば釜と「あげざる」。釜の容量72ℓ、沸騰時間は冬場25分、夏場13分という早わきがま。あげざるは、重さ約1kgのステンレス製。釜の内径よりひとまわり小振りの大きさだが、手に軽い

へっついで湯を沸かすことだってできるのである。

ことほどさように、かま屋だけに任せておかないで、自分の店のかまどの構造に、ムダに熱を逃がしているところがないかを点検し、自分にあった工夫をする必要があろう。現在のガスを使う設備では、エア調節だけでなく、バーナーと釜の尻《しり》の高さの調節（炎《ほのお》の先が釜の尻をなめてしまうようでは、バーナーが近過ぎる。同じことは、ガス台のごとくが炎《ほのお》をかぶる場合にも言え、いずれも不完全燃焼を生じる）、さらには、排気筒の位置や排気量の調節などで、同じカロリーのガスを使っていても、これまで以上の火力にアップさせることが可能である。（逆に強過ぎる火力を落とす工夫も、もちろん可能である。）

ここで、『一茶庵』本店のそば釜の能力を示しておこう。

・容量……水四斗《と》（約七十二リットル）
・沸騰所要時間……夏十三分、冬二十五分
・一度にこなせるそばの分量
（沸点を下らぬ範囲）……七人前
・ゆで上がり時間
さらし……七、八秒
並そば……十七秒
田舎そば……四十秒

●そば釜の能力と作業道具の変化

さて、以上のような短時間で勝負するかまになると、作業道具も、従来とは変わってくる。

まず、竹箸は不要。そばが沈んでしまうかまでは、釜底に貼り付いたり、そば同士がくっついてしまうのを防ぐために、竹箸でさばく必要があった。しかし、初めからそばが踊るかまでは、竹箸は無用なばかりか、害にさえなる。熱湯の流れに乗って回転するそばに対し、竹箸は邪魔者でしかない。そばを切ってしまうことも多いはずである。

火力の強いかまでは、竹箸など使わず、そばが踊るにまかせておくのがよい。

しかし、そうなると今度は、ゆで上げのタイミングが問題になる。まごまごしていたら、すぐゆで過ぎてしまう。一度でサッとすくいあげてしまわなくてはならない。そこで「あげざる」の重さと形が変わってくる。

「あげざる」は、昔のような竹でつくったものは適当でない。私は、枠《わく》も網も、全部ステンレス製のものをこしらえている。重さは約一キロで、竹製のものにくらべると、ぐっと軽くて使いやすい。

形状は、そば釜の内径《ないけい》よりひとまわり小さい円形に柄《え》をつけたもので、片手でらくに扱える。竹ざると違って、そばが目にくっついたり、かすがたまることもないので、衛生的でもある。

形を大きな円形にしてあることには、もう一つ別の計算もある。釜のなかにひろがって泳いでいるそばを、一度ですくいとるために

ある。

それからまた、ゆで時間がいちばん短かい「さらしなの生一本」の場合は、この「あげざる」を湯のなかに沈めておき、そのなかにそばを放《はな》つ。そうすれば、七、八秒という気違いじみたゆで時間にも遅れずに間に合う。

◉ゆすぎと水質

釜からあげたそばは、いっきに冷水に移して余熱《よねつ》を奪い、ゆすぎに入る。そばの内部にこもる熱で、ゆでが進み、そばがのびてしまうのを防ぐこと、表面の糊気《のりけ》を取り去り、そばを締めて、口あたりを快いものにすることが、ねらいである。

だから、水は冷たいほどよい。

私は、昔から、いわゆる「ゆすぎ桶」でなく、ボールで通してきた。ゆすぎ桶にため置きした水では、水道の水を出し続けていても、何度かゆすぐ間にぬるま湯に変わる。それでは細菌が繁殖する危険もある。その点、ボールを使えば、一度ゆすぐごとにボールをひっくり返し、水を完全に取り替《か》えられる。だから、余熱を奪ってそばを締める目的にも適《かな》い、細菌の心配もない。このやり方は、私が提唱《ていしょう》して以来、かなり普及したようだ。

ところで、そばには水の質が大事である。ゆでるとき、ゆすぐときの水質のよし悪《あ》しは、そばの味に重大な影響を及ぼす。

しかし、現代の水道事情を考えると、理想論ばかりは言っていられない。質の劣る水道水を使わざるをえない地域や季節には、それぞれの店で、なんとか工夫をこらし、カバーする以外にはないであろう。さいわい、浄水器や、冷水器その他といった装置もある。それらを正しく活用して、少しでも水質の欠陥をカバーしなければならない。とくに集合ビ

●「釜前仕事」手順（1）

1 **〈そばを計量〉** そばの種類・客数ごとの分量表示板にそばをのせて秤で量る

❷ **〈沸騰する湯にそばを放つ〉** 板を傾けて、すべり落ちてくるそばを受ける

❸ 手をずらしながら、小さく振り分けるようにして静かに釜にそばを入れる

❹ **〈そばをすくう〉** 回転するそばの向きを見定め、あげざるに一度ですくう

ル内に出店している店は、このことに細心の注意と努力を払ってもらいたい。

●水切りと盛りつけ

「あげざる」に取ったそばは、ひと振り、水を切って、「ためざる」に移す。水が切れかかるまで頃合を見はかり、盛りつけに移る。

盛りつけでねらいとすべきは、そばにできるだけ手を触れない、ということである。見た目の美しさを出そうと、そばを手に握り込み、模様を描《えが》くようにゆるゆる落としたりするのは感心しない。ゆすいで糊気《のりけ》を取り、シャキッとさせたのが台なしになってしまう。

では、箸で少量ずつつまんでなすのはどうか――。手の熱で糊気を出さないことではよさそうだが、これには別の問題が生ずる。つまり、客に供するタイミングが遅れやすい。また、それを避けようとして、水がまったく切れないうちから盛りつけにかかれば、今度は、せいろ（蒸籠）の簀子《すのこ》が水びたしになってしまう。

味を第一とするかぎり、一手《ひとて》盛りが最高である。すなわち、軽くつまんだそばを一度で盛りつけてしまう。器の形状から三山に盛り分ける場合などは、片手につまみ持っているそばを、はずみをつけて三度に分けて落とす。

最後に、客に出すタイミングについて――。これは水の切れ具合から判断すべきで、やみくもに早く出すのは考えものである。客によっては、水がしたたるようなそばを好む人も、たしかにいなくはない。しかし、汁がよくしみ、そばの香りも出てくるのは、水が切れかかる頃である。したがって、それを標準として、あとは客に応じて幅を持たせたい。

●「釜前仕事」手順

以上の仕事――ゆで上げから盛りつけまでを、私の店の手順で、まとめておこう。

①そばを計量する。

「生舟《なまぶね》」からそばを取り出し、重量秤で正しく計量する。『一茶庵』では、感違いや暗算の間違いを防ぐために、次のような分量表示板をつくって使用している。

大きさは、そば七人前量がのる程度の、片手で持てる薄いベニヤ板。その片面に、そばの種類ごとに、一人前から七人前までの分量を順次表示してある。七人分まで表示しているのは、かまの能力を落とさずに一度にゆでられる最大量が、七人前であるため――。

この表示板を、計量から釜へ入れるまでのそばをのせる台として使う。

②沸騰《ふっとう》する湯にそばを放《はな》つ。

分量表示板にそばをのせたまま、沸騰する釜前に立ち、板を傾ける。板をすべり落ちてくるそばを右手に受ける。そして右手をずらしながら、そばを小さく振り分けるようにして釜に入れる。このとき、そばをのせている右手は、掌《てのひら》を軽くくぼませているのがよい。掌《てのひら》を反《そ》らせていると、そばをほうり出す形になり、湯に当たったときにそばが切れる危険がある。

③「あげざる」でそばをすくう。

湯の中で回転するそばの向きを間違えぬようにして、必ず一度ですくってしまうこと。すくい上げたら、「あげざる」を一振り、二振りして湯を切る。

④ただちにボールに冷水を汲《く》み、そばを放つ。

余熱を奪うことがねらい。そばはまだ熱を持っているので、いじらない。

⑤そばを「あげざる」に移して、ボールの水を替《か》える。

最初に汲《く》んだ冷水は、そばの余熱ですぐ温度が上がってくる。その中に浸《つ》けておいても、あるいは、ゆすいでみても、そばは引き締まってこないし、糊気も取れない。そこで荒熱を取ったら、すぐ水を替える。

ボールの水を替えるときに、そばはいじらないこと。「あげざる」を片手に持ち、ボールを傾けて移すとよい。

⑥そばを冷水に再度放ち、ゆすぐ。

ゆすぎ方は、そばを手でかきまわす方法はとらないほうがよい。ボールの水をまわし、水の流れにそばを乗せる要領でゆすぐ。

⑦ボールの水を替えて、またゆすぐ。

●「釜前仕事」手順（２）

〈そばをゆすぐ〉　ボールに汲《く》んだ冷水にそばを放ち、すぐ水を替えて冷やす

ボールの水をかきまわし、水の流れにそばを乗せる要領でゆすぐ。⑤⑥反復

〈水を切る〉　そばをあげざるに取り、ひと振り水を切ってためざるに移す

ためざるは二枚用意し、二枚目のほうに一人前ずつに取り分ける

ためざるは縁に近い勾配《こうばい》のあるところを使う。ざるの目に沿ってそばを置く

〈盛りつけ〉　頃合を見はかり、軽くつまんだそばを素早く弾みをつけて盛る

⑧そばを「あげざる」に取る。

⑨一振り水を切って「ためざる」に移す。

このときも、そばに手を触れずに行なう。「ためざる」は、中央のくぼんだところを避《さ》け、坂をなしている部分を使う。そのほうが水切れがよいためである。

⑩「ためざる」をもう一枚用意し、そちらへ一人前ずつに取り分ける。

数人分を一度にゆでたときは、「ためざる」を二枚用意して、一人前ずつに取り分ける。取り分けて置く場所は、やはりざるの斜面。

⑪頃合を見《み》はからって盛る。

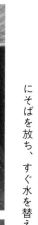

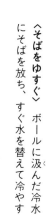

第四章　そば汁

◉そば汁の呼称《こしょう》

そば汁は現在、「たれ」「つゆ」「しる」など、いろいろな呼び方がされている。客がいろいろな呼び方をするのに影響されて、店の人間にも混乱が生じているのであろう。客の言葉に合わせるというかぎりでは、店の者が素人《しろうと》言葉をつかうのもわからなくはない。しかし、それも、専門用語をわきまえていてこそ混乱が防げるのだから、まずは、汁の正しい呼び方からはっきりさせておきたい。

一、「たれ」

はじめに、「たれ」という呼び方の是非《ぜひ》について――。

そば汁を「たれ」と呼ぶことは、即刻《そっこく》、おやめになったほうがよろしい。これは、お客様にもお願いしたい。「たれ」は一般に、焼き物や煮物などを調味する際《さい》の濃い汁を指す用語である。

おそらく、「もり」や「せいろ」の汁の濃度の高さから、こういう呼び方が出たのであろう。しかし、「たれ」と言う以上は、もっとトロリとしていなくてはならない。そば汁の濃度は、そこまで高くないし、また、用途も違う。

二、「つゆ」

「つゆ」は普通、「たれ」などよりも濃度のはるかに淡《うす》い汁を指す。

昭和も後半の近年になって、「そばつゆ」という言い方をかなり耳にするようになった。これなどは、お客様相手に専門用語を口にしても……といった気づかいから出たものであろう。店の者が客に向かって「おつゆ」と言う例は、たしかにあり、そのかぎりではとやかく言うほどのことではない。

しかし、そば屋の専門用語は「つゆ」とは違う。

三、「しる」

そば屋の専門用語としては、昔から「しる」がつかわれてきた。

「汁」と書いて「しる」と読む。このことはおぼえておいたほうがよい。職人の間では、「しる（汁）を取る」とは言うが、「つゆを取る」とは言わない。「ざるつゆ」「もりつゆ」といった呼び方もしない。「ざる汁《じる》」「もり汁《じる》」「かけ汁《じる》」「たね汁《じる》」などが、昔からの呼《こ》称《しょう》である。

このような事情に照らして、本書は「汁《しる》」で通す。やみくもに古きをよしとするつもりはないが、あえて混乱に身を投ずる必要もまたない。「汁《しる》」という用語で不都合《ふつごう》を生ずるわけではないので、旧来《きゅうらい》の用語法に従う。

（なお、念のために申し添えるならば、一般用語として見た場合、「しる」は「たれ」や「つゆ」などよりも、意味内容の広い言葉になる。）

◉そば汁の由来《ゆらい》

現在まで連綿《れんめん》と続いているそば汁が、いつから始まったのか。それをハッキリ示してくれるような文献《ぶんけん》は、残念ながらない。だが、私は、それに先立つ時代に触《ふ》れた文献や、いまに伝わるそばの古い食べ方などから、現在のそば汁の起源は元禄以降《げんろくいこう》という判断を下《くだ》している。

江戸時代最古のそば文献と思えるものに、

――そばきりが世に現われる以前は、「そばがき」を味噌の豆醤油《まめじょうゆ》のようなもの（原文には「あみづら」とある）で食べていたのであろう、と類推《るいすい》するくだりがある（原文は「第四篇　そばがき」三一〇ページを参照）。これなどは、そば汁の由来《ゆらい》について考える場合にも、最古の説ということになろう。高岸拓川《たくせん》先生によると、そばを「たまり」で食べる時代もあったそうである。

もう一つ、現在のそば汁を考えるときに参考になるのが「真田汁《さなだじる》」である。日本一優秀なそばの産地としてたびたび触れてきた、信州・川上《かわかみ》あたりに伝わる汁である。一説に、真田幸村《さなだゆきむら》が好んだとも伝えられている。真偽《しんぎ》のほどは定かではないが、それがもし本当だとすれば、このそば汁は、約四百年前の信長《のぶなが》や秀吉《ひでよし》の時代にすでにあったことになる。味噌によって鹹味《からみ》（塩味）をつけていることなどから判断すると、現在のそば汁よりはるかに古いものであろう。参考までに、そのつくり方を次に記す。

「真田汁《さなだじる》」のつくり方――

①大根（辛味《からみ》の強いもの）をおろす。

②おろし大根の中に、ねぎ（葱）を落とし切りにする。

③軽く混ぜて布巾《ふきん》で絞る。

④絞り汁に焼き味噌をほぐし入れて溶《と》く。

⑤好みによっては、さらに花がつおなどを加える。

花がつおの代わりに、鮎《あゆ》や岩魚《いわな》のつるしも使っていた。佐久《さく》のあたりには、いまにこれを伝えている家がある。

鮎《あゆ》や岩魚《いわな》を竹串に刺して焼き、麦わらを束《たば》にした「弁慶《べんけい》」に突き刺して梁《はり》からつるす。つるす場所は囲炉裏《いろり》の上など。秋から翌年まで下げておくので、カラカラになるが、これを削って汁のだしを取る。

佐久《さく》一帯は乾燥地帯だから、保存には適した土地である。そこにもう一つ、日本一優秀なそばの産地という条件が重なっている。そういう土地柄《がら》であるから、おそらく、そば汁についても昔からうるさかったのであろう。

この「真田汁《さなだじる》」、一度試《ため》してみるとよくわかるが、そばにはまことにふさわしい汁である。ねぎと大根の辛味《からみ》に、焼き味噌の鹹味《からみ》と苦味《にがみ》が効《き》いており、好みによってはさらに、だしの旨味《うまみ》も加わる。とりわけ、ねぎと大根の辛味が強いので、そばを汁にたっぷりつけて食べるなど、とてもできない。にもかかわらず、他のどんな汁を使うよりも「真田汁」のほうが、そばのうまさを強く感じる。また、食養生《ようじょう》からも、うなずけるだけのものを充分にそなえている。（その理由説明はここでしてもかまわないのだが、そば屋の現状に照らしてみた場合、薬味《やくみ》と関連づけて考えるほうが得策なので、次章にまわす。）

ともあれ、前の「あみづら」にしても「真田汁」にしても、今日《こんにち》いう「鹹汁《からじる》」に、いくらか通じるものはあるが、これをもって現在のそば汁の原形とするには無理がある。

現在のそば汁のカタチができあがったのは、おそらく元禄以降《げんろくいこう》であろう。「元禄より上つ方は菓子屋に蒸《む》しそばの手法伝わりて」と文献にあり、元禄以前にそば屋はなかったようである。それが半世紀後の『寛延蕎麦《かんえんそば》物語』には、そばきりがもう当たり前のものとして登場してくる。食べものが贅沢《ぜいたく》になり、醤油や味醂《みりん》が出現するのも元禄《げんろく》以降である。したがって、そういうものを巧《たく》みに合わせて現在のそば汁の原形ができたとするのは、妥当《だとう》な線であろう。

山東京伝《さんとう・きょうでん》（江戸時代後期の戯作《げさく》者）だったかの書いた宣伝文句に、「醤油《しょうゆ》は仐（やまじゅう）、鰹節《かつおぶし》は土佐を使い」とある。当時は、いわゆる雑節《ざつぶし》はほとんど作られていなかったようで、宗田《そうだ》、鯖《さば》、うるめ等の文字は、この時代の文献には見当たらない。

いったいに、そばの記録が江戸に多く、上《かみ》方《がた》は皆無《かいむ》に近いのも、そばが江戸っ子好みの食べものであったことを現している。昆布も淡口《うすくち》醤油も使わず、濃口《こいくち》醤油に砂糖、味醂の甘味を効かし、鰹節《かつおぶし》をふんだんに使った汁というものは、いかにも江戸好みである。

そばは終始《しゅうし》庶民的な食べものであったが、江戸っ子にしてみれば、そうそう毎日食えるほどの金銭的余裕《よゆう》はなかったはずである。一説に、たまに食うそばだから、せいぜい贅沢《ぜいたく》な汁で食いたいという庶民の願いをくみ取って、現在のようなそば汁ができたとも言われている。

◉そば汁の役割

「そばは汁《しる》で食べる」とは、よく聞く言葉である。客が店の品定《しなさだ》めをする場合、十人中八、九人までが「あの店は、つゆがどうも……」といった評価をする。「汁はよかったが、そばのほうは……」と、そばと汁を分けて評する客は、きわめてまれである。

こういう味の面からの評価ではなくて、汁の量そのものに不満を示す客はもっと多い。「(そばは汁につけてはじめて食べることのできる食いものなのだから) 汁はケチらず、おかわり自由にして、たっぷり使わせてもらいたい」と――。

いや、汁を重んじるのは客にかぎらない。店の主人もまた大部分は、「汁こそ、そば屋の命」と思い込んでいるはずである。

このような風潮《ふうちょう》ができあがったことについては、戦前のそば屋での汁の位置づけが、決定的に影響を及ぼしているように思う。江戸時代以来、明治・大正・昭和ときて太平洋戦争の頃まで――そしておそらくは戦後もかなりの時期まで、そば屋は「返《かえ》し」の取り方を極秘《ごくひ》にしてきた。同業者や客に明かさないという次元にとどまらず、うちうちの者にも教えなかった。

戦前のそば屋に職人として入った人も、丁《でっ》稚奉公《ちぼうこう》していた人も、自分の店で、たとえばどんな砂糖を・どれだけ使って「返し」を取っていたか、皆目《かいもく》見当がつかなかったのではないだろうか。旦那《だんな》は、配達に来た小僧が店の職人と鉢合《はちあ》わせしないように、ことさら神経をつかっており、使用人の留守《るす》をねらって砂糖を届けさせることが多かった。

こんなことをハッキリ書けるのは、じつは私が、大正時代の中期に、砂糖を届けるほうの小僧をしていたためである。

私が一時期、叔父さんの粉屋に奉行《ほうこう》していたことは何度か話したが、粉屋は砂糖も扱っていたのである。だから、おかしなことを言うようだが、そば屋で修業していた人よりも私ら業者のほうが、内情に通じていたと言えなくもない(後述)。

しかし、それでも一部始終《しじゅう》までは、もちろんわからない。汁の仔細《しさい》を知っていたのは、その店の主人(旦那)一人だけ――。それほどまでに、そば屋は汁を大事にしてきた。その結果が、初めに書いたような評価になって連綿と続いてきたわけである。

たしかに、そば汁の役割は重い。

しかし、「そばは汁で食べる」という言葉によって、決定的に重い役割を担《にな》っているのは汁のほうであり、そばは二の次だと語っているのであれば、それは間違いというものである。いや、間違いもはなはだしい。

なぜかと言えば、本当においしいそばというものは、汁なしでも食べられるからである。そばという食べものは、それだけで食えるようなシロモノではないと思い込んでいる人が多いらしいが、本当のところは逆なのである。

良質の原料で打ったそば、――その上にさらに、碾《ひ》きたて・打ちたて・ゆでたてと、三拍子(四拍子?)揃《そろ》ったそばを賞味できるチャンスがもしあったなら、試《ため》しに汁を使わずに食べてみるとよい。そばとは、こんなにも味わいに富む風雅《ふうが》な食べものであったのかと、いまさらのように感激しながら、結構な量を汁なしで食べてしまっているはずである。

もちろん、つるつるっと、のどに流し込むためには水気《みずけ》が不足してくるので、「せいろ」一枚全部をそのまま平らげるのは苦しい。途中で汁がほしくなる。

しかし、そこで汁を使ってみると、「せいろ」一枚を食べるのに、汁はわずかな量で足りることに気づく。

そばそのもののうまさを知ってしまうと、落語の「そば清」の講釈《こうしゃく》ではないが、「汁にちょいっと顔を見せる」ような食べ方に変わる。どぶんと浸《つ》け込んで、そばの味を殺してしまうようなことは避け、そばの味を楽しみながら、わずかに絡《から》んだ汁の味も楽しみ、少量の汁気《しるけ》の力ですすり込むような食べ方になる。

あくまでも、主役はそば。そのそばと切っても切れない関係にある汁は、俗なたとえを引けば、女房役というのが当たっている。亭主がだらしなかったり、ぐうたらだと、女房は自然、男まさりの勝ち気な女になる――と書けば、わかってもらえるだろうか。

量がわずかでも、そばをおいしく食べられる汁にしていくことは、塩分の取り過ぎが問題になる昨今、からだのためにも必要である。

◉だしの材料

このあたりで本題に移る。

そば汁は、基本的には「だし」（だし汁）と「返《かえ》し」を合わせたものである。いわゆる「鹹汁《からじる》」（つけ汁）「甘汁《あまじる》」（たねものの汁）は、「返し」と「だし」の割合を変えて取る。いちおう、そのように申してよいかと思う。

そこで、話は個々の材料の吟味《ぎんみ》と、汁の取り方の具体論に進んでいくわけであるが、私は、そば屋の汁の最大の問題点は「だし」にあるとにらんでいるので、「だし」から見ていくことにしよう。

そば屋のだしと言えば、現在では、鰹節《かつおぶし》と雑節《ざつぶし》ぐらいしか思い浮かばない人が多いかもしれない。だが、時代をちょっと遡《さかのぼ》れば、ほかにもいろいろな材料が使われており、復活に値《あたい》するようなすぐれたものもある。私が叔父の店の小僧をしていた時分《じぶん》から自分の店を持った頃までの大正期、東京のそば屋で、どんなだしが使われていたかを話しておこうと思う。

一、だしの材料と用途

現在では、鰹節と並んで、雑節の名が当たり前のようにあがってくるが、この雑節、江戸のそば文献には見当たらないものである。それが、私の記憶にある大正期には、すでに下町の一部で使われていた。当時、場末《ばすえ》では本節《ほんぶし》や亀節《かめぶし》を使う店は少なかったので、鯖節《さばぶし》や宗田節《そうだぶし》は、その方面に流れたものと思う。

一流店は、本節や亀節を使っていた。まれに昆布を使う店もあり、また、椎茸も使われていた。椎茸は「おかめ」のたねとして常時あったから、だしにも転用されたのである。

こういった先人の知恵は、たいせつにしたい。――たとえば大根、にんじん、青菜、キャベツなどの野菜のだしは、麺類に向くだしである。野菜のだしは、長いこと煮出すと汁がにごるが、その点さえ心得て注意するなら活用できる。積極的に使っていくことをすすめたいだしである。

そば料理の吸いもののだしは、鰹節だけよりも、野菜だしと鰹だしを合わせたもののほうが向いている。

また、「鴨南蛮《かもなんばん》」でおなじみの合《あ》い鴨《がも》のだしは、うどん及びその系統の麺類に向く。合い鴨のだしは、クセの処理を忘れると万人《ばんにん》向きとはいかないが、特有のクセは酒などで消すことができる。

二、雑節《ざつぶし》について

近年は鯖節《さばぶし》、宗田節《そうだぶし》、その他のいわゆる雑節《ざつぶし》が、なにかと話題になる。鰹節《かつおぶし》より値段が安い割に、だしの出がすこぶるよいことなどから、雑節を使う店が圧倒的に増えていたのであろう。だが、私はあえて言っておこうと思う。そばに対して雑節を使う時代はもはや過ぎた、と――。

雑節の特徴は、だしがよく出ることにある。たとえば宗田節のだしの出のよさには、九州の先の本節《ほんぶし》でも、とてもかなわない。そこが愛用者には魅力であろう。

しかし、だし材料として見た場合、愛用者にとって魅力と感じられることがらが、じつは、雑節の雑節たる短所・弱点なのである。雑節は、だしの出がよいというレベルを通り越して、だしが出過ぎる。においもまた、きつい。この必要以上に出過ぎるということが、だし材料としてはよくないのである。

もう一つ、雑節は、需給《じゅきゅう》のバランスに問題がある。大メーカーが生《なま》のうちから買い占めてしまうために、良質のものが入手しづらい。数年前の秋口などは、本節よりも高価になっていた。

これからは、なんといってもやはり、鰹節を見る目がないと、やっていけなくなる。

三、鰹節《かつおぶし》の見分け方

鰹節《かつおぶし》の見分け方としては、カビの色や、節《ふし》を打ち合わせたときの音による見分け方、節を折ってみて断面の状態から見当をつける方法、などがよく言われる。このような見分け方は、あくまでも目安をつける程度のものでしかないが、いちおうは心得ておいたほうがよいだろう。

一、カビの色による選《え》り分けでは、茶がかった灰色のものに、良質の節が多いようである。カビの色が青・黄・黒のものは、なかなか見分け方が難しい。青カビは水分過多、黄カビや黒いものは雑菌に冒《おか》されやすく、他の雑菌によって劣化《れっか》が進んでいると見てよいだろう。

二、節と節を打ち合わせたときの音からは、節の乾燥状態について、見当がつく。当然のことながら、澄《す》んだ音がするもの——それも澄んだ高音のものがよいことになる。

三、節を折ってみて、その断面からも、乾燥状態や、脂肪分の多い・少ないなどについて見当がつく。断面がギザギザにならず、きれいに割れ、自然な光沢《こうたく》のあるものがよい。

——さて、初めにも述べたように、以上はあくまでも目安である。この程度の外見的区分では、味の本当のところまでは、とてもわからない。結局は、どんな場合にも、だしを取って判断することが必要である。

四、味を見るには、薄く削った少量の鰹節に熱湯を注《さ》す。普段《ふだん》の営業時のように、大量の鰹節でだしを取らなくても、削りたてならば少量で、においも味もすぐ判定できる。必ず薄く削り、削りたてを使うことが条件である。こうすると、厚く削った場合よりも、だしの出ははるかによいので、その場で味を見ることができる。

五、次いで、そのだし汁を十分ほど置いたときの味、さらには二、三十分置いたときの味を調べる。時間の経過と熱が取れることによって、味がどのように変化するかを見る。

このようにして調べてみると、香りが上品な節《ふし》は、だしの出が多少鈍《にぶ》いことがわかる。それが一般的傾向である。だし汁の色について言えば、かすかに黄ばむ程度——。そして泡《あわ》は皆無《かいむ》か、あってもきわめて少ない。

この泡の出方で節《ふし》の良否《りょうひ》は判断できる。泡が目立つもの（特に黒みを帯びた泡のもの）は、魚質や手入れのよくない節である。

おかしなもので、そういう色の濃い汁、泡の目立つ汁の傾向としては、だしの出のすこぶるよいことが多い。そこで、人によっては、そのほうがいかにもだしらしくてよい、ということになるかもしれないが、それとわかるほど濃いだしがすぐに出る節は、においや味にやはりクセがある。繰り返すようだが、香りの上品な節は、だしもまた淡いことを知るべきであろう。

四、鰹節《かつおぶし》の入手法と保存の仕方

ところで、良質の鰹節《かつおぶし》を常時手に入れる方法としては、グループ買いをすすめる。一店だけでは使用量が限られているので、問屋にそうそう無理は聞いてもらえない。だが、数がまとまれば、問屋も喜んで注文を聞いてくれるし、注文の品を確保してくれる。

のれん内《うち》なり、同好の士なり、大勢で同じ鰹節を味わってみる。そして、よいとなったら、一つ問屋からグループで買い、問屋に冷蔵保存してもらうのである。

鰹節は、保存の仕方が問題である。乾物であり、表面をカビでおおってあるので、どこへ置いてもかまわないと思っている人が結構いるらしい。だが、そこに落とし穴がある。

鰹節の表面をカビでおおうのは、他の菌類の繁殖を抑《おさ》えるためでもあるのだが、しかし、カビの種類としては、青カビに近いものでないと、その効果は期待できない。したがって、調理場の戸棚や引き出しを、長期の保管場所にするのは適切ではない。寒暖の変化と湿っ気で、虫のつく心配がある。（二硫化炭素を使った防虫剤は、猛毒ゆえに禁止された。）

鰹節は、大型の冷蔵庫に低温保管するのが一番よい。

◉だしの取り方

鰹節《かつおぶし》は薄く削るほうがよいか、厚く削るほうがよいか。

これは、つまるところ、どんなだしを取ろうとしているのかという問題に行き着く。

そば屋のだしの取り方は、三十分から四十分程度煮出すやり方が一般的のようである。店によっては、二時間前後もの長時間をかけて煮出す例があるとも聞いている。そこまで長い時間を費《つい》やすのは一部の店に限られるとしても、ともかく、そば屋に通有《つうゆう》の煮出すやり方を採《と》るとなれば、節《ふし》は、ほんの少々厚く削るほうが目的にかなっていることになる。そして厚く削るには、節《ふし》を蒸《む》して削るほうがよい。同じ刃を使っていても、二、三倍の厚みに削れる。

しかし――、ハッキリ言って、そば屋のこのようなだしの取り方は、時代遅れである。こんなことを続けていたら、そば屋は、いつまで経《た》っても日本料理屋から馬鹿にされるだけだ、と私は思う。

その理由は、鰹節（または雑節）を長時間煮出すとなれば、だしの旨味《うまみ》成分だけでなく、いやな成分までも出してしまうことになるからである。

これに対しては、次のような反論があるであろう。すなわち、煮出している間はアクを取るのが常識である以上、そこに手抜かりがないかぎり問題はない、とする反論である。

しかし、私の言う「いやな成分」とは、アクだけを指しているのではない。たとえ丹念《たんねん》にアクを取り除いたところで、長時間煮出していれば、（短時間でサッと上げてしまえば出てくるはずのない）渋味《しぶみ》や苦味《にがみ》などまで煮出して、くどい味にしてしまう。――そのことが問題なのである。

（参考までに述べるなら、小豆《あずき》を高温で煮ると、タンニンが分解して苦味《くみ》となる。それと同じように、鰹節を長時間煮出すと、雑菌によってできたいろいろのものが溶け出してくるのである。）

そういういやな成分まで煮出しただしは、よいだしかどうか。

そばという強い個性を持った麺に合わせるとなると、汁も濃厚でなくてはならず、ゆえに、だしもまた、煮出した濃いだしでないと釣り合いがとれないとは、よく聞く言葉である。……しかし、それは真の理由というよりも、ほんとうのところは、貧しい時代の味覚体験から生まれた貧乏ったらしい味、ドギツイ味に思えてならない。

というのも、そばの質を上げ、吟味《ぎんみ》した材料を、持ち味を生かすべく、泥やホコリはもちろん、外皮やヘタの欠《か》けらも入らぬようにして碾《ひ》いた粉でそばに打ってみると、そのようなだしでは味がくどくて、そばを生かすどころか殺してしまうことを実感できるからである。私は、これは改めるべきだと思う。

やはり鰹だしは、日本料理式に、短時間に出すべきである。

――さて、そうなると、鰹節は、できるだけ薄く削る必要がある。

その前に忘れてならないのが、節《ふし》を手早に洗って乾かすという事前の処置――。汚れを落とし、カビを取り除いておくわけである。カビを落とさずに削ると、だしがカビ臭《くさ》くなりやすく、異臭がつく。洗う手間を省く例が多いようだが、簡単なことなので、こういうところはきちんと決めておきたい。

洗ったのちは、黒皮《くろかわ》を小出刃《こでば》で取ること。カビに保護されていた鰹節とは言っても、表面一ミリあまりは、カビに冒《おか》された状態なので、よく取り除くことが大事である。そして、カビを取り除いたら、カチカチに乾かさないうちに削る。逆目《さかめ》を立てないようにして（粉にしないように削る場合）、できるだけ薄く削るのだが、現在では削り方を云々《うんぬん》するよりも、これは電動鰹節削り器の性能の問題になろう。

かつては薄く削れる機械がなく、私が某《ぼう》機械製作所に超硬刃《ちょうこうは》の削り器を特注したときには、完成までに五年もかかった。この機械はたいへん好評で、同型のものが二年と経《た》たないうちに二百六十台も売れたということである。現在は、押しボタン式の卓上削り器を私は使用している。

そのコンパクトな削り器によって、節《ふし》を薄く削るだけでなく、もう一つの問題も解決を見た。それは、エンピツを削るように操作が簡単なので、節は使う直前に削るという鉄則を貫《つらぬ》くことができるのである。

節《ふし》を削り置くと、酸化《さんか》によって味が劣化《れっか》する。いわゆる削り節には、この問題が常につきまとうが、ハンディで性能のよい機械をそなえれば、その心配も無用になる。

ここで、私の店のやり方を略記しておく。

『一茶庵』の「だしの取り方」――

水十一リットルを強火で煮立てる。完全に沸騰《ふっとう》したところへ、たったいま極薄《ごくうす》に削った良質の鰹節一キロを加え、強火のまま一、二分でだしを取る（その間に浮いてくるアクがあれば、手早にすくい取る）。だし汁は漉布《こしぬの》でよく漉《こ》す（漉布は数枚重ねたほうがよいだろう）。仕上がりは十リットル。

良質の椎茸、昆布などを加える場合は、節《ふし》の量を適宜《てきぎ》減らすこと。椎茸や昆布は前夜から、仕事の終わったあと、水に浸《ひた》しておき、沸騰前に出す。

なお、甘汁《あまじる》用の二番だしは、一番だしを取っただしがらに熱湯を加え、沸騰させて取る。湯の量は、一番だしのときの半量。同量の湯で取る場合は二百グラムほど追い鰹《がつお》をする。

じつは、これよりもさらによいだしの取り方がある。それは、水で出す方法である。どんなに良質の節《ふし》であっても、熱が加われば、旨味《うまみ》成分以外のものも分解されて出てくるが、水でだしを取れば、その心配はまったくない。アクが出ることはないし、だし成分が出過ぎることもない。これを「水びき」と呼んでいる。鰹節は二割増、所要時間は十分ほどで済む（二番だしは、大量の湯を使ってよい）。

コーヒーに、「水だしコーヒー」（別名、ダッチ・コーヒー）という味のよい抽出《ちゆうしつ》法があるが、だしもまた（容器を各人で工夫して）水だしドリップで取ってみることを、私は読者の皆さんにぜひすすめる。

●返《かえ》しの材料㈠……醤油《しょうゆ》

醤油《しょうゆ》の製法をごく簡単に記すと、次のようになる。

主原料は大豆《だいず》と小麦。やわらかく煮上げた大豆を、煎《い》ってよく砕《くだ》いた小麦に麹菌《こうじきん》を加えたもので、包み込むようにしてねかすと、およそ三日で麹《こうじ》ができる。できあがった麹に塩水を加える。これを「もろみ（諸味）」と言う。このもろみを約一年程熟成《じゅくせい》させたのちに絞り、火入れをしたものが、本醸造《ほんじょうぞう》の醤油である。

昔、関東の農家では、軒下《のきした》に樽《たる》をしつらえて、醤油を自家製造していた。四月末に仕込み、一日二回は必ずかきまわして、十月から十二月の間に絞る。一番絞りを「生《き》あげ」と言う。一番絞り、二番絞り、いずれも火入れして保存する。

そばを手碾《てびき》・手打にするだけでは飽き足らず、醤油も自家製にしてみたいという気のある人は、伝手《つて》を求めて、一度この絞り汁を味わっておくとよいだろう。数は少なくなっても、いまでも自家製造している家はあるはずで、これを味わってみないことには、醤油の味や香りについて、ほんとうのところはわからないかもしれない。色も市販の黒っぽいもの（カラメルによる）とはおよそ違っており、手づくりのものは、このような味かと感《かん》嘆《たん》することになると思う。

こういうものを自分でやってみてわかるのは、原料に脱脂《だっし》大豆を使ったものはうまくない、ということである。醤油の旨味《うまみ》成分と言うと、とかく窒素分《ちっそぶん》ばかりが云々《うんぬん》されるが、脂肪分やデンプン質など、炭水化物《たんすいかぶつ》もやはり大事な役割を担《にな》っている。

小麦は煎《い》り方がものをいう。

そして味の傾向を左右するのが、麹である。「やや若こうじ」を使ったものは、香りのよい醤油に仕上がる。一方、「ひねこうじ」はジアスターゼの多い糖化《とうか》目的のこうじなので、これを使ったものは味わいに富むが、香りは、やや劣る。その違いが、市場に出回っている昔年《せきねん》の大手メーカーの製品を二つに分けていた。つまり、香りのヒゲタ、ヤマサと、味のキッコーマンである。

どちらの傾向を好むかは、人により店の方針で、いろいろあってよい。私は、そばと汁の出会いの香りを楽しむ意味で、だしに淡《あわ》い風味を求めたように、醤油も香りのよいものを使っている。

それにしても、こういう味の区分けは、自分の舌でできてこそ役に立つので、ここで、醤油の味見の仕方を具体的に記しておく。

一、小皿に一CC程度量の醤油を取る。小皿は白色の無地《むじ》のものがよいだろう。それに薄くひろがる程度の量を注《そそ》ぐ。醤油を透《とお》して皿の底が見えるはずである。

この状態で光の来る方向に向けて、醤油の色つやを見る。赤みが射《さ》して澄《す》み、光沢の感じられるものがよい。黒ずんだもの、濁《にご》っているものはよくない。

二、小皿に取った醤油を鼻に近づけ、静かに深く息を吸い込んでにおいを嗅《か》ぐ。前述の「やや若こうじ」を使ったものは、かすかに果物に通じる香気《こうき》がある。カビ臭《くさ》いものや焦《こ》げ臭いもの、ごみ臭いものは、当然ながら、よくない。

三、味見《あじみ》は以下のように行なう。――小皿の醤油を人差し指の頭につける。それを舌先につけて、ひとくち水を含《ふく》む。今度は舌の中央に醤油をつけて水を含む。水は、いちいち吐き出す必要はなく、その都度《つど》飲んでしまってかまわない。一CC程度の醤油で、十回は反復できる。

舌先につけるほうは、醤油の甘味《あまみ》に力点を置いた味見、舌の中央につけるほうは、醤油の塩味に力点を置いた味見である。

このようにして繰り返してみると、上《じよう》のものは、醤油とはこれほどにうまいものだったかと感嘆《かんたん》するほど、味わいに富む。

（なお、自家製造の途中段階での「もろみ」の味見では、塩味の濃さに惑《まど》わされないように――。初めは塩がきついくらいでも、熟《じゆく》成《せい》すると、味が丸くなり、甘味も出てくる。）

◉返《かえ》しの材料㈡……砂糖

「そば汁の役割」のところでも述べたように、私の場合、砂糖については思い出深いものがある。大正期、叔父の店では（深川《ふかがわ》の粉屋）、かれこれ四百軒ほどのそば屋をお得意にしていた。子供の私は、そのいろいろな店に砂糖を届けにやらされたので、その頃の東京のそば屋でどんな砂糖が使われていたかは、いまでもハッキリとおぼえている。

大半の店は黄ザラメで、場末《ばすえ》になると、かなり下のクラスの、ねばねばした赤ザラがほとんどだった。しかし、一流店は、本所《ほんじよ》であれ深川であれ、そういうものを使う店はまずなく、ずっと上級のもので通していた。

当時、中心をなしていたのは「三盆糖《さんぼんとう》」と呼ばれる砂糖で、日本製糖のものだけでも、AA《ふたつエイ》、A《ひとつエイ》、BH、BW、BCの五段階に分かれていた。AA《ふたつエイ》が最上級、一番取引の多いのがBHであった。そのAAよりも上にSA、SKがあった。いわゆる白ザラである。

下のほうのBWなどは色も褐色《かつしよく》で、上菓子などに使われることはなかったが、一番上のAAになると、色は真っ白、そして甘さの度合いはきわめてサッパリしており、くどいところがない。SAは、さらに一段とクセがなく、グラニュー糖などに比べても、もっとあっさりしている。粒の大きな平べったい結晶をしていて、透明度の高いものだった。

そのAAを、五指に満たぬそば屋が使っていた。深川の『京利《きようり》』さん、『東家《あずまや》』さん、洲崎《すざき》の『杵松《きねまつ》』さんなどの名が浮かんでくる。麹町《こうじまち》の某店《ぼうてん》にはSAも届けた。おそらく、ざる汁用だったのではないかと思う。一回ごとの注文の分量は、安いものも含めて、一貫目《かんめ》とか一貫二百匁《もんめ》、あるいは一貫八百匁という分量が多かった。この量目《りようめ》は、「返し」の醤油一斗《と》についてのものであろう。

それにしても、高級店が赤ザラや黄ザラを避け、はるかに上級の砂糖を選んだのは、どんな理由があってのことなのか。――「返し」の材料としての砂糖の問題は、現在においても結局、ここに行きつく。

結論を述べると、砂糖を吟味《ぎんみ》する必要性は、「返し」というものがアク抜きできない性質のものであるところから生じてくる。砂糖にはアクがあり、アクの強い下等の砂糖を使えば、「返し」も味のくどいものになってしまう。それを避《さ》けるために、高級店では精製度の高い砂糖を選び分けていたのである。

私は戦前の大森時代、最も難の少ない氷砂糖を、玄能《げんのう》で叩き割って使っていた。戦後は白ザラメで通している。

〈補註〉　味醂《みりん》について……返しの材料㊂

返しの材料としては、もう一種、味醂《みりん》についても触《ふ》れておかなくてはならない。

味醂には、砂糖などとは違った甘味をつけるはたらき、臭《くさ》み消し、煮物・焼き物の照りを出し、身を引き締めて煮くずれを防ぐなど、いろいろのはたらきがある。「返し」に味醂を使うのは、味に深みをつけることがねらいで、そのためには味醂に含まれているアルコール分やイヤな臭《にお》いをとばし、「煮切り味醂」にして使うことが条件となる。

◉返《かえ》しの取り方……本返《ほんがえ》し

『一茶庵』は、「本返《ほんがえ》し」で通してきたので、それのみをここに記す。

分量は醤油十八リットルに対して、砂糖（白ザラメ）三キロ、味醂三・六リットルの割合である。

まず、味醂を煮切る。味醂一・八リットルびん二本分を寸胴《ずんどう》にあけ、弱火で三分〜五分程煮切る。

こまかな泡が無数に立つようになったら、砂糖（白ザラメの大粒）を加える。火はつけたままで進める。白ザラメは溶けるまでに時間がかかるので、焦《こ》げつかせたりしないようによくかきまわし、完全に煮溶かす。

次いで醤油を加え、煮立てる。煮立てると書いたが、沸騰《ふっとう》させてしまってはダメである。沸騰すると全部が泡になり、半分以上が吹きこぼれてしまう。沸騰寸前の状態で火を止《と》めること。醤油を加えたときにできた泡がいったん消え、次に表面をおおうように膜《まく》がひろがってきた状態が、すなわち沸騰寸前の状態である。

荒熱がとれたら、ふたをして冷暗所にねかす。

「返し」は、一週間なり十日なり、かなりの期間ねかすほうがよいという説もある。しかし、醤油というものは、開封すると空気に触《ふ》れて香りがとんでしまう。古くなるほど、色も濃く悪くなり、ひどいのになると、濁《にご》りさえ出る。味も香りも劣化がひどい。現代では「返し」は早く使いきるほうがよい、と申し添えておく。

◉鹹汁《からじる》の取り方

一番だし十リットルに、本返し四・二五リットルを加える。さらに煮切り味醂一〇〇CC程を加えて煮立つ寸前に火を止《と》める。

この場合も沸騰させてしまってはダメである。化学調味料は、ともあれ小サジ一杯が限度。

◉甘汁《あまじる》の取り方

だし汁は一番だし二〇パーセント、二番だし八〇パーセントの割合で混ぜる。

それに、だし汁総量の一〇〜一二パーセントの範囲で「本返し」を加える。これに煮切り味醂を加えて火にかける。

第五章　薬《やく》　味《み》

●薬味《やくみ》の効能《こうのう》

「やくみ」は漢字で「薬味」と書き表わす。その表記からうかがえるように、薬味は「薬」としての効能と、そばの「味の引き立て役」としてのはたらきをあわせ持つ。(「役味」と書くのは、味の引き立て役としてのはたらきをとらえた当て字、とされている。)

薬味の「薬」としての効能とは、次のようなはたらきを指す。

一、口中を刺激して唾液《だえき》の分泌《ぶんぴ》をうながし、食欲を盛んにする。(食欲増進剤)

二、胃の粘膜を刺激して、そのはたらきを活発にする。(健胃剤)

三、消化吸収を助ける。(消化剤)

一と二は、あえて区分して列記したまでのことであって、多くの場合、二つの作用は重なっている。食欲増進剤、健胃剤として作用するのは、大根、ねぎ(葱)、わさび(山葵)、唐がらしなどの主に辛味《からみ》成分と、七味にも入っている陳皮《ちんぴ》など苦味《にがみ》成分。消化剤としてはたらくのは、大根に多量に含まれているジアスターゼである。

ところで、前の辛味と苦味はまた、味の面でも、そばをおいしく食べるのに一役買っている。そばと汁は、甘い・鹹《から》い(塩からい)の味の組み合わせからなるが、そこに微量ながら辛味や苦味が加わることによって、味に幅が出ると言うか、変化がつき、そばを一段とおいしく食べることができるわけである。

その仕組みをいま少し詳《くわ》しく述べると、薬味の多くは「露払《つゆはら》い」的に口中をさっぱりさせて、そばをおいしく感じさせたり、あるいは「口なおし」的に、口中に残るそばと汁の味をいったん消して、最後まで飽きずにそばを楽しませてくれる、といったはたらき方をする。

それに対して、種類は限られてくるが、そばそのものの味をよくする性質の薬味もある。文字どおり「味の引き立て役」としてはたらく薬味である。それが、前に名をあげた大根、ねぎ、わさび、七味唐がらし、などのうちに含まれているかどうかについては、いまは伏せたままにさせてもらおう。ともかく、この薬味がそばにからむと、他の薬味では味わったことがないほど強く、そばの旨味《うまみ》(甘味)を感じる。その変化は、だれでも実感できるはずである。

薬味の薬としての効能は、使用量を微量にとどめた場合に言えることであって、使い過ぎると害になるものもなくはない。だが、いまここで名を伏せた薬味のみは、いくら量多く使っても、害になることはない。この薬味が何であるかは各論で明きらかにするので、記憶にとどめておいていただきたい。

●芭蕉《ばしょう》とそばの薬味

俳聖芭蕉《はいせいばしょう》は、そばの薬味についても、微妙な味をきわめた言葉を残している。弟子の一人、雲玲《うんれい》が書きとめた「そばきり頌《しょう》」から、そのくだりを引いておくと――、

それ、そば・大根は君臣佐士《くんしんさし》のつきあいなるを、越路《えつじ》のくにには蕃椒《ばんしょう》(唐がらし)の粉の折形《おりかた》をそなえ、都の方には、わさび・はじかみ(生姜)にてやらるるこそ本意《ほい》な

けれ。

——すなわち、そばと大根は、君主と臣下が助け合って一国を治《おさ》めるように、緊密な結びつきにある。そばには大根が一番よく合う。しかるに、田舎では唐がらし、都会では、わさび、しょうがを使っていて、なんとも残念だと、芭蕉は嘆いているわけである。

「折形《おりかた》」とは、折り紙の要領でつくる紙包みのことで、昔の粉薬の紙包みなどを想像してもらえばよい。粉薬を一服《いっぷく》ずつ包み分けたようにして、唐がらしの粉を紙に包み、そばに添えて出していたのであろう。

芭蕉の指摘《してき》には、そばの薬味としてはもはや珍しい「はじかみ」なども含まれている。しかし、こと、そばの味わいに関して言うならば、芭蕉の言は、まことに当《とう》を得たものである。とりわけ、大根を最重視する発言は傾《けい》聴《ちょう》に値《あたい》する。近年はそばの質の低下にともない、薬味も質的低下をきたした。その最たるものが大根である。そばの薬味に、おろし大根をつけないのが、一つの行き方にさえなろうとしている。まことに嘆かわしいかぎりだが、こういう時勢であるだけに、私としては芭蕉の言葉の意味するものを、声を大にして語ろうと思う。

おそらく、大根が薬味の首座に返り咲くためには、そばそのものの質的向上が、欠くことのできない条件になろう。手碾《てびき》・手打の新そばのうまさを、ひとたび自分の舌で味わうならば、これほどの妙味《みょうみ》を、かりにも薬味をないがしろにすることで殺してはならぬ、と心底《しんそこ》感じるはずである。

一、大根

●おろし大根の糖化力《とうかりょく》

ごぞんじのように、大根には消化酵素《こうそ》のジアスターゼが多量に含まれている。ジアスターゼは、デンプンその他の多糖類を単糖類にまで分解する酵素で、胃壁からすぐ吸収できる状態にしてしまう。（大根にはさらに、脂肪分解作用もあると言う人もいるようだが、私はそれについて検証《けんしょう》していない。いまはそういう説もあるというだけにとどめておく。）

デンプンなどを糖に分解する作用は「糖《とう》化《か》」と言う。このはたらきが大根の場合、どれほど強いものであるかは、次のような実験をしてみるとよくわかる。

炊き上がった御飯《ごはん》の荒熱がとれたところで、大根おろしをかけておくと、御飯がとろとろのおかゆのようになってしまう。御飯のデンプンが糖化《とうか》されて起こる変化である。——ただし、炊き上がったばかりの熱々《あつあつ》の御飯で試みた場合は、大根おろしのジアスターゼが、熱でたちどころに破壊されてしまう。正確に言えば、御飯の温度を七〇度C以下に保って行なうこと。

同様の現象は、おろし大根の絞り汁に、そばがきをこまかくちぎって入れておいても起こる。こちらは六五度Cくらいに維持すると、だいたい二時間で糖化する。

糖に変わったかどうかは、ヨードチンキを垂《た》らしてみるとわかる。デンプンは紫色に変化するが、糖になってしまえば紫色にはならない。

それから、これは知っていると便利だが、

餅《もち》を切り分けてかすの付着した庖丁に、大根おろしの汁をつけると、汚れがたちどころに溶けてしまう。これもまたジアスターゼの糖化力によるものである。

おろし大根の糖化力とは、それほどまでに強い。口中の唾液もまた糖化力をそなえているが、唾液はデンプンの一部を糖に変える程度で、のみ下《くだ》しを楽にするはたらきのほうが大きい。ところが、おろし大根は、たちどころにデンプンを糖化してしまう。その結果、胃におさまってからの消化剤としてのはたらきはもちろんそなえているのだが、その前に、口中でそばの味を引き立てるのに絶妙のはたらきをなす。

麺状のものは、ろくに噛まずにのみ込むので、そのものの甘い・鹹《から》いなどは強く感じないのが普通である。ところが、おろし大根がそばにからむと様子が変わり、そばの甘味がグンと増す。

これを如実《にょじつ》に知ることのできるのが、「真《さな》田汁《だじる》」でそばを食べた場合である。「真田汁」についてはすでに一度述べたので、詳細はそちらにゆずるとして（「そば汁の由来」一九一ページ）、この汁のベースは、おろし大根の絞り汁である。絞り汁には、ねぎの辛味も加わっているから、大根とねぎの辛味で、そばを汁にたっぷりつけて食べることはとてもできない。にもかかわらず、「真田汁」で食べた場合には、他の汁では感じたことがないくらいに、そばの甘味（旨味）を強く感じる。つい、さらさらと食べてしまう。そして、この汁で食べるそばのうまさを知ってしまうと、他のそば汁では食べられないまでになる。

薬味のおろし大根を箸につまみ、その絞り汁だけをそば猪口《ちょこ》に加える使い方は、この「真田汁」に倣《なら》ったものである。ただ、絞り汁の量が比較にならぬほど少ないので、そばの甘味を強く引き出すまでには至らない。あくまでも、そば汁の味を引き締め、それによってそばの味を引き立てることがねらいである。そばの旨味は、たしかに増す。こういう効果は、おろしの絞り汁だけを加えるのではなく、おろしそのものをそば汁に加えても味わうことができる。より一層の効果を期《き》するには、おろし大根だけは他の薬味より量を多くつけるのがよいだろう。

寄　絞　汁　恋

とはまほし　そははなれえぬ面影の
　いくたひ袖をしほりしるとは

この歌は、冷泉《れいぜい》中納言《ちゅうなごん》為久卿《ためひさきょう》の詠《よ》んだ狂《きょう》歌《か》である。時はおよそ元禄《げんろく》時代、霊元法皇《れいげんほうおう》は臣下《しんか》を御所《ごしょ》に召《め》され、そばきりをいくたびか賜《たまわ》ったご様子である。その折に為久卿《ためひさきょう》は、そばきりや薬味などの狂歌を詠進《えいしん》された。前の歌は、その中の一首、おろし大根の絞り汁を詠《よ》んだものである。

この歌によれば、おろし大根の絞り汁は相当に使ってよいことになる。「いくたび袖を絞り汁とは」と言う以上、消化を第一に考えていたと思われるが、ひるがえってそれは、辛味によって食欲をうながし、そばを一段と味わいよく食べる法であったことも確かである。数ある薬味のなかで、どんなに多く使っても大丈夫なのは大根のみ——。為久卿の歌は、まことに心して味わうべきであろう。

〈補註〉冷泉《れいぜい》中納言《ちゅうなごん》為久卿《ためひさきょう》の「そばの狂歌《きょうか》」

法皇御所にて蕎麦切を頂戴して
　冷泉黄門蕎麦の狂歌

寄蕎麦切恋
呉竹の節のまもさへ君かそは
　きり隔つともえこそはなれね

寄絞汁恋
とはまほし　そははなれえぬ面影の
　いくたひ袖をしほりしとるとは

寄葱恋
君ならてたか袖ふれし移り香の
　にほひをそえて我をたつねき

寄焼味噌恋
海小船こかる、磯の藻塩焼く
　みそうたかたの浪に消えなむ

寄花鰹恋
初尾花かつほに出て猶更に
　よそほひたて、なひく秋日そ

寄蕃椒恋
花紅葉いつれの色にかわらめや
ちらぬは風の吹とうからし

●薬味の大根と辛味《からみ》

味の引き立て役にして食欲増進剤、健胃剤、消化剤——と、大根は四拍子《びょうしそろ》揃った薬味である。それがどうして近年は、多くの店で疎《うと》んじられているのか。

一つには、手間《てま》を惜《お》しむためであろう。大根は、おろし置きがきかない。そのつど、おろさなくてはいけない。その手間がわずらわしくて、ねぎとわさびだけで済ませてしまう店も少なくないようだ。

だが、おろし大根をつけない一番の理由は、本当に辛味の利《き》いた大根を常時そろえておくとなると、カネがすこぶる高くつくためであろう。薬味として使う以上は、辛味の利いた大根でないと、いま一つもの足りない。いわゆる里大根に対して、山大根が求められる。小石のゴロゴロしているような山地に作る大根である。

辛味大根としては京都の西北の杉の産地、北山《きたやま》の東南斜面の裾《すそ》で作られる大根が有名である。いわゆる北山大根——俗に「鼠大根《ねずみ》」とも呼ばれているもので、その種は元来、伊《い》吹山《ぶきやま》（滋賀県）にあったようである。

伊吹山、天下に隠《かく》れなければ、辛味大根またこの山を極上《ごくじょう》と定む。洒洒落落《しゃしゃらくらく》の風流《ふうりゅう》物《ぶつ》、誰かこれを崇敬《すうけい》せぬものはあらじ……

これも雲玲《うんれい》「そばきり頌《しょう》」の条《くだり》である。芭蕉の言にかぶせるようにして、雲玲が絶賛《ぜっさん》を浴《あ》びせているわけであるが、——さて、伊吹山に端《たん》を発した、この北山大根は、味はとびきりなかわりに、見た目はよくない。京のえび芋、堀川ごぼうと言えば、見てくれは悪いかわりに、味がとびきりよいものの代表だが、北山大根もまた同様である。葉の茎や大根の肌は、一種独特な紫色をしている。そして身は太らず、根が長い。その根の長いところが鼠のしっぽを思わせるとして、一名「鼠大根」とも呼ばれている。

この大根——、皮と肉の間に辛味成分を豊富に持っており、香りもよい。薬味に最適である。「おろしそば」に使えば、最高のものになるであろう。「おろしそば」と言えば、甘い大根を大量に使った福井のものが有名だが、北山大根でつくるそれは、料理性の高さが魅力になる。もともと、少量でもピリ辛さの強い大根であるだけに、たねものとして大量に使うとなると、ポン酢と微量の砂糖を加えたほうが、大根の味が一段と生きる。

私はかつて、長野県の蓼科《たでしな》に北山大根をつくっていた。大阪の『美々卯《みみう》』『家族亭』『いなかそば』、神戸の『柾家《まさや》』姫路《ひめじ》の『御座《ござ》候《そうろう》』、東京『更科』（新島繁さん）などの御主人方に声をかけて始めたものである。現在は足利《あしかが》の飛駒《ひごま》に同じ条件の土地を得て、自分一人でつくり続けている。ご希望の方には頒《わか》つこともやぶさかではない。——ただ、なにぶんにも金額が張るのと、一年待っていただくことになるので、ご承知いただけるかどうか。

それにしても、これ（北山大根）を薬味に使った場合は、生のわさびを山ほど出すのと同等の価値があることを、声を大にして語っておきたい。私としては、できるだけたくさんのそば屋さんが、そこまで大根を復活してくださることを願う。

●大根のおろし方

最近は品種改良（？）等によって、大半が甘い大根になってしまった。だが、土地の大根を使う場合にも、次の点に注意するなら、一段と味わいは豊かになるはずである。

一、大根の生命である辛味は、皮と肉の間にある。したがって、皮をむいてしまったら、おろしにする価値はない。必ず皮つきのままおろすこと。（前にあげた堀川ごぼうや京にんじんなどは、皮ひとつ傷つけないように大事に扱う。皮をむくのは、えび芋だけ。）

二、おろし金は、目を粗《あら》く立てたものがよい。材質としては、銅を焼いて鎚《つち》で締めたものは鉄よりも硬《かた》い。特注であつらえることができるならば、磁器が一番よい。
三、大根のおろし方は、二度ずりを避けること。大根で二重三重に円を描くようなおろし方はよくない。におい成分は揮発性《きはっせい》なので、細胞を傷つけてしまうと、辛味が抜けてしまう。また水気《みずけ》も出てしまう。そういったことからすぐにも類推《るいすい》がつくとは思うが、大根は使う直前におろし、おろしたら何分間も放置しておかないこと。
なお、大根の保存にあたっては——、大根は葉を切ると甘くなる。といって、葉つきだと、トウが立ってしまう。そこで土をかけて畑に置く場合は、真ん中の芯《しん》を取り除き、周囲の葉は残して埋めるとよい。首は少し土の上に出して、莚《むしろ》をかけておく（冬場）。

◉温かいそばと大根

そばの薬味としては申し分のない大根にも、たった一つ、弱味がある。それは、さしものおろし大根も、温かいそばに対しては前記のような効力が失せてしまう、という点である。

高温下——七〇度を超すような高温下では、ジアスターゼは破壊されてしまうし、辛味もとんでしまう。したがって、たねものの温かいそばの薬味に、おろし大根を使うわけにはいかない。わさびにしても、あれほどの強い香りが、温かいそば汁の中ではやはりとんでしまう。そこで、たねものには一般に、七味唐がらしなどが使われる。

ただ、ここでおぼえておくと便利なのが、大根といっしょにゆでたそばには、えも言われぬ味わいがある、ということである。そばの風味が一段と増す。繊六本《せんろっぽん》に切った大根を生から釜に入れ、湯が煮立ったところでそばをゆで、これを「もり」で食べる。太打ちには特におあつらえ向きである。芭蕉の「そば・大根は君臣佐士《くんしんさし》のつきあい」という表現は、たぶん、こういうことを知っていてのものであろう。そばの大根との結びつきは、張り子の虎が、首をそちらへ伸ばすようにして惹《ひ》きつけられていく体《てい》のもの、とも言える。

二、ねぎ

◉ねぎの種類

さて、出会いの香りとしては、ねぎ（葱）くらいよいものはない。ねぎの香りと辛味は、ほどよい程度のものであって、口中を快く刺激して食欲をうながす。また特に青ねぎは、そばとの取り合わせもよい。

一、千住《せんじゅ》ねぎ

ねぎの種類としては、東京のそば屋の場合、千住《せんじゅ》ねぎが第一にあがる。

千住ねぎは元来、江戸川沿いの流山《ながれやま》あたりの一帯でつくられていたねぎを指す。いわゆる根深《ねぶか》ねぎの一種で、大半は「すきやき」用に日本料理屋さんに納められてきたねぎである。それが別口需要《べっくちじゅよう》のそば屋にも転用されてきた。

戦前、流山のあたりでは、化学肥料をいっさい使わずに栽培《さいばい》されており、白根の茎が八巻きもあるものは値段も安くはなかった。近ごろはそれほどでもないようである。ともかく、この千住ねぎ、薬味に使う分には、一本で丼一杯にもなる。

二、深谷《ふかや》ねぎ

東京近辺では千住ねぎのほかに、もう一

種、深谷《ふかや》ねぎがよく知られている。この深谷ねぎ、もともとは千住ねぎを移し植えたものだが、土壌《どじょう》の違いなどにより、品種的には少し違ったものになった。育ちがよく、収量も多いかわり、味は残念ながら、千住ねぎより劣るようである。

三、宮《みや》ねぎ

北関東には戦前、宮《みや》ねぎと呼ばれる良質のねぎがあった。宇都宮《うつのみや》から栃木《とちぎ》あたりの名産で、暮にはおつかいものとして東京にも出回った。いまは種がつきたらしく、栃木県の農事試験場や農協に問い合わせても、種類不明という答えしか返ってこない。そこで八百屋を通して探してもらったところ、一部の農家が種を保存しており、いまもつくり続けていることが判明した。

この宮ねぎもまた、いわゆる根深ねぎであるが、根の少し曲がるところが千住ねぎなどとは違う。土寄せの仕方が違うためであろう。また太くもならない。どちらかと言えば、細くてすらっとした、見た目のよいねぎである。

食べ味はやわらかで、根も葉もよい。葉がトロトロしないところは、次に述べる下仁田《しもにた》ねぎなどとはだいぶ違う。煮てよし、薬味によしのねぎである。いまでも東京方面の特別な店は、このねぎでないと肉に使わないと聞いている。薬味としては「さらしな」に最適なねぎである。

四、下仁田《しもにた》ねぎ

関東のねぎではもう一つ、有名な下仁田《しもにた》ねぎについても触《ふ》れないわけにはいかない。近年は東京のデパートなどにも出荷され、ねぎとしては相当の高値で売られているようである。そのねぎを食べてみて、ねぎがこんなにも甘味に富んだ、おいしいものだとは知らなかったという驚きの声も聞こえてくる。

事実、下仁田ねぎは、太く短い白根が、肉の厚い割にはやわらかで、青い葉もまた太くやわらか、鍋物に使ったら、こたえられない。そばでは「鴨南蛮」に向いている。

だが、このねぎ、残念ながら、そばの薬味には適当でない。白根の肉が厚過ぎる。

青い葉のほうは、使いようによってはおもしろい。葉の中はトロトロしているが、これをひろげてこき、さらして使うと、辛辣《しんらつ》な辛さがある。

五、あさつき、のびる

私が復活してみたいと思うものに、あさつき（浅葱）や、のびる（野蒜）がある。私はこういうものも、戦前は薬味に使っていた。

あさつきは、「さらしな」には最適な薬味である。淡白なそばの味を殺すことがない。また、青い葉の使えるねぎが少なくなったいま、あさつきの緑は、そばとの取り合わせにおいて貴重でさえある。この取り合わせが本当に生きるのは「並」や「田舎」ではなく、「さらしな」である。

あさつきは、葉もよし、根（球）もよしで、葉はすぐ使うには一番よい。ゴムバンドをかけて一束にしたものを片手に持ち、ねぎ切り庖丁でサッと落とし切りにする。その一切りを一人前量にするとよい。（まな板で切っては、あさつきを使う意味がない。つぶして汁が出てしまう。）

球は刻んで、輪をほぐして使う。

のびるのほうは、根（球）を使う。使い方は、皮をむいた後は、あさつきと同様である。上越《じょうえつ》地方の土樽《つちたる》、越後《えちご》中里《なかざと》、湯沢《ゆざわ》、石《いし》打《うち》あたりの山野には、のびるが自生《じせい》している。それを引き抜き、ひとつかみ分《ぶん》ずつ、葉の先を結んで棹《さお》にかけて保存しておく。のびるの球も、変わりそばにはことによい。

●ねぎの切り方と道具

ねぎ（葱）は、そばの邪魔をしないように薄く切る。長さ三十センチの白ねぎを例にとると、約三百五十回は刻むくらいがよい。

切り方は「落とし切り」。片手にねぎを持って宙《ちゅう》に浮かした状態で切り、下のボウルに受ける。まな板を使う切り方はすすめられない。ねぎを押しつぶして、汁を出してしまうためである。これでは、せっかくの香りが逃げてしまうし、味も苦味が強くなる。

もっとも、落とし切りにしても、肉の厚い庖丁や刃がとまった庖丁では、ねぎをつぶしてしまう。薬味のねぎには、専用の「ねぎ切り庖丁」をそなえたい。

ねぎ切り庖丁は、きわめて薄く打った庖丁で、切れ味は剃刀《かみそり》よりもよい。試《ため》しに腕の毛などに当ててみると、サッと体毛が切れて飛ぶほどの切れ味である。ねぎを一ミリよりも薄い幅に、つぶさずに切るとなると、これくらい切れ味のよい庖丁が必要になる。

こういう薄い庖丁は、まな板に当てただけで、刃がとまってしまう。出し入れに際《さい》しては、刃先をいためないように、細心の注意を払って扱わなければならない。

ただ、そこまでしていても、ねぎの繊維そのものに刃をとめるような性質があるので、庖丁はじきに刃がとまる。紙を切ったときよりも、刃のとまるのが早い。そこで、研《と》ぎが問題になるが、こういう肉の薄いものはグラインダーにかけるわけにはいかない。軽く静かになでる程度の砥石《といし》を使いたい。

それから、庖丁の使い方にも配慮《はいりょ》が要《い》る。癖《くせ》で一カ所ばかりで切っていると、そこだけがすぐ刃がとまってしまう。といって、一本のねぎを切り終えるのに、刃の当たる位置が毎回違うというのでは、素人《しろうと》もいいところで、手が定まっていないから、同じ薄さに三百五十回も切るようなことはできない。

一本のねぎを切るには、庖丁を三等分して使い分けるとよい。つまり切り始めは、庖丁の刃の手もとから1/3ほどを使い、次いで中央部、切っ先と進めていくわけである。

（ねぎ切り器を選ぶ場合は、ステンレス鋼《こう》よりも、薄い鋼《はがね》を使ったものがすすめられる。）

なお、「さらしねぎ」にしないで、そのまま使う場合は、芯《しん》を抜いてから刻むこと。この芯がトロトロの原因になる。

「さらしねぎ」にする場合は、芯は抜かないでもよい。落とし切りにしてボウルに受け、水にさらしたのち、よく水気を切る。ねぎを布巾《ふきん》に取って絞るのが昔からのやり方だが、遠心分離機（あるいは遠心分離型脱水機）をそなえると便利である。

水気を切ったねぎはフタものに取って冷蔵庫に保管する。半日くらいはもつ。

三、わさび

◉そば通《つう》と「わさび」

わさび（山葵）は、そばの値《ね》を高く売るために、江戸っ子を相手に始まったものであろう。長い間の習慣だから、今日いちがいに否定し去ることはできない。だが、芭蕉が、わさびの使用は「本意《ほい》なけれ」と嘆いたように、わさびはそばの風味を殺してしまう。薬味としては、刺激が強過ぎるのである。そば好きには、わさびを嫌う人のあることは心得ておいたほうがよい。

◉わさびの上手な使い方

わさびを汁に溶いてしまったら、そばも汁も殺してしまう。しかし、用い方を変えれば、わさびも生きてくる。わさびを口なおしに使うのである。

そばを二箸、三箸と食べたら、箸の先にわさびをちょっとつけて舌にのせる。そして、舌の上に残る汁やそばの味を、わさびの香りでいったん消して、それからまた新たにそばを味わう。こうして合間《あいま》、合間にわさびを使い、いわば舌を洗った状態にして食べ続けるならば、最後まで飽きずにそばを堪能《たんのう》できる。

たとえば「せいろ」を二枚食べるときや、「天せいろ」のように海老の天ぷらを食べ、そばをすするのを繰り返すような場合、わさびの口なおし効果はことのほか大きい。

高岸拓川《たくせん》先生は、わさびを早くから口なおしに使っておられた。本わさびを売りものにしている店は主人みずから試みて、その効果を確かめ、客にすすめるとよい。

なお、わさびのおろし方は、昔から言われるように、ゆっくり「の」の字におろすのがよい。

四、唐がらし

●唐がらしの二つの効用

辛味《からみ》の利《き》いた薬味には、もう一つ、唐がらしがある。唐がらしは古来、健胃剤としても重宝《ちょうほう》がられてきた。あの強い辛味は胃袋を刺激して、そのはたらきを活発にし、食欲を盛んにする。

そばの薬味としての効用も、おおむねその線にある。――ただし、わさびや、大根、ねぎと違って、唐がらしの辛味は熱に強い。そこで唐がらしは、温かい「たねもの」に好んで使われる。

唐がらしに、そばそのものの味を引き立てるはたらきはない。だが、そのかわりに、唐がらしは強烈な辛味によって、料理のいやな癖《くせ》を消してしまう。これが、唐がらしのもう一つの効用になる。

●「七味」の香りと鮮度

以上のような作用を、香りのものをいろいろ合わせることによって一段と効果的にしたのが、日本橋・薬研堀《やげんぼり》に始まった「七味唐がらし」である。唐がらし、胡麻《ごま》、麻の実《み》、けしの実、山椒《さんしょう》、陳皮《ちんぴ》（みかん皮の乾したもの）または陳皮柚子《ゆず》、青海苔《のり》などを粉末にして混ぜたもので、こうして名をあげてみればわかるように、いずれも香りのよいものばかりを集めてある。

しかし、この香りの集合体がほんとうに食味をそそるまでにはたらくのは、碾《ひ》きたてに限られてくる。粉末にして日時の経《た》ったものは香りがとんでしまうので、小量をこまめに仕入れるようにしたい。

五、焼き味噌

◉苦味《にがみ》のある薬味

東京のそば屋では、まったくと言ってよいほど見かけないが、私はもう一種類の薬味をあげておきたい。それは、焼き味噌である。

しゃもじに味噌を薄く塗り、囲炉裏《いろり》に差したり、ガス火にかざして焼く。焼き加減は、表面が少し強く焦げる程度まで――。焦がして苦味《にがみ》をつけるのがねらいである。この苦味が薬味になる。

味噌は、塩のきつい赤味噌を少量、甘味噌を少し多めに混ぜる。味噌の種類・味は千差万別なので、たとえば重要無形文化財的存在・角花菊太郎《かくはなきくたろう》さん（能登《のと》）が作る塩――一人に一度に三袋しか売らない――を使った味噌など、薬味としては特別なものになろう。

薬味としての長所をあげれば、焼き味噌は特殊な味を強く主張することがないので、そばの持ち味を損なうようなことはない。そして、いわゆる五味《ごみ》のうちの苦味《にがみ》によって、胃のはたらきを活発にする作用も期待できる。

不思議なことに、焼き味噌を薬味に使う話は先人の文献にも出てこない。昭和の友蕎子《ゆうきょうし》を名乗る私としては、ここで声を大にして、焼き味噌を提唱《ていしょう》しておきたい。

◉そばと苦味

なぜ、焼き味噌を提唱するのか――。先人が気づいていないから声を大にするというのは、表面上の理由であって、本当の理由は味のバランスにある。

ちょっと前で言葉に出した「五味《ごみ》」とは、甘《かん》（甘い）・鹹《かん》（塩からい）・辛《しん》（ぴり辛《がら》い）・酸《さん》（酸《す》っぱい）・苦《く》（苦《にが》い）、の五つの味を指す。人によっては、これにさらに渋味《しぶみ》を加える説もなされてきた。ともかく、食べものを舌に感じる味の面から大区分すれば、この五つ（ないしは六つ）に分かれる。そこで古来、五味についてなされた諸説を現代風に要約するならば、それは――、食は一つ味のものに偏《かたよ》らずに、なるべくいろいろな味のものをバランスよく取り合わせて摂取《せっしゅ》せよ、ということになろう。甘味・鹹味《かんみ》から、苦味や、場合によっては渋味まで、いろいろな味のものを取り合わせることは、からだによいだけでなく、（一般論として言えば）味覚的にも味わいの豊かなものになる。

もっとも、誤解を避けるためにあえて付言《ふげん》すると、五味の調和とは、甘い・鹹《から》い……を、すべて等量ずつ取れという意味ではない。日本人の味覚は甘い・鹹《から》いを主に、辛い・酸っぱい・苦いを従とするのが一般的である。そしてその場合、甘味とは砂糖甘さだけを指すのではなく（それは甘味の一部をなすにすぎない）、いわゆる旨味《うまみ》という言葉で言い表しているもの――つまり、穀物の甘味、野菜や果実の甘味、油の甘味などが中心である。かつては「甘味」と書いて「うまみ」とも読んでいた。

さて、そういった点を踏まえて、そばの味を見ると、そばと汁は甘《かん》・鹹《かん》の組み合わせからなる。そして、それに配する薬味は、ねぎにしても、大根・わさび・唐がらしにしても、いずれも辛味である。

そばを食べる際に、酸味はなくても、もの足りなさをおぼえることはないようである。これは、そばの甘味が、甘ったるさとは程遠い滋味《じみ》に富んだものであることや、脂っこさ・生臭《なまぐさ》みとも縁の薄い食べものであることが幸いしているのであろう。だからこそ人々は、甘《かん》・鹹《かん》に少量の辛味が加わるだけで満足してきたものと思う。

しかしながら、ここにさらに、良質の苦味が少量加わるならば、辛味だけの薬味を数種添えていたときよりも、そばはいっそう味わいが増す。適度の苦味は、主役の甘味を生かすはたらきをしてくれる。甘味と苦味は意外に近い関係にあり、合間《あいま》にはさんだ苦味のある薬味が、次に口にするそばの旨味《うまみ》（甘味）を際立《きわだ》たせてくれる。そして適度の苦味は、胃に入っては健胃剤としてはたらく。（そもそも薬材の橙皮《とうひ》チンキ、苦味チンキは、健胃剤として微量でも必ずいろいろな薬に使われてきた。薬の基礎をなすものである。）

私が良質の苦味として焼き味噌をすすめるのは、以上のような理由による。

第六章　たねもの

◉「たねもの」の起こり

「たねもの」という呼び名は、料理だねをそばに転用したことから起こったようである。江戸時代、長崎に渡来《とらい》した卓袱《しっぽく》料理が京阪《けいはん》の地を経《へ》て江戸にまで及び、それにヒントを得て、そば屋が「たねもの」を始めた。ただし、最初はそば屋ではなく、料理屋が試《こころ》みたものであろう。その呼び名からして、料理屋でご飯《はん》の代わりに、そば台に料理だねをのせて出したであろうことは充分に考えられる。

文献によれば、江戸城下の上野に『峰の白雪』という店があって、「あわゆき」と名づけた「たねもの」を売っていた。卵白をホイップして中国風に煮たものを上身《うわみ》に、中に山芋を敷《し》いたとも言われる。具として肉なども使った形跡《けいせき》があるようだが、この「あわゆき」などが、そば料理の始まりにして、同時に「たねもの」の出発点であった。

一方では、南蛮《なんばん》料理が江戸へも入ってきて、「鴨南蛮《かもなんばん》」を屋号《やごう》とする店が馬喰町《ばくろうちょう》にできたりしている。——「鴨南蛮」の創始は、今から約二百年前の明和《めいわ》年間、それより下った天明《てんめい》期等々諸説あるが、いずれにしても、世はぜいたくに流れ、めずらしがり屋の江戸っ子がとびついたのであろう。

源流にあった南蛮料理、卓袱《しっぽく》料理と「たねもの」との関係を示せば、次のようになる。

南蛮料理 ——→ 鴨南蛮
長崎卓袱料理 ——→ しっぷく(しっぽく)
そば ——→ おかめ

これが「たねもの」の代表的系譜《けいふ》である。

「天ぷらそば」も、かなり古くからあったようだが、盛んになったのは大正年間と記憶している。大正初年の頃は、場末《ばすえ》ではまだ「天ぷらそば」を見かけなかった。そのかわりに、豚肉を使った「肉南蛮」や、「カレーうどん」その他のカレーものが下町に出現するのは意外に早く、そのあとを追いかけるようにして「天ぷらそば」が普及《ふきゅう》した。江戸前の芝海老の豊漁《ほうりょう》が、「天ぷらそば」の普及に大いに関与《かんよ》したわけであるが、高級店では、すでに車海老を天ぷらに使いだしてもいた。

（本章の主題からは外《はず》れるが、「天ぷらそば」が普及したのと時を同じくして、「抜き屋」が姿を消したことは記憶にとどめておいていただきたい。「抜き屋」がなくなるとは、原材料すなわち玄そばを手もとに置いて、碾《ひ》き抜きから製粉までを自家で行なうそば屋がなくなりだした、という意味である。）

私が新宿で「そばとろ」を始めたのが昭和三年、戦前では他に、人形町の『吉田』の「コロッケそば」などがあった。「天ざる」「天もり」——総称して「天せいろ」が流行《はや》り出したのは、戦後も近年になってからのことである。

◉そばの「たねもの」の制約条件

「たねもの」は、見た目の彩《いろどり》も含め、総合的なうまさを味わうもので、かつては栄養上の補給に主たるねらいがあった。ことに脂肪分の補給は、寒暖いずれにおいても言われてきたことである。

しかしながら、これが行き過《す》ぎて——と言うよりは安易に過ぎて、そばの「たねもの」としては不向きなものも一部に出回るにいたった。具体例をあげれば、「カレーそば」「カレー南蛮」等のカレーもの、葛《くず》を使う「かき玉」や「あんかけ」などは、うどんには合っても、そばには向かない。とろみの強い汁の中で、そばが固まってしまうためである。（どだい、葛を使うものでは、分量をちょっと間違えば、汁自体が固まってしまう。）

そばの「たねもの」で、まず心得ておくべきは、うどんに合っても、そばには向かない「たね」があることである。

うどんは、とりたてて自分を主張する味（クセ）がないかわりに、包容力《ほうようりょく》があり、肉よし魚よし野菜よしで、八面六臂《はちめんろっぴ》の神通力《じんつうりき》がある。それに対して、そばは純粋と言うか、そば自体が自分の味を主張し、かつ、その性質がきわめてデリケート（繊細）である。そのため、どろどろした汁や蒸しものなどでは、そばが体《たい》をなさない（そば料理は例外）。「小田巻蒸し」がうどん台と決まっているのも、この辺の違いをわきまえてのことである。そばで蒸したら、グシャグシャになり、正体のないものと化してしまう。

そばの「たねもの」は、そば自体の味を殺さぬ汁や「たね」と組み合わせる、という制約条件を踏まえて考えていかねばならない。

●「たねもの」と料理性

ところで、前の制約条件を大前提に据《す》えると、そばの「たねもの」は、うどんほどには種類が増えず、結局、昔からあるものに絞られてしまいやすい。人によっては、そこに時代とのズレを感じ、もの足りなさと不安を感ずることにもなろう。六十年前の私は、まさにその状態にあった。大正十五年二月に、東京の新宿駅前でそば屋を始めて以来、新宿に見切りをつけて大森に移るまでの十年近くの期間は、そば屋はこれまでのものを守っているだけでいいのか、と模索《もさく》を続けた年月であった。世の中はみんな進んでいくのに、そば屋だけが昔のままでいるのはヘンではないか。これだけ西洋料理が流行《はや》り、支那《シナ》料理が流行《はや》ってきては、日本そばも何か対抗するものを持たなくては後《おく》れをとる。

他の人がどうだったかは知らない。が、私は真剣に自分の活路を探していた。そうしてつかんだ結論が、料理屋に引けをとらないだけのものを出すということであった。そばの「たねもの」に限定して言えば、「たねもの」をそば料理の一環《いっかん》として捉《とら》える、ということである。

この考え方は、現在のそば店が陥《おちい》っている一種の膠着《こうちゃく》状態を抜け出すのにも、充分に効力があると思う。「たねもの」をそば料理の一部として考えていくならば、既存の「たねもの」が呼び名は昔のままでも、いかに形《けい》骸《がい》化しているかがわかろうし、それゆえにまた蘇生《そせい》の術も編み出せるはずである。その一方、ゲテモノに堕《だ》すことなく、新しい「たねもの」を開発することも可能である。私は戦前、そういった考えの下《もと》に、日本料理の感覚も取り入れて、かなりの数に上る新商品を開発した。

その仔細《しさい》は順次語ることにして、いまは、「たねもの」をそば料理の一環として捉えるとは、どういうことなのかを説明しておかなくてはならない。

私が実践してきたことに則《そく》して言えば、それは――、

①吟味《ぎんみ》した良質の材料を、
②持ち味を生かして使い、
③取り合わせの妙《みょう》を楽しむ、

ということになろうか。

「吟味した良質の材料を、持ち味を生かして使う」ということについて、たとえば何度か名をあげている「そばとろ」を例に引くと、私は、ただ手近に入手できる芋《いも》で間《ま》に合わすようなことはしなかった。自然薯《じねんじょ》から畑に作る数種の芋まで――それも関東に限らず、関西のものも含めて調べ上げ、それぞれの味の違いや性質の違いを検討したうえで、芋を選んだ。また、そうして選んだ芋を使うにあたっては、焼けを防ぐための扱い方から、すりおろし方、保管の仕方まで、いろいろに工夫してきた。その仔細《しさい》は、のちの「そばとろ」の項で明きらかになるであろう。

「取り合わせの妙《みょう》」とは――、そばと「たね」の取り合わせを指《さ》すのはもちろんだが、

そればかりでなく、「たねもの」と器との取り合わせ、つまり器づかいをも指している。一時《いっとき》、小腹がふくれればいいだけの、材料も粗末《そまつ》なら器も安手な間《ま》に合わせの食べものではなく、そのまま料亭の宴席《えんせき》に出しても一場の役を立派に果たすことのできる「たねもの」、そこまでの品格と実《じつ》をそなえた「たねもの」をつくれ、ということである。

器に関して言えば、私は早くから、その重要性を痛感していた。店を始めてすでに三年目には、向島《むこうじま》に塗師屋《ぬしや》（江部伝咲《えべでんさく》氏）と木《き》地《じ》屋（森下源一郎氏）をかかえていた。

そばと「たね」の取り合わせの妙ということでは、大森に店を移してのち、私はそれまでにも増して次々と新しい「たねもの」を開発した。

たとえば、魚介類を使ったものでは——、「あられそば」「穴子そば」「あわびそば」「あわびとろ」、活《いけ》の車海老の「天ぷらそば」「車海老の信濃蒸《しなのむ》し」その他。

日本で初めて合鴨《あいがも》を使った「鴨南蛮」、「うずらそば」。

そば以外では、「こんとん」「ほうとう」「ぷうとう」「マカロニシチュー」……といった一風変わったものまでこしらえた。

江戸前だねは、なにも料理屋すし屋の専売特許ではなく、新鮮なよい材料を得て、そばと「たね」双方《そうほう》の持ち味を生かす道を探れば、そこに取り合わせの妙が生まれる。日本料理同様に季節を盛り込んだ、品格のある「たねもの」ができあがる。

一方、人間誰しもたまには、ラフな服装でくつろいでみたいという気持ちがあるもので、それに応《こた》えたのが、「こんとん」や「マカロニシチュー」などの毛色の変わった「たねもの」である。もちろん、そういうものは、そば屋にとって本意《ほんい》ではない。だが、遊びや余技といった感覚で、いろいろな麺や料理を店に取り込んでみるのも、またおもしろい。

もっとも、こういうものこそ、駄物《だもの》・ゲテモノと思われないようにするには、器づかいが大事である。器と料理の取り合わせに洒落《しゃれ》た感覚が求められる。私は「こんとん」に、栗田美術館にもないような伊万里《いまり》の蓋物《ふたもの》、また「ひやむぎ」に呉須《ごす》の大丼を使ったりもした。

このような「たねもの」は、当時斬新《ざんしん》であっただけでなく、今日《こんにち》においても通用するものをそなえていると思う。いや、これからはますます有効になるであろう。

以下の各論では、前記の「たねもの」にも焦点を当てて、具体的に見ていくことにする。

一、おかめそば

●松茸と島田湯葉《ゆば》

個々の「たねもの」を見ていくにあたり、真っ先に取り上げるのは、「しっぽくそば」から転じた「おかめ」である。

「おかめ」で忘れてならない一番大事なことは、松茸と島田湯葉《ゆば》が主役の「たねもの」だということである。この二つがなくては「おかめ」ではないと、昔の職人はよく言っていた。男と女という意味で、縁組みを表わし、めでたいものだったのである。おそらく、折詰でも見るような豪華さを、そばに取り込ん

おかめそば

だのであろう。
　しかし、いまや松茸は驚くほど高い。いきおい、松茸を除いてつくることになりがちだが、そうなると、現在では玉子焼が重要な役を担う。

●そば屋の玉子焼

　そば屋の玉子焼は、そば汁《じる》のだしをたっぷり含ませて焼く。豆腐みたいにやわらかく焼いてあって、嚙むとつゆがしみ出るような玉子焼は、そば屋独特のものである。ちょっと料理屋では味わえないのではないか。

　昭和になる頃までは、甘口の酒と玉子焼はそば屋の自慢だった。そば屋は元来、酒の肴としての料理はあまりつくらなかったが、この「おかめ」からそばを抜いたもの（たねにそばつゆを張っただけの簡単なもの）は、「おかめ吸い」として充分肴になった。

　いまでは、その玉子焼も見かけなくなったので、それを自分で焼くとなれば、同じ「おかめ」でも、おおいに売りものとなるはずである。島田湯葉はいまもあるから、島田湯葉、上等の蒲鉾《かまぼこ》、椎茸、それにそば屋独特の玉子焼が揃《そろ》うと、「おかめ」も相当に立派なものになる。（安物をごてごて入れるのは、見栄《みば》えがよくないので避けたい。）

　時季には柚子《ゆず》を加えるのもよい。

●松茸の扱い方

　では、「おかめ」の主役の松茸については、現在、どう扱うべきか——。

　松茸は、一年通して加えるのは得策ではない。時季を利用して加えるとよいだろう。私の弟子筋で、時季に松茸を切らした店はない。

　その期間内は、松茸を加えて本格「おかめ」を出す。最初は二千円、一週経《た》つと千五百円、そのあとは千円というように、値段に変化をつけて売らせてもらっている。

二、鴨南蛮

●高級「たねもの」

「鴨南蛮《かもなんばん》」は、元来が冬場の「たねもの」である。しかし、「天ぷらそば」のところでも述べるように空調設備の普及発達した今日では、夏場にも積極的に売っていきたい「たねもの」である。また夏場に新たに期待できる売りものの一つでもある。

　肉もクセのある真鴨《まがも》から、味わいのよい合《あい》鴨《がも》（間鴨）中心になり、入手面では季節を問わぬ下地がすでにできている。

　ただし、質のよい合鴨となると、数量的には不足ぎみで、にわとりの手羽《てば》に相当する「抱《だ》き身《み》」（料理として体裁《ていさい》のよいところ）が、現在キロ当たり三千円から三千五百円く

鴨南蛮

らいはする（冬場は四千五百円くらいになる）。したがって、「鴨南蛮」一杯の売り値は千円～千五百円程度と高額になる。上質の鴨肉を使った場合には、大衆商品の域《いき》を越えるが、逆にその店の自慢の「たねもの」として、広域から客を呼ぶことも可能である。

数量不足のなかで材料を確保するには、あちこち浮気せず、一軒の鳥屋さんなりと長い取引を続けることが肝心《かんじん》である。東京でも何軒もなく、少量買いはできないので、一定量を仕入れたら、ただちに数種のアルコールでクセ抜きをし、ビニール袋に入れて急速冷凍しておくとよい。

大事な注意をもう一つ――。鴨には料理の下地《したじ》をそなえた人が当たるべきで、心得のない人は手を出さないほうがよろしかろう。

●私とフランス鴨

合鴨《あいがも》を日本で使ったのは、じつは私が最初である。話があまりにも唐突《とうとつ》で、驚かれた人もあるだろうが、仔細《しさい》を語れば次のような次第である。

これもまた大森に店を出していたときの話である。私の「師客《しきゃく》」の一人、水彩画の丸山晩霞《ばんか》先生が、昭和十一年にフランスへ留学するにあたり、「オヤジ、三年くらい向こうにいることになるが、みやげを先に贈るから望みのものを言ってみろ」と言う。そこでフランス料理の「タネ鴨」を所望《しょもう》したところ、彼《か》の地からフランス鴨を二つがい輸入してくださった。

私は、ある経済団体のお偉方《えらがた》のところでフランス料理の鴨をご馳走《ちそう》になり、日本の真鴨《まがも》とはまるで違う味のよさに驚いたものだった。その頃までの日本の鴨は、肉にクセがあり、独特の臭《くさ》みがあった。ところが、フランスの鴨には、そういうイヤなところがない。そこで、丸山先生がフランスへ留学されるというからには、ぜひフランス鴨を頼《たの》もう、となった次第である。

輸入していただいた二つがいのフランス鴨は、岡山のさる農家に飼育を依頼した。自然飼育にして、穀類は化学肥料を使わないものをエサとするように、岡山の依頼先へ伝えておいたが、これが鴨肉の味をよくする決め手である。

――あれから五十年、いまや合鴨は日本全国に普及したが、その元はなんと、私が丸山先生に頼んで輸入していただいた、あの二つがいのフランス鴨なのだそうである。「そうである」とは、ひとから聞いた話だからだが、敗戦後のドサクサが間に入ったために、近年の合鴨の普及と、私が戦前使っていたフランス鴨とは、私の頭の中で直接結びついてはいなかった。ところが先年、東京の調布にある「西府《にしふ》農場」の小島社長が来訪、「あなたがフランスから輸入された鴨は、いま私の農場で大量生産され、好評を博しています。お礼にまいりました」とのこと。委細《いさい》を聞くに及び、これには輸入した本人の私のほうが驚いてしまった。

戦前は、岡山の農家に飼育を頼んだものの、数が少なくて、一年のうちでも正月しか使うことができなかった。現在の用語法に従えば、日中戦争の最中に大森の店をたたんでから、ハッキリおぼえているところでは、昭和十六年に埼玉・大宮のそば小屋で、東京美術学校（現在の東京芸大）で図案を教えていた島田先生がそば会を催された折に一度、鴨を出したことがあった。それから、洋画の田辺至《いたる》先生が上野の博物館裏、「六窓《りくそう》庵」でそば会を開かれた折にも鴨を使った。

戦後、栃木県足利でそば屋を再開してからは、築地の『鳥上《とりじょう》』から合鴨を入れ、「鴨南蛮」に、またそば会に鴨を使ってきた。これもまた、あのフランス鴨であった。

●「鴨南蛮」のつくり方

①鴨の脂を少量フライパンにとり、ねぎを炒める。

ねぎは味のよいものを選び、四、五センチに切って使用。白いところだけでなく、ことに冬場は青いところも混ぜたほうがよい。炒め方は、少し焦げ目がつく程度に。

②たね汁を煮立て、炒めたねぎ、薄切りにした鴨肉を加える。

③鴨肉にだしが通ったら、火を止める。

煮ている間に鴨肉のアクが浮いてくるので、ていねいな仕事では黒ずんだ泡を取る。急ぐときは、そのままにしてもよい。

④客席へ出す直前に粉山椒《こさんしょう》を振る。

アクを取らなかった場合は、特にアクの強いと思える泡のところに振る。

山椒を使うのは、鴨肉の臭いを消して食味をそそるためである。胡椒《こしょう》は以外に合わない。

〈補註〉しゃもそば

軍鶏（しゃも）は闘鶏としてよく知られている割には、その肉の美味なことが知られていない。

私は父親が軍鶏飼育を道楽にしていたこともあって、軍鶏の味は幼い頃から知っていた。父親は軍鶏の血統選びにはことにやかましく、飼料も、ときに人間の食べものよりも贅沢《ぜいたく》に見えることがあって、子ども心にも軍鶏がうらやましいほどだった。それでも、年に二度三度と軍鶏をつぶして大盤《おおばん》ぶるまいもあり、その味は子供ながらに忘れえぬものがあった。

ただ、軍鶏は産卵がきわめて少なく、大量生産には適さないようなので、自分の商売に使うことは考えていなかった。それが、いまから五、六年前、ひょんなことから、『一茶庵』だけのために軍鶏の飼育を引き受けてくださる方《かた》が現われ、「しゃもそば」を一杯九百円で売り出した（一杯に軍鶏肉三十グラム使用）。

売り出すにあたっては、自分でものした口上書を五万枚印刷。少々歯にこたえるが、噛むほどに味が出る軍鶏の肉はおおむね好評であった。だが、そのうちに飼育場の不能率のために、口上書を数千枚も残したまま、残念ながら販売中止にしてしまった。

しっかりした飼育を手がければ、軍鶏肉もまた高級な味があり、ぜひ使いたい材料である。飼育の同士を集めたい。

三、天ぷらそば

●季節を問わぬ「天ぷらそば」

前に述べたように、「たねもの」の主たるねらいは、栄養上の補給——特に脂肪分の補給にあった。しかし、売れ方を見た場合、「天ぷらそば」のように温かい「たねもの」は、夏場商品としては弱かったのが近年までの実情である。そしてそれに代わるものとして、「天せいろ」の派生《はせい》を見た。（もちろん、「天せいろ」の商品価値は、夏に天ぷらを売りやすくしたことだけではなく、「もり」のうまさと「たね」のうまさを両立させたところにもある。）

だが、現在のように空調設備のないほうが珍しい時代には、店側が率先《そっせん》して、夏場にも温かい「たねもの」を売っていく姿勢が必要であろう。実際、冷房の効《き》いたところで、ふうふういって熱いそばを食べるのは、また乙《おつ》なものである。炎天下を歩いてきて飲む一杯の熱いお茶が、水以上に体をシャキッとさせるのと同じような効果が期待できる。

「天せいろ」もさることながら、熱いつゆに浸《ひた》した天ぷらのうまみは、そば屋にしてはじめてつくれるものである。

◉江戸前の海老

天ぷらに使う「たねもの」では、なんといっても活《いけ》の車海老《くるまえび》——それもサイマキ（五～七匁《もんめ》どまり）が最高である。七、八匁以上、十～十五匁ほどの車海老になると、姿や形はよくても、味はサイマキよりも劣る。（昨今は、やたら大きな海老を使って素人《しろうと》を釣るような風潮があるが、いかがなものか。）

戦前、私は昭和八年に店を大森に移してからは、鮫洲《さめず》で獲《と》れるケタ舟《ぶね》四杯の魚介《ぎょかい》のうち、蟹《かに》以外を全部引き受けていた（大森は蟹の本場で、蟹は直接料理屋に行った）。車海老はケタ舟四杯で六貫目《かんめ》ほどはあった。昭和九年頃で一貫目一円五十銭《せん》はしたから、六貫目で九円の勘定《かんじょう》になる。江戸前の車海老は、皮にカスレ（縦すじ）のあるのが特徴である。

天ぷらそば

また、いまではなくなってしまったが、夏の短期間、他から藻海老《もえび》が入ってきた。北海道あたりから来るのだろうが、小さくて甲羅《こうら》がつるつるしている海老だった。背に卵を持っていて、ゆでると鮮やかな赤色になる。味は芝海老よりもおいしく、昔の江戸っ子は、こういうものを逃がさなかった。

九月からは芝海老が獲《と》れ、四杯で二十貫もあった（一貫目九十銭ほど）。この芝海老を材料に五貫目の海老おぼろをつくり、一週間で使いきったこともある。背わた抜きだけで、三十一人がかりで二時間もかかったものである。昭和九年か十年に、魚河岸に冷凍庫ができてからは、海老おぼろは一キロずつセロファンの袋に詰めて保管していた。

私は隣の魚屋の生簀《いけす》六尺四方《しほう》を借りて、そこに海老を放《はな》っておいた。生簀《いけす》には滝を落とし、客にタモ網で海老をすくわせる。それを天ぷらにして供し、喜ばれたものである。

それにしても、活の車海老は値段が不同のうえ、生かしておくのが難しい。天ぷらにすると、現在では一匹千円以下の値段はつけられないだろう。——だが、「そば屋でこんなうまい天ぷらが食べられるのか！」と驚いた客からは、ヒゲすら唐揚げにしてくれ、という注文がある。『一茶庵』の東京・西神田店では戦後ずっと、活の車海老の天ぷらに、ヒゲもつけて出してきた。

天せいろ

〈補註〉**車海老の信濃蒸し**
車海老は、天ぷらにして「たねもの」に使うだけでなく、そば料理として興趣ある使い方ができる。皮をむいた車海老にバターを多めに添え、「芋きり」か「白卵きり」の田舎そばで巻く。これを青竹に盛って蒸す。田舎そばの上に金箔を落とすと、一段と見栄えがよい。

◉冷凍海老の扱い方

現在では、メキシコや、東シナ海からオーストラリアにかけて獲《と》れる冷凍海老も安くないが、冷凍の場合は、保存のよいものの選び方と、独特な冷凍臭の抜き方が大事である。

購入時に、氷がかすかに緑色を帯びているものは、保存状態が良好と見てよい。並べ方が不揃《ふぞろ》いのものは、量目不足の場合があるので要注意（途中で手を入れたものか？）。

冷凍臭を抜くには、次のように進める。

まず、解凍は、多量の水を使って短時間に行なうこと。ボールに海老を入れて、完全に融《と》けるまで水道水を強く出し、水の勢いで海老をまわす。

次いで、水七、八分目を入れた直径三十五センチ程度の鍋に塩をグッと大づかみにして加え、沸騰したら十匹くらいずつゆでる。ゆで時間はごくわずか。海老が浮いてしばらくしたら、すくいあげる。

すくったら即刻、出しっぱなしの水道水で三十分ほど冷やす。そのあと、広口ジャーの上下に氷を詰めて海老を保存する。

——さて、これだけの手数をかけると、冷凍臭が抜けるだけでなく、痛むこともない。ジャーの氷を替えれば、一週間ぐらいの保存は可能である。こうしておくと、天ぷらにしたときには、衣が揚がる頃にちょうどうまく中へ火が通り、あとで尾が黒くなったり、白いフワフワが出たりすることはない。油も傷《いた》まない。

◉天ぷらの基礎的注意事項

天ぷらは、ショリショリと衣に花が咲くように揚げたいものである。

そのためには、まず衣は、ごく薄力《はくりき》系の小麦粉を使い、加水量を多くして、粘りが出るほどかきまわさないこと。グルテンがはたらきだしてはダメで、箸の先にちょっとつく程度の状態にとどめる。

それと、つくりおきの衣でなく、必ずかきたての衣を使うこと。

油の温度は、衣のはね具合で見る。

衣を油に落としてみて、鍋底まで沈んでから浮き上がってくるときは、およそ一六〇度C程度。油の中ほどまで沈んでから浮き上がるときは一七〇度C程度。油に落とすと同時に浮き上がるときは一八〇度C程度。いつでも一八〇度C以上にはしないことが大事である。

ゴマ油は風味、香味ともすぐれているが、酸化が早い。一度に大量には仕入れないこと。最近の若い人は、シラシメ、サラダオイルなどを好む傾向がある。

四、あられそば

「あられそば」は、大森に移って最初にひらめいた「たねもの」である。江戸前の海で獲《と》れた魚介類を見ているうちに、バカ貝の柱とそばを合わせたら、これは上品な「たねもの」になるぞ、と思いついた。

バカ貝の柱はメボシ（大ボシ）とシリボシ（小ボシ）に分け、柱箱に立てずに、塩水の桶に生かしたまま冷蔵保存する。

当時は氷冷蔵庫の時代で、私は「岩谷《いわや》冷蔵

あられそば

庫」（日本の冷蔵庫の元祖）に特注した大型のものを持っていた。間口八尺、三十六貫目の氷を三本も使う檜《ひのき》の冷蔵庫であった。その中に、貝柱を塩水保存していた。

　バカ貝の柱は、材料問屋の『三之輔《さんのすけ》』から購入していた。『三之輔』には、世話にもなったかわりに、すんでのところで大損するのを救ってあげることができた。あるとき鶴見川が氾濫《はんらん》して、川崎沖のバカ貝が死に絶えたことがあった。業者は瀬戸内ものを移入したが、むくと、イタになってしまう。「イタになる」とは、貝柱が死んでしまうことを言う。ところが、『三之輔』だけはものにした。瀬戸内と東京湾では、海水の塩の濃さが違う。瀬戸内のほうが塩が濃いので、向こうの貝を東京湾に持ってくる以上は海水に岩塩を溶《と》いて混ぜたほうがいい。私はそう判断して『三之輔』にアドバイスした。それがみごとに的中して、『三之輔』だけはイタにせずに済んだ。

　バカ貝は、その名のとおりに、いかにもバカと思えるような格好《かっこう》をしている反面、なかなかどうして繊細な神経を持った貝である。塩の違いに敏感なだけでなく、金気《かなけ》を嫌う。殻《から》を開けて身をはずすときに、むき棒（鋼製）が貝柱に当たると、すぐイタになってしまう。そのため、むき棒で払うには、細心の注意と高度の技術が要《い》る。

◉「あられそば」のつくり方

貝が金気《かなけ》のものを嫌うので、メボシを塩水を張った椹《さわら》の桶に入れておく。すくいのお玉も、竹で編んだ目のこまかいものを使う。メボシは絶対に煮てはいけない。堅くなり、味も半減するので、生《なま》のまま使うこと。

　そばを振って丼に入れ、上に焼海苔を敷く（海苔は四つ切り大）。竹の網のお玉でメボシをすくい、海苔の上に置く。熱い汁を張って、柚子の皮と青味を上置きすれば出来上がりである。

　磯の香とそばの風味が一体になった、まことに上品な「たねもの」である。このそばを食べに、わざわざ大森まで、東京方面からたくさんの客がおいでになった。当時、私は店をもう一軒、築地《つきじ》に出しており、そちらのほうで料理屋のご主人方と知り合いになっていたが、「あられそば」を食べにわざわざお越しになったのは、料理屋のご主人方の紹介の客が大半であった。

〈補註〉穴子そば

魚介類を使った「たねもの」の中で、「穴子そば」も大森時代につくっていた商品の一つである。このそばは、高岸拓川《たかぎしたくせん》先生に書いてもらった太郎冠者《かじゃ》の狂言スタイルの口上文《こうじょうぶん》を使って売った。

　穴子は、煮穴子にして、あぶって使った。香ばしさの活きる使い方である。ガスの上に鉄板をのせ、その上に金網を置き、竹皮を敷《し》く。穴子は皮目を下にして、竹皮にのせる。そして上から鉄板の蓋《ふた》をかぶせ約二分間あぶる。こうすれば、身があまり締まらずに、ふっくらと焼ける（厚い日本紙を濡《ぬ》らして、その上に竹皮を敷くと、二分間で穴子が焦《こ》げることは絶対にない）。

　汁を張ったそば台の上に、穴子を置き、煮つめをハケで塗り、粉山椒《こさんしょう》を振る。

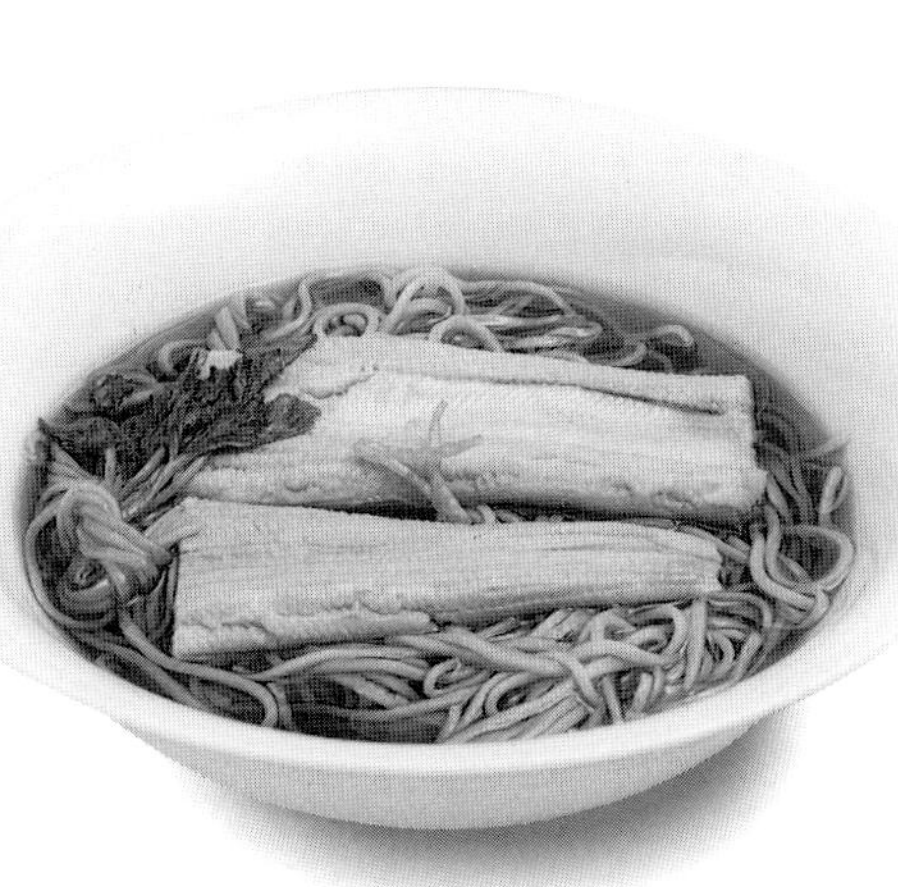

穴子そば

十六枚切りにした海苔の一枚に本わさびをのせ、飾りにあしらう。

「穴子そば」は、酒飲みのお客に好まれるそばであった。私は本みがきのタネ蓋《ぶた》をして供していたが、酒の合《あい》間《ま》にチョイと蓋を外し、箸の先で山葵《わさび》を少量つまんで穴子につけ、一箸食べてはまた蓋をして酒を飲み、今度はそばも一箸すすってまた酒を飲むというような食べ方で「江戸っ子の食いものは、こうこなくっちゃ！」ということだった。

私の穴子の煮方は、すし屋とは違って、臭《くさ》みをとるために、特殊な方法であった。『与兵衛ずし』の小泉迂外《こいずみうがい》先生には、「これだけの穴子は、すし屋でも煮れないよ」、本山荻舟《もとやまてきしゅう》さんにも「こりゃ、オヤジ、独特の煮方だな。ウマイ」と、お褒《ほ》めをいただいたことを、いまにおぼえている。

五、そばとろ

●大評判をとった「そばとろ」

「とろろ」は、昔から精のつく食べものとされてきたし、ジアスターゼが豊富で、消化がよいこともずいぶん前からわかっていた。

その「とろろ」と、淡白な食べ味のそばとの組み合わせは、商品としてみた場合、そば店の誇るスタミナ食として異彩《いさい》を放つこと受け合いである。事実、私の店では大評判の商品となった。

「とろろ」が昔から知られていることから推《お》して、「そばとろ」も古くからあった「たねもの」と思う人が多いかもしれない。が、「そばとろ」は昭和三年、私が新宿の店で売り出して以来、人口に膾炙《かいしゃ》した呼び方である。当初、私はこの「そばとろ」を登録商標にしようと思ったのだが、とろろそのものが昔から知れわたっているものである以上、ダメだと蹴《け》られてしまった。

「そばとろ」を始めるに当たって、私は芋を調べて回った。東京近在の大和芋の産地と言えば、埼玉県の浦和《うらわ》だが、これを振り出しに、奈良、近江《おうみ》ととび歩いて、どういうふうにして植え、いつ収穫し、どう貯蔵するかを、全部調べあげた。

浦和から芋を取り寄せる方策をつかんだところで、「そばとろ」一杯五銭の値段を打ち出した。

当時、五銭というカネは、学生などでは何杯もというわけにはいかない金額だったのだが、ともあれ、「そばとろ」が五銭で食べられるとあって、フタを開けてみると、早稲田の学生や慶応の学生が、続々と「そばとろ」を食べにやってきた。

商売としてはたいへん当たって、「そばとろ屋」で通るようになってしまった。美術学

つけとろ

校の生徒が、フランスへ勉強に行き、「東京そばとろ」でハガキを出してもちゃんと届く、という状況だった。

またその頃折よく、酒井真人《まなんど》という人が、十銭文庫で『東京繁盛記』を出し、その中で「新宿の駅前の薄汚い食堂横丁に、ダイヤモンドの如く光っている店がある。それは一茶庵だ」と書いた。この紹介で学生連中がさらにわんさと押しかけ、「五銭のそばとろ」「五銭のそばとろ」と、じつによく売れた。

◉芋の種類と品選び

「そばとろ」に使う芋には、かなりの種類がある。野生の山芋（自然薯《じねんじょ》）、畑につくる長いも、つくねいも、大和芋《やまといも》などである。

山かけ

このうち、山芋は、香りも糊気《のりけ》（粘り）も強くてうまいが、畑につくる長いもは俗にバカ芋とも言うように腰がなく、糊気も薄くて味も劣る。刻みとろろや煮物向きで、平均した力を持ち合わせている大和芋が、「そばとろ」には適していると言えよう。なによりも味わいの点で、大和芋には他に秀《ひい》でた旨味がある。

もっとも、大和芋については、もう少し立ち入った説明をしておかなくてはなるまい。

関東で大和芋と言う場合は、埼玉を中心に栽培されてきた掌状《てのひら》（あるいはグローブ状）の芋を指す。埼玉県の浦和、大宮《おおみや》あたりから鴻巣《こうのす》、岩槻《いわつき》、北は妻沼《めぬま》、豊里《とよさと》、群馬の一部（尾島の太刀《たち》……ここは特別よい）くらいまで。

関西では、奈良県から丹波《たんば》あたりで採《と》れる丸芋を指す。この丸芋がほんとうの大和芋で、糊気がきつく、香りも強くて味がよい。自然薯にも勝《まさ》る味であろう。ただし、丸芋のほうは焼けやすいので、目方《めかた》を量《はか》ったあと、泥を一センチくらいの厚みに握りつけておっておく。

また、丸芋は形が丸いので、すりにくい。芋の泥について言えば、ほんとうにいいものを望むなら、埼玉の大和芋でも泥つきを買う必要がある。市販品は大部分が洗い芋で、漂白したものがほとんどだからだ。

品選びのときの注意として、凸凹のひどい芋は避け（身をこまかに欠かなければいけないし、質も劣るため）、形のすんなりした肉厚のものを選ぶこと、洗い芋で表面にキズの多いものやキズの深いものは避けること（ロスが多いため）があげられる。

端境期《はざかいき》は、七月から九月。この期間は味も劣る。採れはじめの初秋と終わりの初夏には、焼けを起こしやすい。

◉とろろ芋の下処理

芋の皮をむくときの庖丁は、特製のたこ引きをすすめる（研《と》ぎ抜いて薄くなった幅の狭いもので、すし屋が捨てるような、使い古したごく細みの刺身庖丁が一番いい）。

理由はしごく簡単。芋のくびれている箇所などの皮をむくときに、幅の広い庖丁では、肉を厚く削り取ってしまったり、身をこまか

かけとろ

く欠くのに用をなさなかったりするからである。また、表面では、ささいに見えても、キズは意外に深いもので、それを最小限のロスで取り除くには、とても幅の広い菜切り庖丁などではできない。ちょっとしたキズやヒゲあとも、すりおろしてからは意外と目立つ。（刺身庖丁でも、新しい幅の広いものは、やはり同様。）

芋の皮のむき方は、まず流水で泥を洗い、使い古しの柔らかいたわし（本棕櫚《ほんしゅろ》のたわし）でこまかい汚れを落とす。

洗い終わった芋は、末端からむきはじめ、脇腹は上にしてむく。手元は一握り分だけ、むかずに残しておく。くびれをむくときは、くびれに沿って庖丁を扱う。ヒゲあとの深い箇所は削り、キズは切っ先でえぐり取る。きれいにむき終わったら、流水で表面のぬめりを取り除く。

注意してほしいのは、芋を洗うとき、最初からたわしを使わないこと。皮のむけたところへ泥をすり込んでしまうからだ。手で洗うときも爪をたてないこと。くびれのある上部は、アクの強い場所が多いから、多少厚目に皮をむく。そして、くびれの部分までは、すりおろさないこと。くびれはその場で切り離して使うのも一法。焼けを防げるし、形もきれいになる。皮をむいた芋は、すりおろす前に、水道水を弱めに出し、その下でぬめりが完全にとれるまで掌《てのひら》で芋をなでまわす（力を入れてはダメ）。それからボールの水に浸け、一時間ほど水を出しっ放しにしておく。こうすると、握り持つところが滑《すべ》らなくなる。

六月から九月頃までは、芋焼けして黒くなりやすいが、これを防止するには次の手順をとる。芋の皮をひと庖丁むいては、すぐ流水の下に持っていき、掌《てのひら》でなでてぬめりを落とす。完全にぬめりがとれて黒くならなくなったら、また次にひと庖丁むいて、同じように繰り返す。要するに、できるだけ空気に触れさせないように仕事をすすめていくのである。そうすれば焼けをとめることができる。

〈補註〉ささらだわし

埼玉の本場では、芋洗いの道具にささら状のたわしを使ったものである。竹ぼうきに使うのと同じ孟宗《もうそう》の細い枝先を、先端のごく細いところに必ず節をつけて切ったものを集めて束《たば》ね、ニガリに二カ月ほど浸《つ》けておく。このたわしは、使っている間に、針の先よりも鋭く尖《とが》ってくるが、当たりのほうは逆にしなやかになり、芋の皮にまったくキズがつかない。先が減ってもキズがつく心配はなく、水切れもよく、芋のくびれの泥もよく落ちる。いま残っていれば、国宝にしたいくらいの民具であろう。（同じように、ささら状をしたたわしでも、竹煮草《たけにぐさ》で煮たものは針状にならず、耐久力もない。）たわしで洗ったあとは、水の中に布を入れ、布で芋を磨《みが》き、泥気《どろけ》を完全にとる。ここまでして真空パックすれば、芋が焼けることはない。（ただし、いまはほとんどがカルキで漂白してあるので、味が劣る。極力、泥芋を使うこと。）

◉芋のすりおろし方

「そばとろ」のとろろは、すりおろす芋の二倍の分量になったとき、食べ味がよくなる。そのときは、こまかな泡が立ち、ふっくらとしたなめらかな口あたりになる。そうした状態にすりおろすには、手間はかかっても、やはりすり鉢とすりこぎを使うのが最上。

おろし金やミキサーでは、口あたりがザラつく（ただし、おろし芋で食べる酒の肴にはザラつくのもよい）。おろし金やミキサーでおろしたものを、すり鉢に入れ、すりこぎですっても、ザラつきをとめることはできない。

芋をすりおろすには、まず、すり鉢に卵白を入れる。芋で卵白を混ぜながら軽くする。皮のついた上部一握りは、すらないで残すこと。芋をすり終えたら、次はすりこぎで当たる。棒が軽くなり、こまかな気泡でふっくらとなるまでするが、卵白に応じた分量の芋をすりおろすと、焼けも少なく、また、すりこぎを使った場合に気泡の入りがよくなる。分量も増え、色も白く、食べ味がよくなる。すり終わったら密閉容器に移して冷蔵保管する。注文に応じて出す場合は、能率上大量につくり置くと便利である。

なめらかな粘りを、使いきるまで保つには、密閉できる容器で冷蔵保管することが必要である。温度が上がると、とろろの腰がなくなり、傷《いた》みやすい。といって、凍らせてはいけない。

蓋物《ふたもの》の容器は、タッパーウェアを大小揃《そろ》え、量によって使い分けると安くて重宝である。

容器から一人前分を取り分ける際《さい》、量が多いときは、お玉で普通にすくえるが、残り少なくなってきたときは、綿アメや水アメを棒にからませる要領で、箸二本を回してからめると、楽に取れる。

なお、芋焼けを起こしやすい時季に焼け止めをした芋をすりおろして保管する場合も、蓋物の密閉容器に保管すれば、一日は充分にもつ。冷蔵庫に保管すれば二日は大丈夫。当然ながら、使う分だけ出したらすばやく冷蔵庫へ収納する。（焼けどめには技術と工夫が重要である。）

◉「つけとろ」

タッパーウェアに保存してあるとろろを適量取り分ける。次いで、定量の$\frac{1}{3}$のざる汁、定量の$\frac{2}{3}$のかけ汁を用意する。

鍋にざる汁とかけ汁を入れ、少々温めてから小鉢のとろろにそそぎ、箸でよくかき混ぜる。小型の泡立器があれば使ったほうがよい。この汁を、そばのつけ汁とする。

◉「山かけ」

「山かけ」は、汁をたっぷり張る（汁は冷、温両用あり）。タッパーウェアからとろろを適量取り分ける。一人前のとろろを取り分ける容器は、内側を軽く水で濡らしておく。こうすると、へばりつくことがないので、器を傾けるだけでとろろが流れ出す。そばに、とろろを上のせしたら、よくひろげ、丼一面にとろろがひろがるようにする。そのあと、中心に青海苔を振りかける。

◉「かけとろ」

「かけとろ」は、とろろにかけ汁を混ぜ、これをそばにかけたもの。とろろに加えるかけ汁は少量にして、よくかき混ぜる。小型の泡立器があれば、それを使用。下に汁がたまっては、とろろとしてのほんとうの味は落ちる。そこで、そばには先に、そばがくっつかない程度にかけ汁を回しておく。とろろは、なるべく泡だけのほうがよい。口に入るときは、そばに回した汁ととろろが一緒に入ってくる。

〈補註〉**「あわびとろ」「あわびそば」**

おろし金であわび（鮑）の身をすりおろし、すり鉢に入れる。そこへ、泡立てたとろろとそば汁を加える。

あわびととろろは、どうしてこんなにも仲のいいものかと思うほど相性がよい。戦前の大森時代、私は東京湾の向こう岸でとれたあわびを使って、ごく自然にこの「あわびとろ」を思いついた。（あわびは、赤、青いずれでも可。青は水貝に使われるので夏にはひっぱりだこになる。）

あわびが、これ見よがしに姿を見せることはないが、夏場のぜいたくな「吸いとろ」である。懐石に加える芋の料理としては、これなどが最高であろう。

「吸いとろ」は、夏は冷やして切子ガラスの蓋物《ふたもの》の器に、冬は温めて漆《うるし》の器にと、趣《おもむき》を変えて夏冬に生きる料理である。

酒蒸しにしたあわびは、「あわびそば」とするのもよい。

汁を張ったそば台の上に海苔を敷き、薄くへいだあわびをのせる。私は、日本酒にジョニーウォーカーブラックを混ぜて酒蒸しにしていた。（すでに戦前から本場のスコッチウィスキーは輸入されていた。）

あわびは、海の香を楽しむものだが、値が高いくせにさざえなどと同じ匂いがすると言って嫌う人もいる。そういう人には、この酒蒸しを（薄く切って）使うのがよいだろう。

〈補註〉**そばきり五目**

秋の彼岸が近づくと、新栗が出まわる。この彼岸栗を使ってふくませ煮をつくり、料理屋に卸していたのも大森時代である。毎日十キログラムほど栗の皮をむき、水を落として一日経《た》ってから煮る。明礬《みょうばん》は絶対に使わなかった。明礬を使わないで煮る。多少黒ずんでくるが、このほうが味がよい。料理屋に卸すときは、洒落《しゃれ》た器に一人前ずつ盛り分けて届けていた。

彼岸栗は料理屋に卸すだけでなく、店でも使った。これを活用してこしらえたのが「そばきり五目」である。「田舎」「けしきり」などのそばを短く切って「そば飯《めし》」と混ぜ、酢飯《すめし》にしたり、場合によっては酢を使わずに混ぜ飯にする。具として、彼岸栗のふくませ煮、松茸、椎茸、それに貝柱、芝海老などを使用。これを伊万里《いまり》の錦手《にしきで》の蓋物《ふたもの》に盛った。別添えとして、セロハンに包んだ大森のもみ海苔をつけた。出前もしていたから、こうした工夫をしたのである。当時、一杯十五銭。

五十年も経ってみると、自分で言うのもおかしいが、季節の山の幸、海の幸を取り合わせた、風雅なそば料理ということにもなろうか――。

第二篇

手打そばの技術Ⅱ　変わりそば

第一章 「変わりそば」概説

本篇では「御膳《ごぜん》そば」と「田舎《いなか》そば」を取り上げる。

「御膳そば」は、「御膳粉」という特殊なそば粉を原料とするそばである。原料が特別なそば粉であるところから、「並」に対して、「変わりそば」とも「色《いろ》もの」とも呼ばれる。

「色もの」という呼称は、「御膳そば」の次のような特性からきている。すなわち、「御膳粉」は雪のように白いそば粉であるために、抹茶《まっちゃ》を加えれば、緑のそばになり、卵黄を加えれば、黄色いそばになる。生地《きじ》が純白であるので、加えた副材料の色が鮮やかに生き、しかも色とりどりのそばが打てる。そういった色彩的特徴をとらえて、「色もの」という総称が生まれた。

「並」をはさんで、「御膳そば」の対極に位置するのが「田舎そば」である。こちらは白いそばに対して、黒いそばである。「御膳そば」とは、原料のそば粉も、打ち方の難易度や食べ味も、まるで違う。そこで本篇では、いわゆる「変わりそば」と「田舎そば」とを、まったく分けて見ていく。——ただし、「並そば」とは違うという意味では、「田舎」も広義の「変わりそば」に含まれる。両極にある性質の異なるそばを一つの篇にまとめたのは、そのためである。

●「変わりそば」の起こり

「変わりそば」の起こりをたずねてみると、このそばは、江戸時代に将軍家とか諸大名の間にはやり始めたそば、と言えそうである。

私が調べたところでは、蜀山人《しょくさんじん》の号で有名な大田南畝《おおたなんぽ》が、日野本郷《ひのほんごう》の佐藤彦右衛門《ひこえもん》の家で真っ白いそばをご馳走《ちそう》になったという記録がある。武蔵野を流れる多摩川《たまがわ》の川普請《かわぶしん》で、蜀山人が勘定係《かんじょうがかり》をしていたときのことである。これがたぶん、「変わりそば」が記録に現われた最初かと思う。それ以前の文献というものを、いまもって私は知らない。

蜀山人は、そば好きであった。が、勘定係をしていても、狂歌《きょうか》ばかりつくっていたくらいの粋人《すいじん》であるから、あくどいそばは好まない。そういう人が、武蔵野のはずれまで来て、初めて色の白いそばを食べたと感激している。色の白いこと、雪のようだ。そばのでき具合にしても、李白《りはく》の言う白髪《はくはつ》三千丈《じょう》も、これにはとても及ぶまいと絶賛《ぜっさん》している。

この雪のように白いそばが、すなわち「御膳そば」(別名「さらしな」)である。色が白くて口あたりはさわやか、歯にぬからず、胃にもたれない。それだけに、「並そば」なら一枚でいいという人でも、「御膳そば」は軽く二、三枚は平らげてしまう。——このようなところに、粋人の蜀山人を始め、筋肉労働をしない上層階級に「変わりそば」が珍《ちん》重《ちょう》される理由があったと思われる。

ともあれ、蜀山人が食べたのをきっかけにして、江戸のそば屋が「変わりそば」をつくるようになる。そして、これが好評だったことによって、「変わりそば」の種類を増やす傾向も生じたのであろう。「変わりそば」と言えば、「さらしな」が随一《ずいいち》であることは昔も今も変わらない。それが、目先を変え、カネを取る手段として、「御膳粉」に他のものを加えたそばも出現した。江戸期には「御膳大せいろ」「御膳さらしな」「御膳茶そば」

「御膳卵《らん》きり」などの看板を、揃《そろ》えて出している店が結構あり、もう一段上を目指すそば屋になると、さらに「木の芽きり」などを追加したりしていた。

　このようなそばは、看板には出ていても、ふらりと店に入ってすぐは食べられないのが当時のやり方であった。予約をするなり、店で打つ日に合わせて出かけないと、無理だったようである。高級店で「変わりそば」がいつでも食べられるようになったのは、大正末から昭和の初期、私が「変わりそば」を始めた頃からではないかと思う。（明治時代に移ってからは、一時期、おおかた途絶《とだ》えてしまった模様である。）

〈補註〉「さらし」「さらしな」という言葉の意味

「さらしな」という言葉は、元来、「さらしな粉」を指している。転じて、「さらしな粉」で打ったそばきりをも指す。すなわち、本論で説明を続けている「御膳粉」「御膳そば」のことであるが、あの真っ白いそば粉を、何ゆえに「さらしな」と言うかは諸説紛々《ふんぷん》である。「さらのしな」だから「さらしな」というとか、信州（長野県）の「更級郡《さらしな》」がその昔、そばの集散地だったことが関係しているとか、いろいろ言われているが、さて、どんなものであろう。

「さらし」という呼び方は、「さらしな」をつづめた呼び方とも解せるし、晒《さら》したように白い粉という意味の「さらし」にも取れる。

●私と「御膳そば」

　私と「御膳そば」とのかかわりは、大正末に店を始めたときにさかのぼる。その頃の私はまだ、機械製麺でやっていた。うまいそばがつくれなくて、客をつかまえては批評を請《こ》うていた時代である。まずいそばを食わせるくせに、へんに熱心な店——という妙な評判が立ち始めた頃でもあった。その頃に、作家の小林蹴月《しゅうげつ》さんから、私は信州・川上村のそばを教えていただいた。

　小林蹴月《しゅうげつ》さんは、百姓一揆《いっき》に材を取った小説『筵旗《むしろばた》』をお残しになった。信州出身の方である。当然のように、そばにはくわしく、また、同郷の文士画家をよく知っていて、いろいろな人を紹介してくださった。

　初めて私の店においでになったときに、小林蹴月さんは、痛烈な言葉を残していった。私が木鉢で練ったものを見て、根本的な間違いを指摘した後、とろろを持って蹴月さんの家へ来いと言う。その言いぐさがふるっている。

「おまえのところは、とろろそばを始めたようだが、そのとろろを持って遊びに来ないか。『一茶庵』のとろろそばを食いたいのではない。それで麦とろにしたいんだ。そばは御免《ごめん》こうむる。だが、とろろを持って来れば、うちへ集まってくる信州の連中から、そばの話が聞けるだろう」

　この人は私を本当に応援してくれるつもりなんだとわかって、ありがたかった。早速《さっそく》、翌日には東京・麹町《こうじまち》のお宅へ伺《うかが》った。先生の住まいは、現在のホテル・ニューオータニの向かいに当たる場所にあり、屋敷の庭では雉《きじ》が卵を産んでいた。

　迎えに出てくれた奥さんの口からは、早くも信州・川上の地名があがった。（この方は劇作家・岡本綺堂《きどう》さんの妹さんである。）

「よくおいでなさいました。昨日のうちに主人から話は聞いていますよ。若いのに一生懸命やっているそうですが、おそばがおいしくないから、早くおいしいそばを教えてやりたいって、うちでも喜んでいるんですよ。……信州の名産地の川上村のそばだのは、みんなうちの仲間が知っています。おたくは機械のようだけど、手打ちの名人を何人か紹介したいと言っていますから、よく教わったほうがいいですよ」

　いや、こうなったら、とことん教えてもらおうと、その日は店を休みにしてしまった。そして、信州・川上村の名人、川上相太郎《あいたろう》さんのおかみさんが打つそばと、その娘さんが打つ海瀬館《かいぜかん》という旅館のそばについて、こまかい話を聞かせてもらった。

　小林蹴月さんによると——、川上村のその名人の打つそばは、「日本一の名産地で穫《と》れるそばというだけではなく、さらに、一俵《ぴょう》から一升《しょうと》採れるか採れないかという真っ白い粉だけを使うそばなので、カネをいくら積んでも、よそで食えるようなそばではない」。

　ただし、相太郎さんの家のほうは、行ってすぐ食べさせてもらうわけにはいかないが、海瀬館は旅館だから、すぐ頼める。娘さんの所へ行って味わってこいということだった。

一方で私は、東京の例の手打そば屋のご主人から、「さらしなの生一本《きいっぽん》」について聞いていた。ご主人は、ひいき筋《すじ》の文士名士が集まっている中で、「「さらしな」は生一本でなければだめだ」「「さらしなの生一本」が打てるようになってはじめて、そば職人と呼べる」と、さかんに述べていたのである。その口調《くちょう》からは、「生一本」が打てるのは自分以外にいないだろうといった含みも感じられた。次のようなことも耳にした。すなわち、つなぎ二割程度までのそばが本当に打ちこなせるのは、「さらしなの生一本」が打てるようになってからのことだ、と——。

だから私は、まだ「さらしなの生一本」がいかなるものかもわからぬままに、そのそばを早くから目標にしていた。そこへ小林蹴月さんの紹介があったのだから、私は喜び勇《いさ》んで海瀬館へ出かけた。

ところが、海瀬館の返事は、いますぐと言われても困る、ということだった。なにしろ、そばの実の真ん中の、真っ白い芯《しん》だけを粉にして取り出し、それでそばを打つのだから、それこそ一俵の玄そばから一升ほどの粉しか採《と》れない。問題は、真っ白い粉を取り出した残りの処分にあった。仲間を集めて、その白くないほうの粉の処分が決まらないことには、もったいなくて、一升の白い粉は碾《ひ》くわけにはいかない、と言う。しかし、小林蹴月先生の紹介でもあることだし、近く粉を用意して連絡するので、そのときに出かけてきてください、となった。

かくして日を改めて出かけ、私は生まれて初めて「さらしな」を味わったのであった。その食べ味は、世の中にこれほど軽い味のそばがあったのかと感嘆するばかりであったが、すぐに気づいたのは、海瀬館でいまご馳《ち》走《そう》になっている「さらしな」と、東京の例のそれとではあまりにも味が違うことである。海瀬館の「さらし」からすれば、東京のそれはまるで別のものとでも言うしかない。これは原料の粉からして根本的に違うはずだ、と推理がはたらき、それからは何度も川上村へ通うようになった。

◉信州・川上村のそば

そばは信州がいいとはよく言われることだが、信州のそばにもピンからキリまである。

玄そばの主要成分であるデンプン質は、成育条件によって充実度が相当に違う。デンプン粒子がギッシリ詰まっているものもあれば、粒子の数が少なくまばらなものもある。このデンプン粒子の多い少ないが、味の差となって表われる。当然のことながら、粒子の密なもののほうが味はよい。そばきりのほのかな甘みをつくる大本《おおもと》は、このデンプンである。

ならば、何がデンプン粒子を密にしたり、疎《そ》にしたりするのか。——結論から先に言うと、それは、昼夜の温度差が大であるかないかによって決まる。

そばに限らず植物は、日中、太陽のエネルギーを取り入れてデンプンをつくる。いわゆる光合成《こうごうせい》である。が、そうしてできたデンプンは、全部が蓄《たくわ》えられるのではない。昼夜の温度差が小さいと、夜間の葉面呼吸によって、昼間つくったデンプンの何割かを自家消費してしまう。この逆流消費が続くと、幹や枝葉ばかりが太ることになる。

しかし、ここに昼夜の温度差が大という条件が加わると、様相が変わってくる。具体的に言って、夜間の温度が日中にくらべていちじるしく下がるという条件が加わった場合、葉面呼吸は活発でなくなり、自家消費が抑《おさ》えられる。その結果が、そばの場合には、実《み》のデンプン質を充実させることになる。

昼夜の温度差の大きいことは、よいそばができる第一条件である。そしてさらに、それに加えて地味《ちみ》や水はけがよいところでないといけない。信州・川上村のあたりは、雨が降っても空気がサラッとしているほど乾燥している。それに水はけもいいし、昼夜の温度差が十五度C近くもある。

私は、以上のようなことから、川上村のそばが日本一であると確信している。名産地で通っているところのそばでも、丈《たけ》が人間の腰から肩ぐらいまで伸びているものがあるし、そばの外皮がつやつやとして立派でも、内側の実は小さく、外皮との間にすきまのできているものもある。

その点、川上村のそばは、丈《たけ》が三、四十センチほどにしかならないが、それでいて多くの実をつけ、「秋そば」などは外皮がはじけて口を開いてしまうほどに実が熟《う》れている。

川上村のご大家《たいけ》あたりでは、なにしろ少ししか採《と》れない「さらしな」だから、一年に何回と来ない客以外には出さない。それほど、「さらしな」を珍重している。黒いそばを見ると、「そんなものを食べてあたらないか」と言う人達である。

私は川上村で雪のように白いそばを食べてみて、蜀山人が「さらしな」を食べて感激し、絶賛した理由がはじめてわかった。

そして海瀬館での仕事を見るにつけても、シロウトのおかみさんでさえ打てるのに、オレにできないわけがない……と、「さらしなの生一本」に、がぜん意欲をかきたてるようになった。つまり、私の「変わりそば」は、「生一本」を核にしてひろがってきたものである。

それにしても、「変わりそば」を打つことによって、いろいろなことがつかめた。粉のうまみ成分が何であるか、そば粉はうどん粉に比べて、なぜつながりにくいか、さらに、つながりにくいものをそばきりに打っていく途中で、どんなことに気をつけなければいけないか、一度仕事に手抜かりがあるとどんな事態になるか――など、そば打ちの根本にかかわるさまざまな問題が解明できた。

●「御膳粉」（さらしな）の採《と》り方

ところで、雪のように白い「御膳そば」の原料はどんな粉かと言うと――、じつはこれが、純デンプン質とも言える特殊なそば粉である。

穀類の成分組成は、米にしても小麦、そばにしても、デンプンだけではできていない。たしかにデンプンは主成分だが、その他にもいろいろの成分からなりたっており、もう一つの主要成分として常にタンパク質があがってくる。それがどうして「御膳粉」に限って、純デンプン質とも言える特殊な粉になるのか。

そばの実の芯《しん》の、ほぼデンプン質だけでできている部分のみを碾《ひ》いた粉であるため――と言うのが、一番簡単な答えである。ごぞんじのように、そばの実は芯部から甘皮へ近づくにつれて、デンプン質からタンパク質へと、主要成分が変化する。つまり中心部は、ほぼデンプン質だけでできている。この芯部だけを粉に碾くので、（前にも述べたように）四十五キログラム一俵《ぴょう》の玄そばから、せいぜい二キログラムがやっとという少量の粉しか採《と》れないのである。しかも、たかだか二キロの粉を採るにあたっては、きわめて高度で特殊な製粉技術を必要とする。日本中にそば粉屋多しといえども、ほんとうの「御膳粉」が採れる粉屋さんとなれば、そうたくさんはないのではないか。その意味では、「御膳粉」を採取する技術というものは、最高度の特殊製粉技術と言わなければなるまい。

私は戦前、新宿から大森へ店を移して後は、自家製粉で「御膳粉」をつくってきた。また乞《こ》われて、業者にその製法を指導助言もしてきた。そのような長い間にわたる実践から、確信をもって言えることは、――要するに、「抜き」の吟味《ぎんみ》と、粉臼での平均した原料供給、総じて「ふるい」を使い分けるという三つの課題を解決しなければ、正真正銘《しょうしんしょうめい》の「御膳粉」は採れない、ということである。

一、「抜き」の選別

すでに第一篇でも述べたように、江戸の城下に始まるそば製粉の方法は、いきなり玄そばを粉臼にかけて外皮ごとすりつぶすのではなく、いったん「抜き臼」にかけて外皮を取り外し、しかる後に粉臼にかけるという順序を踏む。

この外皮を取り除く作業を「碾《ひ》き抜き」と言う。「碾き抜き」の工程で、そばの実は、外皮がすっぽり外れた「丸抜き」や、外皮が取れるときに二つから三つに大きく割れたもの（「割れ」）、五つくらいに割れたもの、さらにこまかに割れたもの（「小《こ》割れ」）と、いろいろな形になる。

一般には、このうちの五つくらいに割れた「抜き」を「上《じょう》割れ」と呼び、これが「御膳粉」の原料となる。

しかし、私は、ただ五つくらいに割れているだけでは「上割れ」とは言わない。「上割れ」と言う以上は、「御膳粉」を採《と》るべく粉臼にかけて、ホシ（斑点《はんてん》）が出ないという条件に合致するものでなくてはならない。したがって、割れの粗《あら》くない「抜き」のなかでも、「ヘタの目くそ」のついたものをきちんと取り除いて、言葉の正しい意味での「上割れ」となる。

「ヘタの目くそ」――とは汚い言葉だが、汚い言葉をつかうのには、それなりのわけがある。つまり、この部分は、「御膳粉」の原料に混じってはならないものであり、「並み粉」を採る場合にも、できるならば混入を避けたい箇所なのである。（そのためには、「ふるい」の種類や吹き分けの技術が特に重要である。）

そばの実の外皮の元のところには「ヘタ（萼《がく》）」がついている。ヘタは「角押《つのお》し」のときまでに取れてしまうことが多いのだが、さて、「碾《ひ》き抜き」で外皮が外れてみると、甘皮の尻のヘタに接していたところは、丸く茶褐色になっている。元は、養分を吸い上げる管が、ここから茎に通じていたわけで、私のいう「ヘタの目くそ」は、甘皮の尻のこの茶褐色の部分を指している。（「ヘタ」と「ヘタの目くそ」は違うものを指しているので、混同しないように！）

では、なぜ私は「ヘタの目くそ」を、それこそ目の敵《かたき》のように嫌うのか。

その理由は――、一つには、この部分が意外に脆《もろ》くて、早くから砕けて粉に混入しやすいためである。これが入ると、粉が茶褐色になり、そばきりにしてみると、そばが焼けやすくなる。

もっとも、それの混入が、味や見た目にプラスの作用をするのであれば話は別だが、プラスどころか、マイナスでしかない。これが「並み粉」においても、私が極力《きょくりょく》ホシの少ない粉を採ろうとする真の理由となる。

そして問題の「御膳粉」では、「御膳粉」という名称が、そばの実の中心部の粉だけを採り出したものに対する名称である以上、「ヘタの目くそ」が粉に混入してはならないのである。「御膳粉」という以上は、ホシが皆無でなくてはならない。

そのためには、「ヘタの目くそ」について言えば、初めから混入しようにも混入できない状態にして――つまり「ヘタの目くそ」が「抜き」に混じっていない状態にして粉臼にかけるのが、万全《ばんぜん》の策というものである。そこから、「抜き」の選別においては、「ヘタの目くそ」のついたものを除外して、割れの粗《あら》くない粒を揃《そろ》える作業が必要条件になってくる。

ただし、これだけでは「ホシが皆無」というキビシイ条件に対して、ほんとうのところは充分ではない。ホシということになれば、「御膳粉」の場合、甘皮も大敵だからである。そしてかりに、甘皮の砕けて粉になったものが、かなりの割合で混入してくれば、そばの香りが強くなり、江戸の武士階級を喜ばせたような、クセのない軽いそばではなくなってしまう。なによりも、雪のように真っ白いそばではありえない。

そこで、次に重要なカギとなるのが、製粉の方法である。

二、粉臼の「置き上げ」と原料供給量

製粉にあたっては、粉臼に「置き上げ」をするのがポイントである。「置き上げ」とは、上臼《うわうす》と下臼のシャフトにかいものをして、すきまを開《あ》ける処置を言う。すきまを開けるとは言っても、気持ち程度、ハガキ一枚から二枚分の厚さくらいに上臼を浮かす処置なので、下臼から突き出ているシャフトまわりに紙をはさめば済む。

ただし、ものにより、場合によっては、ハガキでは厚すぎることもある。渋紙《しぶがみ》（雁皮《がんぴ》に柿《かき》渋《しぶ》を五、六回塗ったもの）などをはさむほうがよいかもしれない。

なぜ、このような「置き上げ」という処置が必要になるのか――。

その理由は、そばの実の中心にあたる部分だけを粉にするためである。逆から言えば、甘皮や、甘皮に近い表層の部分までが粉になるのを極力避けるため、ということになる。

純デンプン質に近い芯部は、そばの実のなかでも一番脆《もろ》い部分である。しかも、この場合には、外皮をかぶっているわけでもなければ、「丸抜き」の状態でもなくて、「上割れ」という、すでに五つくらいに砕けた状態にある。言いかえれば、脆い部分がムキ出しになっている。したがって、軽く碾《ひ》くだけで、デンプン質はすぐ粉になってしまう。

ここに強くすりつぶす力が加わったらどうなるかは、ことこまかに説明するまでもないであろう。粉にしたくない部分までが粉砕《ふんさい》されてしまう。純デンプン質に近い部分だけではなくて、タンパク成分が多い部分も粉になってしまうし、甘皮も混入してくる。――それを避けるために、「置き上げ」をして軽く碾くわけである。

しかし、軽く碾くということの意味を突き詰めていくと、ここにもう一つ、重要な課題がひそんでいるのを発見するようになる。

――それは、原料供給量の問題である。

粉臼に一時にドッと大量の「抜き」が送り込まれると、「抜き」が一部にたまり、上臼が傾く。「抜き」がたまっている側では上臼が持ち上げられる一方、反対側では、上臼と下臼の「すり合わせ」がキックなる。その結果は、一方で粉にしたくない部分までがすりつぶされてしまう反面、他方では、ろくに粉にならずに臼から出てきてしまうものも多くて、何度も臼を通さざるをえなくなる。

何度も臼を通すようになるということでは、間断なく多すぎる量が送り込まれてくる場合も同様である。

しかし、いずれも、これでは何んのために「置き上げ」をしたのか、ということになろう。「置き上げ」をして、（甘皮に近い）表層粉の部分まで粉砕してしまったのでは意味がないし、また、何度も臼を通すのも、いろいろの成分の混入や、粉が熱を持つ危険性などから見て、望ましいことではない。

「置き上げ」をする以上は、同時に、適量の原料を平均して送り込み、一度で粉にすることが必要である。その意味では、特に「御膳粉」を採《と》る場合は、平均した原料供給装置の開発が不可欠の条件になる。

三、「六角ぶるい」

粉に碾《ひ》いた後は「ふるい」に通す。じつは前のところまで述べてきたカンドコロを押さえていても、多少のホシは出るもので、ホシや粉にしないで残した部分と、「御膳粉」とをふるい分ける技術が最後の要所になる。

現在の業者は、いわゆるシフターを使って選《よ》り分けているようだが、私は長い間、もっと便利な「ふるい」を使ってきたので、その「ふるい」について話しておこうと思う。それは「六角ぶるい」である。

「六角ぶるい」とは、その名のとおりに、六角形のボンボリ（雪洞）型の「ふるい」である。――ボンボリ型というところに注意していただきたい。ボンボリは上が開いた形になっているが、それと同じように、この「ふるい」も先端にいくにしたがって胴がひろがる形をしている。

ただし、胴の長さの比率は、ボンボリのように浅いものではなく、長さが約二メートル、元の細いほうで六角形の断面の差し渡しが三、四十センチ、先端の口が七、八十センチ余りと、相当に長大である。

その六角形の胴には、神奈川・足柄《あしがら》特産の加工絹が貼《は》ってある。平絹《ひらぎぬ》に漆《うるし》をかけて織り目を固めてあるので、目がゆるむこともないし、糸が毛羽立つこともない。そして全体がたるむのを防ぐために、二メートル近い胴には二箇所に補強と仕切りを兼ねた桟《さん》が入り、三つに仕切ってある。中は空胴である。

こういった構造のものが、一分間に四十回転くらいの速さで回る仕掛けになっている。四十回転といえば、ＬＰレコードより少し速い程度のスピードだが、ものが大きいだけに、相当の速さを感じさせる。ここへ、口の小さいほうから碾《ひ》き終えたものを送り込み、回転体の遠心力ならびに求心力によって粉をふるい分けていこうというのが、「六角ぶるい」のおよその仕組みである。

さて、「六角ぶるい」を実際に使ってみると、不思議なことに、三つの仕切りの真ん中にホシのない粉すなわち「御膳粉」が出る。「ふるい」をいくつも使い分けなくても「御膳粉」が採《と》れるという点で、まことに重宝《ちょうほう》な道具であった。

ただ、「六角ぶるい」は、絹をピンと貼れる職人がめったにいなかったので（現在もいない）、ダブルエックス（XX）のシフターが入ってくるに及んで、ついに滅びてしまった。まことに残念なことである。現在では、絹に負けない化学繊維も出回っており、スクリーン印刷に使われるものなどには、すぐれたものもある。新しい材料を使用して、一度跡絶《とだ》えた「六角ぶるい」を甦《よみがえ》らせる人が、ぜひ出てきてほしいものである。

「六角ぶるい」がダメになった後は、私もまたダブルエックスの「ふるい」を使ってきた。「抜き」をつくる段階で、五、六種の「ふるい」を使い分けて、私の言う「上割れ」を採《と》り出し、「置き上げ」をして碾《ひ》いた後は、ダブルエックスの十一番でふるう。これで純デンプン質に近い、ホシの一つもない粉をつくってきた。

だが、それにしても、現在の業者や自家製粉を志す人に言いたいことは、総じて「ふるい」の使い分けができていないという苦言である。何よりも「ふるい」の種類が不足している。

この点は、今後の研究課題として、真剣にご検討いただきたいものである。

●「御膳粉」の特徴と食べ味

これまでのところで述べてきた「御膳粉」の見た目や手ざわり、食べ味などの特徴を、ここで列記すれば次のようになる。

・色が真っ白で、ホシが一つもない（ホシがあってはならない）
・香りがほとんどない（特有の香りがあってはいけない）
・手ざわりがキリキリしている
・足（ねばり）がない
・製麺時の加水量は、いちばん多い
・そばに打っては、口あたりがさわやかで、歯にもろい
・食べたあと、胃にもたれない

「さらしな」の食べ味の特徴を知るには、「並そば」と比較するとよくわかる。「並そば」と言っても、それこそピンからキリまであるが、どんな「並そば」でも、よく見ると黒っぽいホシがあり、また程度の違いはあっても、そば特有の香りが感じられる。（ものによっては、そば特有の香りというより、異臭に近いもの、または香りの失せたそばもあるが、それらは論外とさせていただく。）

それに対し、「さらしな」のほうは、様子がまったく違う。「さらしな」は、前述したように色が真っ白で、ホシが一つもなく、とりたてて言うほどの香りは持っていない。その白さは透明感の深いもので、たとえが適当であるかどうか疑問だが、刺身のつまにする白髪《しらが》大根がもっと透明度を増したときに、どうやら「さらしな」に近い色合いになると思ってもらえばいい。同じ透明感のある白と言っても、うどんとはおよそ異なる。

その違いは、食べ味においてもはっきり感じられる。うどんがなめらかな口あたりを身《しん》上《じょう》としているのに対し、「さらしな」は、他の麺にないさわやかな口あたりを身上としている。このさわやかさは、主に歯に全然ぬからぬところからきている。その結果、食べ味はきわめて軽い。（私見《しけん》では、これを超えるものは「よねきり＝米切り」があるのみである。）

ただし、「さらしな」は純デンプン質に近いそばであるために、薬味に大根おろしは欠かせない。おろし大根の糖化力によって、食べ味の軽さが一段と生きてくる。

●「変わりそば」の種類と用途

「御膳粉」を使う「変わりそば」は、種類を際限なくと言ってもいいくらい増やしていけるところに、おもしろみがある。これは、「御膳粉」の特徴を思い起こしてもらえば、すぐわかるであろう。色もなく、ホシもなく、香りもほとんどないに近い「御膳粉」に、たとえば抹茶《まっちゃ》や柚子《ゆず》、胡麻《ごま》などを打ち込

んだ場合、その加えたものの色や匂いや味がズバリ生きてくるのである。

こう書くと、なかには並み粉を使っても、同じようにできるのではないか、と考える人もいるに違いない。しかし、並み粉に、たとえば抹茶を加えたとしよう。並み粉には並み粉そのものの色があるので、その色と混ざってお茶の緑は渋り、またお茶の香りは並み粉の香りとごちゃ混ぜになり、奇妙な色と味を持つそばになってしまう。

つまり、「御膳粉」であるからこそ、すっきりした緑色と、ほのかな香りがものの見事に生かされ、品格の高い「茶そば」が生まれるのである。柚子にしても胡麻にしても同様で、柚子は色と香りがそのまままきれいに生かされるそばになるし、胡麻は香ばしい匂いが存分に生かされるそばになる。

ここで、「変わりそば」の種類を列記しておこう。

「**しらゆき**」（小麦粉で割っただけの御膳そば。割り粉は二割以内。『一茶庵』ではこれを「しらゆき」と名づけている）
「**ゆずきり**」（柚子皮をすりおろして打ち込んだ「変わりそば」）
「**茶そば**〈**茶きり**〉」（抹茶《まっちゃ》――薄茶《うすちゃ》または濃《こい》茶《ちゃ》を加える）
「**けしきり**」（けしの実）
「**ごまきり**」（あたり胡麻《ごま》）
「**卵《らん》きり**」（卵黄きり、白卵きり、まれに全卵きりの三種がある。普通、卵黄きりを指す）
「**草きり**」（よもぎ）
「**木の芽きり**」（山椒《さんしょう》の若芽）
「**菊きり**」（菊の葉、または菊の花）
「**磯きり**」（海苔《のり》）
「**鯛《たい》きり**」
「**海老《えび》きり**」
「**貝きり**」

……………………

まだまだ、たくさん増やせる。

ただし、「変わりそば」には、そばきりにして食べておいしいものと、そばきりとしては、それほどおいしいわけではないが、料理材料として利用価値の高いものとがある。

先にあげた「変わりそば」のうち、「しらゆき」「ゆずきり」「茶そば」「けしきり」「卵《らん》きり」などは、そばきりとして食べてよく、料理材料としても生きるそばである。

もちろん、これらは単品で賞味できるそばだが、並そばと一緒に盛り合わせたり、あるいは「変わりそば」数種を盛り合わせたりして、客に食べ分ける楽しみを味わってもらうこともできる。

一方、料理材料としての「変わりそば」は、吸いものの椀ダネや和《あ》えもの、揚げもの、その他酒の肴《さかな》などに活用できる。前にあげた「変わりそば」のうち、「草きり」「木の芽きり」「菊きり」「鯛きり」「海老きり」「貝きり」「磯きり」などは、そばとしてそのまま食べた場合、食べられないことはないが、手間《てま》や材料代のかさむ割には、それほどおいしいものではない。料理材料に使ってはじめて生きてくるそばである。

私は昭和の初めに「変わりそば」を始めた頃、店でそばきりにして売るだけでなく、料理材料としても、高級料亭に「変わりそば」を納めていた。こうした用途は、つまるところ、店の機能を大きくひろげてくれる。特注材料として、日本料理屋から声がかかり、継続的に「変わりそば」を納めることになれば、店の看板にもなるし、店格も高まる。

また、「さらしな」のそば湯は、日本料理のほうで、高価な吸いもの材料になることさえもある。これとておおいに活用してほしいものである。

◉そば打ち技術の難易度《なんいど》

「変わりそば」の技術は、並そばと比較にならないほど難しい。

並そばは、早い人で習い始めて十時間もすれば打てるようになる。のみ込みの遅い人でも、五十時間程度でともかく形はできるようになる。こうした数字は、私がそば教室を開いた折に、毎学期実例として出てきたものである。つまるところ「並そば」の技術は、本来さほど難しいものではない。（ただし、ノレンをかけて売りものにするとなると話は別である。）

　だが、「御膳粉」を原料とする「変わりそば」のほうは、並そばのように簡単にはいかない。並そばを上手に仕上げる腕を持っていても、それだけでは「御膳そば」は扱えない。少なくとも十年はかかる。この点を軽く考えてもらっては困る。

　なぜ、それほどまで「変わりそば」が難しいのか――。その原因は粉にある。再々述べているように、並み粉と「御膳粉」では、粉の性質がまるで違う。この違いが、「並そば」の及びもつかない高等技術を「変わりそば」に要求してくるわけである。「木鉢《こね》」から順に概略を述べれば、以下のようになる。

一、「木鉢《こね》」

「変わりそば」を打つ場合に、並そばと根本的に違うところは、ぐらぐら煮立っている熱湯で「湯もみ」をする点にある。しかも、一分足らずで済ませてしまわなくてはならない。それを手作業で、火傷《やけど》をせずにやりおおせるには、相当の修業を積む必要がある。

　さらに、木鉢で延ばし練《ね》る作業。――これを何回も何回も反復するが、この工程は並そばにない仕事である。「御膳粉」の場合、玉にまとめたところですぐ延ばしたら、たちまち切れてしまう。そこで、木鉢で練り延ばし、粘性を高めるのである。（この練りの工程は、よくできたミキサーであれば代行が利《き》くが、手作業でやるとなると、根気と力が要《い》る。）

二、延し

　並そばでは通用した麺棒の扱いも、「御膳粉」では通じない。前へ前へと延しているとすぐヒビが出て切れてしまう。「御膳粉」は、並そばや「田舎そば」に比べ、弾力性がきわめて小さいから、前へばかり延していくとムリがかかり、裂《さ》け目が生じる。そこで、必ず前へ少し延したら、すぐ後ろへも延す。

いずれも下へ押す力が勝った延し方をする。

　また、「御膳粉」の場合、延しに手間どるとカゼを引かせやすいので、手早く延すことが肝心である。

　引き戻したり、振りかえたりするときも、切れやすいので、力を入れて引きずることは禁物。たたむときにも、両手が揃わなかったり、もたもたしていると、そばに力がないので、たたんだ拍子《ひょうし》にザックリ裂けてしまう。力を抜き、呼吸を整えて、いっきにたたむこと。木鉢は一部ミキサーで代行できるが、延しだけは手作業なので本物の技術が要《い》る。

三、「庖丁」

「変わりそば」には、細打ち（約三・〇三センチを四十〜五十本に切る）にしたほうが、繊細な持ち味の生きるものがたくさんある。それだけに、高度の庖丁技術が必要だし、よい庖丁が不可欠である。庖丁技術が確かでないと、口あけを終えて打ち粉を払うとき、打ち粉と一緒にそばがボロボロと落ちてしまう。一度切ったところに、また刃を当てて、切り刻んでしまっているからである。

　もっとも、切り刻んでいなくても、それまでの延し作業の失敗が同じ結果となって現われやすい。延しに手間どったり、無理な力が加わったりしていた場合は、そばが細く切れたことで耐えられなくなり、やはり下に落ちてしまう。駒板でそばを強く押しつけたり、手荒な動作をしないこと。

四、釜前仕事

「変わりそば」は、ゆですぎは禁物。十秒以内でゆでる。ゆで時間が短い理由は、純デンプン質とも言えるそば粉を使い（そばのデンプンは八〇度Cで糊化《こか》）、加水量も多く、しかも一部熱湯でこねているからである。

　ゆですぎを防ぐためには、あらかじめ釜の中にざるを入れておき、その中にそばを放《はな》つのがよいが、それでも、もたもたしていれば、ゆですぎて糊みたいにしてしまう。

　ゆすぐときは、蛇口から出た水が直接そばに当たらないようにする。そばが切れやすいからである。手でぬめりを取る動作も、力を入れず簡潔に行なうこと。

　水切りから供するまでに、一分以上かけると、そばが伸びてくっついてしまう。水切りは、できるだけ早く済ますこと。

　盛りつけも、きれいに盛ろうとしていじくりまわすと、ぬめりが出るし、伸びてしまう。そばの持ち味を生かすためにも、一手《ひとて》盛りが最善である。

第二章　変わりそばの技術

一、さらしなの生一本《きいっぽん》

◉「さらしなの生一本《きいっぽん》」の概略《がいりゃく》

「さらしなの生一本《きいっぽん》」とは、どんなそばか。名前は聞いていても、実物を知る人は少ないであろうから、まず概略《がいりゃく》を述べる。

一、材料

御膳粉《ごぜんこ》（さらしな粉）のみ。割り粉その他のつなぎは、いっさい使わずに打つそばである。それゆえに「生一本」と称する。

ただし、すでに述べたように、正真正銘《しょうしんしょうめい》の御膳粉は、最高度の特殊技術によらなければできない粉であるだけに、入手が難しい。その意味では、「さらしなの生一本」は、粉を見分ける眼があってはじめて取りかかることのできるそばである。

二、そば打ち技術の難易度《なんいど》

「さらしなの生一本」を打つのは至難の技《わざ》。つなぎをいっさい使わぬ以上、「ともつなぎ」にするのが「生一本」の特徴である。

「ともつなぎ」とは、そば粉の一部で糊《のり》をつくり、その糊で残りのそば粉をつないでいく打ち方を言う。水で打つ通常の打ち方が、粉のタンパク成分の粘力によってつないでいく打ち方であるのに対し、「ともつなぎ」は粉を煮て、デンプンの粘力を引き出してつないでいく打ち方である。しかし、同じく「ともつなぎ」の形をとるとは言っても、「並み粉の生一本」とは同列に論じられないほど、「さらしなの生一本」は難しい。御膳粉が元来、足のない粉であるために、その打ちにくさは並み粉を「生一本」にしたときの比ではないのである。

また、わずか二割以内とは言え、割り粉を使う他の変わりそばと比べても、ケタ違いに難しい。最高のそば打ち技術をもってしても、毎回満足のいく状態に仕上げられるとはかぎらぬ、気違いじみたそばである。

三、食べ味の特徴

「さらしなの生一本」は、その色の白さといい、食べ味といい、洗練《せんれん》のきわみとも言うべきそばである。これほど口あたりがさわやかで、軽い食べ味のそばはない。変わりそばは、おしなべて同様の傾向を示すが、しかし、「生一本」に比べれば、ごくわずかではあっても、口あたりや舌ざわりが違う。

たとえば、二割以内ではあるが、割り粉を加えた「御膳そば」（『一茶庵』ではこれを「しらゆき」と呼んでいる）と、「さらしなの生一本」を比較した場合、割り粉の入ったものは、歯にもろい感じを残しながらも、気持ち程度なめらかと言うか、そばの芯《しん》が強くなるのに対して、「生一本」のほうは、およそ歯にもろい。

この「歯にもろい」感じは、純粋の御膳粉をそばに打ったときに現われる、いちじるしい特徴である。歯にぬかる（くっつく）感じがまったくなく、弾力もまったく感じさせない、と言い換えたほうがわかりよいかもしれない。その感触のきわだった特徴が、御膳粉の淡白な甘味や旨味《うまみ》、取り立てて言うほどのにおいを持たないことと相俟《あいま》って、軽くさわやかな食べ味をつくり出しているわけである。ひとことで言えば「クセのないそば」となる。

おそらく、縁《えん》あって「さらしなの生一本」を賞味する幸運にめぐりあった人は、「そばは軽い食べものとは言っても、これほどまでにクセのない軽いそばがあったのか」と、ただただ驚嘆するばかりであろう。（人によっては、あっけなくて、もの足りなさをも感じるかもしれない。それほどまでに食べ味の軽いそばである。）

前にも一度述べたが、この上を行くものはただ一つ、「よねきり」があるのみである。

四、商品化を阻《はば》む問題

以上のように「さらしなの「生一本」の食べ味を述べてくると、ほとんどの人が「生一本」に食指を動かすであろう。しかし、前に「縁あって……幸運にも」と書いたように、実際のところは、「さらしなの生一本」は幻

さらしなの生一本

のそばに近い。打てる人がまずいないのである。

巷間《こうかん》「さらしなの生一本」について、はたまた「さらし」について、いろいろな説が聞かれる（たとえば「さらし」は水で打てるなどという説）。しかし、それは裏返して考えれば、純粋の御膳粉の見分けがつかないままに、仕事をしている人が多い、ということにもなろう。したがって、読者の方々がいろいろな機会と場所を捉《とら》えて「さらしなの生一本」を求めても、現在では、希望がかなうことはきわめてまれであろうと思われる。

よしんば千載一遇《せんざいいちぐう》のチャンスをつかんだとしても、はたして望ましい状態で賞味できるかどうか——。というのは、ほかでもない、「さらしなの生一本」が人を選ぶためである。作り手を選ぶだけでなく、食べる人をも選ぶ。「生一本」のゆで時間は十秒を切って七、八秒前後。その後も、「水切り」から客前に供するまでに一分以上かけては、そばが延びてしまう。したがって、店内が立て混んで一《ひと》手間《てま》遅れたら、価値が半減してしまう。一度に大量の注文にも応じにくい。一方、客の側もまた、のんびり構えていては、たちまちそばが乾いてくっついてしまうし、かといって、荒っぽく大づかみにして汁にどっぷりつけては、「生一本」の美味《うま》さは味わうべくもない。なにせ延びやすく、汁のからみのすこぶるよいそばなのである。

その意味では、「さらしなの生一本」は、商品化の難しいそばと言うよりも、商品の域を超えたそばと言うほうが正しい。

◉秘伝を公開する理由

では、打つ人もほとんどいないほど難しいそばを、なぜここで取り上げるのか、また、同じ取り上げるにしても、どうして変わりそばの初手《しょて》に取り上げなければならないのだろうか。

その答えは、このそば――すなわち「さらしなの生一本」が、変わりそばの原点に位置するためである。そしてまた、「生一本」の技術が、ケタ外れに難しいかわりに、これ以上のものはないという意味で、「並」や「田舎」もひっくるめた、そば打ちのほとんどの難問に、その場で対処できるまでのものを内包しているためでもある。

たとえば、夏場はそばを打つには最悪の時季で、「並」や「田舎」の場合は特に、傷《いた》みかけた打ちにくい粉で勝負せねばならぬときが必ずやってくる。が、そういうときでも、「生一本」をやっていれば、いくらでも工夫の手段がでてくる。かりにその工夫・対処の仕方が一度目は失敗であったとしても、二度と同じ失敗を繰り返さないようになるし、間違いを途中で修正する策が自在にとれるようにもなる。

一方、厳寒の時節には、「並」や「田舎」でも、打ち進むにつれてどんどん締まってくるし、粉のグレードをとびきりよいものにすれば、冬場に限らず同様の変化を見越して加水量を決めないと大失敗する。が、このようなことは、御膳粉を扱っていると、直感的にわかるようになる。

私が、何をきっかけにして「さらしなの生一本」に取り組むようになったかはすでに述べたので、ここに繰り返さない。が、それからの長い年月は、「生一本」をめぐる半生であったと言っても間違いではない。御膳粉の採《と》り方の研究、「ともつなぎ」の仕方の発見、足のないそばの打ち方と、そのための道具づくり、果ては「さらしなの生一本」で他流試合までやった。

戦後、栃木県足利《あしかが》で店を再開した当座は、ある事情から、連日「生一本」で通したことさえもあった。前のところで「生一本」は「商品の域を超えたそば」だと述べたが、私自身にかぎって言えば、これを売りものにしてきたわけである。

だから「さらしなの生一本」について語れば、語るべきことが山ほどもある。それをいま、ここに初めて明確な記録として残すのは、多数の読者の中には必ずやいるであろう、本当に筋《すじ》がよくて熱心な人に、最高の技術に挑戦《ちょうせん》してもらいたいためである。そばを打つ人のすべてに、「さらしなの生一本」をやれとは言わない。たんに真面目《まじめ》とか熱心というだけでは、「生一本」はこなせるものではない。「生一本」は、やはり人を選ぶ。筋がよくて熱心な人に、この最高の技術に挑戦してもらいたい。

そのための足がかりになるものを、書き言葉の不自由や制約はあっても、ともかく残しておこうと考えるに至ったのである。

◉「ともつなぎ」の方法

御膳粉を「ともつなぎ」にする方法は、一つのやり方しかないのではなく、いく通りものやり方がある。ここでは、あらかじめ四通りの方法を概説し、しかるのちに一つの方法を選び出してこまかく見ていくことにする。

方法一　玉の二割程度量の粉で、そば湯の濃いくらいの糊をつくり、その糊を残量の粉に適宜加えてもむ。

昔から一番多くやられてきた「ともつなぎ」の方法であろう。素人芸《しろうとげい》として趣味でやる分《ぶん》には、この方法でいっこうに構わないが、しかし、これをプロの方法としてすすめることは、私にはできない。粉の量、加水量ともに定量化ができないためである。初めの糊をつくるときにどれだけの水を使ったかはわかるにしても、糊にしたものを、そのときどきで適量使うとなれば、結局、総体としてどれだけの粉を使ったことになるかもわからなければ、正確な加水量もはじき出せない。

それからまた、薄い糊が全面に及ぶので腰

がなくなり、延びやすくてすぐボソボソになる。のちの三つの方法と比べて、食べ味は一番劣る。

（ものの本によっては、玉の一割程度の粉で薄い糊をつくると記載《きさい》しているが、正真正《しょうしんしょう》銘《めい》の御膳粉の「生一本」の場合、糊に二割は使わないと無理である。）

方法二　御膳粉の$\frac{1}{4}$量を、定量の$\frac{1}{2}$量の水で「そばがき」となし、ただちに冷ます。次いで残量の御膳粉（粉総量の$\frac{3}{4}$量）を、定量の$\frac{1}{2}$量の熱湯で「湯もみ」にしながら冷ましたのち、両者を合わせて練《ね》る。

私が若いときから行なってきた方法である。打ち終えたそばの味わいから見て、戦後、私はもっとよい方法を実践してきたが（方法四に述べる）、この$\frac{1}{4}$量のそばがきと、$\frac{3}{4}$量を「湯もみ」にしたものとを合わせるやり方は、それに次いで味わいがよい。

最初の方法が布海苔《ふのり》や重湯《おもゆ》状と言うか、濃いそば湯のようなトロトロの糊を使うのに対して、こちらの糊は、ごくやわらかめの「そばがき」状である。つまり、前の方法よりは、もっと固めの糊を使う。それも、冷まして使う。――ここに、「ともつなぎ」のコツがひそんでいることは、記憶にとどめておいていただきたい。

ただし、この方法で圧倒的に難しいのが、次の「湯もみ」である。粉の量に対して加える熱湯の量がたいへんに少ない。「さらしな」（御膳粉）の「木鉢」の技術を常に試《ため》されることになる。

方法三　特別に糊をつくらぬ打ち方。全量の御膳粉に、加水量の全量を熱湯にして加え、「湯もみ」をしながら冷ましたのちに練る。

この方法では、熱湯の加え方と、それからやはり冷まし方がポイントになる。熱湯の使用量が多いだけに、処置を誤ると、蒸発による乾きがひどくてボソボソになってしまう。

「さらしな」の妙味を生かすという点では、方法二ならびに方法四に比べて遜色《そんしょく》がある。ただし、実技の撮影は、この方法で行なわせていただいた。カメラのために数十回も動作をストップさせて、失敗なしにやりおおせるには、この方法によるしかない。

方法四　御膳粉の半量を、定量の半量の熱湯で「湯もみ」にしながら冷ましたのち、半量の御膳粉と半量の水を加えて練る。

「さらしな」の妙味を生かすということにかけては、この方法が一番味がよい。しかし、難しさもまた度外れている。最後の練る工程の占めるウエイト（役割の重さ）が並外れて高く、人力でやりおおせるのは不可能に近い。練ってそばの足を出す（粘りを出す）前に、人間のほうがアゴを出してしまう。私がこの「ともつなぎ」の方法を発見して実地に移したのは、何を隠そう、特殊ミキサーを開発してからのことである。

「湯もみ」にしたものに粉と水を加えて、ある程度のところまで手作業で進め、いったん玉にまとめる。それを野球のボールくらいの小玉に分けて次々と、ミキサーの羽根のつけ根に命中するように投げ入れる。すると、ミキサーの羽根の形や仕組みに工夫がしてあるので、あとは人力も及ばぬ仕事を簡単に機械がこなしてくれる。人間のほうは、その間に手を洗って、次からの「延し」にそなえていればよいわけである。（のちにあらためて触れるが、御膳粉の「木鉢」の仕事を全部手作業で一人で進めた場合、「延し」に移る前の手を洗う時間が、命取りになりやすい。急《いそ》いでやらないと、その間に早くも玉がひび割れてくる。そういうこと一つをとってみても、この特殊なミキサーは、現在の私が御膳粉の仕事をする上で、なくてはならない道具である。）

しかし、このように特殊な機械を前提にしてはじめて可能な方法は、たとえ味わいが一番すぐれているやり方であるにしたところで、どなたにも無条件にすすめられる性質のものではない。したがって、以下のページでは「方法二」の打ち方を中心に据えて「さらしなの生一本」の仕事を見ていく。

〈**補註**〉　**並み粉の「生一本《きいっぽん》」について**

並み粉を「生一本」で打つにも、いろいろ方法がある。いま、食べ味を落とさぬことを考慮して一つの方法を示せば、次のようになる。

①定量の$\frac{1}{3}$量の粉を……適正加水量の$\frac{1}{2}$量の水で溶き、火にかけて練って糊状となす。

②残り$\frac{2}{3}$量の粉を……残量（$\frac{1}{2}$量）の水で水まわし。

③②の中に①を加えてよく練り合わせる。

並み粉の場合、つなぎを一割五分から二割程度加えたものと比較して、「生一本」は口あたりのなめらかさに欠ける。したがって、「生一本」は、そば粉が新鮮かつ上質のものであって、はじめて生きる打ち方であることを強調しておきたい。昔は——昭和の初期まで——並み粉も手ざわりがキリッとしていて、味わいに富んでいたものだった。

●玉の大きさと加水量

①玉の大きさ……原則として二百匁玉。キロでやるなら七百グラム程度にとどめること。

「さらしなの生一本」は、何度打っても真剣勝負であることには変わりはない。粉の性質を考えれば、四百匁玉（約一・五キロ）が限度で、それ以上の玉はとても不可能。そばに耐える力がないので、遊んでいるところができたら、たちまちひび割れてくる。

私は四百匁玉を何度もこなしてきたが、これから「生一本」に挑戦してみようという人は、一度に七百グラム以上は打たないように。これを必ず守ってもらいたい。

②加水量……御膳粉の目方《めかた》（重量）の五七、八〜六〇パーセント。ただし、熱湯として使用する。

七百グラムの玉に当てはめれば、加水量は四百〜四百二十グラムとなる。「さらしなの生一本」の加水量は、そばきりのなかで最大である。また、麺類中最大でもある。

御膳粉は純デンプン質と言ってもいい粉であるために、他のそば粉や小麦粉などよりはるかに多くの水分を吸収する。と同時に、「生一本」の場合は熱湯の状態で使用するので、湯を沸《わ》かしている間や「湯もみ」の初期の蒸発分も見越しておかなくてはならない。加水量の上限の六〇パーセントという数値は、その蒸発分を約一割余分に見てのものである。

それにしても、御膳粉がこれほどまで多量の水分を必要とする理由については、いま一歩突っ込んだ説明をしておかねばならない。

御膳粉は、打ち進める間にどんどん締まってくる。「木鉢」ではゆるいくらいでも、玉にとる頃には固くなり、延している間には、さらに固く締まってくる。したがって、それを見込んで加水量を決めないと大失敗をする。その変化は、つなぎを少量加えた場合でも言えるが、「生一本」の場合には、もっとはっきりする。そこで、「生一本」が五七、八パーセントから六〇パーセント、他の変わりそば（つなぎ二割以内）の場合でも五五パーセント前後と、たいへんに多い加水量になるのである。

打ち進める間の変化をひき起こしている元凶が、そばのデンプンである。このことを知っておくと、前にも述べたように、手ざわりのキリッとした並み粉の加水量を割り出すときに応用が利《き》く。（並み粉の品質はまちまちなので、ここでただちに加水量の数値を示すことはできない。）

●糊《のり》のつくり方

さて、「ともつなぎ」は次の手順を踏む。

一、粉の一部で糊をつくる。

二、残りの粉を「湯もみ」にする。

三、両者を合わせてよく練る。

まず、糊のつくり方から説明する。

①御膳粉の$\frac{1}{4}$量に、定量の$\frac{1}{2}$量の水を加えて「そばがき」にする。

七百グラム玉の場合、百七十五グラムの御膳粉を「そばがき」にする計算になる。そのときの加水量は二百〜二百十グラム。熱湯を加えて火にかけてはダメで（粉がたちまち固まってしまう）、必ず水で溶いて火にかけること。火は強火。

容器は片手鍋かステンレスのボール。ボールの場合はガタつかぬように、ガス台にステンレス棒等でやぐらを組み、固定させる工夫が要《い》る。変わりそばを何種も扱う場合は、このステンレスのやぐらでボールを固定するやり方が意外に重宝《ちょうほう》である。粉が煮えてくるにつれて、かきまわしている箸やそばがき棒には、ものすごい重みがかかるが、そのときに容器が固定していれば、粉をかきまわすことに全力を傾注できる。

「そばがき」をかくには、ゆうちょうなことをしていてはダメで、水を加えてダマのないようによくかき混ぜたら、あとは常に全体が一つになって動いているように、勢《いきおい》よくかきまわし続けなくてはならない。そのためには、どんなものでかきまわすかが、意外に重要な問題になる。

細い箸は不適当、粉が煮えてきたときの重みに耐えられないし、全体を一つにして動かすにも難点がある。菜箸《さいばし》の場合は、できるだけ太いものを、それも何本か束ねて、握り箸に持って使う。だが、現在、一番目的に適《かな》っているのはステンレスの太い針金でできた泡立て器であろう。細い針金のものはやわで、粉が逃げてしまうが、魚河岸《うおがし》などで売っている太い針金のものは、練るには最適である。何んでも和風の道具にこだわるのではなく、目的にあった道具を使い分けるほうが賢明である。

練る作業は、粉が完全に煮えるまで続ける。純粋の御膳粉の場合は、全体が透き通った感じになって固まるので、判別は容易である。

これが、いつまでたっても箸が重くならず、ズルズルしていたとすれば、コーンスターチ（とうもろこしデンプン）か別のデンプンを混ぜた粉と思って差しつかえない。また、煮えてくる段階で、においが鼻にくるものも、混ぜもののしてある粉と思って、まず間違いはない。

②完全に煮えた「そばがき」の熱を手早く冷《さ》ます。

完全に煮えた状態にしたのちは、今度は、その「そばがき」の熱を取る。昔の言葉で言えば「可及的《かきゅうてき》すみやか」に冷まして熱を奪う。そのまま放置して自然に冷めるのを待つのではなく、人為的に、できるだけ短時間に冷ましてしまうわけである。

そのためには、次のような方法を取る。「そばがき」をかいた鍋（またはボール）よりも一回りか二回り大き目のボールに水を汲《く》み、鍋の尻をひたした状態にして、渋団扇《しぶうちわ》であおぐか扇風機の風をあてるかする。そして風をあてながらかきまわして、中にこもっている熱を逃がすようにする。

いったん煮えたものの熱を、どうして急速に奪うのか――。これは「生一本」を打つ上で死命を制する問題であるだけでなく、つなぎを加える他の変わりそばにおいても、根底に据えるべき重大問題である。そこで、この問題はいまは謎《なぞ》のままに残しておき、「ともつなぎ」の手順をひととおり述べたところで、あらためて理由説明することにさせていただく。

●「湯もみ」のねらいと手順

「湯もみ」とは、並そばの「木鉢」で言う「水まわし」に相当する作業である。ただし、そのねらいとするところは、「並」や「田舎」の「水まわし」とは違う。「水まわし」が水を加えて粉のタンパク成分の粘りを引き出し、粉（デンプン）のひとつぶひとつぶを結びつけていく作業であるのに対し、「湯もみ」は熱湯を使用する。そして粉のデンプン質を煮えた状態にして粘性を引き出す作業である。デンプンを、できるだけ多くのデキストリンに変えて粘性を引き出すことが、「湯もみ」のねらいになる。

そのためには、まずもって次の二つの難問を解決しなくてはならない。

一、いかにして沸点（一〇〇度C）を下《くだ》らぬ熱湯を粉に注ぎ込むか。

二、いかにして一分以内に熱湯を粉のひとつぶひとつぶに行き渡らすか。

これはたいへんな難問である。煮えたぎる湯も、火を消せばたちまち一〇〇度を下るし、それを可能なかぎり一〇〇度に近い状態で使えば、今度は火傷《やけど》の危険が生じる。そして熱さに恐れをなして手作業がお留守《るす》になっているうちには、アッという間に一分が過ぎてしまう。

なぜ一分以内に、熱湯を粉のひとつぶひとつぶに行き渡らせなくてはならないのか――。

一分という時間制限は、「水まわし」のほうの、およそ一分程度で文字どおりの意味での「水まわし」を終える、という約束事を移したものではない。熱湯の温度の下がり具合と、そば粉のデンプンが糊化《こか》する温度とのからみでできたものである。そば粉のデンプンは八〇度Cで糊化し、デキストリンに変わるが、煮えたぎっていた湯も、火から下ろして一分も経《た》てば、その糊化に必要な八〇度を割ってしまう。そこで、どうしても一分以内に（冬場は特に）できるだけたくさんの粉を煮えた状態にしてしまわなくてはならないのである。

　熱湯を注ぐ作業に十〜十五秒、熱湯を粉全体に行き渡らす作業に四十五秒前後――その初めの五、六秒が「そばがき棒」でかきまわしている時間、といった配分になる。

　このような難しい仕事を落ち度なくこなしていけるまでになるには、「生一本」を除いた他の変わりそばの場合でも、すでに述べたように、筋のよい人で十年ぐらいは修業を要する。まして、ここで述べている「生一本」の場合は、何年やったからできると受け合えるような性質のものではない。

　というのも、ここでの熱湯使用量は、前に「方法二」として示したように極端に少ないからである。御膳粉の$\frac{3}{4}$量を、定量の$\frac{1}{2}$量の熱湯で「湯もみ」にする――前出七百グラム玉の場合、「そばがき」に使った残りの御膳粉五百二十五グラムを、たった二百十グラムの熱湯で「湯もみ」にしなくてはならない。

　これは、できるだけ多くのデキストリンをつくって粘力を引き出す、という「湯もみ」のねらいとは矛盾するくらい熱湯使用量が少ない。これほど熱湯使用量が少なくては、御膳粉のデンプン中、デキストリンにまで変わるものはいくらの量でもない。それでも、粉の粒を結びつけていくだけの粘りは引き出さ

●「さらしなの生一本」の湯もみ（P.234 方法三の実技）

〈熱湯を加える〉 注《つ》ぎ口を御膳粉《ごぜんこ》に近づけ、熱を逃がさぬように手早く注《そそ》ぐ

〈粉に湯を行き渡らせる〉 周囲の粉を湯のしみた所にかぶせて湯を吸わせる

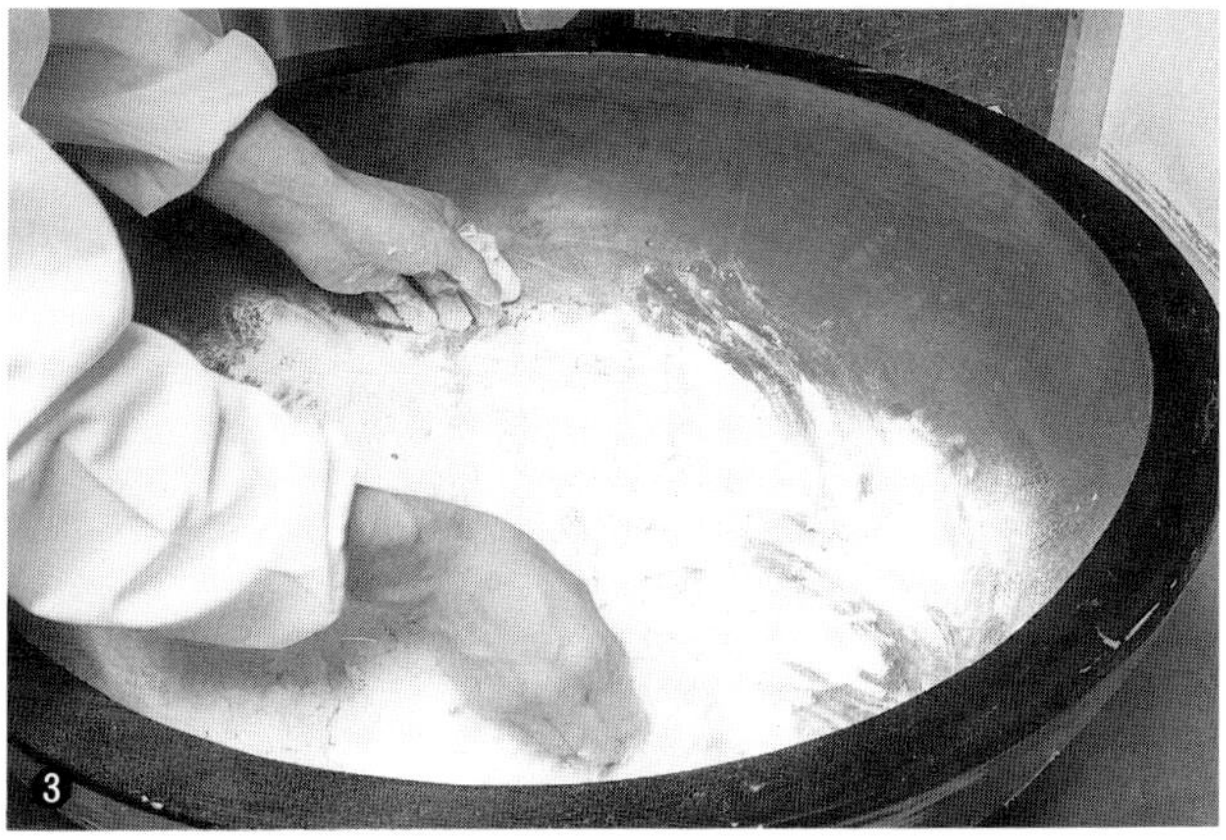

左右の粉をかぶせる作業は、両手をひろげて同時に進め、時間の短縮を図《はか》る

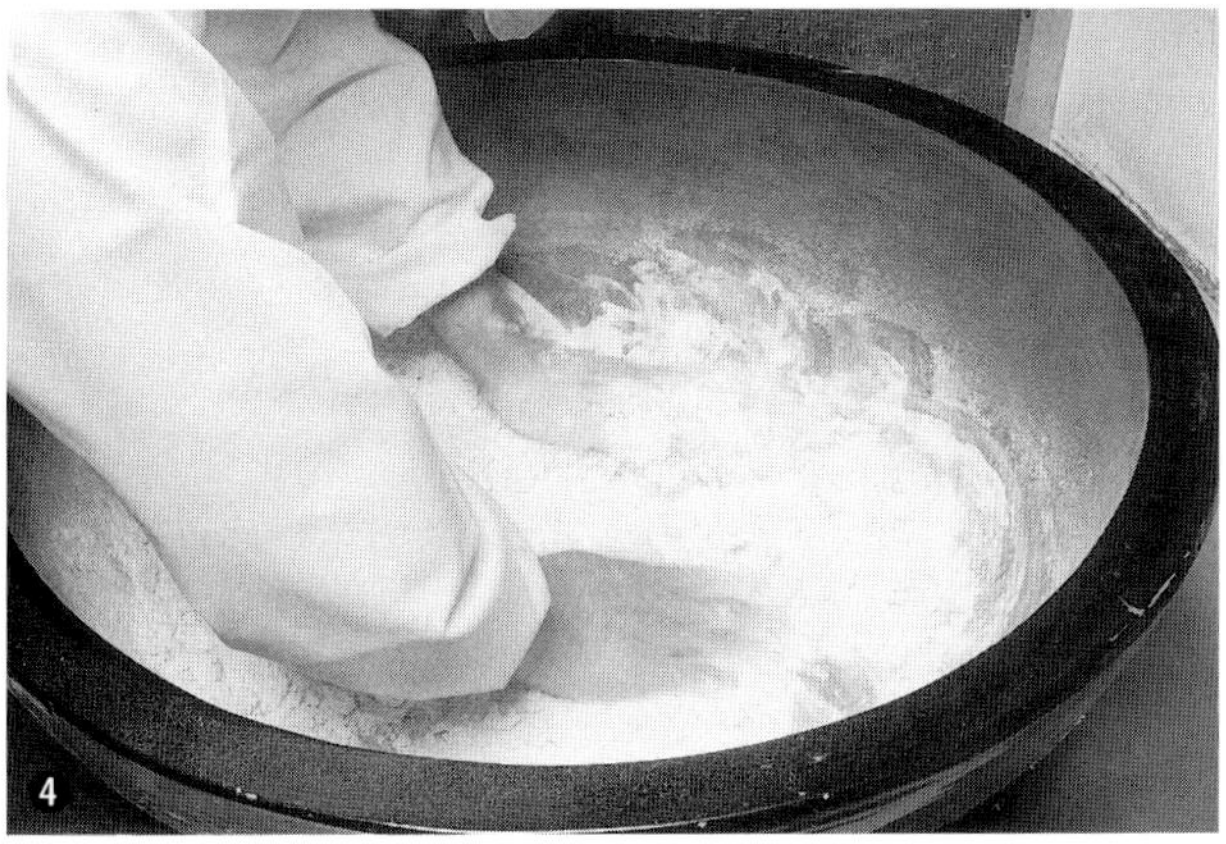

〈粉をもむ〉 数回かきまわした後、粉をすくって勢《いきお》いよく返す動作を続ける

なくてはならないのだから、この「湯もみ」が上手《うま》くいくかどうかで勝負はついてしまう。何年修業したからできるというようなレベルの仕事でないことは、これで理解いただけるであろう。

しかし、難しさばかりを強調していても埒《らち》が明かない。ともかくここで「湯もみ」の手順を示すことにする。

①湯は、木鉢の近くにコンロを据えて沸《わ》かす。

調理場のガス台で湯を沸《わ》かして木鉢まで運んだのでは、たちまち温度が下がってしまう。特に冬場は極端に温度が下がる。

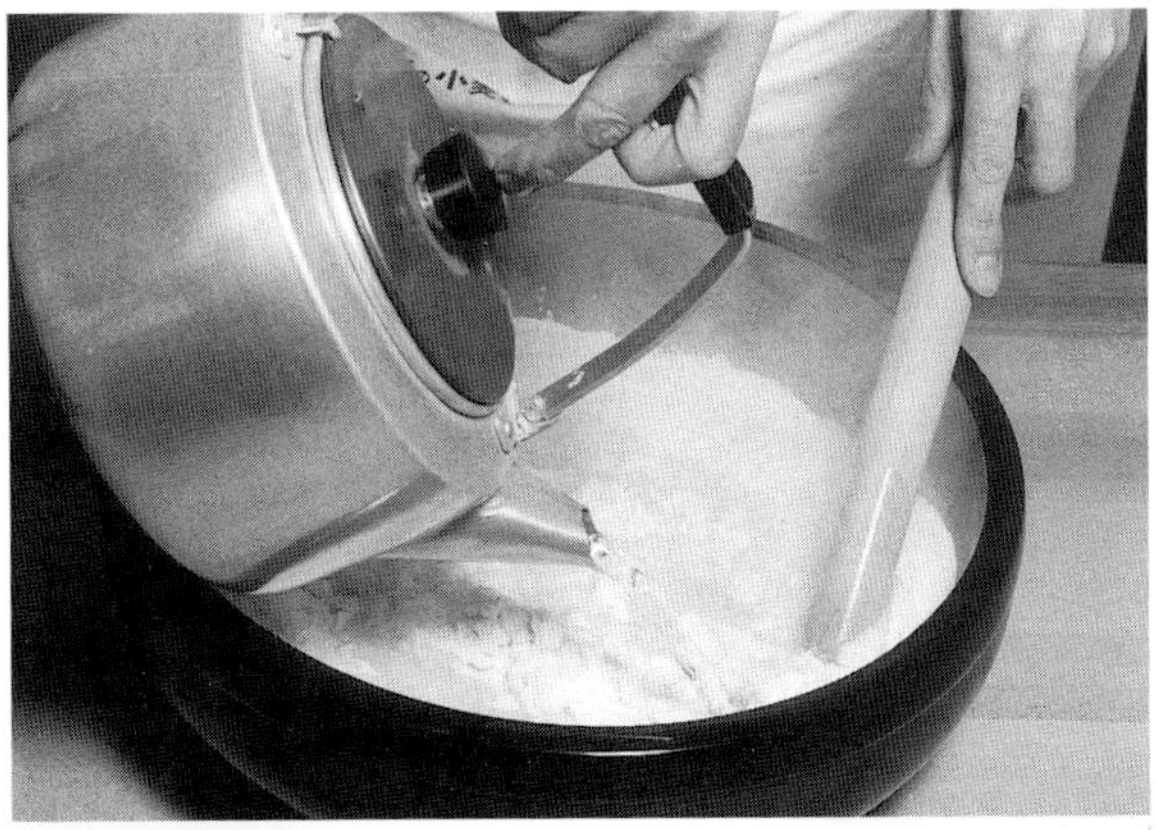

〈熱湯の加え方・別法〉 熱湯を注ぎながら、そばがき棒で縁《ふち》の粉をかぶせる

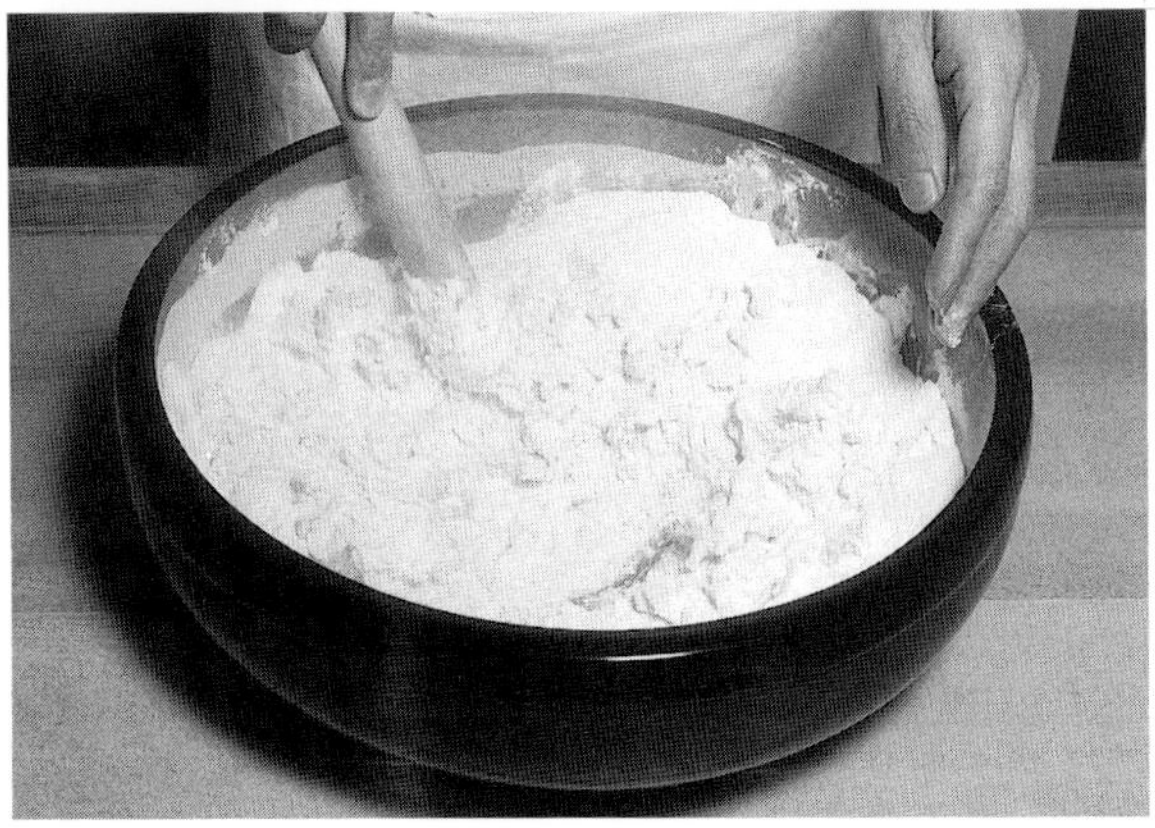

そばがき棒で勢いよくかきまわし、温度の下がらぬうちに熱湯を行き渡らす

できるかぎり、沸点に近い温度の熱湯を使うには、熱源を木鉢の傍にしつらえるしかない。

②注《つ》ぎ口が汚れるくらい粉に近づけて熱湯をいっきに注ぎながら、そばがき棒でかきまわす。

湯は完全沸騰させて使う。

問題は注ぎ方である。高い位置から注いだら、空気に触れる時間が長くて湯度が下がるし、木鉢に落ちた湯が跳《は》ねて火傷《やけど》の危険がある。粉も跳《と》び散る。できるかぎり熱を逃がさぬようにするには、注ぎ口が汚れるくらい粉に近づけていっきに注ぐこと。

そうなると、湯を沸かすやかんは、注ぎ口の大きくて短いものが必要になる。沸いた湯をいっきに空《あ》けるということでは、片手鍋も使える。

ただし、いっきに注ぐ（空《あ》ける）とは言っても、粉の真ん中一箇所に集中して注ぐのはよくない。熱湯の浸透《しんとう》にムラができてしまう。瞬時に、できるだけ広い範囲に湯を行き渡らせる注ぎ方が肝要である。

そして、そのねらいを徹底させるために、熱湯を注ぎながら同時に、そばがき棒ですばやく周辺の粉を熱湯のしみた所にかぶせる。片手にやかん（または鍋）、片手にそばがき棒と、両手をフル活用して仕事を進めるわけである。

そばがき棒は三、四本束ねて使う。かきまわし方は、まず、熱湯のしみた所に周囲の粉をかぶせ、それから勢いよくかきまわして湯のまわりを均一にする。

そばがき棒でかきまわしている時間は、わずか五、六秒である。

③ただちに手作業に切り換えて粉をもむ。

〈水滴の処理〉 粉をもみ始めてしばらくは、木鉢に水滴がつく。そのままに放置せず、必ず粉に吸わせながら進めること

〈粉の熱を奪う〉 約１分を経過したら、粉に風を送りながらもみ続ける

まだ粉の中に指をつけていたら、火傷《やけど》をする熱さである。しかし、そばがき棒でかきまわし続けていたのでは、いくらもデキストリンにならないうちに、そば粉デンプンの糊化温度の下限（八〇度C）を割ってしまう。両手が使える手作業のほうが何層倍もはかがいくので、熱湯を注ぎながら、そばがき棒で縁《へり》の粉をかぶせ、そのあと五、六秒もかきまわしたら、ただちに手作業に切り換えて粉をもむ。

「湯もみ」の手作業は、並み粉の「水まわし」の初めのように、指を立ててやらないこと。煮えた粉を木鉢に貼りつけてしまう。と同時に、その形では、熱湯を浴びた粉の中に指をつけ込んでいることになるので、熱湯使用量が多いときには危険である。（ここでいま説明しているやり方の場合は、熱湯の使用量が少ないので、その危険は少ないかわりに、粘りを出すのがたいへんである。）

「湯もみ」では、手の甲の側をあまり使わず、指の腹を活《い》かして鋭くもむ作業が主になる。自分より背の低い人の頭を張るような手の動作を、連続して繰り返す。ゲンコツではなく、平手で——と言っても、掌《てのひら》から指先までピンと伸ばした状態で思いきり一発お見舞いする平手打ちではなく、両手で子供の頭をピシャピシャやるときの手の形を想像していただければ、言わんとしている手の形に、どうやら近い。つまり、指の腹で粉をすくい、瞬時に勢いよく裏返す動作を、両手をフル活用して連続するわけである。

この作業を、およそ一分から一分半の間に百二十〜百三十回繰り返す。

④およそ一分を過ぎたあたりから、粉に風を送り、冷ましながら粉をもむ作業を続ける。

「そばがき」を鍋ごと冷やして熱を奪ったように、こちらもまた、扇風機や換気扇の風を木鉢の中に送り、常温まで冷ましながら作業を続ける。

風をどういう方向から送るかは注意したほうがいい。というのも、粉の熱を奪った温風が真向かいからからだに吹きつけては、熱気にやられてフラフラになってしまう。前から風を送る場合、からだの後方から風を送る場合のいずれも、作業をする人のからだに当たらぬように、その脇《わき》を風が抜ける向きに機械を据えるとよい。

手作業のほうは、さきほどの「頭を張るような」動作だけでなく、片手にすくい上げた粉の小塊を反対の手で払うようにして「撚《よ》りをかける」作業、寄せ集めた小塊に両手をかぶせ、「前後に押し転がす」ようにして粘りを出す作業など、いろいろな動きを繰り返して、多少の粘り気を感じるところまでは進めなくてはならない。

その際《さい》に、一部の粉ばかりをいじっていたのではダメで、常に全体の粉が動き、全体に間断《かんだん》なく手の力が加わっていなくてはならない。

それからまた、粉の熱を奪う工程までは、木鉢の肌に水滴を結ぶが、これをそのまま放置したら、粉の水分が不足する。小塊に水滴を吸わせながら進めていくことが大事である。

熱湯を使っているために、それも少量の熱湯であるために、並み粉の「水まわし」のように、塊《かたまり》がうるおいをおびて透明感を感じるまでにはとてもいたらない。また、手にまつわるほどの強い粘着力も、もちろん感じられない。しかし、粉から小塊へ、小塊から中塊へ、と変化が続くことにより、仕事が前へ進んでいるのは感じることができる。

◉熱湯を使う理由

さて、糊をつくる作業といい、「湯もみ」といい、御膳粉をそばに打つ場合は必ず熱湯を使う。前出の方法の中には、一部分水を使うやり方も示したが、その場合にも、水を加える以前の段階ですでに熱湯を使用していた。

このような熱湯使用という条件は、「さらしなの生一本」に限らず、（のちに見ていく）つなぎを加える各種の変わりそばにも共通する約束事である。裏返して言えば、御膳粉でそばを打つかぎり、水だけでつながる（打てる）などということは決してありえない。もし万が一にも水だけでつながったとすれば、それは、御膳粉のつもりで別の粉を使わせられていたか、あるいは混ぜもののしてある御膳粉であったかのどちらかでしかない。そのどちらでもなくて、「自分は正真正銘《しょうしんしょうめい》の御膳粉を水で打っているのだ」と言う人には、つなぎ二割以内どころか、大量の割り粉を加えていることを、隠さずに白状してもらわなくてはなるまい。つなぎ二割以内――すなわち、御膳粉の量の二割以内の割り粉で終始するかぎり、どう逆立《さかだ》ちしてみたところで、御膳粉は水でつながるわけがないからである。

なぜ御膳粉は水でつながらないか。なぜ、沸点をさして下《くだ》らぬ熱湯でなくては用をなさないのか。

それは、何度も言うように、御膳粉が純デンプン質とも言える特殊なそば粉であることが原因である。ほとんどデンプンだけでできている粉を、少量の割り粉か、それさえも使わずに「生一本」のままでつなげていくとなれば、デンプンそのものの粘力を引き出さないかぎり、仕事は進まない。ところが、このデンプンという成分は、（そば粉デンプンに限らず、くず粉デンプンつまり片栗粉《かたくりこ》にしても、じゃがいものデンプンにしても）煮えた状態にならなければ粘りが出てこない。デンプンを水で溶《と》いても、攪拌《かくはん》した水の勢いがおさまれば、粒のまま容器の底に沈澱《ちんでん》してしまう。

しかし、これを水で溶いて火にかけて煮るか、あるいは、沸点をほとんど下らぬ熱湯で瞬時に煮えた状態にすれば、デンプンは粘力を生じ、ばらばらの粒の状態から塊《かたまり》に変化する。

（手元に御膳粉のない人は、片栗粉を使って試してみればよくわかるであろう。）

タンパク質が水の中で粘性を発揮《はっき》し、熱湯下では凝固《ぎょうこ》して粘りを失うのに対し、デンプンの粘性は逆の傾向を示す。デンプンは水の中では粘性を示さないが、熱湯下の煮えた状態になってはじめて粘性を持つ。「ともつなぎ」の糊をつくる作業、「湯もみ」のいずれもが、デンプンのこのような特性を利用しているわけである。

◉熱湯使用量と食べ味

ところで、御膳粉のデンプンの粘性を引き出すというねらいからすれば、糊をつくるときの加水量や、「湯もみ」のときの熱湯使用量は多いほうがよいことになる。そのほうが仕事は楽にいく。

しかし、一番大事な食べ味の面からこれを点検しなおすと、熱湯使用量の多いものほど食べ味が劣る。どのように劣るかと言えば、腰がなくなり、そばの妙味が失せてしまいやすいのである。

なぜ、熱湯使用量の多いものは食べ味が劣るか――。

その理由は、そばきりが最後に「釜」を必要とする食べものであることを思い起こせば、すぐ合点がいくであろう。すなわち、「木鉢」で大量の熱湯を使用し、全部の粉を完全に近く煮えた状態にまでした場合には、釜でゆでる作業が、煮返していることになってしまう。そのために、味わいに欠けるそばになってしまうのである。

「木鉢」と「釜」で二度熱湯を浴びる――！

しかし、このプロセスは御膳粉を使うかぎり、また「ともつなぎ」にするかぎり、避けることのできないものである。

となれば、初めの「木鉢」において使用する熱湯の量は、仕事が可能な範囲内でギリギリまで減らすという策が、味を第一とする立場からは導き出されてこよう。「ともつなぎ」の方法として、粉の量に対してきわめて少ない量の熱湯で「湯もみ」にする方法を示したのも、また一部を水のままで加える方法を示したのも、つまりはこうした考えからのことである。

熱湯の使用量が少なければ、「湯もみ」はデンプンを煮えた状態にしてデキストリンに変える作業とは言っても、デキストリンにまで変化するのは、量的に見ていくらでもない。当然、デンプンの何割かは、生《なま》のまま残る。しかし、この生《なま》のままに残す処置が、最終的には、そばの妙味《みようみ》を生かすことに通じる。

熱湯の使用は方便《ほうべん》である。つながらない粉をつなぐための手段であって、目的ではない。したがって、目的としてのそばの味わいのよさを第一に据《す》えると、熱湯の使用量は、おのずと限られてくる。

ただし、そうなると、仕事は段違いに難しくなる。また、熱湯を使うがゆえに生じる別の問題にも、ハッキリした対策を持たなければならない。それは、熱湯を加えたあとに起こる水分の蒸発の防止策である。

●粉の熱を冷《さ》ます理由

「生一本」の手順には都合二度、粉の熱を冷《さ》ます工程がある。「そばがき」を鍋ごと水につけて風を送るプロセスと、「湯もみ」の途中から風を送るプロセスである。

つなぎを入れる「変わりそば」の場合にも、「湯もみ」の途中からは、やはり冷ます工程になる。

自然に熱が冷めるにまかせるのではなく、人為的に風を送って急速に熱を奪う。――この工程が「生一本」を打つ上で、また他の変わりそばを打つ上でも死命を制することは、すでに注意を促《うなが》しておいた。

いったい、なぜ、わざわざ煮えた状態にしたものの熱を急速に奪うのか。なぜ、自然に冷めるにまかせて仕事を進めたのでは上手《うま》くいかないのか――。

その理由を説明するにあたっては、私がどのようにしてこのことを発見するにいたったかという、はるか昔の話から始めることをお許しいただこう。それというのも、この冷ますやり方を発見したことで、私は「さらしなの生一本」が打てるようになったからである。

私の「さらしなの生一本」の修業は、「そばがき」をかくことに始まった。すでに「ともつなぎ」については、例の有名な手打そば屋のご主人の談話などで知っていたから、「さらし」も「生一本」と言う以上は糊状にするんだな、と合点《がてん》がいった。

ところが、たとえ熱湯を使ったにしても、御膳粉のみで長時間つなげておくことはとてもできない。煮えてトロトロになった「そばがき」を残りの粉の中に移し、火傷《やけど》を恐れずに粉をもむ作業に挑《いど》んではみても、しばらくするとボソボソしてきて、いったん玉にまとまったかに見えたものがたちまちひび割れてしまう。とても延せたものではない。

気づいてみたら、三度の飯の代わりに「そばがき」ばかりを食べ続けていた。十一月から翌年の二月半《なか》ばまで、じつに九十日間にも及んでいる。これはもう、修業僧の「穀断《こくだ》ち」と同じだった。

その間、味噌汁は飲んでいたが、食べるものと言えば、並み粉の「そばがき」、御膳粉の「そばがき」と、とにかく「そばがき」しか食べていない。そのせいで栄養が偏《かたよ》ったか、一時的に視力が衰え、朝起きると目ヤニがたまるまでになってしまった。そば粉の成分は、小麦粉などよりはるかに栄養のバランスがとれているのだが、それでもビタミンAだけは、小麦粉や米（白米）同様に不足する。その歪《ひず》みがからだに出たのであろう。

そんなある日――。食べ飽きてほったらかしにしておいた「そばがき」をいじっていて、はたと気づいた。冷えてボソボソになった「そばがき」も、またかきまわせば足が出てくる！

ここに「生一本」のつなぎ方のコツがひそんでいたのである。すなわち、御膳粉といえども、いったん熱湯で煮えた状態にしたのちは、いじりながら常温まで冷まして水分の蒸発を防ぐかぎり、「さらしなの生一本」も必ずつながるということなのである。

実際のところ、熱湯で粉を煮えた状態にしたままではよいが、そのあと徐々《じょじょ》に自然に熱が取れるにまかせて仕事を進めた場合には、次の二つの点で、事態は思わしくない方向に進んでしまう。

一、いわゆる延びてボソボソになる。

二、水分の蒸発が続いて乾かしてしまう。

その結果として、煮えていったんは粘りを感じるまでになったにしても、再び足がなくなり、切れてしまう。

このような失敗を防ぐには、粉を煮えた状態にしたところで風を送って急激に熱を奪い、水分の蒸発を食い止めなくてはならない。――そこで手順に示したように、扇風機やファンの風を送りながら、「湯もみ」を続けるわけである。

それでは、扇風機もろくに普及していない昔はどうやって冷ましていたのか。

私は昭和の五年から「さらし」を手がけ始め、七、八年には「さらしなの生一本」を打っていたが、その頃はまだ、現在のような手軽な扇風機などはなかった。ただ、私は当時すでに、電動の鰹節削り器を持っていた。もちろん、最近のようにコンパクトなものではなくて、モーターからベルトをかけて動かす大仰《おおぎょう》なものであったが、そのシャフトに大きな渋団扇《しぶうちわ》を四枚くくりつけて、それであおいで冷ましていた。

そういう光景は傍《はた》から見て、いかにも奇異《きい》なものであったろうから、私を守《も》り立ててくれる客の知るところとなった。その客の何割かは、例の手打そば屋さんの客でもあったので、一、二の客のお膳立てで、私は先方の店の主人と「さらしなの生一本」の他流試合をさせられるはめになった。

東京・京橋の懐石料理「つた屋」の主人、本山荻舟《もとやまてきしゅう》さん――この方は戦後、相模女子大で教鞭《きょうべん》をとり、遺著《いちょ》となった『飲食事典』はいまに版を重ねているが――、その本山荻舟さんが大森の店へやって来て「並」を食べ、

「こりゃ『やぶ忠』より美味《うま》い」。

そして私の「さらし」を知るに及んで、次のような提案をした。すなわち、荻舟《てきしゅう》さんの立ち会いの下《もと》に、「さらしなの生一本」で他流試合をしないか、場所と粉と水は立会人が用意するから、麵棒と庖丁だけを持ってやって来い、と言う。

この勝負、あえて結果を示すと、私の不戦勝と言うか何んと言うか、妙な形で私の勝ちに終わった。私は尾州檜《びしゅうひ》の麵棒と庖丁を持ってしかるべき場所におもむき、私の分《ぶん》の粉をそばに打って引き上げてきた（両者が鉢合わせをしない約束になっていた）。後日、そば通の磯ヶ谷紫江《いそがやしこう》さんが店に来て話してくれたところでは、相手はついに現われなかったということである。

●練《ね》る―変わりそばだけのプロセス

さて、ここで、いったん中断していた仕事の流れに話を引き戻し、先へ進めることにしよう。

①「そばがき」と「湯もみ」にしたものを

合わせて玉にまとめる。

「湯もみ」にして常温まで冷《さ》ましながら粉をもみ続け、多少の粘りを感じる段階まで漕《こ》ぎつけたら、「そばがき」と合わせて一つの玉にとる。「そばがき」を鍋から木鉢に空《あ》け、まわりの粉を寄せ集め、並そばの「くくり」の要領で、いったん一つにまとめるわけである。

②親指のつけ根のふくらみから小指の側《がわ》まで手首を玉に押し当て、前へ突っ張るようにして練り延ばす動作を繰り返す。

この練る工程は御膳粉だけに特有のものである。「並」や「田舎」にも、玉にまとめる「くくり」の段階で、練る操作があるにはあるが、御膳粉の練る工程はそれらとは次元が違う。「並」や「田舎」からは想像もつかないほどものすごい力と、根気と時間が要《い》る。

いったいなぜ、一度「そばがき」状にしたり「湯もみ」にしたものを、また練らなければならないのか――。

この練るという作業は、「続飯《そくい》」つまり、飯粒から糊をつくるのと同じ意味のことをしているわけである。御膳粉も飯粒も、デンプンのアルファー化（α化＝糊化）はすでに終わっているが、そのままでは、糊としての役目を果たすまでの粘性はまだない。おまけに御膳粉のほうは、これまでの工程で見てきたように、熱湯使用量の関係ですべてのデンプンが煮えた状態になっているのではない。したがって、御膳粉をいったん玉にまとめたところで延しに移った場合には、すぐズタズタに切れてしまう。そこで、練って練り抜いて粘性を高めなくてはならない。

この作業を木鉢でするには、できれば大きめの平鉢《ひらばち》のほうが仕事がやりよい。手を目一杯、突っ張れる。深鉢の場合は据えつけ方を変えて手前を持ち上げ、鉢が動かないように固定してから始める。

腕を存分に伸ばせるということでは、延し台のほうが平らで奥行もあり、やりやすい。が、延し台にじかに玉を据えた場合は、板に水分を吸い取られてしまう。延し台を使う場合は、厚いステンレスの板を用意して、その上で練るのがよい。

手の形は前に述べたとおり。片手の親指のつけ根のふくらみから手首全体を玉に押しつけ、板や木鉢にこすりつけるようにして向こうまで練り延ばしていく。

足は片方を前に出し、膝と腰のバネを使って、摩擦熱《まさつ》で手が熱くなるくらいに練りつけながら腕を伸ばしていく。腕が一番力の出る角度になったときには当然、つま先にものすごい力がかかるし、踏んばっていても、腕が向こうまで伸びたときは、からだが前のめりになって四つん這《ば》いになりそうになる。だから、つま先がすべらぬように丸太を置き、それに足先をかけて、からだ全体を使って練ることになる。

ところが、こうまでしてやっても、御膳粉は一度で粘りが出るようなシロモノではない。玉の端から片手で持っていける分量ずつ、順次練っていくのであるが、一度向こうまで練り延ばしたくらいでは、とても腰が出るまでにはならない。そこで、向こうへ練り延ばしたものを、そのまま手につかんで戻してきて、また練る作業を繰り返す。これを手を替《か》え、足を踏み替えて何度か繰り返し、腰が出てきたら木鉢の向こうに積み置いて、次の列に移る。最後は全部向こう側に置いてきてしまうことになる。

とにかく、練り終えるまでには、ものすごい力が要《い》る。これの骨の折れることは、「生一本」に限らず、つなぎを二割以内加えた変わりそばにおいても、やはり同じである。そこで商売の間口《まぐち》がひろがり、いろいろなそばを何玉も打つようになると、板前の頭数を揃《そろ》えてはいても、変わりそばの練る工程がどうしても問題になる。

私のミキサーは、それを手作業で進めたときの負担を取り除くために考案したものである。このミキサーならば、人間がアゴを出すような重労働も、なんなくやってのけてくれる。羽根の構造と枚数が特殊設計であるために、いったん玉にまとめるところで、野球のボールくらいの小玉をいくつもつくり、それを羽根のつけ根に命中するようにミキサーに投げ入れれば、あとは望みの粘りとやわらかさのものができる。すべて機械がやってくれる。

そしてその間に、この項の少し先で触《ふ》れることになる、別の重要な問題にも、安心して対処できる途《みち》が拓《ひら》けたのである。

③腰が出たら、玉にまとめる。

木鉢の向こう端に置いてきたものを、寄せ集めて一つの玉にまとめる。この作業は、並そばの「くくり」とまったく同じである。

④すばやく手を洗って、延し台に玉を移す。

玉にとった後は、延しに移る前に手を洗う。これはどんなそばを打つ場合にもすることであり、とりたててここに書くまでもないことのように思われるかもしれない。ところが、木鉢の仕事で汚れた手を洗う時間が、変わりそばでは一大事なのである。

「やれやれ、やっと木鉢が済んだわい」と、悠長《ゆうちょう》に手を洗っていたら、いままとめたばかりの玉がもうひび割れてくる。変わりそばはそれほど足がない。まして「生一本」となれば気違い沙汰《ざた》で、場合によっては、ここで人が交代して、手洗いの時間を詰めなくてはならなくなる。あえて「すばやく手を洗う」と書いたのは、このようなわけがあってのことなのである。

〈練る〉 玉に手首全体を押し当て、力を入れて前方に練り延ばす作業の反復

〈特殊ミキサーによる代行〉 手作業では重労働の練る工程を難なく処理する

ところが、この一刻を争う切り換え作業が、前のミキサーを使用した場合には、スムーズに中断なく進めていける。「木鉢」の初期のまだ粉っぽい段階で汚れた手は、ミキサーで練っている間にきれいに洗ってしまう。そうすれば、「くくり」の作業では手はほとんど汚れないから、そのまま延しに移行でき、そばの玉に休みなく手を触れていることが可能になる——つまりは、乾燥を防ぐことができるのである。

●「生一本」の延し方

さて、「さらしなの生一本」のように軽みの極致にあるそばは、細打ちにしてこそ持ち味が生きる。

しかし、「さらしなの生一本」は、どこまでも足がなく、切れやすいので、仕事がもたついたり、玉に遊んでいる箇所ができると、たちまちひび割れを生じ、裂けてくる。したがって、「延し」に手間どらぬようにしなければならないが、かと言って、急ぐあまりに（また、切れやすいことを恐れて）麺棒が上すべりになれば、これまた玉を乾かしてひび割れをこしらえてしまう。麺棒に感じる抵抗はきわめて少ないそばであるが、しかし、必要な力は常にそばに加えていなくてはならない。迅速にして、なおかつ、一つ一つきちんとツボを押えた仕事が求められる。

①打ち粉

打ち粉は「とも粉」。「とも粉」とは、そばの玉と同じ粉を使うという意味で、この場合は当然、御膳粉を打ち粉に使う。

変わりそばの場合、打ち粉の使用量がことに問題である。とりわけ「さらしなの生一本」と「茶そば」は、打ち粉が多過ぎると、ただでさえ足のないそばの水分を打ち粉が奪ってしまうので、命取りになる。極端にやわ

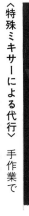

らかごねに過ぎた場合以外、打ち粉は最少限にとどめること。

②基礎延《じの》し

「四つ出し」に負担をかけないように大きめにひろげる。縁《ふち》にすぐひびが出るので、端に指をかけて乾きを防ぎながら迅速《じんそく》に行なう。

③四つ出し

「四つ出し」もまた大きめに出す。「本延し」の時間を短縮するための処置。

「四つ出し」で特に注意を要するのは、引き戻してくるときである。力を抜いて浮かせぎみに戻してくること。これを「並」や「田舎」同様に、下へ押しつけるようにして引きずってきたならば、ザックリ二つに切れてしまう。そのくらい、そばに耐える力がないので、細心の注意が要《い》る。

④肉分け

棒の角でひっかいたり、先をそばにめり込ませたりしないように扱うのは、「並」や「田舎」と同じ。ただし、ムダな時間をかけないように。

⑤本延し

延し棒をあまり走らせないこと。延す力が前方へばかり向かう延し方をすると、裂け目ができてしまいやすい。

力が延し棒の下の生地《きじ》に向かう、押しつけるような延し方をする。そして、前へ延したら、その分《ぶん》、後ろへも延して、ひび割れができるのを防ぐ。たとえて言えば、前へ延す作業はブルドーザー、後ろへ延すのは地ならしのローラーということになる。――これが、変わりそばのすべてに共通する延し方の特徴である。

それにしても、常にないスピードを要求されるところが、「生一本」の難しい点である。というのも、いま延している箇所では、延し

●「さらしなの生一本」の延し

❶〈基礎延《じの》し〉　縁《ふち》に指をかけ、乾きを防ぎながら進める。「丸出し」は大きめに

❷〈打ち粉〉　打ち粉は「とも粉」。使用量は最小限にとどめないと命取りになる

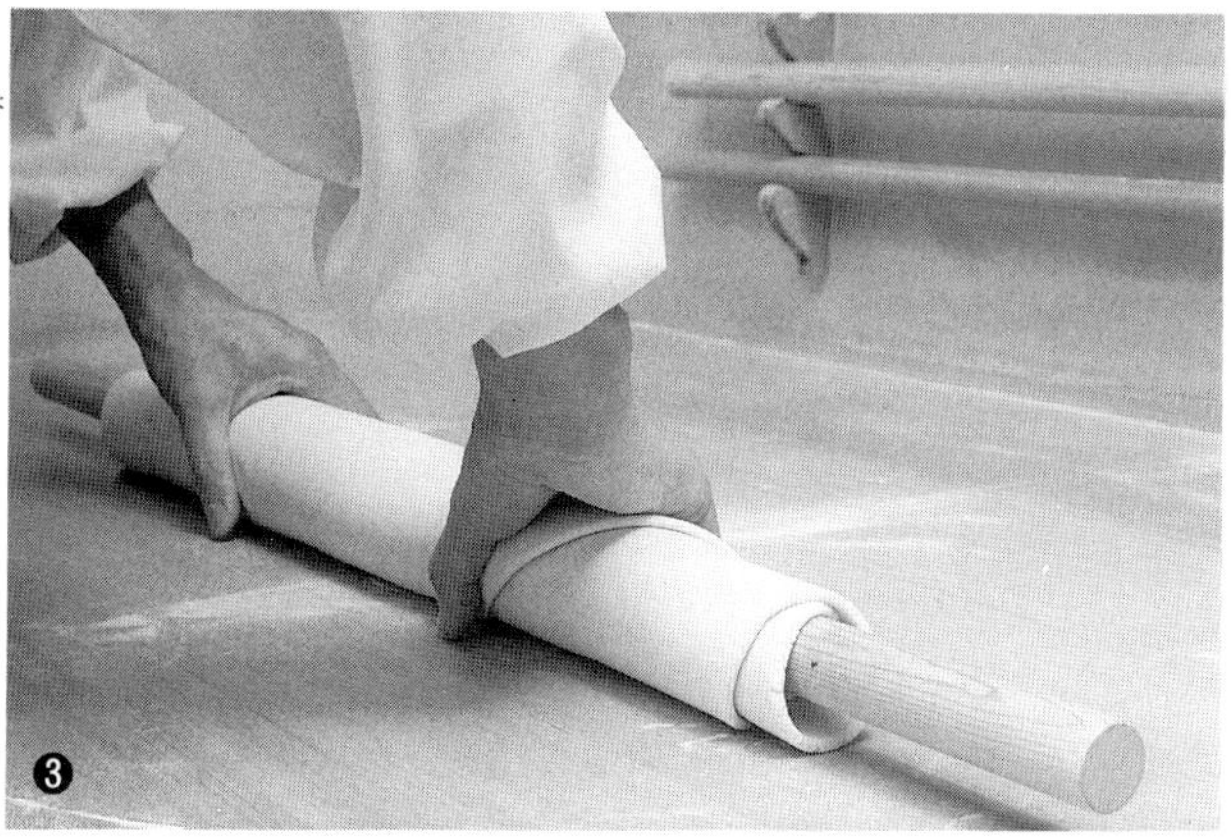

❸〈四《よ》つ出し〉　大きめに出す。引き戻すときは要注意。力を抜き、浮かせぎみに

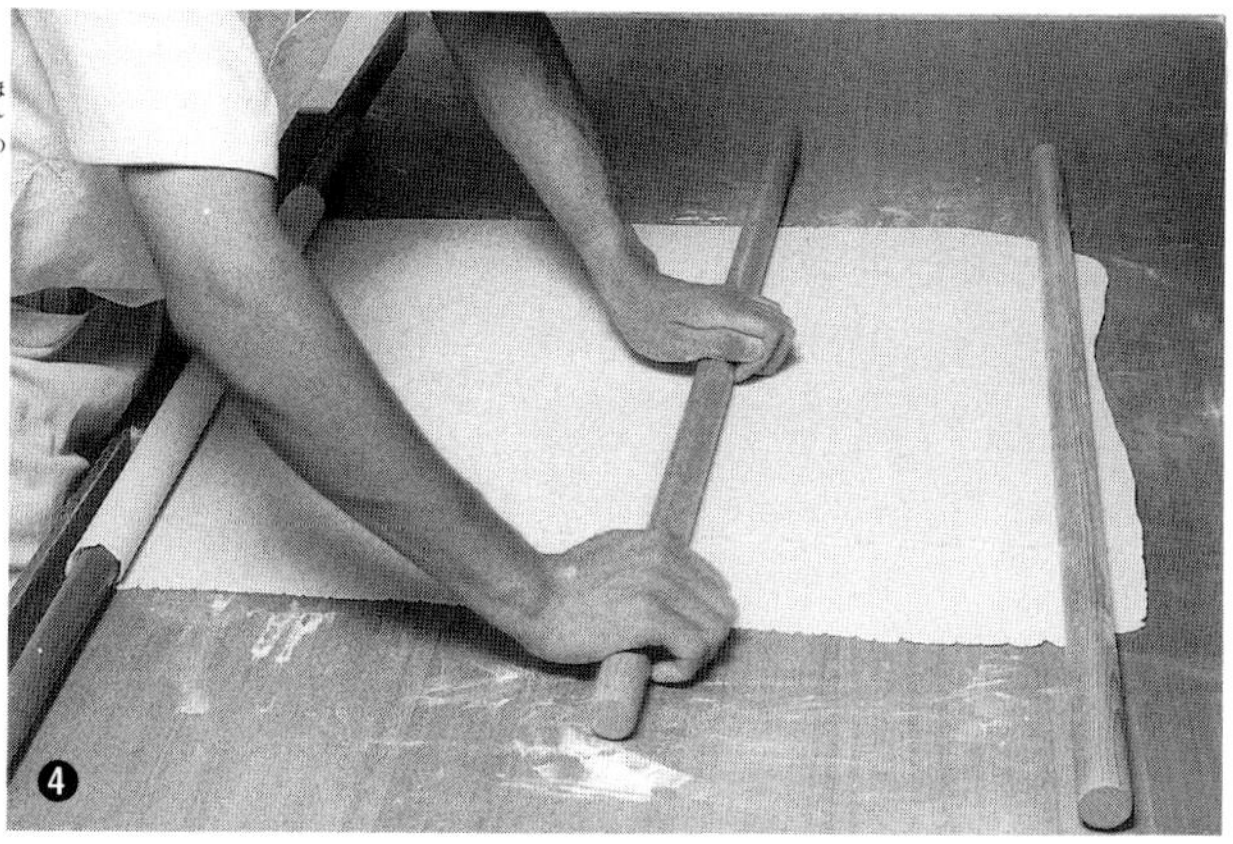

❹〈本延《ほんの》し〉　細打ち。前へ少し延したら必ず後ろへも延して、ひび割れを防ぐ

棒に遊びがなくても、巻き取った分は、その間、遊んでいることになるためである。

●「生一本」の庖丁

①たたみ

「さらしなの生一本」(および後に取り上げる「茶そば」)では、「たたみ」が意外な落とし穴になる。そばに力がないので、両手が揃わなかったり、もたもたしていると、たたんだ拍子にザックリ裂けてしまう。力を抜き、呼吸をととのえて、いっきにたたむようにすること。

②「庖丁」

「切りべら」四十~五十本の細打ちにする。技術の冴《さ》えを見せるには、庖丁技術とともに、庖丁そのものがものをいう。手元に重心があってセンターの通った、肉の薄い庖丁が必要である(一七二~四ページ参照)。

「庖丁」はまた、それまでの「延し」作業の失敗が現われやすい工程でもある。うまく延せたように見えても、「延し」に手間どったり、無理な力が加わっていた場合は、細く切ることでそばが耐えられなくなり、駒を取るときに下に落ちてしまう。駒板でそばを強く押しつけぬこと。「駒とり」での手荒な動作も禁物《きんもつ》である。

〈たたみ〉 呼吸をととのえて一気にたたまないと、裂けてしまう

〈庖丁〉 切りべら三十五~六十本。道具と技術の両方が揃わないと難しい

〈駒《こま》取り〉 そばが一本も落ちてこない状態が、完璧《かんぺき》な技術の証明になる

●「生一本」の釜前仕事

木鉢、延し、庖丁と、うまくきた場合でも、「さらしなの生一本」は「釜」から後の作業で、ご破算になってしまう場合が多々《たた》ある。要注意。

①ゆで方

ゆで時間は七、八秒。なぜかくも短いかと言えば、そばのデンプンが八〇度で糊化《こか》するためである。御膳粉が純デンプン質に近いそば粉であることは再々繰り返してきた。おまけに最初の「木鉢」の段階で熱湯を使い、一部はすでに糊化しているわけであるから、一

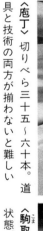

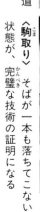

つタイミングを間違えたら、ゆですぎになってしまう。

そばを釜に入れるときは、湯の渦《うず》の向きを見て静かに入れ、一回ですくってしまうこと。すくいきれなかったそばを、ざるを入れなおしてすくっても、もはや糊《のり》に近く、使いものにはならない。

また、箸も嫌う。湯の渦に乗って動いているそばに箸が当たれば、ズタズタに切れてしまう。

そのくらいに、そばに耐える力がないので、火力も最強より少し落とし、あらかじめ釜の中に「あげざる」を入れておき、その中にそばを放《はな》つのが無難《ぶなん》である。

〈ゆで方〉　時間は７、８秒。あげざるを釜に入れ、その中にそばを放つ

ただし、一度に大量にゆでないこと。湯は釜いっぱいでも、一度に二、三枚程度にとどめる。それからまた、湯がにごりすぎていては、ゆで時間が長びいて、その間に腰がなくなるので、きれいな湯を使いたい。

そうしてできた「さらしなの生一本」の「そば湯」は、いわゆる正麩糊《しょうふのり》のようなドロッとしたところが皆無《かいむ》で、サラッとして透明感の高いものである。そば湯として最高、料理材料にもなるほどのものである。

②ゆすぎ

「あげざる」の底で抜くように、ボールの冷水に浮かす。蛇口《じゃぐち》の水が、直接そばに当たらないようにして、ぬめりをとる。ぬめりをとる作業も力を入れず、簡潔に済ます。

ゆで上げた「生一本」は、何よりも延びやすいことを頭に置いて処理しなくてはならない。

③水切り

「水切り」から供するまでに一分以上かけると、そばが延びてくっついてしまう。「ためざる」の縁《ふち》に、ざるの目に添ってそばを置くという基本を守り、まだいくぶん水気が残っているうちに盛る。

④盛りつけ

「一手《ひとて》盛り」にする。きれいに盛ろうとしていじくりまわしたり、時間をかけたら、ぬめりが出るし、また、そばが延びてしまう。

「やくみ（薬味）」は、おろし大根を忘れぬこと。デンプンだけでできているに等しいそばの消化を助けるためである。また、このおろし大根がそばにからむことによって、ろくに嚙まずとも、御膳粉の持つ甘味が引き立ってくる。

〈ゆすぎ〉　蛇口の水をそばに当てないこと。そばを冷やしてから軽くゆすぐ

〈水切り〉　ためざるの縁《ふち》に取って水を切る。一分以内に一手《ひとて》盛りにして出す

●提供時の口上《こうじょう》

最高のそばを賞味願うわけであるから、初めての客には、つゆのからみがよいことと、延びやすいことを説明したほうがよいかもしれない。

軽みを身上《しんじょう》とするそばであるだけに、汁にどっぷりつけ込む食べ方をされては、持ち味も何もあったものではないし、また、のんびり構えられてはそばがくっついて、これまた興をそぐ。最高のそばは最高の状態で味わっていただきたい。

二、しらゆき（御膳そば）

「さらしなの生一本」が、本質的には商品の域を超えたそばであるのに対し、御膳粉に二割以内とはいえ、割り粉を加えると、打つにも味わうにも、商品として安定したそばができる。この「しらゆき」を、私の『一茶庵』では「御膳そば」と呼んでいる。

「しらゆき」は、「さらしな」の歯にもろい特徴をそっくりそのままそなえていながら、「生一本」に比べて気持ち程度、なめらかさと芯《しん》の強さが加わったそばである。「生一本」が、そばきりとして賞味する以外に食べ方のないそばであるのに対し、その気持ち程度の違いが、そばきりとして食べてよく、また「そばずし」にも料理材料にも使えるという用途の広さを生む。

それればかりか、「しらゆき」は、「ゆずきり」や「茶そば」をはじめとする、いろいろな変わりそばの土台をなすそばでもある。

「ゆきずり」は、この「しらゆき」に途中で柚子皮《ゆずがわ》を打ち込んでつくるし、「茶そば」もまた、「しらゆき」に途中で挽《ひ》き茶を打ち込んでつくる。したがって、変わりそばを広く扱っていくには、つなぎを二割程度加えた「御膳そば」すなわち「しらゆき」を根幹に据え、これに習熟することが必要になる。

●玉の大きさと加水量

「変わりそば」の常として「しらゆき」もまた、迅速に、しかもていねいに打つ必要がある。もたもたしていて、玉の縁《ふち》が割れてくると、どうしようもない。したがって、一度に打つ量は粉総量で四百匁（約一・五キロ）くらいが適当である。これから始める人であれば、四百匁以下が好ましい。

割り粉は（御膳粉の）二割以内にとどめる。白度が高く、つなぐ力の強い、強力系の小麦粉を使うが、しかし、この割合で変わりそばが打てる人は、そんなに多くはないであろう。「つなぎ」を加えるとは言っても、二割程度までの割り粉ではなかなかつながらないくらいに御膳粉の仕事は難しい。だが、名前だけの変わりそばではなく、御膳粉の持ち味を生かした仕事をしようと思えば、そこまで手打の技術をみがく必要がある。

加水量は粉総量の五五パーセント前後。

ただし、熱湯として使用するのは、加水量全体の五、六割程度にとどめ、残りは「湯もみ」を終えて割り粉を加えるときに、水のまま使う。そばの妙味を生かすための処置。

以上の数値をまとめて記せば、次のようになる。

「しらゆき」四〇〇匁玉——

御膳粉　約三三四匁（一二五〇グラム）

割り粉　約六六匁（二五〇グラム）……つ

なぎ二割
加水量　二二〇匁（八二五グラム）前後
……五五パーセント前後。
熱湯として使用する量　約一三〇匁（五〇〇グラム）前後。
水のまま使用する量　約九〇匁（三二五グラム）前後。

●大玉仕事

変わりそばを数種類打つ場合は、「湯もみ」から割り粉を加えていったん玉にとるまでの仕事を一本化し、中玉なり大玉で進めていくのが実用的である。

たとえば「しらゆき」「ゆずきり」「茶そば」「けしきり」の四玉を打つ場合、柚子皮、抹茶《まっちゃ》、けしの実を加えるまでの作業は一本化してしまう。それぞれを四百匁玉でやるとすれば、最初は一貫二百匁玉で始めるわけである。

大玉の「湯もみ」は、たいへんな技術を要するが、しかし、習熟すれば、これのほうが時間短縮を図れる。問題は、大玉の練りをどうするかで、一貫二百匁玉をそのまま人力で練るなどはとてもできない。私が戦後、この方法をとるようになったのは、何度か話しに出している特殊ミキサーを開発してからのことである。

つまり、特殊ミキサーを使えば、練りの途中までを一本化して進めていくこともできれば、その前の段階で小玉に分けてもよく、どうにでもなるのである。

その意味でも、変わりそばを幅広く扱い、料理材料にまで間口をひろげるとなると、いまや御膳そばの「練る」作業を完全にできるミキサーの使用が不可欠の条件になろう。

●湯もみの仕方

安全かつ的確な「湯もみ」の仕方としては、「生一本」の糊をつくるところで説明したのと同じ方法――つまり、ステンレスのボールと泡立て器を使うやり方がすすめられる。

ステンレスのボールに御膳粉を入れ、弱火で粉を温めておく。そこへ沸騰したばかりの熱湯を加え、泡立て器でいきおいよくかきまわすわけである。泡立て器は針金の太いステンレス製がよい。

全部の御膳粉に沸点をさして下らぬ熱湯を瞬時に行きわたらすという点で、この方法は一番すぐれていることになろう。素手でかきまわすわけではないから、火傷《やけど》の心配はまずない。また、木鉢のような漆の道具では、そばがき棒を使うにしても、キズがつくのを心配して手ごころを加えやすいが、これだと、そういったことは気にかけずに勢いよくやれる。

ただし、泡立て器を使うこの方法で一工夫を要するのは、前にも述べたようにボールの据《す》え方である。ガス台に載《の》せておくだけでは、すわりが悪い。コンロの周囲にステンレス棒等でやぐらを組み、ボールが動かないようにする仕掛けが必要である。

さて、泡立て器でおよそ一分もかきまわしたのちは手作業に切り替えて、扇風機ないしは換気扇で風を当てながら粉をもむ。この工程は「生一本」で説明した作業とまったく同じである。こちらもまた熱湯の使用量が少ないから、難しさの度合いはほとんど同じと見てよい。しかし、「しらゆき」は、このあとに少量とはいえ、水と割り粉が加わる。その結果、通して見れば、「生一本」よりずっと仕事がしやすい。（粉のもみ方については「生一本」を参照のこと。）

●割り粉の加え方

御膳粉の熱を冷ましたら、割り粉を加える。

割り粉を最初から加えず、御膳粉の熱を奪ってから加えるのは、小麦粉のグルテンの特性による。グルテンは常温で粘性を発揮し、つなぎの役目を果たすが、高温という条件下では固まって粘性を失う。したがって、御膳粉の粘力の補いに割り粉を加える以上は、グルテンのこの特性を無視した使い方をしては意味をなさない。

「湯もみ」にした御膳粉がどのくらいの温度にまで下がったら、割り粉を加えてよいか。

親指の節《ふし》までを粉の無数の小塊の中にそっと入れてみて、熱いけれどもほんのしばしながらガマンのできる熱さ――そのときの温度が、およそ五〇度Cである。このくらいにまで温度が下がれば、グルテンに影響することはない。すなわち、熱めの風呂の温度か、それより少し高いくらいの温度にまで御膳粉の熱がとれたら、割り粉を加えて差しつかえない。

まだ少し高いかな、と心配なときは、先に残量の水を加えて少しかきまわしたのちに、割り粉を加えればよい。五〇度Cくらいにまで冷めてくれれば、割り粉と水の順序は、どちらが先であっても構わない。

ただし、水が先の場合に、少しかきまわしてから粉を加えると書いたように、粉が先の場合も、少しかきまわして御膳粉と混ぜてから、水を平均するように加えたほうが、のちの作業がスムーズにいく。

それからのちは、並そばの「水まわし」と寸分違《たが》わぬ動作で仕事を続けることになる。そして粉の塊が大型になってきたら、一つにまとめて練るわけで、大玉の場合、ここまできたら、例の特殊構造のミキサーを活用する次第となる。

延しからあとの仕事は、「生一本」の説明に準じて進めていく。乾きやすく、切れやすいそばであることに変わりはないが、しかし、たとえ二割以内とはいえ、割り粉が入ることによって、「生一本」の気違い沙汰《ざた》に比べれば、はるかに仕事はしやすい。ゆで時間も「生一本」の七、八秒に対して十秒、延びやすくはあっても、食べるまでに、少しの時間的ゆとりも出てくる。

〈割り粉を加える時期〉　湯もみにした御膳粉《ごぜんこ》の熱を冷ましてから混ぜる

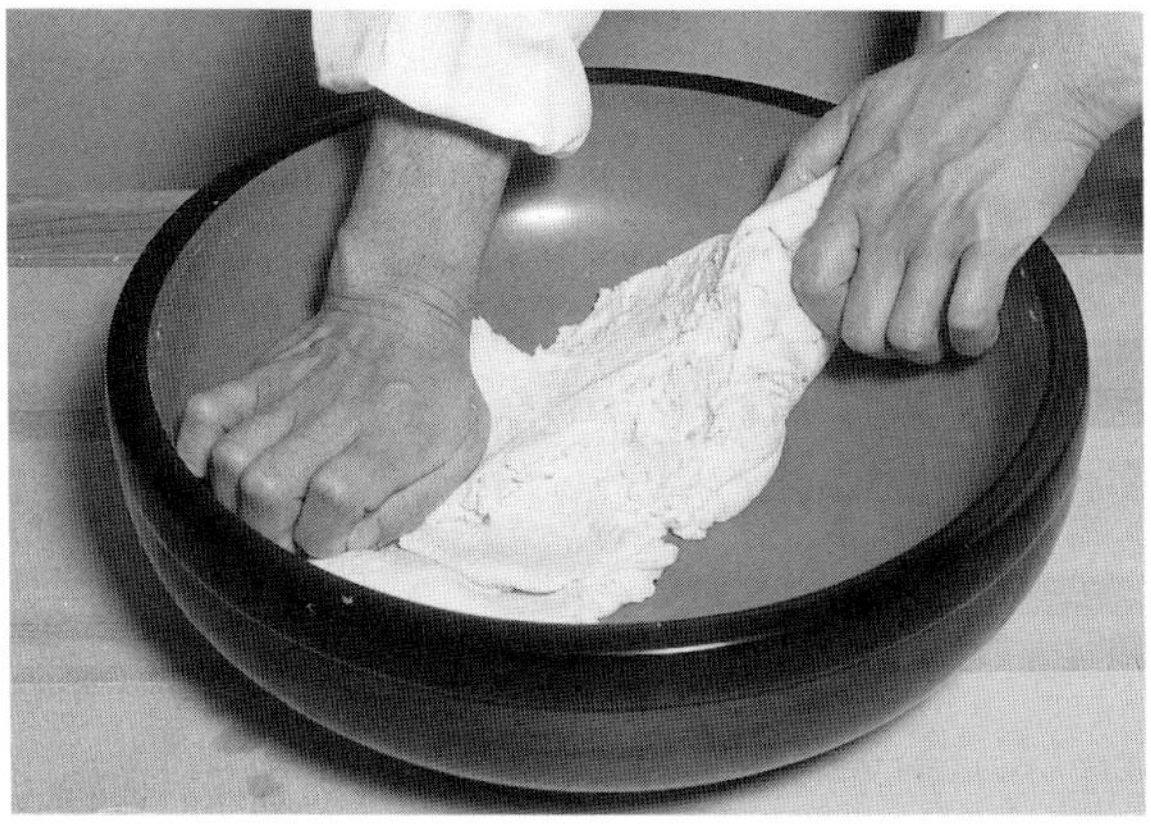

〈練る〉　塊が大型になったら一つにまとめ、手首を押し当てて何度も練る

三、ゆずきり

「ゆずきり」は、香りを楽しむそば。柚子皮《ゆずがわ》のすがすがしい香りが、御膳粉のさわやかな口あたりと渾然一体《こんぜんいったい》になった、香味《こうみ》ゆたかな、口に涼《すず》しい変わりそばである。

柚子の皮は夏と冬で色が変わるので、それにつれて「ゆずきり」の色も変化する。夏から秋にかけての「ゆずきり」は緑を帯び、晩秋から春先にかけては黄を帯びる。初夏の一《いっ》時季《とき》にはまた、「花ゆず」も使える。近年は、

●柚子皮の加え方

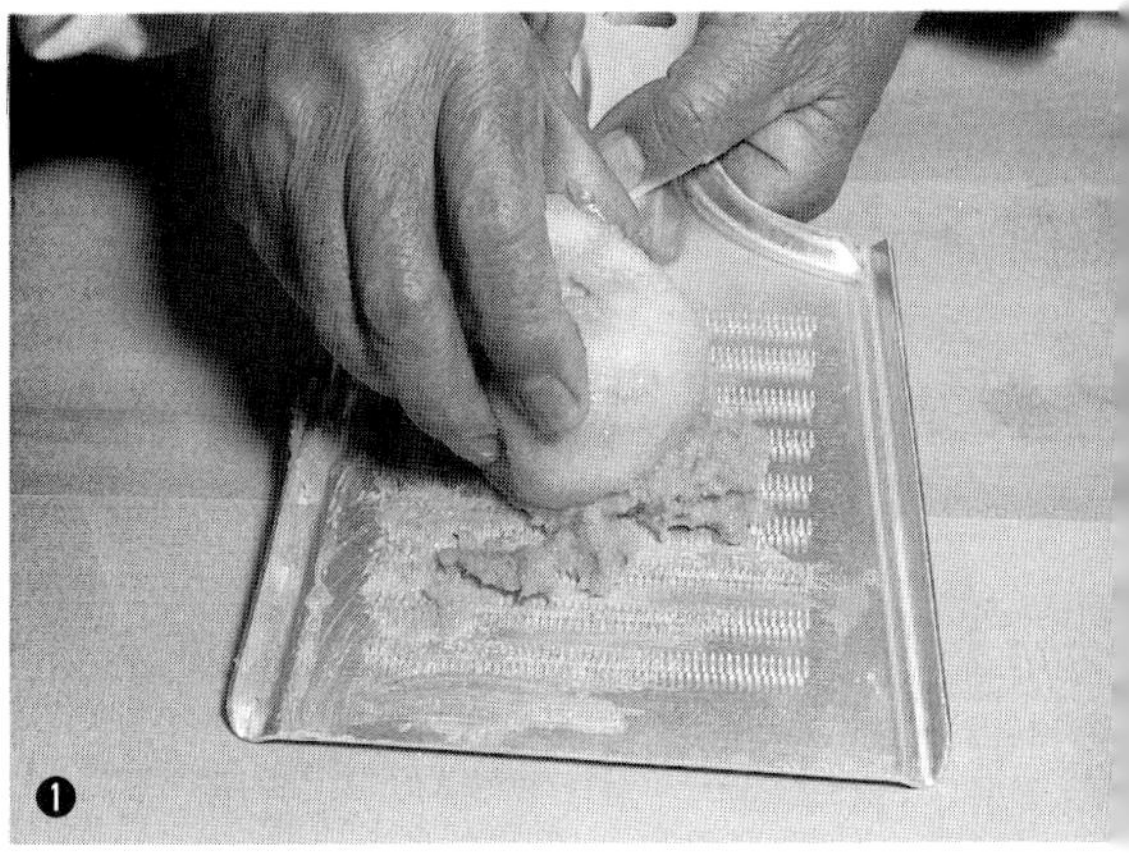

❶〈柚子皮をおろす〉　刃のこまかいおろし金を使い、皮の表層部だけをおろす

❷〈柚子皮を加える〉　柚子皮を実《み》で寄せ集め、熱の取れた粉の塊の中に落とす

❸粉を一握り、実の表面になすりつけて実に付着した柚子皮を取る

❹おろし金に付着した柚子皮に粉をまぶして、柚子皮を残らず木鉢に移す

❺〈柚子皮を打ち込む〉　よく混ぜ合わせた後は、うるおいが出るまで粉をもむ

かなりの時季《じき》まで柚子の冷蔵保管が効《き》くので、一年を通して打つことができるようになった。季節の変化を映《うつ》して、ひとしお風情《ふぜい》のあるそばである。

◉玉の大きさと柚子《ゆず》の量

一度に打つ量は、粉総量で四百匁（約一・五キロ）くらいが適当。これから始める人の場合は四百匁以下にしたほうがよい。

柚子の量に標準はないが、四百匁玉であれば、小ぶりの柚子で四、五個、大きめのもので三、四個ほどを使用。皮の表層の色のついた部分のみを、すりおろして使う。あくまでも、香りづけが主たる目的である。

◉柚子皮を加える時期

御膳粉に柚子皮を打ち込む時期としては、三つの場合が考えられる。

一、初めにすりおろして御膳粉に混ぜる。

二、「湯もみ」が済んでから、割り粉といっしょに加える。

三、練る前に加える。

ここでは、味と実用の両面から、三の「練る前に加える」方法をとる。「湯もみ」を済

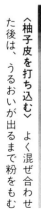

ませ、割り粉も加えて、いったん玉にまとめたところで柚子皮を打ち込むやり方である。

吸いものや柚子湯を思い浮かべてもらえばわかるように、柚子の香りや色は、意外と熱に強い。しかし、だからと言って、柚子皮を初手にすりおろして御膳粉に加えた場合には、「木鉢」と「釜」で都合二度も熱湯を浴びることになる。多少は香りも飛べば色も落ちる。

柚子皮は、粉の熱を冷ましてから打ち込むのがよい。その意味では、二の「割り粉といっしょに加える」やり方でも、いっこうに構わないのだが、ここでその方法をとらないのは別の理由による。前節の「しらゆき」で述べたように、変わりそばの仕事は、「湯もみ」から割り粉を加えるまでの作業を一本化して進め、しかるのちに「しらゆき」用、「ゆずきり」用、「茶そば」用…と、小玉に分けて進めるのが実用的である。そのやり方をとると、柚子皮を加える時期はおのずと「練る前」になる。(「ゆずきり」だけを一玉打つ場合は、二の「割り粉といっしょに加える」、三の「練る前に加える」のいずれでもかまわない。)

●柚子皮のおろし方

柚子は色が出るにこしたことはないが、香りづけが主眼。白いワタの部分は香りのもとにならないどころか、苦味《にがみ》をまねくおそれがあるので、すりおろすのは、色のついた表層部の皮だけにとどめる。

柚子皮は、こまかにすりおろす。そばにムラなく打ち込んで、口あたりを均一にするためである。

そのためには、おろし器は刃のこまかいものを使う。鮫皮《さめ》のウロコのこまかい部分を貼ったものが最上であるが、鮫皮は特殊加工を施《ほどこ》さないと、水分を吸ってふくれてしまう。一カ月も使い続けると、刃がなまったような状態になる。近年は鮫皮のおろし金も市販されているが、市販品の多くは防水加工がしてないので、自分でなんらかの処理をしなくてはならないだろう。

柚子皮をおろし金に残さずに打ち込んでしまうには、次のようにするとよい。まず、おろし金にたまった柚子皮は、実《み》で寄せ集めて木鉢に落とす。すると、実の表面に、すりおろしたものがいくらか付着するので、今度は粉の塊《かたまり》を一握りつかみ、実の表面になすりつけて取ってしまう。同様に、最後は粉の塊をまた一握りおろし器になすりつけ、柚子皮を残らず塊に付着させてしまうわけである。

●柚子皮の打ち込み方

柚子皮をすりおろしたのちは、粉の塊とよく混ぜ合わせ、一部に偏《かたよ》らぬようにしなくてはならない。しかし、均質に混ぜ合わせることのためだけに、長時間を割《さ》く必要はない。粉の無数の塊に対して、柚子皮がある程度まで散らばって付着したら、あとは練る工程に進んでしまって差しつかえない。玉をよく練る作業が、同時に、柚子皮をまんべんなく混ぜ合わせる作業を、あわせて果たすことにもなる。

この練る工程からあとの作業は、「ゆずきり」の場合、前節の「しらゆき」とほとんど同じである。柚子皮が加わったために、「し

ゆずきり

らゆき」と比べて特別打ちにくくなるというようなことはない。そこで、「ゆずきり」もまた細打ちにすることを述べて、あとの作業は「生一本」のページを参照してもらうようにさせていただく。

◉「ゆずきり」を使った料理

「ゆずきり」は、そばきりとして賞味するだけでなく、料理材料としても用途の広いそばである。日本料理には、香りが身上の料理が多いだけに、「ゆずきり」が珍重《ちんちょう》されるのもうなずける。「ゆずきり」を使った、いろいろな料理の実例を以下に示す。

一、ゆずきり紅白椀

木鉢で「まとめ」に入るときに、椀に使う分《ぶん》だけ一握り取り分ける。紅白とするには、その半分を微量の食紅で染める。親指大のだんごを方形に延ばし、四角にたちおとす。厚みはそばきりと同じくらい、厚くても一・五ミリ程度。それに末広にんじん、椎茸、木の芽などをあしらって椀種にする。特別な祝いの席などでは、金箔を落とすのもいい。

二、ゆずきりとこんにゃくの白和《しらあ》え

①「ゆずきり」は、箸の太さくらいの太打ちにする。それを長さ三センチ程度に切り、一分《ぶん》強ほどゆでる。

②こんにゃくを同寸に切り、から煎《い》りして適宜に下味をつける。

③水気を切った豆腐をよく当たり、裏ごしする。これに塩、砂糖（好みによる）を加えて味をととのえ、和《あ》える。

晩秋に、よく熟《う》れた柚子をくり抜き、柚子釜とするのも風情があっていい。

「ゆずきり」を使った　そば料理

三、前菜盛り合わせ

❶ゆずきりと昆布の縁結び　唐揚げ

太打ちの「ゆずきり」を十センチほどの長さに切り、昆布もその長さに合わせて切る。「ゆずきり」を昆布の上にのせ、紐《ひも》結びの要領で形よく結び、唐揚げにする。

西京味噌と御膳粉でつくった「そばクリーム」を添えて出す。

❷笹身のゆずきり巻き

笹身は開いて霜降り程度にし、約三センチ幅に切る。わさびを加えた濃い目の黄身《きみ》醤油で味をつけておく。

巻きすに海苔を敷いて「ゆずきり」を少量並べ、中央に笹身を置いて巻く。（巻き方の詳細については、後で述べる「そばずし」を参照のこと。）

❸ぎんなんとゆずきりの短冊《たんざく》揚げ

串に刺したぎんなんを、短冊形にととのえた「ゆずきり」にのせて軽く押し、添わせたところで唐揚げにする。

❹百合根の梅肉和え　そばの実かけ

塩抜きを入念にした梅肉にそばの実を混ぜ合わせ、ゆがいた百合根にかけて供する。

❺きゅうりのそばもろみ

「もろきゅう」のもろみに、そばの実を混ぜ合わせたもの。

④と⑤は、そばの実が材料。そばの実は、ふかすか煮て、砂糖（甘味）をかすかに含ませておく。

四、茶そば（茶きり）

御膳粉に抹茶《まっちゃ》を打ち込んだ「茶そば」は、品格の高さで、ひときわ目立つ変わりそばである。茶の緑と、ほのかな香りは、そばきりにして独特の趣《おもむき》がある。他のそばにない色のために、単品でも盛り合わせても、人の目をとらえることの多いそばと言える。

「茶そば」はまた、料理材料としても、きわめて用途が広い。技術的には、たいへん難しいそばだが、これをマスターして腕を磨《みが》けば、自分の店で商《あきな》うだけでなく、高級日本料理店への仕出しという途《みち》も開けてくる。

◉抹茶《まっちゃ》の種類・品質と使用量

抹茶には、濃茶《こいちゃ》と薄茶《うすちゃ》の二種類がある。濃茶は薄茶に比べ、手がかかるために値段がはるかに高い。どちらも「茶そば」に使えるが、濃茶を使っても、その品質のよさが、茶として味わうときほどには生きてこない。

また、茶として飲む場合に比べ、「茶そば」一人前に使う抹茶の量は、わずかなものでしかない。そのうえ、そばの場合は釜で熱湯につかる。

茶そば

したがって、「茶そば」に使う抹茶は、価格からみて、中級程度の薄茶で充分に役目が果せる。

加える抹茶の量は、そばに対して少なすぎれば、あがりが寝ぼけた淡《あわ》い色になり、多すぎれば、毒々しくて食感をそぐことになる。近年は、お茶にも色粉が使われているようだから、多すぎた場合は、ドギツイ色となる。また、多すぎた場合は、仕事がたいへんやりにくくなる。抹茶に、足（粘り）を奪う性質があるため、「茶そば」は思いのほか切れやすい。そのため、加える抹茶の量は、そばに打った場合の色合いの品格と、仕事のしやすさとの兼ね合いを考えて割り出す必要がある。

中級程度の薄茶を使う場合は、粉総量百グラム（御膳粉一〇対強力粉二）に対し、薄茶一・六グラム程度の割合いが適量。

粉を匁で計量している場合は、粉総量百匁に対し、薄茶六グラム程度の割合いになる。このくらいの量の薄茶であれば、あざやかな緑色にあがる。

●抹茶の加え方

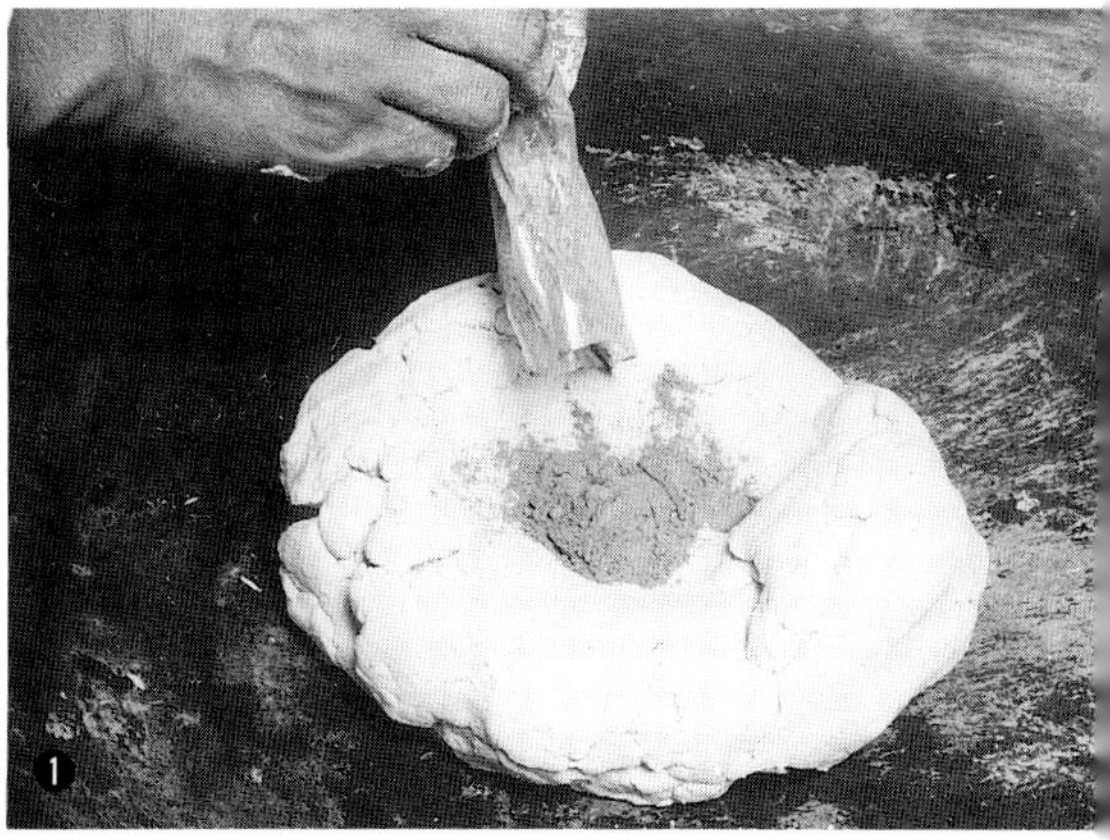

〈**抹茶を加える**〉 玉にまとめた中央にくぼみをつくり、適量の抹茶を加える

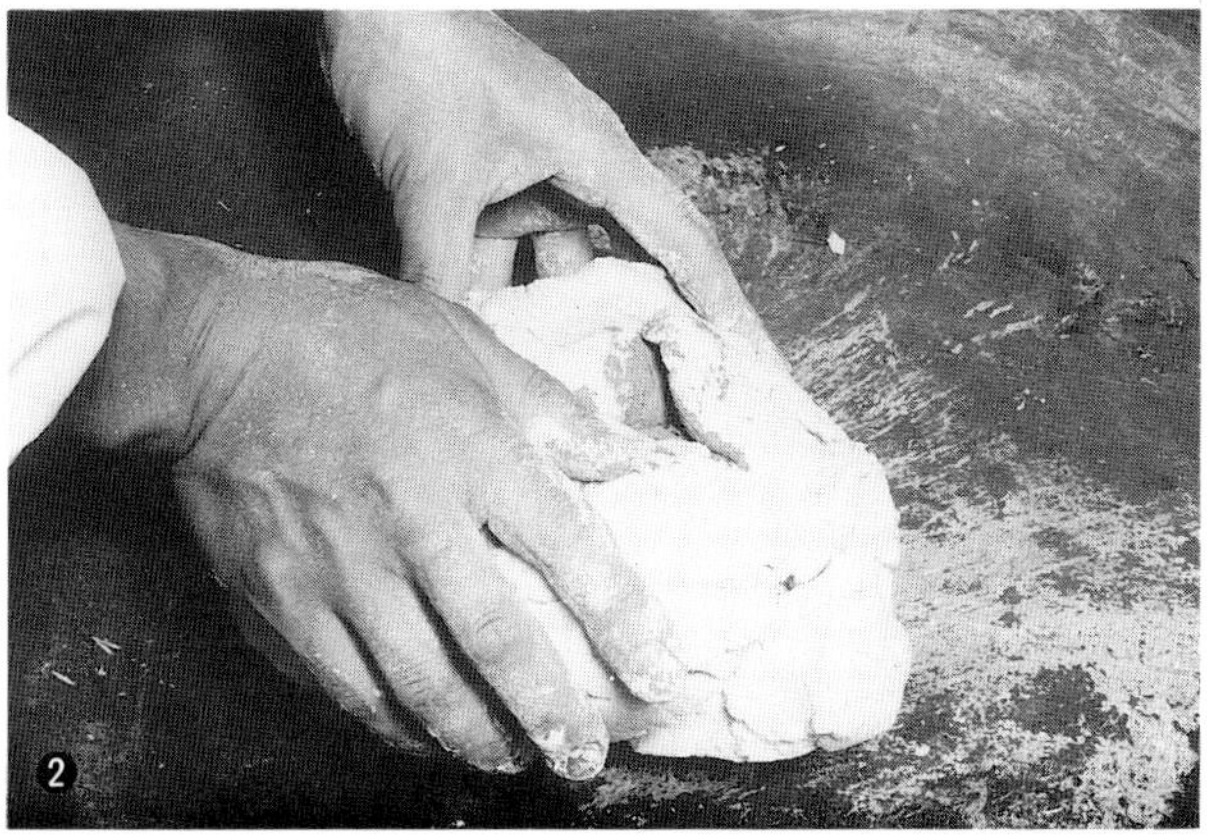

玉の両側を起こし、おかしわ状にして抹茶をくるみ込んでしまう

（「茶そば」は、いわゆる青粉《あおこ》で染めたそばとは違う。青粉で染める方法は、そば粉が褐《かっ》変《へん》しやすい夏場に、一部で行われてきた。）

◉抹茶の加え方

御膳粉に抹茶をいつ加えるかについては、三つのやり方がある。

一、最初の段階で、抹茶をふるい込んで混ぜる方法。

二、「湯もみ」が済んだところで抹茶を加える方法。

三、いったん玉にまとめて、練る前に抹茶を加える方法。

三つの方法のうちで、ムラなく抹茶を混ぜ合わせることにかけては、一の方法が一番やりやすい。しかし、一の方法では「湯もみ」と釜で、都合《つごう》二回も熱湯を浴《あ》びることになり、色があざやかに出ない。仕上がりの状態から見て、これは、あまりおすすめしたくない方法である。

それに対して、二や三の方法では、茶の緑がきれいに出るし、香りのとびも少ない。供するまでに、熱湯を一度しか浴びないことが効《き》いてくるのである。

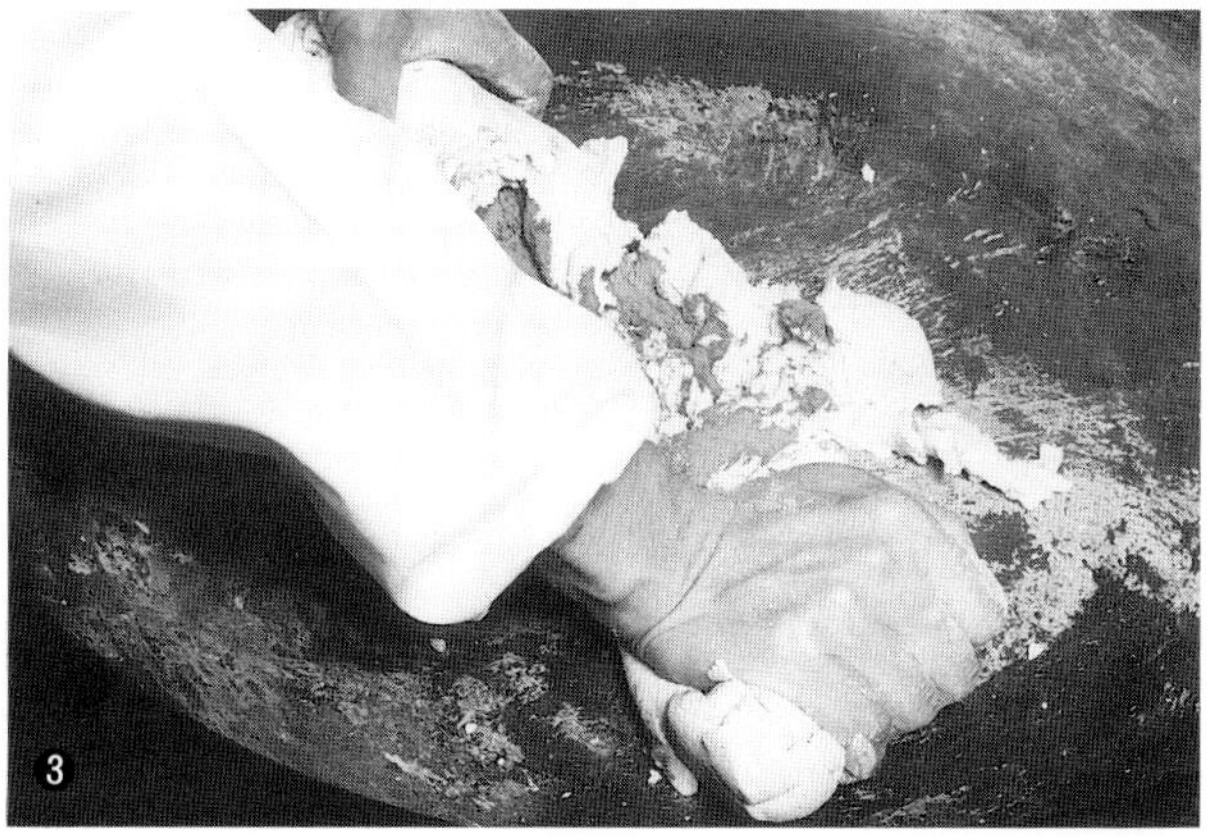

〈**練り混ぜる**〉 玉の端を押さえ、片手の手首を押し当てて前方に練りつける

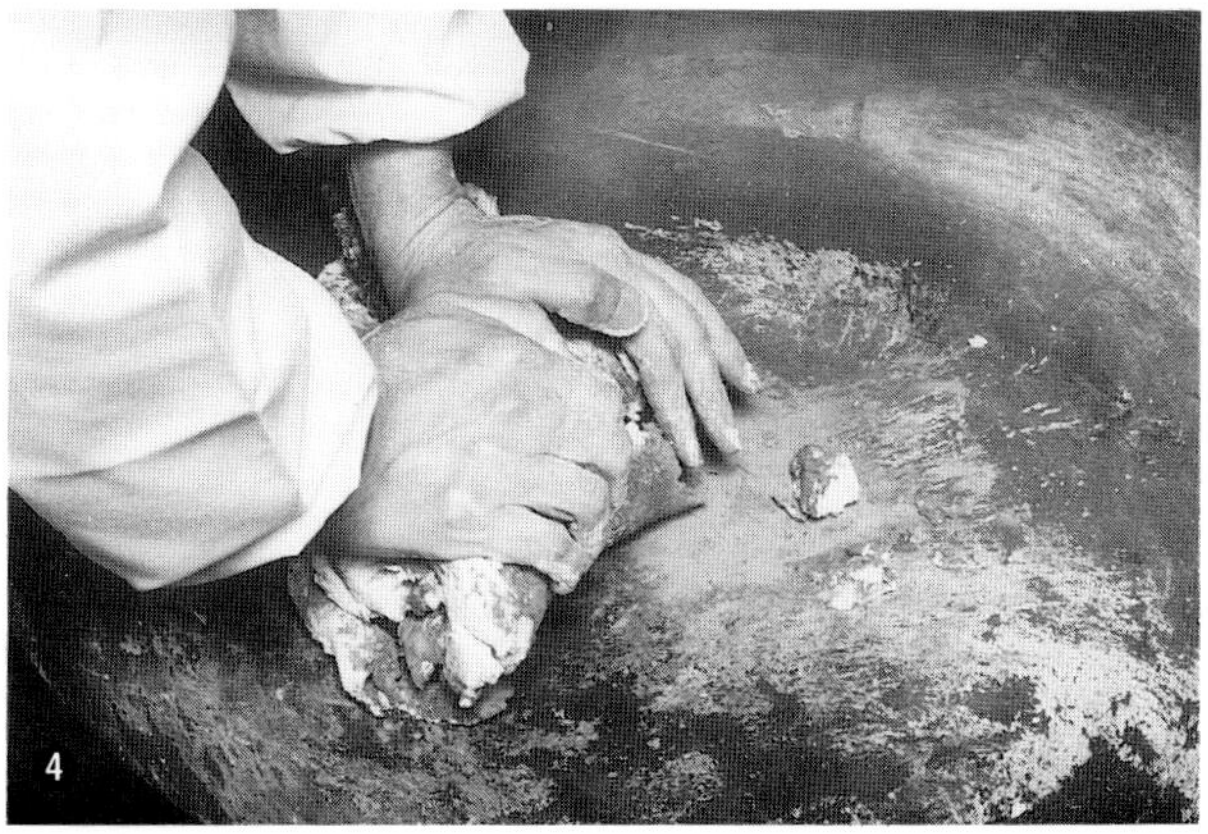

初めのうちはちぎれてしまう。塊を寄せ集めて玉にまとめなおす（③④反復）

抹茶が平均に混ざり、粘りが出るまで練り続ける。頃合になったら玉に取る

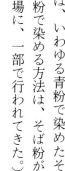

三の方法には、さらにもう一つの利点がある。数種の変わりそばを打つ場合、「湯もみ」から割り粉を加えるまでの工程は、一本化してすすめることができるという利点である。たとえば最初は粉総量一貫目の大玉（キロなら四キロ玉）で始め、練り延ばす前まで進めてきたところで、「ゆずきり」用、「茶そば」用、「けしきり」用……と、小玉に分けて進める。この方法が（そば会などの特別な場合を除いて）、営業の実状に則《そく》したやり方である点については、すでに「しらゆき」のところで述べた。

ただし、玉にしてから抹茶を加えてムラなく練り混ぜるには、相当の根気が要《い》る。

私の例の特殊ミキサーを使えば、ことは簡単だが、しかし、同程度のミキサーを読者の方《かた》が入手された場合でも、機械に任せきりでは、練り過ぎてやりそこなう失敗も考えられる。そこで、厄介《やっかい》なようでも、まずは自分の手で練って、要所を会得《えとく》するようにすすめたい。

玉にまとめるまでの工程は、前にも述べたように、「しらゆき」と同じである。

そのあと、玉の中央に凹《くぼ》みを作り、そこへ抹茶を入れる。玉の外側をかえして、抹茶をくるみ込んでしまう。くるみ込んだら、玉をつかんで木鉢の前方へ練りつける。ちぎれた塊《かたまり》をくっつけ集めて一つにし、再度練る。抹茶が平均に混ざるまで練ると、練り具合いも頃合いになる。練りが適当かどうか、いつ延しに入ればいいかを判断するには、並そばのところで説明した、ねじ曲げ押しつぶしのテスト法を適用する。

以上が三のつくり方と要点である。

●「茶そば」の加水量

要点だけ述べると、いかにも簡単なようだが、すでに言ったように、抹茶は足を奪う性質があるので、まず、加水量が厄介《やっかい》である。

「茶そば」は、加水量を多めにすることが必要である。同じく御膳粉を原料とする変わりそばではあるが、「茶そば」は「しらゆき」や「ゆずきり」などより、加水量を多くしなければならない。

「しらゆき」や「ゆずきり」の加水量が、たとえば五二パーセントで適正な場合には、「茶そば」は五五パーセントくらいにする。

では、三色のそばの「湯もみ」を一度に済まそうという場合には、加水量はどうすればよいだろうか。最初から「茶そば」に合わせて加水すると、他の二つには多すぎてしまう。そこで、「湯もみ」のときは、他の二つに合わせて加水し、抹茶を混ぜるときに「茶そば」だけに不足分の水を足すのである。

●「茶そば」の基礎《じ》延《の》し

次に、他の変わりそばにもよくあることだが、「茶そば」はことに玉の縁《ふち》にヒビが出やすいという問題がある。

このヒビをそのままにしておくと、口が開いて、やがてはズタズタに切れてしまう。まごついたりしてカゼをひかせてしまった場合は、「四つ出し」へいくまでに、このヒビをなくしておく必要がある。そのためには、丸出しの初め、玉を手で押しひろげるとき、指

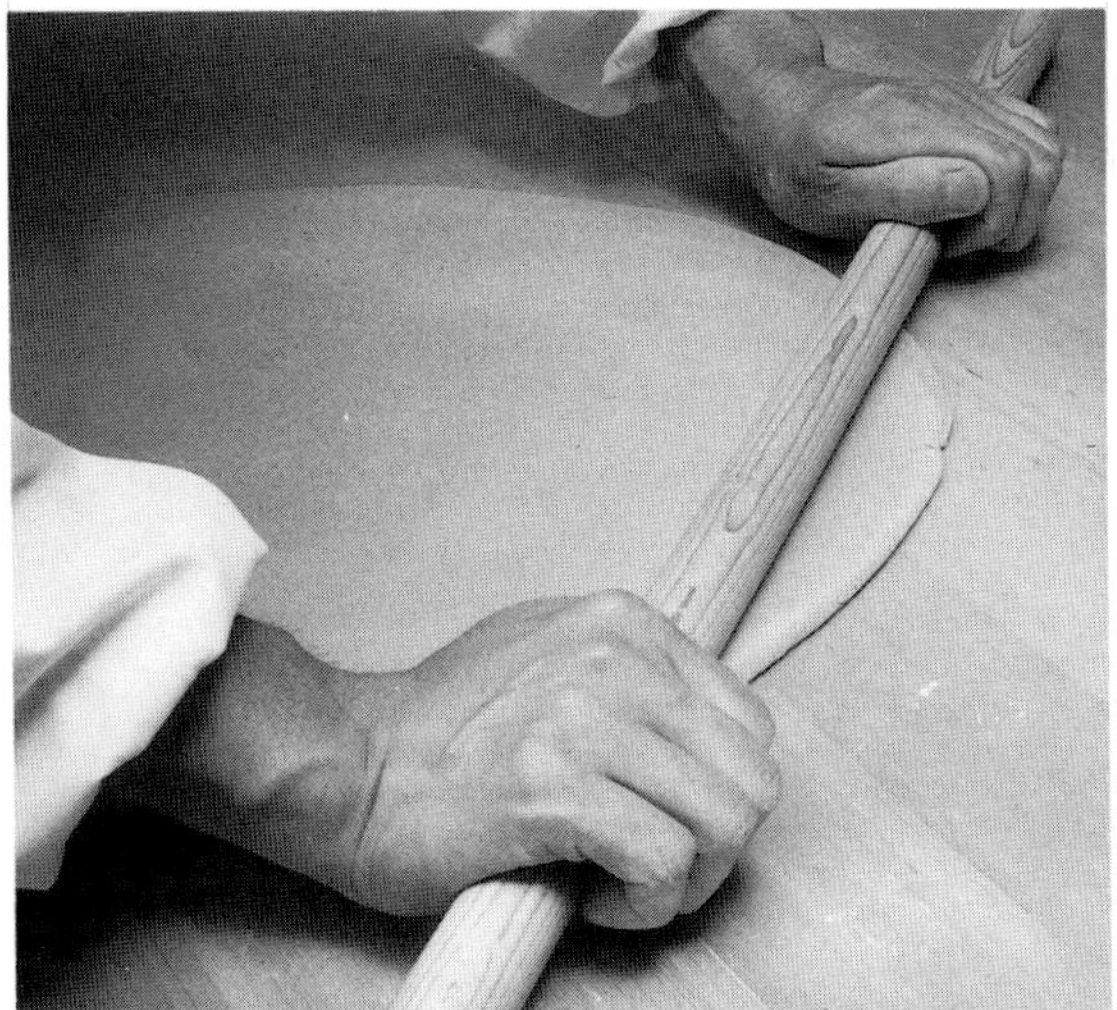

〈ヒビの処置〉　茶そばは玉の縁にヒビが出やすい。「基礎《じ》延《の》し」では、縁ぎりぎりまで延し進めてフッと力を抜き、ヒビを下に送り込む。乾燥を防ぐための策

を曲げて縁にかけ、指の腹を絶えず玉に押し当てて乾きを防ぐ。延し棒を使うときは、縁ぎりぎりまで棒がきたときに、フッと力を抜いて、ヒビを下へ送りこむ。

◉「茶そば」の本延し

並そばは申し分なく打てる人も、「茶そば」を打たせると、たいてい失敗するものだ。頭で「茶そば」は足がないからていねいに扱うことと理解しているだけでは、足りないのである。それほど「茶そば」は切れやすい。

ことに、大玉で巻き棒二本に巻きとって中間を延すときは、細心の注意が要《い》る。両端を巻き棒で止められて逃げ場がないために、わずかでも無理な力がかかると、裂《さ》けて口がどんどんひろがってしまう。

また、延し続けて、薄くなった部分がたるんでシワになった場合は、シワの筋《すじ》がそのまま切れ目になる。

延している間は、どうやらつながっているような場合でも、たたむときに、そのシワの筋が災《わざわ》いして、そこからザックリ切れてしまう。とにかく、筋をつけたら「茶そば」は終わりとみなければならない。

このあたりのすさまじさは、並そばだけを扱ってきた人には、ちょっと想像がつかないかもしれない。

それにしても、いかに足がないとはいえ、こんな事態を生む原因はどこにあるのか。

ここで思い出してほしいのが、「前方へばかり延し続けてはいけない！」という、「さらしな」を打つときの心得である。

前へ少し延したら、必ずすぐ後ろへも延し、両手の力は均等に、左右交互に延すこと。延し方は、下へ押す力の勝った延し方である。

この延し方が申し分ないほどできても、なおかつ切れてしまうこともある。原因は木鉢での練り不足や加水量の間違いなどにある。

なぜこんな、最初から最後まで息の抜けない方法をすすめるのか。割り粉を増やし、さらに卵も使えば楽に打てるのではないか、という声が聞えてきそうだ。

しかし、割り粉を増やせば、それだけ御膳粉のさわやかな風味はなくなる。極端な話、割り粉を四割近くも加えたら、「さらしな」に特有の風味は、しのぶべくもない。また、割り粉が増えた分《ぶん》、ゆで時間も長びくから、抹茶の緑もそれだけ汚なくなってしまう。

卵も、一定量を使えば、その粘着力はたしかに有効にはたらく。しかし、卵特有の臭《にお》いが残ること

●「茶そば」　本延しでの注意点

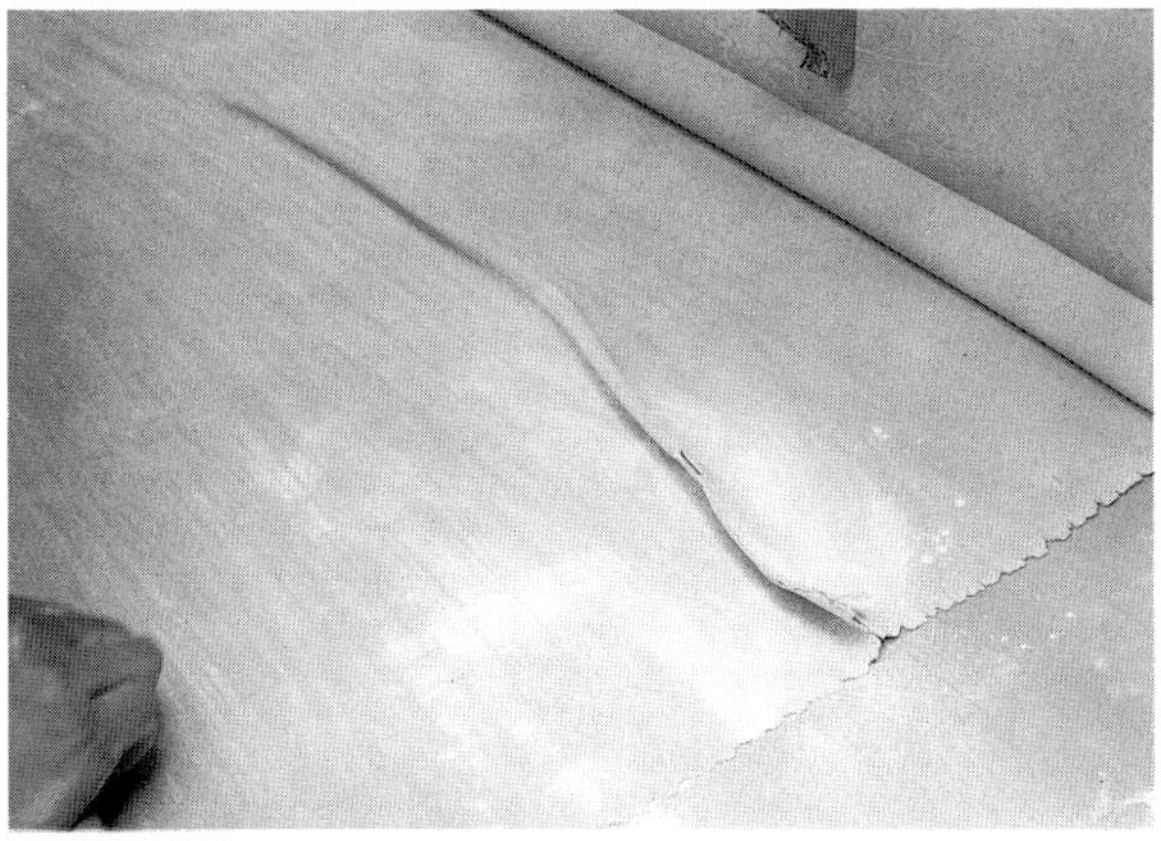

振りかえてからは特に注意。前へ前へと延し続けると、たるみができやすい

一方、手前の巻き棒の近くには、引っ張られているので小さな裂けが入り…

たたんだ拍子に大きく裂けてしまう！　前へ延したら、すぐ後ろへも延すこと

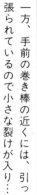

も否定できない。茶の持ち味を生かす立場からは、これもまたすすめられないのである。

やはり、つなぎは強力粉二割程度にとどめたい。変わりそばを扱う以上は、それで打てるように腕をみがくことが必要である。

◉茶そばを使った　そば料理

一、夕涼《ゆうすず》み

夕涼み（「茶そば」「しらゆき」盛り合わせ）

軽やかな器を選び、「茶そば」と「さらしな（しらゆき）」を盛り合わせ、あしらいに大葉を敷いて車海老を添える。ゆすぎの段階で、そばをよく冷やすことが肝要。
夏の風物詩にふさわしい、涼味《りょうみ》を呼ぶそばきり。緑と白と赤の彩《いろどり》が目に鮮かで、さっぱりした味が楽しめる。

二、茶巾椀《ちゃきんわん》

茶巾椀

茶そばを茶巾に仕立てて、吸物の椀だねとする。
①細打ち用に延した茶そばを、方形に断《た》つ。
②トリ挽き肉、にんじん、椎茸、かんぴょうなど、みじん切りにして、軽く味をつけておく。
③包むときは、底がくぼんだグラスなどを台に利用して茶そばに形をつけ、そこへ具を入れる。茶そばが切れやすいので、それを防ぐための工夫である。

三、うなぎの茶そば巻き

うなぎの茶そば巻き

ウナギの蒲《かば》焼きを芯《しん》にして、茶そばで巻いた太巻き。焼き身の香ばしさと、茶そばの味が不思議によく合う、目先の変わったそば料理。酒肴にも向く。ウナギの代わりにアナゴの焼き身でもいい。海苔は、うどんか飯粒で貼りつける。
①茶そばをひとつまみ取り、軽くしごいて揃《そろ》える。
②すだれを縦目におき、茶そばを横に並べて水を切る。
③手前を揃えて海苔をかぶせ、軽く添わせ

る。

④すだれを裏返して、片手に海苔と茶そばを受け、すだれをはずす。

⑤すだれの乾いた面を横目に敷き、それに平行に海苔と茶そばをのせる。

⑥蒲焼きは、身を上にして隠し庖丁を入れ、庖丁目を入れたほうを下にして、茶そばの中央におく。

⑦具がずれないように巻いて糊づけする。

五、卵《らん》きり

「卵《らん》きり」は、「茶そば」と並んで色ものの代表格にあるそば。黄味を帯びた色合いの美しさや、しこしこした歯ごたえ、腰の強さなどに特徴がある。御膳粉だけで五色そばを打つとなれば、この黄色は欠かすことのできないそばである。料理材料としての用途も広い。しかし、近年は、卵を使った料理がご馳《ち》走《そう》でなくなったためか、「茶そば」や「ゆずきり」に比べ、それほど格調のあるそばとは言えなくなってきている。

「卵きり」はまた、「茶そば」や「ゆずきり」と違い、好き嫌いが割とはっきりしているそばである。万人向きではない。一方に根強い愛好者がいるかと思えば、他方には「卵きり」と聞いただけで、胸がむかつく、いわゆる卵アレルギーの人達もいる。もちろん、いずれも極端な例だが、ともかく客の誰彼なしに無条件にすすめるわけにはいかないそばと言える。

卵きり

●「卵《らん》きり」と卵つなぎの違い

「卵きり」と卵をつなぎに使う場合とでは、どのように違うか——。

「卵きり」は、卵の味を楽しむそばである。そのために、卵つなぎの場合より、はるかに多くの卵を使う。技術的には、卵の分《ぶん》だけ加水量を減らす必要があり、とくに「湯もみ」に高度のテクニックを必要とする。

それに対し、つなぎに卵を使う場合は、加える卵の量は少なく、粉も並み粉か「田舎《いなか》」である。この場合の卵は、あくまで仕事をしやすくするために加える。

一般に、卵をそばに使えば、仕事は楽になると思いがちだが、「卵きり」は逆に、卵を加えることでかえって仕事が難しくなる。

それならば、技術的にやさしい並み粉に、多量の卵を打ち込めば、「卵きり」として通用するのか——。その場合は、卵の匂い、並み粉の風味がごっちゃになって、異臭とも言える状態になり、そばの色も汚なくなる。香りがなく、色も白い御膳粉だからこそ、卵の味も色も生きてくる。

●「卵きり」の種類

「卵きり」には三種ある。卵黄のみを使う「卵黄きり」、卵白のみを使う「白卵《はくらん》きり」、全卵を使う「全卵きり」の三種である。

このうち、もっとも一般的なのが、卵黄のみを打ち込むやり方である。一番色が映《は》えるし、仕事も三種のなかでは一番やりやすい。

卵白だけを打ち込んだものは、黄身だけを打ち込んだ場合に比べ、木鉢では多少粘《ねば》つくところが違ってくるが、見た目に卵を使っているとはわかりにくい。食べてみて「御膳そば（しらゆき）」とは違うことに気づく。

全卵を打ち込んだものは、黄味が淡くなるが、卵の味は一番よく出る。技術的には、三種のうちでこれが一番難しい。黄身一個、白身一個分に対し、全卵は当然水分が多いから、その分だけ加水量を少なくしなければならない。卵を丸のまま使えば、それだけ粘着力があるのだから……と、たかをくくっていると、「湯もみ」で思わぬ失敗をする。

●卵の量と加水量の決め方

「卵きり」を打つ場合、卵はどれくらい加えればいいのか——。つなぎとして入れるわけではないので、たとえば一キロの粉に一個や二個の卵では用を果さない。といって一キロに十個も入れたのでは、味も色もくどくなる。色合いと風味をほどよく上品に出すには、粉総量一キロに対し、卵黄四〜五個が適量。卵の種類としては、卵黄の濃いコーチン種のものが、色のあがりも鮮明になる。

卵の量を出したところで、次は加水量が問題になる。卵の分だけ、総加水量から減らさなければいけない。その算定方法は——、

かりに、粉総量一キロに対して、加水量五五パーセントが適正値であるとする。卵は黄身だけを五個使うとして、目方が百グラムあったとしよう。この計量を決して忘れてはいけない。ここで粉一キロに対する適正加水量五五パーセントとは、五百五十グラムだから、これから卵黄の目方百グラムを引くと四百五十グラムになる。これが、「湯もみ」に使う湯の量である。

〈卵の量〉　粉総量１㎏に対し、卵黄４～５箇が適量

適正加水量－《マイナス》卵の目方＝《イコール》湯の量

それなのに、卵の目方も計らなければ、その分だけ湯の量も減らさないでやった場合には、加水量は総体でほぼ六百五十グラム、粉の六五パーセントにもなってしまう。適正量より一割も多くては、ずる玉になりすぎ、満足なそばとして賞味することはできない。

●卵を加える時期

周知のように、卵は熱を加えると固まる。したがって「湯もみ」のときや、その直後の粉の熱が冷めない段階で卵を打ち込むことはできない。そこで、加える時期は、「湯もみ」が済み、粉の熱がある程度冷めてからということになる。

ただし、これだけの説明では、玉にまとめてから加えてもいいように聞こえる。しかし、それでやると、均質に混ざりにくいという問題がでてくるので、つなぎを入れる前に加えることをすすめる。

この順序を間違えなければ、卵を混ぜるやり方自体はさして難しいものではない。また、それ以後の延しや「たたみ」などについても、他の変わりそばに比べて難しいことはない。むしろ、卵が入っているために、腰があり、さらさらして扱いやすい。

◉「卵きり」の湯もみ

「卵きり」の最大の難所は、「湯もみ」にある。先に数値を示したように、適正加水量より一割も少ない状態で「湯もみ」するのだから、蒸発するにまかせ、木鉢の周囲に水滴のまま残しておくようなことをしては、少ない湯が余計少なくなってしまう。湯は、残らず粉にまわすことが肝心である。

なお、食品衛生の面から一言すれば、「卵きり」は足が早いそばだから、打ち置きを極力《きょくりょく》避け、必ずその日のうちに使いきるようにしたい。できれば、注文を受けてから打つくらいの周到《しゅうとう》さがほしい。面倒なようでも、その配慮が店の信用を生むことになる。

◉「卵きり」を使った そば料理

「卵きり」は、腰があり、独特の歯ごたえが特徴のそば。茶そばと並ぶ色ものの代表だが、色が美しいだけでなく、料理材料としても扱いやすく、用途も広い。

これまでにとりあげたそば料理は、「卵きり」でもほとんどつくることができる。

一、卵きりのカッパ巻き

卵きりのカッパ巻き

●卵の加え方

〈卵を加える時期〉 玉にまとめてからでなく、湯もみの熱が冷めたら加える

卵は無理につぶしたりせず、粉を両手でかきまわして、全体に行き渡らせる

〈割り粉を加える時期〉 卵が御膳粉にかなり混ざってから、割り粉を加える

卵、割り粉が全体に均質に混ざるまでかきまわしながら、徐々に粘りを出す

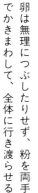

きゅうりを桂むきにして、それで「卵きり」を〝の〟の字巻きにする。そば汁をつけて食べるが、巻くときにワサビを加えれば、そのままでも食べられる。

①すだれに桂むきにしたきゅうりをひろげ、その上に「卵きり」を手もとから真ん中あたりまで並べる。

②すだれを使い、ずれないように巻き始める。少し巻いたら、手で〝の〟の字巻きにする。

③再びすだれを使って巻き、しばらく寝かしておく。

二、そばめしのむすび

この料理は、「卵きり」を使うのではなく、「そば飯《めし》」と卵を組み合わせたものである。「そば飯」は、「そば米《ごめ》」（塩を入れた湯で碾き抜きを蒸し、乾燥させたもの。玄そばを蒸してから、外皮を除く方法もある）と米を七対三程度の割り合いにして炊く。碾き抜きでも炊けないことはないが、「そば米」のほうが煮くずれせず、歯ごたえがある。徳島のものが有名だが、近年は福島や山形のものも出回っている（「日穀」製が求めやすい）。炊きあげたら、卵黄をまぶして型押しする。

三、卵きりの冷やし椀

ゆであげた「卵きり」を、そのまま椀だねにした、冷たい吸いもの。海老、椎茸、三つ葉を加え、香りづけに青柚子《ゆず》をあしらう。時季が変われば、この取り合わせで熱いつゆを張ってもいい。

六、けしきり・ごまきり

「けしきり」と「ごまきり」は、共通点の多い変わりそばである。加える材料は、どちらも粒《つぶ》のものであり、ともに香ばしさを取り柄《え》にしている。

◉そば打ち技術の難易度

どちらのそばも、太打ちにする。打ち込むものの性質から、「並」より太めにしたほうが生きる。

けし粒《つぶ》といえども、粉から見れば相当に大きな固形物である。細打ちにしたのでは、庖丁の歯で砕かれた実《み》が、そばからはがれ落ちてしまうし、また、ゆでているときに、かなりの粒が落ちてしまう。けしより粒が大きいごまの場合は、なおさらである。

その点を考慮して、「けしきり」も「ごまきり」も太打ちにする。

太打ちということもあって、打ち方は、さほど難しくはない。むしろ、変わりそばのなかでは、比較的やさしいほうに属する。前出の「茶そば」などに比べたら、段違いにやさしい。（もちろん、これは、あくまでも変わりそばのなかで比較するかぎりのことであって、並そばの技術では歯が立たない。）

◉けしの実、ごまの使用量

打ち込む量は、そばの太さによって多少変わるが、どちらも、粉総量一キロに対して、十六グラム程度を目安にするとよい。

多くても二十グラムまでが、打ちやすさの度合いや食味のよさから見て、すすめられる数値である。

◉けしの実の炒《い》り方

では、二つのそばのカンどころはどこにあるか――？

けしきり（左）
ごまきり（右）

「けしきり」「ごまきり」のいずれも、御膳粉に打ち込む前の炒《い》り方やすり方が、味の決め手として、重要な役割を担っている。日本料理の常識とされるやり方では、そばきりに向かないのである。

ふつう、ごまなどを炒るときは、二、三粒パチパチとはねたところで炒り上げにする。（実際のところは、これは昔の炭火《すみび》の場合の目安。現在のガス火では、はねる前に熱がまわるので注意！）

しかし、けしの実は、その程度——つまり二、三粒はねた程度で炒り上げにすると、まだ生《なま》のときの渋味が残っていて食味を殺《そ》ぐ。

それからまた、けしの実は粒の色が淡く小さいので、浅炒りでは、白いそばに打ち込んでも見栄《みば》えがしない。全面にまぶすのとはわけが違い、打ち込む量はたかが知れている。

したがって、けしの実は渋味（生の味）がなくなるまで、やや深めに炒って、色をつけることが大事である（弱火を条件とする）。

と言っても、苦味《にがみ》が出ては炒り過ぎで、これまた興をそぐ。噛んでみて、渋味がなくなったかどうか、炒り過ぎて苦味が出ていないかどうかを確かめなくてはならない。

その頃合《ころあい》を適切に計るためには、一度に炒る量がものをいう。

鍋に平らに納まる量にとどめ、量が多い場合は二度に分けるぐらいの配慮が必要である。

〈補註〉**けしの実と毒性（アヘン）について**

アヘンはけしから取ることを思い出し、けしの実を食用にして大丈夫かどうか心配する人もあるかと思う。しかし、けしの実は、古くから食用にされてきた。身近な例としては、アンパンなどにまぶしたものが浮かぶ。

けしの実、つまりタネには毒がないのである。だが、タネができてくるまでの未熟な果肉には毒がある。果肉に傷をつけると乳液（樹脂）が出るが、この乳液に毒性があるとされている。

なお、アヘンとの関係について言えば、すべてのけしからアヘンを取るのではなく、品種が限られてくるようである。

◉ごまの選び方

ごまには、白ごま、金《きん》ごま、黒ごまと、大きく分けて三種類ある。このうち、「ごまきり」には、風味と色合いの両面から見て、黒ごまがもっとも好ましい。

金ごまも風味はすぐれている。だが、そばきりに打ち込んだときの黒ごまの薄墨色《うすずみいろ》には、得《え》も言われぬものがある。御膳そばだけで五色に組む場合、黒ごまが重要な役割を受け持つことになる。

ただし、ひとくちに黒ごまと言っても、市販の洗いごまには染めたものもある。そんなごまを水につけてみると、わずかな時間で漆《しっ》黒《こく》の色が落ち、水が薄墨に変わってしまう。やはり自然色の、粒がよく揃《そろ》ってふくらんだ黒ごまを選ぶに越したことはない。

その黒ごまにも、軽めのもの（一升で約二百匁）と、重めのもの（一升で約三百匁）がある。軽めは茶っぽいような黒だが、重いものは真っ黒で、実も締まっている。別名「ビロード」とも言う。選ぶなら、このような黒ごまを選びたい。

◉ごまのすり方

さて、ごまもけしの実同様、炒ったものを御膳粉に打ち込むが、通常はすりごまにして加える。炒りごまのままでいけないわけではないが、けしの実より粒がはるかに大きいので、打つときに邪魔《じゃま》をすることがある。また釜の中にかなりの粒が落ちてしまう。（ただし、ごまの量を減らして極太《ごくぶと》打ちにするならば、粒のままでも打つことは可能である。）

ごまの炒り加減は、やや深めか、あるいは普通でよい。問題は、すりつぶす度合いで、これが一般常識とは違う。

通常、すりごまと言えば、油が出てねっとりするまでする。

しかし、そばきりに打ち込む場合に、そこまでやると、油のねばりが麺棒の邪魔をして思わしくない。力を入れず、実を軽く砕く程度にとどめ、油を出さないようにすることが大事である。

なお、けしの実、すりごまを加える時機、打ち方などは、これまでの変わりそばと同じなので、説明は省略させていただく。

一言、「ごまきり」のゆで方についてのみ注意しておきたい。「ごまきり」は、すりごまを使っていても、多少は釜の湯を汚してしまう。そこで、別の釜を使うか、最後にゆでるようにしたい。

◉「けしきり」「ごまきり」を使った　そば料理

一、けしきりのそば餅《もち》

「けしきり」は、そばきりにするときの数倍の幅に切り、長さを七〜八センチにする。それに撚《よ》りをかけ、形を固定してからゆでて、甘辛団子のようなみたらし風のあめあんをかける。つくるときの要点は、ねじれがとれないようにするところにある。そのためには、別の方法もある。

延したものを使うのでなく、玉から取り分け、ひとつまみを手の中で丸めて棒状にし、それをねじるというやり方である。

二、鮭《さけ》の信濃巻

鮭《さけ》の燻製《くんせい》を「ごまきり」で巻いたもの。

①サケは皮を取り除いたのち、固さを戻す意味で、酒、味醂《みりん》、白ぶどう酒などに浸しておく。味つけの役目も果たす。

②柔らかくしたサケに、ゆであげて水を切った「ごまきり」を巻きつける。

③彩《いろど》りに、しょうが、おくらを飾り、そば汁を添えて供す。

少々時間をおくと、そばがひとかたまりになり、食べ頃となる。蒸すのも、またよい。

三、そば豆腐

この料理は、「ごまきり」を使ったものではない。御膳粉とごま（金ごまか白ごま）を使った夏向きの料理である。

ねっとりするまですりつぶしたごまに、豆乳または裏ごしにかけた絹ごし豆腐、水で溶いた御膳粉、葛《くず》を混ぜ、塩味と味醂少々を加えて火を通す。最初の量の約半量になったところで火をとめ、流し箱に移して固める。供するときは、そば汁を張り、糸わさびなどを飾る。

「けしきり」「ごまきり」を使った　そば料理

七、海老《えび》きり・鯛《たい》きり

◉料理材料としての「変わりそば」

海老《えび》や鯛《たい》を打ち込んだ変わりそばは、祝いごとの膳で映《は》えるそばである。

ただ、同じく変わりそばとは言っても、この二つは、これまでに取り上げたものとは性格が異なる。

「茶そば」「ゆずきり」など既述の変わりそばは、まず、そばきりとして食べてよし、料理材料としてもよし——と、二つの用途をほどよく兼ね備えた変わりそばである。それに対して「海老きり」や「鯛きり」は、料理材料としての用途がほとんど、と言ってもよい変わりそばである。

そばきりにして食べられないわけではないのだが、手間や材料代がかさむ割には、それほど美味なそばにはならない。

この種の変わりそばは、かなりの数にのぼる。前にも一度名をあげたが、「貝きり」（大星のすり身を打ち込む）、「磯きり」（海苔）、「草きり」（よもぎ）、「木の芽きり」（山椒の若芽）、「菊きり」（菊の葉または花）……などは、料理材料にして活《い》きる変わりそばである。

季節感があり、目先が変わっているので、恰好《かっこう》の料理材料になる。つまりは、高級日本料理店の注文を受けて手がける下仕事、ということになる。どう使いこなすかは、先方にまかされている。

ところで、魚介類を打ち込んだ変わりそば

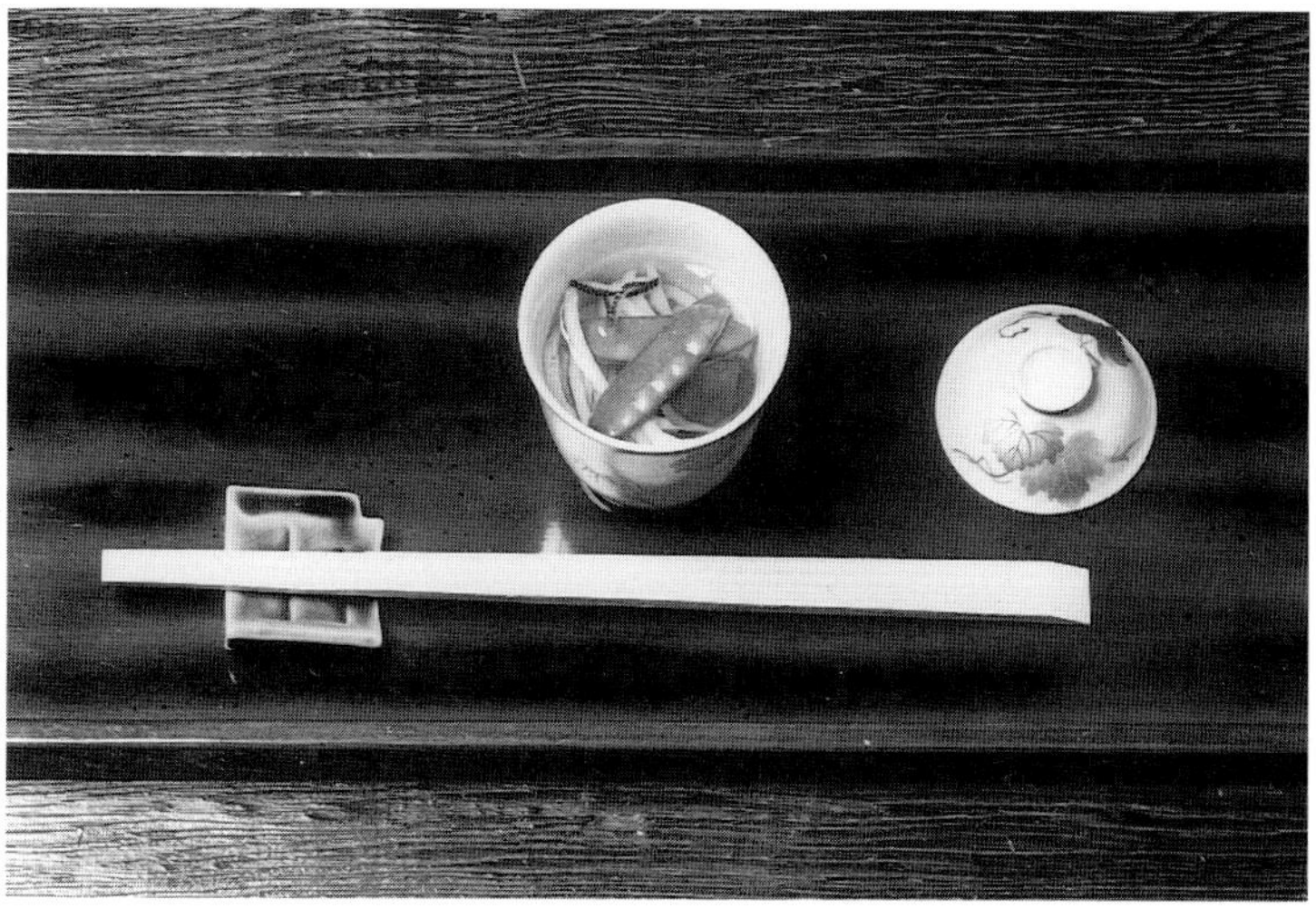

海老きり碗

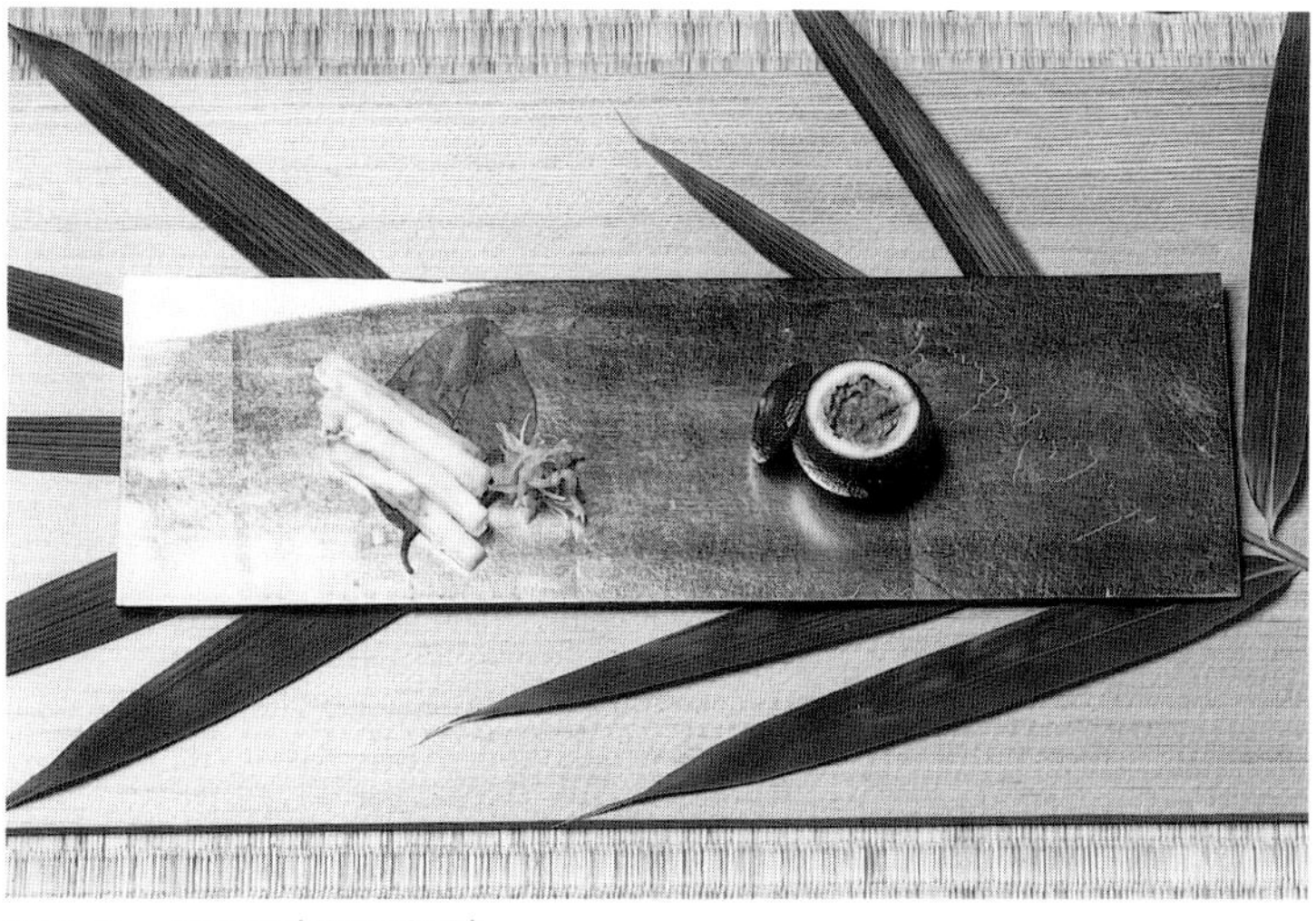

鯛きり　柚子釜（菊酢味噌）

は、いつ頃から、どのようにして使われ始めたのか――？

文献をひもといても、江戸時代とか明治初期とかの確実な記録は、いっさいない。むしろ、そんなに古いものではなくて、昭和も戦前に登場したそばと考えて間違いはない。

私自身について言えば、戦前、大森のほかに築地《つきじ》にも店を出して、片手間に料理材料を扱っていた折に、有名な料亭の調理師さんから台所話を聞くに及んで、このような魚介類を打ち込んだそばを工夫した次第である。

冷凍保存設備、流通網ともに今日《こんにち》ほど発達していなかった時代には、時化《しけ》で思うたねが充分に揃《そろ》わない日がよくあった。そんなときに、乏しい材料を活用する策として、あるいは決まりきった材料から目先の変わった料理をつくり出す策として、この魚介類を打ち込んだそばが、築地《つきじ》あたりでは、大いに重宝《ちょうほう》がられたわけである。ざっくばらんなところ、たねがないときの引き伸ばし策に使われることが多かった。

それならば、現在のように冷凍保存設備、流通網ともに発達した時代には、このような変わりそばは無用であろうか。

たしかに、たねのないときの延命策としての必要性は薄らいだ。しかし、鯛の料理に、「鯛きり」が加わることによって幅の出ることは、現在も変わらぬ事実である。手の込んだ仕事が、高級料理店を客筋にしてしまう強みは現在もなお失われてはいない。

いや、一歩進めて、料亭の下仕事にとどまらず、自分の店のそば料理に活用していく道がある。「鯛きり」や「海老きり」は、縁起《えんぎ》のよい材料を打ち込むそばであるだけに、名まえからして客をひきつけることが充分に考えられる。

●「海老きり」の打ち方と用途

「海老きり」の材料は、できれば活《いけ》のクルマエビをすすめる。

海老は、のちに釜で再度熱を浴びるので、仕込みでは軽く霜降《しもふ》り程度にとどめる。色を

●「海老きり」の打ち方

〈エビの下ごしらえ〉　エビは霜降り程度にして色を出す。身を開いたのち、こまかく叩き、裏ごしにかけて打ち込む

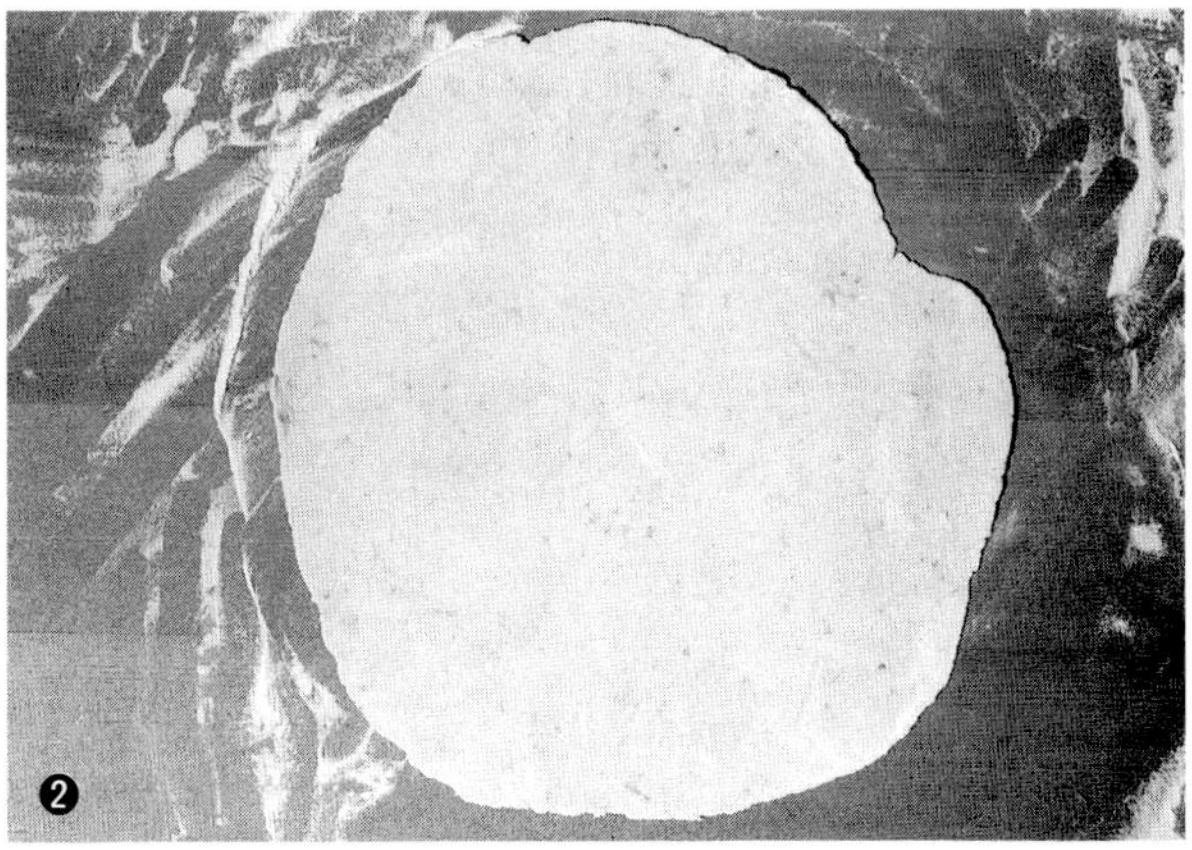

〈延し〉　エビを御膳粉に打ち込んだのちは、他の変わりそば同様に延す。多少の粘りは感じられる

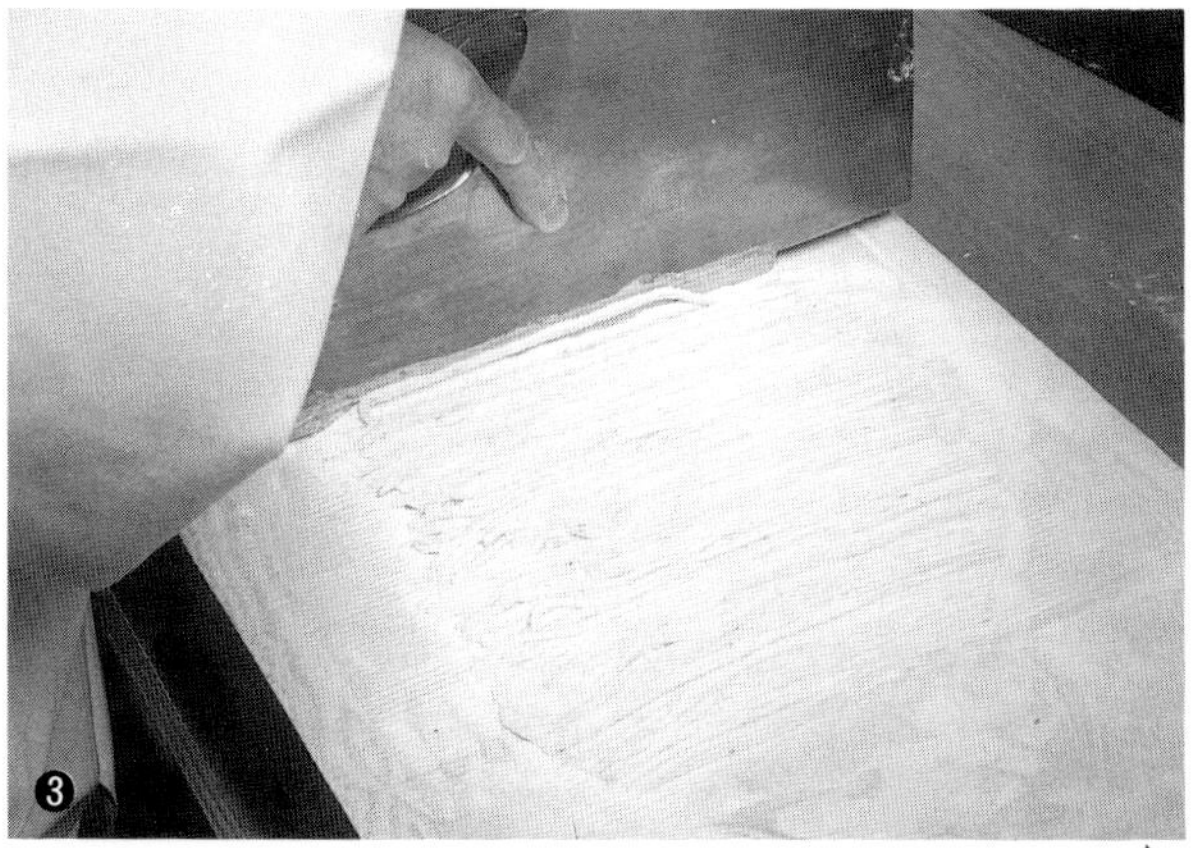

〈庖丁〉　中細打ち程度（１寸＝3.03cm幅を30本前後）に截《た》ち、椀種などに使う

●「鯛きり」の打ち方

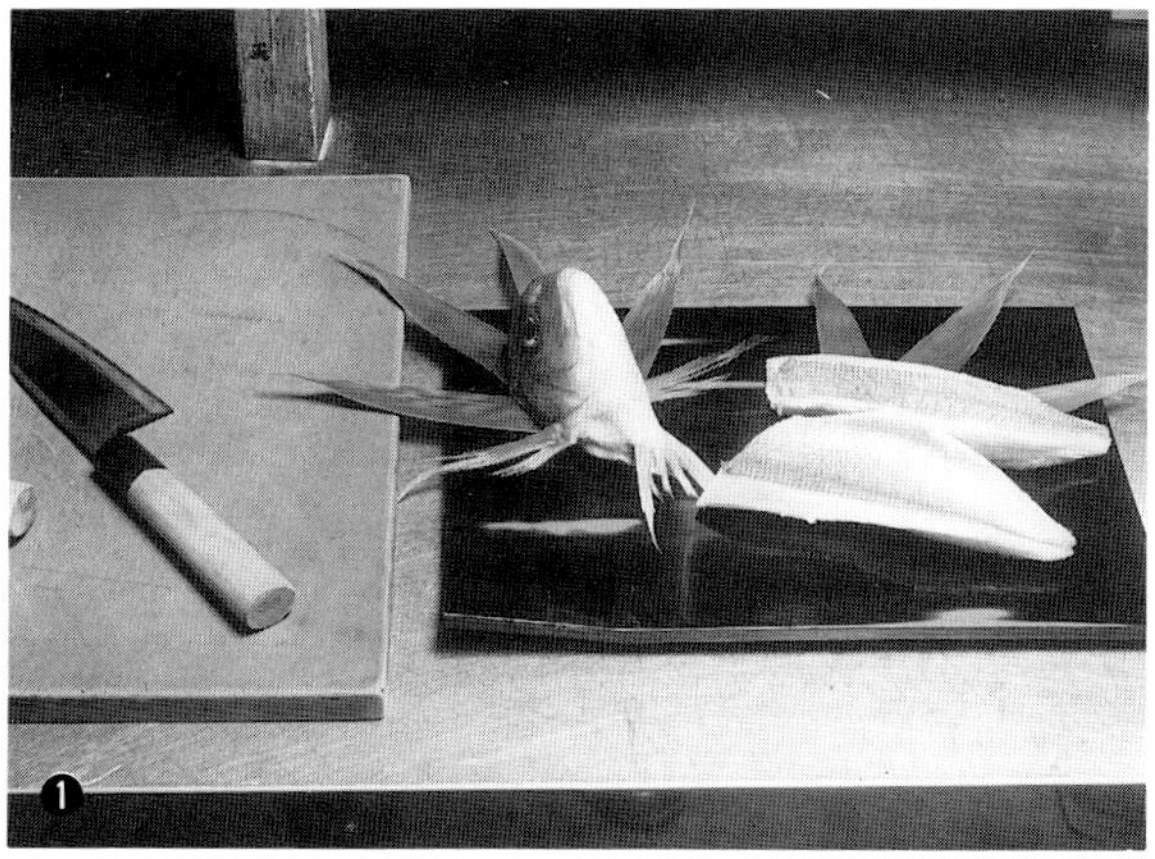

〈タイの下ごしらえ〉　タイは三枚におろし、松皮づくりにする（皮目に布巾《ふきん》をかけて熱湯を注《そそ》ぎ、冷水をかける）

松皮づくりにした身を、賽《さい》の目に切る（みじん切りにして使う方法もある）

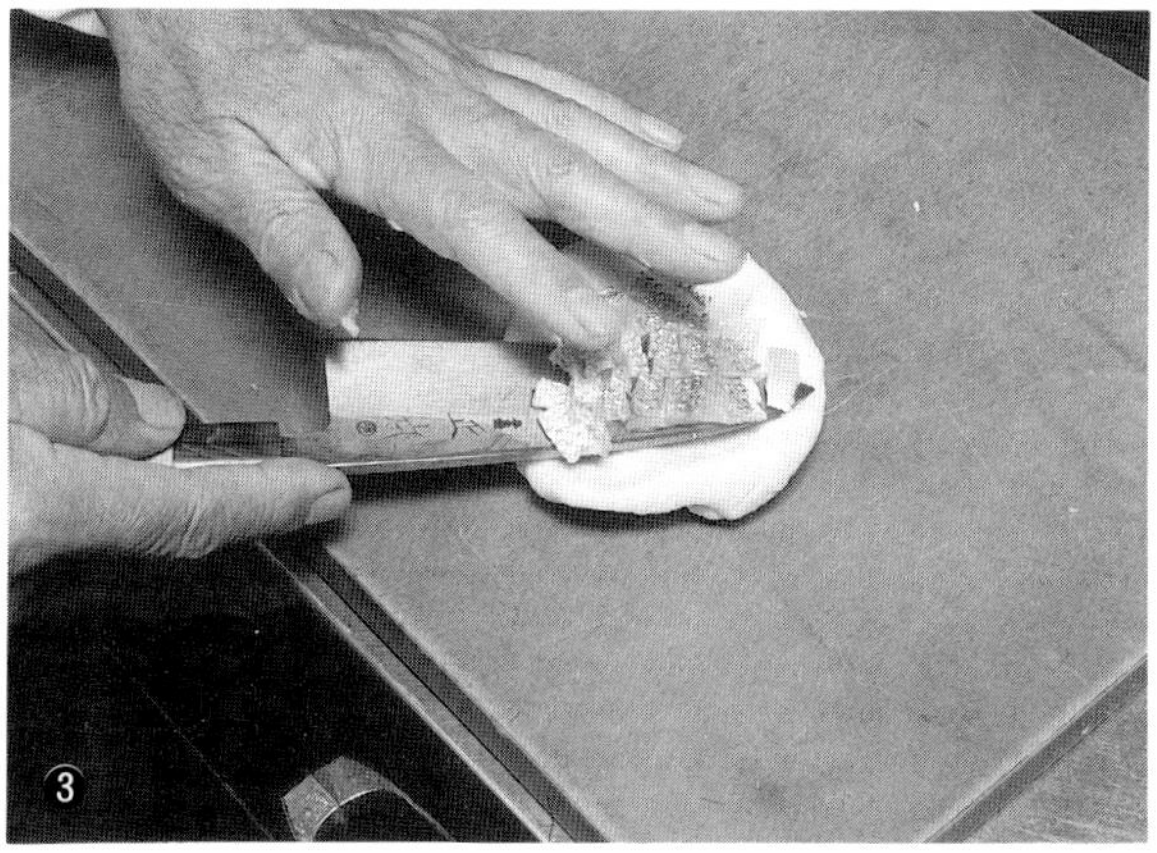

〈タイを打ち込む〉　御膳粉を湯もみにして冷ましたのち玉に取り、タイを埋め込む

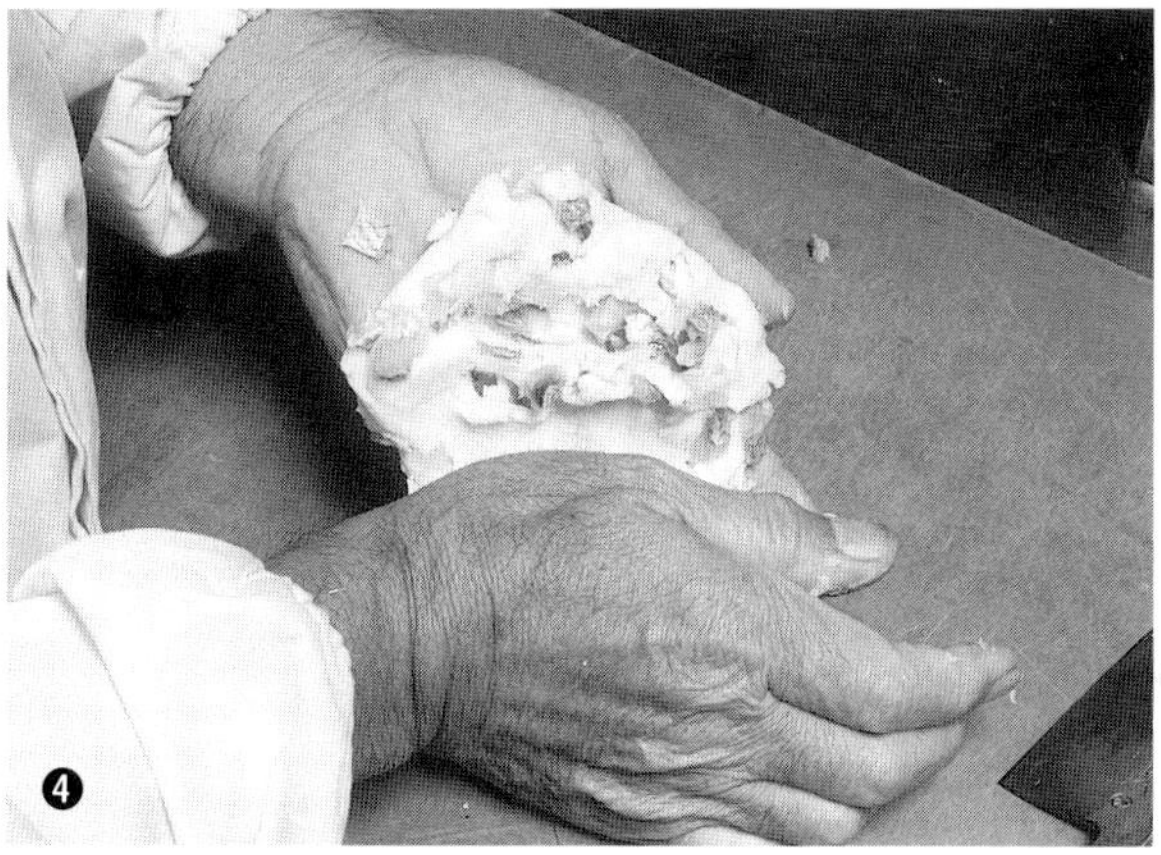

タイが平均に散らばるまで混ぜ合わせる。木鉢に練りつけるのでなく、両手でもみ混ぜるようにして形を生かす

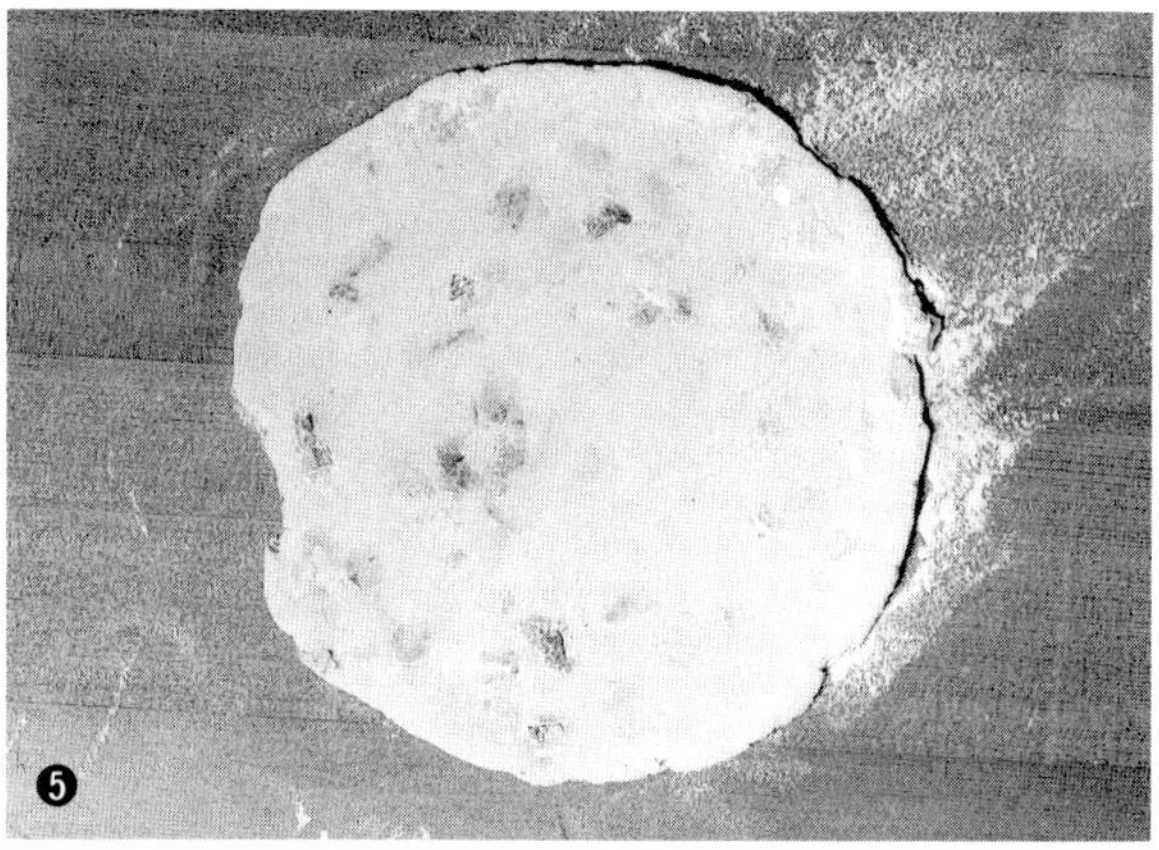

〈延し〉　「丸出し」から、そのまま仕上げ延しに移る。厚みは「けしきり」の数倍程度にとどめる

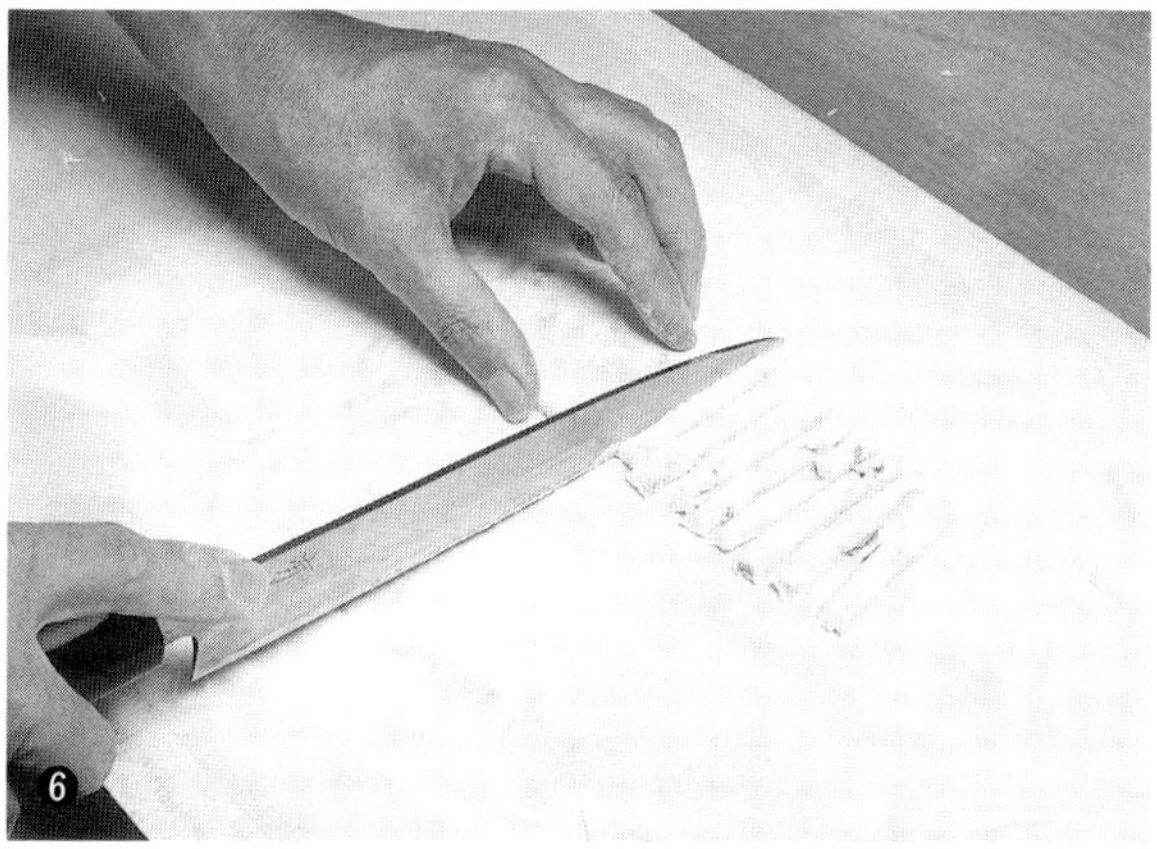

〈庖丁〉　庖丁は料理用のものを使用。幅1cm前後の拍子木切りにする。庖丁はやや粘る

出したのちは、身を開いて叩き、こまかく刻んで御膳粉に打ち込む。中細打ちくらいがよい。椀だねなどに向くそばである。

「海老きり」は、持ち前の赤みを生かして、「しらゆき」と合わせ盛りにして、祝いごとにふさわしい紅白の二色そばとすることもできる。

　そばきりとして供する場合は、汁に一工夫要《い》る。味醂《みりん》の効《き》いたそば汁は、どういうわけか合わない。すまし汁に、スダチやカボスの汁、あるいはポン酢を落としたもののほうが、このような変わりそばの持ち味をひきたてくれる。

●「鯛きり」の打ち方と用途㈠

「鯛きり」には、鯛を使ったことが見た目にすぐわかる打ち方と、すり身にして打ち込んでしまうやり方の両様がある。

　まず、見た目に鯛とわかる打ち方――。

　鯛は皮目を生かして使う。小ぶりの鯛を三枚におろしたのち、松皮《まつかわ》づくりにし（あるいは昆布じめにして）、賽《さい》の目に切って御膳粉の玉に埋め込む。そのあと、鯛が均質に散らばるまで、もみ混ぜる。

　かなりな大きさの切り身を練り込むので、「けしきり」の数倍程度の厚みに延し、幅一セン前後の拍子木《ひょうしぎ》切りにする。庖丁は、ややねばつく。

　拍子木切りにしたものは蒸し、果物酢を加えた赤味噌をつけて前盛りなどに使う。

　酢味噌の代りに、溜《たまり》もおいしい。

方法として、蒸しかんを使う方法もある。練り込んだ御膳粉を敷き、そこに鯛を埋め、また御膳粉……と、層をなして詰め、一番上に松皮がのぞくようにする。間に「茶そば」をはさみ込んだりすると、色彩的にも一段と映《は》える。

●「鯛きり」の打ち方と用途㈡

　鯛の身を打ち込む方法――。

　鯛はコケひきをして三枚におろし、血合いを取り除く。すり鉢でよくすり、下味をつけて裏ごしにかける。それに紅タデをこまかに刻んで混ぜ、御膳粉に打ち込んで延す。

　鯛を打ち込んだものであることが、食べてすぐわかるまでにするには、粉の四〇〜五〇パーセントの分量の身は使う必要がある。

　この方法による「鯛きり」は、椀だねに一番向く。冷たい椀にも使える。

第三章　田舎そばの技術

一、田舎そば(太打ち)

◉「田舎そば」という呼び名の由来

「田舎」「田舎そば」という呼び名は、いまでは、ごく普通に使われている。そこで若い人達は、このそばも「並」や御膳《ごぜん》そばと同じように、古くからあったそばと思うかもしれない。しかし、事実は逆で、「田舎そば」は、そもそも江戸時代のそば職人の仕事にはなかったものである。「田舎そば」という名称は、私が昭和の初めに名づけて売り出すまで、なかったように思う。

　ただし、その原形となるそばは昔からあった。山家《やまが》のそばや、峠《とうげ》の茶屋などで売られていたそばは、江戸のそば職人の打つそばと違って、たいてい、色も黒ければ幅も太い。ひとことで言って、ごついそばである。

　私はそういうものに模《も》した野趣《やしゅ》に富むそばを、「田舎そば」と名づけ、都会地で売り出したわけである。

　ここでご理解いただきたいことは、田舎の人が自分達の食べているそばを、「田舎そば」とは呼ばないという事実である。その土地の人にとって、それは、何んの修飾《しゅうしょく》語句もつけない「そば」のはずである。おそらく、越前《えちぜん》（福井）の「おろしそば」は、当地では元来、ただ「そば」とだけ呼んでいたはずである。それをあえて「おろしそば」と呼んだ最初の人は、たぶん他国の人であったろう。

　つまるところ、「田舎そば」なるものは、一見《いっけん》野趣に富む、ごついそばではあっても、その根底には、きわめて都会的美意識がはたらいていることを見落としてはなるまい。私が売り出した当時、「田舎そば」を好む客には洒落《しゃれ》た人が多かった。

◉「田舎そば」の種類

　ここで、前の章の「変わりそば」に倣《なら》って「田舎そば」の種類をざっとあげておこう。

「**田舎そば**」（太打ち。せいろに盛る冷たいそば）

「**ぶっけかそば**」（平打ち。椀盛りにして冷たいつゆをかける）

「**田舎そば風細打ち**」（薄く延して、切りべら四、五十本ほどに切ったもの。粉がよくないと生きない）

「**極太**《ごくぶと》**打ち**」（そばすき用）

「**ごまきり**」

「**草きり**」

「**木の芽きり**」

「**海老きり**」

「**鯛きり**」

「貝きり」

「ごまきり」以下は、料理材料としての「田舎そば」。御膳粉《ごぜんこ》で打つのが基本だが、黒い粉にも、ごくまれに応用される。

◉「田舎」用そば粉の問題点

「田舎そば」の持ち味は、何んと言っても香りのよさにある。決め手は、もちろん原材料の粉にある。だが、現実には往々《おうおう》にして香りどころか、色や味までも芳《かんば》しくないものも見受けられる。味わいのある「田舎そば」が、なかなか見当たらない。

なぜ、そうした「田舎そば」が見当たらないのか。ほんとうに味わいのある「田舎そば」であるためには、どんな粉であればいいのか。まずは、そこから明確にしていく必要のあるのが、「田舎そば」である。

一、「黒い粉」の弊害《へいがい》

周知《しゅうち》のように、そばの実《み》の成分は、実の中心部から甘皮に近づくほどデンプン質が減って、逆にタンパク質が増え、同時に香り成分が強くなる。外側に近い部分を粉にしたときの色は、原料が新鮮で、なおかつ製粉工程で熱を浴《あ》びることがなかった場合、やや陰《かげ》のさした淡緑色で、手ざわりは少ししっとりした感じがある。この部分の粉に水を加えると、黒みを帯びたそばの色が出現する。つまり、「田舎そば」に使う粉は、そばの実の外側に近い部分を含めて碾《ひ》いた粉なのである。

田舎そば

現実の「田舎そば」用の粉には、香りや色と背中合わせに、歯にぬかるとか、腹が張るといった欠点がしばしば感じられる。それを防ごうとすれば、いきおい割り粉の量を増やすはめになりがちである。

いったい、こうした現象は、「田舎そば」用の粉には避けられないことだろうか。

ここで考えなければならないのは、何が歯ぬかりや腹をふくらす原因になっているか、という問題と、さらにもう一つ、なぜそういうものが粉の中に入っているか、という問題である。

先ほど、「田舎そば」に使う粉は、そばの実の外側に近い部分を含めて碾《ひ》いた粉、と言った。じつは、「外側に近い部分」というのが曲者《くせもの》である。

一番外側は黒褐色の外皮とヘタ、その内側は淡緑色の甘皮——。皮は内部を保護するためにあるのだから、当然、実の内部とは違って硬質にできており、繊維が縦横に走っている。それだけに、これを多量に含んだそばを食べた場合には、消化に手間どり、いわゆる腹が張る状態となる。

この傾向は、とくに外皮でひどいように思えるが、実際には甘皮のすぐ内側の部分が、最も粉になりにくく、普通のふるいでは最後まで網目の上に残ってしまう。この塊《かたまり》を粉《ふん》砕《さい》するには、地ならしのローラーのようなものを必要とするほど、強大な力が要《い》る。

これを粉にしたものを「さなご」（末粉）と呼んでいる。煮ても焼いても生《なま》みたいで、主に乾麺の原料にされてきた。しかし、現実には「さなご」を「田舎」と称して販売している例もなくはないらしい。

（上等のものでも、市販の「田舎」用の粉には、一番粉を取り除いて、残りをカスがわずかになるまで碾《ひ》きつめたものが多いようである。）

したがって、外皮やヘタ、泥、ほこり、ご

みなども多量に混ざっているため、歯にぬかり、腹が張る。ともかく、値《ね》の安い「田舎」には、乾麺用の質の劣る粉が使われていると思って間違いはない。

粉の山の割れ目にのぞく、緑と言うより茶がかったカゲ、ぬめっとくる手ざわり、加水量の少なさ、ゆで上がりの麺の表面の状態、試食してみての歯ぬかりのひどさなどから、私にはそう判断できる。

こうした粉は、どのように処理してみたところで、そばとしてのおいしさを堪能《たんのう》できるものではない。

それにしても、なぜこのような粉が「田舎」として通用しているのだろうか。思うに、それは「黒いのが田舎そば」という常識から、多数のそば屋が「黒い粉を持ってきてくれ」と、製粉所に注文していることが原因であろう。

「田舎そば」におけるこの状態は、並み粉においで、ただ白い粉をほしがる状態とよく似ている。並そばはますます白く、「田舎そば」はいよいよ黒く、ということだろうか。

二、「田舎そば」の香り

それでは、いわゆる「田舎そば」の香りとは、何んなのか——?

「香りの田舎そば」とは言うが、その香りは、現実には泥やいろいろなごみの混ざった異臭——本来のそばの香りからは程遠い異質な臭《にお》いである。

私は暴言を吐いているのではなく、自分で碾《ひ》いた粉と、他の粉数種とを比べてみて発言をしている。

思うに、ほこり臭いのは、製粉の前段階で、玄そばを洗浄《せんじよう》しないのが原因であろう。昨今の機械製粉では、玄そばの外皮の汚れを落とし、ヘタを取ってみがきをかける工程は、たしかによく考えられており、送風装置やブラシマシンなどが自動的に汚れをとり除いていく。しかし、そこで気づくのは、ひとおりみがき終えたものを流水で洗う作業が、ほとんど見られないことである。おそらく、それを必要としないほど汚れが落ちるということであろう。

だが、汚れというのは恐ろしいもので、私は自分で粉を碾《ひ》く場合、みがきぬいた玄そばをさらに大量の流水で洗い、すばく水を切って乾燥させてから石臼にかけるが、その折に何度もこの目で確かめてきたのは、みがきあげた玄そばを洗う流水が、たちまち泥水のようになってしまうという事実である。目にはきれいに見えても、そばの外皮の表面は、それほど汚れているものなのである。

それだけに、洗ったそばの香りは格別で、その香りを嗅《か》いでしまうと、それとは異質の臭いのある「田舎」には、何か余計《よけい》なものが付着しているとしか考えられなくなる。つまり世間一般で今日《こんにち》、そばの香りと思われているものが、泥その他もろもろのごみを含んだ臭いである、という推論がなりたつゆえんである。

ともあれ、「田舎」用と称する粉は、製粉工程の初期に出てくるデンプン質を主成分とする粉を取り去り、歩留《ぶどま》りを上げて残り部分をカスがわずかになるまで碾《ひ》きつめたものが多いだけに、デンプン質が少ない上に、粉の中に繊維素などが混入しており、食べて腹が張る。さらに、値の安い粉には、クズ粉ともいうべき「さなご」を含むものがあり、これには繊維素その他夾雑物《きようざつぶつ》が多く、デンプン質は割り粉に頼っているような粉であるため、歯ぬかりがひどく、消化に手間どる。

それと、香りが身上《しんじよう》と言っても、その香りはいま見てきたように、実際には泥その他もろもろのごみを含んだ臭いであり、本来のそばの香りとは明きらかにへだたりがある。「田舎そば」の粉ほど、再検討を要する。

〈補註〉　玄そばの洗浄《せんじよう》と安全性

玄そばの洗浄は、そばの香り以前に衛生上の問題としても考える必要がある。

というのも、外皮にいろいろなものが付着していると、どうしてもそこに微生物（主としてカビ類）が棲《す》みつきやすい。外皮そのものは、通常カビが繁殖できるほどの水分を保有していないが、その表面に付着している湿気を帯びたちりや泥が、カビの棲息《せいそく》場所となりやすいのである。外皮に傷がある場合は、実《み》の内部に繁殖することもある。

ここでこわいのは、このような微生物の分泌する酵素から、人体に害のあるものがいやでもつくり出されてくることである。これは消毒や熱処理での除去が難しい。

この毒物を除去しないで抜き臼にかけたら、砕けた実の中に毒物が混入しないという保証はない。

現在の抜き臼では、外皮やヘタを一〇〇パーセントそっくり丸のままむきとることは不可能である。だから、混入の心配がない時点で、みがきをかけるだけでなく、付着物を充分に洗い落としてしまう必要がある。大量流水による洗浄が完璧《かんぺき》で安全だとは言えないが、かなりの危険を取り除くことはできる。

この問題は、製粉所が考えるべきで、われわれのあずかり知らぬことだ、というそば店側の意見もあるだろう。確かに、製粉を受け持つ側が第一に考えることだが、食べものを商《あきな》う身として、そば店の側もこの種の問題に強い関心を持つことが必要である。食は源《もと》から明らかにすべし。

三、「碾《ひ》きぐるみ」と「さなご」

ほんとうに味わいのある「田舎そば」用の粉と言えるものは――、香り、色、味の三拍子が揃《そろ》っているうえに、さらに歯ぬかりや腹が張ることがなく、そばの実の栄養を万遍《まんべん》なくそなえている粉である。

そんな都合《つごう》のいい粉があるものか、といぶかる人もあるだろうが、実際には昔からこの種の粉はつくられている。いわゆる「碾《ひ》きぐるみ」がそれである。

ただ、「碾《ひ》きぐるみ」と「さなご」は、往《おう》往《おう》にして混同されるので、ここでまず用語説明をしておきたい。

「碾《ひ》きぐるみ」とは、外皮も含めてそばの実を丸ごと碾《ひ》いたもので、製粉の初期に出てくる白い粉（主成分はデンプン質）と、あとから出てくる黒みを帯びた粉とを選り分けてしまわず、混合状態のまま、ある程度まで碾《ひ》こんだものを指す。

それに対して「さなご」は、何度も臼やロールを通して（碾《ひ》きつめて）、最後まで粉にならずに残る甘皮周辺を粉砕《ふんさい》したもので、実際には粉というより、ふすまなどに近いものである。その成分の半分以上は、繊維などからなっており、他に目ぼしい成分としては、タンパク質がある。

したがって、「碾《ひ》きぐるみ」と「さなご」とは別種のものである。しかし、「碾《ひ》きぐるみ」も、カスがわずかになるまで碾《ひ》きつめてしまえば、「さなご」の主成分と同じ繊維素などが混入してくることになる。望ましい状態の粉を得るには、たとえば北海道産の玄そばで、歩留《ぶど》まり六五パーセント程度にとどめたほうがよい。

ただ、この種の粉は、機械によってはつくりにくい場合もあるようだ。「碾《ひ》きぐるみ」にしようとしても、シフターの中で外皮が自動的に整理され、製粉工程から除外されてしまうのである。

●理想的な粉「全粒粉《ぜんりゅうこ》」

たしかに、そばの実の外皮を含めて、丸ごと碾《ひ》いた「碾《ひ》きぐるみ」は、味わいのある「田舎そば」をつくるのに適した粉ではある。

しかし、私が考案した「全粒粉《ぜんりゅうこ》」は、「碾《ひ》きぐるみ」とは違い、それよりも洗練された粉である。深層粉《しんそうこ》から表層粉までが程よく混ざっているため、香り、口あたり、歯ざわり、栄養、つくりやすさを含め、すべてに申し分のない特徴をそなえている。

「全粒粉」は、「碾《ひ》き抜き」（製粉の前に玄そばの外皮を取り除く作業）から手がけてつくるそば粉で、「丸抜き」と「上割れ」「小割れ」を、ある割合で配合して製粉したものである。

一般には今日、「抜き臼」にかけて、「丸抜き」の取れる割合は、かなり少ないようである。「上割れ」や「小割れ」のほうが断然多いことになるが、それらは「丸抜き」に比べて、かなりデンプン質が抜けている（タンパク質のほうが多い）。そのため、それらをごく普通のやり方で碾《ひ》きつめ、そばにつくると、口あたりが悪く、歯にぬかる。

「丸抜き」は、そうしたことはないが、いま言ったように、普通のやり方ではたくさん取れない。

そこで、技術上の工夫を加えたり、品質管理のレベルを上げて、「丸抜き」ができるだけたくさん取れるようにし、それに、「上割れ」「小割れ」も加えて全部を碾《ひ》きこんだ場合には、そばの持ち味を充分に生かした、すばらしい粉ができるのではないか（もちろん、最後まで粉にならない部分は除外する）――、という考えのもとに何度か実験を繰り返した。そこで確たる成果を得たのが、ここで言う「全粒粉」である。

「丸抜き」がどれだけ取れるかは、玄そばの質、乾燥度、みがきのかけ具合、粒の揃《そろ》え方、抜き臼の調整などによって変わってくるが、新そば（内地産）の乾燥度が適度のものでやってみて、「丸抜き」四、「上割れ」三、「小割れ」三という好結果を得た。（歩留まり六八パーセント。）

〈太打ちの本延し〉　厚く整えることが主眼。棒の走りがよくないので、中央部も延す

そばとしてはかなり濃い味、こってりした味を持ち味とするものである。「全粒粉」のようにそばの持てる力を存分に発揮《はっき》するものに目を向けることも必要であろう。

◉粉の性質と加水量

この辺で、そばの打ち方にかかわる問題に移ろう。まずは、加水量について――。

加水量がそば粉によって大きく違うことは、これまでにも再三述べてきた。私が自家製粉する特殊な粉を例にあげて、加水量のパーセンテージを示すと、四〇〜四五、六パーセントあたりから六〇パーセント前後まで、たいへんな幅がある。六〇パーセント前後が前章の御膳粉、反対の四〇パーセント近辺が私の「田舎」である。一般の「田舎」は三八パーセントくらいまでなので、私が使っている粉は、だいぶ加水量が多いことになる。いわゆる並み粉は、四二〜四七、八パーセントあたりに位置づけられる。（以上は手打の場合の数値。なお、夏期の湿度八〇以上、温度三〇度C以上のときは、上記の数値の一五〜三〇パーセント減。）

ここで気づいてほしいのは、デンプン質の多いそば粉ほど加水量が増し、タンパク質が多くなるにつれて加水量が減る、ということである。（逆から言えば、加水量から自分の使用しているそば粉のデンプン質の量、タンパク質の量について、およその見当をつけることもできる。）

ともかく、「田舎」に対して、並み粉と同じ割合で水を加えては、手にべとついて、「水まわし」がうまくいかないし、それ以後も難渋《なんじゅう》する。手打ち場で苦しみ続けたあげく、ゆであげ以後を巧《たく》みに処理しないと、歯にぬかって食べられたものではない。

じつは、こうしたことは、必要以上の水分

によって、すべてそばのタンパク質が禍《わざわ》いをしているのである。一般に、タンパク質というものはねばねばしているが、特にそばタンパクは、水に溶けて（水溶性）粘り出すというきわだった特徴がある。そのために、たとえば、洗ってよく水を切った「抜き」をザルにあけておくと、牛のよだれのように、底からいつまでも糸を引く。また、「田舎」の「水まわし」では、加えた水が適量であっても、並み粉に比較すればかなり手に粘る。

それゆえに、常用する粉の適正な加水量を割り出す作業は一大事であり、もといとなる粉そのものの正しい計量が必要なのである。

たとえば、粉が一定で、一昨日は加水量四〇パーセント、昨日は三九パーセントでうまくいかなかったとなれば、今日は三八というようにして調子をみる。ただ、前二日の失敗が、全量を一度に入れてうまくいかなかったのであれば、今回は3/4ほどを使って水まわしを始め、大丈夫と判断したら、す早く残り1/4を加えるようにする。これが、できれば一度に全量を加えられるように、以後は最初の水量を増やし、残りを少なくしていって、定量を決めるのである。

●つなぎの種類と割合

「田舎そば」の粉は、前述したように、タンパク成分が多く、それが並そばに比べ、打ちにくさを生むもとになっている。

とくに、そば粉のタンパク質の粘りは、そばきりに打つ程度の加水量では、ものをつなぐ粘りとしてはたらくよりも、手にまつわりつく粘りとしての性質のほうが強く、腰もない。（そば粉を多量の水で溶いた場合、その粘力は小麦粉の八倍もあると言われている。）つまり、そば粉は加水量の多寡《たか》によって、その粘力に大きな違いを生ずる。

したがって、そばきりをつくる場合は、ものをつなぐ粘りを補う必要が生じる。

各地の郷土そばには、つなぎとして小麦粉の他に、卵、山芋、てんぐさ（新潟県の一部）、よもぎ、山ごぼうの葉の筋（干した葉をもんで取り出す）などが使われてきた。

卵は、そのタンパク質がゆでるときに固まるので、そばが締まり、また山芋やてんぐさは、その糊気でそばをつなぐ。よもぎや山ごぼうの葉の筋は、繊維でそばをつむぐ状態になる、という効果をねらったものである。

しかし、こうしたつなぎには、生臭いとか、げっぷが出る、繊維が分解してガスがたまるなどの問題もある。

一般には、なんといっても小麦粉だが、これも「田舎」の粘りと腰のなさに気を取られて、多量に加えては打ちやすくなるものの、そばの持ち味を殺してしまう。「田舎」の歯ざわりや味を生かすには、やはりつなぎ二割が限度であろう。（この範囲であれば、加水量にも大きな変化は起こらない）

●「田舎」の打ち方

「水まわし」のやり方は、並み粉のところで説明したことにつきる。要は、小さな塊《かたまり》ができるまでは、必ず指を立て、力を入れずにすばやく全体をかきまわすことである。決して練ってはいけない。（それ以後は、掌《てのひら》で押し転がしたり「撚《よ》り」をかけたりする作業になる。）

しかし、加水量を減らしたにもかかわらず、ねばつきが激しい場合もある。そうしたときには、当初の目標よりやや太めにして庖丁までを済ませ、ゆであげから盛りつけまでの時間を調節する。つまり、充分に水切りを

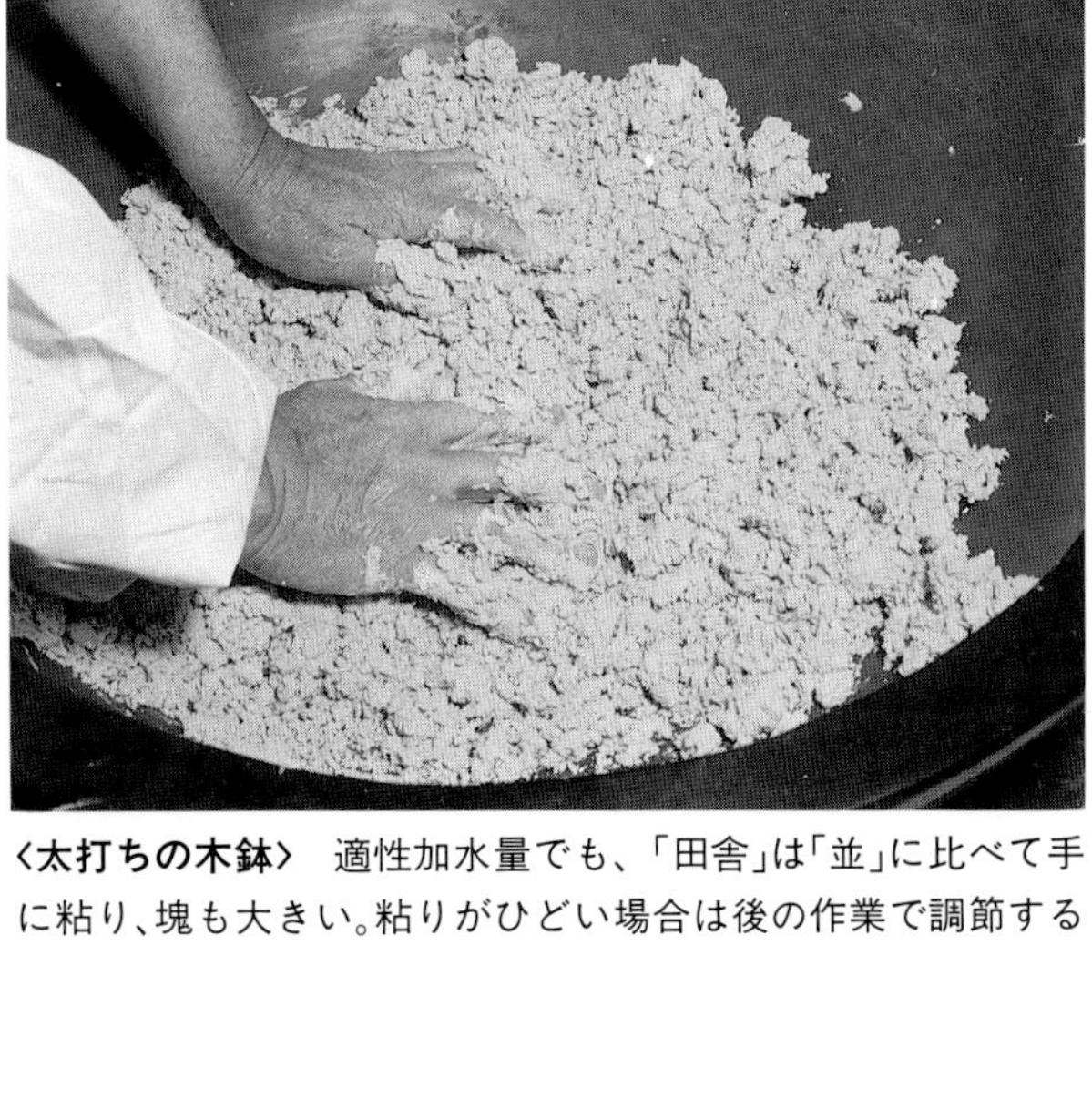

〈太打ちの木鉢〉　適性加水量でも、「田舎」は「並」に比べて手に粘り、塊も大きい。粘りがひどい場合は後の作業で調節する

してから盛りつける。

　こうすることで、歯ぬかりが防げるだけでなく、そばの香りが強くなって、「田舎」の持ち味を発揮《はっき》することができる。

「田舎そば」は、一般に太打ちにする。太打ちにしたほうが、持ち味の濃さが生きてくる。目安として「切りべら」でいえば、一寸幅（約三・〇三センチ）を十本前後に切ることになる。そこで、「四つ出し」以後では、延しすぎないようにすることが大事。これは、厚く整える難しさと言い換《か》えてもいい。

　延しは、ある程度薄くなってこないと棒がのらないために、いきおい必要以上の力を加えてしまいがちである。「四つ出し」二本目くらいで、ハッと気づいたら、向こうを薄くしてしまっていたなどということが起こる。

　厚さ一ミリ程度の部分的な肉の移動は、「肉分け」でできるが、極端に薄くしてしまっては不可能だし、そこから切れてしまう危険もある。並そばを習い始めたときには、仕上がり時の計算がなくて、ともすれば薄く延しすぎてしまう。これは「田舎」では絶対避けなくてはならない。

　最終の厚みを計算して、「四つ出し」の厚みは、仕上がり時の約一・五倍ほどにする。「本延し」でも、延すというより、全体を厚く整えることを主眼にすべきである。具体的には、二キロくらいまでの玉の場合、しばしば補助的に中央部を延す必要が生ずる。

　これは、棒の走りがよい並そばでは、あまりないことである。

〈太打ちの四つ出し〉　仕上がり時の厚みの1.5倍程度にとどめ、延しすぎない

〈太打ちの庖丁〉　「並」に比べてたたむと厚みがあり、庖丁も粘るので、打ち粉を充分に行き渡らせる。たたみ目を駒板で押しつぶさないこと

◉「庖丁」以後の注意点

「たたみ」から「盛りつけ」に至るまで、一貫して気をつけなければならないのは、そばが折れたり、切れたりしないようにすることである。

　まず、「たたみ」のときに、不注意や手際の悪さでそばを折ることがある。

　次に「庖丁」で、まな板の前方にくる部分を押しつぶしたりすると、そこからすぐ折れて、そば一本が半分になってしまう。庖丁動作そのものは、変わりそばの細打ちはもちろん、「並」と比較しても、はるかにやさしい。

　ともかく、生舟《なまぶね》への出し入れから盛りつけまでのどの段階でも、乱暴に扱えばちぎれる。その意味では、「田舎」はとくに釜で箸を嫌うと言うことができる。とにかく、ちぎれやすいのである。

二、田舎そば風細打ち

細打ちと言えば、御膳粉《ごぜんご》の細打ち、極細打ちが代表格だが、色の黒い田舎風の細打ちにも、御膳粉とはまた違った趣《おもむき》と味わいがある。これは、「田舎」をさらに薄く延し、幅狭く切ったものである。

前に述べた全粒粉でつくった細打ちであれば、香り、味、色の三拍子が揃《そろ》っているうえに、歯ぬかりもなく、腹も張らない、ほんとうの「田舎そば風細打ち」を楽しむことができる。

●玉の大きさと延し

「田舎そば風細打ち」をつくるに当たって、まず頭に入れておくべきは、「四つ出し」以後でそばが延し台に大きくひろがることである。これを最初から計算に入れておかないと、そばが延し台から垂《た》れ下がって切れてしまったり、切れないまでも、たいへん仕事がやりにくくなったりする。

そこで、初めから細打ちにすることがわかっている場合には、二キロ以内の玉にとめおく。また「四つ出し」は同量の太打ちに比べて、二割五分から三割くらいは大きく出しておく。ただし、あくまでも延し台の奥行き内におさめる。つまり、「本延し」に入る段階で、太打ちのときとはすでに厚みが違うようにしておくのである。

しかし、実際の仕事場では、途中からつくるものが変わる場合がよくある。太打ちのつもりですすめてきて「本延し」に入ってから、「細打ちだぞ！」と言われる場合などが、そうである。こんなときには、どうしたらいいのか——。

田舎そば風細打ち

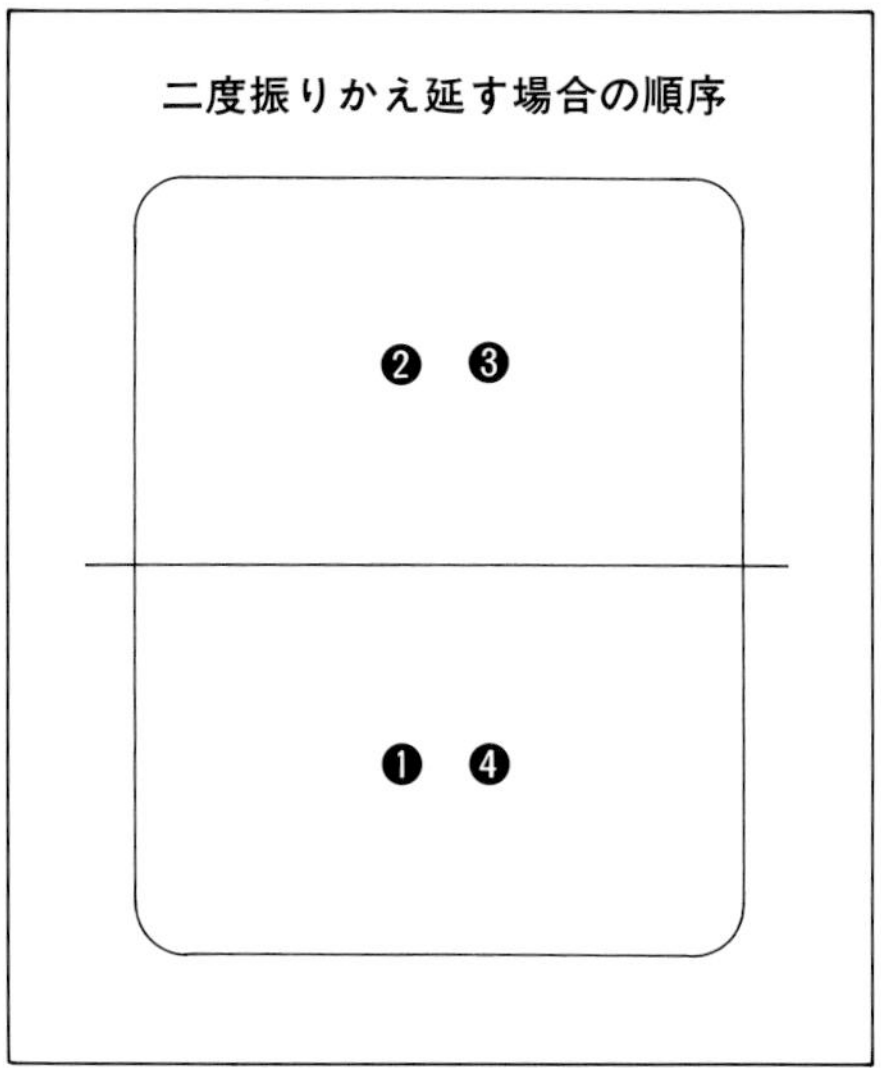

細打ちと言うには、現在の厚さはだいぶ厚みがある。それを、いっきに薄くしたら、段がつきすぎるので切れる心配がある。そこで、途中から細打ちに変えるには、二度振りかえて延す。

つまり、振りかえ、振りかえて、同じところを二度延すのである。

こうすると、横幅に対して縦の長さが極端に長くなる。しかし、徐々に延していく作業なので、面倒《めんどう》なように見えても安全度は高まる。

大玉の場合にも（最初から細打ちとわかっていても）、このやり方でいくほうが安全である。

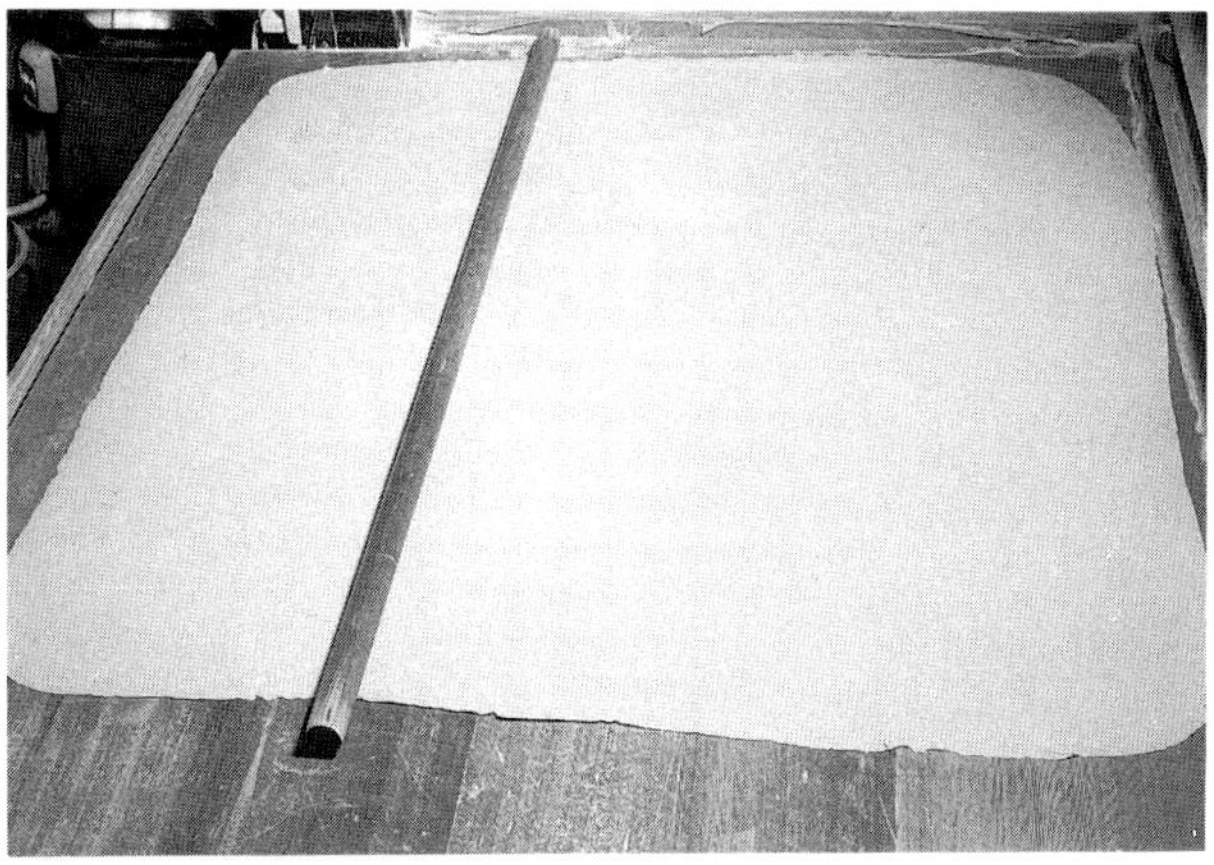

〈細打ちの四つ出し〉　延し台から垂れ下がらぬ範囲で、「並」より２～３割は大きめに出す。本延しの負担を軽くするため

◉細打ちの延し棒の使い方

「田舎そば風細打ち」は、太打ちに比べて時間がかかる。たたみまでに要する時間は、一～一・五キロの玉で三十分、三キロの玉で四十五分ぐらいは必要だろう。

そうなると、延しにいって常に気をつけていなければならないのは、そばを乾かさないということである。カゼを引かせないためには、延し棒を遊ばせないで、常に力の入った延し棒がそばに触れていることが必要だ。これを怠ると、そばはたちまち乾燥してしまう。

ただし、棒が触れていると言っても、厚さが厚さだから、乱暴に扱えばすぐ切れる心配がある。また、巻き取る際には、ダブつかせぬように、延し棒でシワをつくらぬように、細心の注意が必要である。（延しの詳細は、第一篇第一章　そばの打ち方　二、延し――を参照のこと）

◉細打ちの「庖丁」

「田舎そば風細打ち」に限らず、細打ちの場合の難所は「庖丁」にある。切りべら四十五本程度、甘く見積っても三十本以上に切らなければならない。したがって、基本がよほどしっかりできていないと、一つの場所を二重、三重に切り刻むことになり、手に持って打ち粉を払う段になると、切りムラがずるずる落ちてしまう。

こういう切りムラは、手に取って調べてみればわかるが、切り口の断面が三角であったり、いびつな台形であったり、先がだんだん細くなって無くなってしまっていたり……と、さまざまな形をしている。

はっきり言って、このようなものは使いものにならない。無理してゆでてみたところで、釜の中でちぎれてしまうか、溶けてなくなってしまうのが関の山である。

したがって、細打ちの「庖丁」では、刃の下《お》りる角度が真《ま》っ直《す》ぐであるだけでなく、刃の向きも真っ直ぐであることが、きびしく要求される。つまり、正確な庖丁づかいの技術

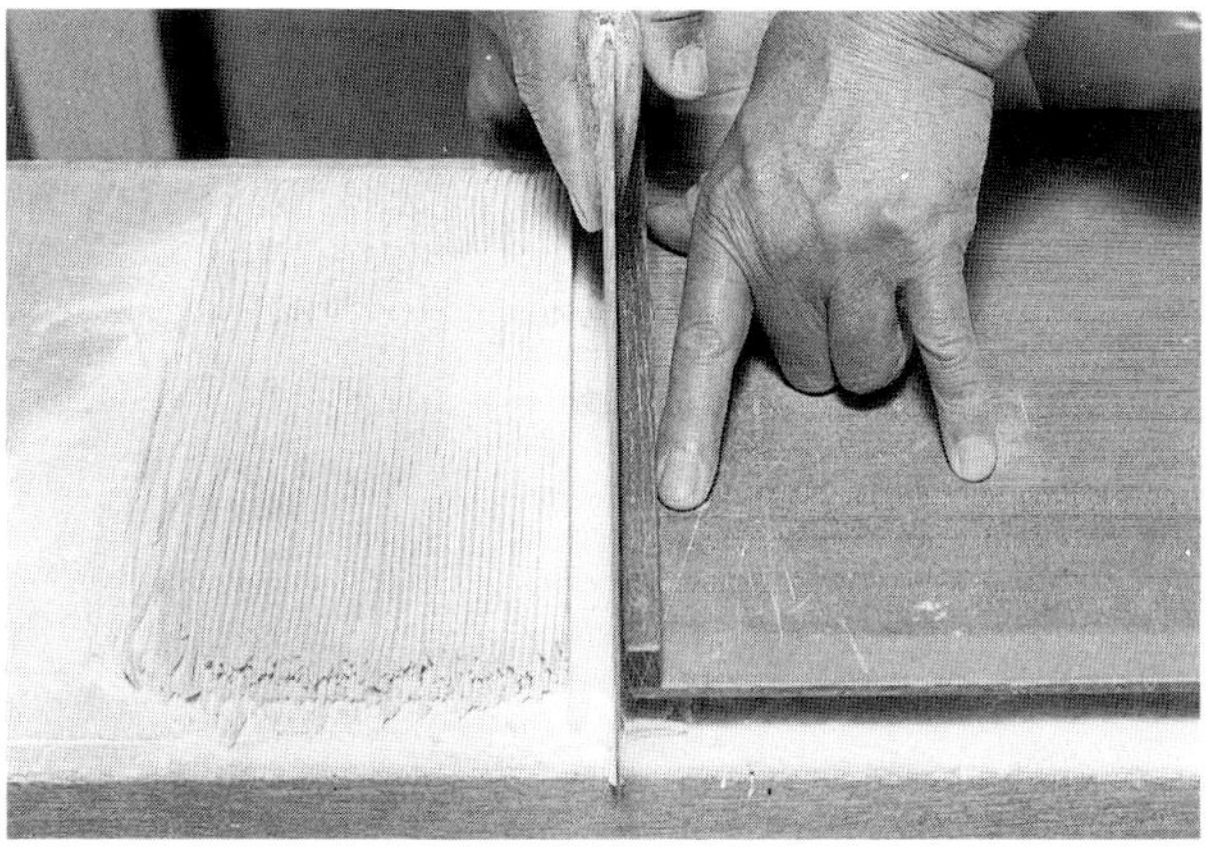

〈細打ちの庖丁――よい例〉　駒板の向きが曲がらないように押さえながら、刃を垂直に下ろす。駒板の送りは、ごく小さい

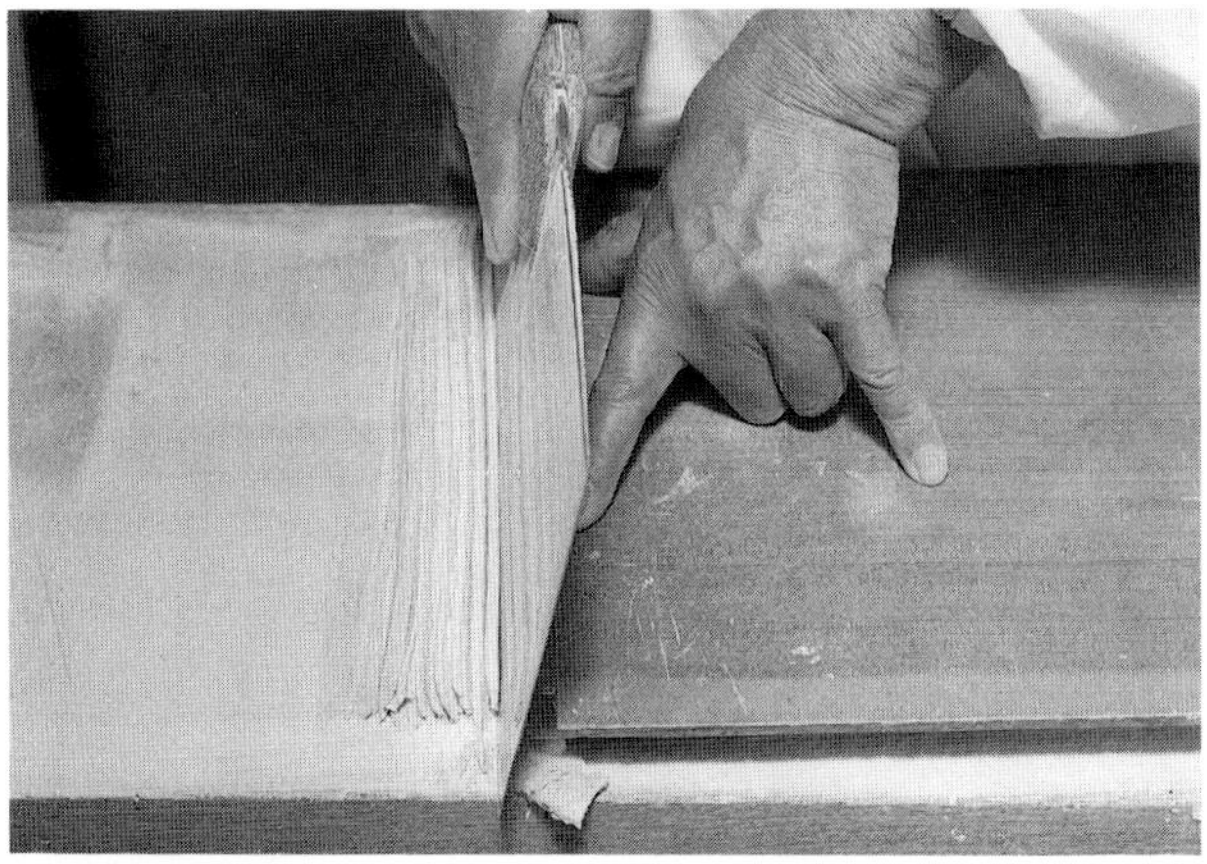

〈細打ちの庖丁——悪い例〉
庖丁の下りる角度が垂直でない場合、また、駒板の向きが曲がっている場合、切り口のいびつなもの、先細りのものなど、切りむらがいろいろできる。この切りむらは打ち粉を払うときに落ちてしまい、使いものにならない

とその習熟が必要とされるわけである。

それ以後の仕事でも、細心の注意が必要であることはいうまでもない。生舟の出し入れにしても、ゆでおあげから盛りつけ、さらに客に供するタイミングにしても、同様である。

それらをひとことで言えば、そばを切らないように注意する、ということでもある。しかし、そばが切れるのを恐れて、ゆっくり仕事をすすめていたのでは、これまた話にならない。

要は、それらの兼ね合いをうまく図《はか》ることである。

〈補〉平打ち

「平打ち」は、「並そば」と同じくらいの厚さに延して、そば一本の幅を厚みの二〜二・五倍くらいに截《た》ったものを指す。

形のうえからは、きしめん状とでも言えるそばだが、このそばは、味わいの面でも、つくる技術の面でも、また商品性の領域でも、きわだった特徴を持っている。

すなわち——、口あたりがよい。延しに手数がかからない。「庖丁」も短時間で済み、能率的である。技術が未熟でもムラがあまり目立たない。ゆで過ぎ、ゆで不足の失敗が少ない。幅が広いため、量が多めに見える。一般的なもり以外に甘味、つきだし、そば料理としての領域もそなえている、といった点である。

　つまり、初心者でも比較的簡単にできるそばでありながら、味わいがことのほかすぐれており、しかもふつうのそばより利用範囲が広い、ということにある。

平打ちは比較的簡単に打て、味わいもよく、用途が広い

平《ひら》打《う》ち　岡持ちを使った、オードブル形式の「もり」。岡持ちは友蕎子《ゆうきょうし》作

◉「平打ち」とゆで時間

そばを食べるときの楽しみの一つに、口あたりのよさがある。

　信州の川上村などでは、そばの評価を一に口あたり、二に歯ざわり……として、香りは問題にしていなかった。以前のあの地方では、ご馳走《ちそう》となれば御膳粉しか食べないから、心地よい感触が何よりも決め手になったのであろう。香りはほのかであってはじめて味わいが出る（並み粉以下では香りがきつすぎる）というわけである。こうした評価には、異論もあると思われるが、口あたりのよさがそばの味わいを決める大きな要素の一つであることは確かだ。

　そばの食感という点から見た場合、「平打ち」には、このような長所がある。同一原料でも、「平打ち」にすると、太打ちにしたときよりきわだって口あたりがよくなるのであ

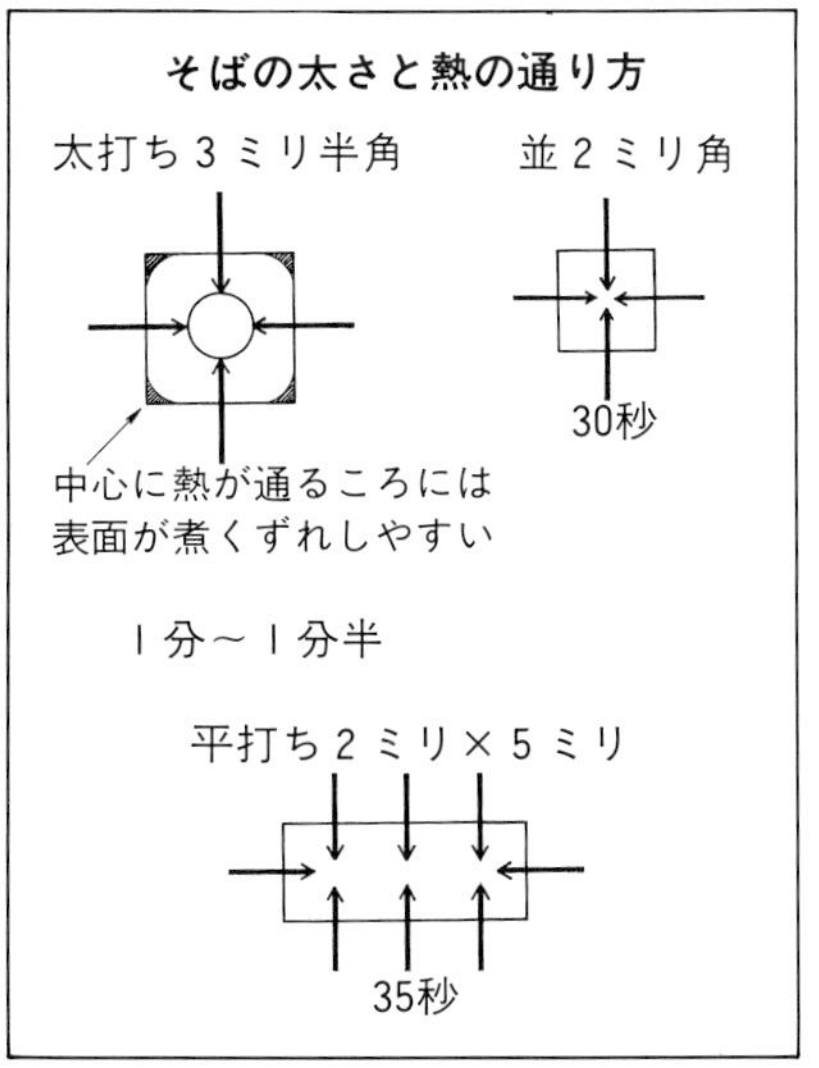

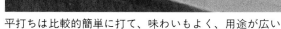

る。いったい、このような違いはなぜ生じるのだろうか——。要因は、ゆで時間にある。

そば一本の断面が、三・五ミリ角程度の太打ちの場合、ゆであがりまでには、一分（生《き》一本《いっぽん》の場合）から一分半（つなぎ二割）ぐらいはかかる。そして、中心に熱が通るころには、表面が煮くずれしやすい。これに対して、そば一本の断面が厚さ二ミリ、幅五ミリ程度の「平打ち」の場合には、わずか三十五秒ぐらいでゆだってしまう。ほんの一ミリの厚さの違いが、熱の通り具合に大きく影響して、ゆであがりまでに、二倍ほどの開きを生むのである。

ゆで時間が早くて済むということは、とりもなおさず、口あたりのよさに通ずる。短時間で、そばの中心部まで熱が通るために、表面が煮くずれて糊気《のりけ》を生じることがないからである。

●「平打ち」の用途

「平打ち」の技術に関しては、とりたてて難しい問題はない。「本延し」までは、並そばと同じにすすめる。

庖丁仕事で、かりに跳《と》び駒《ごま》が出ても、細打ちのようにムラが目立ってしまうがないということは、あまりない。厚みの二〜三倍くらいに切るのだから、一本一本ねらい切りにしても、なんとか処置できる。

ただ、「平打ち」＝幅広といっても、切り終えたあとの手首の返しは、そんなに大きくないことを心得ておいてほしい。

ところで、つくるのにやさしくて味がよく、おまけに用途の多い——つまり、商品価値の高い「平打ち」なのに、一般に見かける例が少ないのは、どうしてだろう。察《さっ》するところ、これは手がけてみないからよさを知らない、というように思える。ひとたび「平打ち」のよさを知ったら、もっともっと多様な商品開発ができるに違いない。実際、そばすき、オードブル、甘味、つきだし以外にも、短く切って白和《しらあ》えにしたり、油で揚げたり……と、いろいろ浮かんでくる。幅広く活用したいそばである。

南部のすきやき風変わり鍋を使ったそばすき。京風のすまし汁にするといちだんと冴《さ》える

汁粉に平打ち２～３本を入れた甘味「紫ひも」

平打ち約10ｇにおでん味噌をかけたつきだし

第三篇　そばずし

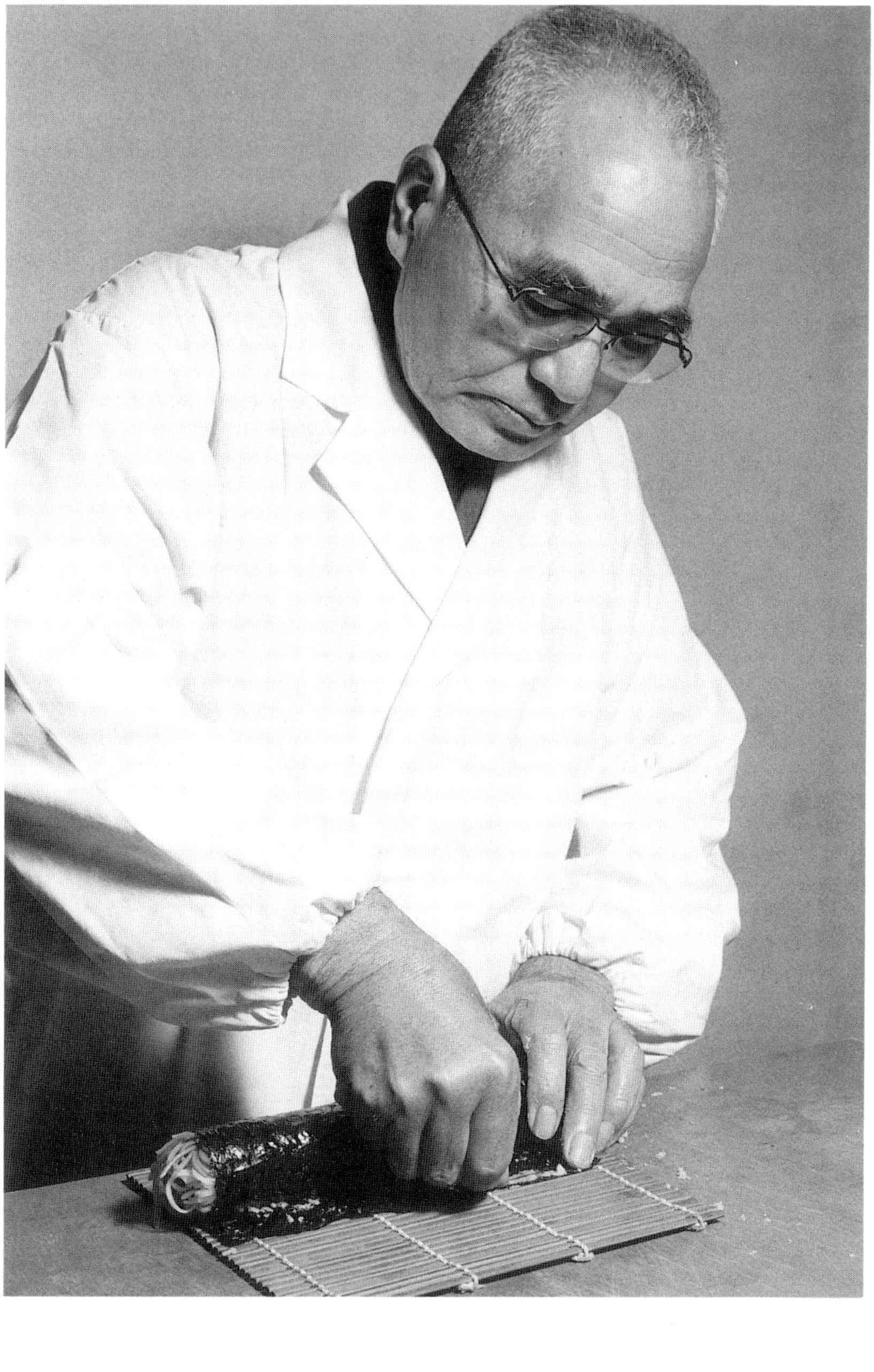

第一章「そばずし」概説

「そばずし」は、普通のすしでは味わえない独特の風味を身上《しんじょう》としている。たとえば「そばずし」の代表格と言えば、海苔《のり》で巻く「磯巻《いそまき》」になるが、「磯巻」の食べ味は、すし飯を使う普通の海苔巻とはおよそ違う。その違いを生む根本は、言うまでもなく、すし飯の代わりに「そばきり」を使っていることにあるのだが、――しかし、「そばずし」の独特の風味は、そばきりを「せいろ」や「たねもの」として食べているぶんには味わうことのできないものである。その意味では、「そばずし」はやはり、普通のすしでも、そばきりでも味わえない、特別な風味を楽しむもの、と言うのが当たっている。

「そばずし」は、広い意味で「そば料理」の一部に位置づけられる。精進《しょうじん》料理の仲間であるが、料理の幅をひろげるうえで、魚介や肉類（ことに鶏肉）は上手《じょうず》に使いたい。

昨今はいろいろな人が「そばずし」を手がけるようになった。「そばずし」が普及を見たのは喜ばしいかぎりである。だが、普及にともない、料理と呼ぶのがためらわれるもの――「たねもの」同様の「そばずし」が増えたのは、はなはだ残念に思う。こういう仕事は、やはり料理の素養《そよう》のある人が受け持っていただきたいものである。

◉基本的注意事項

ここで最近の「そばずし」の問題点をあげ、それを手がかりにして、「そばずし」の基本的注意事項を述べておきたい。

一、使用するそば

最近の「そばずし」には、並そばを使ったものが多い。だが、ズバリ言って、「並」では「そばずし」は生きない。第一に、見栄《みば》えがしない。くすんだ色調の並そばを海苔で巻いたのでは地味《じみ》にすぎ、鉢に盛ったとして、脇役ばかりを集めることになってしまう。

見栄えがしないだけではなく、切り口のそばがはしゃいで、ばらけてしまいやすいのも、「並」を使ったときの問題点である。並そばは延びやすいので、ゆでてからすしに巻いて供するまでに多少の時間を要する、この種の料理には、本来不向きである。

彩《いろどり》のよさ、もちのよさ、さらには、すしにしての旨味の三点から、「そばずし」には変わりそばを使いたい。色もののそばを使えば、見栄えのよい「そばずし」が比較的簡単に作れるし、すしのほうで言う細工《さいく》仕事にも、色粉など使わずに、ごく自然に対応できる。変わりそばを使うからこそ可能な芸当である。

一方、もちのよさということにかけては、変わりそばは並そばなどより、はるかにもちがよい。そば粉に特有の水溶性タンパク成分を含まぬ原料――純デンプン質と言っていい特殊なそば粉を原料としていることが、旨味に富むだけでなく、こういうところでも効《き》いてくる。

私は、「そばずし」には変わりそばで通してきたので、以下のページでも特別にことわらぬかぎりは、変わりそばを前提にして話を進めていると思って読んでいただきたい。

二、甘酢《あまず》

そばはゆでて水切りしたのち、必ず甘酢《あまず》をかけて使用する。味つけをせずに、ゆであげたそばをそのまま使う人もあるようだが、すしと言うからには、やはり酢味がほんのり利《き》いていないと、何か一つ足りない。

甘酢の使用には、もう一つ、そばをしっとり落ち着かせる効果もある。

必ず適量の甘酢をそばにかけて平均に行き渡らせ、軽くしごくようにしてそばを揃《そろ》える。そして水気（＝酢）の切れすぎないうちに、そばが乾いてしまわないうちに、ただちに手際《てぎわ》よく並べること。

三、そばの並べ方

巻ずしで大事なことは、切り口のそばがきれいに揃っていること。これがバラバラだと、なんとも安物の海苔巻になってしまう。ところが、最近の「そばずし」で一番目につくのが、この切り口のそばの不揃いである。

不揃いになる原因の一端《いったん》はすでに述べた。並そばが延びてはしゃいでしまう場合である。だが、もう一つの原因としては、すだれにそばを並べる際《さい》の扱いの雑なことが指摘できよう。

甘酢のところで説明したように、そばは甘酢をかけて行き渡らせたのち、軽くしごくようにして揃えてから並べる手間《てま》を惜《お》しんではならない。ポイント切り換えの多い線路みたいに錯綜《さくそう》したまま使えば、切り口のそばは向きがばらばらになってしまう。

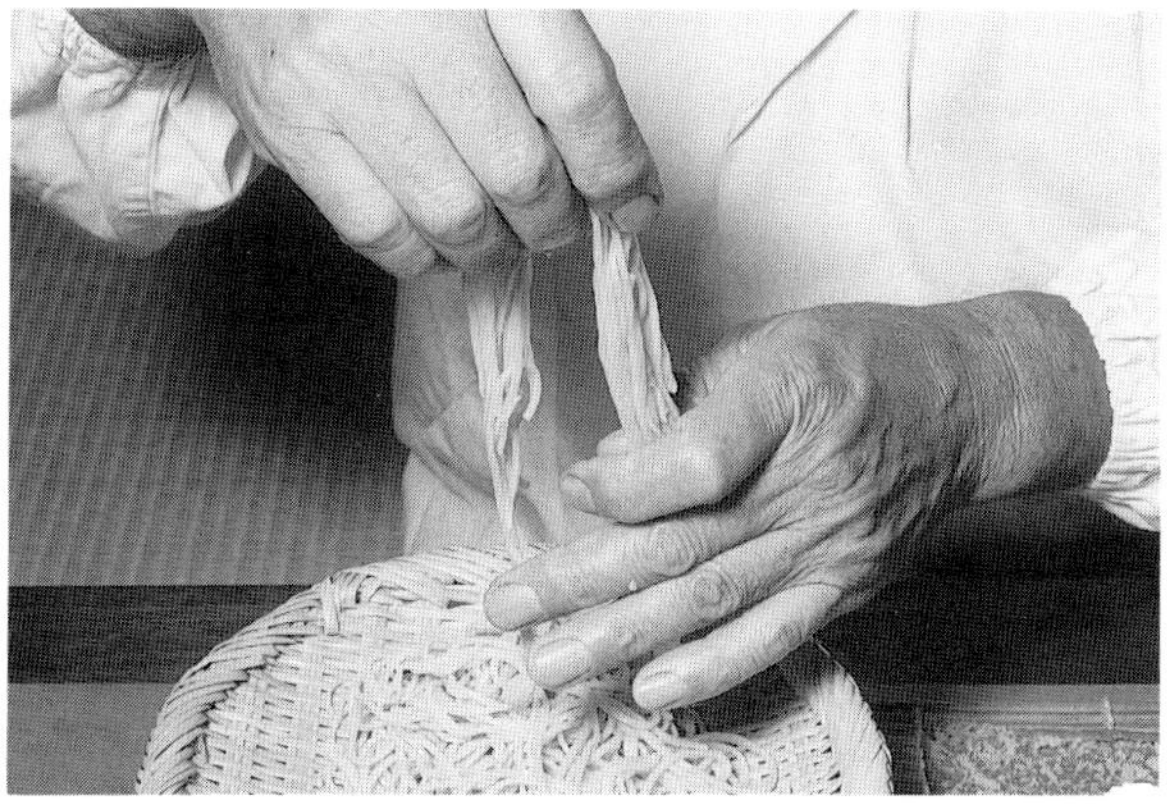

そばに甘酢を行き渡らせたのち、ひとつまみ。軽くしごいて、並びを揃える

続いて、そばを片手の親指にまわして、長さも揃えてから使うこと

巻ずしでは、太さが端から端まで一定になるように、また、一本一本で太さが違わないように巻くことも大事である。

そのためには、すしの種類ごとに、そばの使用量、具の使用量について、その店なりの定量化《ていりょうか》を図《はか》ると同時に、中太《なかぶと》・中細《なかぼそ》りにならない巻き方をしっかり身につける必要がある。

太巻を例にとると、一本分のそばをすだれに並べるに際して、大摑《おおづか》みに二度か三度で済まそうとするような並べ方はよくない。そういう大雑把《おおざっぱ》な並べ方では、すだれの上でそばの厚みを平均化しようとしても、とても均等にはならないし、よしんば厚みだけは揃ったとしても、いじくりまわしてべとべとになってしまう。一度に摑む量は少量にとどめ、少量ずつをすきまなく、真《ま》っ直《す》ぐ、すだれに並べ置くこと。

ところで一般には、すだれの幅よりも、そば一本の長さのほうが長いものである。およそ二倍前後はある。そこで、すだれの端《はし》まできたら折り返す並べ方をする。その際、すだれの両端に、交互に折り返しの輪ができるように並べることが、そばの厚みを均等にするうえでのポイントになる。

この両端は、供するときには化粧裁《だ》ちする。

四、海苔《のり》

「そばずし」には、巻ずし専用の厚めの焼き海苔を使う。濡《ぬ》れても噛み切れる、やわらかい海苔で、色は緑の濃いものが上質である。これを厳選して使いたい。焼き海苔でありながら、色が黒いだけのものや、茶っぽいものは興を殺《そ》ぐ。そばに変わりそばを使う以上、海苔にも上質のものを選びたい。

〈補註〉日本一の浅草海苔（「上手《うわて》の海苔」）について

かつて海苔は「上手《うわて》」でとれるものが最上品だった。「上手」とは、品川沖の汽船の航路の両側を言った。なめただけで溶けてしまうのが最上の海苔だが、「上手」の海苔はまさにそれだった。

「上手」の海苔づくりには、「じっこ」と言って、シビ（篊＝竹の枝）を海底に差して海苔を付着させて育てる方法と、「いしょく」という方法があった。後者は、千葉県の木更津《きさらづ》とか富津《ふっつ》の海にシビを差して何日か置き、それを品川沖に持ち帰って差す。年によって「じっこ」のいい年と「いしょく」のいい年があった。

十二月半《なか》ばから正月十五日頃までが、やわらかい海苔のとれるときで、すし屋などは、この時季に一年分を仕入れた。この時季の海苔は、値も高いが味もよかった。海苔は、水温が上がったり、靄《もや》がかかったりするとすぐ腐ってしまうので、海苔の生産と商《あきな》いは大バクチだった。

私は、海苔問屋の『久保春《くぼはる》』で、毎年、一月十五日頃までに一年分の海苔を仕入れていた。間口五間、高さ十三尺——これだけの場所で一年分の四百丈《じょう》の箱海苔が保管できた。『久保春』の大得意は、私の店ともう一軒、四谷《よつや》の『亀井ずし』だった。

戦後、海苔の養殖技術に革命的な大発展があって、海苔の生産は天候まかせでなくなり、品質も悪くないものが安定的に出まわるようになった。しかし、私は、あのあぶると緑濃い色になってピカピカと光った「上手」の海苔のすばらしさをしのぐ海苔にその後、出会わない。「上手」の海苔はもうどこにもないのではないか。

五、すだれの使い方

「そばずし」の巻ものは、すだれ（巻《まき》す）にばかり頼っていては上手《うま》くいかない。そばは、すし飯ほどの粘着力を持ち合わせていないし、飯粒ほど強固でもない。すだれで強引に締めつけるようなことをすれば、そばと具がずれたり、そばの角《かど》がつぶれたりしてしまう。すだれは、あくまでも補助として使う巻き方をマスターする必要がある。

具体的には、すだれで一巻きしたら、いったんすだれを戻し、両手で端までていねいに巻いて形づくってしまう。その形を固定し、整えるために、再度すだれを使って適度に締めるわけである。

◉必要な道具立て

さて、いろいろの「そばずし」を扱い、また、大量注文もこなしていくとなると、道具立てがしっかりしていなくてはならない。私は戦前の大森時代、大井、大森の検番《けんばん》や川崎大師《だいし》などに、ひんぱんに大口出前してきた。一度の出前で一番数が多かった例としては、川崎大師にそばずし二百人前を出前したこともあった。

こういう大量注文を、店は平常通り営業しながらこなしていくには、流しからして大きなものがいる。私は「手碾《び》き、手打ち、料理材料」の三つを看板にしていたので、流しは八尺×三尺、まな板が七尺×二尺と、一度に八人が料理にとりかかれる設備をしつらえていた。「そばずし」のすだれにいたっては、「磯巻」などの太巻用だけでも、四、五十枚は、使っていた。

ここまで大がかりな道具立ては、普通は必要ないかもしれない。しかし、「そばずし」を手がける以上、すだれだけはしっかりしたものを何枚も用意しておく必要がある。

すだれの材料としては真竹《まだけ》がよい。真竹の四、五年もので、節《ふし》の間《ま》の長いものが特によい（値段は孟宗《もうそう》の十倍くらい高くなるが）。竹は節の間ごとに細く割って使うが、そばずしのすだれは肉厚にとり、糸が切れぬように面《めん》とりして、裏は甲丸《こうまる》につくる。甲丸とは、かまぼこ型のふくらみをつけることを言う。

なお、「揚巻《あげまき》」用には、裏表ともに平らで、面とりしただけのものを使う。

いずれにしても、すだれは棧《さん》の形と同時に、糸の編み方がしっかりしていないと、形崩れしてしまう。「磯巻」の甲丸《こうまる》にとったすだれは、編む糸もやや太めのものを使う。糸が戻らない（崩れない）ようにするには、枠《わく》にとる糸をいったん濡《ぬ》らし、引っ張れるだけ引っ張って乾かしてから編む。

おしまいに、すだれの手入れについて——。

すだれを水洗いして外に乾すなどは、不衛生このうえない。完全消毒と安全性に留意すれば、熱湯で四分間くらい煮上げ、屋内で乾す方法がすすめられる。屛風《びょうぶ》を立てるように、すだれを二つ折りにして鍋に立て、少しすきまを空《あ》けて連《つら》ねていけば、一度に相当な枚数のすだれを煮沸《しゃふつ》消毒できる。煮沸後は棚に同様に並べ立て（専用の棚が望ましい）、扇風機の風を当てると、およそ一分程度で乾いてしまう。

（「揚巻」に使ったすだれのときは、熱湯に苛性《かせい》ソーダをかすかに加えて煮沸するとよい。）

第二章　そばずしの技術

一、磯巻ずし

そばずしと言えば、誰しもすぐ思い浮かべるのが、海苔で巻いたすしであろう。これを私は「磯巻《いそまき》」と呼んできたが、「磯巻」の海苔とそばが合わさったところに生まれる、さっぱりした食べ味は、まさに精進《しょうじん》と言うにふさわしい味である。「磯巻」には、太巻と細巻がある。どちらにも共通する注意事項を指摘《してき》すれば、次のようになる。

一、そばは変わりそばの細打ちが適する（「しらゆき」が最適）。

二、海苔は巻きずし専用の厚めのものを使う。色は緑の濃いものが上質。

三、巻芯《まきしん》にする具は、次のようなものを使用——。

野菜類……かんぴょう、椎茸、はす、にんじん、青味など。

玉子焼き……厚焼き玉子、薄焼き玉子。

魚介類……海老、蟹、大星《おおぼし》、帆立貝、日の出貝など。

肉類……鶏肉、ハム、ベーコンなど。

(一) 磯巻ずし（太巻）

太巻は、単品盛りにしても、それだけで小腹のふくれる程度の量がある。商品としては、「せいろ」一枚や「鴨南蛮」一杯などと同じように扱えるところが魅力である。

すだれで巻くときは、変わりそばの色彩を充分に生かす。たとえば、「茶そば」や「しらゆき」など数種を使って巻けば、切り口の彩《いろどり》が映《は》える。そばが具の役目も果たす。

また、具も一種類だけでなく、前にあげたようなものを数種とり混ぜたほうが、見た目

磯巻ずし（太巻）

にきれいで、味わいも豊かになる。

具は、そばつゆで下味をつけるが、ものによっては違う煮方もする。たとえば、かんぴょうに色をつけて煮るときは、そばつゆを使うが、白煮《しらに》となれば別である。具の類《たぐい》は、すべて料理の法に則《のっと》って使いこなしていく。ここでは多言しない。

そばの量は、太さや具の使用量などで違う。海苔一枚で巻ける量を見計《みはか》らって使う。

●「磯巻ずし（太巻）」つくり方・手順

①ゆであげたそばに甘酢を行き渡らせる。

ゆでて水切りしたそばを小型のざるなどに取る。甘酢を適量かけ、そばをほぐしながら、酢を平均に行き渡らせる。酢が垂《た》れるので、ざるの下に受け鉢を用意しておく。

②すだれにそばを並べる。

すだれは裏側を使う。桟《さん》が縦目になるように置く。

すだれの裏側を使うのは、次のような理由による。すだれの表側つまり竹の表面は、ホウロウ質のために水を吸わない。それに対して裏側は吸水性があるので、そこにそばを並べて水気《みずけ》（そばの表面に浮いている甘酢）を切る。のちにそばに海苔をかぶせたときに、そばの水気で海苔が切れるのを防ぐための処置である。

そばは、縦目に置いたすだれに、横に並べる。適量をつまみ、軽くしごくようにして揃《そろ》えてから使うこと。

横並び一層のような薄い並べ方でなく、何本ものそばが重なるくらいの厚みに並べる。

横幅は、すだれの両端からはみ出す程度。すだれの端《はし》まで来たら折り返す並べ方をする。その際、すだれの両端に、交互に折り返しの輪ができるように並べるのがよい。

縦幅は、海苔一枚の縦幅よりも確実に狭くとどめること。巻いたときに海苔が重なる分《ぶん》を残しておき、糊《のり》しろとするためである。

❶〈甘酢をかける〉水切りしたそばに甘酢をかけ、ムラなく行き渡らせる

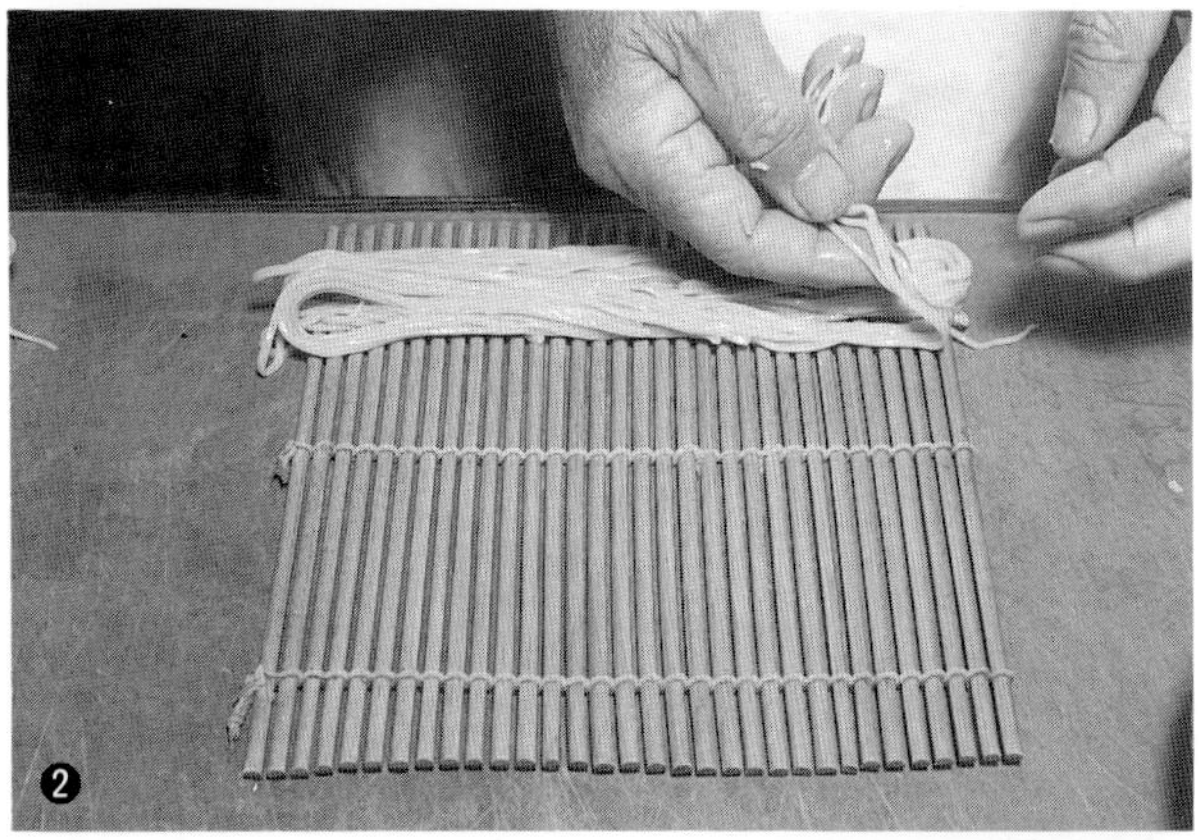
❷〈そばを並べる〉すだれは裏側を上に縦目に置く。左から並べて折り返し…

❸次は右から始めるというように交互に並べる。並べ終えたら、水気を切る

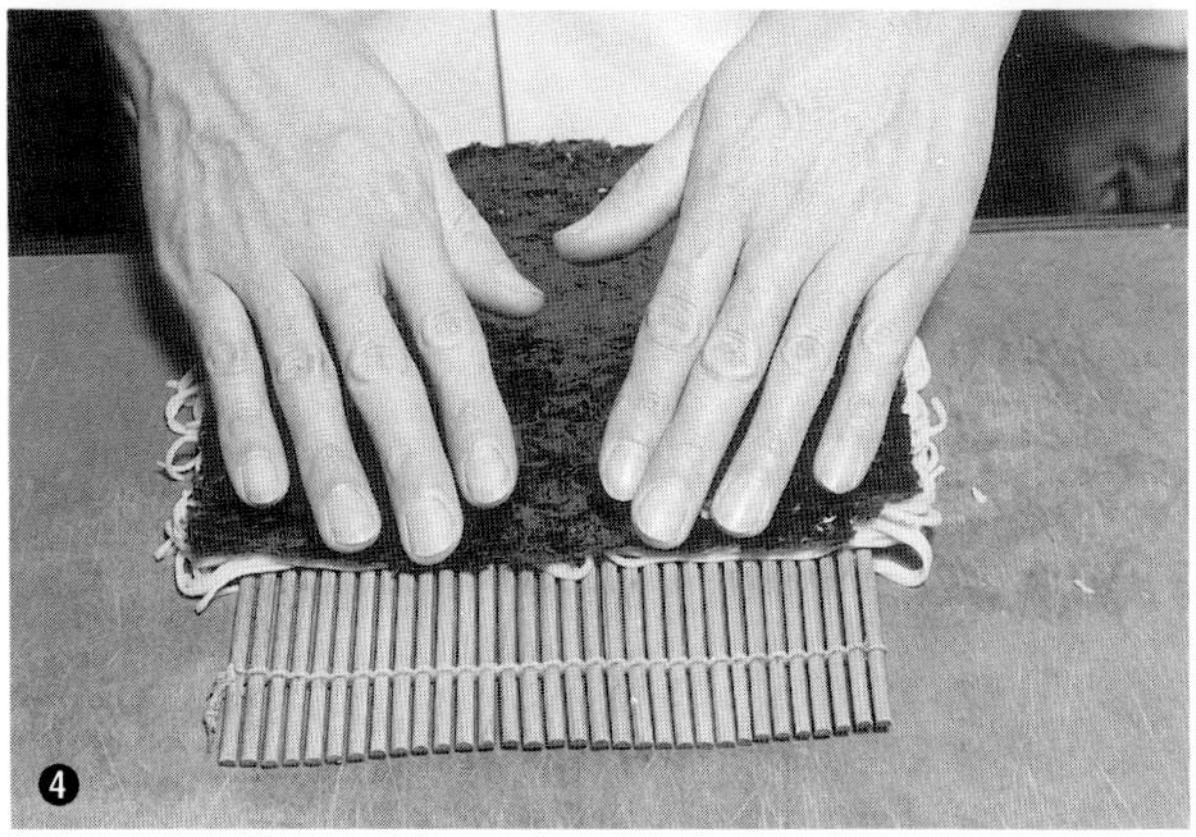
❹〈海苔をかぶせる〉海苔の手前をそばに揃え、たるみのないようにかぶせる

●「磯巻ずし（太巻）」つくり方・手順（1）

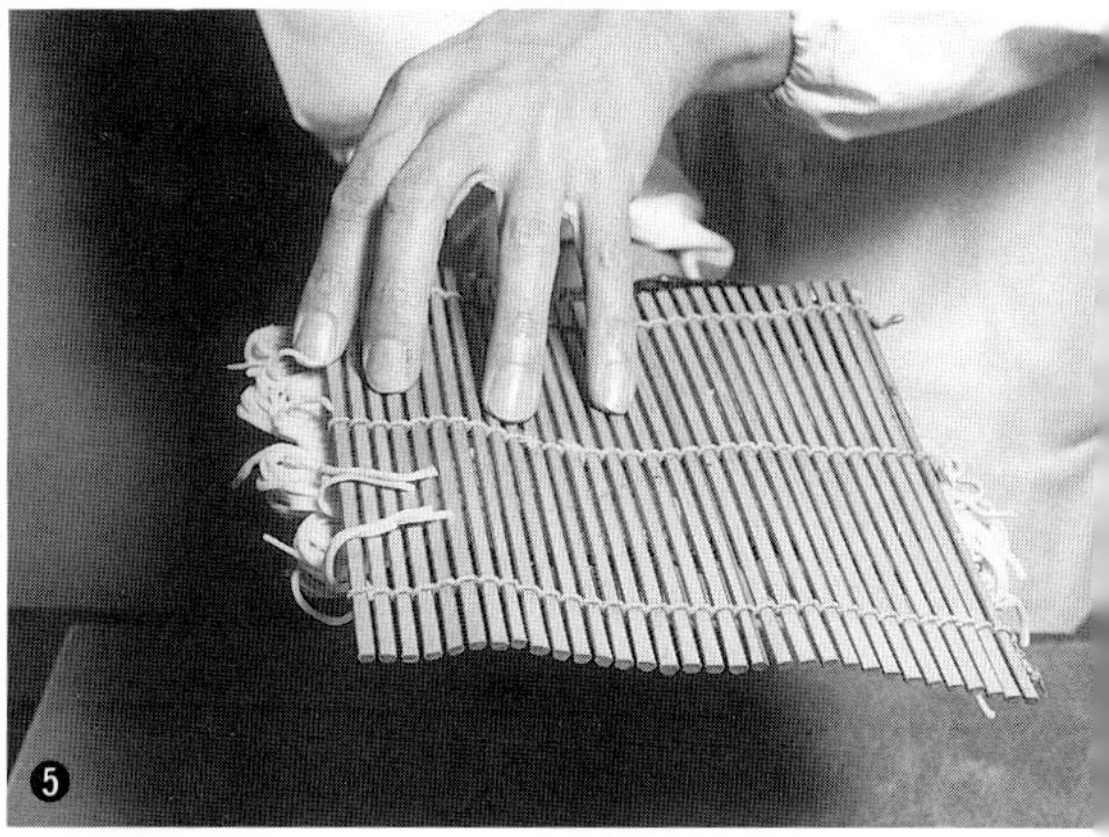

5 〈すだれを外して置きなおす〉ずれぬように上下から押えながら、裏返す

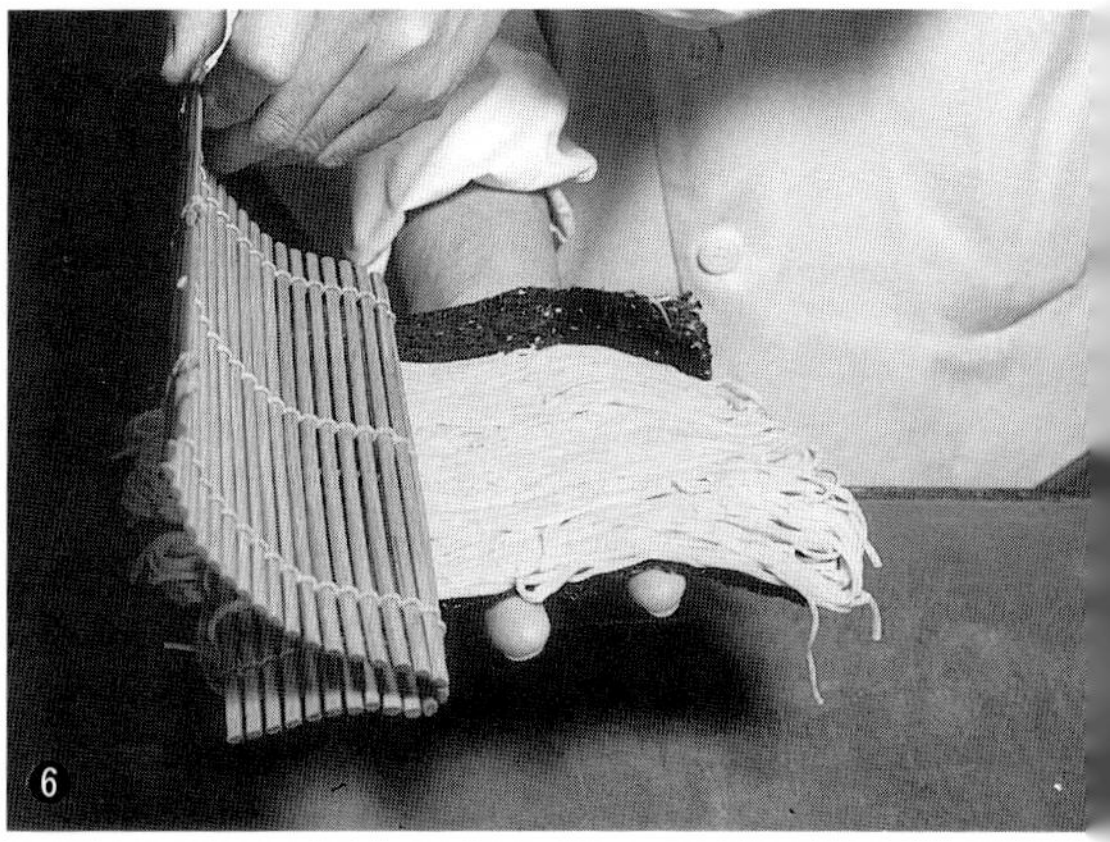

6 海苔とそばは片手に受けながら、すだれを外し、表《おもて》を上に横目に置きなおす

7 〈海苔とそばを据える〉海苔とそばを両手で持ちなおし、すだれの上に置く

8 〈具を並べる〉そばの中央に、かんぴょう、いんげん、酢ばすなどを置く

9 〈すだれで一巻きする〉具を指で押さえながら、すだれの手前を持ち上げ…

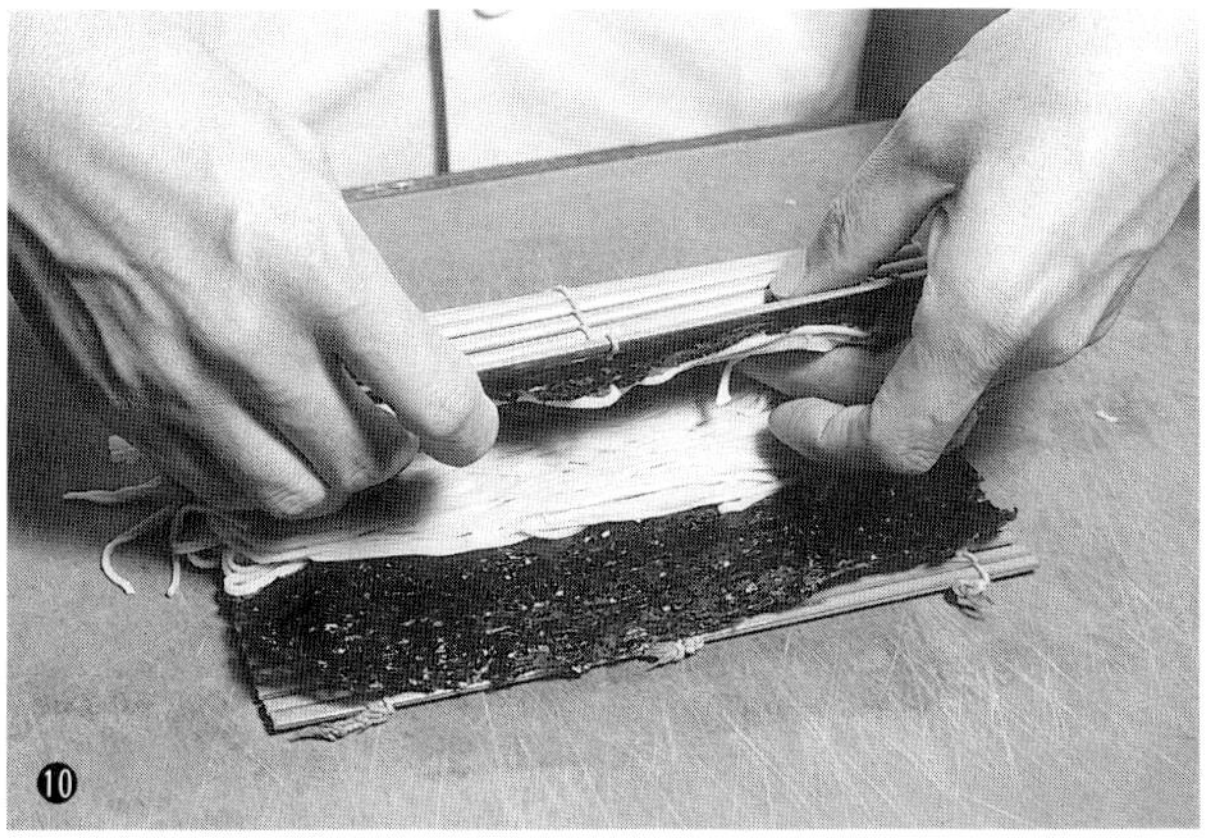

10 中指、薬指などは具を押さえ続けながら、すだれにかけた親指で巻き込み…

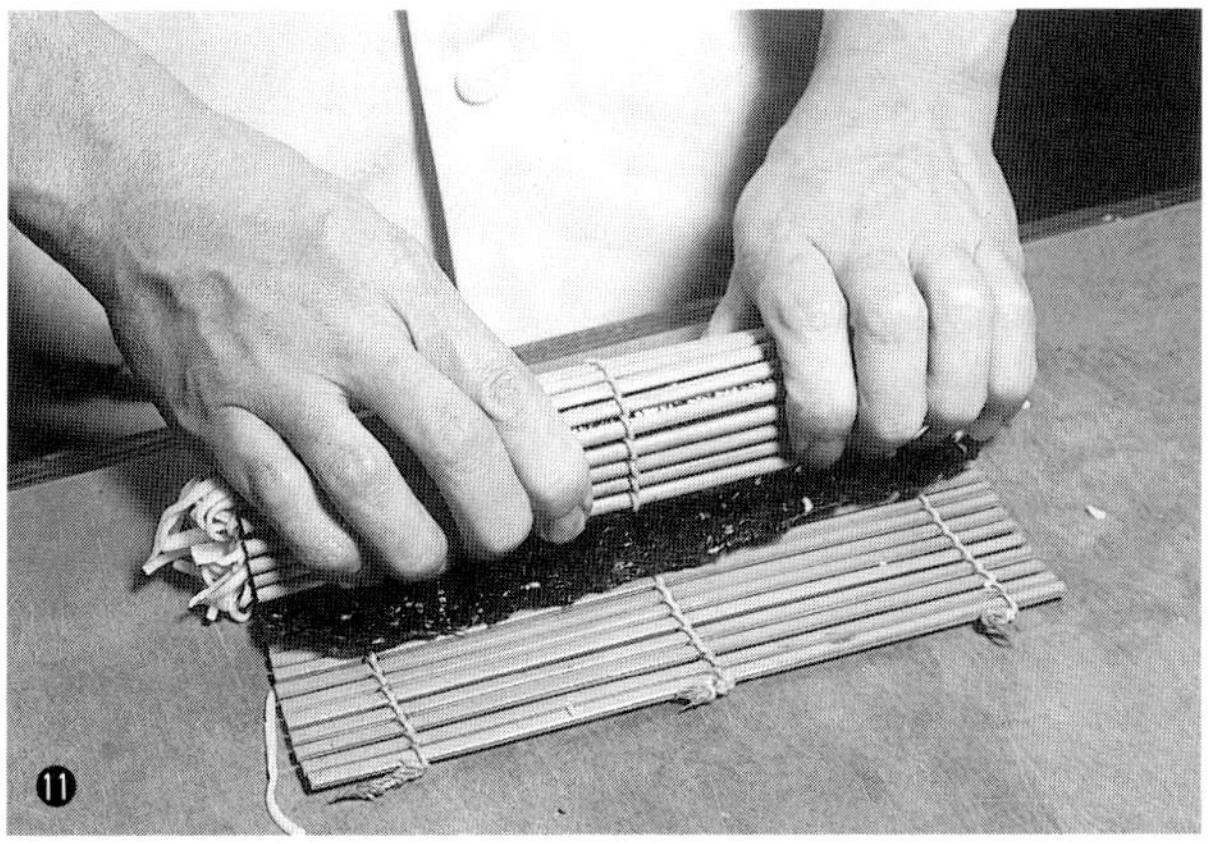

11 指をかけなおし、そばが隠れるところまで、すだれで一巻きする

12 〈形を整《ととの》える〉すだれを戻し、両手で海苔とそばのつきをしっかりさせる

●「磯巻ずし（太巻）」つくり方・手順（２）

⑬〈すだれで巻きなおす〉再びすだれで一巻きして、適度に締める

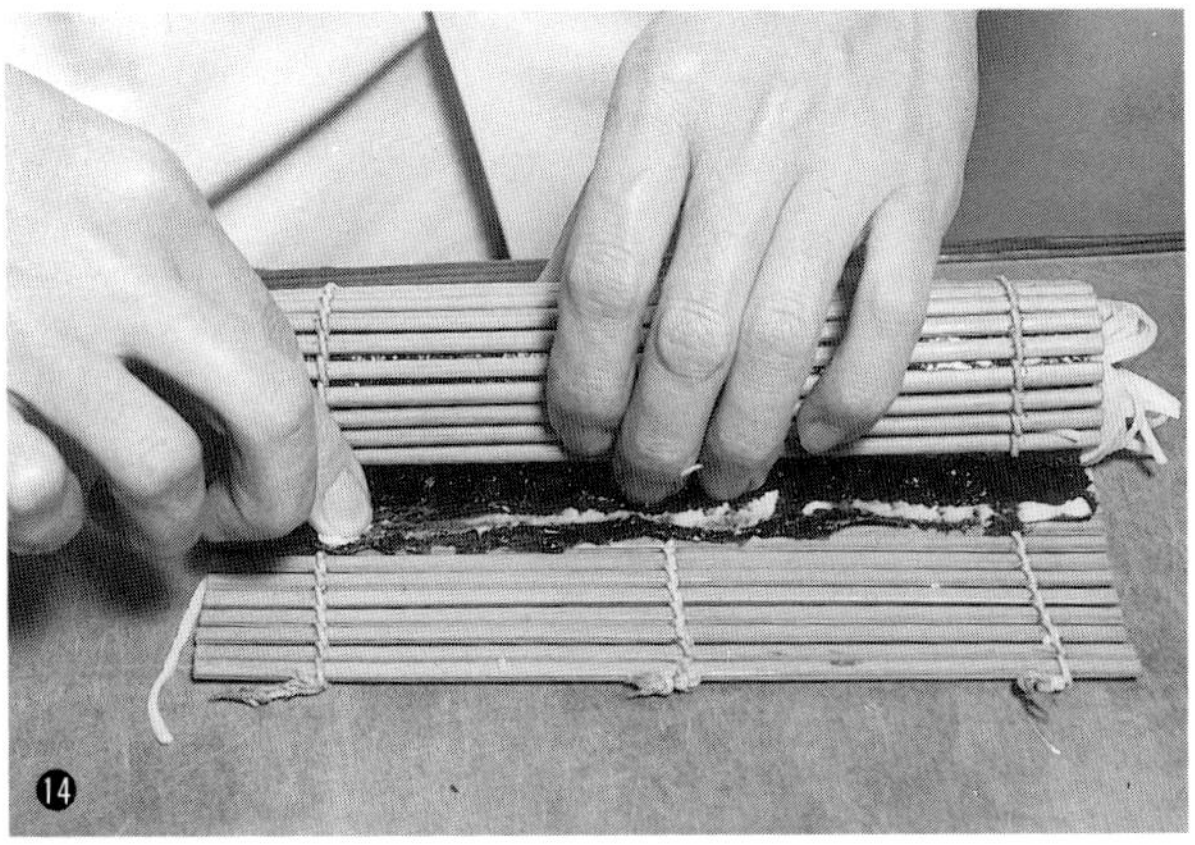

⑭〈糊《のり》づけする〉片手ですだれを押さえながら、うどん少量を端につける

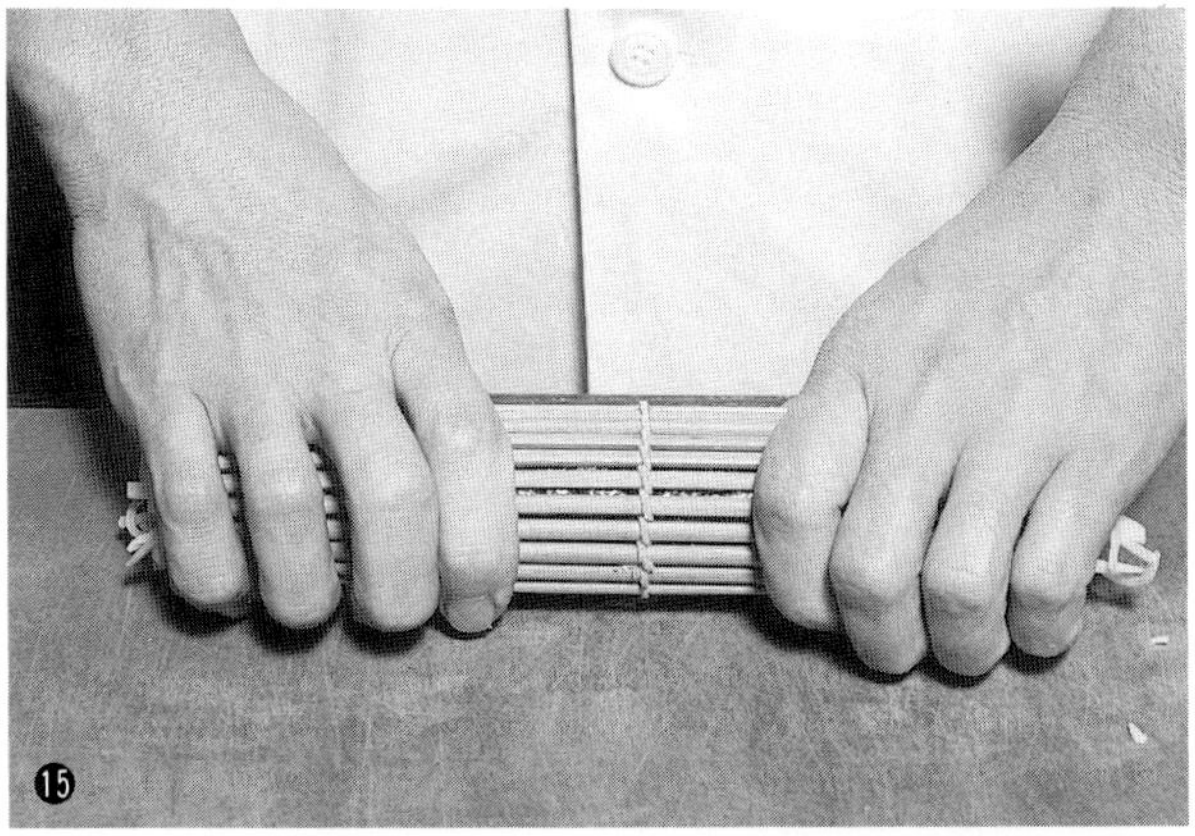

⑮うどんの水分で糊しろが暴れぬうちにすだれに巻き込んで押さえる

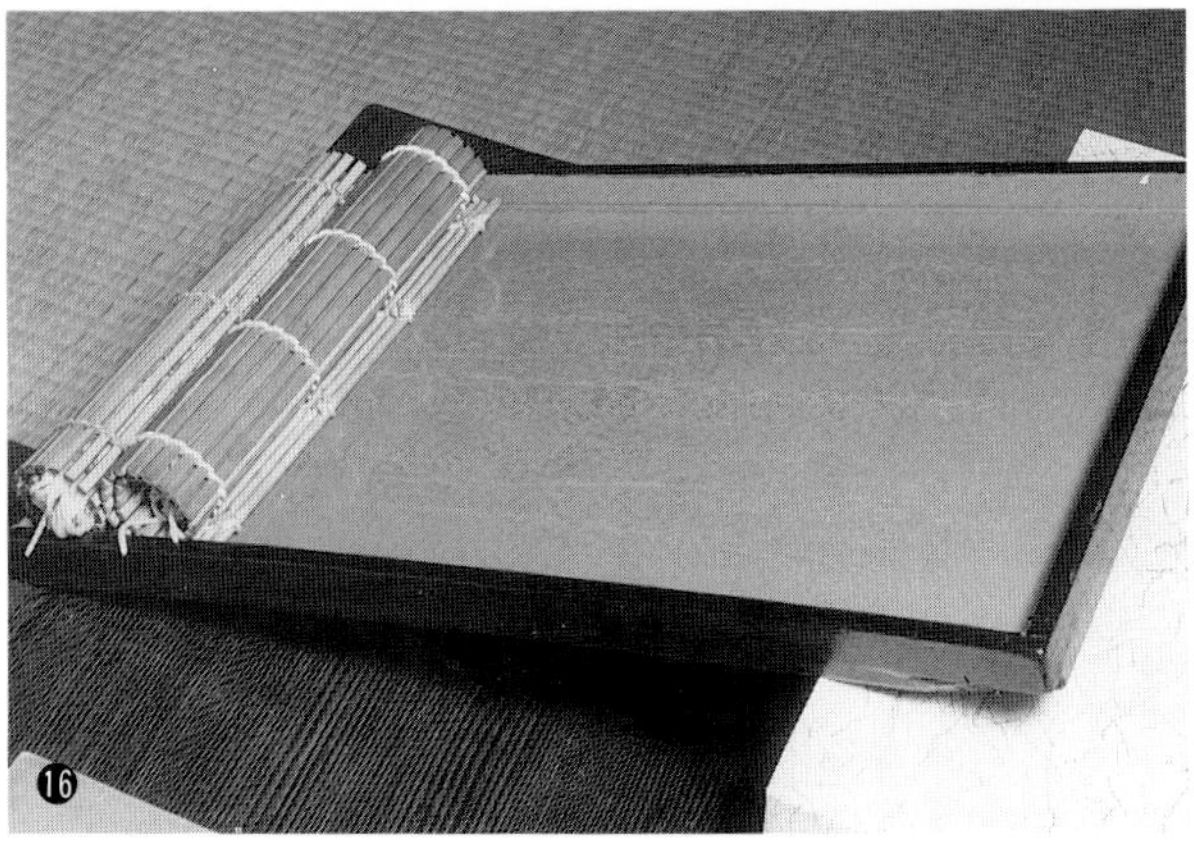

⑯〈寝かす〉供するまで、または何本か巻き終えるまで、すだれのまま寝かす

すだれを縦目に置いて、そばを横に並べる理由については、⑤で説明する。

③暫《しば》し、そばの水気を切る。

すだれの手前端を、まな板の縁《へり》に浅く立てかけて水気を切る。時間はほんのしばらく。

④海苔をかぶせる。

海苔の手前端をそばに揃えて、たるみのないようにかぶせる。

⑤すだれを外《はず》して置きなおす。

すしに巻くときは、すだれの表側（水気を吸っていない面）を使う。それも、桟《さん》を横目にして使う。そのために、いったん、すだれを外して面を変え、向きも置きなおす。

ただし、前の手順で海苔までかぶせたのは、そばと海苔の添《そ》いをよくするためであったから、これがバラバラになってしまうようなすだれの外し方では元《もと》も子《こ》もない。そこで、そばがずれぬように片手で海苔の上から押さえるようにして、もう一方の手ですだれを持ち上げる。そのまま裏返して、すだれを外し、外した手ですだれの向きを変え、表側を上にして置きなおす。その間、海苔とそばを受けている片手は、グラグラしないように手の甲や手首をまな板につけているとよい。

ここで、すだれを縦目にして使ってきたことの効果が現われる。海苔を片手で押さえるようにして裏返したときに、縦目だと、すだれのたわみが少ないので、並べ整《ととの》えたそばがバラバラになるのを防げる。

⑥すだれの表側にそばを置く。

すだれは表を上に、桟《さん》が横目になるように置く。そして、片手で受けていた海苔とそばに、もう一方の手を添えて、そばがすだれの目と平行になるように置く。

⑦具を並べる。

具はそばの真ん中に並べる。数種とり混ぜ

て使う場合は、切り口の彩《いろどり》を計算して置く。

⑧すだれで一巻きする。

具が動かないように両手の指で押さえながら、すだれの手前を持ち上げる。そばが隠《かく》れるところまで、すだれを使って一巻きする。

⑨すだれを戻して、手で形を整える。

そばはすし飯と違って粘着力が弱いので、すだれ一辺倒で巻き込むわけにはいかない。すだれに頼《たよ》っていては、そばや具がずれやすい。

そこで、すだれで一巻きしたら、いったん、すだれを戻し、手で形を整える。海苔とそばのつきをしっかりさせるためであるが、しかし、力強く押しつけると、具やそばの水分がしみ出て、海苔が溶ける恐れがある。

⑩再びすだれで巻く。

手で形を整え終えたら、再度すだれを使って巻き、適度に締める。

⑪糊づけをする。

うどん少量を海苔の端につけ、海苔がめくれないうちにすだれで巻き込んで押さえる。巻き終えたら、すだれのまましばらく寝かす。

供するときは耳を化粧裁《だ》ちし、適宜《てきぎ》に切り分け、そば汁を添える。

●「変わりそば」と細工巻《さいくまき》

変わりそばを使う仕事では、そばの並べ方によって、すしのほうで言う細工巻《さいくまき》が簡単につくれる。

一つは、切り口に数色のそばが等分に出てくる巻き方——。これは、たとえば「茶そば」「しらゆき」「卵きり」などを、同じ幅、同じ厚みに並べて巻けばよい。

もう一つは、切り口にそばが色の輪をつくる巻き方——。こちらは、すだれにそばを一面ずつ重ねていき、層をなすように置いてから巻く。たとえば「しらゆき」「茶そば」「卵きり」の順に重ねると、切り口は白、緑、黄の三色の輪になる。

いずれの場合も、そばを等分に並べるだけでなく、使用量を違えて、切り口の模様に変化をつけてみるのもまたおもしろい。

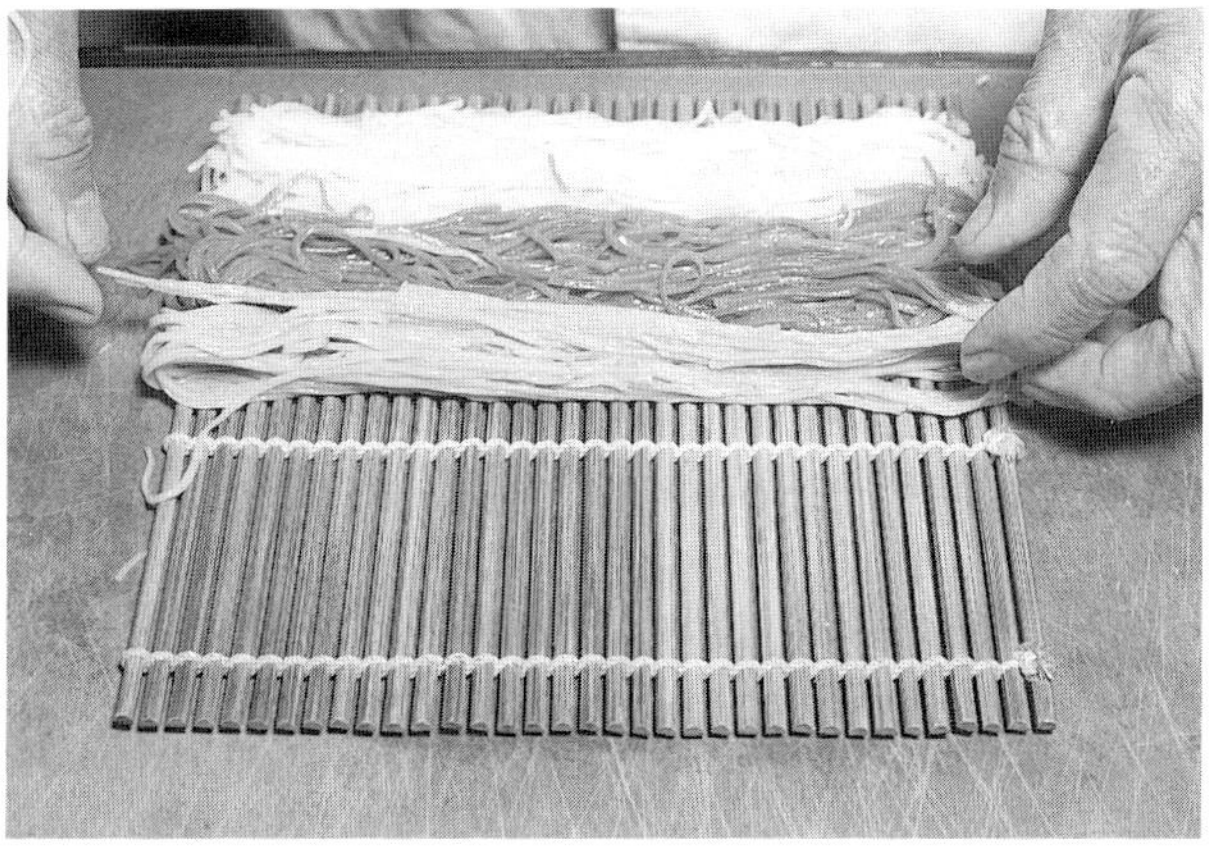

〈細工巻〉「しらゆき」「茶そば」「卵きり」などを同じ幅・同じ厚みに並べて巻くと、切り口に三色のそばが等分に現れる

(二) 磯巻ずし（細巻）

細巻は、食事代わりに、それだけを鉢にたくさん盛って出すような使い方は、まずしない。前菜《ぜんさい》や前盛《まえも》りとしての用途が大部分である。ただ、使い途《みち》により、大きさや味つけに変化がつけられるので、用途は広い。半截《はんさい》の

磯巻ずし（細巻）

海苔で標準的な細巻とする場合から、1/3幅程度に切った海苔でひとくち大に巻く場合など、いろいろにつくれる。

つくり方は太巻に準ずるが、使うそばは一種類、具も一、二種にとどめるのが効果的である。前菜とするには、そばに甘酢をかけないほうがよろしい。

ひとくち大にする場合は、そばは一列並び程度にとどめる。そして、そばや具の違いにより、わさび醤油、黄身《きみ》醤油、あるいはポン酢、柚子《ゆず》酢を使っただし割りなどを使いわけ、別の器で供する。

逆に、つゆをつけないでも食べられるように、具の味つけを、やや濃いめにする方法もある。

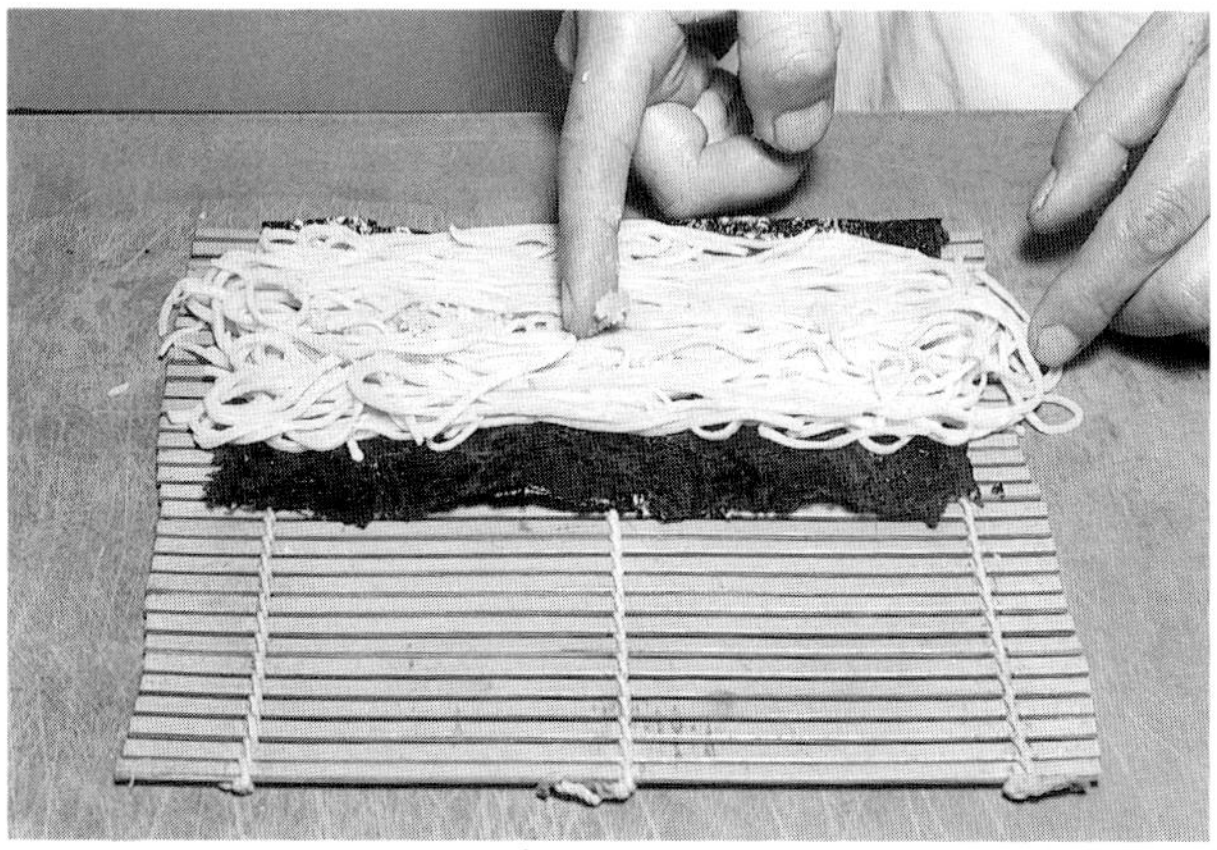

〈細巻〉　標準的な細巻は半截《はんさい》の海苔を使用。そばはひといろ。糊しろを残してそばを並べ、中央にひとすじわさびをつける

わさびをつけたところに、長く細切りにしたきゅうりをのせて巻く。細巻は、そば汁なしでも食べられるようにしておく

二、玉子巻ずし

(一) 玉子巻ずし

「玉子巻」は、子供客や婦人客に特に喜ばれるそばずしである。厚い玉子焼を使うので、巻き上がりが大きく、また、色彩にも富むため、見た目に注意をひく。そして食べては、あっさりしたそばにもう一つ、厚焼玉子の味が加わって、「磯巻」とはまた違った味わいが楽しめる。（玉子巻は伊達《だて》巻とも言う。）

「玉子巻」は、単品盛りでも充分に見栄《みば》えのする巻ずしである。が、他のそばずしと盛り合わせると、ご馳走《ちそう》感はさらに強まる。つくり置きしても、形が崩れにくく、味落ちの少ないのも利点である。

ただし、「玉子巻」は、大きくて食べにくいのではないかという心配も誘う。味つけならびに盛りつけを工夫して、その心配をなくしてあげることが、供する上での大切な点である。

〈切り方〉 庖丁は前へ押し出すようにして、ひといきに切る（鋸《のこぎり》挽《び》きは不可）

味つけの工夫としては、そば汁につけなくても、そのままで食べられるように、濃いめにすること——。玉子焼は砂糖を多めにする。ただし、焼き上がりの色をきれいにするために、醤油は使わない。また、そばにかける甘酢も、甘味を利《き》かす。そばの量が多いので、淡味《うすあじ》では食べにくいのである。

盛りつけは、切り口を上に見せて盛る方法をとる。立てて盛ると、箸を入れたときに崩れやすいが、切り口を上にして寝かせて盛れば、ひとくち分《ぶん》に箸で切り分けて、そのまま口に運ぶことができる。

巻物は、仕上げの太さをどのくらいにするかで、そばの分量が違ってくるが、どんな場合にも必要なのが、糊《のり》しろを確実に残しておくこと。「玉子巻」では、特に大事である。

●「玉子巻ずし」つくり方・手順

①ゆであげたそばに甘酢を行き渡らせる。

水切りしたそばを、小ぶりのざるに取る。ざるの下に受け鉢を用意しておく点は「磯巻」などと同じである。

酢は甘味を濃いめにつけておく。適量をそばにかけ、そばをほぐしながら、平均に行き渡らせる。

②すだれに厚焼玉子をひろげる。

すだれを横目に置き、上に厚焼玉子をひろ

玉子巻ずし（右）
揚巻《あげまき》ずし（左）

げる。端《はし》を、すだれの手前端に揃《そろ》えて置くこと。

③厚焼玉子の上に、そばを並べる。

そばは適量をつまみ、軽くしごくようにして揃えてから使う。そばを横に並べる——それも一列並びでなく、何本か重なる程度の厚みに並べることは「磯巻」と同じである。また、厚焼玉子の左端からそばを並べ始めたら、右端まで来たところで折り返し、次は右端から始めて左端で折り返す……と、左右交互に並べていく方法も「磯巻」同様である。

並べる幅は、厚焼玉子の2/3程度にとどめる。

写真例のように、切り口に数色のそばの輪ができる並べ方は、「茶そば」を厚焼玉子の2/3程度まで並べたら、その上に「しらゆき」を重ねる……といった具合に進める。

④具を並べる。

具はそばの真ん中に並べる。数種とり混ぜて使う場合は、切り口の彩《いろどり》を計算して置く。

⑤すだれで巻く。

そばや具が動かないように両手の指でしっかり押さえながら、すだれの手前を持ち上げる。そばが隠《かく》れるところまで、すだれを使っていっきに巻き、すだれで押さえながら形を整《ととの》える。

⑥厚焼玉子の合わせ目を整える。

すだれを一巻きしたままでは、厚焼玉子の合わせ目の状態がよくわからない。そこでいったんすだれの端を折り返して、合わせ目を指で整える。

⑦再びすだれで巻く。

すだれを戻す。厚焼玉子の合わせ目を見とどけて、巻いたものをすだれの手前に移し、再度すだれでしっかり締めながら巻く。

⑧すだれに巻き取り、十分ほど置く。

一巻きして形を整えたら、すだれの端まで巻き進める。巻き取ったものにゴムバンドを三カ所かけて、十分ほど置く。形を落ち着か

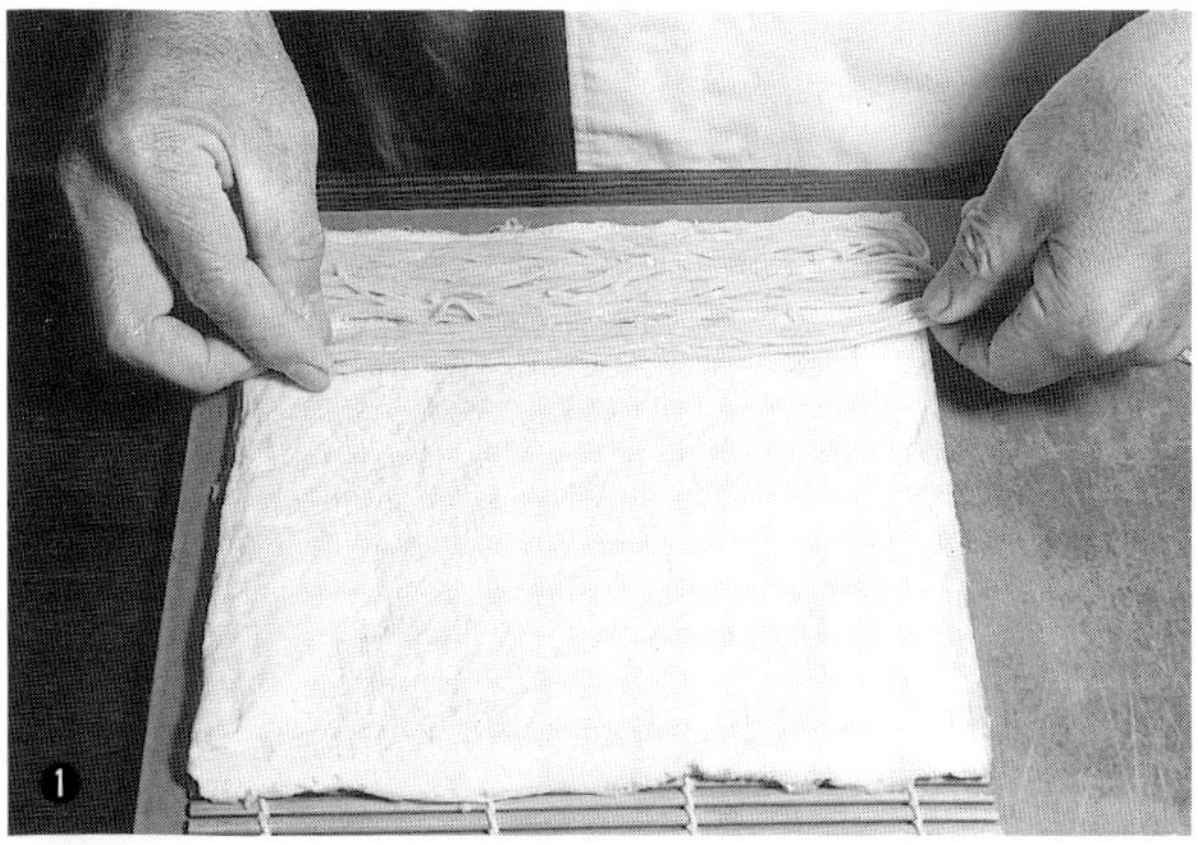

〈そばを並べる①〉 横目に置いたすだれに厚焼玉子をのせ、並そばを並べる

並そばは玉子焼の2/3ほどまで並べて厚みを揃える

〈そばを並べる②〉 「茶そば」に甘酢を行き渡らせ、軽くしごいて揃えて使う

並そばの上に、「茶そば」を重ね並べる。「並」と同じく玉子焼の2/3ほどまで…

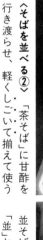

●「玉子巻ずし」つくり方・手順（１）

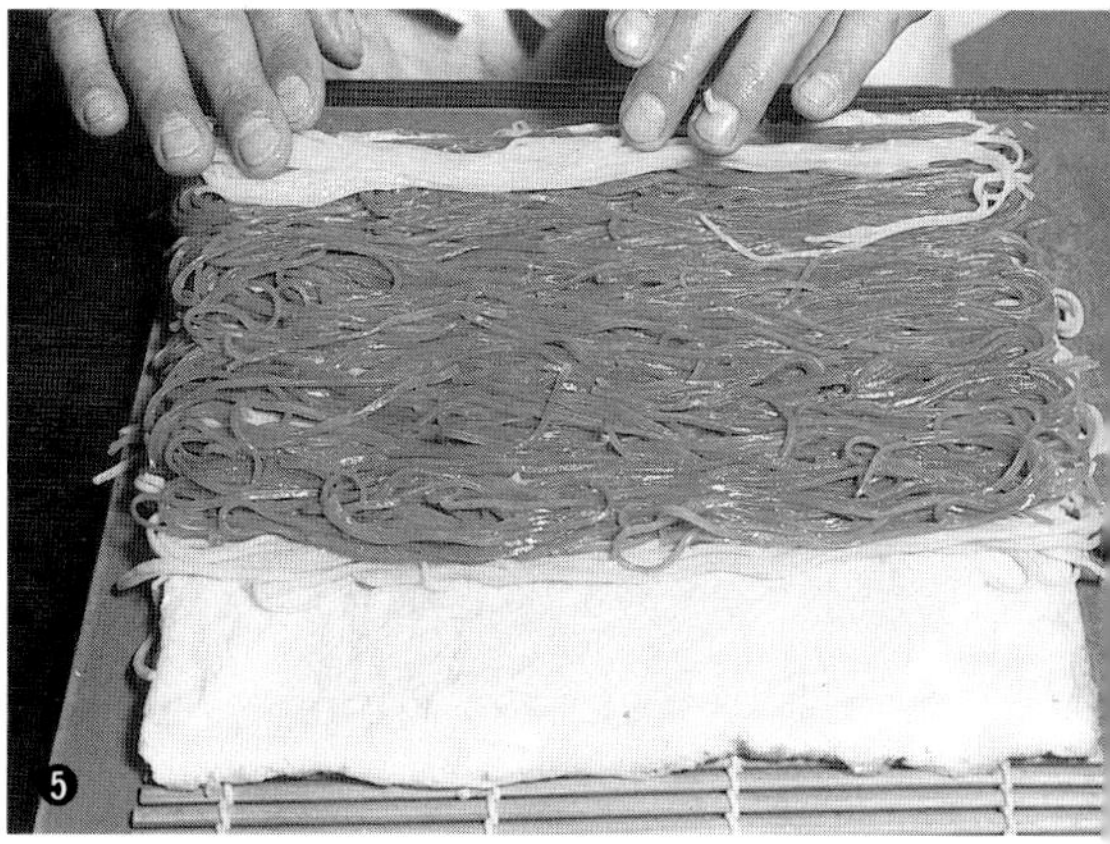

〈そばを並べる③〉甘酢をかけた「しらゆき」を、「茶そば」の上に重ね並べる

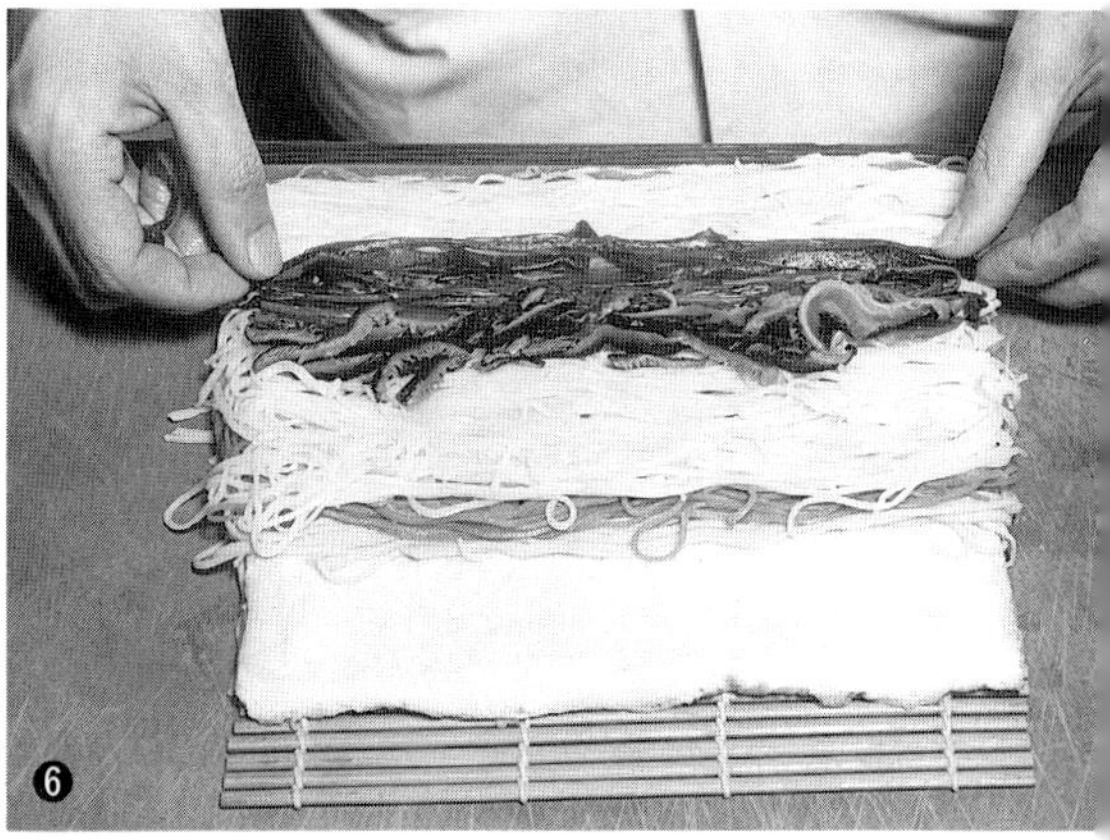

〈具を並べる〉そばの中央に青み、椎茸、かんぴょうなどを置く

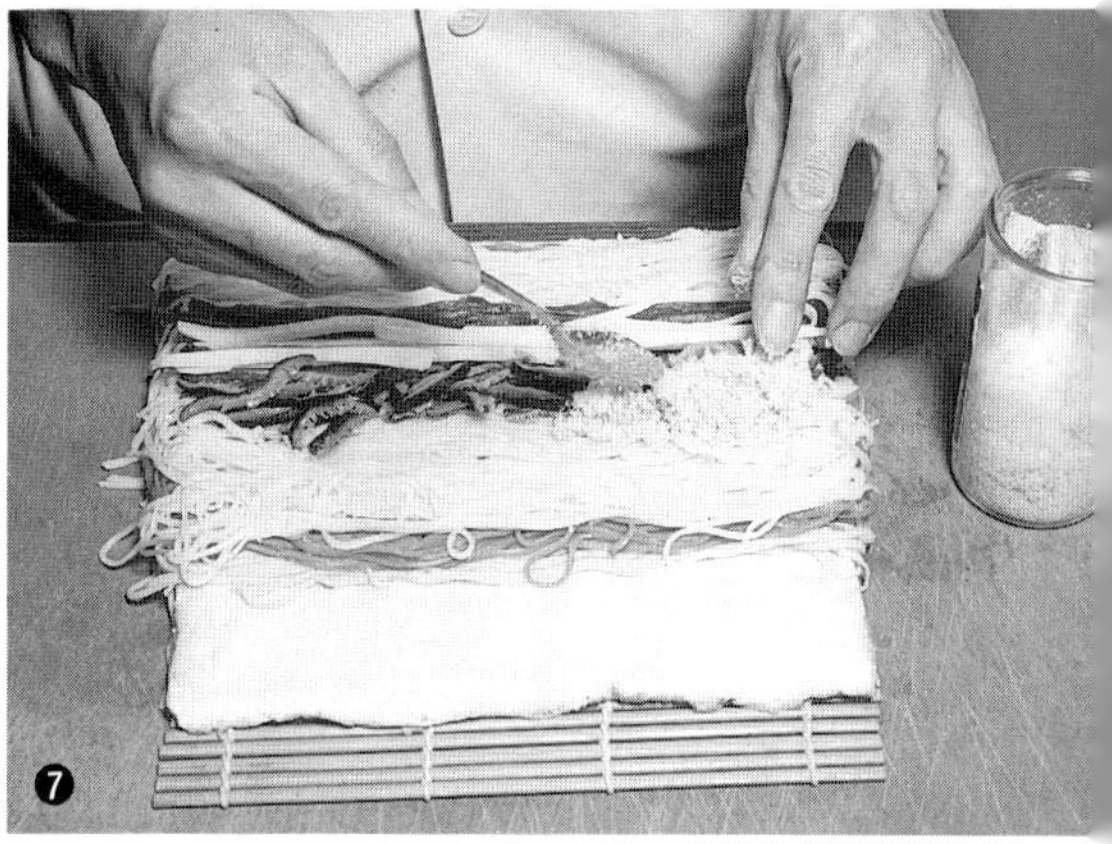

はじめに並べた具の上に、酢ばす、海老おぼろをのせる

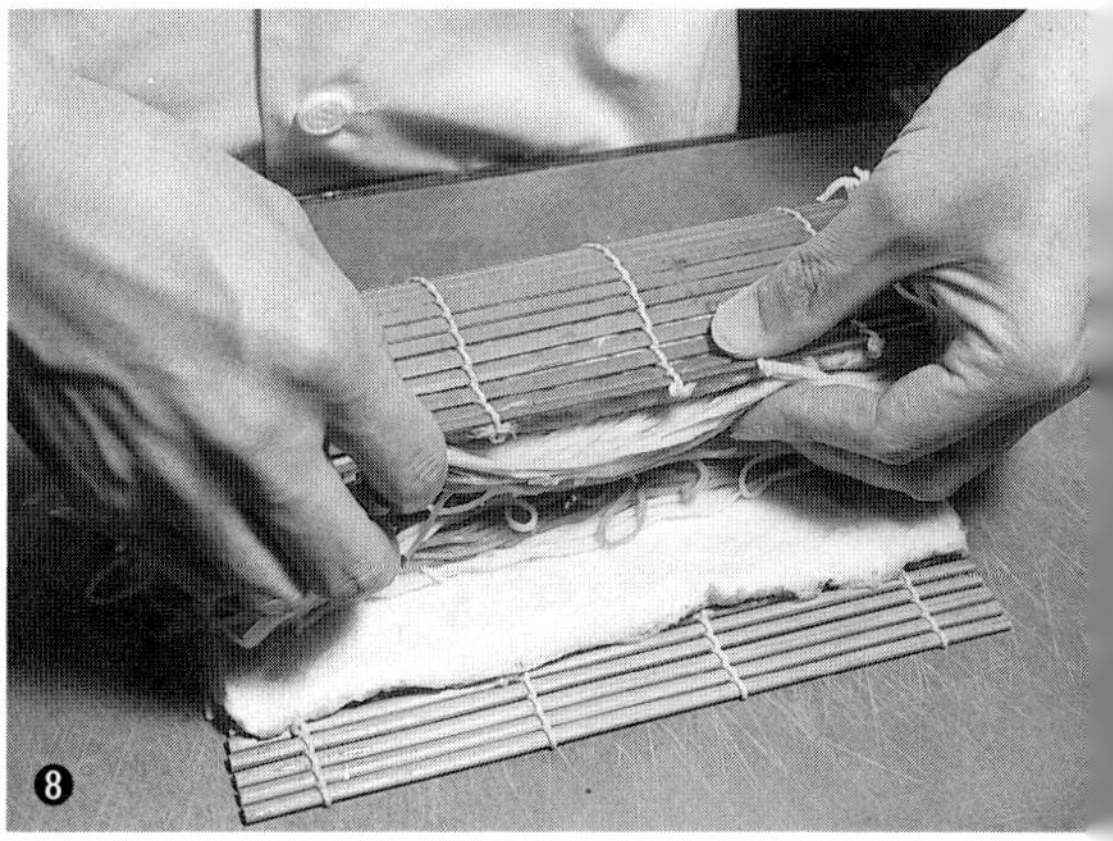

〈すだれで一巻きする〉具とそばを指で押さえながら、すだれを持ち上げ…

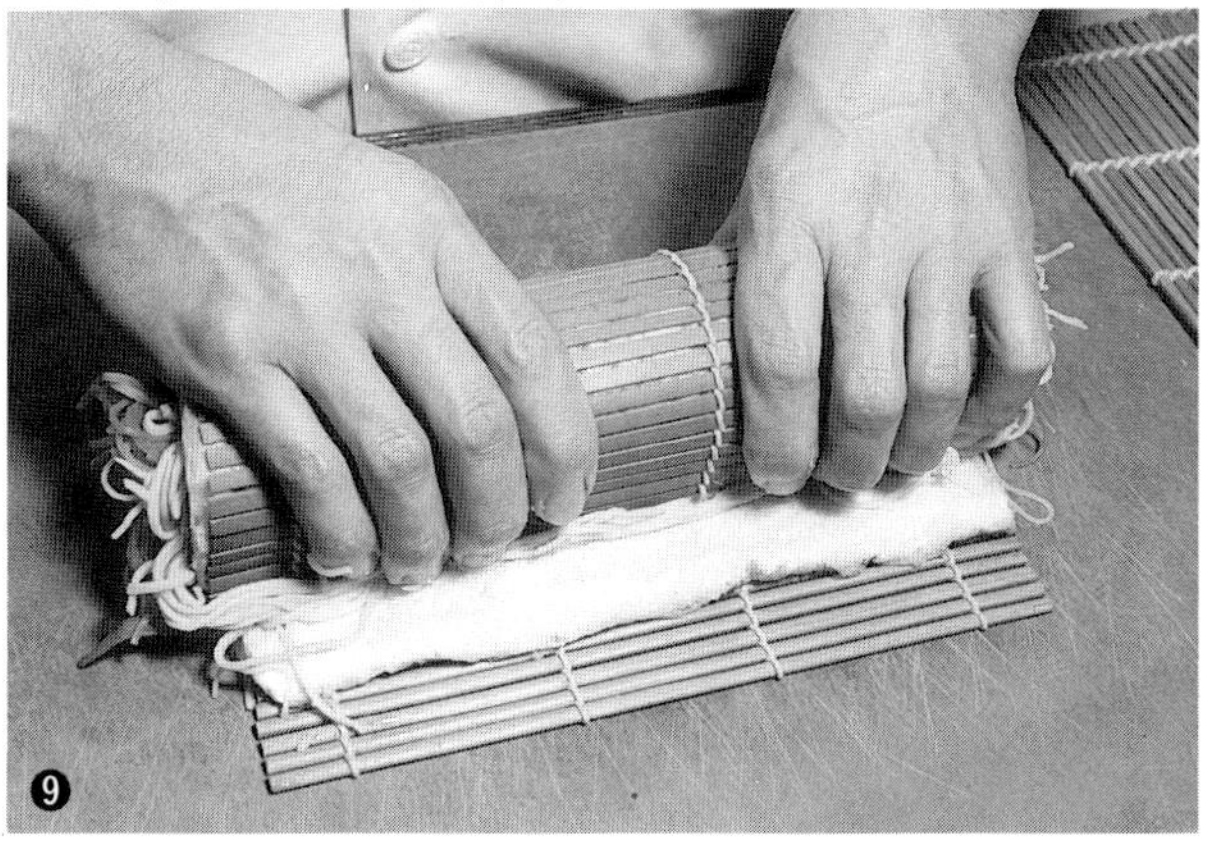

指をかけなおし、そばが隠れるところまで、すだれで一巻きする

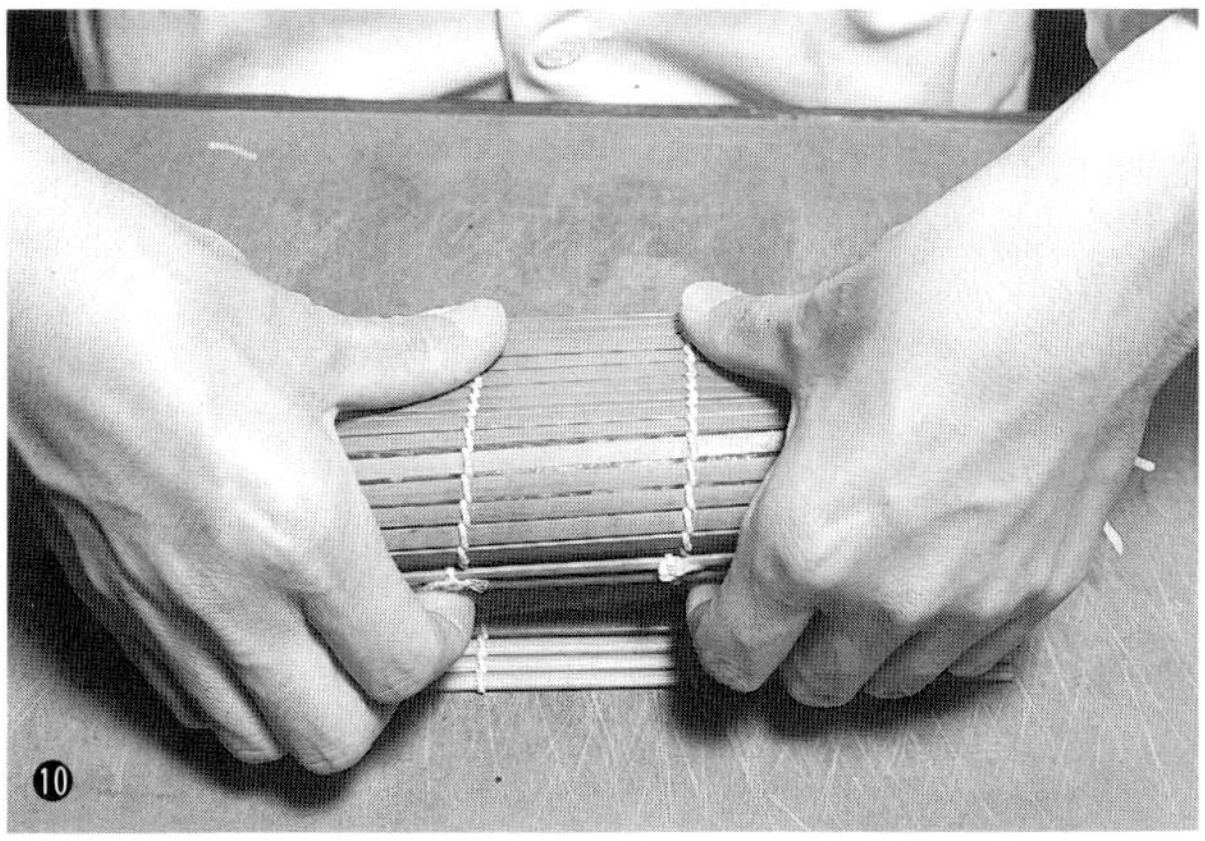

〈形を整える〉すだれの端《はし》を折り返して、玉子焼の端を指先で巻き込む

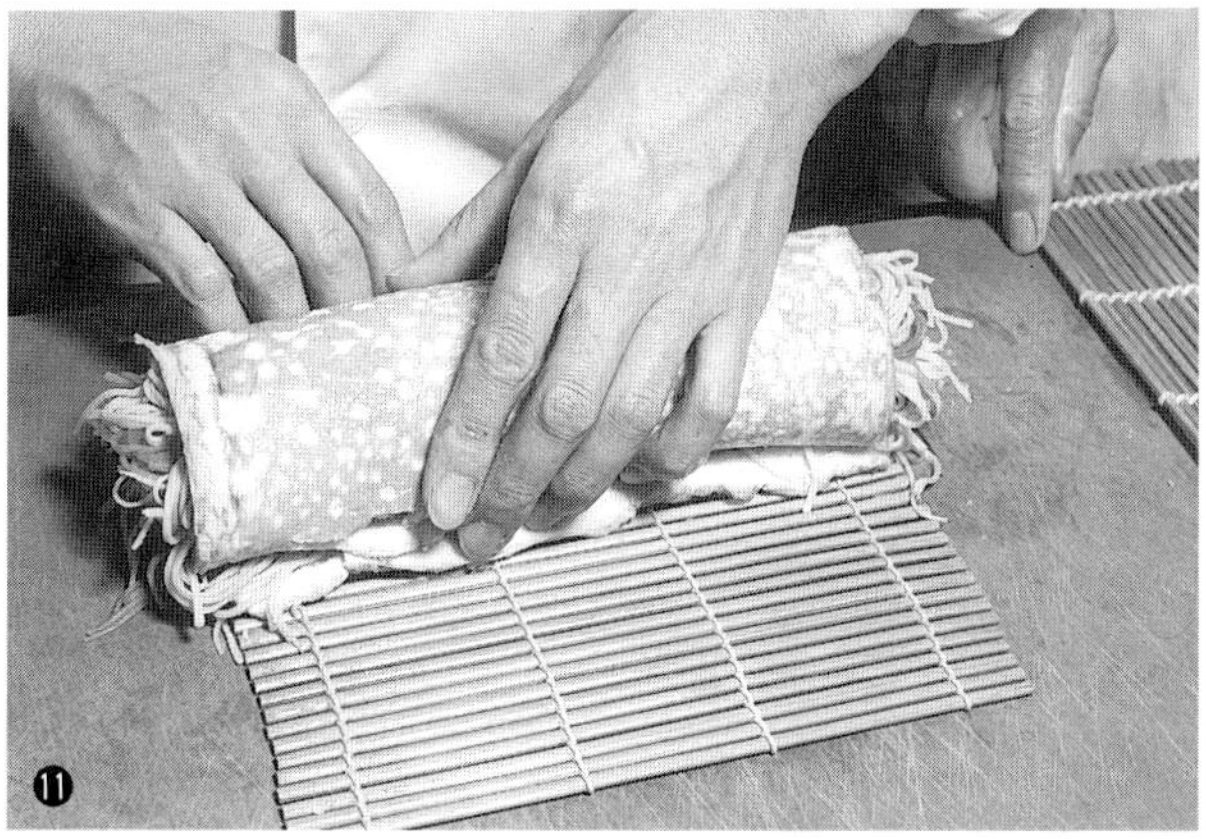

すだれを外《はず》して玉子巻を整え、手前に引き戻してくる

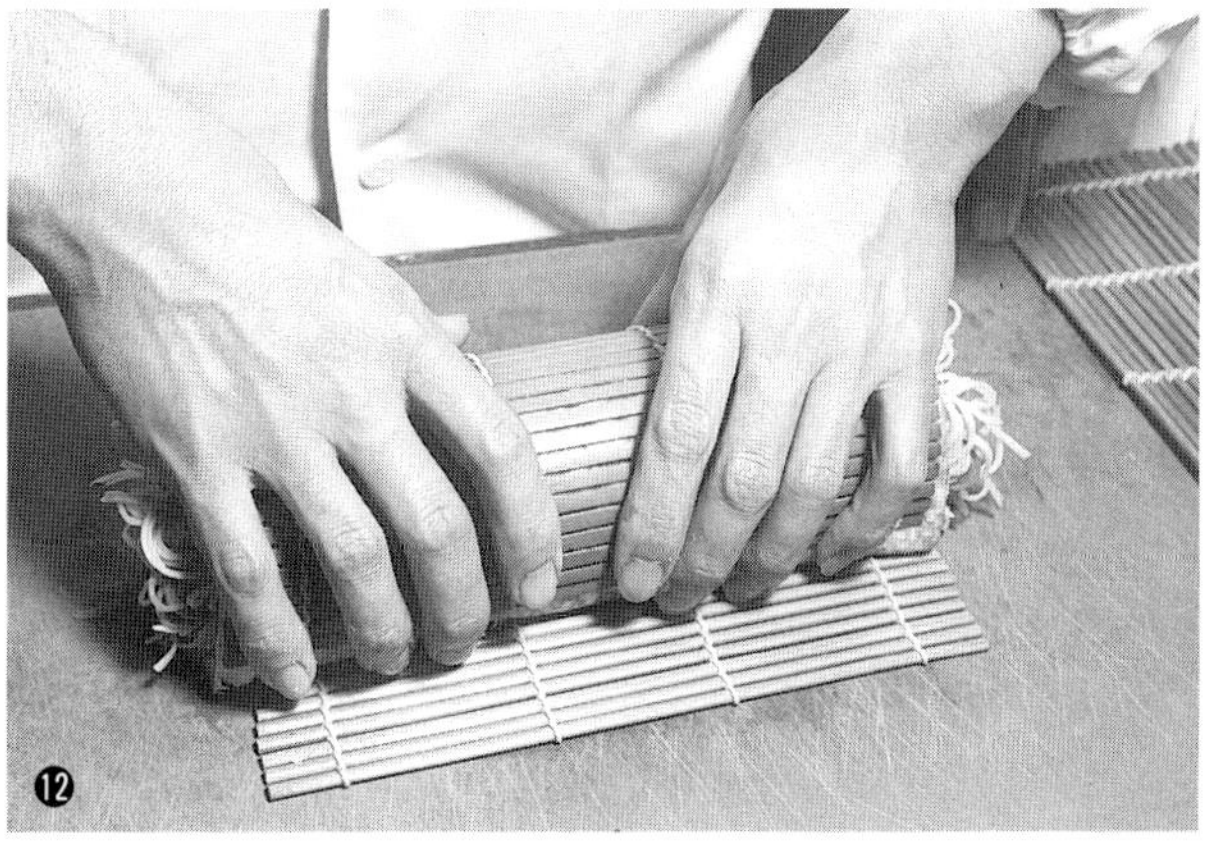

〈すだれで巻きなおす〉再びすだれで一巻きして、しっかりと締める

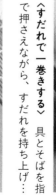

●「玉子巻ずし」つくり方・手順(2)

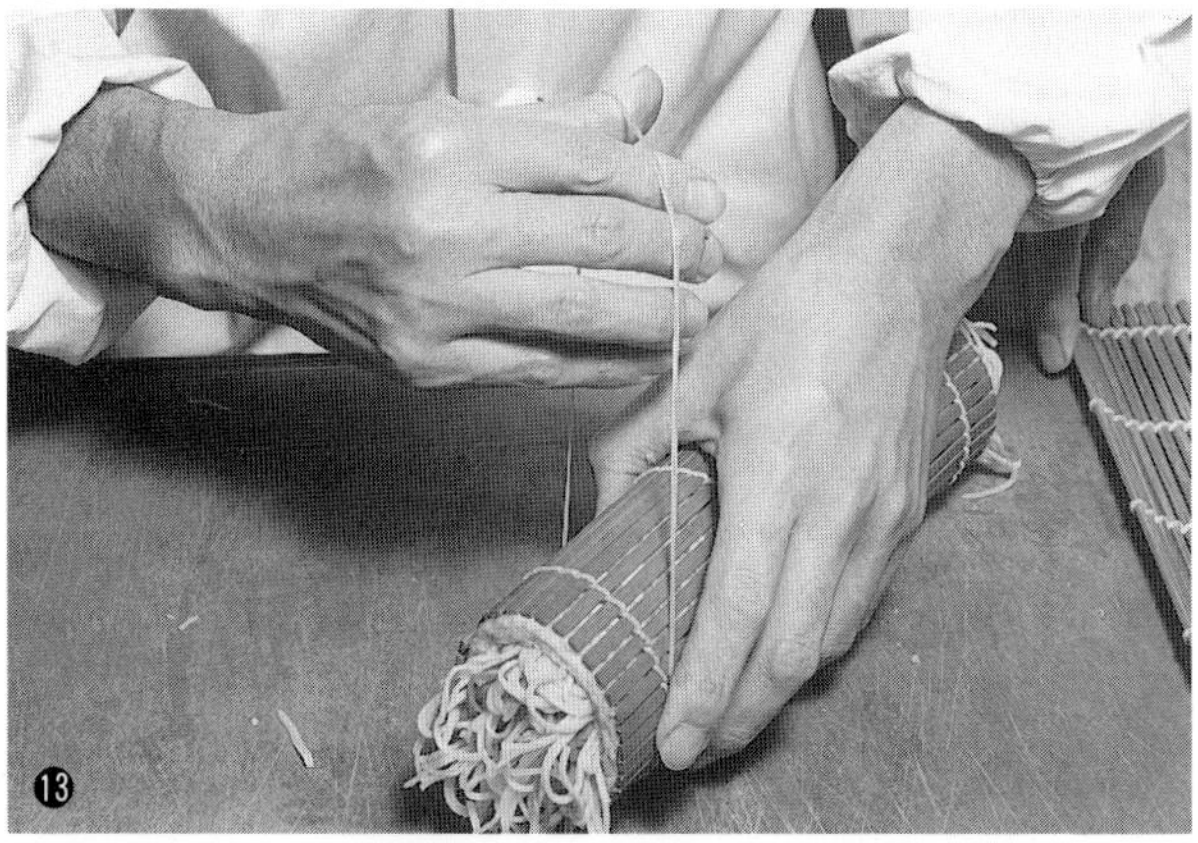

⑬ 〈寝かす〉すだれに巻き取り、三カ所に輪ゴムを二重にかけて約一〇分おく

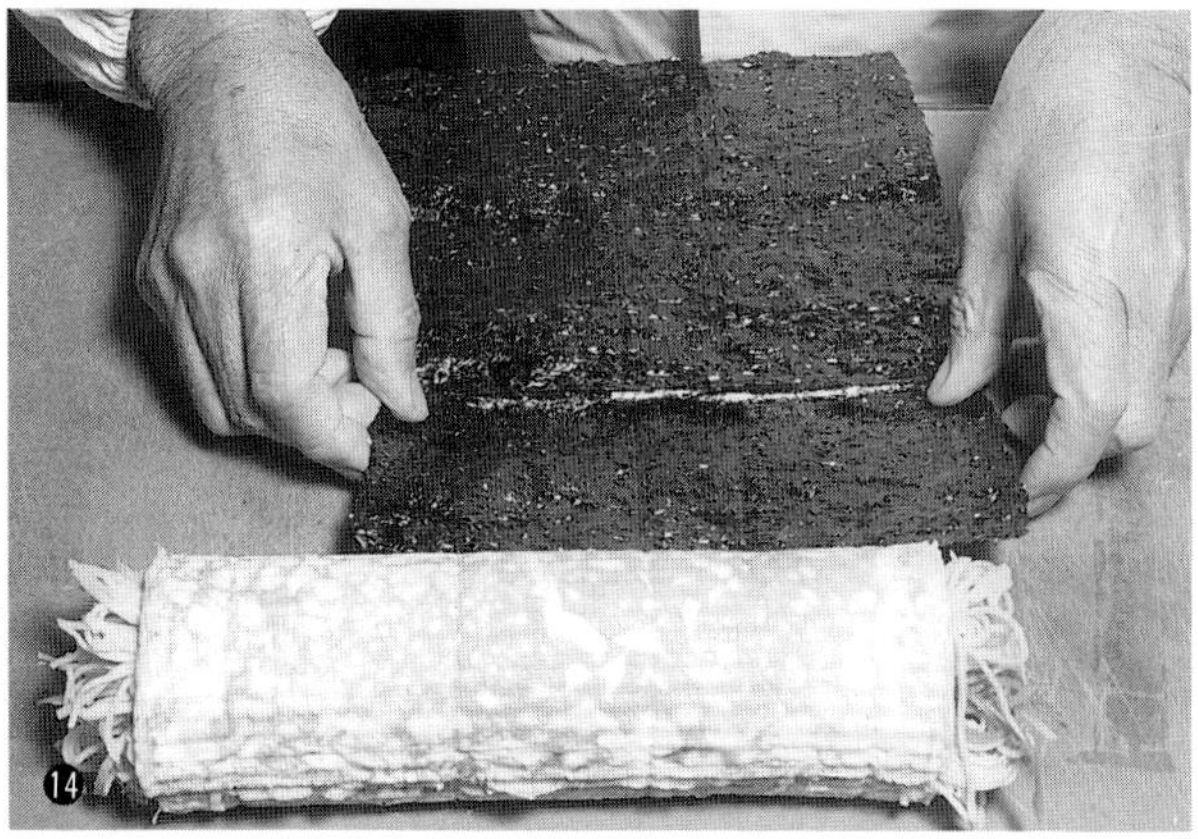

⑭ 〈海苔で巻く〉海苔一枚に半截《はんさい》の海苔を、うどんで継《つ》ぎ足す

⑮ 海苔の向きを変えてすだれにのせる。中央に玉子巻を据えて一巻きし…

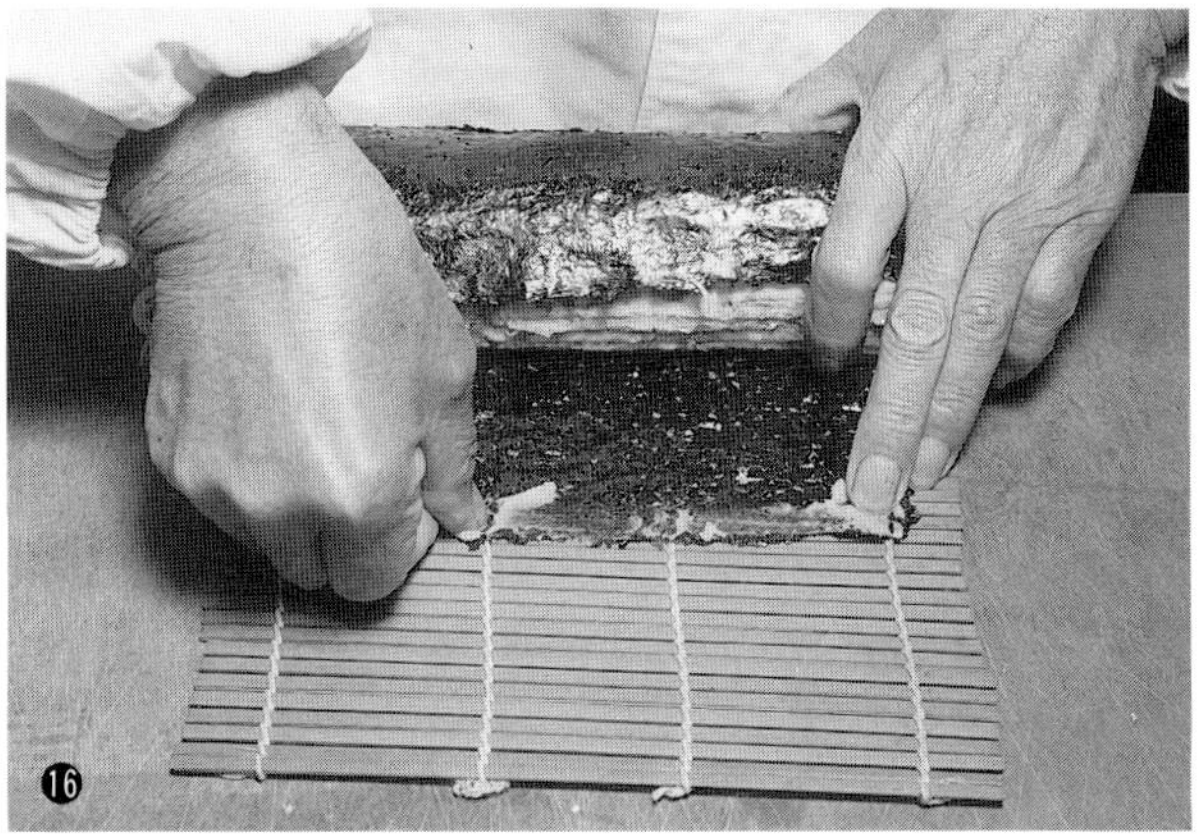

⑯ 海苔の端にうどんをつけて、しっかり巻き取る

せるためだが、その間、斜めに立てかけて置くと、具の余分な水分を切ってしまうことができる。

⑨すだれを外《はず》してひろげ、海苔をのせる。海苔を用意するのは、厚焼玉子の上から海苔で巻いて、形が崩れるのを防ぐため。

海苔は一枚に半枚を、うどんで継《つ》ぎ足し、継ぎ目が手前に来るようにして、すだれにのせる。継ぎ目を手前にすると、巻いたときに継ぎ目を巻き込んでしまうことができる。

すだれに水気が残っているときは、軽く拭《ふ》いてから、海苔をのせること。

⑩玉子巻を海苔で巻く。

海苔の中央に玉子巻を置いて巻き、端《はし》をうどんで糊づけする。ここまでは、すだれを使わずに進め、次いで、すだれの端を厚焼玉子の合わせ目にあてがって巻く。玉子の合わせ目の段差をなくすための処置である。

(二) 薄焼玉子細巻

厚焼玉子に対し、薄焼玉子を使う場合は、酢を使わず、細巻にして、料理の前盛りなどあしらいに使うとよい。独特な肴《さかな》としての役目が果たせる。細巻はすべて、そばを一本並べにして重ならないようにする。海苔は上質のものを半截《はんさい》にして使用。もし酢を使う場合は、スダチ、カボス、ダイダイなどの果実酢を使う。

細巻は、具の使い方に趣向《しゅこう》を凝《こ》らすと盛り栄《ば》えがする。ここでは、具が切り口にきれいな輪となって出てくる方法を説明しよう。

一つは、巻芯《まきしん》に三つ葉と鶏のささみを使う場合――。三つ葉は葉をひろげて使う。すだれの上に置いた薄焼玉子の手前に、一本ずつ

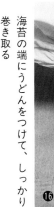

●「薄焼玉子細巻」つくり方・手順

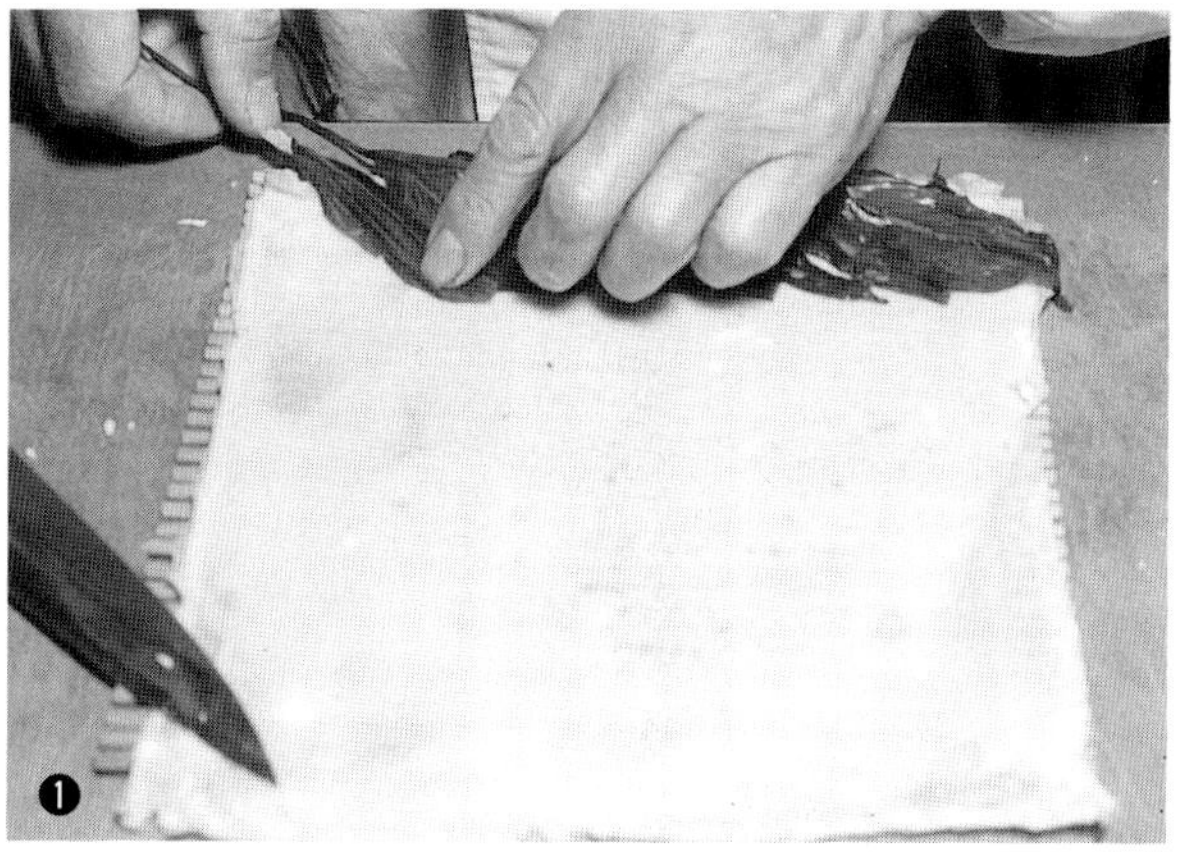

❶ 薄焼玉子の手前側に、青みを一列に並べる。葉はひろげて使い、一本ずつ葉の長さだけずらして重ね並べる

❷ 青みの上にそばを一本並びにする、玉子焼の半分まで。そばの中央に鶏のささみをのせ、わさびをつけて巻く

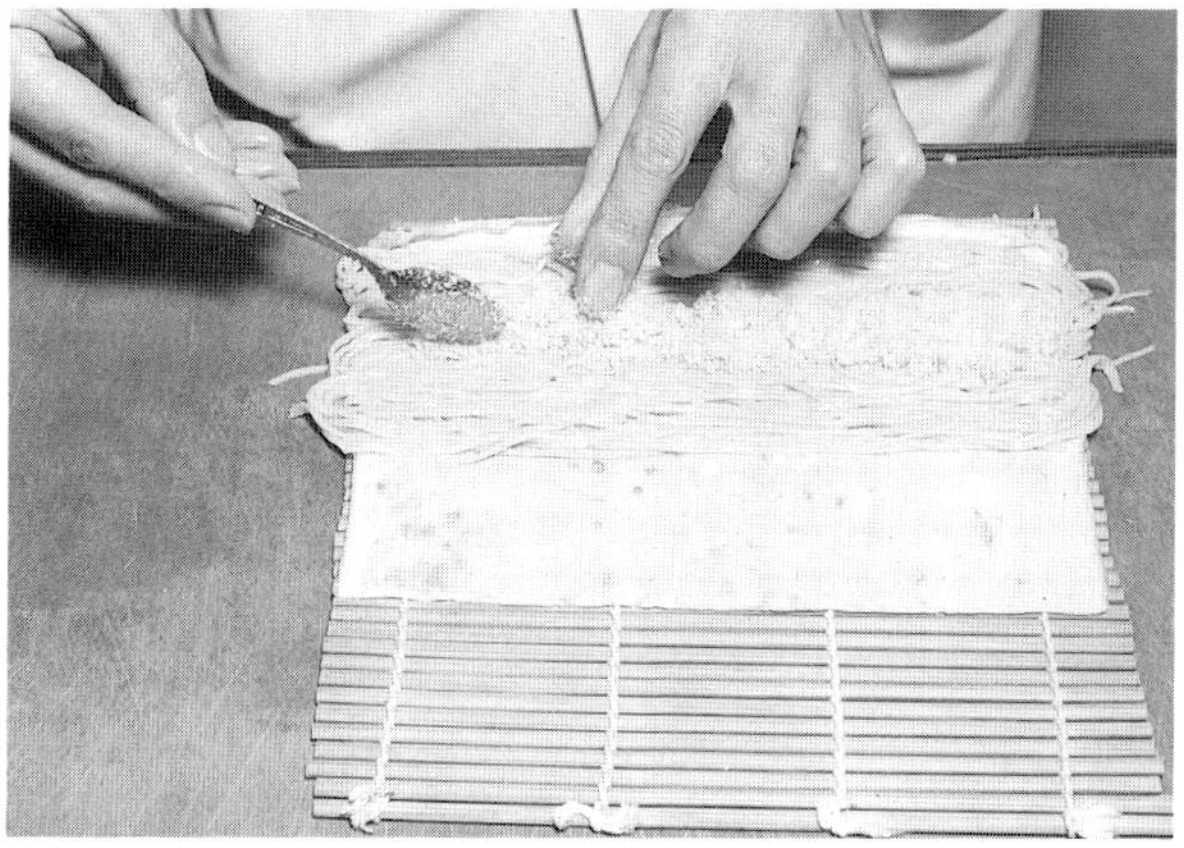

〈海老おぼろを巻芯に使う場合〉「しらゆき」か「卵きり」を玉子焼の半分まで並べ、その上に海老おぼろをかける

葉の長さだけずらして重ねる。これを両端から並べていくと、すべての切り口に三つ葉がのぞくようになる。その上にそばを一本並びにする。そばの中央に、霜降りにした鶏のささみ（黄身醤油に浸したもの）をのせ、わさびをつけて巻く。（巻いた太さが、親指の太さ以上にならないこと。）

もう一つは、巻芯に海老おぼろを使う場合——。薄焼玉子の上に、「しらゆき」か「卵きり」を幅半分ほど並べ、海老おぼろをそばの全面にかける。これを「の」の字巻にしていくと、海老おぼろのピンク色がきれいに出てくる。ご婦人向きの肴、前盛りに最適である。

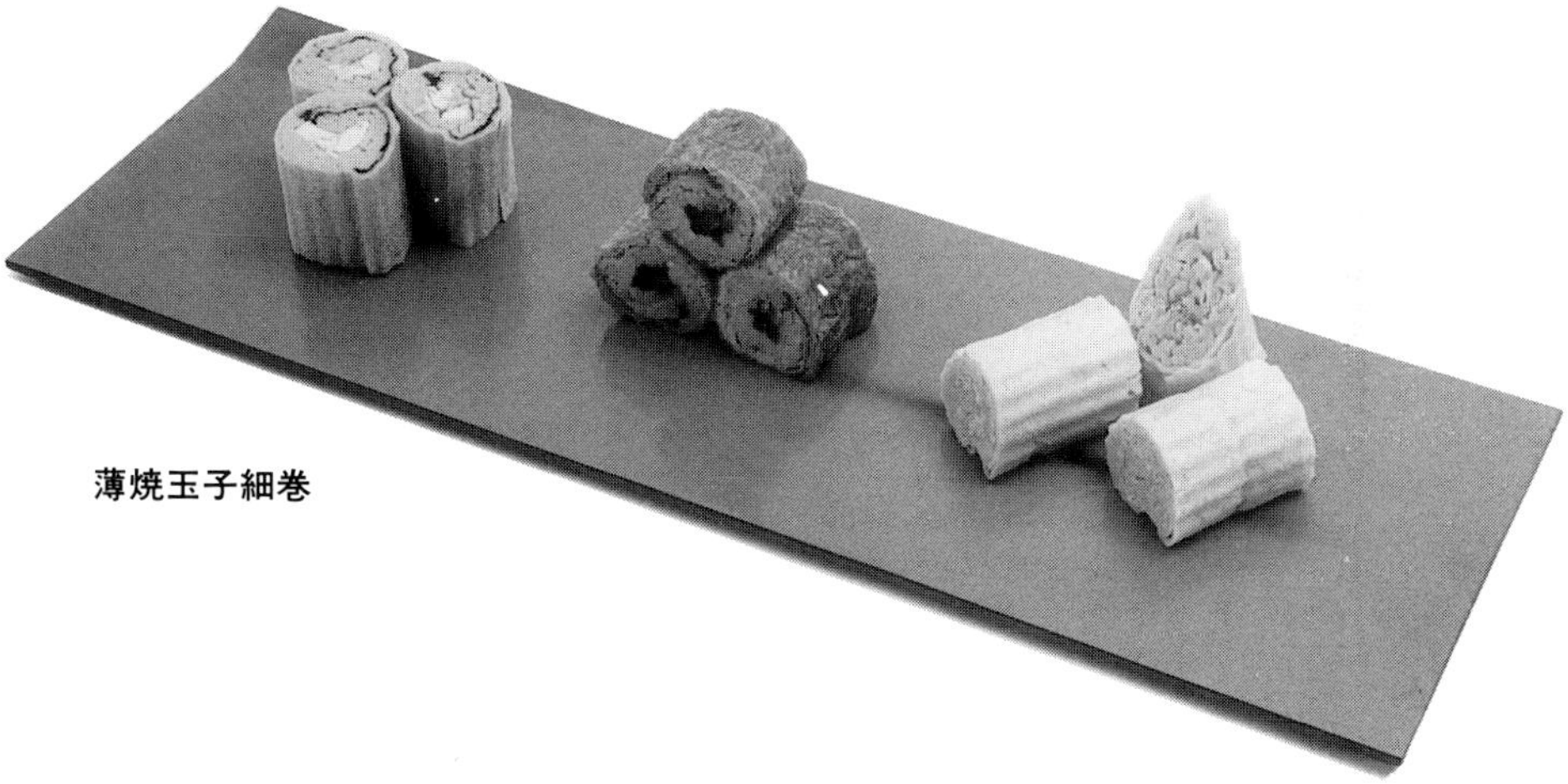

薄焼玉子細巻

三、揚《あげ》巻《まき》ずし

「揚巻《あげまき》」と言えば、私は前にも触れた小泉迂《う》外《がい》先生を思い出す。俳人でもあった、両国『与兵衛《よへえ》ずし』の主人である。

新宿に店を出していた頃、私は新しいそばのことを考えていて、何かと小泉先生に相談していた。そのときに、そばはお前のほうがくわしいが、すしのことならオレにまかせろ、ときに「そばずし」なんぞもおもしろいね——と言われて考え出したのが「揚巻」である。

歌舞伎の「助六《すけろく》」に、同じ名で吉原《よしわら》の揚巻《あげまき》太夫《たゆう》が出てくる。これは江戸情緒《じょうちょ》があっていい名だ、と小泉先生にもご賛同を得て、早《さっ》速《そく》売り出したところ、名づけのおもしろさと値段の安さ、そしてそば店独自の油揚げの味つけで、たいへんな評判を呼んだ。

油揚げは、特に良質のものを選び、砂糖、酒、味醂に、ざる汁を加えて煮る。下味にざる汁を入れるのは、そば店だからこそできることで、この調味がそばと油揚げをしっくり馴染《なじ》ませる。

油揚げの下ごしらえで大事なことは、油抜きである。すしに巻いて油がギラギラ浮いていたのでは台無しなので、何度も湯を取りかえて入念に油抜きすること。

そばは変わりそばを使用。（「しらゆき」「茶そば」「卵きり」の三種で巻けば、さらによい。）

具は、かんぴょう、酢ばす、海老おぼろ、青味など。

●「揚巻」つくり方・手順

①すだれの上に、開いた油揚げを置く。

すだれは「揚巻」専用のものを使用（二八四ページ参照）。横目に置く。その上に、開いた油揚げをのせる。油揚げの端《はし》を、すだれの手前端に揃《そろ》えて置くこと。

油揚げの置き方は、すだれの目に対して縦長に置くやり方と横長に置くやり方がある。また、油揚げの裏表のどちらを下にするかで、裏巻と表巻の二種ができる。

②ゆであげたそばに、甘酢を行き渡らせる。

水切りしたそばを、小ぶりのざるに取る。ざるの下に受け鉢を用意しておくことや、そばに甘酢を適量かけ、そばをほぐしながら、平均に行き渡らせる点など、これまでに説明したものと、まったく同じでよい。

③油揚げの上に、そばを並べる。

そばは適量をつまみ、軽くしごくようにして揃えてから使う。そばを横に並べる——それも一列並びでなく、何本か重なる程度の厚みに並べ、油揚げの左端からそばを並べ始めたら、右端まで来たところで折り返し、次は右端から始めて左端で折り返す……と、左右交互に並べていくことも、これまでに説明したものと、まったく同じである。

並べる幅は、油揚げの半分程度にとどめる。海苔と違い、油揚げはつきがよくないので、巻きしろを充分にとっておく。

④具を並べる。

具はそばの真ん中に並べる。数種とり混ぜて使う場合は、切り口の彩《いろどり》を計算して置くこと。

⑤すだれで一巻きする。

具が動かないように両手の指で押さえながら、すだれの手前を持ち上げる。そばが隠《かく》れ

●「揚巻ずし」つくり方・手順

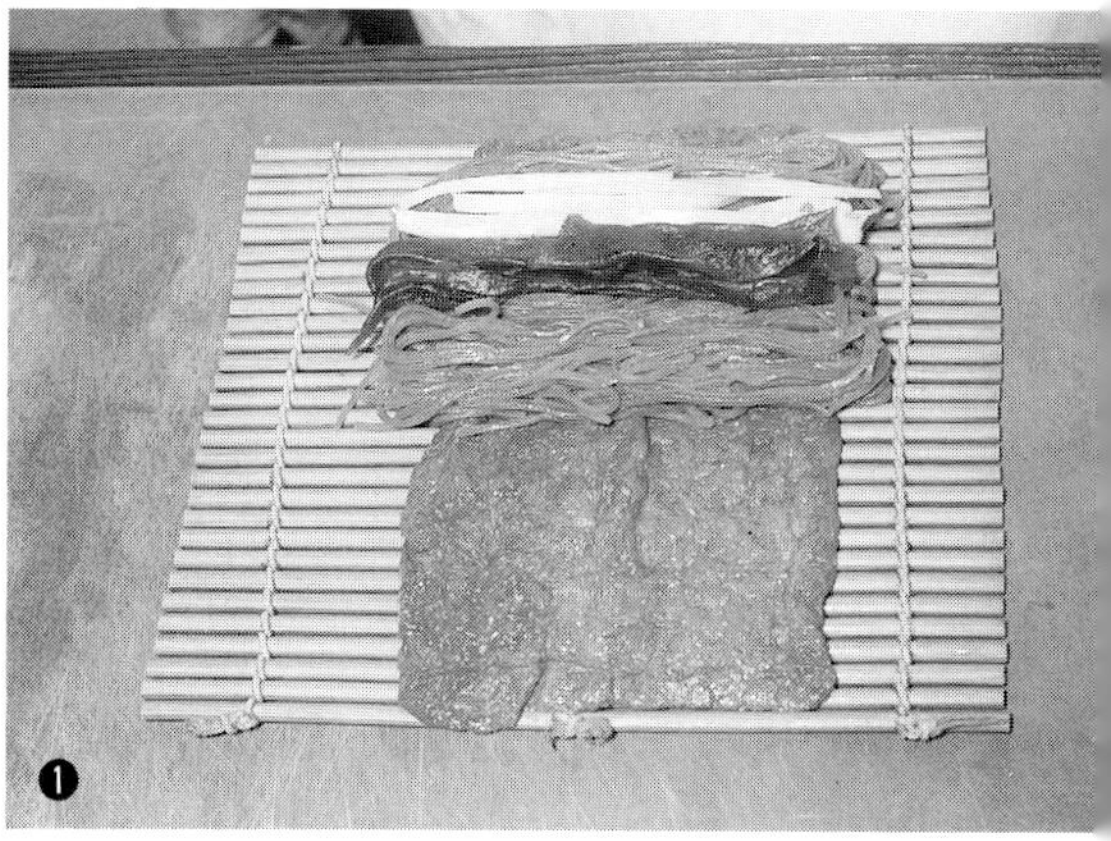

❶ 開いた揚げを縦長に置く。「茶そば」を約半分まで並べ、酢ばす他の具を置く

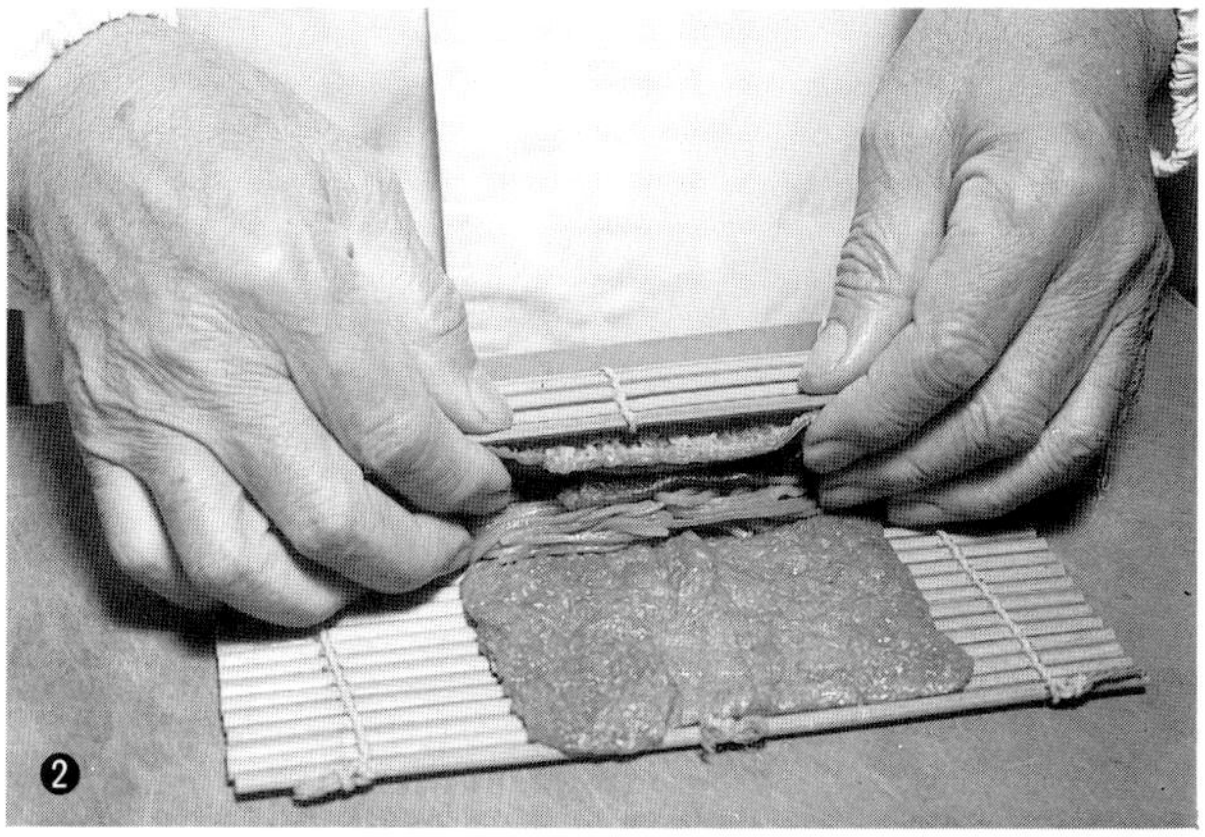

❷ **〈すだれで一巻きする〉** 具とそばを指で押さえながら、すだれで一巻きする

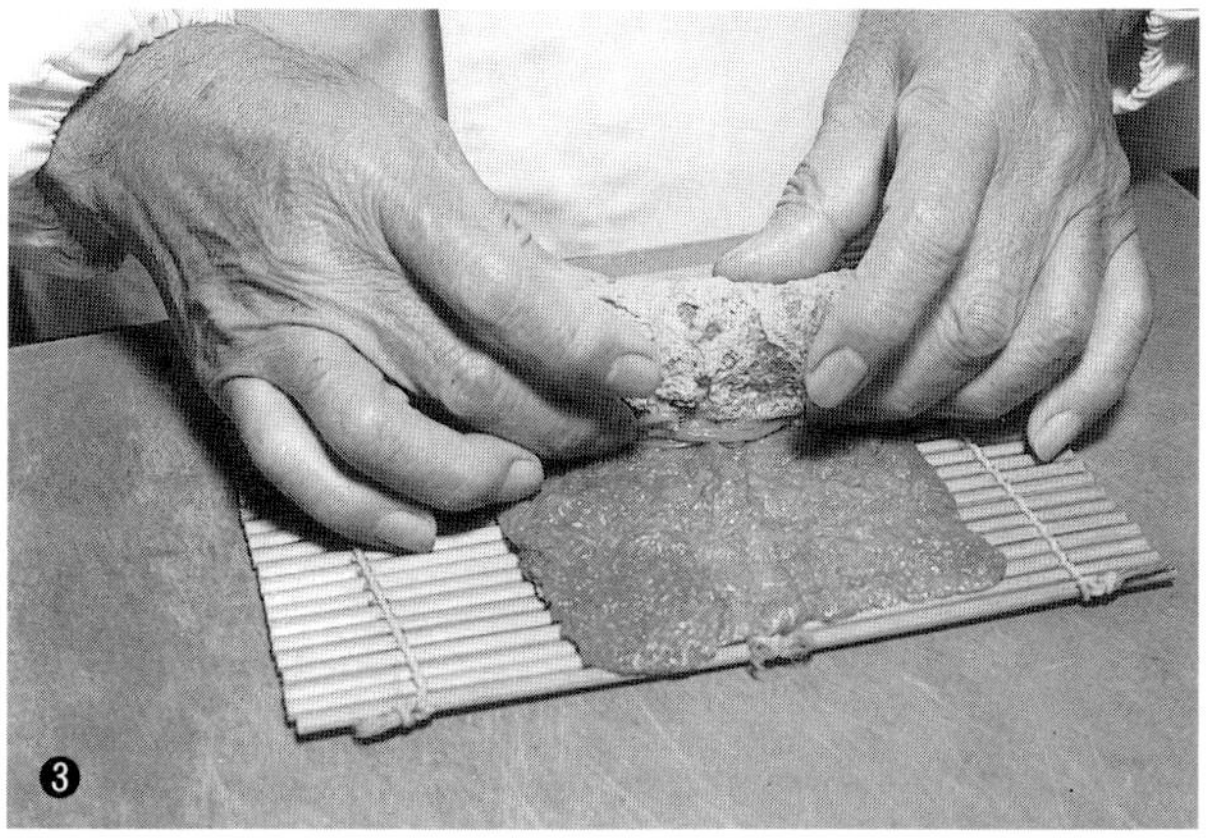

❸ **〈手巻きにする〉** すだれを外《はず》し、形を整《ととの》えながら、端まで両手で巻いていく

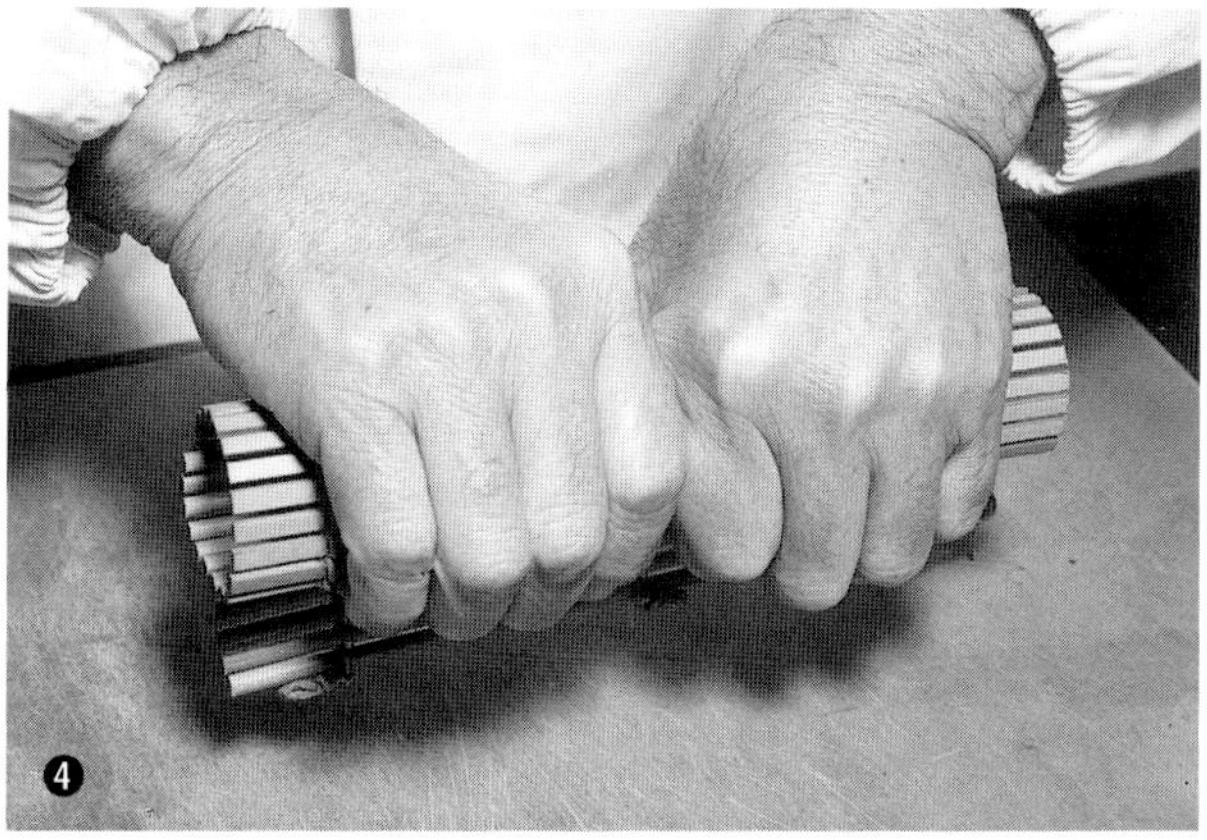

❹ **〈すだれで巻きなおす〉** 手巻きにしたものを、再度すだれで巻いて締める

❺ **〈寝かす〉** すだれに巻き取ったものに二カ所、輪ゴムを二重にかけて寝かす

るところまで、すだれを使って、一巻きする。

⑥すだれを戻して、手で形を整《ととの》える。

すだれで一巻きしたら、油揚げの合わせ目を指で押さえたまま、いったん、すだれだけを戻す。

巻き口がよく合わさらなくては、締めても口がすぐ開くから、合わせ目を両手でよく押さえ、そのまま端まで巻いていく。油揚げがよじれぬように注意。巻きとったら、口がゆるまぬように押さえながら、手前に引き戻して位置を正す。

⑦再びすだれで巻く。

油揚げを押さえたまま、すだれを持ち、一巻きする。たるみを防ぎながら適度に締め、向こう端までよじれないようにていねいに巻く。

⑧巻いたあと、しばらく寝かす。

油揚げの煮汁がそばにしみておいしくなるように、かつ、巻き口がよく合わさるように、すだれで巻いたまま、しばらく寝かす。すだれの両端にゴムバンドをかけ、油揚げの合わせ目を下にして寝かしておくと、よいだろう。

四、そば茶巾《ちゃきん》・そば稲荷《いなり》

「そば茶巾《ちゃきん》」と「そば稲荷《いなり》」は、そばを短くおよそ三センチほどに切って、数種類の具と五目飯風に混ぜ合わせ、薄焼き玉子に包んだり、油揚げに詰めたものである。長さを生かしてつるつる食べるという、そばきり本来の食べ方からすると、たいへん特殊なものだが、こういう食べ方もまたおもしろい。

●そばと具の下ごしらえ

一、そばは彩《いろどり》を考えて、「さらしな」「茶そば」「ごまきり」などの変わりそばを組み合わせて使用する。打ち方は、中太打ちまたは太打ち。時間が経《た》っても、形を保つことができるためである。ゆであげた後、三センチほどに切る（ゆでる前でも可）。

二、そばにかける甘酢は濃いめにする。量を充分に使って、そばに行き渡らせること。

三、混ぜ合わせる具としては、椎茸、きくらげ、酢ばす、厚焼玉子（賽《さい》の目切り）など。時季により、山菜、筍《たけのこ》、ぎんなんなどを適宜《てきぎ》加えるのもよい。また、鶏のささみなども使える。数種をほどよく組み合わせて使うこと。

具の味つけは、甘味を利《き》かせ、濃いめに。具の量は、そばの味を生かす意味で、そばの量の七割程度にとどめる。

四、結びひもとして、かんぴょう、三つ葉などを使用。かんぴょうは、生のうちに幅狭く裁《た》っておくとよい。色は淡《うす》く煮上げる。

(一) そば茶巾《ちゃきん》ずし

「そば茶巾」（または「そば茶巾しぼり」）は、外見上は、すし飯の茶巾と少しも変わりがない。しかし、箸で薄焼き玉子をほぐすと中から色の違ったそばや、さまざまな具が出てきて、食べ味の変化にかけては、すし飯の茶巾に負けないものがある。

薄焼き玉子は紙のように薄く焼かないと使えないが、同じ茶巾でも、平らにたたむ「ふくさ」の場合は、少し厚みを持たせ、味も甘味を利《き》かせてしっとり焼くか、すきとおるように焼くか、いずれでもよい。

●「そば茶巾」つくり方・手順

①そばと具を混ぜる。
ゆであげたそばを、三センチほどに切ってざるに取る。甘酢を充分にかけて行き渡らせたのち、具を適量加えて軽く混ぜ合わせる。

②鉄鉢《てつばつ》に薄焼玉子をのせる。
八、九センチの鉄鉢型の器を用意する。その上に薄焼玉子をひろげ、真ん中に凹《くぼ》みをつける。

③具を入れる。
玉子の凹みに具を入れ、具を包み込むようにして玉子を絞る。（この段階で、いったんかんぴょうで結んでも可。）

④茶巾を器から出す。
絞った口を手に持ち、器ごと逆さまにして、茶巾を器から出す。すぐ片手で受け返す。

⑤かんぴょうで口を結ぶ。

⑥房《ふさ》を整《ととの》えて中心に小梅の洋酒煮などを飾る。
飾り具は、海老おぼろでもよい。

●そばと具の混ぜ方

❶ 「しらゆき」「茶そば」「ごまきり」三種を水切り後、三、四cmの長さに切る

❷ 三種のそばを混ぜ合わせながら、甘酢をかけ、甘酢をムラなく行き渡らせる

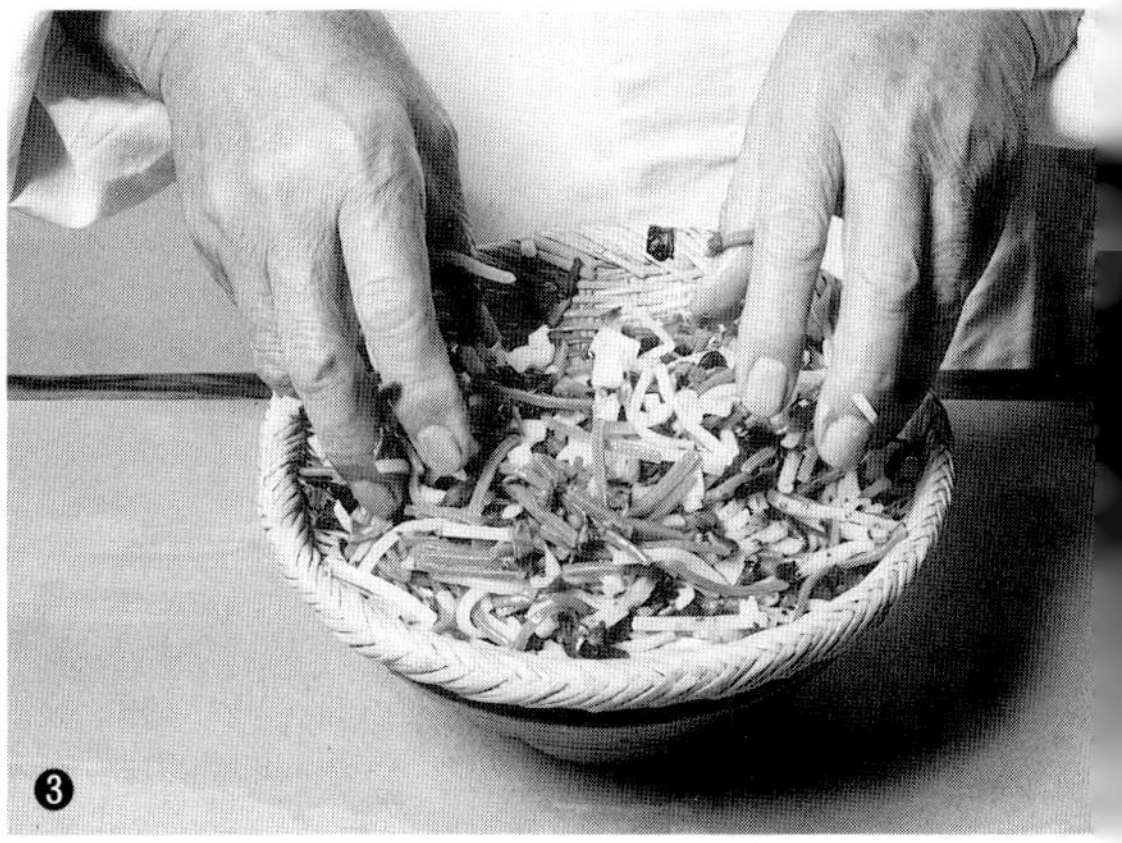

❸ こまかく刻んで調味した椎茸、きくらげ、酢ばすを加え、軽く混ぜ合わせる

❹ さらに、海老おぼろを加え、箸で軽く混ぜ合わせる

●「そば茶巾（ふくさ）」の包み方

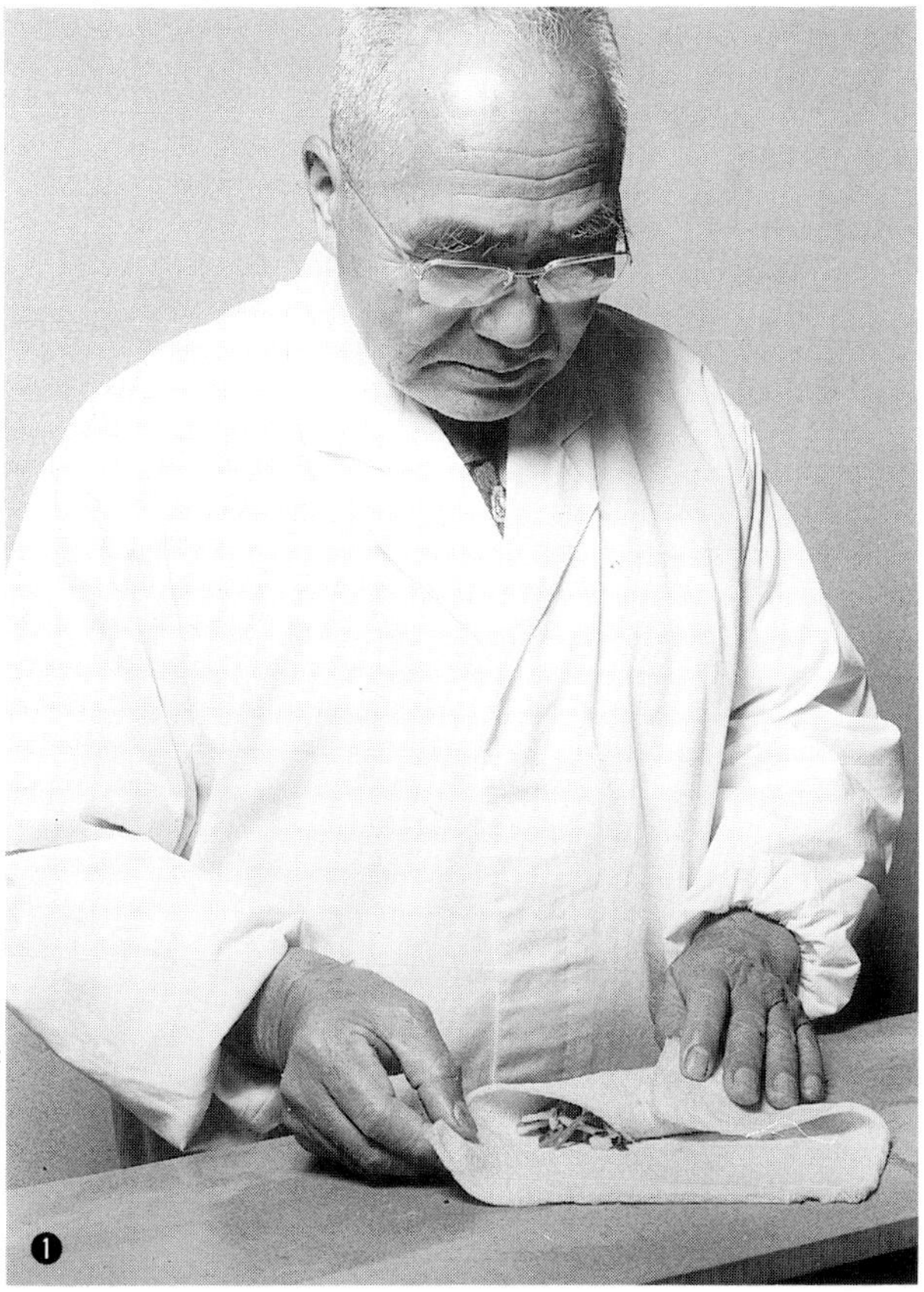

❶ 薄焼玉子は菱形《ひしがた》に置いて、そばをのせる。まず、手前角《かど》を折り返してそばをくるみ込み、上から押さえながら、左の角、右の角の順に折る

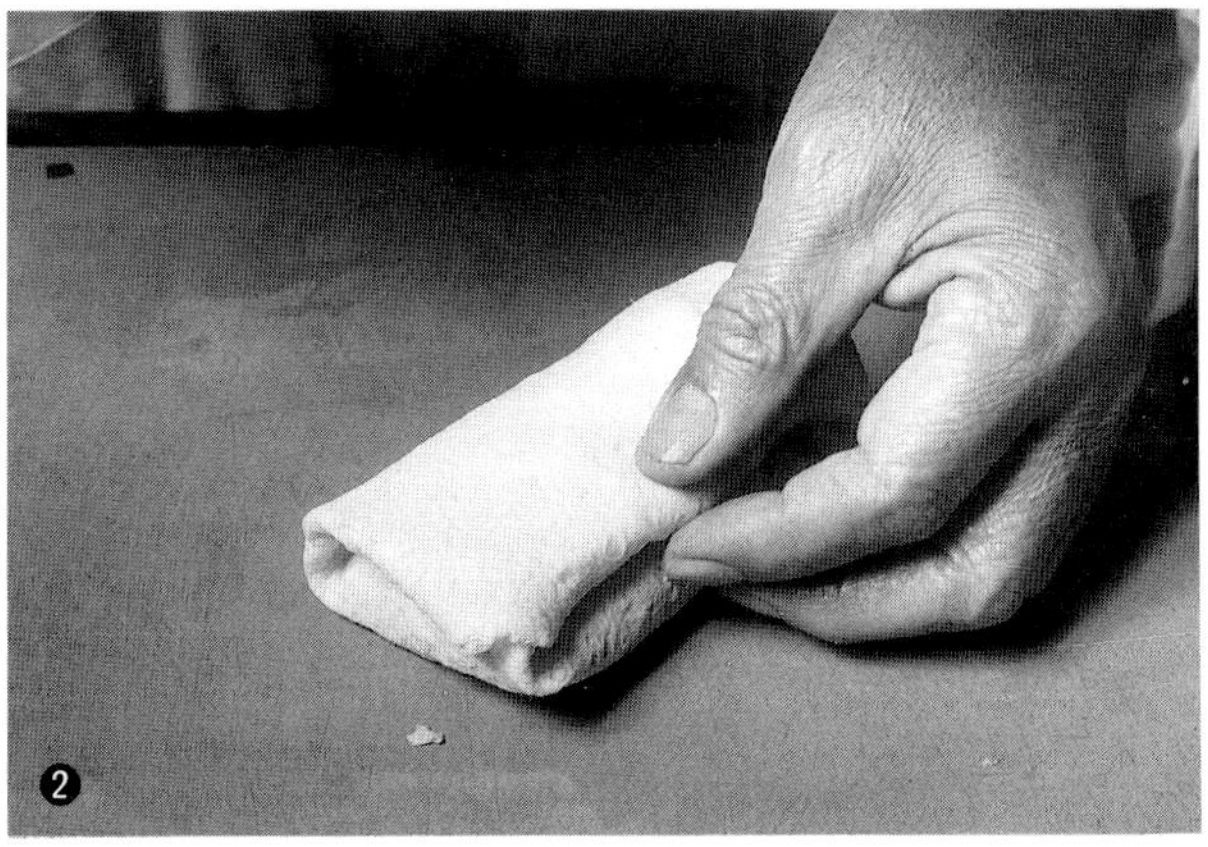

❷ 向こうの角《かど》を折り返す。茶巾の向きを逆にして、角を間にはさみ込む

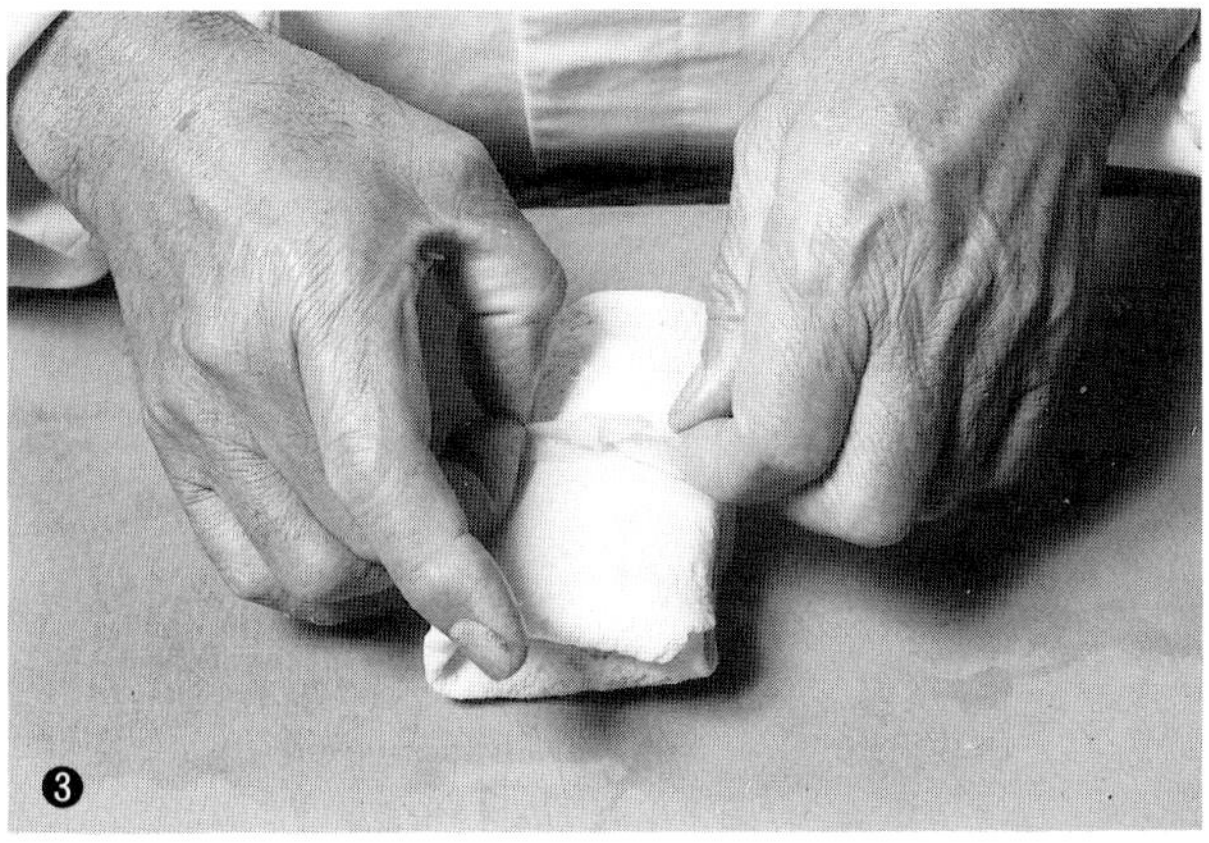

❸ 縦に置いた中央に、かんぴょうを二巻きして結ぶ

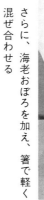

●「そば茶巾」（ふくさ）つくり方・手順

①そばと具を混ぜる。

②薄焼玉子は菱形《ひしがた》に置く。そばと具の混ぜたものを適量つまみ、中央よりやや手前の位置にのせる。

③そばを包む。

そば茶巾《ちゃきん》(ふくさ)

薄焼玉子の手前を折りたたみ、そばを包む。次いで、玉子は、左、右、向こう正面、の順に折りたたむ。中具がずれないように、一片をたたんだら、上から軽く押さえながら次をたたむように進める。

④包みの形を整《ととの》える。

包みの向きを変えて、一度茶巾を立てる。その状態で、最後にたたんだ三角の端《はし》を玉子の間にはさみ、寝かせて整える。

⑤かんぴょうで結ぶ。

かんぴょうを真ん中で二巻きし、中央で結ぶ。結び終わったら、中のそばがまとまって食べやすくなるまで、ほんのしばらく時間をおく。

●「ひとくち茶巾」

「そば茶巾」は、ひとくちで食べられるように小さくつくる方法もある。前菜用である。薄焼玉子は、四寸（約十二センチ）角に切って使う。玉子一枚で四箇分とれる。

ひとくち茶巾

包み方は、大きな茶巾と変わらないが、そばの量が少なくなるので、それほど厄介《やっかい》ではない。あり合わせのそばと具が少量あれば、手軽につくれる。あまり時間をおかずに食べるなら、並そばを使用しても構わない。

三つ葉で結《ゆ》わえると見栄《みば》えがよい。

(二) そば稲荷《いなり》ずし

「そば稲荷《いなり》」も「茶巾」同様に、短く切ったそばと具を五目風に混ぜて使う。具も油揚げも、味つけにざる汁を使うので、「揚巻《あげまき》」同様、口あたりはそば店独自のものになる。料理の一部に加えたい場合は、ざる汁を使わず、塩、だし、砂糖等で色を淡《うす》めにあげる。

●「たわら稲荷」つくり方・手順

油揚げは、ざる汁、砂糖に醤油を少量加えて煮る。そのあと、一枚を横長に口開きして使う。一個に油揚げ一枚を用いる。裏返しに使うこともできる。あとはすべて「そば茶巾」と同じである。

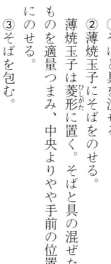

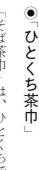

そばは、あまりぎゅうぎゅう多くを詰め込まない。油揚げとの味のバランスを考え、そばが多すぎないように加減する。

そばに湿り気がなくなると締まってくっつくので、酢でしめらせた布巾《ふきん》を側において、常に手を拭き、手早く詰めること。
①ゆでて水切りしたそばを三センチほどに切る。
②そばに甘酢をゆきわたらせる。
③具を加えて混ぜ合わせる。
④油揚げにそばを詰める。
横長に口開きした油揚げに半分まで、そばを湿り気のあるうちに手早く詰めること。
⑤油揚げの口を閉《と》じる。
そばを詰めたら、油揚げを寝かせて上端を折り返し、袋の口をしっかり閉じる。
⑥かんぴょうで結ぶ。
油揚げの三カ所を結《ゆ》わえる。かんぴょうは二巻きにして結ぶ。

そばを詰め、口を閉じたところで、しばらく寝かしておくのもよい。そして注文を受けてから、かんぴょうで結んで出すと、味がまとまって、いちだんとまたおいしくなる。

◉「三角稲荷」

「稲荷」は油揚げの使い方で、「たわら稲荷」の他にも、いろいろな形のものが作れる。「三角稲荷」は、その中の一つ。一枚の油揚げを半分に切って使用。袋詰めにしたのち、口を左右から折り重ねて閉じる。袋の底を上にして盛ると、すわりがよい。

◉「ふくさ稲荷」

油揚げを薄焼き玉子と同じようにして「ふくさ」に使えば、「ふくさ稲荷」ができる。

油揚げを開いて、真四角に切り、その上にそばと具の混ぜたものをごく少量のせる。ひとくち程度にとどめること。

あとは「そば茶巾（ふくさ）」と同じ要領で、ふくさに包み、外側も同じようにかんぴょうで結《ゆ》わえる。

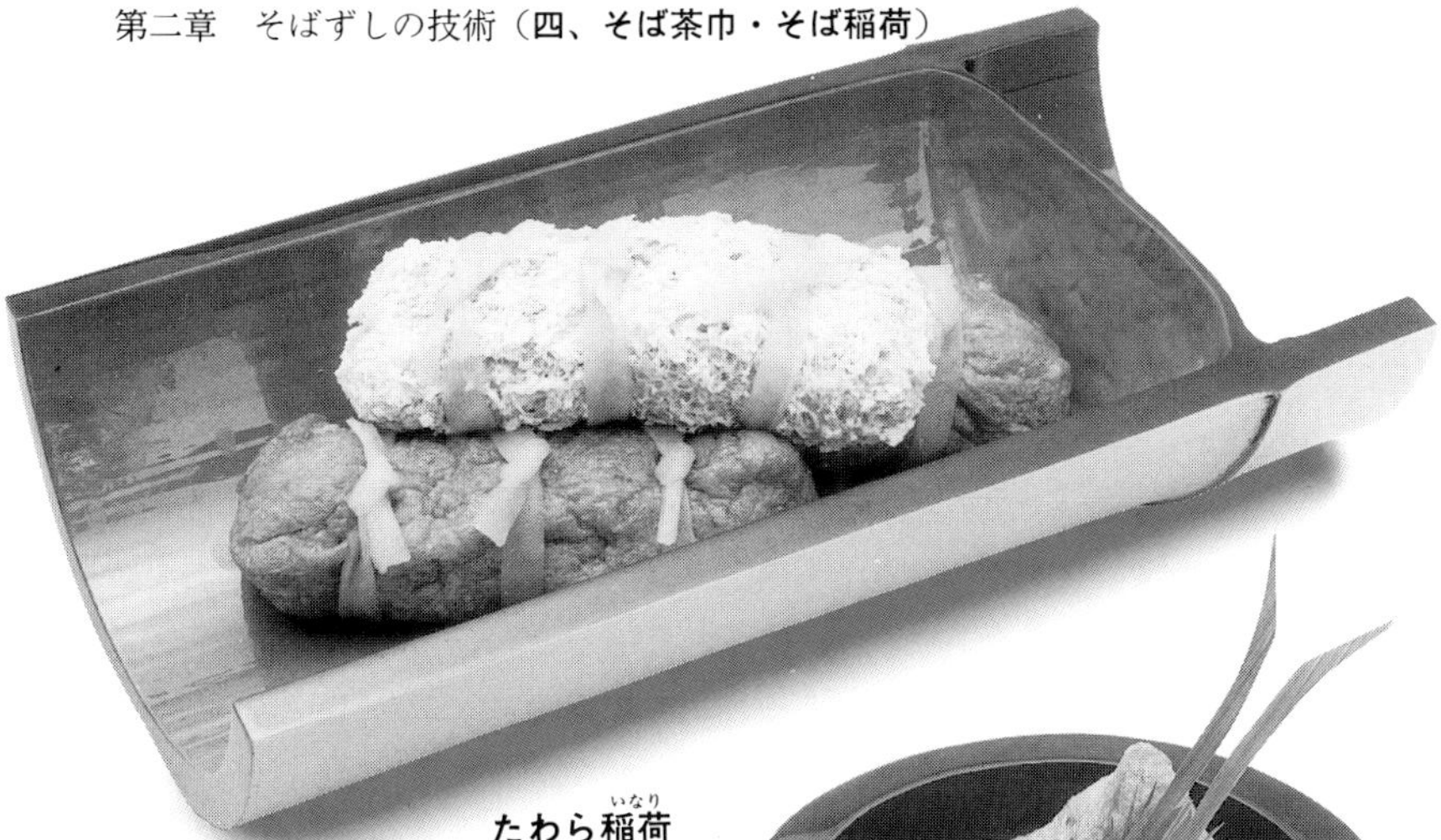
たわら稲荷《いなり》

三角稲荷

ふくさ稲荷

●「ふくさ稲荷」の包み方

❶ 開いた油揚げを四角に切る。菱形《ひしがた》に置き、そばを軽くひとつまみのせる

❷ 手前角《かど》を折り返してそばをくるみ込み、左右、向こうの角の順に折り返す

五、そば握りずし

そばの握りずしは、そのままで酒の肴《さかな》にもなる。他の料理店では真似《まね》のできない、気のきいた料理である。

昭和の初め、私がまだ新宿に店を持っていた頃、宴会の折に、何か珍しいものはないか、という客の注文でこしらえたのが始まりだった。それが存外《ぞんがい》好評だったが、こうした料理のおもしろみとなれば、季節感の風情《ふぜい》ということになろう。したがって、思いつくままに、何んでもたねに使うのではなく、時季のものを選んでつくりたい。

懐石料理では、旬《しゅん》のもの以外の材料を使うのは邪道とまで言われる。その道の人（職人）は、季節の表現に技術の冴《さ》えを見せるが、そういう人達から、「そば屋でも季節のものを心がけているのだな」と言われたこともあった。「君は朝早くから魚河岸に行ってるんで、こういう仕事ができるわけだ」と。

実際、季節感というものは、自分で外へ出ていないと、案外うとくなってしまう。その意味で、「そば握り」を手がけるには、仕入れを店の者に任せきりにするのではなく、毎日でも自分が外へ出て、この時季にはどこそこでとれたものが市場に出回るという事実を知り、またそうしたものを探す努力をする必要がある。

私が「そば握り」をやってみようと思いたったのは、旬のものの姿を生かして使うためだった。そばずしにもいろいろあるが、材料の姿を生かす、つまり、旬のものの姿を見せるには、握りが一番表現しやすかったのである。

いまは季節感が薄れてきたけれども、菜の花も開いてしまった頃になると、千葉の絹さやが出回る。これをサッとあおって、きくらげの下敷きにすると、そのやわらかな緑がまたいちだんと冴《さ》える。筍《たけのこ》もまた、うまく手を加えれば、いかにも春を引き立てる。また、浜名湖《はまなこ》の砂マキのはしりは、春の味一番であろう。じつに色も鮮やかで味もよい。ともかく、春の海老とか、秋を代表する焼き松茸とか、姿を見せてこそ生きる材料をそば料理で使うとなると、「そば握り」は恰好《かっこう》のものである。

そば握りずし

●「そば握りずし」つくり方・手順

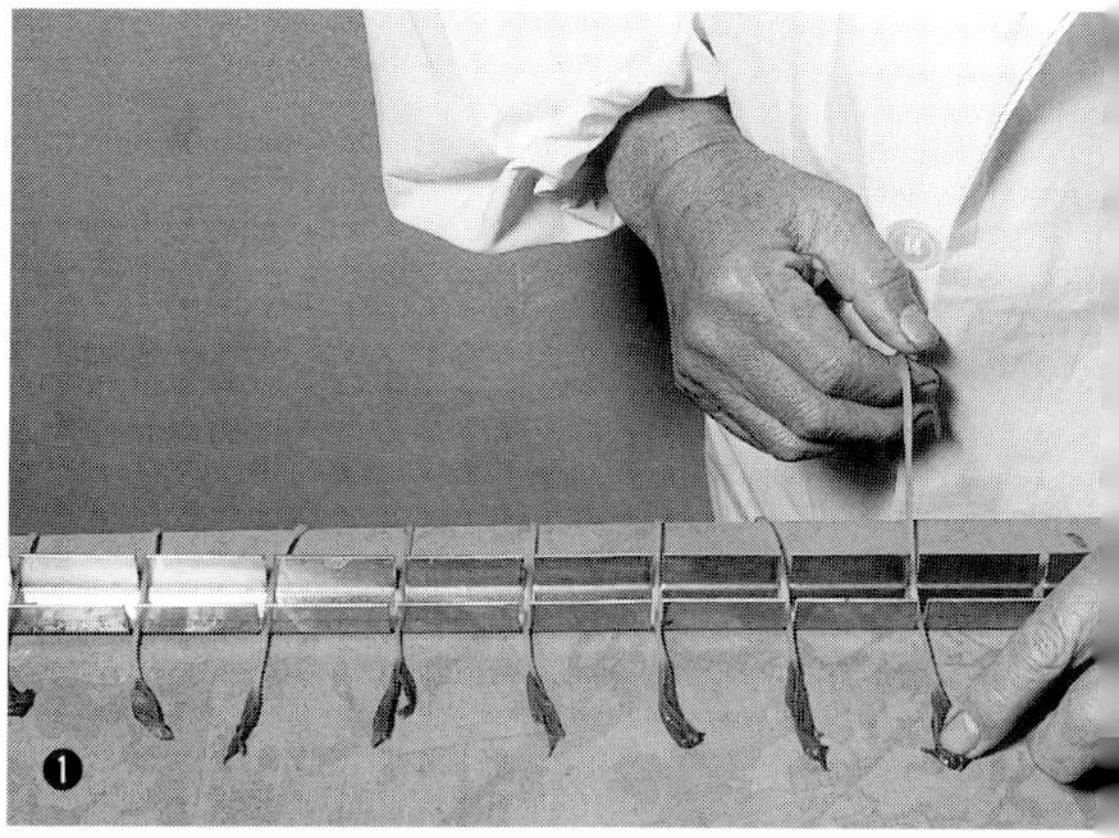

❶ **〈結びひもの準備〉** すし型の切れ目に三つ葉をはさみ、茎を切り揃える

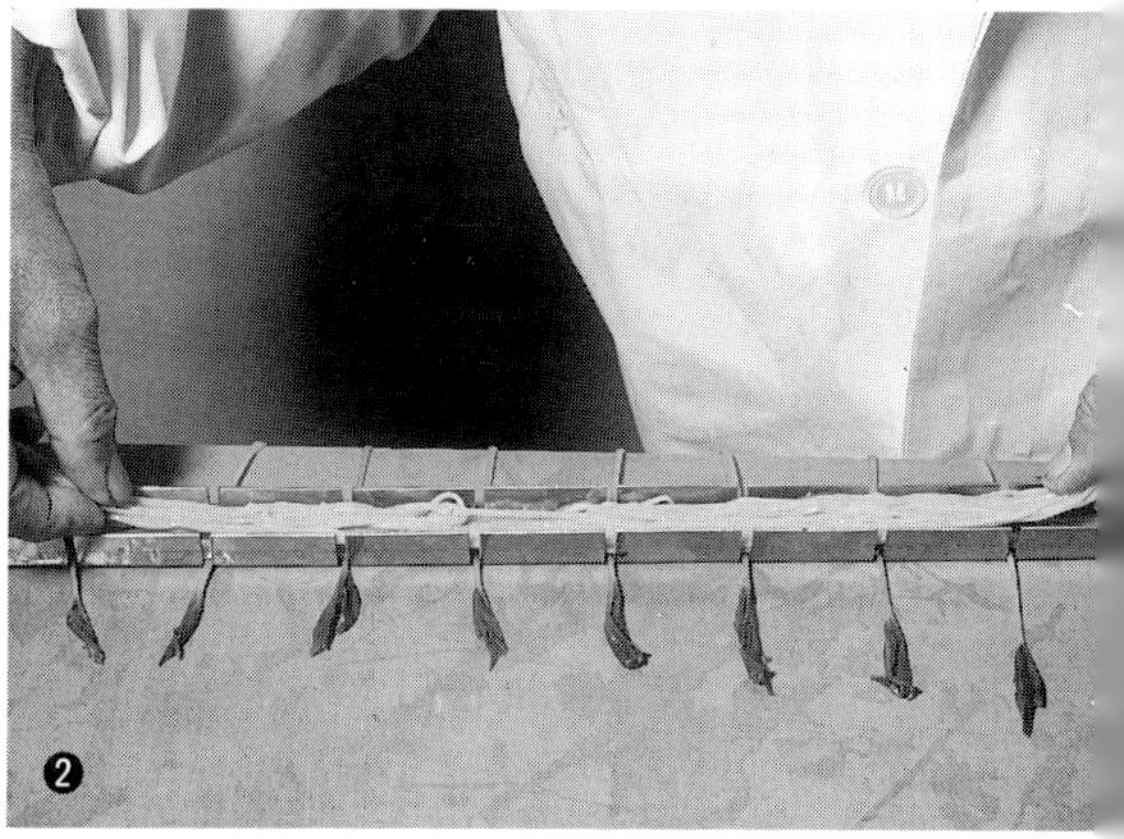

❷ **〈そばを詰める〉** 甘酢をかけてしごき揃えたそばを、長いまま型に詰める

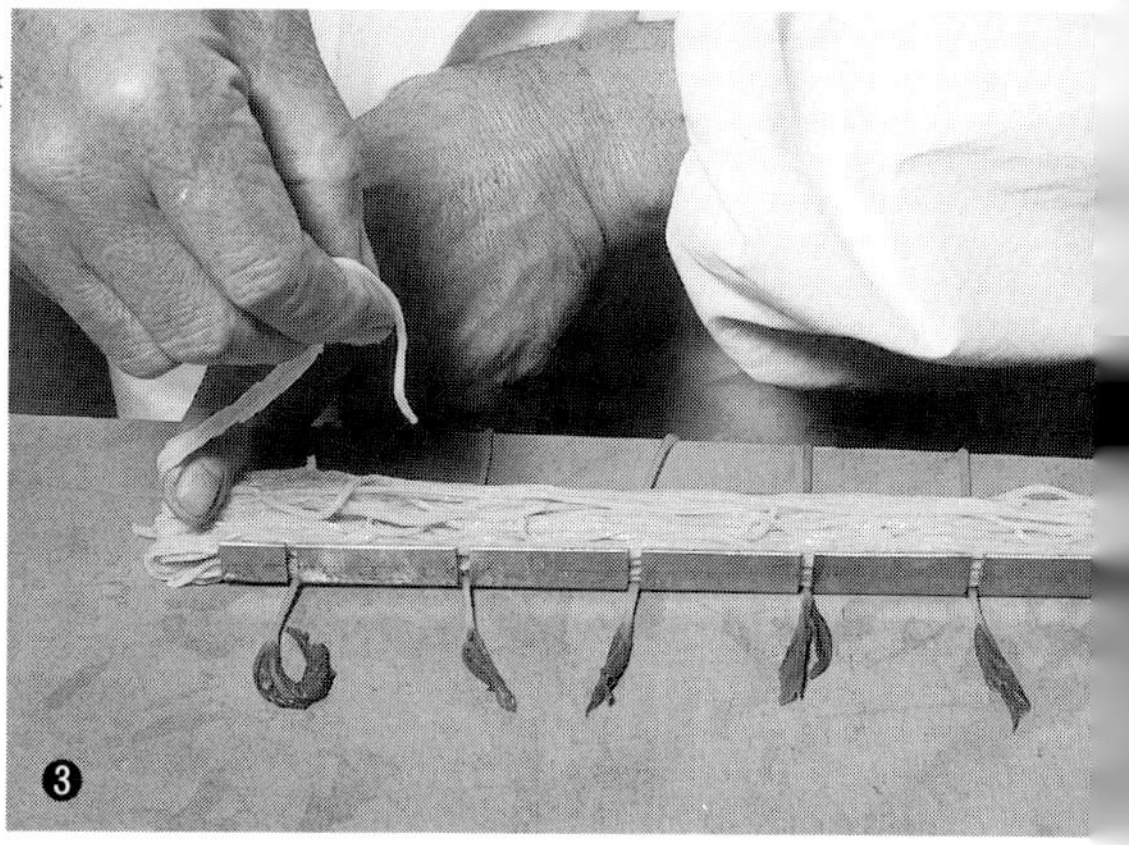

❸ 端《はし》まで来たら指をかけ、たるみのないように折り返し、縁《ふち》よりも高く詰める

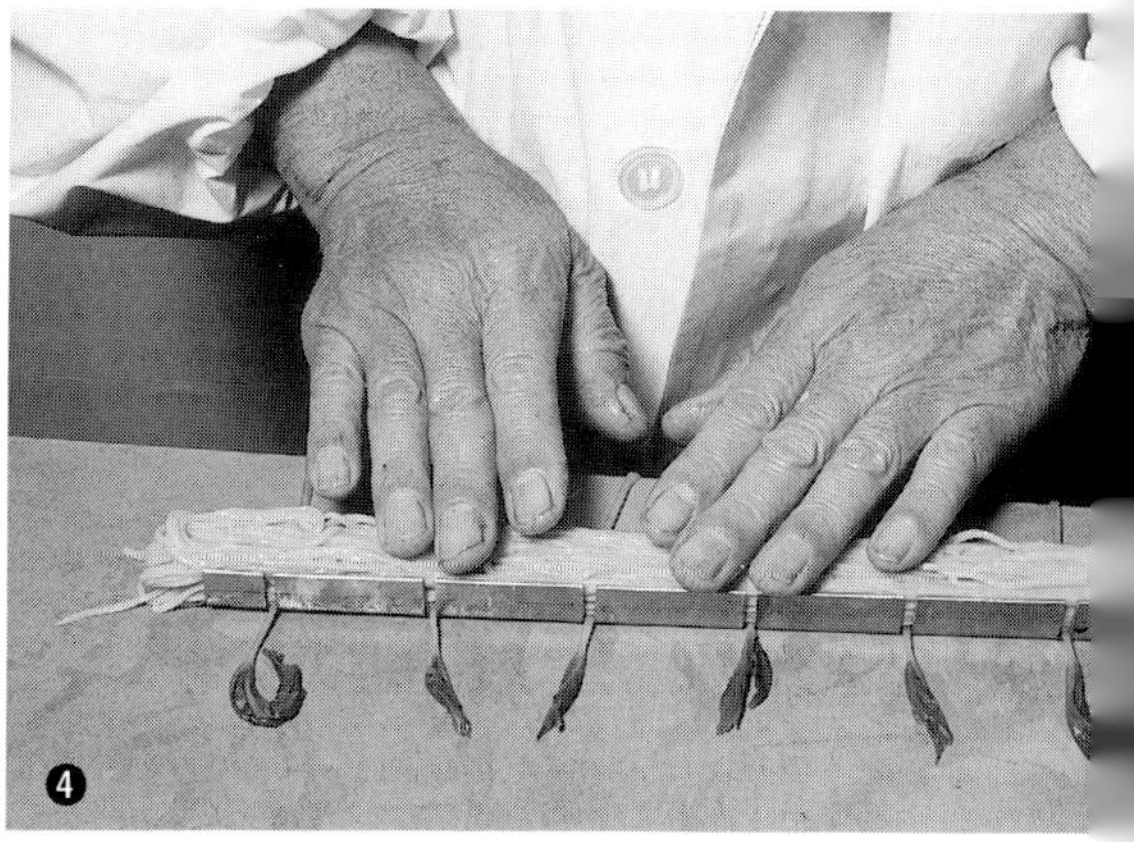

❹ そばを詰め終えたら、両手で軽く押さえて、ならし整える

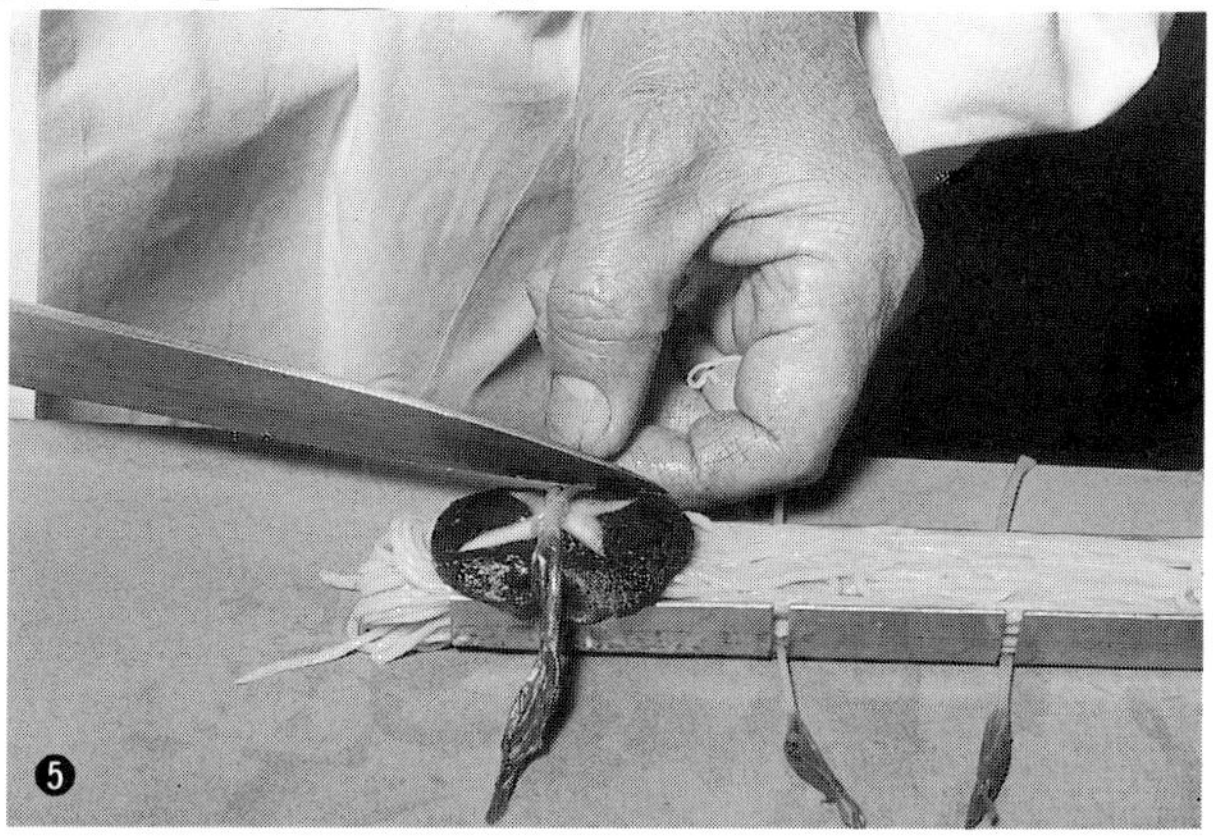

❺ **〈タネを貼《は》る〉** タネをのせて三つ葉でゆわき、茎を適当な長さに切る

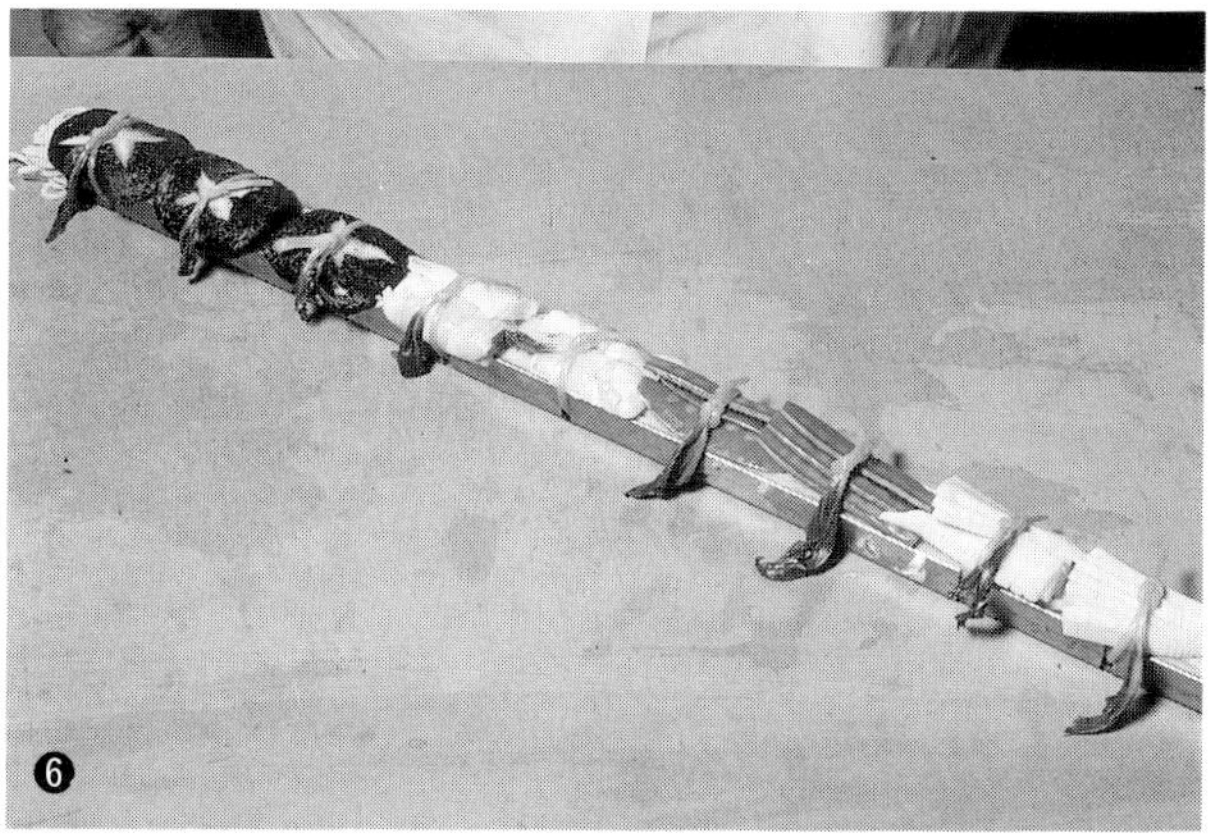

❻ タネを一つ一つ貼り終えたら、少しの間そのままにしてなじませる

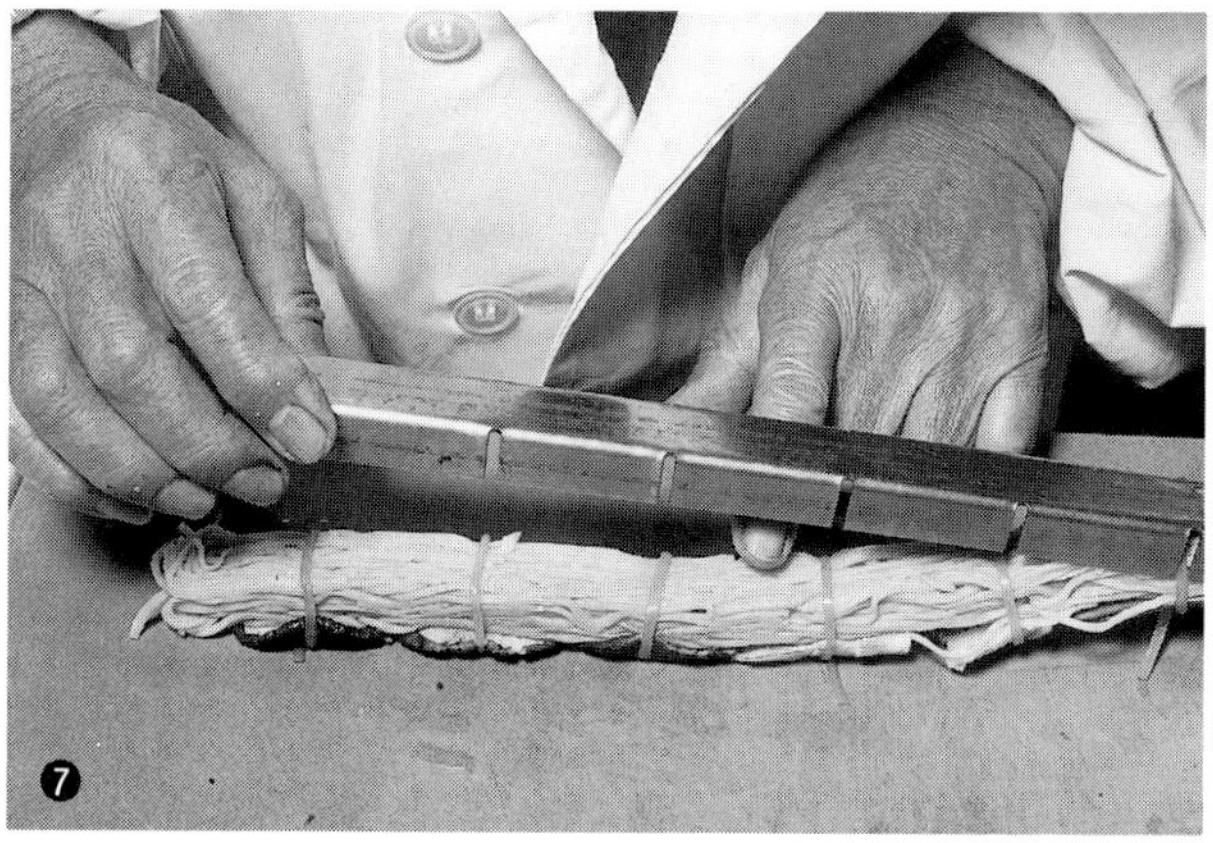

❼ **〈型から取り出す〉** すし型ごと逆《さか》さにし、指をはさんで外《はず》して向きをなおす

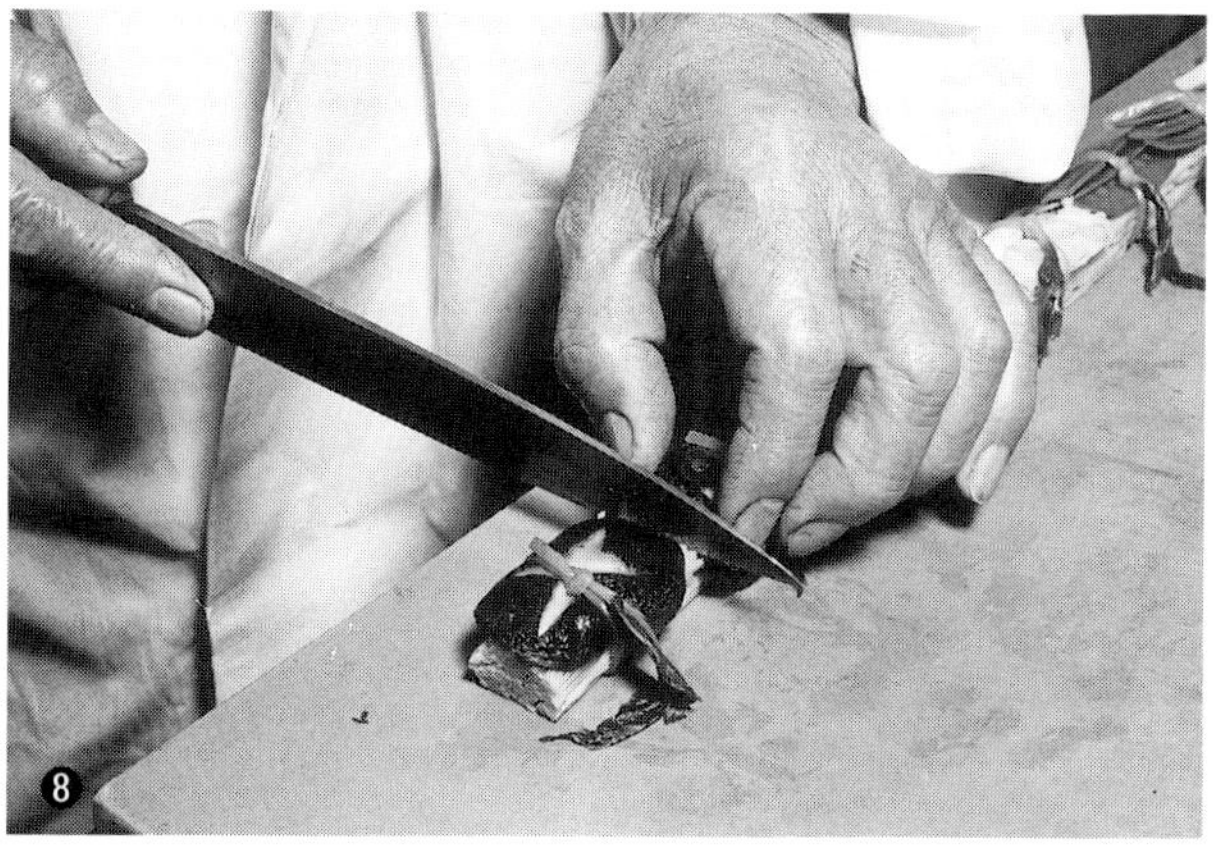

❽ **〈切り分ける〉** タネの境《さかい》に庖丁を入れて切り分ける。ひといきに切ること

ただし、そばきりを台にして江戸前料理とするには、ちょっとした工夫が要《い》る。その工夫については、項を分けて以下で説明する。

(一) そば握りずし

そばきりと飯《めし》つぶの性質の違いを考えれば、「そば握り」の握るという操作は、どだいムリなことである。あくまでも握りもどきに形を整《ととの》えて、そばの趣向《しゅこう》を生かしたい。

一、道具として、「握りずしの型」を使う。とりあえず、「握りずしの型」とでも称しておこう。握りもどきに整えるには、そばきりを長いまま並べて詰める「型」が必要になる。長さ三十センチほどの、木製またはステンレス厚板のU字溝《こう》を想定してもらえばよい。深さ二、三センチ、底幅は三センチほど。そして枠の両側に五センチほどの間隔で切れ目を入れる。「型」は用途に応じて、いろいろな形、大きさのものを自作するとよい。簡単な道具なので、木を使えば誰にも思う形のものがつくれる。

二、たね……江戸前の握りだねをそのまま転用して使えないわけではない。だが、そばとの相性から、魚介類はクセの少ないもの——それも淡白なものにとどめたい。そして、海老を貼《は》るときは下に海老おぼろを敷くというように、味の配慮も忘れぬようにしたい。タイ、ヒラメ、カレイ、白ギスなどの白身魚は、すべて昆布じめとする。果菜類も、いろいろ取り合わせを考慮して整えておく。

三、たねと台を結ぶ材料として、三つ葉、かんぴょうなど。

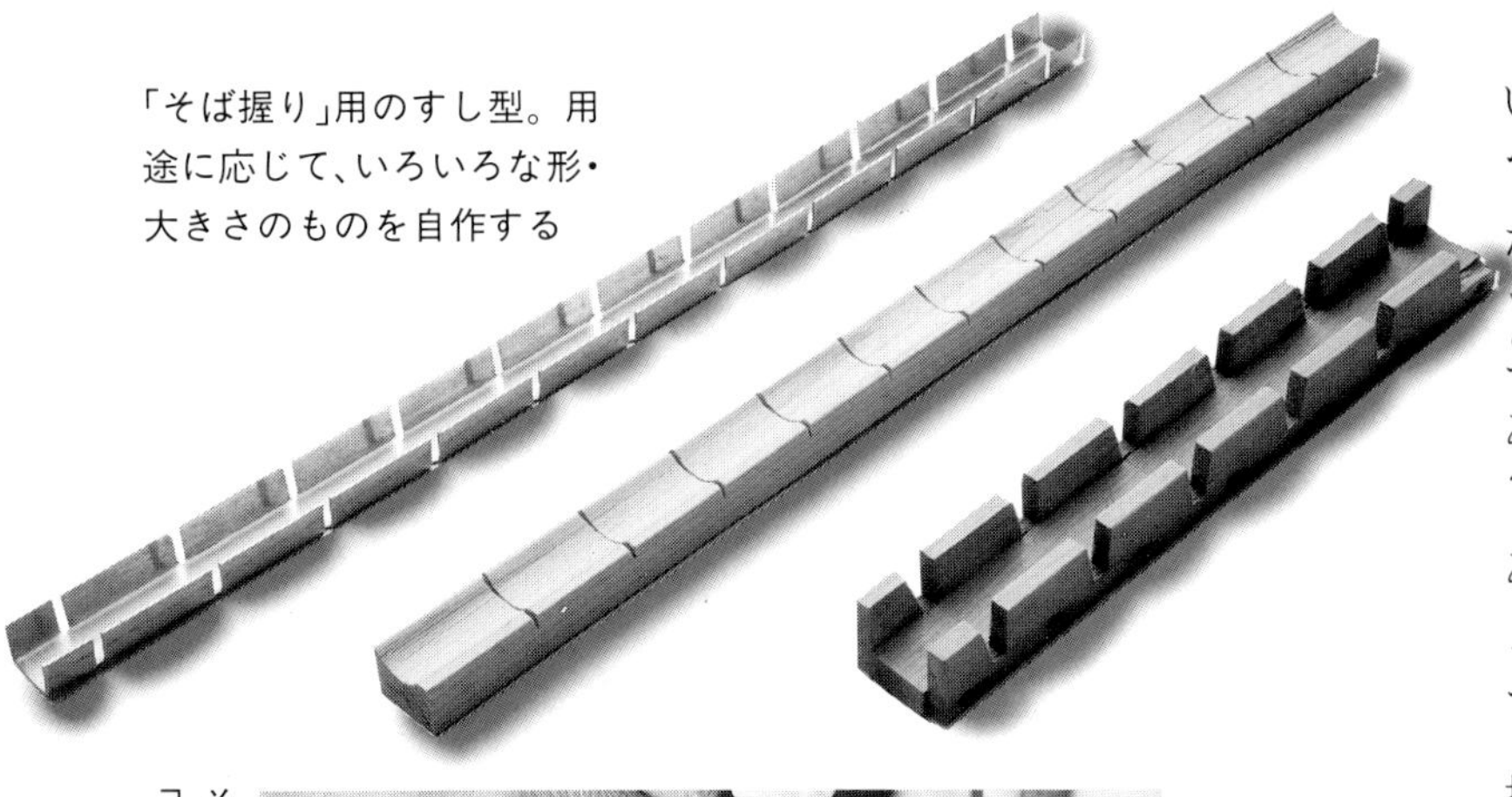

「そば握り」用のすし型。用途に応じて、いろいろな形・大きさのものを自作する

そばは甘酢をかけたのち、必ず軽くしごいて並びを揃えてから使うこと。「握り」のようにタネの下にそばが見えるものでは、特に大事な準備作業

●「そば握り」つくり方・手順

①ゆであげたそばに甘酢を行き渡らせる。そばは軽くしごいて、並べ整えておく。

②「握りずしの形」の切れ目に、三つ葉（またはかんぴょう）を渡す。

③そばきりを「型」に詰める。そばきりは長いまま使用。もつれないように並べ詰める。そばきりが「型」の端にきたら折り返し、縁《ふち》より上まで詰める。

④たねを貼《は》る。滑りやすいたねは、切れ目を入れてのせる。

⑤たねを三つ葉で結《ゆ》わえる。三つ葉で結んだら、その茎を適当な長さに切る。葉の部分は残す。形が定まるまで、しばらくそのままにしておくこと。

⑥そばが固まったのを見届けて枠から外《はず》し、正確に庖丁を入れる。

●「そば軍艦巻」つくり方・手順

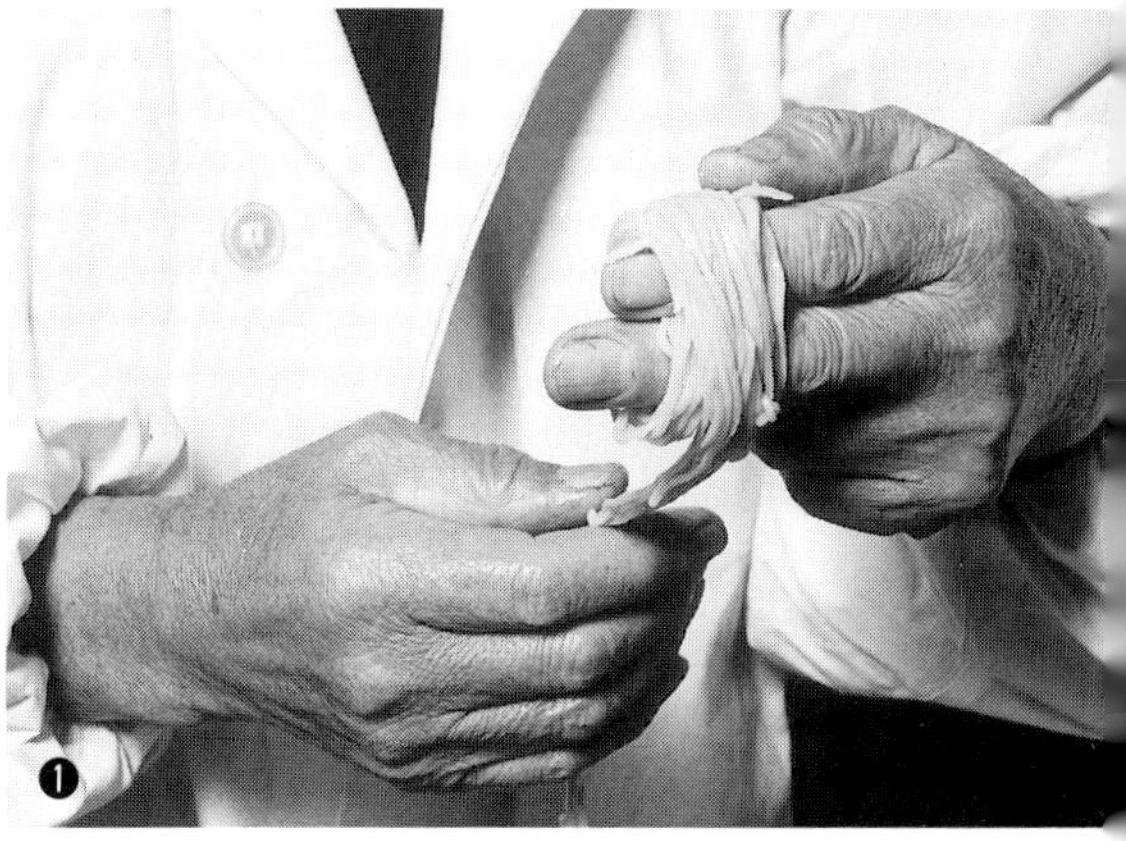

❶ **〈台をつくる〉** 甘酢をかけて並び揃《そろ》えたそばを、片手の指二本に巻きつける

❷ 巻きつけたそばを、形を崩《くず》さぬように静かに指から抜き取る

❸ **〈形を落ち着《つ》かせる〉** 形を揃え整《ととの》えて水気が切れるまでしばらくおく

❹ **〈海苔を巻く〉** 台が固まったら、海苔を巻く。海苔は台よりも高くすること

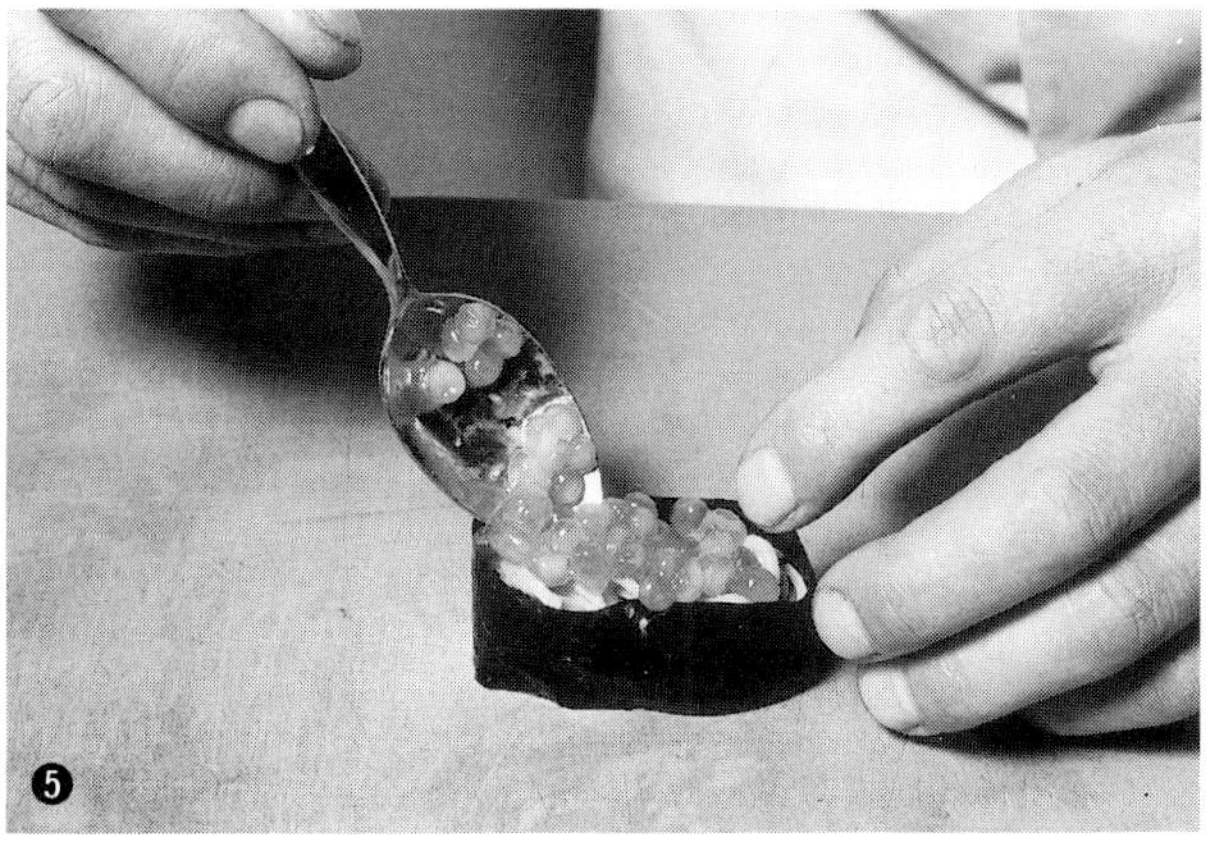

❺ **〈タネを貼《は》る〉** 台の上に匙《さじ》などでタネを盛る。軽く山になる程度の量を使用

(二) そば軍艦巻

飯（すし飯）を使った江戸前ずしに、「軍艦巻」があるように、そばずしでも「軍艦巻」がつくれる。

もうだいぶ経《た》つが、帝国ホテルで百六十人からの会合の折、そばずしを出したところ、キャビアの「軍艦巻」が一番の人気で、アッという間になくなってしまった。高級ダネの魅力だろうが、いわゆる「軍艦巻」には、キャビア、イクラなどの魚卵、それから柴漬《しばづけ》、すぐき漬など京の漬物、秋田や山形のとんぶり（ほうき草の実）などが向く。漬物は、こまかく刻んで使用する。

「軍艦巻」をつくるには、ちょっとしたコツが要《い》る。

まず、甘酢をかけたそばきりを片手の指二、三本に巻きつけ、静かに抜きとる。抜きとったら形を整《ととの》え、水気《みずけ》が切れるまで、しばらくそのままにしておくこと。

そばが固まったら、そばのまわりに海苔を巻き、たねをそば台の上に山に盛る。

六、そば箱ずし

「そば箱ずし」は、「そば握り」同様に、すぐ酒の肴にも使える便利な料理である。それでいて、「握り」のように季節にこだわる必要は必ずしもなく、幅広い材料づかいができる。

箱ずしと言う以上、箱型に詰めて押し抜くのが楽なやり方だが、あえて箱を特注しなくても、ガラス板などが二枚あれば、ともかくつくることができる。四方の端《はし》に少々ムダは出るが、このほうが、これからやってみようという人には手っとり早い。小口《こぐち》は化粧裁《だ》ちすれば済む。ただし、たねの並べ方には充分注意が必要である。

一、たねを並べるには、端がムダになることを見越して、あらかじめ形に合わせて整《ととの》えておけば、切りくずもうまく貼り合わせていける。

二、そばを並べる場合も、たねの高さがそ

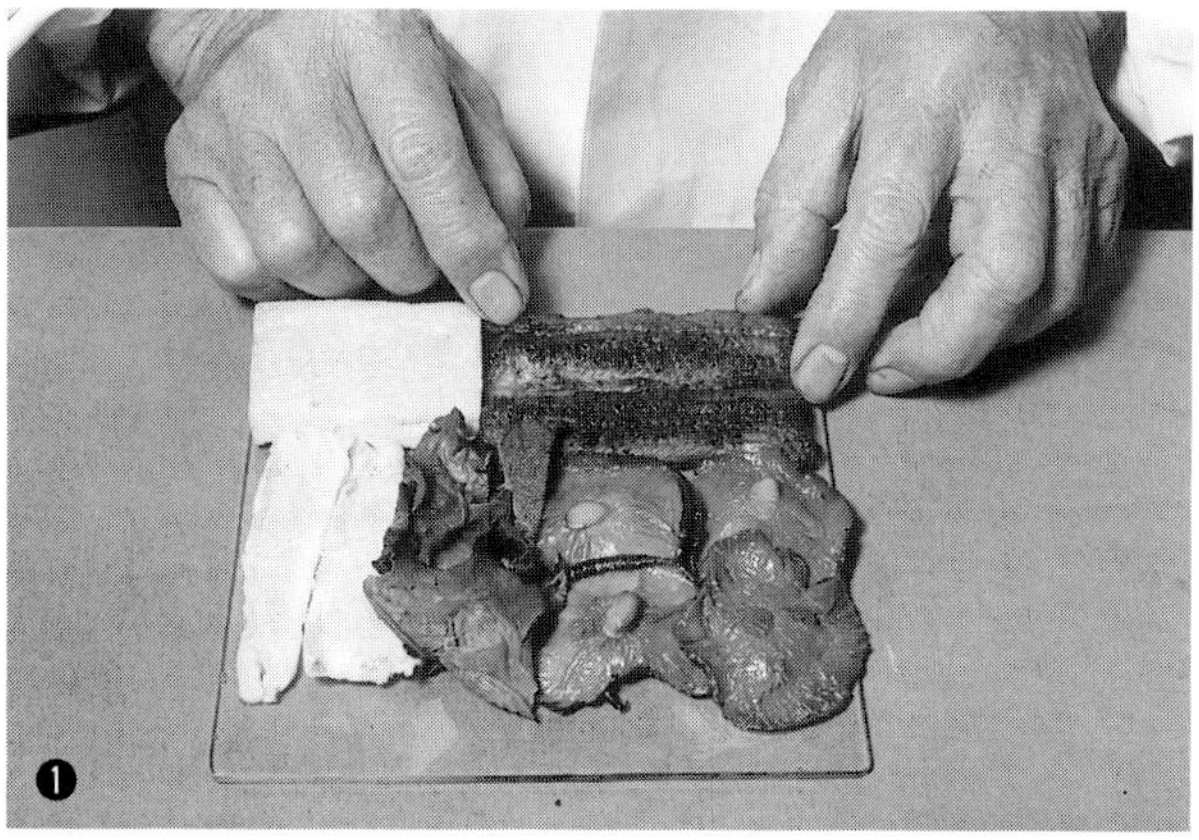

〈タネを貼《は》る〉 ガラス板などに、タネを裏返して、すきまなく四角に並べる

〈そばを並べる①〉 具の上に、そばを横に一層並べる。「色もの」も適宜《てきぎ》使用

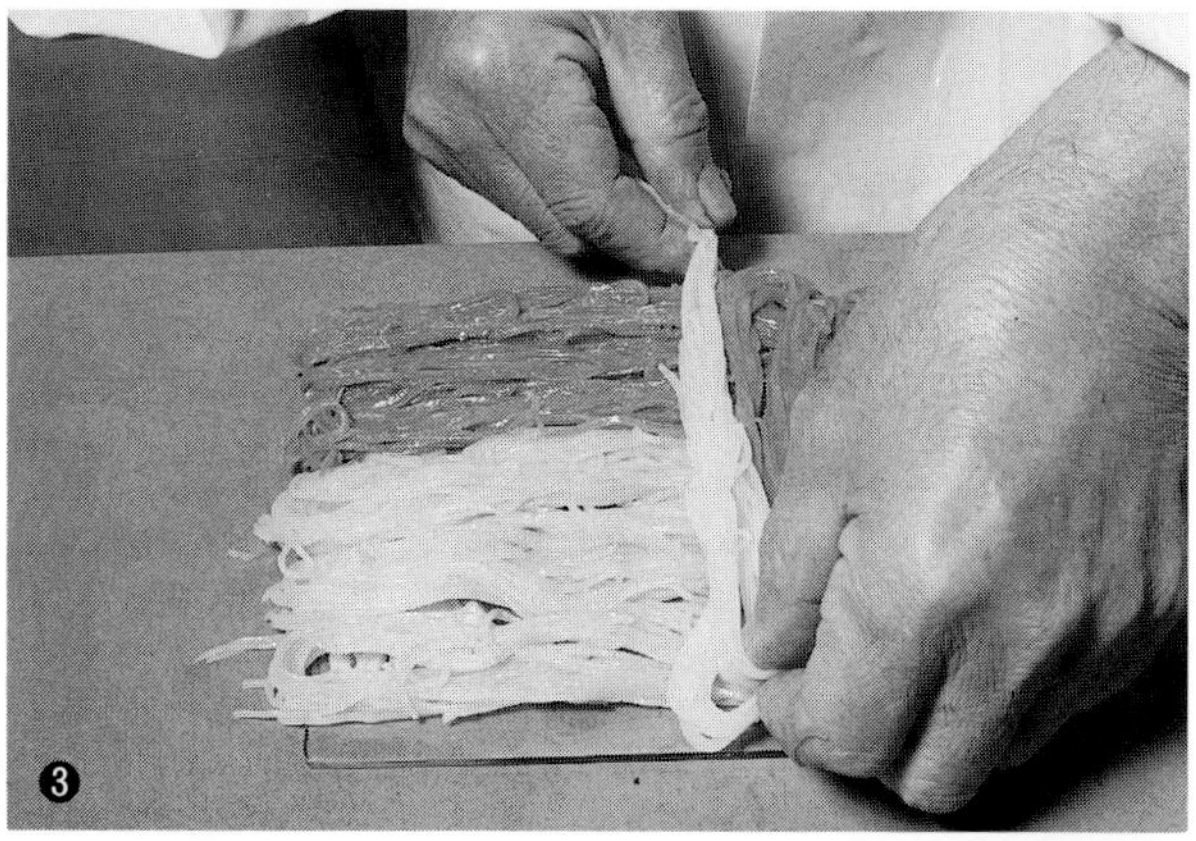

〈そばを並べる②〉 次に、そばを縦に一層重ね並べる。「色もの」も適宜使用

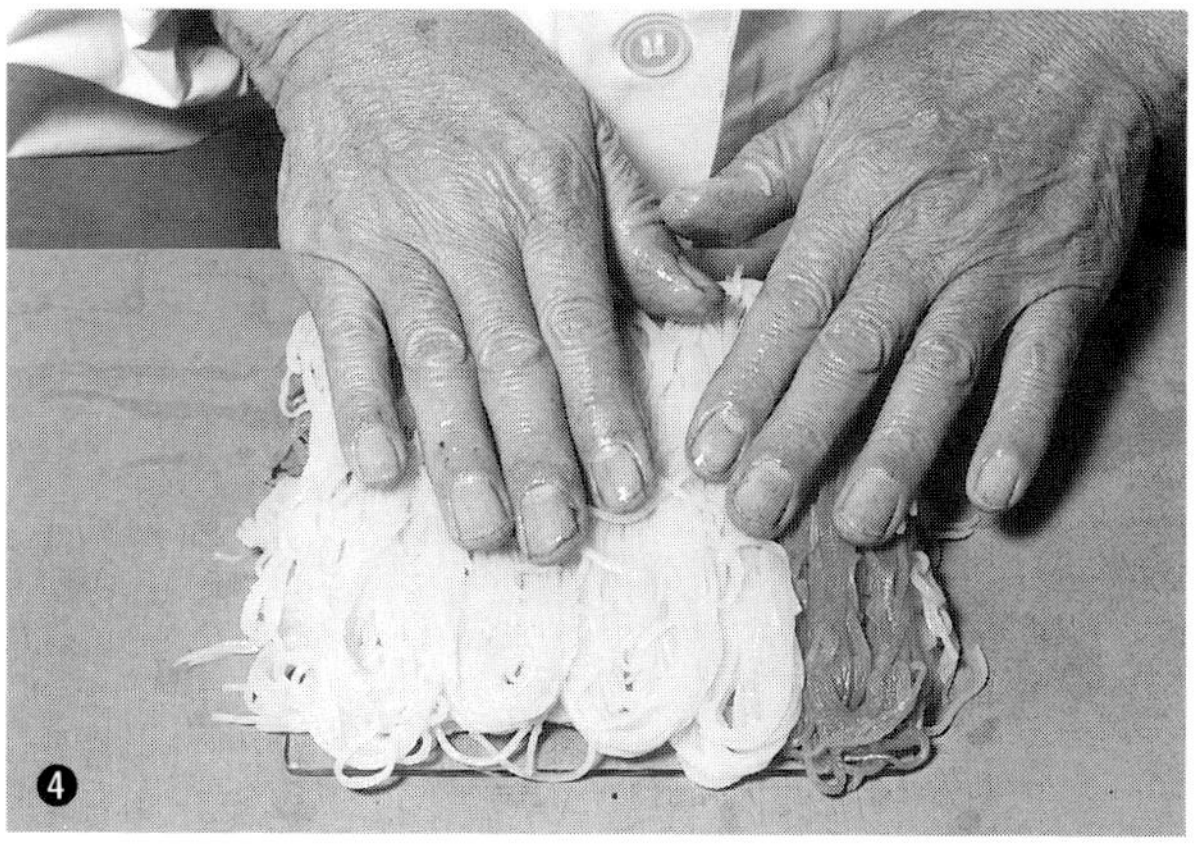

そばを並べ終えたら、指先で軽く押さえてならす

●「そば箱ずし」つくり方・手順

〈そばを並べる③〉 さらに、そばを横・に一層重ね並べる

端《はし》にそばを追加盛りして、厚みが均一になるようにする

〈形を落ち着《つ》かせる〉 そばにもう一枚のガラス板などをのせ、しばらくおく

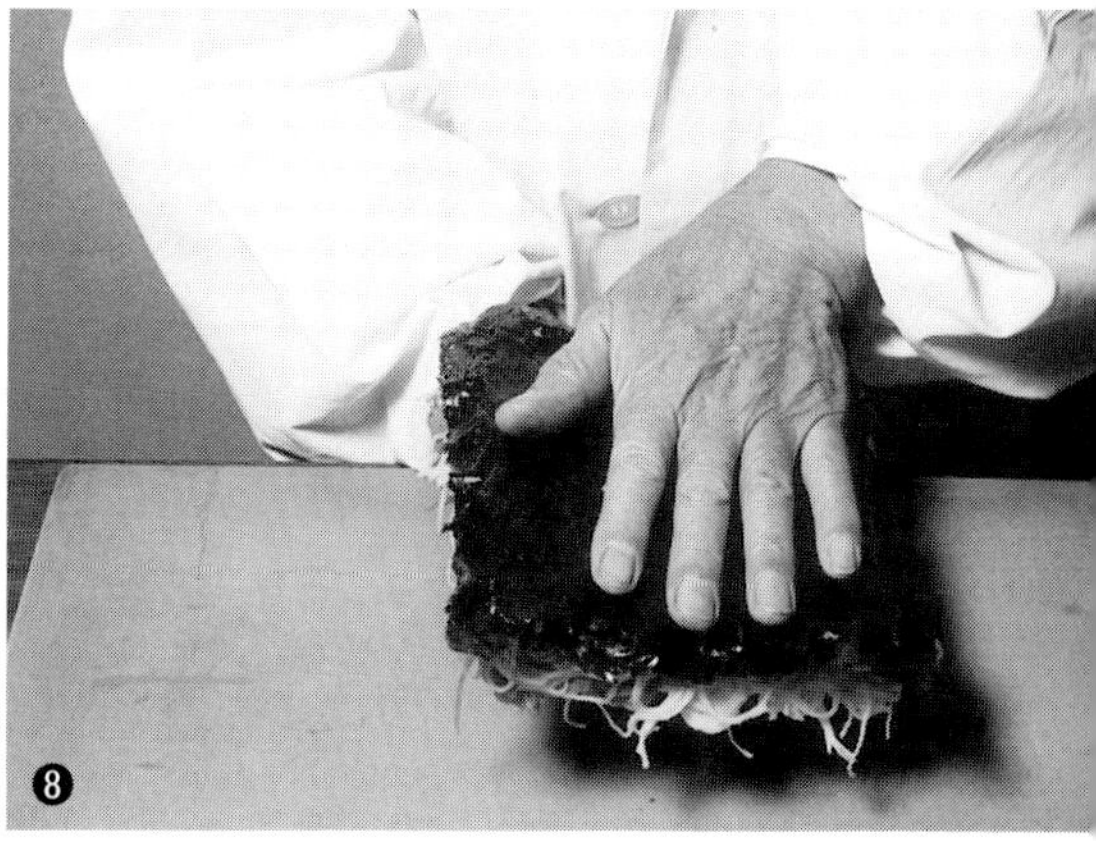

〈海苔を貼《は》る〉 上にのせた板を外《はず》し、そばに海苔を貼って補強する

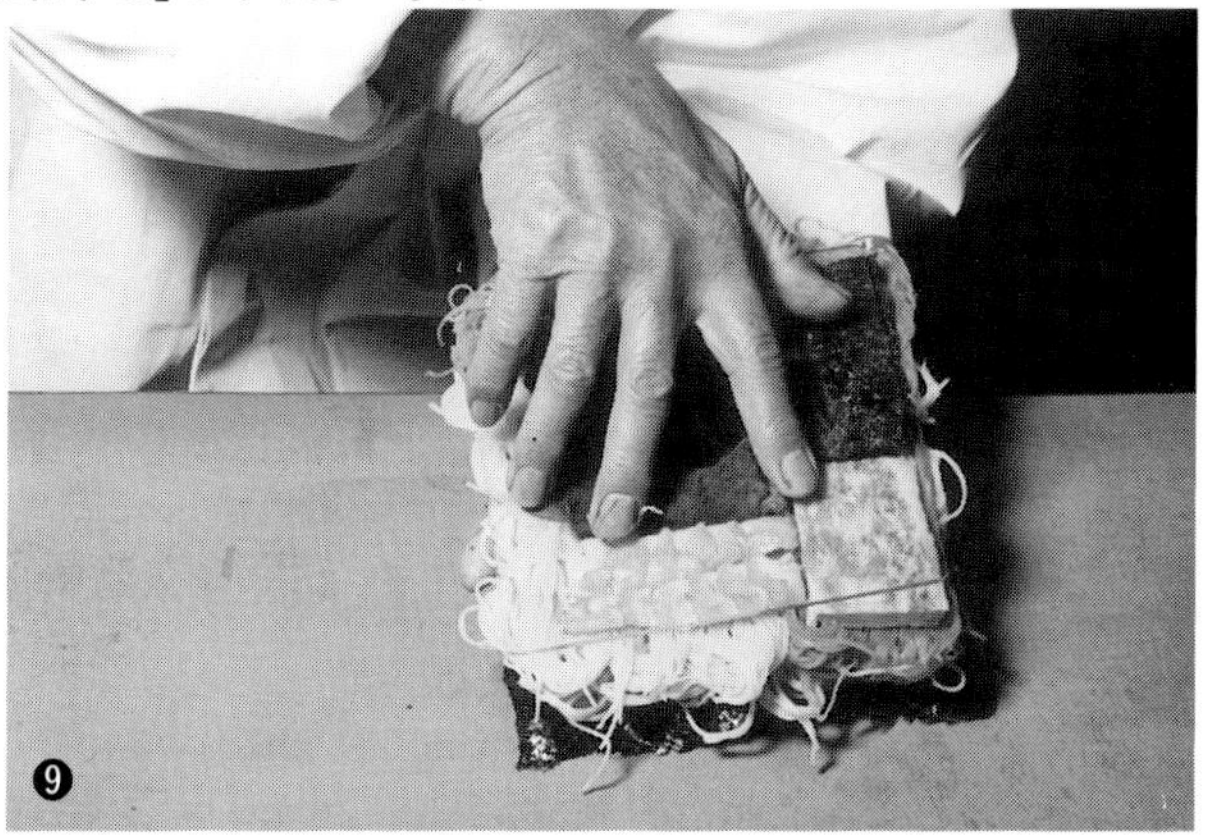

〈向きをなおす〉 海苔の上と底の板を両手で押さえてひっくり返す

〈切り分ける〉 板を外し、四方の縁《ふち》に庖丁を入れて化粧《けしょう》裁《だ》ちする

タネの境に庖丁を入れて、数カンに切り分ける

そば箱ずし

れぞれ違うので、全体が同じ高さになるように気をつける。端《はし》へ来て、そばを折り返すときは、最初人差指にかけて折り返し、すぐ人差指を抜いて箸と交代《こうたい》する。こうすると、折り返し部分がきちんとまとまる。

三、「そば箱ずし」では、そばの積み方が重要である。そばの向きを変えて何層にも重ね組んでいく。その際に、数種の変わりそばを重ねていくと、すし飯に中具をはさむような効果が期待できる。

四、たねの材料としては――、玉子焼、うなぎの蒲焼、椎茸、海老、きくらげ他、幅広い材料が活用できる。

ここでは、椎茸は箱ずしにふさわしく、煮椎茸にして使っている。うなぎは、ときに応じて関西風にあなごに代えてもよい。鯛ほか白身の魚の昆布じめも使える。

●「そば箱ずし」つくり方・手順

①ゆであげたそばに甘酢を行き渡らせる。

②板の上にたねを並べる。

およそ二十センチ四方の板（またはガラス）を二枚準備する。たねを裏返して、一枚の板の上に隙間《すきま》なく、およそ大きさを揃《そろ》えて四角に並べる。

③たねの上に、そばを並べる。

たねの上に、そばきりを横に一層並べる。その上に、そばきりを縦に一層重ね並べる。並べ終えたら、指先で軽く押さえてならす。さらに、そばきりを横に一層、都合《つごう》三層重ねて並べる。

④そばの厚みを平均にする。

並べたそばの端に追加盛りして、厚みを平均にする。

⑤上に板をのせて、押しを利《き》かす。

もう一枚の板をのせて軽く押し、しばらくそのままにしておく。

⑥上下の向きを変える。

上下の板を押さえながら持ち上げ、たねが上に来るように向きを変える。

⑦庖丁を入れて切り分ける。

上になった板をはずし、四方の縁《ふち》に庖丁を入れて化粧裁《だ》ちする。そのあと、たねの境に庖丁を入れて切り分ける。

第四篇　そばがき

◉「そばがき」と茶事

「そばがき」は、そばきりより、はるかに古くからある「そば食《しょく》」である。江戸期最古のそば文献と思えるものにも、

「いまの世の打ち方を知らざめれば、ただそばがきとなし、あみづらつけて食ひたりけん……」

とある。

いまの世の打ち方、つまり、当節《とうせつ》では当たり前になっている、そば（そばきり）に打つ方法を知らなかったろうから、もっぱら「そばがき」にして、「あみづら」をつけて食べていたのであろう——というのが、前の文の意味である。「あみづら」とは、おそらく、豆醤油《まめじょうゆ》のたまり、柳井津《やないづ》のようなもの、つまり、味噌のたまりと思われる。

この一文だけからでも、「そばがき」が、そばきりより古くからあったことは感じ取れるであろう。

しかしながら、現在では、一般のそば店で「そばがき」を見ることは、およそなくなった。「そばがき」を品目に載《の》せている店は、百軒に一軒もなかろう。また、そんなくらいだから、客の側にも「そばがき」を知っている人は多くない。そばといえば即《そく》、そばきりを指すほどである。わずかに、「そばがき」は、茶をたしなむ人の間などで、細々と生きながらえてきた。

「そばがき」が現在まで、そばきりほどにひろまらなかったことには、それなりの理由がある。

「そばがき」は、手の込んだ食べものではない。そば粉に熱湯を注《さ》してかきまわし、煮えた状態にするか、あるいは、水で溶《と》いた粉を火にかけて、かきまわしながら煮ただけのものである。調理の方法は単純きわまる。

それだけに、粉のよし悪《あ》しが、恐ろしいくらいにハッキリと味に出る。品質の劣る粉でつくった「そばがき」など、食べられたものではない。それと、混ぜものの してある粉の場合は、いつまでかきまわしていてもドロンドロンのままで、固まってこない。水を少なくしても、やはりダメである。（コーンスターチや、北海道の小麦の混ざった粉は、糊にしようにも、糊にもならない。アメリカ産小麦に比べ、北海道の小麦は三倍も値《ね》が高いのに、不思議なことである。私のそば教室の生徒が持ってきたそば粉に、これを混ぜたものがあって、呆気《あっけ》にとられたことがある。）

要するに「そばがき」は、ほんとうによい粉でないかぎり、他人様《ひとさま》にすすめられるようなものはつくれない。

そのうえに、おいしく仕上げるには熟練を要する。単純な仕組みの調理とは、えてしてそういうものだが、「そばがき」はことに習練が必要である。

供し方もまた問題になる。おいしい状態で快く食べてもらうには、秒を争う。つくり終えてからの時間の経過は、恐ろしいまでの味の劣化に通じる……。

このように見てくると、これだけそば屋の数が増えながら、「そばがき」がごく一部にしか定着しなかったのも、わからなくはないであろう。その一方、茶人の間で「そばがき」が生きながらえてきたということにも、納得できるものがあるはずである。

「そばがき」は茶の前によく、茶のあとでよし——と、茶菓子がわりにも、ご馳走《ちそう》のあとの飯がわりにも使われる。消化がよくて腹にこたえない食べものであることや、吟味《ぎんみ》した材料を、客前で主人みずから調理し、時をおかずに召し上がっていただくという点において、「そばがき」は茶の心に通じる食べものなのである。

◉「鍋《なべ》がき」と「碗《わん》がき」

「そばがき」は、つくり方から見て、「鍋《なべ》がき」「碗《わん》がき」二様の方法がある。

「鍋がき」は、そば粉を鍋にあけて水で溶いたのち、火にかけて練る。練り上げたものは食べやすい大きさに形づくって、湯を張った桶や鉢に取り、わさび（山葵）、ねぎ（葱）、おろし大根などを薬味《やくみ》に、土佐醤油、ざる汁などで賞味する。

「鍋がき」で特にすすめたいのは、御膳粉の「そばがき」である。御膳粉の「そばがき」

は、めったに見ないが、その淡々とした味には、こたえられないものがある。

「鍋がき」はまた「そばがき」として食べるだけでなく、「そばがき雑煮」「そばがきしんじょ」「伊吹だんご」など、いろいろ応用が利《き》く。そば料理の素材としてもよい。

一方、「碗がき」とは読んで字のごとく、碗でかく（掻く）「そばがき」の意味。鍋などの調理道具と違い、供する器をそのまま使ってかく。茶席で客を前にしてこしらえ、もてなすには、特にふさわしい方法である。（余談だが、私の店の客のなかには、「碗がき」と指定して「そばがき」を注文する客が何人かいる。）

抹茶茶碗などに粉を量《はか》り入れ、煮え立つ湯を注《そそ》いで、かき混ぜて練る。練るときに火は使わないのが「碗がき」の特色である。

「鍋がき」「碗がき」両者の長所と短所を強《し》いてあげれば、次のようになる。

「鍋がき」は、煮えた状態を見届けながらすすめることができるので、失敗はまずない。口あたりもなめらかに仕上げることができる。ただし、香りは、「碗がき」に比して多少落ちる（度を過ごすと、さらに香りに問題が出てくる）。

「碗がき」は、香りにおいて勝《まさ》るものの、失敗の率が高い。なめらかさに欠けることが多く、半生《はんなま》の場合もある。火を使わず、初めに加えた湯の熱で、粉を完全に煮えた状態にまでするのだから難しい。必ずふつふつとたぎる熱湯を使わなくてはならない。また、器を温《あたた》めておくのは肝要中の肝要事である。

熱の保持には、碗の大きさ、厚み等が大きく影響するが、抹茶器（ことに冬茶碗）は条件を満たすことが多い。器を温める工夫は、薄茶《おうす》の点前《たてまえ》に似て、仕様によって雅味《がみ》を加え、妙《みょう》である。茶人なれば、こののみ込みは早い。

いずれにせよ、新しくて品質のよい粉を「そばがき」にしてみると、「そばがき」が素朴にして高雅な「そば食」であることは、どなたにも納得できるであろう。「碗がき」には「碗がき」の優雅さがあり、「鍋がき」には「鍋がき」の風趣があって、それぞれに味わい深いものである。

●「そばがき」の加水量

「そばがき」の最初の難関は、加水量の割り出しである。とりわけ御膳粉の「そばがき」の加水量を正しく割り出すのは、難中の難である。

「そばがき」の加水量は、そばきりとはまるで違う。そばきりの加水量は、最大の御膳粉でも、粉の量の五五〜六〇パーセント前後である。しかし、「そばがき」は、その程度の加水量では、少な過ぎて仕事にならぬばかりか、食べられたものではない。半生《はんなま》の箇所《かしょ》があちこちにできてしまう。

「そばがき」の加水量は、粉の量よりもっとはるかに多い。しかも、その多量の加水量を、一度で決めてしまわなくてはならない。ことに「碗がき」では、注ぎ足しが致命的失敗になる。途中で熱湯を足すと、表面にヌルができ、全体をかきまわそうとしても、逃げられてしまいやすい。つまりは一つにまとまらず、煮えたところ、粉のままのところが、まだらにできてしまう。一方、「鍋がき」は、火にかける前なら、多少の修正もできないわけではないが、煮えだしてからの追加は、やはり失敗である。

では、「そばがき」の加水量は、どのようにして割り出すのか。

適正加水量とは、仕上がりの状態から逆算して出すものである。そこで、「そばがき」が快《こころよ》く食べられる固さは、煮えた状態でどの程度かといえば、耳たぶよりもややわらかい。その状態に仕上げるには、初手《しょて》は、水を加えて溶いた箸の先から、糸を引くくらいでないとうまくない。

それがパーセンテージでどのくらいになるかを、計量器で正しく割り出すのは難しい。また、実際的でもない。というのも、茶席で「そばがき」をかくとして、風炉《ふろ》の脇に計量杯《ばかり》を持ち込んだのでは、風雅《ふうが》も何もあったものではないからである。「そばがき」の場合は、器に入れた粉の量とのからみで、目分量で間違いなく加水量が割り出せないといけない。

　ここで、私の取って置きの方法をお教えしよう。このやり方なら、いちいち計量器を持ち出さなくても、見当で間違いのない範囲におさめることができる。「碗がき」「鍋がき」のどちらにも利用できる方法である。

　まず、碗か小型の鍋に、粉を山に盛る。御膳粉は粉の性質上、なかなか盛り上がらないが、ともかく鍋底の縁《へり》が裾野《すその》になるように山に盛り上げる。並み粉は簡単に山になる。

　この山の頂上を崩さぬように注意しながら、水または熱湯を注《そそ》ぐ。山裾に静かに注げばよい。加える水（熱湯）の量は、御膳粉では山の頂上が浸《ひた》るところまで。並み粉は山の七合目あたり——。これを目安として、しっかりおぼえておいていただきたい。

　ところで、粉の山の頂上とか七合目というと、およそどのくらいの量の水を加えたことになるか。

　粉の山を一種の円錐《えんすい》と見なせば、答はたちどころに出る。円錐の体積は（底面積×高さ）の$\frac{1}{3}$、円柱の体積は（底面積×高さ）である。いま御膳粉の山の頂上まで水を注いだとすれば、（円柱の体積）から（円錐の体積）を差し引いた分が「加水量」になる。その値は（円錐の体積）すなわち粉の山の二倍である。

　もちろん、この値は、あくまでも見当である。粉の山は円錐に似ていても、円錐そのものではない。また、ここで云々《うんぬん》しているのは容積計量であり、御膳粉のひと山の重量と並み粉のひと山の重量の違いを度外視して話を進めている。しかし、日頃慣《な》れ親しんでいるそばきりの加水量とはケタが違うことを知る上で、このような概算を試《こころ》みるのもムダではあるまい。そこで、御膳粉、並み粉の両方について試算を出しておくと、——御膳粉の「そばがき」の加水量は、粉の量のおよそ二倍、並み粉のほうは粉の山の七合目あたりだから、加水量は粉の量のおよそ一・五倍弱の見当になる。

加水量（熱湯量）は粉の山を尺度にして決める

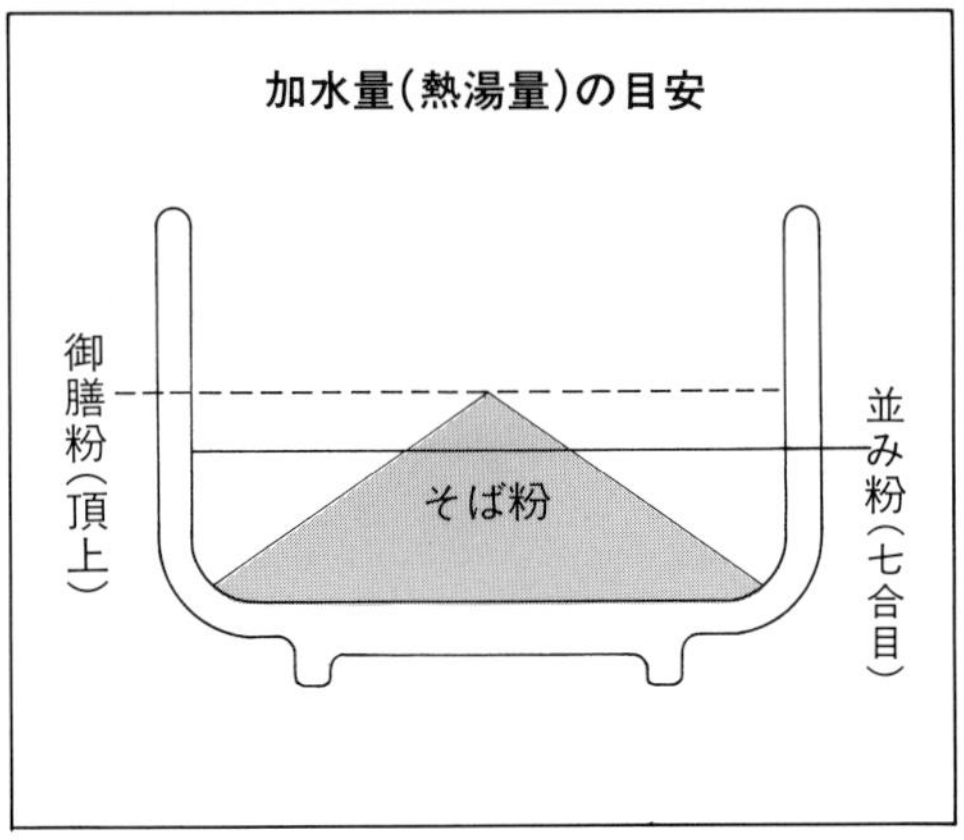

　これだけの水を加えて溶いた状態は、天ぷらの衣などに近い。実際のところは、衣より濃いのだが、それでもまだトロトロの状態である。箸を持ち上げれば、先から糸を引く。そのくらいの状態であって、仕上がりが頃合のやわらかさになる。

●元太の箸

　「そばがき」をかく箸は、元太の、先にすきまのできないものがよい。菜箸《さいばし》は四、五本を束《たば》ねて使うことをすすめる。

　トロトロした状態から、箸の動きを止《と》めるくらいに粘着力が増した状態まで、箸は絶えず全体をかきまわしていなくてはならない。箸から逃げて遊んでいる箇所があると、「鍋がき」では、そこがたちまち焦げついてしまう。「碗がき」の場合は、生煮えのままに残ってしまう。こういう失敗を防ぐには、箸なら何んでもよいのではなく、箸から決めてかかる必要がある。

　それで思い出すのは、さる高貴な方《かた》がおしのびで、大森の私の店に通《かよ》ってきたときのことである。噂《うわさ》では（水戸の）徳川様と言われていた。この方は「そばがき」をかくのに箸削りから始めて、それに一カ月もかける通人であった。

　魚河岸で太い菜箸《さいばし》を買ってきては削り上げる。できあいのままでは、竹の質から見ても使い勝手がよくないので、手元に十五センチほど象牙《ぞうげ》を入れたものを一膳、純銀のものを一膳つくられた。箸には葵《あおい》のご紋が入っていた。

この方は、古事記について陛下にご進講なさっていた学者から私のことを伝え聞き、それでおいでになったものと思われた。が、おたずねしても、そのことは一言もおっしゃらなかった。そのかわりに、

「オヤジ、茶道に対して「そば道」を打ち立てろ！」

とのことであった。

「そば道」のことはさておくとして、箸にそこまで心を配っている人があったことは記載《きさい》に値《あたい》するであろう。

●「そばがき」のかき方

加水量、箸、と続けば、次はかき方である。

「そばがき」は、粉の一粒一粒に、水分と熱を充分に行き渡らせて煮えた状態となし、一つの固まりにまとめた食べものである。一つにまとめるにあたっては、そば粉デンプンの糊化《こか》によって生じた粘力が、大きなはたらきをしている。

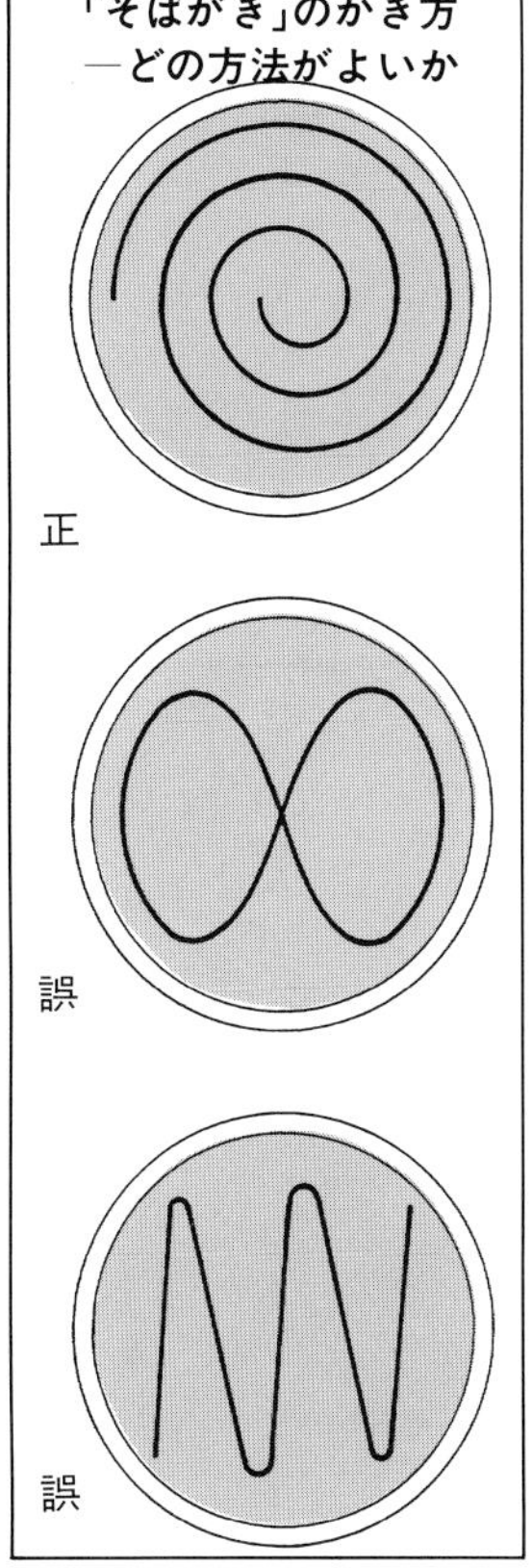

ここで問題になるのが、粉のかきまわし方である。ことに「碗がき」は、冬場など、湯の温度がどんどん下がっていくので、粉を煮えた状態にするには迅速きわまりない処置が求められる。箸ですばやく全体をかきまわし続けるためには、どのようなかきまわし方がよいのか――。

かきまわし方は、渦巻《うずまき》状にかきまわすのがよい。外側から内側へ、あるいは内側から外側へと、渦巻状にかきまわし続ける。

このかきまわし方が、八の字を描いたり、ジグザグにかきまわすやり方よりもよいのは、手の振りが小さいので、ムダな力を使わなくて済み、それだけスピードを上げられるためである。

もっとも、スピードアップが可能とは言っても、粘りが出て箸が重くなると、このやり方も、箸を普通に持っていたのでは苦しい。箸に重みがかかり出したら、握り箸に持ち直して続けるとよい。

なお、八の字にかくのがいけないわけではないので、一言補足しておきたい。

「碗がき」で湯を注ぎ足すのは感心できることではないが、ごく初めの段階で湯量の不足に気づき、熱湯を注ぎ足した場合は、八の字にかきまわすと、逃げが止まる。その後は渦巻状にかきまわせばよい。

●「そばがき」のつけ汁と薬味《やくみ》

「そばがき」は、生醤油《きじょうゆ》につけて食べても結構うまいが、供するにあたっては、「ざる汁」または次のようなつゆがすすめられる。

生醤油に酒を二割ほど加えて煮切る（酒の分量だけ煮詰める）。冷《さ》めたら、この煮切りに、血合を除いて薄く削った鰹節を加える。そして二時間ほどつけ置いたのちに、漉《こ》し布《ぎぬ》で漉《こ》す。

この汁は、広い意味では「土佐醤油」ということになろうが、鰹節を加えたのちに煮立てないところが違う。味がどのように違うかと言えば、鰹節のしつこさの出ない上品なつゆになる。

薬味は海苔、わさび、花がつお、焼き味噌、おろし大根、白ねぎ、青ねぎなどいろいろ取り揃え、好みに応じて使ってもらう。

●「鍋がき」つくり方・手順

①粉を量《はか》って、小鍋に山形に盛る。

粉の量は、鍋の大きさの$\frac{1}{4}$程度から$\frac{1}{5}$くらいが仕事がしよい。

前述のように、鍋底全面が裾野になるようにして山に盛る。

②水を適量加える。

粉の山の頂《いただき》を崩さぬように注意しながら、水を加える。静かに、裾野にまわし注ぐ。加水の目安は、御膳粉の場合、山の頂上が浸《ひた》るところまで。並み粉は山の七合目あたりまで。

③粉を溶く。

箸で粉を溶く。箸は元太の、先にすきまのできないものを使用。菜箸は四、五本をまとめて使う。ダマのないようによく溶くこと。

この段階で、加水量の適否を見ておく。粉を溶いている箸を持ち上げてみて、箸先から下まで糸を引く状態ならばよい。

④鍋を火にかけて、すばやくかきまわす。

火は強火。箸先を揃え、粉を逃がさないようにして、かきまわし続ける。

かきまわし方は、外側から内側へ、あるいは内側から外側へと、渦巻状にかきまわすのがよい。

熱が通り始めると、粘力で箸に重みがかかる。ゆうちょうなことをしていては、たちまち焦げついてしまう。粘りを感じるようになったら、握り箸に持ち直してかきまわすこと。

ただし、急ぐあまりに手の振りが荒っぽくなると、鍋の縁《へり》にいっぱいくっつけてしまう。手の振りを一定にして、最少限にとどめる習練が必要になる。と同時に、放置してこびりつかせてしまうのではなく、早い時期にかき落として混ぜてしまうことも必要である。

⑤全体が煮えたら火を止《と》めて、箸を抜く。

煮えたか煮えてないかは、何によって見きわめがつくか。

それは、デンプンが煮えることで粘力が増し、箸が極端に重くなることでも見当はつく。だが、目安として一番よいのは、全体にうるおいが増し、透明感が出てくることである。

〈粉を鍋に盛る〉 粉は計量後、鍋底を裾野にして一つの山になるように盛る

〈加水量を決める〉 粉の山の周囲に水を注ぐ。並み粉は山の七合目辺《あたり》まで…

〈粉を溶く〉 元太の箸で粉を溶く。箸先から糸を引く状態が、最適の加水量

〈火にかける〉 火は強火。箸先を揃え、渦巻状にすばやくかきまわす

●「鍋がき」手順

粘りが出て箸が重くなったら、握り箸に持ち直して、かきまわし続ける

全体が一つにまとまり、煮えて透明感が感じられるようになるまで続ける

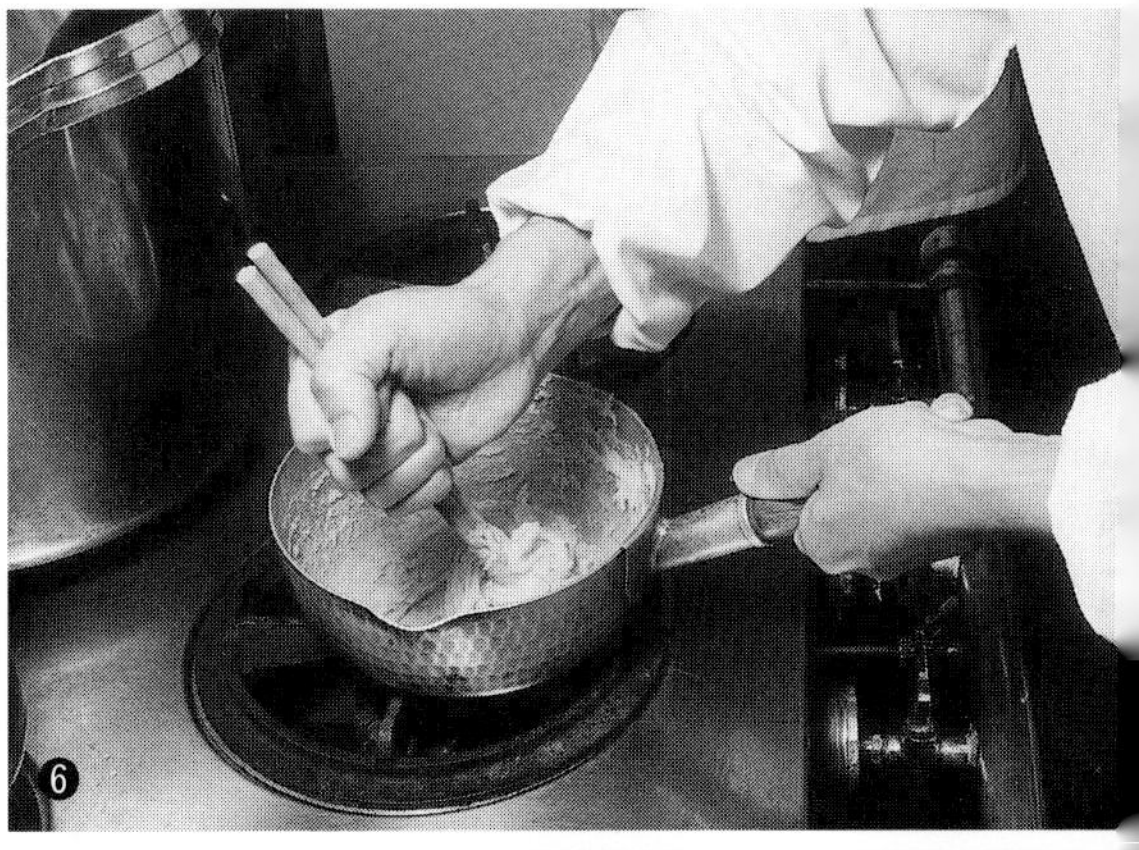

〈火を止《と》めて練《ね》る〉 適量を鍋の縁になするようにして、しゃもじでよく練る

〈仕上げ〉 鍋の縁づたいに、内側からしゃもじで少量をこそぎ取る

小皿の表面をぬらして、すべりをよくしておき、縁になするようにして移す

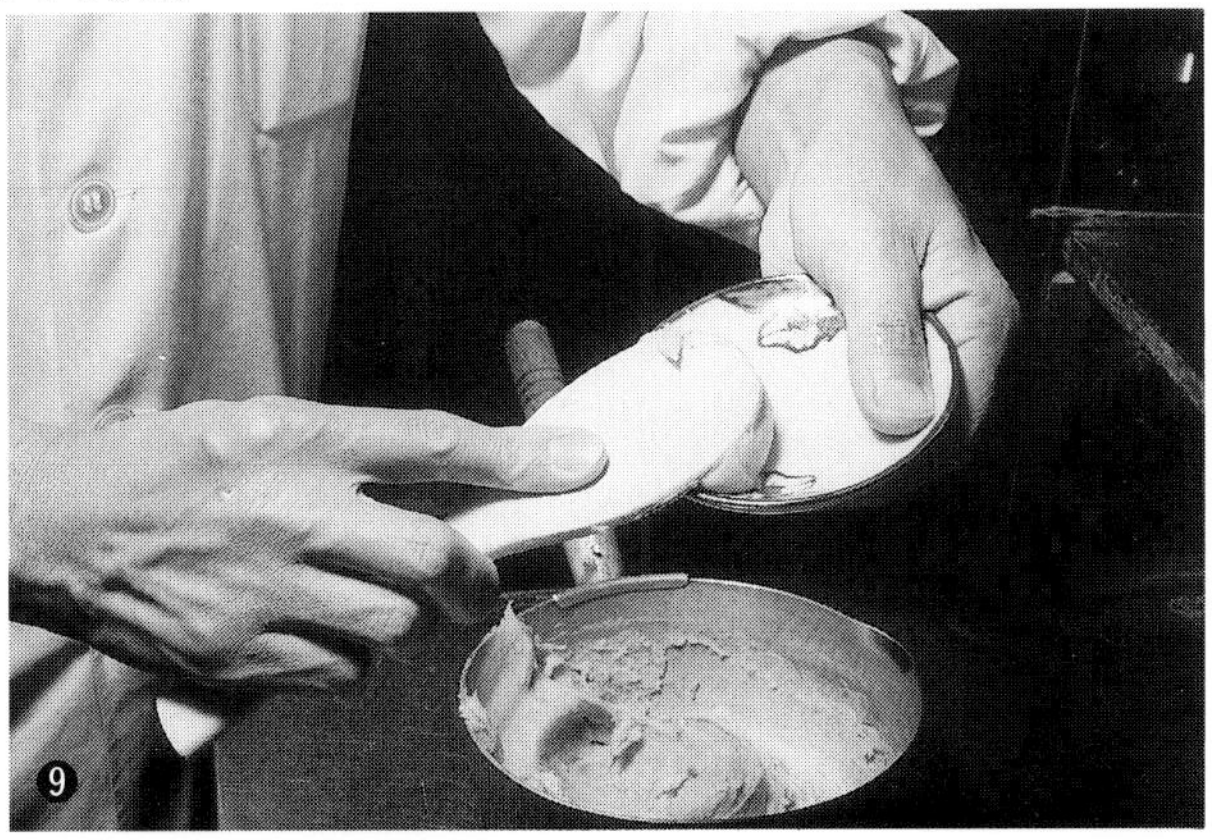

半月に形づくって器に取る（⑦～⑩繰り返し）

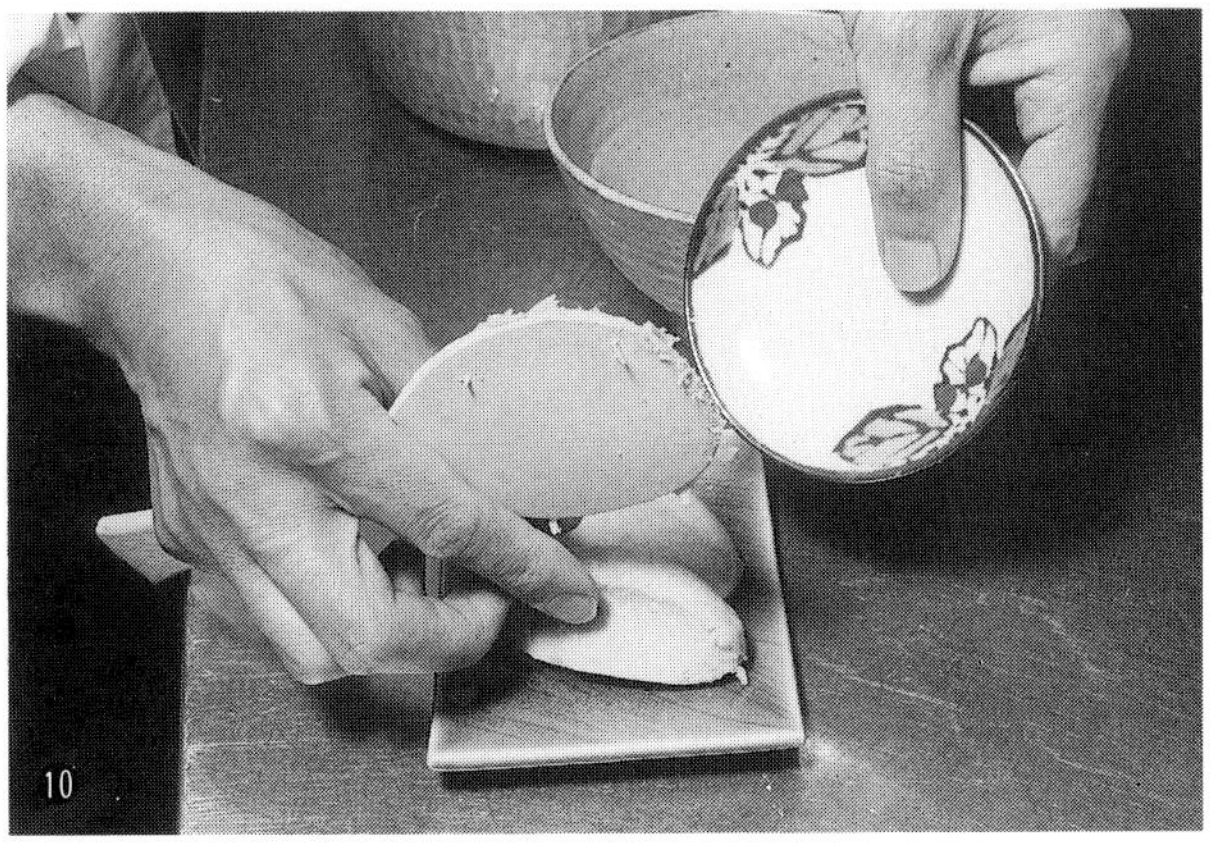

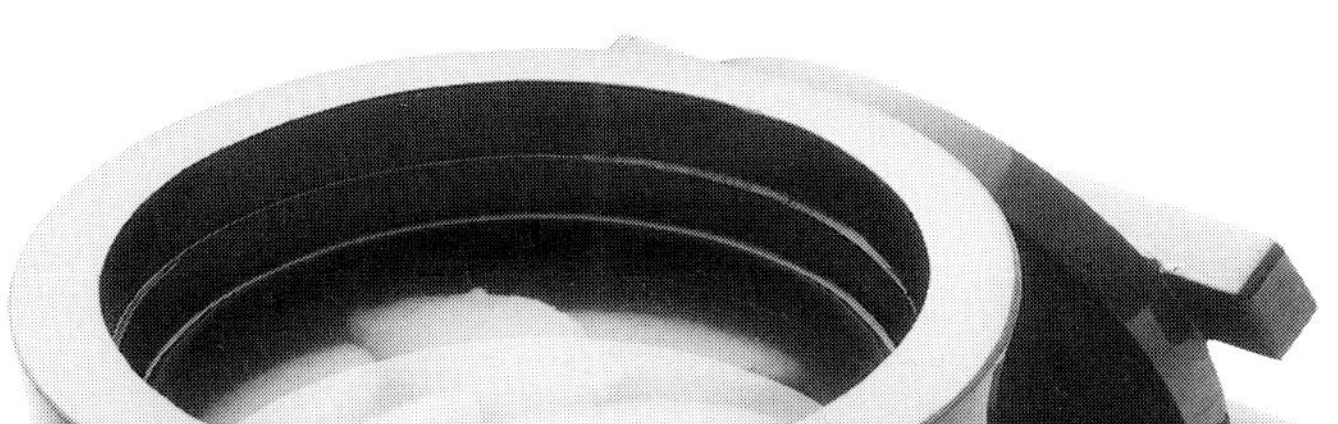

そばがき（鍋がき）

この状態になれば火を止めて、箸を抜く。煮過ぎて香りをとばしてしまわぬように注意したい。

⑥食べやすい大きさに形づくり、湯を張った桶に取る。

しゃもじで練ったのち、鍋の側《かわ》づたいに少量をこそぎ取る。

傍《そば》に水または湯（ぬるま湯）を張った小鉢を用意する。それで表面をぬらしてすべりをよくした小皿の縁に、しゃもじをこすりつけるようにして半月に形づくり、供する器（湯を張った桶や小鉢など）に取る。

⑦つけ汁と薬味を添えて供する。

〈補註〉「伊吹だんご」のつくり方

「鍋がき」は、いろいろなものに応用が利《き》く。ここでは一例として、「伊吹だんご」のつくり方を紹介する。

①かき終えた「そばがき」の鍋から、指で適量をかき取る。片手の指四本を揃えて、軽くすくい取る程度でよいだろう。

②草もちをこしらえる要領で、もみ拡げて丸く形づくる。

③あん玉を中央にはめ込む。

④そのまま片手で握り絞り、あんが中に隠れるまでにする。

⑤絞り込んだ口を、指で合わせる。

⑥両手の掌《てのひら》で転がして丸く仕上げる。

◉「碗がき」つくり方・手順

「碗がき」は座敷で行なう場合がほとんどなので、粉や湯が跳《と》び散るような器はふさわしくない。周囲を汚すからよくないというだけではなく、肝心の「そばがき」を満足に仕上げられない。極端に小さい器、大きすぎる器、口の狭い器、浅い器――以上は、どれも「そばがき」には向かない。

軽くご飯一膳を盛って、深さや周囲に充分余裕があるくらいの大きさの器、しかも厚みがあって保温力の高い器がよい。具体的には、抹茶茶碗のうちでも特に冬茶碗が適している。

碗はあらかじめ熱湯を張って温めておくとよい。湯を空《あ》けて、水気をぬぐい取ってから使う。

①粉を量《はか》って、碗に山形に盛る。

一度にかく量は、碗の$\frac{1}{5}$程度までにとどめる。粉を量り入れる器具としては、煎茶の「茶合《さごう》」などを使うと、その場の雰囲気《ふんいき》をこわさずに定量化できる。

②熱湯を適量加える。

必ず沸騰《ふっとう》している熱湯を使うこと。粉の山の頂《いただき》を崩さぬように注意しながら注《そそ》ぐ。静かに、裾野にまわし注《つ》ぐこと。加水の目安は、御膳粉の場合、山の頂上が浸《ひた》るところまで。並み粉は山の七合目あたりまで。

③粉の山を崩して溶《と》く。

山の頂に箸を入れて崩し、湯を吸わせる。湯を吸った粉は箸が入ると小塊《しょうかい》をなし、小塊はたちまち大型化する。この段階で、粉のままでいるところがないようにしておくこと。

④渦巻状にかきまわす。

そばがき（碗がき）

●「碗がき」手順

❶ 〈粉を碗に盛る〉 茶合《さごう》で粉を移す。碗は風呂釜のふたにのせて温めておく

2 碗底を裾野にして、全体が一つの山になるように盛る

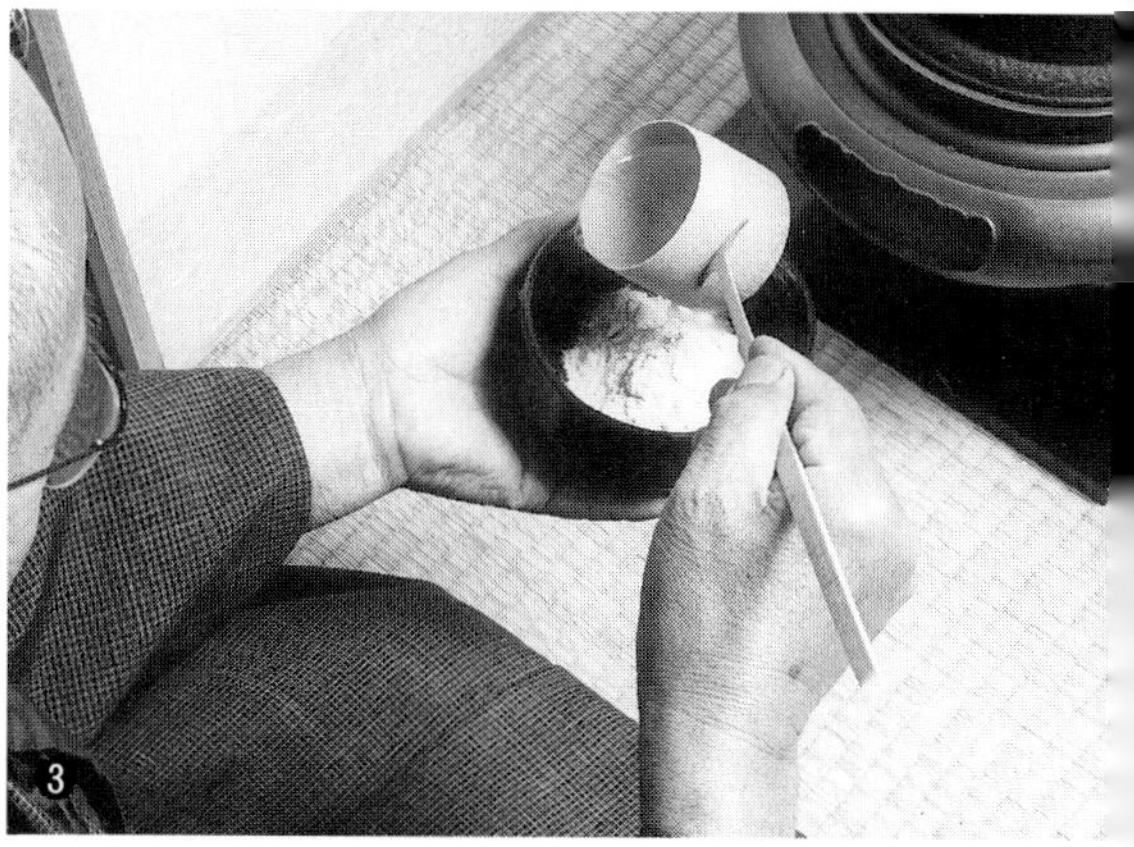

3 〈熱湯を注《そそ》ぐ〉 山の周囲に熱湯をまわし注ぐ。並み粉は山の七合目辺《あた》まで…

4 〈粉に熱湯を吸わせる〉 粉の山の頂に箸を入れて崩す。元太の箸を使うこと

5 〈粉をかきまわす〉 湯を吸った塊《かたまり》全体が動くように、渦巻《うずまき》状にかきまわす

6 粘りが出て箸が重くなったら、握り箸に持ち直してかきまわし続ける

7 煮えて透明感が感じられるようになったら、形を崩さぬように箸を抜く

8 〈仕上げ〉 碗の内縁を茶巾《ちゃきん》で軽くふき取り、そのままの碗で供する

「鍋がき」と違い、火力が加わっていないので、初めは勝手が違う。いくつかの塊《かたまり》に分かれたままで、まだ粘力らしきものはほとんど感じられない。そのために、一部の塊を遊ばせてしまいやすい。全体の塊が常に動いているように、すばやくかきまわすこと。

全体がひとつながりになり、箸の動きにつき従って渦巻を描く頃には、粘りも感じるようになる。そうなったら、「鍋がき」同様に「握り箸」に持ちなおしてかく。

⑤全体が煮えたら、静かに箸を抜く。

「碗がき」は煮えたようでも、粉っぽさが残りやすい。うるおいが増すまで、スピードを落とさずにかきまわし続けること。

箸は全体の形を崩さぬように静かに抜く。

⑥碗の縁《ふち》を軽くふきとって供する。

※　　※　　※

繰り返すようだが、「そばがき」は、「そば食」のうちでも小細工をせずに、そのものズバリを食べるやり方である。それだけに、その技術も熟練しないと、おいしいものがつくれない。ましてや客に出す場合は、充分の注意を払ったうえで、修業を重ねることを忘れぬように——。

あとがき

上司の棟田につれられて、足利の『一茶庵』本店に初めて片倉康雄先生を訪ねたのは、一九七二年の初夏だった。明治三十七年（一九〇四）生まれの先生は、当時六十八歳。私は三十一歳だった。

相対した先生は、茶目っ気のある目をしていて、小さい頃はさぞやイタズラッ子であったろうと思われた。ただ、こちらに笑《え》みを送ってくるその目が、瞬間キラリと光って、胸中を見透かされるようなときが何度かあり、棟田が席を外すと心細かった。

私の取材は、幼児が自分に投げかけられた言葉を、まわらぬ舌で真似てみて、言葉をおぼえていくプロセスと同じだった。始まった雑誌連載は、子供が歌詞の意味などわからぬままに、流行歌を得意になって歌うのと似ていた。

苦しみは、雑誌の連載が終わる頃から始まった。私は、名人の技術は名人自身に語らせるのが最善の方法だと確信していた。裏返して言えば、自分は黒衣《くろこ》に徹して、名人と読者が直接《じか》に向き合う本をつくる、ということである。それも技術書である以上、紙の上に書かれた名人の言葉に従って読者が練習を積めるだけの実用性は、確実にそなえていなくてはならない。だが、これは言うは易《やす》く、行うは難《かた》しである。先生の言葉をオウム返しに繰り返すだけでは、名人の名人たる所以《ゆえん》は伝えることができない。ことは、私の理解力と、そして表現力にかかっている。かくして決定稿ができるまでは、誰に対しても使えるだけの言い訳をして時間を稼ぐ日々が続いた。

足掛け十六年。歳月の重みは痛いほどに感じるが、今後の自分の人生にも二度とありえぬような仕事をさせてくださった片倉康雄先生、上司の棟田の二人に、深く感謝をしている。

（臼居　孝行）

た

ち

つ

さくいん

・本書を縦横に活用してもらうために、文中の語句に限らず、本文小見出し（◉印が頭につく見出し）も採録してある。
・本文小見出しは、ゴシック体文字を使って他と区別した。
・いろいろな呼び方をされるものは、原則として、どの呼び名からでも引けるようにしてある。
例）北山大根…202　辛味大根…202　鼠大根…202

あ

い

う

え

お

特別普及版 一茶庵・友蕎子

片倉康雄 手打そばの技術

発行日――平成29年5月1日 初版発行
編著者――片倉康雄
制作者――永瀬正人
発行者――早嶋 茂
発行所――株式会社 旭屋出版
〒107−0052
東京都港区赤坂1−7−19
キャピタル赤坂ビル8階
TEL 03−3560−9065
FAX 03−3560−9071
郵便振替口座番号 00150−1−19572
URL http://www.asahiya-jp.com
印刷・製本――凸版印刷株式会社

ISBN978-4-7511-1280-9 C2077

食はすべてその
まゝをあきらか
にし
調理を
あやまたず
そこのうことなけ